DuMont's Lexikon der Bildenden Kunst

DuMont's Lexikon der Bildenden Kunst

Edward Lucie-Smith

DUMONT

Umschlagvorderseite (v. l. n. r.): Raffael, *Die Sixtinische Madonna,* 1512/13, Staatliche Kunstsammlungen Dresden, Gemäldegalerie (Foto Artothek, Peißenberg); Paul Cézanne, *Badende,* um 1890-92, Musée d'Orsay, Paris; Jacques-Louis David, *Tod des Marat,* 1793, Brüssel, Musée Royaux des Beaux-Arts; Vincent van Gogh, *Selbstbildnis mit verbundenem Ohr und Pfeife,* 1889, Slg. Leigh B. Block, Chicago
Umschlagrückseite (v. l. n. r.): Köln, Dom und Wallraf-Richartz-Museum/Museum Ludwig (Foto: Rainer Gaertner, Bergisch Gladbach); Modellbüste der Nofretete, um 1340 v. Chr., Kalkstein und Gips, Ägyptisches Museum, Berlin; ›Schiefer Turm von Pisa‹ (Kampanile des Doms), 1173 begonnen

Für Susan Benn, die dieses Projekt mit mir begann

Die Deutsche Bibliothek - CIP-Einheitsaufnahme

Lucie-Smith, Edward:
DuMont's Lexikon der Bildenden Kunst / Edward Lucie-Smith. [Aus dem Engl. übers. von Brigitte Wünnenberg. Für die dt. Ausg. überarb. von Karin Thomas]. - 2. Aufl. - Köln : DuMont, 1997
Einheitssacht.: The Thames and Hudson dictionary of art terms <dt.>
ISBN 3-7701-4183-0

Aus dem Englischen übersetzt von Brigitte Wünnenberg

Für die deutsche Ausgabe überarbeitet von Karin Thomas

Titel der englischen Originalausgabe:
The Thames and Hudson Dictionary of Art Terms

Umschlaggestaltung: Groothuis & Malsy, Bremen
Satz und Druck: Rasch, Bramsche
Buchbinderische Verarbeitung: Bramscher Buchbinder Betriebe

Printed in Germany ISBN 3-7701-4183-0

Vorwort zur deutschen Ausgabe

Der DuMont Buchverlag möchte mit dem vorliegenden Nachschlagewerk zu Fachbegriffen der bildenden Kunst die bislang bestehende Lücke zwischen den kleinen Wörterbüchern und den großen, mehrbändigen Speziallexika schließen. Daher wurde der traditionelle kunstlexikographische Bestand vor allem im Bereich der modernen Kunst durch zahlreiche Stichwörter erweitert, die zum Verständnis neuzeitlicher Kunst notwendig sind.

Die einzelnen lexikalischen Artikel erstreben jeweils eine kurze Charakterisierung der durch das Stichwort bezeichneten Thematik, wobei alle wesentlichen Techniken und Stile sowie Grundbegriffe der außereuropäischen Kunst und des Kunsthandwerks erfaßt worden sind. Die grundsätzliche Beschränkung der lexikographischen Arbeit auf die Kunstgattungen angewandte Kunst, Architektur, Fotografie, Grafik, Malerei und Plastik gilt nicht für die Kunst des 20. Jahrhunderts, die ihr Medienrepertoire entscheidend in neue Bereiche ausgeweitet hat. Auf sie nimmt das Nachschlagewerk ausdrücklich Bezug, da sie wesentliche Erkenntnisse über Ziele und Techniken der Kunst unseres Jahrhunderts vermitteln.

Für die vorliegende Ausgabe ist die englische Originalausgabe des Lexikons einer gründlichen Überarbeitung und Ergänzung unterzogen worden, die sich vor allem auf den deutschsprachigen Kulturkreis sowie auf die Ausweitung der Kunstrichtungen bis in die 1980er Jahre konzentriert. Stiltypische Begriffe und neue Komplexe wie Bildgattungen, Film, Fotografie und Video wurden zu Grundsatzartikeln mit kulturhistorischem Abriß erweitert.

Um eine gute Lesbarkeit der Texte zu gewährleisten, verzichtete die Redaktion der deutschen Ausgabe auf einen übermäßigen Abkürzungsapparat, so daß sich die Abbreviaturen, abgesehen von den unten aufgeführten, auf die im jeweiligen Artikel verwendete Abkürzung des Stichwortes beschränken.

Stichwörter, die mit Umlauten beginnen, sind wie die entsprechenden einfachen Vokale eingeordnet.

arab.	– arabisch
chin.	– chinesisch
engl.	– englisch
frz.	– französisch
griech.	– griechisch
hebr.	– hebräisch
ital.	– italienisch
Jh.	– Jahrhundert
jap.	– japanisch
lat.	– lateinisch
pers.	– persisch
sanskr.	– sanskrit
türk.	– türkisch

A

Abakus In der Architektur die Deckplatte eines → Kapitells (→ Gebälk).

Abbozzo (ital. ›Skizze‹, ›Entwurf‹) → Monochrome Untermalung, die die Gesamtkomposition eines Bildes vor der endgültigen Farbgebung andeutet.

Abdecken Bei der Radierung das Überziehen der Teile einer Zeichnung, die nicht dunkler werden sollen, mit einer Reservage aus Lack, bevor die Platte erneut geätzt wird.

Abfasen Das Abschrägen oder Abkanten von Bauteilen, zum Beispiel eines → Pfeilers.

Abguß Abformung eines Gegenstandes oder Bildwerkes durch Gips als Negativform, mit deren Hilfe dann der positive A. hergestellt wird (z. B. beim Bronzeguß einer Plastik).

Abhängling 1. Ein im Schnittpunkt der → Rippen eines → Gewölbes herabhängendes Ornament, häufig als Verlängerung des → Schlußsteins. 2. Der zapfenförmige Knauf am unteren Ende von Hängesäulen.

Abklatschverfahren Die → automatistische Schreibweise des → Surrealismus (écriture automatique) brachte eine Vielzahl von neuen künstlerischen Maltechniken hervor, darunter auch das von Oscar Dominguez 1939 entdeckte A. Bei dieser Vervielfältigungstechnik wird der Abdruck mit der Hand, nicht mit der Presse erzielt: »Mit einem dicken Pinsel stellenweise verdünnte schwarze Gouache auf glattes Papier streichen, über das man dann mit leichtem Druck ein gleiches Blatt legt, danach das zweite Blatt vorsichtig abheben.« (Zitat aus dem ›Dictionnaire abrégé du Surréalisme‹).

Abseite Bezeichnung für das Seitenschiff einer Kirche.

Abstraction Création (frz.) Diesen Namen gab sich 1931 in Paris eine größere Gruppe abstrakter Künstler unter der Führung von Auguste Herbin und Georges Vantongerloo. Sie stand Malern aller Richtungen offen und bildete den Brennpunkt der Paris-orientierten → abstrakten Kunst der dreißiger Jahre.

Abstrakte Kunst Kunst, die entweder völlig ungegenständlich ist oder die in der Realität beobachteten Formen in Muster überführt, die vom Betrachter vorrangig als selbständige Bezugssysteme, weniger in ihrem Bezug zum ursprünglichen Motiv rezipiert werden.

Abstrakter Expressionismus, ikonische Form: Mark Rothko, *Nr. 10,* 1950.

Abstrakter Expressionismus Spezifisch amerikanische Stilrichtung, die sich in New York in den 1940er Jahren entwickelte und bis in die späten 1950er Jahre vorherrschend blieb. Im wesentlichen steht diese Kunstrichtung für eine Verschmelzung von Ideen des → Surrealismus (dessen Hauptvertreter fast alle während des Krieges im amerikanischen Exil lebten) mit typisch amerikanischen Vorstellungen über die Bedeutung des Individuums als Vorkämpfer einer von veralteten Konventionen und Traditionen befreiten Kunst. Der A. E. war weder völlig → abstrakt noch völlig → expressionistisch. Er übernahm die surrealistische Technik des → Automatismus und führte diesen als Methode der Bilderfin-

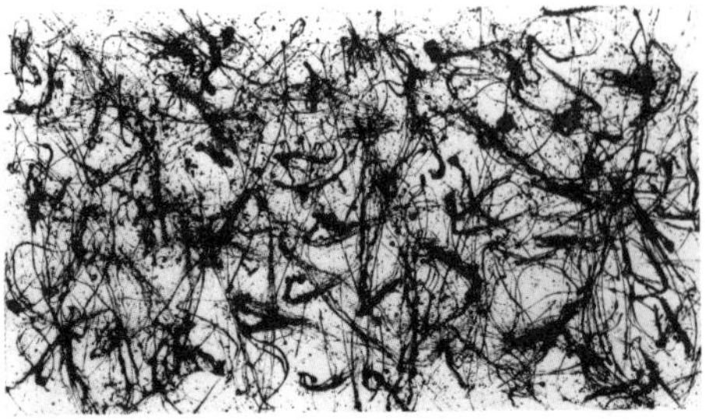

Abstrakter Expressionismus, kalligraphische Form: Jackson Pollocks Drip Painting *Nr. 32,* 1950

dung zu neuen Extremen, gleichzeitig erforschte er die → kubistische Idee der ›flächigen Räumlichkeit‹. Der Begriff bezeichnet weniger einen erkennbaren Stil als einen gemeinsamen Zugang zur Frage des künstlerischen Schaffensprozesses. Typisch abstrakt-expressionistische Arbeiten können grundsätzlich in eine von zwei Kategorien eingeordnet werden: in die → kalligraphische mit frei skizzierten Linien, die die gesamte Bildfläche überziehen, oder in die ikonische, in der eine einzige üblicherweise zentrierte Form die Komposition beherrscht. Jackson Pollocks → Drip Paintings stellen typische Beispiele der ersten Kategorie dar, während die späten Bilder Mark Rothkos charakteristisch für die zweite Kategorie sind (→ Action Painting und → Tachismus).

Abstrakter Illusionismus Eine Richtung der amerikanischen → abstrakten Malerei der späten 1960er und 1970er Jahre, in der Formen und Pinselstriche, die vom Betrachter normalerweise als flach auf der Leinwand liegend erfahren werden, mit Hilfe verschiedener illusionistischer Kunstgriffe (Schlagschatten etc.) von ihr abgesondert werden, so daß sie vor der Bildfläche zu schweben scheinen. Der Begriff wurde erstmals um 1967 benutzt.

Achäische Kunst Kunst der achäischen Völker des östlichen und südlichen Griechenland in der Periode von 2000 bis ca. 1100 v. Chr.

Achämenidische Kunst Unter dem von 550 bis 330 v. Chr. in Persien und im Nahen Osten dominierenden Volk der Achämeniden geschaffene Kunst, die oft von älteren Stilen beeinflußt ist, wie z. B. von dem der Assyrer, die Herrscher über die gleiche Region gewesen waren. Das Reich der A. erstreckte sich vom Nil bis zum Indus und vom Oxus bis zum Bosporus. Die stark vom Kunsthandwerk getragene a. K. diente im wesentlichen dem Schmuck und der Architekturverzierung in Gestalt von → Reliefs.

Acheiropoeita (griech. ›nicht von Menschenhand gemacht‹) Jedes heidnische oder christliche heilige Bild, von dem geglaubt wird, daß es ohne menschliche Mitwirkung d. h. auf wunderbare Weise geschaffen wurde.

Achse Die imaginäre gerade Linie, die eine Figur, Fassade, einen → Grundriß oder eine Bild- oder Statuenkomposition durchzieht und zu deren beiden Seiten die Hauptteile so angeordnet sind, daß sie den Eindruck von → Ausgewogenheit erwecken.

Acrylfarbe Emulsionsfarbe mit dem synthetischen → Bindemittel Acrylharz, die heute von vielen Malern u. a. wegen ihrer schnelleren Trockenfähigkeit anstelle von → Ölfarbe bevorzugt wird.

Action Painting Der Begriff wurde erstmals von dem amerikanischen Kunstkritiker Rosenberg verwendet, um die nach 1947 ent-

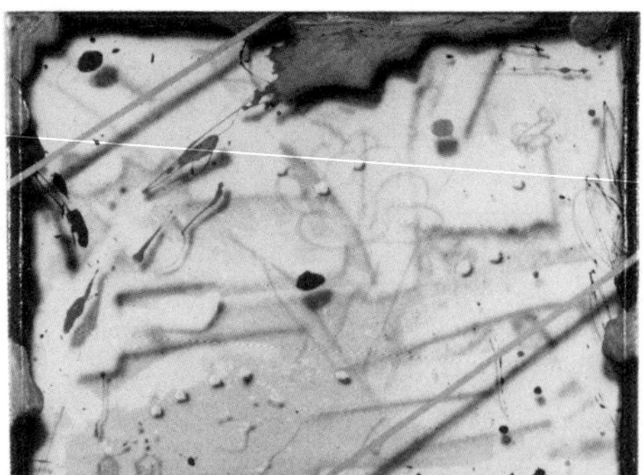

Abstrakter Illusionismus: Jack Lembeck, *Krieg der Sterne II,* 1978.

standene Malweise von Jackson Pollock und seinen Nachfolgern zu charakterisieren. Die Leinwand war nicht mehr nur die Fläche, auf der das Bild gemalt wurde, sondern Aktionsfeld, »in dem der Maler agieren konnte« und in dem die Spuren seiner physischen Bewegungen sichtbar wurden. Der Begriff wird heute meist dem → Abstrakten Expressionismus zugeordnet.

Ada-Gruppe Karolingische → Handschriften mit → Buchmalerei, zu deren Hauptwerken das um 800 entstandene → Evangeliar Cod. 22 der Stadtbibliothek Trier gehört. Dieser Prunkkodex ist Stiftung einer Ada, die eine Schwester Karls des Großen gewesen sein soll. Die Handschriften der A.-G. enthalten → Initialen, Randschmuck, Kanontafeln und Evangelistenbilder, die auf spätantike und frühbyzantinische Vorlagen zurückgehen. Ihre lebendige Gestaltung macht sie zu Hauptbeispielen der karolingischen → Renaissance. Als Entstehungsort dieser Handschrift vermutet man eine Werkstatt am Hofe Karls d. Gr. in Aachen.

Ader Bezeichnung aus der Möbeltischlerei für eine eingelegte Zierleiste aus einem Furnierstreifen in kontrastierender Farbe oder Zeichnung. Bei quer zur Maserung geschnittenem Furnier spricht man von einer stehenden A., bei längs zur Maserung geschnittenem Furnier von einer liegenden. Sind mehrere Streifen im 45-Grad-Winkel gestürzt zueinander aufgebracht, nennt man dies Fischgrät.

Ädikula (lat. ›Häuschen‹, ›Tempelchen‹) 1. Nische für eine → Statue, umrahmt von → Säulen, die ein → Gebälk und einen (Zier-) → Giebel tragen. 2. In gleicher Weise umrahmtes → Fenster.

Adhocismus Von dem Architekturhistoriker Charles Jencks geprägter Begriff zur Beschreibung eines Designs, das nicht zum Zweck neuer Problemlösungen entsteht, sondern durch Kombination schon existierender Elemente zu einem neuen Ergebnis kommt. Die dafür gewählten Elemente müssen nicht notwendigerweise für den Zweck entworfen worden sein, zu dem der ›Adhoc-Designer‹ sie verwendet. Ein klassisches Beispiel stellt der von Nathan Silver entworfene Hocker dar, ein metallener Traktorsitz auf den vier Rädern eines Kinderwagens.

Adobe (span.) Sonnengetrockneter Ton, d. h. ungebrannte Ziegel.

Adorant (lat.) Bezeichnung für eine in anbetender Haltung befindliche kniende Gestalt zu Füßen Christi oder der Gottesmutter auf Gemälden, Grabmälern und → Epitaphien.

Aeropittura (ital. ›Luftgemälde‹) Eine späte Entwicklung des italienischen → Futurismus. Die mit diesem Begriff assoziierten Maler versuchten, die durch zeitgenössische Technologie (z. B. Luftfahrt) hervorgerufenen Empfindungen abzubilden. Filippo Tommaso Marinetti, der Begründer des Futurismus, veröffentlichte 1929 ein Manifest mit diesem Titel. 1931 kam es zur ersten Ausstellung mit Werken von Dottori, Fillia, B. Marinetti, Tato und Munari. Weitere folgten 1932 in Paris und 1934 in Berlin (unter der Schirmherrschaft von Joseph Goebbels). Mit dem Zusammenbruch des Faschismus und dem Tode Marinettis (1944) endete die Bewegung. Die A. drückt in → neoimpressionistischer Weise die Geschwindigkeit von Flugkörpern und die gleichzeitig entwickelten, dynamischen Kraftlinien aus.

Aesthetic Movement (engl. ›ästhetische Bewegung‹) Britische Kunstrichtung, beeinflußt von Ideen der → L'art pour l'art, die sowohl von französischen als auch englischen Schriftstellern vertreten wurden – zuerst in Frankreich von Théophile Gautier und Charles Baudelaire, später in England von Walter Pater und Oscar Wilde. Das A. M. erreichte seinen Höhepunkt 1877 mit der Eröffnung der Grosvenor Gallery in London; die beiden am engsten mit ihm assoziierten Maler waren

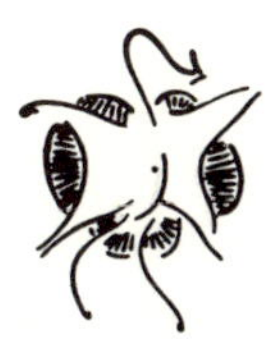

Aesthetic Movement: Bildmonogramm James Whistlers.

James McNeill Whistler und Edward Coley Burne-Jones, über letzteren wurde es auch als Fortsetzung der Malerei der → Präraffaeliten angesehen. Mit ihrer Vorliebe für das Suggestive und Symbolische, das sie dem Anekdotischen oder Didaktischen vorzog, kann die Bewegung auch als britische Variante des kontinentalen → Symbolismus verstanden werden. Aufgrund ihrer Ablehnung jeglichen moralischen Wertes in der Kunst wurde sie vielfach mit der ›dekadenten Bewegung‹ verwechselt. Als Kunstrichtung übte sie ihren wichtigsten Langzeiteinfluß nicht so sehr auf die Malerei als vielmehr auf die Reformierung und Vereinfachung der Dekoration von Haushaltsgegenständen und auf die → angewandte Kunst im allgemeinen aus.

Afrikanische Kunst siehe Benin, Ife und Nok

Afro-portugiesisches Elfenbein Eine Gruppe von etwa 100 Elfenbeinobjekten in Mischstilen, hauptsächlich Salzfäßchen und Jagdhörner, im 16. Jh. in Afrika für den Export nach Europa geschnitzt. Ihre Mischstile zeigen den deutlichen Einfluß europäischer Kunst auf das einheimische Kunsthandwerk Afrikas.

Ägäische Kunst Die Kunst einer Anzahl früher, in der Ägäis angesiedelter Kulturen, darunter die → zykladische, → minoische und → mykenische Zivilisation. Die ä. K. umfaßt den Zeitraum von ca. 3000 bis 1400 v. Chr.

Aggry, Aggri Aus zusammengeschmolzenem Glasrohr gefertigte Perlen. Das Glasrohr wird in Abschnitte zerteilt, deren Enden zu einem Zickzackmuster schräg angeschnitten werden. Derartige Glasperlen wurden während der Kolonialzeit für den Export nach Afrika hergestellt, wo sie seither auch in großer Menge gefunden wurden.

Agnus Dei (lat. ›Lamm Gottes‹) Symbolische Darstellung Christi als Lamm mit → Nimbus, → Kreuz (oder Kreuzfahne) und → Kelch.

Agora (griech). Griechisches Äquivalent zum römischen → Forum.

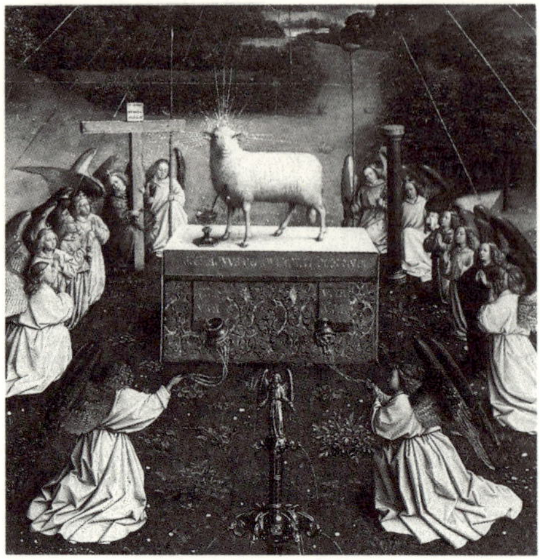

Agnus Dei: Jan und Hubert van Eyck, *Anbetung des Lamms,* 1432, Ausschnitt aus dem Altarbild, Sint Baafskathedrale, Gent.

Ägyptischer Geschmack Ein von der altägyptischen Architektur abgeleiteter Dekorationsstil, der 1769 von dem Graveur und Ornament-Schöpfer Giovanni Battista Piranesi vorgestellt und mit Napoleons Ägyptenfeldzug 1798 populär wurde. In England fand dieser Stil unter anderem dank des Einflusses von Thomas Hope Verbreitung.

Ägyptische Halle Ein Saal mit internem → Peristyl, der von dem → Renaissance-Ar-

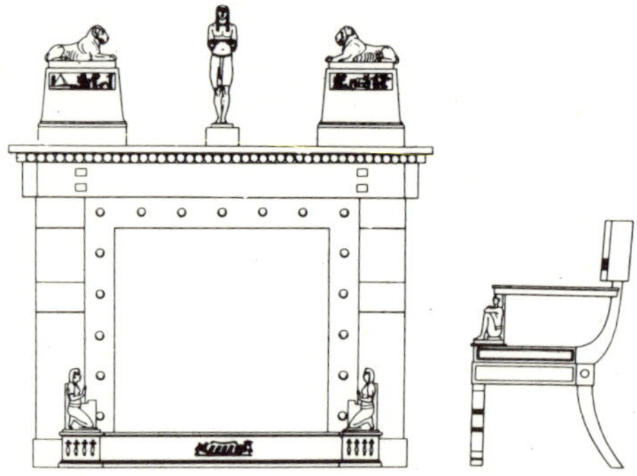

Ägyptischer Geschmack: Entwurf für einen Kamin und einen Stuhl in Thomas Hopes ›Mobiliar und Innenausstattung‹ von 1807.

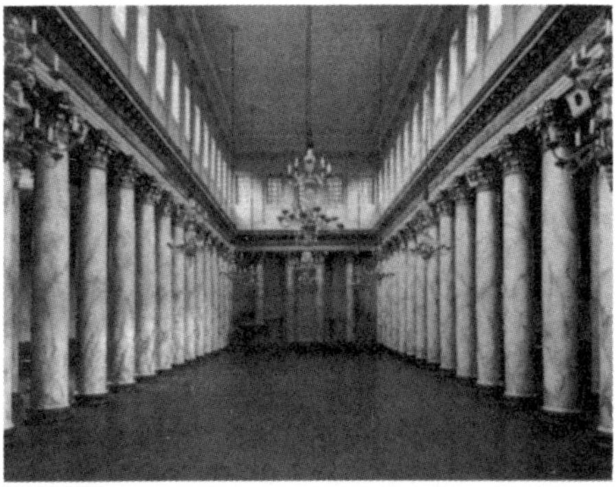

Ägyptische Halle in palladianischem Stil: Versammlungssaal in York, erbaut vom Earl of Burlington, 1731/32.

chitekten Andrea Palladio nach seinen Studien des römischen Architekturtheoretikers Vitruv entwickelte wurde und mit ägyptischer Architektur gar nichts zu tun hat.

Ägyptische Kunst Die ä. K. wird in vier Perioden, entsprechend den Epochen des Alten Reiches (ca. 2700–ca. 2100 v. Chr.), des Mittleren Reiches (ca. 2100–ca. 1750 v. Chr.), des Neuen Reiches (ca. 1600–ca. 700 v. Chr.) und der fremdherrschaftlichen Spätzeit unter dem Einfluß der Assyrer, Perser, Griechen und Römer, eingeteilt. Bereits im Alten Reich bildeten sich die wesentlichen Kriterien der ä. K. aus, die dann später nur noch modifiziert oder durch wenige Neuerungen ergänzt worden sind. Ä. K. ist als Wandmalerei, Reliefkunst, Rundskulptur und Kunsthandwerk (Verarbeitung von Holz, Ton, Elfenbein, Metallen sowie → Fayence-Herstellung) überliefert. Alle Kunst diente vorrangig dem Totenkult, dies gilt auch für die monumentale Rundplastik in Blockform und die Architektur der Pyramiden, in deren Kammern die meisten Werke der ä. K. gefunden wurden. Die Kunst des Alten Reiches ist durch einen geschlossenen Aufbau und strengen Formenkanon gekennzeichnet, in dem sich das oberste Ideal der kosmischen Ordnung niederschlägt. Der altägyptische Künstler stellte nicht das dar, was er sah, sondern was er durch Konventionen als wesentliche Komponente eines verbindlichen Weltverständnisses kennengelernt hatte. Daraus resultiert das für die ä. K. typische Mißverhältnis zwischen Köpfen, die im Profil, und Körpern, die frontal dargestellt sind. Das Wesen des Kopfes ließ sich besser in Profilansicht, das des Körpers besser frontal darstellen, das der Füße wieder besser im Profil. Den Konventionen entsprach auch die strenge Proportionalität, nach der Sieger größer als Besiegte, und Herren (vor allem der Pharao) größer als ihre Untertanen dargestellt wurden. Die Rundskulptur ist stets in Vorderansicht ausgebildet, wobei die männlichen Figuren immer mit vorgeschobenem linken Bein ausgestattet wurden. Für die Kunst des Mittleren Reiches ist eine stärkere Individualisierung der Gesichtszüge typisch, die sich in der Zeit des Neuen Reiches noch wesentlich verstärkt (→ Amarna). In der fremdherrschaftlichen Spätzeit läßt sich eigentümlicherweise nicht – wie sonst im Mittelmeerraum verbreitet – eine Verschmelzung von ägyptischer und → griechischer Kunst beobachten, sondern die ä. K. dieser Epoche sucht die Wiederanlehnung an alte Bildwerke. Die ägyptische Wandbildgestaltung war in der Regel eine → freskenartige → Temperamalerei, die in → Sekkotechnik auf hauchdünne Putzschichten aufgebracht wurde. Die Farben wurden aus natürlichen Stoffen gewonnen und mit Gummiarabikum gebunden. Viele Wandmalereien sind zugleich → Basreliefs, wobei die Reliefstrukturierung den Umrissen der Figuren folgt (Abb. siehe Amarna-Kunst).

Aiguière (frz.) Zierlich geformte, bauchige Wasserkanne aus Edelmetall mit Henkel, Schnabel und Fuß, die in der → Renaissance zur Handwäsche bei Tisch diente.

Airbrushing Maltechnik, die sich eines fein verstellbaren mechanischen Farbsprayers bedient. Hauptsächlich in der Werbung und im Grafik-Design benutzt, um Bildern einen glatten, unpersönlichen Abschluß zu verleihen, wurde diese Technik im Bereich der Kunst besonders von jenen bildenden Künstlern übernommen, die → Pop Art und → Fotorealismus nahestanden.

Ajour-Arbeit Besonders auf Metallarbeiten angewandter Begriff, wenn ein Objekt mit komplizierten Mustern durchbrochen oder perforiert ist (Durchbrucharbeit).

Akademie Institution mit Ursprung in den vielen Vereinigungen, die sich in der → Renaissance als Revolte gegen das mittelalterliche → Gildensystem bildeten, mit dem Ziel, Malern und Bildhauern – bisher schlicht als Handwerker angesehen – einen Status gut ausgebildeter Spezialisten mit umfassendem kunsttheoretischem Wissen und technischem Können zu verschaffen. Die erste A. mit festen Satzungen wurde 1599 mit der Accademia di San Luca in Rom als reine Malerschule gegründet. Die A.n entwickelten sich allmählich zu festen Institutionen und boten schließlich im 18. Jh. dem aufstrebenden Künstler eine umfassende, auf klassischen Richtlinien basierende Ausbildung.

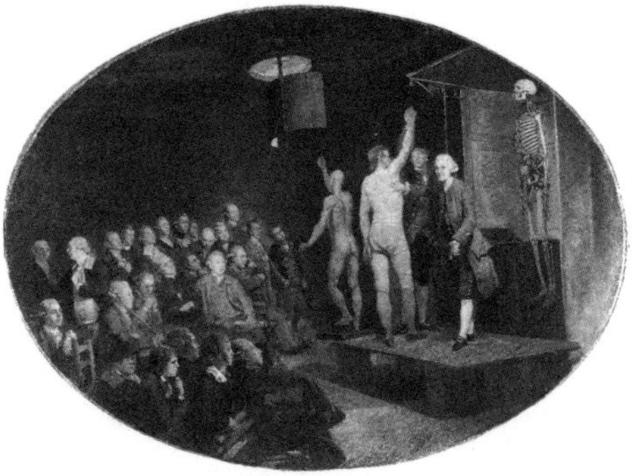

Akademie Ein Gemälde von John Zoffany (1772) zeigt eine Vorlesung des Anatomie-Professors William Hunter an der Royal Academy, London.

Akademiefigur Gemälde oder Zeichnung eines männlichen oder weiblichen Aktes, der nicht um seiner selbst willen, sondern als Teil des Studienprozesses im Rahmen der Ausbildung an einer Kunstakademie dargestellt wird.

Akademische Kunst Nach den Vorschriften der offiziellen → Akademien für Malerei und Skulptur geschaffene Kunst, die in Europa vom 17. bis zum 19. Jh. ihre Blütezeit hatte.

Akanthus Von den steifen, stacheligen Blättern der mediterranen Pflanze Acanthus spinosus hergeleitetes architektonisches Ornament, Teil des → Kapitells der korinthischen Architekturordnung und des Kompositkapitells (→ Säulenordnung).

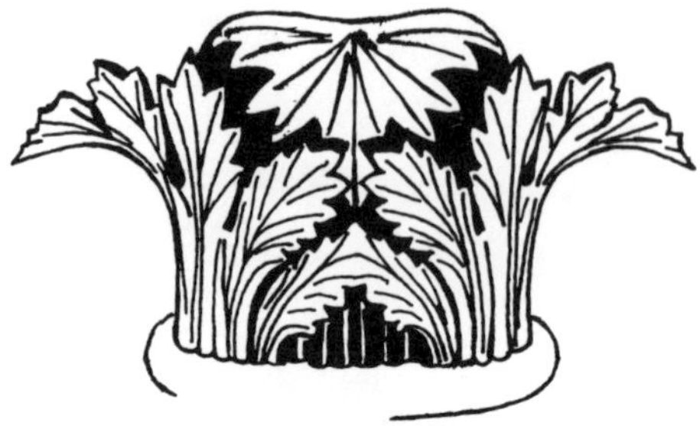

Akanthus

Akkumulation Bezeichnung für eine Gestaltungsform in der → Objektkunst, bei der gleichartige oder diverse Gebrauchsgegenstände zu einem reliefartigen Arrangement aufgehäuft oder in Plexiglasschatullen gesammelt werden. Diese Methode der Materialkunst wurde vorwiegend von den Plastikern des → Nouveau Réalisme (Fernandez Arman, Jean Tinguely, Daniel Spoerri, César und John Chamberlain) verwendet und verleiht den verbrauchten Gegenständen des Zivilisationskonsums neue ästhetische Eigenschaften.

Akrolithen (griech. ›hohe Steine‹) Antike → griechische Statuen im primitiven Stil, deren nackte Teile (Kopf und Gliedmaßen) aus Marmor gebildet waren, während die bekleideten Körperteile aus vergoldetem Holz bestanden.

Akropolis (griech. ›hohe Stadt‹) Zitadelle einer antiken Stadt, die einen königlichen Palast, eine Tempelgruppe oder beides einschließt.

Akrosolium (lat.) Grabnische, z. B. in den → frühchristlichen Katakomben.

Akroterion (griech.) Kleine Säulenplatte, manchmal mit Statuen oder geschnitzten Ornamenten an der Spitze und den beiden Ecken eines → Ziergiebels (→ Tempel, klassischer; → Portikus).

Akt Pose eines nackten Modells zum Zweck des künstlerischen Gebärdenstudiums (Aktstudie), aber auch die nach ihr erfolgte Darstellung des nackten menschlichen Körpers als Gemälde, Zeichnung oder Skulptur.

Aktion Seit etwa 1960 gebräuchlicher Begriff für eine strenge oder locker strukturierte Abfolge oder Kombination von Körperbewegung, Tönen, Materialmanipulationen, raumzeitlichen Interaktionen etc. Die einzelnen Teile müssen nicht unbedingt zu einem einzigen Zeitpunkt stattfinden und können entweder direkt oder mittels Dokumentation als Kunstwerk präsentiert werden. Die A. hat sich zwar aus dem → Happening entwickelt, ist jedoch weniger theatralisch. Indem zum Beispiel ein Künstler wie Richard Long eine festgelegte Anzahl von Kilometern pro Tag auf einer bestimmten Route gehend zurücklegt und das Ergebnis mit Linien auf einer Landkarte und mit einer Kamera dokumentiert, führt er zuerst eine künstlerische A. durch, um sie dann aufzuzeichnen.

Alabaster Ein weicher, leicht zu bearbeitender, durchscheinender Gips von weißgelber bis rötlicher Färbung, dessen Name auf die altägyptische Stadt Alabastron zurückgeht. Schon in der → ägyptischen Kunst wurden daraus Urnen, Schalen und Vasen hergestellt.

Alabastron (griech. ›Alabaster‹) Im antiken Griechenland und in Alexandria kleine Keramik- oder Glasflasche, üblicherweise zylinderförmig, mit Henkelgriffen, rundem Boden (zum Plazieren auf einem Dreifuß) und einem aus flacher Scheibe und zentralem Loch bestehenden Mundstück. Das A. fand Verwendung für Salben, Parfüms und Öle (→ Vasenformen, griechische).

Albarello (ital. ›Topf, Krug, Fläschchen‹) Ein zylindrischer, leicht taillierter Gewürz- oder Arzneimittelkrug mit umgebördeltem Hals, an dem ein Papier- oder Pergamentverschluß befestigt werden konnte. Die Form scheint ihren Ursprung im 12. Jh. in Persien zu haben, sie wurde zuerst im 15. Jh. in Spanien, dann in ganz Europa populär.

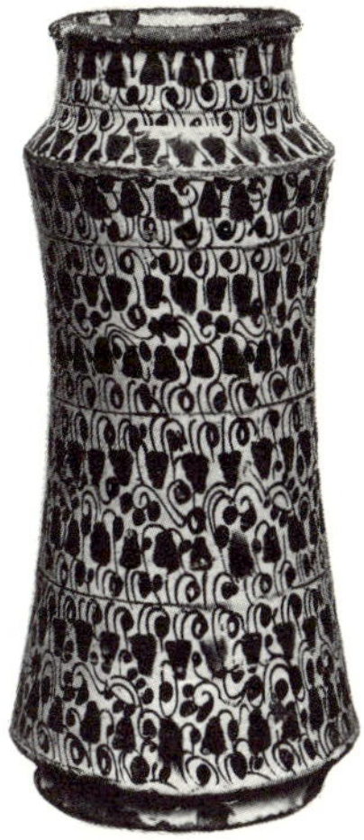

Albarello: spanisch-maurische Keramik.

Albumin-Abzug → Fotografischer Abzug auf mit A. (Eiweiß) und Salz beschichtetem, vor dem Gebrauch mit einer Silbernitratlösung lichtempfindlich gemachtem Papier. Die Methode wurde 1850 von Nicephore Nièpce de St. Victor in Frankreich entwickelt und war in der zweiten Hälfte des 19. Jh.s weit verbreitet.

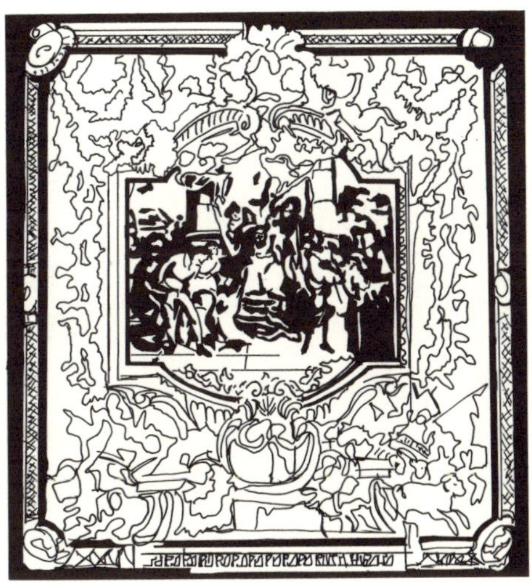

Alentours

Alentours Bezeichnung für → Bildteppiche, bei denen die Bordüren nicht mehr nur einen Bilderrahmen imitieren, sondern mit raffinierten Motiven aus Girlanden, Vögeln, Bändern etc. so erweitert sind, daß sie den größten Teil des Teppichs einnehmen. A. dienen als Hintergrund für eine figürliche Szene, die durch einen eigenen Rahmen abgesetzt ist und meist von einem anderen Künstler geschaffen wurde. Das Verfahren wurde zu Beginn des 18. Jh.s in der → Gobelinmanufaktur entwickelt und fand rasche Verbreitung (Abb. S. 13).

all'antica (ital. ›wie in der Antike, nach der Antike‹) Ein a.-Kunstwerk basiert auf einer klassischen Vorlage.

alla prima Die a.p.-Maltechnik (ital. ›aufs erste‹) bezeichnet das Malen in einem Vorgang, ohne vorbereitende Untermalung oder → lasierende Übermalung. Diese schnelle, spontane Malweise macht sich die helle Leuchtkraft der → Grundierung zunutze und zeichnet sich durch ihre frische Unmittelbarkeit aus. Obwohl es bereits früher Maler gab, die mit Vorliebe a.p. malten (z. B. Peter Paul Rubens und Frans Hals), hat die a.p.-Malerei eigentlich erst mit dem → Impressionismus eine weitere Verbreitung gefunden.

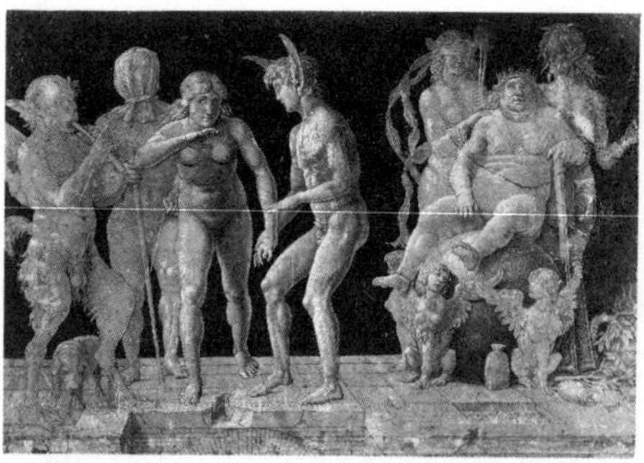

Allegorie: Eine Zeichnung von Andrea Mantegna stellt Laster und Tugend dar (um 1490). Unter den Figuren befinden sich von links nach rechts ›Lust‹ (der flötenspielende Satyr), ›Tugend‹ (die Frau, die beinahe in den Abgrund fällt), ›Torheit‹ (die ihr die Hand hält) und ›Unwissenheit‹ (die dicke, auf der Weltkugel sitzende Frau).

Allegorie Kunstwerk, das eine abstrakte Eigenschaft oder eine Idee repräsentiert, indem es entweder ein einzelnes Objekt oder eine einzelne Figur darstellt oder Objekte und Figuren – häufig auf unrealistische Weise – zu Gruppen zusammenfügt. Die → antike Kunst weist eine Vielzahl solcher Personifikationen auf, gleiches gilt für die mittelalterliche Kunst. In der Kunst der → Renaissance spielen A.n häufig sowohl auf die Heilige Schrift als auch auf griechische und römische Literatur an. Das → Barock kultiviert schließlich die mit großem Figurenaufwand und Pathos ausgestattete A. In der bildenden Kunst läßt sich die allegorische Darstellung nicht immer von der → symbolischen unterscheiden.

All-over Painting (engl. ›flächendeckendes Gemälde‹) Üblicherweise ein abstraktes Gemälde aus dem Umfeld des → Action Painting, das weder einen zentralen Brennpunkt noch einen dominierenden Bereich aufweist.

Altar (von lat. altaria ›Aufsatz‹) Opfertisch, der in der Antike oft aus einem Steinblock in freier Natur oder aus einer Tischvorrichtung zu Gabenopfern im → Tempel bestand. Im → Hellenismus erweiterte sich der Opfertisch nicht selten zu monumentalen, reich dekorierten Bauanlagen, wie dies der in Berlin befindliche Pergamon-A. bezeugt. Der christliche A. dient seit dem 3. Jh. als Stätte des Gebets und des Meßopfers; in der → frühchristlichen → Basilika befand sich sein Platz vor der → Apsis, im Mittelalter rückte er zunehmend in die Apsis hinein. Neben dem feststehenden A. gibt es auch die als Traga. verkleinerte Version, der später, wie auch dem feststehenden A., reiche Ausstattung zuteil wurde. Der A. besteht aus A.platte (Mensa) und Träger (Stipes). Er hat entweder Tisch- oder Blockform. Der Hohlraum in der Blockform dient zur Aufbewahrung der Reliquien und des A.geräts. Seit dem Mittelalter erlebte der A. eine reiche Ausgestaltung in Form von reliefierten, gemalten und geschnitzten → Retabeln. Für die → Gotik ist der Flügelaltar typisch, der aus Aufsätzen, einem Mittelteil, dem Altarschrein, und zwei Flügelansätzen besteht. Schrein und Flügel erhielten reiche Ausstattungen mit geschnitzten oder gemalten Darstellungen. In der Spätgotik erfuhr der Schrein einen turmartigen architektonischen Aufbau, das Gesprenge, bestehend aus einem phantasievollen Ensemble von → Tabernakel, → Fialen und Figuren. Im → Barock erreichte die dekorative Ausstattung des A.s ihren Höhepunkt: er wurde zum prunkvoll repräsentativen Zentralpunkt des Kircheninnern.

Altarbild Religiöses Kunstwerk auf, über oder hinter dem Altar einer christlichen Kirche. Als Gemälde oder Relief stellt es einen Abschnitt der Heiligen Schrift, eine Heiligenfigur oder eine Episode aus dem Leben eines Heiligen dar. Viele A.er zeigen mehrere unterschiedliche Szenen oder Szenenfolgen und sind mit Scharnieren versehen, die es erlauben, die einzelnen Abbildungen je nach Gelegenheiten zu verdecken oder zu enthüllen (→ Predella; → Retabel).

Altsteinzeit siehe Paläolithikum

Amalgam 1. Eine nichtchemische Verbindung von zwei oder mehreren Substanzen. 2. Eine Legierung von Quecksilber mit einem anderen Metall, z. B. Gold (Vergolden von Porzellan und Glas) oder Zinn (zum Hinterlegen eines Spiegels).

Amarna-Kunst → Ägyptische Kunst des Neuen Reiches aus der Zeit des ›Ketzerkönigs‹ Echnaton (1372–1358 v. Chr.), der seine Hauptstadt zum heutigen Tel-el-Amarna verlegte. Die A.-K. verbindet ausgeprägten Realismus mit extremer Manieriertheit. So wird die hieratische Steifheit der traditionellen Reliefplastik und Wandmalerei von Echnaton durch Schrägen und Kurven sowie durch die eigentümlich feminine Behandlung der Stoffe und durch eine Vorliebe für flatternde Bänder und Girlanden aufgelockert. Auch in der Darstellung der einzelnen Personen gibt es Veränderungen. Das Prinzip der Frontalität wird beibehalten, aber es treten nun auch reine Profildarstellungen auf, und häufig sind Füße und Hände korrekt gepaart. Im allgemeinen werden Haltung und Gestik der Figuren natürlicher, und charakteristische individuelle Züge sind besonders betont.

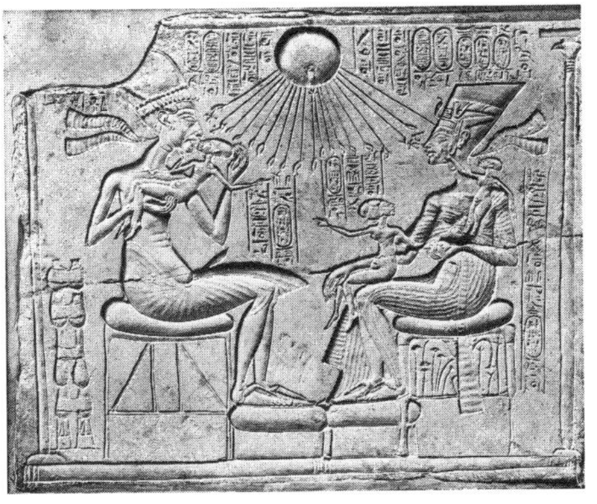

Amarna-Kunst: Das Relief stellt dar, wie Amenophis IV., Königin Nefertari und drei ihrer Kinder von der Sonne gesegnet werden. Zu beachten ist die gleichzeitige Darstellung von Front- und Seitenansicht bei Gesicht und Oberkörper.

Ambitus (lat. ›Umgang‹) 1. In großen Kirchen oder → gotischen Kathedralen der hinter dem Hochaltar und um die → Apsis herumführende Wandelgang. 2. Allgemein ein – häufig überdachter – Wandelgang.

Ambo (von griech. ambon ›Erhöhung‹) Kanzelartiges Lesepult in der christlichen Kirche, auf das während der Verlesung des Evangeliums und der Epistel die Bibel gelegt wurde. In → frühchristlicher Zeit waren zwei Ambonen im Gebrauch, einer an der Nordseite vom Mittelschiff des Langhauses für das Evangelium, einer an der Südseite für die Epistel.

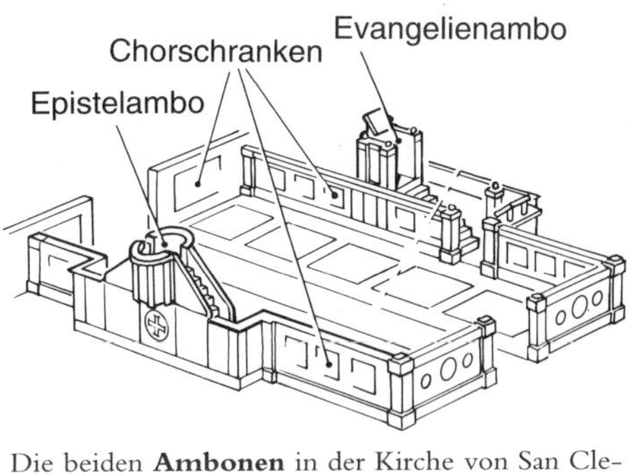

Die beiden **Ambonen** in der Kirche von San Clemente, Rom, 514–523 n. Chr.

Ambrotypie Frühes → fotografisches Verfahren zur Erstellung einer preiswerten Imitation der → Daguerreotypie. Ein Glasnegativ wird zuerst gebleicht, dann vor einen schwarzen Hintergrund gelegt, so daß ein Positivbild entsteht. Diese Technik wurde zuerst 1831 vorgestellt. Der Amerikaner James Cutting ließ sie 1854 patentieren.

American Gothic (engl. ›amerikanische Gotik‹) Bezeichnung für die eher abgezehrten und verlegen-unbeholfenen Personendarstellungen auf Gemälden der → American Scene, wie sie vor allem von Künstlern wie Grant Wood geprägt wurden.

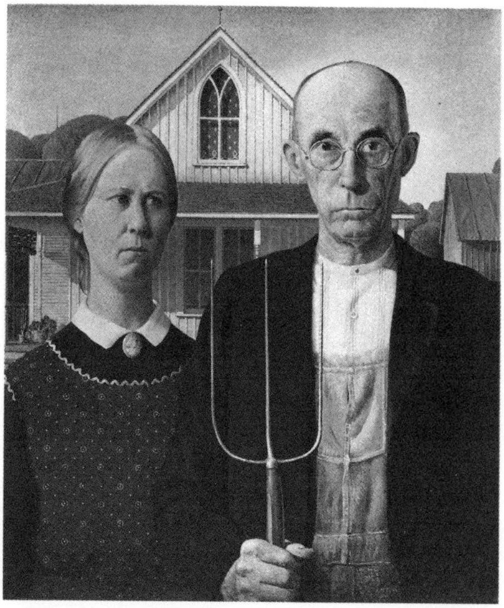

Grant Woods Gemälde *American Gothic*, 1930, das dieser Stilrichtung der **American Scene** den Namen gab.

American Scene Amerikanische figurative Malerei der 1920er und 1930er Jahre, die sich die realistische Abbildung zeitgenössischen amerikanischen Lebens mit eher kleinstädtischen und ländlichen als großstädtischen Motiven zum Ziel gesetzt hatte. Besonders der Mittelwesten lieferte reiches Motivmaterial.

Amorette (von ital. amorino ›kleiner Amor‹) Rundlicher, nackter, geflügelter Knabe, in der europäischen dekorativen Kunst seit der → Renaissance verbreitet (→ Putte).

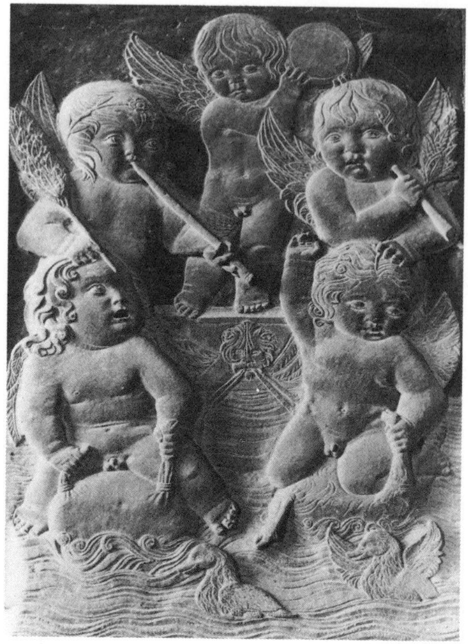

Gruppe von **Amoretten,** Mitte 15. Jh., von Agostino di Duccio am Tempio Malatestiano, Rimini.

Amphitheater 1. Rundes oder ovales Gebäude mit von einer zentralen Fläche aus ansteigenden Sitzreihen. 2. Die (üblicherweise gekrümmte) Galerie eines konventionellen Theaters.

Amphora (lat. von griech. ›Krug‹) Antiker → griechischer Krug für die Aufbewahrung von Öl und Wein, manchmal auch als Karaffe gebraucht. Die A. hat einen bauchigen Körper mit zwei Henkeln an je einer Seite des kurzen Halses. Manchmal war die A. fußlos, um aufrecht in Sand oder weichen Untergrund gestellt werden zu können (→ Vasenformen, griechische).

Amphoriskos (griech.) Miniaturamphora, üblicherweise aus Ton oder Glas, in der Antike als Behälter für Salben oder parfümierte Öle verwandt.

Ampulle (lat. ›Fläschchen‹) 1. In griechischer und römischer Zeit eine Miniaturamphora (→ Amphoriskos) normalerweise mit langem Hals und einem oder zwei Schlaufenhenkeln, die an der Schulter des Gefäßes direkt unterhalb des Randes befestigt sind, aus Ton, Glas oder anderen Materialien. 2. Im

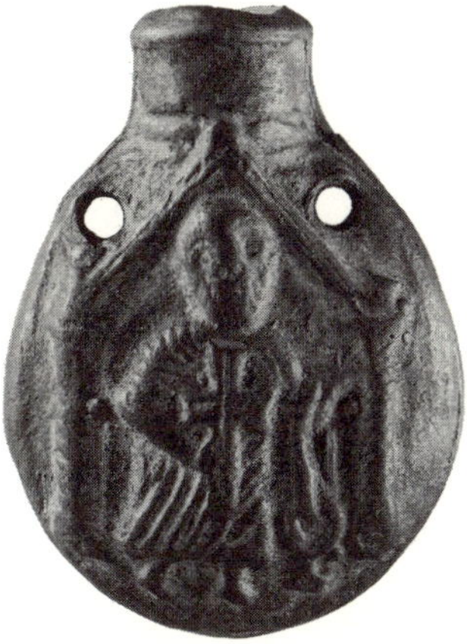

Ampulle eines christlichen Pilgers mit einem Bildnis des heiligen Petrus, Smyrna, 6. Jh. n. Chr.

christlichen Kontext ein Fläschchen, üblicherweise aus Ton, in dem Pilger Lampenöl aus einem Märtyrerschrein aufbewahrten. 3. Ähnlich geformtes Gefäß aus wertvollen Materialien, seit dem Mittelalter als Behälter des heiligen Öls für Krönungszeremonien gebraucht.

Anaglyph 1. Siehe Relief. 2. In der → Fotografie ein stereoskopisches Bild, das durch Übereinanderlegen von Bildern in Komplementärfarben entsteht.

Analytischer Kubismus siehe Kubismus

Anamorphose Bild (Gemälde, Zeichnung oder Druck), das, frontal betrachtet, verzerrt erscheint, von der Seite aus oder in einem Zerrspiegel angeschaut, jedoch normale Proportionen annimmt.

Anastasis (griech. ›Auferstehung‹) In der → byzantinischen Kunst übliche Darstellung der Erweckung der Heiligen des Alten Testamentes während des Abstiegs Christi in die Vorhölle (anstelle der Abbildung der Auferstehung Christi selbst, die nicht dargestellt werden durfte).

Ancona Ein früher italienischer Typ des Altarbildes ohne Faltflügel, jedoch aus zahlreichen bemalten Tafeln zusammengesetzt.

Andreaskreuz Kreuzform mit schräg stehenden Querbalken. Nach der Legende soll der hl. Andreas an einem solchen Kreuz den Märtyrertod erlitten haben (→ Kreuz).

Anfänger Der unterste Stein eines → Bogens.

Angewandte Kunst 1. Jegliche Kunst (z. B. an Möbeln, Keramik, Glas, Email, Textilien, Metallarbeiten, Typographie etc.), die in häuslicher Umgebung anzutreffen ist oder zur Innenausschmückung beiträgt. 2. Häufig besonders die funktionale und gleichzeitig ästhetisch ansprechende Gestaltung von Gebrauchsgegenständen.

an hua (chin. ›geheim‹) Eine in Porzellan geritzte oder auf dieses gemalte Dekoration in

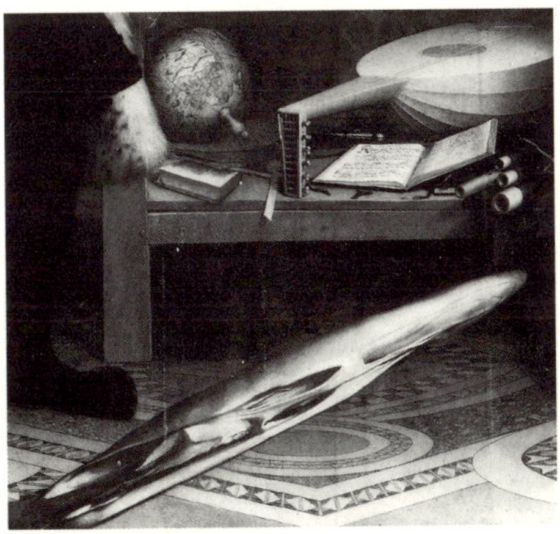

Anamorphose: Ausschnitt aus dem Gemälde *Die französischen Gesandten am englischen Hof, Jean de Dinteville und Georges de Selve,* 1533, von Hans Holbein d. J. Hält man die linke untere Ecke der Seite zum Auge hin, wird das versteckte Bild sichtbar.

feinem, weißem, geschlämmtem Ton unter einer → Glasur, die nur gegen das Licht gehalten sichtbar wird.

Animaliers (frz.) Eine Gruppe (hauptsächlich französischer) Bildhauer, die sich im 19. Jh. auf kleinformatige Darstellungen von Wild- und Haustieren spezialisierten.

Ankerbalken Waagerechter Balken, der eine Hauskonstruktion, z. B. → Fachwerk, versteift, indem er zwei gegenüberliegende Wände miteinander verbindet. Siehe auch Dachstuhl.

Ankh → Ägyptische → Hieroglyphe mit der Bedeutung ›Leben‹, geformt wie das Tau-Kreuz, jedoch oben mit einer Schlaufe (→ Kartusche).

Anna Selbdritt Gruppendarstellung der heiligen Anna mit ihrer Tochter Maria und dem Christuskind. Die frühesten Beispiele stammen aus dem 14. Jh., die häufigsten Darstellungen sind aus dem 15. und 16. Jh., darunter das bekannteste Beispiel Leonardos im Louvre.

Annunziata (ital. ›die Angekündigte‹) Bezeichnung für die christliche Bildmotivik der Verkündigungsmadonna.

Anonimo (ital. ›anonym‹) 1. Jeder italienische Künstler, dessen Identität unbekannt ist. 2. Im Bereich der Kunst eine Persönlichkeit, die als kunsthistorische Quelle dient, z. B. der A. Morelliano.

Antefix (lat. ›vorn befestigt‹) Ornament, das zuerst in der klassischen Architektur eingesetzt wurde, um die Enden der Dachziegel zu verdecken und die Dachsparren des → Tempels zu schützen. Später wurde es für die Dekoration → klassizistischer, → Regency- und → Empire-Möbel übernommen.

Antekirche Vorbau einer Kirche, der das Längsschiff normalerweise in der vollen Breite des Hauptgebäudes westwärts durch mehrere Erker verlängert.

Antependium (lat. ›vorgehängt‹) Ornamentale Bekleidung der Vorderseite eines → Altars, meist aus kostbarem, reich verziertem Stoff oder aus wertvollem Metall. Synonym: Frontale.

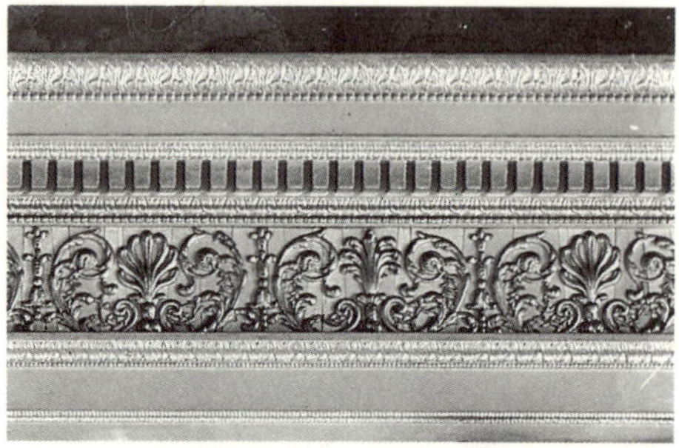

Ausschnittabbildung eines Türrahmens aus dem Syon House, Middlesex, nach einem Entwurf von Robert Adam (1728–1792). Jede Palmette wird von **Anthemionen** eingefaßt.

Anthemion (von griech. anthos ›Blume‹) Von der Geißblattpflanze abgeleitetes Architekturornament zur → Fries-Dekoration. Es erscheint entweder allein oder alternierend mit Lotos und → Palmette.

Antichambre (frz.) Synonyme Bezeichnung für Vestibül, Vorhalle.

Antike Kunst Griechische und römische Kunst aus der Zeit bis zum 5. Jh. n. Chr., aus der akademische Maler und Bildhauer seit der → Renaissance ihre Inspiration bezogen.

Antikunst Angeblich um 1914 von Marcel Duchamp geprägter Begriff zur Beschreibung einer Arbeit, die Kunstcharakter hat, die aber gleichzeitig jegliche vorgefaßte Ansicht über das Wesen von Kunst herausfordert. Typisch für A. ist Duchamps Geste, einer Reproduktion der Mona Lisa einen Schnurrbart zu verleihen, wobei die Pointe darin lag, daß diese Handlung von einem Mann ausgeführt wurde, der selbst schon als Künstler anerkannt war. → Dada war die erste A.-Bewegung.

Antiphonar (lat.) Liturgisches, oft sehr großes Buch für den Gebrauch im Gottesdienst. Es enthält Text und Melodie der Antwortgesänge (Antiphone) für Messen und andere Gottesdienste und war in → frühchristlicher und mittelalterlicher Zeit häufig reich → illuminiert.

Antiqua (lat. ›die alte Schrift‹) Bezeichnung für die heute meist gebräuchliche Buchschrift mit geraden Schäften, runden Verbindungsstrichen und isolierten Lettern. Die erste A.-Schrift wurde in der → Renaissance aus der römischen Kapitalis für die → Majuskeln und aus der karolingischen → Minuskel Ende des 15. Jh.s entwickelt. Siehe auch Schriftarten.

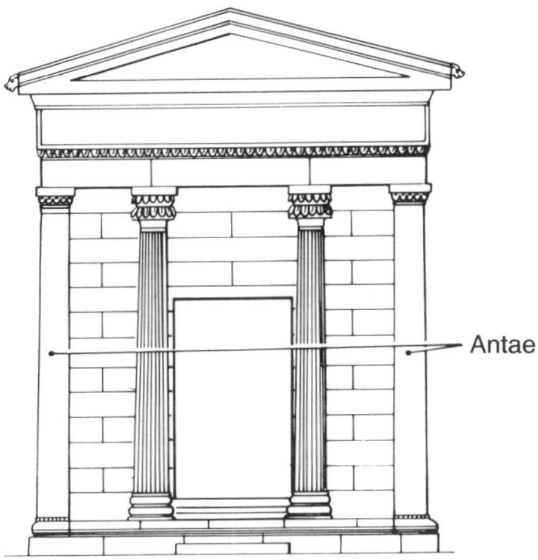

Portikus **in Antis.**

Antis, in (lat. ›zwischen den Antae‹) 1. → Portikus, der auf beiden Seiten nicht von Säulen gerahmt ist, sondern von den vorgezogenen Seitenwänden, die in → Pilastern (hier ›Antae‹ genannt) auslaufen. 2. Im weiteren Sinne jeder in die Fassade eines Gebäudes zurückweichende Portikus.

Antwerpener Manieristen Gruppe von in und um Antwerpen um 1515–1525 aktiven Malern, von denen heute viele nicht mehr zu identifizieren sind. In ihren Arbeiten mit normalerweise religiöser Thematik verbanden sie → manieristische und → gotische Elemente.

anular 1. Ringförmig. 2. Aus ringartigen Teilen zusammengesetzt.

Anulet, Anulus (pl. Anuli; lat. ›Ring‹) Einer von mehreren kleinen Ringen an der Spitze einer dorischen Säule (→ Säulenordnung, dorische).

A. P. siehe Epreuve d'artiste

Apadana (sanskr.) Freistehende Halle mit zahlreichen Säulen, oft mit einem → Portikus. Im alten Persien als Thronsaal verwandt.

Apotropaion siehe apotropäisch

apotropäisch Typisierung für gewollt häßliche Bilder oder Fratzen, zum Beispiel das Gorgoneion an einem griechischen oder römischen → Tempel. A.e Bilder sollten Unheil abwehren. Amulette, die man als magische Mittel zur Abwehr von Unheil benutzte, bezeichnete man als Apotropaion.

Applikation Dekorationsart, in der ein Motiv aus einem Material geschnitten und auf ein anderes geheftet, ›appliziert‹ wird.

Ausschnitt aus einer englischen Patchwork-Decke des 19. Jh.s mit Blumen- und Blatt**applikationen.**

Applike Kerzenhalter oder andere an der Wand oder an Möbelstücken befestigte Einrichtung.

après la lettre siehe Kupferstich

Apsara (sanskr., pl. Apsaras) Wassergeist der vedischen Mythologie Indiens, häufig in hinduistischen Tempeln als üppige Tänzerin dargestellt.

Apsidiole Kleine, → apsisartige Kapelle, die zumeist mit mehreren anderen entlang der östlichen Seite dem Kirchenquerschiff angefügt ist.

Apsis Halbrunder oder vieleckiger, überwölbter Raum, meistens am östlichen Ende einer Kirche gelegen.

Aquamanile Mittelalterliches Gefäß aus Bronze oder Keramik, häufig in Form einer menschlichen oder tierischen Figur, das zum Händewaschen bei Tisch gebraucht wurde. Ursprünglich diente es allein der liturgischen Händewaschung.

Aquarellmalerei Lasurmalerei mit wasserlöslichen Farben auf weißem Malgrund, der durch die dünnen Farbschichten hindurchscheint, ebenso wie die Vorzeichnung. Die A. wurde bereits im alten Ägypten verwendet, später in der mittelalterlichen → Buchmalerei. Albrecht Dürer griff die Technik als einer der ersten in seinen atmosphärischen Landschaftsdarstellungen wieder auf. Eine eigene Kunstgattung wurde die A. jedoch erst seit dem 18. Jh., vornehmlich in der englischen Landschaftsmalerei, wo sie in William Turner einen ihrer hervorragendsten Interpreten fand. Die neuere A. verzichtet oft auf die Vorzeichnung und arbeitet mit Vorliebe ›naß in naß‹, das heißt, das Aquarellpapier wird insgesamt mit Wasser durchfeuchtet, wodurch sich fließende Farbübergänge ergeben. Diese Form der A. erscheint vor allem im deutschen → Expressionismus.

Aquatinta Eine besondere Radiertechnik, bei der weniger Linien als vielmehr Flächenformen geätzt werden. Hierzu überzieht man eine Kupferplatte mit Harzstaub, so daß sich beim Ätzen die Säure an den unbedeckt gebliebenen Stellen in das Metall eingraben kann. Das Ergebnis ist ein körniger Effekt ähnlich einem Raster. Ist der Harzstaub aufgeschmolzen, werden die Stellen, die weiß bleiben sollen, mit Asphaltlack überzogen. Nach jedem Ätzvorgang werden weitere Partien abgedeckt, so daß verschiedene Helligkeitsstufen entstehen. Auf diese Weise werden die Formen des Bildes als unterschiedlich tiefe Reliefs in die Platte eingegraben. Die A. läßt sich mit anderen Radiertechniken kombinieren (→ Kupferstich).

Arabeske Komplizierte lineare Flächendekoration mit auf Pflanzenformen basierenden Bögen, Ranken und fließenden Linien.

Archaische Kunst 1. Im strengen Sinn die → griechische Kunst der Periode zwischen der dädalischen und der klassischen Epoche

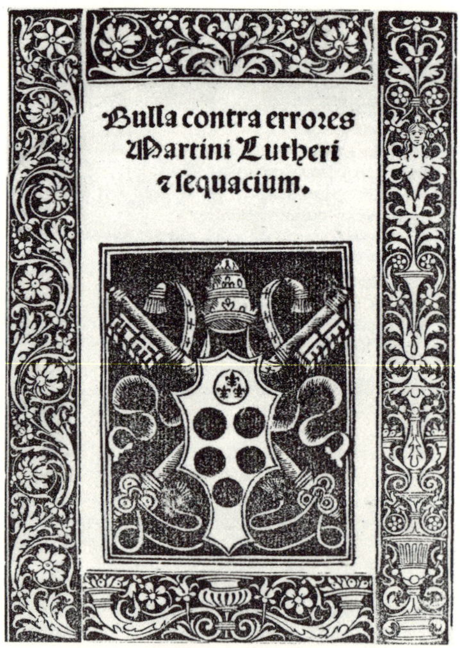

Renaissance-**Arabesken** umrahmen die Titelseite der ›Bulle gegen die Irrtümer Martin Luthers‹, die 1521 in Rom veröffentlicht wurde.

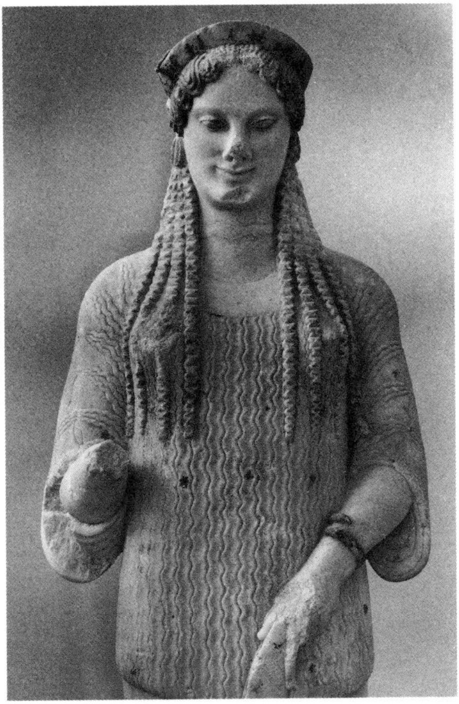

Archaische Kunst: eine griechische Marmorkore von der Akropolis (um 510 v. Chr.), die das typische archaische Lächeln zeigt.

(ca. 620–ca. 500 v. Chr.). Griechische Statuen dieser Zeit sind unter anderem gekennzeichnet durch einen konventionellen, lächelnden Gesichtsausdruck, das sogenannte archaische Lächeln. 2. Allgemeine Bezeichnung für eine in ihrer Zeit veraltet erscheinende Kunstauffassung.

archaisierend Bewußt archaische Stile imitierend; besonders die Nachahmung archaischer Kunst im → Hellenismus und in → römischer Zeit.

architektonisch 1. Die Architektur betreffend. 2. Im weiteren Sinne die der Architektur eigentümlichen räumlichen Eigenschaften.

Architekturbild Malerische Darstellung von Architekturdenkmälern, Kirchenräumen und Phantasiebauten, bei denen die hinzugefügten Figuren nur dazu dienen, die Größenverhältnisse zu verdeutlichen.

Architrav 1. In der klassischen Architektur der auf dem → Abakus ruhende Hauptbalken, der zugleich der unterste Bereich des → Gebälks ist. 2. Einfassung von Fenstern und Türen.

Archivolte Profilierte Einfassung eines Rundbogens (→ Normannischer Stil).

Arhat (sanskr., chin. ›Luohan‹) Häufig in frühen buddhistischen Tempelschnitzereien zu findende Figur, einen Menschen darstellend, der das Ende des Achtfachen Pfades erreicht hat: richtige Ansichten, redliches Streben, aufrechtes Sprechen und Verhalten, richtige Lebensführung, aufrechte Bemühung sowie Freiheit von Gedanken und Leidenschaften. Typisch sind Darstellungen von 16, 18, oder – in China – 500 den Buddha umgebenden Luohan.

Arkade Bogen oder Bogenreihe, die auf → Pfeilern oder → Säulen ruht. Die mit dekorativer Absicht einer Mauer vorgesetzte A. ohne Öffnung bezeichnet man als Blenda. Diese ist typisch für den Dachansatz → romanischer Kirchen.

Arkosolium Häufig mit Malereien ausgestattetes, nischenartiges Senkgrab in den Gewänden der → Katakomben.

Armatur Großes Rahmenwerk oder Gerüst, mit dem der Bildhauer seinen Modellierton oder anderes formbares Material stützt.

Armenbibel 1. Volkstümliche Bezeichnung für verschiedene Bücher mit Bibelauszügen und Erklärungen aus dem 14. und 15. Jh. für das leseunkundige Volk. 2. Spezielle Bezeichnung (lat. Biblia pauperum) für das vermutlich Ende des 13. Jh.s in Klosterkreisen entwickelte beliebteste typologische Erbauungsbuch des späten Mittelalters. Diese Handschrift schildert in Texten und Bildern die wichtigsten Stationen des Lebens und der Passion Christi, wobei jede Darstellung des Neuen Testaments durch zwei Vorbilder aus dem Alten Testament ergänzt wird.

Armory Show Höchst einflußreiche internationale Ausstellung moderner Kunst, die vom 17. Februar bis 15. März 1913 im Zeughaus (›Armory‹) des 69. Kavallerieregiments in New York stattfand. Dem amerikanischen Publikum wurden alle wichtigen, von Paris ausgehenden Kunstströmungen vorgestellt, der deutsche → Expressionismus und der italienische → Futurismus blieben allerdings ausgeschlossen.

Arrazzi (ital.) 1. Ursprünglich → Bildteppiche, die in Arras, Artois, gefertigt waren, im Mittelalter Europas wichtigstes Zentrum für Teppichweberei, das im späten 14. Jh. unter der Schirmherrschaft des Hofes Burgund stand. 2. Heute allgemeine Bezeichnung für Wandteppiche.

Arretinische Keramik Rote, glänzende, mit → Relief verzierte Tongefäße aus römischer Zeit (→ Terra sigillata), oft geschmückt mit Ornamenten, die die Wirkung von in Metall getriebenem Dekor nachahmen. Im ersten vorchristlichen Jh. war Arretinum (Arezzo) in Italien als Zentrum der Herstellung berühmt. Diese Töpferwaren wurden aber wenig später auch in ganz Europa produziert.

Arricciato, Arriccio (ital. ›Falte, Runzel‹) In der → Freskomalerei die den Rauhputz bedeckende Putzschicht, auf der die Komposition zuerst skizziert wird.

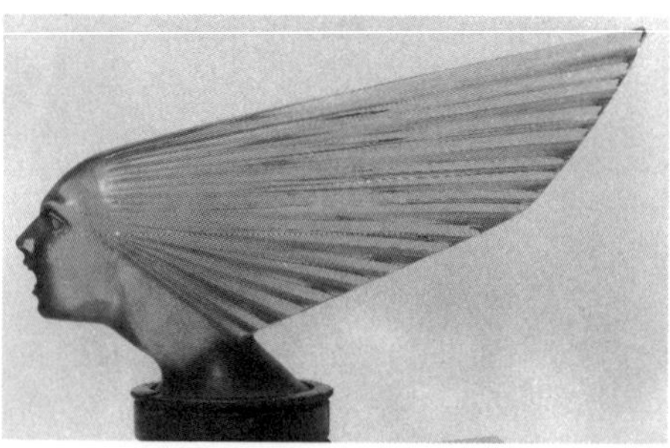

Der Geist des Windes, eine Kühlerfigur aus Glas von René Lalique. Sie ist im **Art-deco-**Stil ausgeführt und zeigt aztekischen Einfluß.

Art autre (frz. ›andere Kunst‹) Die in Europa direkt nach dem Zweiten Weltkrieg von Künstlern wie Wols und Jean Fautrier geschaffene ›entfremdete‹ Kunst, die im Unterschied zur zeitgleichen lyrisch-abstrakten Kunst in Amerika als ›andersartig‹ empfunden wurde. Der Begriff entstammt dem Titel eines 1952 veröffentlichten Buches des französischen Kritikers Michel Tapié, in dem er behauptet, die Kunst seit dem Kriege zeige einen vollständigen Bruch mit allen vorhergehenden Formen.

Art brut Bezeichnung, die der Maler Jean Dubuffet für die instinktiven, spontanen, unreflektierten, aus dem Unterbewußtsein kommenden künstlerischen Ausdrucksformen von psychischen Kranken, Kindern, Laienmalern oder Angehörigen primitiver Völker fand, deren Erzeugnisse er sammelte und 1947 erstmals in Paris ausstellte. Dubuffet selber hat Elemente dieser ›antikünstlerischen‹, unprofessionellen Ausdrucksweise als bewußtes Stilmittel in seiner Arbeit übernommen, ebenso wie viele andere Künstler des 20. Jh.s (Pablo Picasso, Paul Klee, Joan Miró etc.).

Art concret Kurzlebige künstlerische Bewegung mit abstrakter Tendenz, die 1930 von Theo van Doesburg, Jean Hélion, Otto Carlsund und Tutundjan ins Leben gerufen wurde. ›Konkret‹ nannte sie sich deshalb, weil »nichts konkreter, realer ist als eine Linie, eine Farbe, eine Fläche« (van Doesburg). In der gleichnamigen Zeitschrift, die es nur auf eine Ausgabe brachte, wurde eine abstrakte Kunst propagiert, die sich in Entwurf und Ausführung weniger nach subjektiven als nach objektiven wissenschaftlichen Prinzipien richtete.

Art deco Ein nach der großen Pariser Ausstellung ›Exposition Internationale des Arts Décoratifs et Industriels Modernes‹ (1925) benannter Dekorationsstil, der jedoch in direkter Nachfolge des → Jugendstils (Art nouveau) vor 1914 zu sehen ist. Noch stärker als der Jugendstil betonte die A.d. die Verwendung luxuriöser Materialien wie Lack, Bronze, Elfenbein, Ebenholz, Chagrinleder; im Unterschied zum → Jugendstil sind jedoch für A.d. sehr einfache, massive Formen typisch. Den französischen Stilen des → Louis-seize und des → Empire entliehene Elemente wurden mit solchen der → afrikanischen Kunst, der Kunst der Azteken, der → chinesischen Kunst der Song-Dynastie (960–1279 n. Chr.) und des → Kubismus kombiniert.

Art mobilier (frz. ›ausstattende Kunst‹) Kleine, tragbare Objekte zum rein dekorativen Gebrauch, z. B. Bronze-Statuetten der → Renaissance.

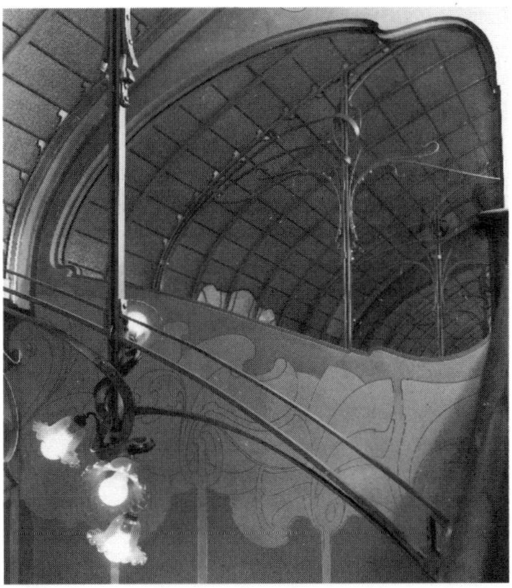

Metallarbeit mit fließenden Formen im **Art-nouveau-**Atelier des belgischen Architekten Victor Horta, Brüssel, 1898–1900.

Art nouveau (frz. ›neue Kunst‹) Übertrieben asymmetrischer, in den letzten zwei Jahrzehnten des 19. und der ersten Hälfte des 20. Jh.s über ganz Europa verbreiteter Dekorationsstil. Er verwendet wellenförmig fließende Formen aller Art, besonders stark bewegte, lineare Muster von Ranken oder Pflanzenstielen, jedoch auch Flammen, Wellen und das wallende Haar stilisierter weiblicher Figuren. Seine Hauptbedeutung liegt in seiner Ablehnung des → Historismus. Als Abkömmling des → Symbolismus einerseits und des → Arts and Crafts Movement andererseits, erhielt dieser Stil seine Benennung nach dem Namen eines Ladens, der in Paris erst 1895 eröffnet wurde und Objekte ›originalen‹ im Gegensatz zu solchen ›antiken‹ Charakters verkaufte. In Deutschland wurde der A.n. → ›Jugendstil‹ genannt, in Großbritannien → ›Modern Style‹ und in Italien → ›Stile Liberty‹.

L'art pour l'art (frz. ›Kunst um der Kunst willen‹) Vom englischen → ›Aesthetic Movement‹ übernommener Begriff, mit dem Charles Baudelaire und Théophile Gautier zum Ausdruck bringen wollten, daß ihre künstlerische Tätigkeit keiner moralischen oder sozialen Rechtfertigung bedürfe.

Arte Cifra Von dem deutschen Kunstkritiker W. M. Faust geprägte Bezeichnung für eine sich in der zweiten Hälfte der 1970er Jahre in Italien entwickelnde Kunstrichtung extrem subjektiver Formulierungen. Sie ist als Reaktion sowohl auf die Intellektualität der → Konzeptuellen Kunst wie der intersubjektiven Ästhetik der → Arte povera zu verstehen. Kennzeichnend für die A. C. ist die Hinwendung zu einer radikal individuellen Bildsprache, die sich vor allem auf Bereiche des Unbewußten, des Verdrängten und der Assoziation bezieht. Indem der Selbstausdruck des Individuums ins Zentrum der Kunstbemühungen gerückt wird, erhalten die Werke den Status der Chiffre, daß heißt einer visuellen Sprachform emblemartig verkürzter, ikonographisch mehrdeutiger Zeichen. Zu den wichtigsten Vertretern zählen Sandro Chia, Francesco Clemente, Enzo Cucchi, Nicola De Maria, Mimmo Paladino.

Arte povera (ital. ›arme Kunst‹) Von dem italienischen Kunstkritiker Germano Celant geprägter Begriff zur Beschreibung von Kunst in der Art der Minimal Art, die bewußt ›bescheidene‹ und allgemein zugängliche Materialien wie Sand, Holz, Gummi, Beton, Steine und Zeitungspapier verwendet, wobei es den Künstlern der A. p. darum geht, die poetische und energetische Wirkung des Materials sowie die Formkomplexität einfacher, alltäglicher Stoffe zur Geltung zu bringen. Zugleich wird dieses ›einfache‹ Material mit dem menschlichen Verhalten in Beziehung gesetzt.

Artefakt Vom Menschen gefertigter Gegenstand.

Arts and Crafts Movement (engl.) Bewegung, die eine Belebung der Handwerkskunst und eine Reform des industriellen Designs anstrebte. Sie erhielt ihren Namen nach der 1888 in England gegründeten ›Arts and Crafts Exhibition Society‹, ihre Wurzeln sind jedoch früher in den von Augustus Charles Pugin, John Ruskin und William Morris initiierten Bestrebungen zur Erneuerung der → angewandten Kunst zu suchen, wobei der potentiell gute soziale und moralische Einfluß betont und eine Rückkehr zur ›Funktionstüchtigkeit‹ gotischer Architektur angeregt wurde (Ruskin: ›In the Nature of Gothic‹, Bd. 2 von ›The Stones of Venice‹, 1853). Ein Ziel der Bewegung war es, die einheimische Tradition wiederzubeleben, die von der industriellen Revolution untergraben worden war. Das A. a. C. M. griff von England auf die Vereinigten Staaten über und hatte auch Auswirkungen auf die angewandte Kunst in Deutschland und Österreich.

Art Students' League Diese älteste unabhängige amerikanische Kunstschule wurde 1875 aus Protest gegen die in Konventionen erstarrte National Academy of Design in New York gegründet. Sie basiert auf einem völlig demokratischen System: Die Studenten wählen sich ihre Klasse selbst nach Belieben und müssen sich gegenseitig helfen, während die Lehrer nur auf Verlangen Hilfestellung geben. Alle Stile und Ideen sind vertreten. Diese völlige Freiheit und Unabhängigkeit sowohl im Denken wie in der Organisation hat viele berühmte Künstler als Lehrer oder Schüler, von Thomas Eakins bis Jackson Pollock, an die Schule gezogen.

Aryballos (griech.) Kleines kugelförmiges antikes → griechisches Gefäß, als Behälter von parfümierten Badeölen verwandt. Manchmal wurde dem A. auch eine anthropomorphe oder zoomorphe Form gegeben (→ Vasenformen, griechische).

Ash Can School (›Mülltonnenmaler‹) Dieser Spottname bezeichnet eine Gruppe amerikanischer Künstler, die 1908 zusammen mit der Gruppe ›The Eight‹ ausstellten und die das arme, häßliche, kleinbürgerlich-proletarische New York in ihren Bildern darstellten. Zu ihnen gehörten Robert Henri, William Glackens, George Luks, Everett Shinn und John Sloan, die alle etwa um 1904 aus

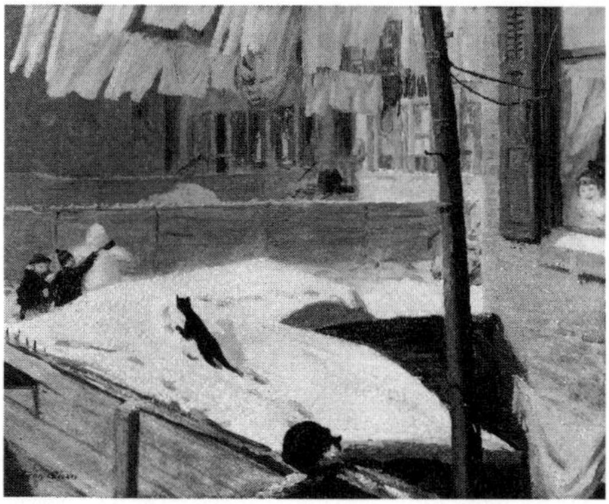

Ash Can School: John Sloan, *Hinterhof,* Greenwich Village, 1914.

Philadelphia nach New York gekommen waren und die sämtlich, außer Henri, als Pressezeichner angefangen hatten. Zu ihnen stießen noch andere Künstler, u. a. George Bellows und Reginald Marsh. Stilistisch gesehen hielten sie sich an Frans Hals, Diego Velázquez, Honoré Daumier, Francisco Goya und Edouard Manet, bevorzugten eine entsprechend gedämpfte Palette und lehnten den → Impressionismus ab. In der Konzeption knüpften sie beim → Realismus von Thomas Eakins und der traditionellen amerikanischen → Genremalerei an. Was die Proteste in der Öffentlichkeit hervorrief, war ihre Thematik, d. h., daß sie das großstädtische Amerika so malten, wie es wirklich war, mit seinen Hinterhöfen, den Slums und Betrunkenen. Obwohl sie politisch weit links standen, war ihre Kunst nicht agitatorisch. Trotzdem wurde sie von der amerikanischen Öffentlichkeit als revolutionär empfunden, da sie gegen den Pseudo-Klassizismus und den platten Idealismus des 19. Jh.s rebellierte.

Askos (griech. ›Weinschlauch, Lederflasche‹) Kleines antikes → griechisches Tongefäß zum Einfüllen von Öl in Lampen (→ Vasenformen, griechische).

Asphaltmalerei Im 19. Jh. praktizierte Maltechnik unter Verwendung von Asphalt als brauner Lasurfarbe. Wegen der starken Veränderung der Farbtöne durch Nachdunkeln wurde diese Methode bald wieder aufgegeben.

Asphaltverfahren Frühes Verfahren der → Fotografie, das erstmals 1822 von Nicephore Nièpce für Lichtbilder – zunächst auf Stein (›Fotolithographie‹) – benutzt wurde. Eine Lösung von Asphaltlack ist bei dünnem Auftrag lichtempfindlich. Bei entsprechend langer Belichtungszeit werden die belichteten Stellen gehärtet, die unbelichteten hingegen im ›Entwickler‹ (Terpentin, Petroleum) ausgewaschen. Wird als Schichtträger Zink etc. verwendet, kann die Platte geätzt werden. Wegen der geringen Lichtempfindlichkeit des Asphaltlacks wird das Verfahren heute nicht mehr angewendet.

Aspis In der mittelalterlichen Skulptur Bezeichnung für ein dämonisches Ungeheuer in Schlangengestalt unter den Füßen Christi als Symbol der Sünde.

Assemblage Der Gebrauch dreidimensionalen vorgefundenen Materials (→ Objets trouvés) zur Schaffung von Kunstgegenständen. Diese Technik, die ursprünglich aus der → Collage hervorging, wurde gegen Ende der 1950er Jahre im Rahmen der Wiederentdeckung von → Dada sehr populär (→ Neodada, → Combine Painting).

Assistenzfigur Eine der Hauptgestalt oder Hauptgruppe eines Bildes zugeordnete Nebenfigur.

Assumptio (lat.) Darstellung der leiblichen und seelischen Aufnahme Mariä in den Himmel am dritten Tag nach ihrem Tod (lat. Dormitio, ›Marientod‹). Diese Darstellungen treten zum ersten Mal in der → gotischen Bildhauerei des 13. Jh.s auf.

Ästhetik 1. Ein kohärentes System rein visueller, moralischer oder sozialer Kriterien oder eine Kombination aus diesen zur Bewertung von Kunstwerken – so wurde zum Beispiel die Handwerksästhetik auf Produkte des ›Arts and Crafts Movement‹ angewandt. 2. Die Philosophie über das Schöne in der Kunst. Der Begriff wurde Mitte des 18. Jh.s erstmals von dem deutschen Philosophen Alexander Gottlieb Baumgarten (1714–1762) benutzt und später von Immanuel Kant in seiner ›Kritik der Urteilskraft‹

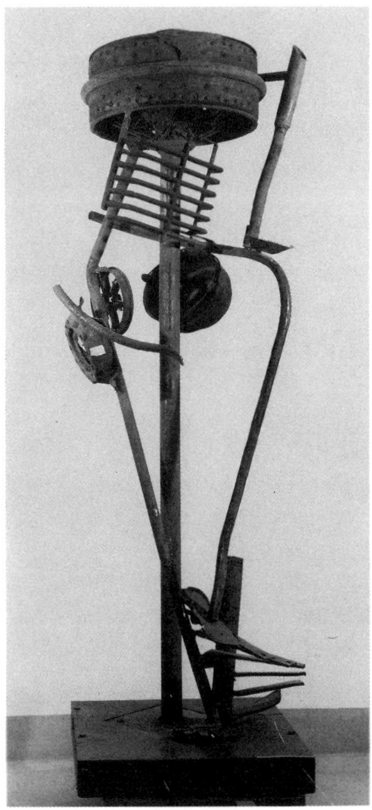

Assemblage: Richard Stankiewicz, *Kabuki-Tänzer,* 1956.

übernommen. Dort tritt die Ästhetik als dritte Fundamentaldisziplin neben Erkenntnistheorie und Ethik, was unter anderem bedeutet, daß Kunst nur nach ihren eigenen Maßstäben beurteilt werden kann. Dieses Konzept wurde in den 1840er Jahren in Frankreich von Charles Baudelaire und Théophile Gautier als → L'art pour l'art wieder aufgenommen. In Großbritannien erreicht diese Kunstauffassung mit dem → Aesthetic Movement im späten 19. Jh. ihre größte Blüte.

Astragal (griech. ›Sprungbein, Würfel‹) → Fries mit halbrundem Querschnitt, oft geschmückt mit einem Ornament aus Perle und Spule (Perlstab), am oberen und/oder unteren Ende einer Säule, oder als Teil eines → Gebälks.

Astwerk Knorrigen Ästen und Baumstümpfen nachempfundene Zierform an spätgotischen Kirchenbauten, z. B. an → Gewölben, Portalen, → Altären zur Auflockerung der architektonischen Form.

asymmetrisch Auf den beiden Seiten einer Achse unterschiedliche Form (die aber nicht notwendigerweise aus dem Gleichgewicht gerät).

Atelier (frz. ›Werkstatt‹) Arbeitsstätte eines Künstlers oder Grafikers.

Atelier des ... (auch Werkstatt des ...) Gibt an, daß das betreffende Kunstwerk unter der persönlichen Aufsicht eines bestimmten Künstlers ausgeführt wurde, jedoch höchstens teilweise von seiner eigenen Hand geschaffen ist.

Atelier libre (frz. ›freie Werkstatt‹) Ein von mehreren Künstlern geteiltes Atelier, die dessen Kosten (z. B. auch Entlohnung eines Modells) gemeinschaftlich bestreiten. Es gibt dort weder Lehrer noch Unterricht.

Ateliermalerei Im Unterschied zur → Pleinairmalerei Bezeichnung für Landschaftsgemälde, die im indifferenten Licht der Künstlerwerkstätte gemalt wurden.

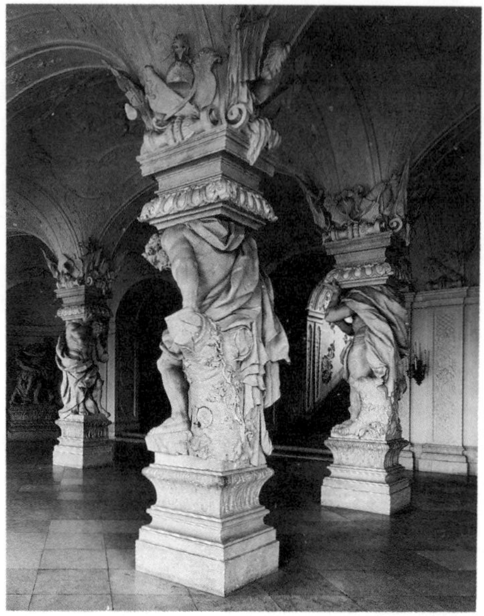

Atlanten in barockem Stil als Pfeiler in einem Gewölbe des Oberen Belvedere, Wien, um 1715.

Atlanten (griech.; sg. Atlant) Ganz- oder Halbkörperfiguren in Rund- oder Hochrelief, die anstelle von → Säulen ein → Gebälk oder ein → Gewölbe, bei Möbeln eine Tischplatte o. ä. tragen. Synonym: Telamonen.

Atrium 1. Ursprünglich der offene zentrale Innenhof eines → griechischen oder → römischen Hauses. 2. Vorhof oder Vestibül einer → frühchristlichen Kirche (→ Basilika). 3. Vorhof einer Kirche mit Säulengang. 4. Heute in den Vereinigten Staaten ein großer, pompöser Raum in einem Hotel oder öffentlichen Gebäude, durch den man in einen wichtigeren Raum gelangt.

Attika 1. An einem klassischen Bauwerk das Stockwerk oberhalb des Hauptgebälks. 2. Ebenfalls in der klassischen Architektur eine kleine Ordnung (Kombination von Säulen und Gebälke) oberhalb einer größeren. 3. In Ausdehnung des Begriffs das oberste Geschoß eines Gebäudes.

Attische Kunst Auf Attika (die Südosthalbinsel Mittelgriechenlands, Hauptstadt: Athen), insbesondere auf die Sprache und das Handwerk dieses Gebietes bezogen. Attische Töpfer traten während der → Archaischen Periode ihre Vorrangstellung zunächst an Korinth ab, erlangten sie jedoch Ende des 6. Jh.s v. Chr. wieder. Im Kulturleben Griechenlands spielte Attika dann eine so dominante Rolle, daß vieles, was wir allgemein als ›griechisch‹ empfinden, eigentlich als a. K. bezeichnet werden müßte.

Attribut Symbolischer Gegenstand, mit dem üblicherweise ein bestimmter Heiliger oder eine bestimmte Gottheit gekennzeichnet wird (→ Jakobsmuschel).

Ätzdruck Ein Verfahren, Textilien zu dekorieren, das zu Beginn des 19. Jh.s entwickelt wurde. Hierbei wird einem kräftig gefärbten Stoff mit einem Bleichmittel ein Muster aufgedruckt, das im Endprodukt weiß erscheint.

ätzen Im Zusammenhang mit der Radierung das Einwirken der Säure auf die Bereiche der Kupfer- oder Stahlplatte, von denen die schützende Lackschicht entfernt wurde (→ Kupferstich).

Au premier coup (frz. ›mit dem ersten Streich‹) Synonym für → alla prima.

Aubussonteppich Gattungsbezeichnung für Wandbehänge, speziell für → Bildteppiche. Aubusson in Frankreich hatte eine lange Tradition in der Wandteppichweberei, und Ludwig XIV. verlieh ihm 1665 den Status der Königlichen Manufaktur, die sich auf die → Basselisse-Webtechnik spezialisierte.

Aufglasurmalerei Ein Dekor mit → Email auf Keramik, das über der eigentlichen → Glasur (nach dem Garbrand) aufgetragen und mit Hilfe eines zweiten Brennvorgangs bei niedrigen Temperaturen fixiert wird.

Aufriß Nichtperspektivische Strukturdarstellung von der Außenfront eines Bauwerkes.

Auge Bezeichnung für die kreisrunde Öffnung einer → Kuppel.

Augenpunkt Der Bereich einer Bildkomposition, zu der das betrachtende Auge von allein immer wieder zurückkehrt. In der gegenständlichen Kunst mit → Zentralperspektive fällt er gewöhnlich, jedoch nicht immer, mit dem → Fluchtpunkt zusammen.

Aureole Ein die ganze Gestalt einer Heiligenfigur umgebendes Licht (Heiligenschein) (→ Glorie, Mandorla, Nimbus).

aus dem Umkreis von ... Geschaffen von einer dem genannten Künstler zeitlich und örtlich nahestehenden Person.

Ausgewogenheit Um den Eindruck der A. in einer Bild- oder Statuenkomposition zu erzielen, sind die Formen normalerweise auf eine Achse ausgerichtet. A. ist sowohl von der Formenanordnung (ein kleines Gebilde, das weiter vom vorgestellten Dreh- und Ruhepunkt entfernt angeordnet ist, kann ein vollkommen adäquates Gegengewicht zu einer großen, dem Drehpunkt näher liegenden Form sein) als auch von der Farbe abhängig (eine dunkle Form erscheint schwerer als eine helle Form der gleichen Größe, obwohl sie zugleich kleiner wirken wird). Hinzu kommen assoziative und psychologische Faktoren: So wird z. B. eine nicht abstrakte Form, die einen Gegenstand darstellt, der dem Rezipienten aus der Realitätswahrnehmung als schwer bekannt ist, von diesem auch als schwer empfunden werden. Ebenso wird der Betrachter Gegenständen, die er für besonders ausdrucksstark hält, etwa ein abgebildetes Gesicht, automatisch verstärkte Bedeutung und damit Gewicht beimessen, wenn er die A. einer Komposition beurteilt.

Auskragung Das Hervortreten eines Bauteils oder eines einzelnen Steins, Gesimses oder Stockwerkes aus der Gesamtfront einer Wand.

Ausleger Ein vorspringender Balken (zum Beispiel ein Stichbalken), der mit einer Endung im Gewicht der darüberliegenden Konstruktion verankert ist und deshalb in seiner vollen ungestützten Länge Lasten aufnehmen bzw. tragen kann.

Auslucht Erkerartiger Vorbau eines Hauses, der vom Erdboden ausgeht und oft über mehrere Stockwerke reicht. Besonders verbreitet bei Bauten der niedersächsischen → Renaissance.

Autograph Bezeichnung für Gemälde, Zeichnungen oder → Handschriften, von denen angenommen wird, sie seien vollständig von der Hand eines bestimmten Künstlers, der mit Sicherheit genannt werden kann, geschaffen.

Automata (sg. Automaton) Figuren, üblicherweise in Miniatur-, manchmal jedoch auch in Lebensgröße, die von einem Uhrwerk oder anderen Mechanismen bewegt werden. Sie waren im → antiken Griechenland und bei den Arabern bekannt, wurden jedoch erst im Europa des Spätmittelalters und der → Renaissance als Teile großer Uhren (einige funktionieren noch heute) und als sorgfältig gearbeitete Tischdekorationen bei Festgelagen besonders beliebt.

Automatismus Umsetzung des psychischen Traumzustandes in ein automatisches Aktionsgeschehen, realisiert u. a. in den sogenannten ›Blitz-Zeichnungen‹ von André Masson. André Breton kennzeichnete den schlafwandlerischen Malprozeß dieser ›automatischen Schreibweise‹ als magisches Diktat, das er folgendermaßen definiert: »Denk-Diktat ohne jede Kontrolle durch die Vernunft, jenseits jeder ästhetischen oder moralischen Überlegung« (Erstes Manifest des Surrealismus, 1924). Der rhythmische A. der Masson-Zeichnungen, der sich in explosiven Linienströmungen verbildlicht, schuf die methodisch-technische Grundlage des nachfolgenden → Abstrakten Expressionismus, der im → Action Painting die höchste Steigerung automatistischer Malrhythmik in dem Prozeß des Drip Painting hervorbrachte (→ Surrealismus).

Autotypie Seit den frühen 1880er Jahren übliches Verfahren, das es dem Drucker ermöglicht, → Halbtonbilder genau wiederzugeben. Hierzu fotografiert man eine Bildvorlage durch ein Kreuzraster, so daß ein Negativ entsteht, bei dem helle Partien durch kleine, dunkle durch größere Rasterpunkte dargestellt werden. Dieses Negativ kopiert man auf eine lichtempfindlich beschichtete Zinkplatte, die im nächsten Arbeitsgang geätzt wird. So wird das Punktmuster des Negativs auf der Platte fixiert, deren Oberflächenstruktur genau die Farb- bzw. Helligkeitsabstufungen der Bildvorlage wiedergibt.

avantgardistisch Den Anschein erwekkend, seiner Zeit voraus zu sein. Im künstlerischen Sinne Techniken, Formen, Konzepte etc., die über das hinausgehen, was bis dahin als Kunstschaffen allgemein anerkannt war.

avant la lettre siehe Kupferstich

Avatara (sanskr. ›Abstieg‹) Im Hinduismus die Inkarnation eines göttlichen Wesens, das in die Welt hinabsteigt, um die Ordnung wiederherzustellen – so kann z. B. eine Statue einen A. des Gottes Vishnu darstellen.

Avers Die Seite einer Münze oder → Medaille, auf die der Kopf oder die Hauptzeichnung geprägt ist. Die andere Seite heißt → Revers.

Azulejos (span.) Bemalte und glasierte Keramikfliesen mit Blumenmustern, Landschaften etc., in Spanien, Portugal und Lateinamerika zur Dekoration von Gebäuden verwandt. Die A.-Fayencen waren im 14. Jh. von den Mauren in Spanien eingeführt worden.

B

Backsteingotik Die für Norddeutschland typische vereinfachte, aus Ziegeln gebaute → gotische Architektur. Der Stil erlebte im 14. Jh. seine Hochblüte.

Backstein-Mauerwerk, Elemente
Grat Die beim Aufeinandertreffen von zwei Oberflächen im Mauerwerk entstehende scharfe Kante.
Schar Eine kontinuierliche, üblicherweise horizontal verlaufende Ziegelschicht.
Mauerfuß Ziegelschicht oder gestufte Ziegelschichten am Fuß einer Mauer, die zur Gewichtsverteilung der Konstruktion dienen.
Binder 1. Ein quer zur Mauerflucht verlaufender und – wenn nötig – bündig geschnittener Stein, der den Verband stärkt. 2. Die im Mauerwerk sichtbare Fläche eines solchen Steins.
Läufer Ein längs der Mauerflucht liegender Stein.
Mauersims Eine dekorative horizontale Schicht, üblicherweise aus einer Fassade vorspringend.

Backstein-Mauerwerk, Verbandformen
Binderverband Mauer, die nur aus Binderscharen besteht.
Blockverband Mauer, bei der sich Läufer- und Binderscharen abwechseln. Synonym: englischer Verband.
Fischgrätverband (Opus spicatum) Diagonal mit Schichten in abwechselnder Richtung verlegte Steine, Backsteine oder Ziegel.
Gotischer Verband Mauer, bei der in jeder Schar auf einen Läufer ein Binder folgt.
Holländischer Verband Mauer, bei der sich in einer Schar Läufer und Binder abwechseln und wo jede zweite Schar nur aus Bindern besteht.
Läuferverband Mauer, die nur aus Läuferscharen besteht.

Baldachin (frz. baldaquin, ital. baldacchino) 1. Ursprünglich eine textile Überdachung, die an den vier Ecken von Pfosten getragen wird. 2. Später eine architektonische Überdachung von Thron, → Altar, Kanzel etc. Das berühmteste Beispiel dieser Art ist der von Gianlorenzo Bernini im Petersdom in Rom entworfene B. Er kann auch von der Decke herunterhängen, aus einer Wand herausragen oder von – häufig gedrehten – Säulen getragen werden (→ Salomónica).

Balkenbauweise Eine ausschließlich aus aufrecht stehenden Elementen, die horizontale Teile tragen, bestehende Konstruktion (im Gegensatz zu → Gewölben). Die antike →

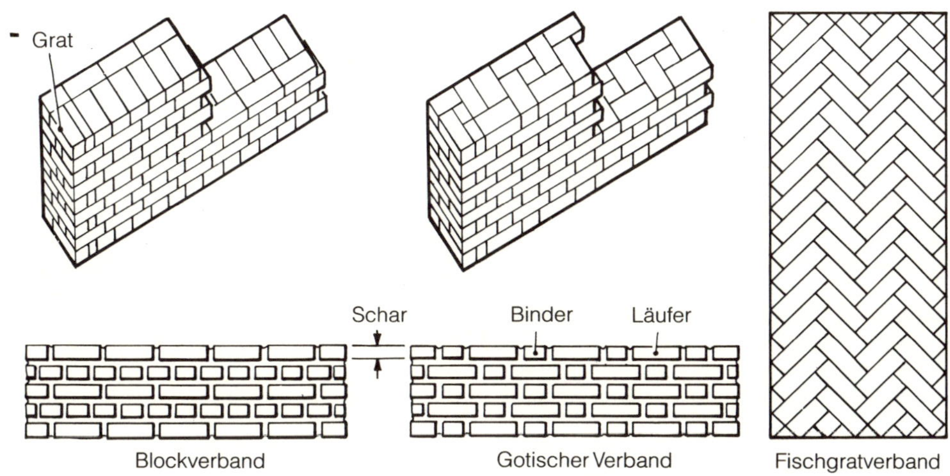

Backstein-Mauerwerk, Verbandformen

griechische und die → ägyptische Architektur sind in Balkenbauweise errichtet. Synonym: Pfeiler- und Balken-Bauweise.

Balkon Nicht überdeckter freier Ausbau an der Außenwand eines Gebäudes.

Ballenblume Ein in der → gotischen Architektur geläufiges Ornament, das eine dreiblättrige Blume darstellt, die teilweise geöffnet, eine Kugelform umschließt. Hauptsächlich zum Schmuck von Hohlkehlen verwendet (→ Fries).

Balloon-Frame-Konstruktion Eine schnelle, preiswerte und leichte Art der hölzernen Rahmenkonstruktion, die Mitte des 19. Jh.s in Amerika entwickelt wurde. Parallele hölzerne Pfosten (Stollen) verlaufen von der Bodenleiste zum Dachvorsprung; an ihnen werden die Zwischenböden befestigt. Bei der B. F. K. verzichtet man auf komplizierte Holzverbindungen und ersetzt diese durch Nagelung (→ Fachwerk).

Baluster Kleiner Pfosten oder → Pfeiler, üblicherweise mit rundem Querschnitt und

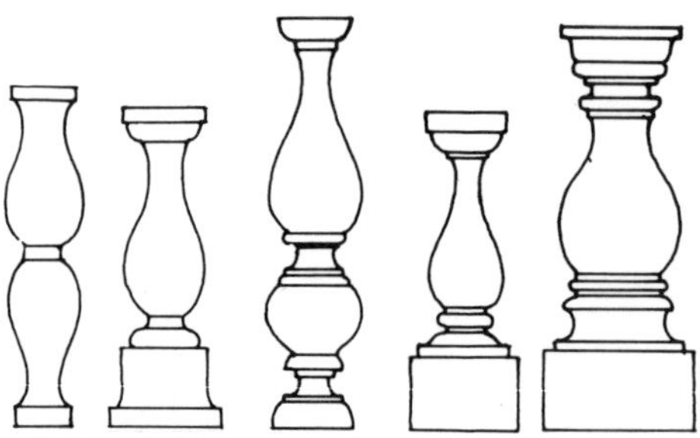

Balusterformen der Renaissance.

stark profilierter Form. Synonym: Docke.

Balustrade Geländer, das von kurzen → Pfeilern (häufig, jedoch nicht immer in der Form von → Balustern) getragen wird oder statt dessen von Platten in ornamentaler Durchbrucharbeit.

Bambocciata (ital. pl. bambocciate) Bambocciade, Bambochade (frz., von ital. bam-

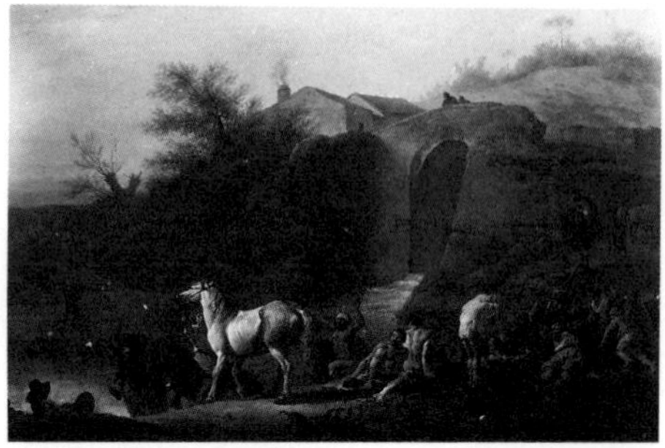

Szenen aus dem Alltag Roms, ein **Bambocciata** von Pieter van Laer, 1856.

boccio ›Puppe‹) Ursprünglich von in Italien lebenden Künstlern des 17. Jh.s geschaffene kleine Gemälde, die volkstümliche und bäuerliche Szenerien mit vielen kleinen Figuren darstellten. Das italienische Wort ›bamboccio‹ kann sowohl ›Puppe‹ als auch ›Kleckserei‹ bedeuten. Nach Meinungen einiger Autoritäten geht diese Bezeichnung auf den Beinamen des niederländischen Malers Pieter van Laer (1592/5–1642) zurück, der wegen seiner Kleinwüchsigkeit ›Il Bamboccio‹ genannt wurde und der solche Szenen malte.

Bandelwerk Schwungvolles Dekorationsmotiv aus Bandmustern, das besonders im 18. Jh. beliebt war.

Banderole (frz.) 1. Ein langes Band mit gespaltenem Ende. 2. Gemalte oder geschnitzte, bandartige, eine Inschrift tragende Schriftrolle.

Bandkeramik Jungsteinzeitliche Töpferwaren, für die eine schnurartige Ornamentierung typisch ist.

Baptisterium Kleines, von der Hauptkirche getrenntes Gebäude, oft mit oktogonalem oder kreisförmigen Grundriß, in dem in → frühchristlicher und mittelalterlicher Zeit das Taufritual vollzogen wurde.

Barbakane (frz.) Einer mittelalterlichen Stadt- oder Burgmauer vorgelagertes oder aus dieser vorspringendes Außenwerk als Befestigungsanlage zur Sicherung des Stadt- oder Burgtores.

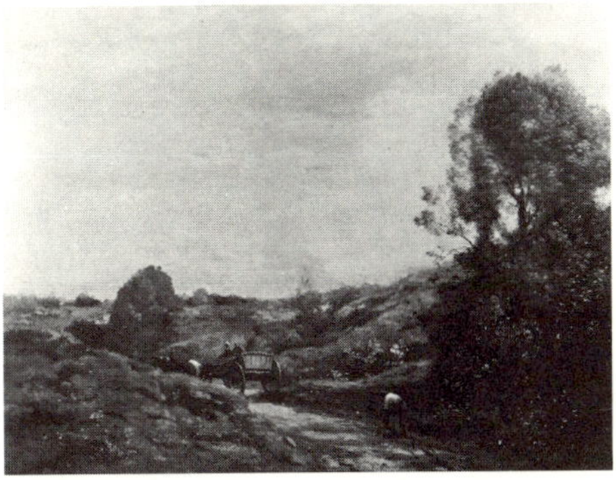

Typisch beschauliche und unprätentiöse Landschaftsansicht der **Schule von Barbizon:** Jean Baptiste Camille Corot, *Wagen – Andenken an Marcoussis,* um 1827.

Barbizon, Schule von Gruppe französischer Landschaftsmaler, die in dem Dorf Barbizon am Rande des Waldes von Fontainebleau von ca. 1835 bis ca. 1870 lebte und wirkte. Die bedeutendsten Mitglieder der Gruppe waren Théodore Rousseau, Camille Corot, Jean-François Millet und Charles Daubigny. Ihr → naturalistischer Stil kennzeichnet den Übergang von der → Romantik zum → Impressionismus.

Barbotine (frz. barboter, ›klecksen‹) Eine Technik, Keramik freihand reliefartig mit weichem, fast flüssigem Ton zu verzieren, ähnlich dem Überziehen eines Kuchens mit Spritzguß. Diese Technik findet sich bereits in der → minoischen Kultur, die allerdings besonders mit gallo-römischer oder römisch-britischer Keramik assoziiert wird.

Bargueño siehe Vargueño

Barock Von Kunsthistorikern des 19. Jh.s geprägter Begriff für den in der westeuropäischen Kunst von ca. 1580 bis zum frühen 18. Jh. vorherrschenden Stil, wobei sie dieser Kunst zugleich einen wesenhaft kapriziösen und überladenen Charakter zusprachen. In Wahrheit verband der B. vieles: die Revolte gegen den → Manierismus und dessen Intellektualismus, Elitedenken und Gefühlskälte, verknüpft mit dem Wunsch, den religiösen Impuls der Gegenreformation durch die Schaffung religiöser Typen zu fördern, die den Massen zugänglich waren, außerdem ein Interesse an dynamischer Bewegung und theatralischen Effekten. Die für den B. typischsten Kunstwerke verbinden Architektur, Bildhauerei und Malerei und schaffen so eine Synthese mit weitaus größerer Wirkung, als diese Kunstarten sie einzeln erzielen könnten.

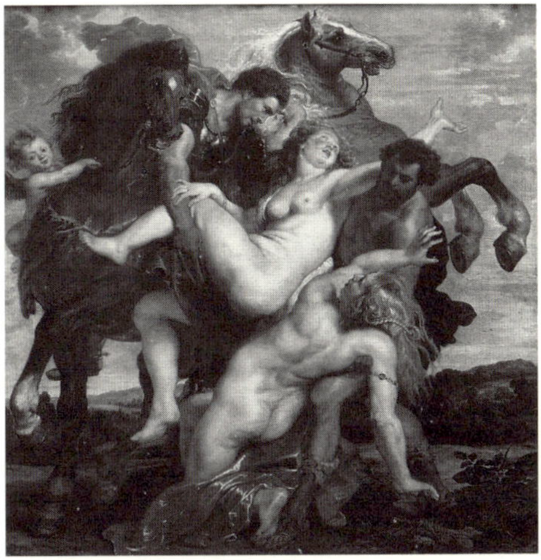

Barock: Peter Paul Rubens *(1577–1640), Raub der Töchter des Leukippos,* nicht datiert.

Bartmannskrug Rheinischer Steinzeugkrug mit Henkel aus dem 16. bis 18. Jh., für den eine als Relief ausgeführte bärtige Männermaske unter dem Ausguß typisch ist.

Basaltware Hartes, schwarzes, unglasiertes → Steingut, von Josiah Wedgwood erfunden und 1766 erstmalig produziert.

Basilika (von griech. ›königlich‹) 1. Ursprünglich eine Säulenhalle mit ausschließlich profaner Bestimmung. Sie stellt mit ihrem großzügigen Innenraum wahrscheinlich eine → römische Weiterentwicklung → griechischer → Tempelbauten dar und tritt erstmalig im 2. Jh. v. Chr. in Erscheinung. Als Kaiser Konstantin 312 n. Chr. das Christentum zur Staatsreligion erklärte und es nun endlich möglich war, christliche Gottesdienste offen

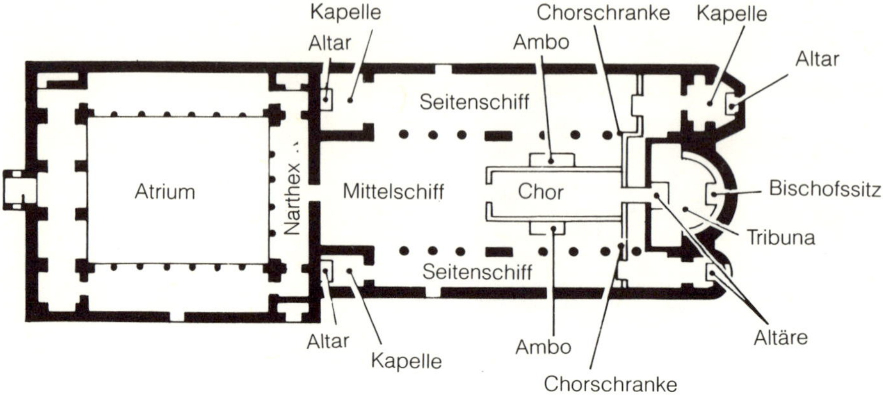

Grundriß einer **Basilika** (siehe auch Einzeleinträge)

abzuhalten, wurde die B. diesem Zweck angepaßt. Charakteristisch für den Bautyp der B. ist ein ein- oder mehrschiffiges Langhaus, das die Seitenschiffe überragt. Dadurch ist der Lichteinfall in das Mittelschiff gewährleistet. Den Abschluß des Mittelschiffes bildet die → Apsis, die als Altarraum dient. Im Verlauf des → frühchristlichen Ausbaus der B. tritt häufig vor die Apsis ein → Querhaus sowie ein → Chorraum. 2. Im weiteren Sinne jede bedeutende Kirche, der häufig vom Papst besondere Privilegien verliehen worden sind.

Basilisk Dämonisches, unheilträchtiges Fabelwesen, das in der mittelalterlichen Kunst als Hahn mit Schlangenschwanz (Symbol höllischer Mächte), häufig zusammen mit dem → Aspis zu Füßen Christi, dargestellt wurde.

Basis 1. Die unterste Schar eines → Mauerwerks. 2. Der vorspringende, profilierte Teil zwischen Fußplatte (→ Plinthe) und Schaft einer Säule. 3. Die Fußplatte einer Statue. 4. Der unterste Teil einer Wandtäfelung.

Basrelief siehe Relief

Basselisse (frz.) Eine der beiden Hauptarten der Wand- und → Bildteppichweberei. Im Gegensatz zur → Hautelisse ist die Kette waagerecht zwischen Walzen über den darunterliegenden Entwurf gespannt. Der Wirkstuhl wird mit einer Pedalvorrichtung bedient. Charakteristisch für → Beauvais- und → Aubusson-Weberei.

Bastarda Kursive Buchschrift des späten Mittelalters, die von der → gotischen Kanzleischrift abgeleitet wurde. Charakteristisch sind breiter Strich und abgerundete Formen. Sie hatte zahlreiche regionale Varianten, aus denen unter anderem die → Fraktur und die → Schwabacher hervorgingen.

Batik Aus Indonesien stammende Technik der stufenweisen Einfärbung von Papier und vor allem Textilien. Mit geschmolzenem Bienenwachs werden alle Teile abgedichtet, die nicht eingefärbt werden sollen, dann wird auf die gesamte Fläche Farbe aufgetragen, bis Papier oder Stoff ganz durchtränkt sind. Stellen, die nur die erste Farbe halten sollen, werden mit Wachs versiegelt, danach findet ein zweiter Farbauftrag statt usw. Nach Beendigung des Einfärbens wird das Wachs ausgebügelt. Das besondere → Craquelé beim B.-Verfahren entsteht dadurch, daß die Farbe durch feine Wachsrisse in andersfarbige Felder eindringt. Schon im 16. und 17. Jh. von niederländischen Kaufleuten importiert, erlebte die B. später vor allem im → Jugendstil eine neue Blüte.

Bauhaus Schule für Architektur, bildende Kunst und Kunsthandwerk, die 1919 von Walter Gropius in Weimar gegründet wurde und die aus einer Verschmelzung der alten Weimarer Akademie mit den Resten der 1915 aufgelösten Kunstgewerbeschule Henry van de Veldes hervorging. Obwohl die Weimarer geistige Autorität bereits durch die Ideen van de Veldes vorbereitet war, erschienen Gropius' Pläne doch als neuartig und kühn: er wollte nicht nur die Einheit zwischen den visuellen Künsten und dem Handwerk wiederherstellen, er wollte sie auch mitten in die moderne industrielle Welt hineinstellen, um so die Isolation der Kunst und des Künstlers aufzuheben und die Kluft zwischen der Welt des Geistes und der Welt des Alltagslebens zu überbrücken. Das Ziel war Klarheit, Sachlichkeit und Zweckmäßigkeit unter Überwindung des → Historismus sowie das Zusammenwirken

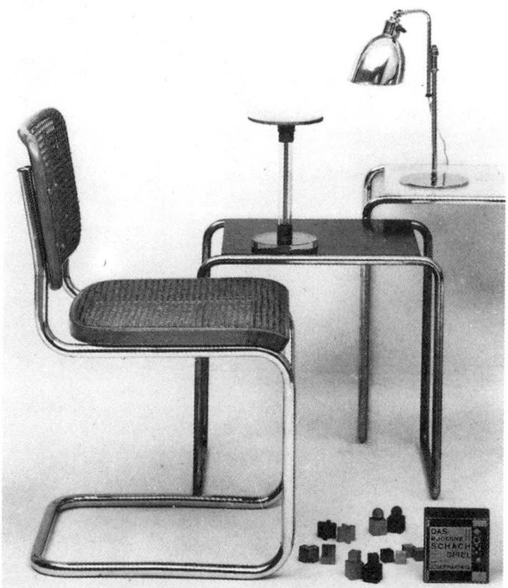

Typische **Bauhaus**-Produkte, unter anderem ein freischwingender Stuhl von Marcel Breuer.

von Kunst und Industrie im Sinne umfassender Lebensgestaltung. Nach dem Vorbild der mittelalterlichen → Bauhütte beim Kathedralbau sollte die Architektur die führende Rolle einnehmen, der sich alle anderen Künste unterzuordnen hatten. Neben bedeutenden Architekten wie Hannes Meyer und Marcel Breuer zog Gropius berühmte Maler an die Schule, wie Josef Albers, Lyonel Feininger, Wassily Kandinsky, Paul Klee, László Moholy-Nagy, Oskar Schlemmer u. a., die als ›Meister‹ den Klassen und Werkstätten vorstanden. Im Unterricht wurden visuelle Probleme wie Licht, Farbe, Raum systematisch erforscht, besondere Bedeutung kam der Auseinandersetzung mit den bildnerischen Materialien und ihren Ausdrucksmöglichkeiten zu. Neben den künstlerischen Klassen gab es Werkstätten für Schreinerei, Töpferei, Weberei, Innenarchitektur, Bühnenbildnerei, Typographie, → Fotografie, Metallarbeit und Werbegrafik, wobei dem → Industrial Design, der industriellen Formgebung, große Bedeutung zugemessen wurde. 1925 übersiedelte das B. in den von Gropius errichteten Bau nach Dessau. 1928, nach dem Rücktritt von Gropius, wurde Hannes Meyer neuer Direktor. 1930 folgte ihm Ludwig Mies van der Rohe. 1933 wurde die Schule durch die Nationalsozialisten geschlossen.

Bauhütte Mittelalterliche Bezeichnung für die Werkstatt und die Standesorganisation der Steinmetze, die an größeren Kirchenbauten beschäftigt waren. Erste B.n sind aus dem 12. Jh. bekannt, ihre Blüte erlebten sie im → gotischen Dombau des 13. und 14. Jh.s. In der B. gab es ein Zusammenwirken von → Baukunst und → Bildhauerei.

Baukeramik → Keramikerzeugnisse, die zum ornamentalen Schmuck eines Bauwerks in Gestalt von Wand- und Bodenfliesen, glasierten Reliefs und Ornamentplatten dienen. Besonders bekannt sind die Florentiner Fassadenverzierungen aus der → Renaissance und die Keramikornamente der → Backsteingotik (→ Azulejos).

Baukunst Bezeichnung für sakrale und profane Architektur, die nach einem künstlerischen Ordnungsprinzip ausgeführt wird.

Baunaht Bezeichnung für die erkennbare Stelle eines Bauwerks, wo sich ältere und jüngere Bauteile deutlich voneinander abgrenzen.

Bauornament Schmückende Architekturteile, die zugleich eine strukturierende und eine bautechnische Funktion, z. B. als Tragstützen, haben. Zu den B.n gehören → Gesimse, → Lisenen und → Pilaster, aber auch die Rippen von → Stern- und → Netzgewölben. Das B. ist in der Regel plastisch aufgelegt oder → inkrustiert, ausgemalte Verzierungen zählen nicht zum B.

Bausymbolik Sinnbildliche Bedeutung eines Bauwerkes wie z. B. die kreuzförmige Grundrißstruktur der → frühchristlichen → Basilika.

Bayeux, Teppich von Der wohl berühmteste, älteste erhaltene → Bildteppich des Mittelalters, friesartig (70 × 0,50 m), aus lose gewebtem Leinen mit farbiger Wollstickerei. Die Darstellungen sind wegen ihrer Fülle und Verschiedenheit von außerordentlichem kulturgeschichtlichen Wert. Sie schildern Vorgeschichte und Verlauf der Eroberung Englands durch Wilhelm den Eroberer (1066 n. Chr.). Das um 1070 in Kent entstandene Werk, das sich heute im Musée de la Reine Mathilde in Bayeux befindet, war wohl ursprünglich für die Kathedrale Notre-Dame (11. bis 13. Jh.) von Bayeux bestimmt.

Bedeutungsperspektive Größenstaffelung der Personen im Bild je nach ihrer Bedeutung (z. B. in der altorientalischen und der → frühchristlichen Kunst sowie in der → Volkskunst).

Beinhaus (Karner) Ein zu einer Kirche gehörender Raum oder ein separates Gebäude, in dem menschliche Gebeine bewahrt werden.

Bekleidung Die Umhüllung eines größeren Materials mit einem feineren, z. B. Marmorverkleidung von Bruchstein oder Beton.

Beletage (frz.) Bezeichnung für das Hauptgeschoß eines Gebäudes mit den Repräsentationsräumen, meist das erste Stockwerk.

Belfried 1. Das obere Geschoß eines Turms, das die Glocken beherbergt. 2. Der – manchmal freistehende – Turm flandrischer und nordfranzösischer Rathäuser des späten Mittelalters. 3. Balkengerüst innerhalb eines Kirchturms, das eine oder mehrere Glocken trägt.

Bellarmine Kugel- oder birnenförmiger → Steingutkrug mit einer bärtigen Maske auf

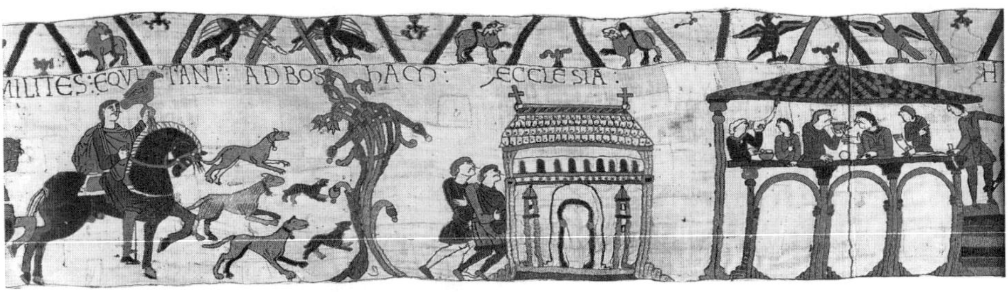

Teppich von Bayeux: Teil des Wandteppichs.

Beauvais Jegliche in Beauvais hergestellte Art von Webteppich. Die Produktion war umfangreich und umfaßte → Verdüren, → Commedia-dell'arte-Bildteppiche und → Chinoiserien, später auch Knüpfteppiche und Möbelstoffe. Die Manufaktur wurde unter der Schirmherrschaft Ludwigs XIV. 1664 gegründet und verschmolz 1940 mit der Gobelin-Manufaktur.

oder unter dem Hals, vom 16. bis 19. Jh. im katholischen Rheinland hergestellt. Dieses Gefäß ist nach dem strengen Verfechter der Gegenreformation, Kardinal Bellarmino (1542–1621), benannt, dem die Maske angeblich ähnelte (→ Bartmannskrug).

Belvedere (ital. ›schöner Ausblick‹) Türmchen oder Sommerhaus mit schöner Aussicht, besonders letzteres häufig in Landschaftsgärten zu finden.

Bema (griech. ›Schritt‹) 1. In armenischen und griechisch-orthodoxen Kirchen das → Sanktuarium (Altarraum), das eine oder mehrere Stufen höher als das Kirchenschiff gelegen ist. 2. In der → frühchristlichen Kirche das erhöhte → Presbyterium in der → Apsis.

Benedictionale Bischöfliches Liturgiebuch mit Segensgebeten, das im Mittelalter häufig eine besonders reiche Ausschmückung mit → Miniaturen erhielt.

Benin Hauptstadt des einst mächtigen afrikanischen Edo-Königreiches, das auf dem Höhepunkt seiner Macht vom Niger-Unterlauf bis nach Lagos reichte und sowohl die im Westen lebenden Ibo, die Edo-sprechenden Stämme als auch einen großen Teil der Yoruba umfaßte. Nachdem 1897 ein Handelszug auf dem Wege nach B. überfallen worden war, unternahmen die Briten eine Strafexpedition, in deren Gefolge mehrere tausend Bronze-, Holz- und Elfenbeinarbeiten nach Europa gelangten, darunter Bronzeköpfe, zum Andenken an verstorbene Könige gegossen und einst auf den Ahnenaltären im Königspalast aufgestellt. Elfenbeinarbeiten, gleichfalls von Altären stammend, kleine Bronze- und/oder Elfenbeinmasken, die man bei zeremoniellen Anlässen als Brust- oder Rückenanhänger trug, etwa 1000 Bronzeplatten, die im 16.–17. Jh. an den hölzernen Pfosten befestigt waren, die das Palastdach trugen, geschnitzte Holzladen, Kästchen, Schemel und dergleichen mehr. B.s Könige rühmten sich ihrer Abstammung von den Herrschern von → Ife, und aus Ife soll auch das → Wachsausschmelzverfahren beim Bronzeguß übernommen worden sein. Man unterscheidet drei Stilperioden: 1. Frühstil (etwa 14.–16. Jh.): differenzierte, dünnwandige Bronzegüsse von einer gewissen Naturtreue. 2. Mittelperiode (16. bis etwa Mitte 18. Jh): dickwandige Güsse, repräsentative Monumentalkunst, stark schematisiert. 3. Spät- oder Dekadenzperiode (18.–19. Jh.): Erlahmen der Phantasie und Fertigkeit. Die Objekte nehmen auf Kosten ihres künstlerischen Wertes an Größe, Gewicht und Prunk zu. Aus der letztgenannten Periode stammen auch die meisten Elfenbeingegenstände sowie die Holzarbeiten.

Benizuri-e (jap. ›rotgedrucktes Bild‹) → Farbholzschnitt, der die Farbe nicht durch Handkolorierung, sondern durch mehr als einen Druckstock erhalten hat.

Bergfried (Berchfrit) Höchster Turm einer mittelalterlichen → Burg, der, als Ausguck

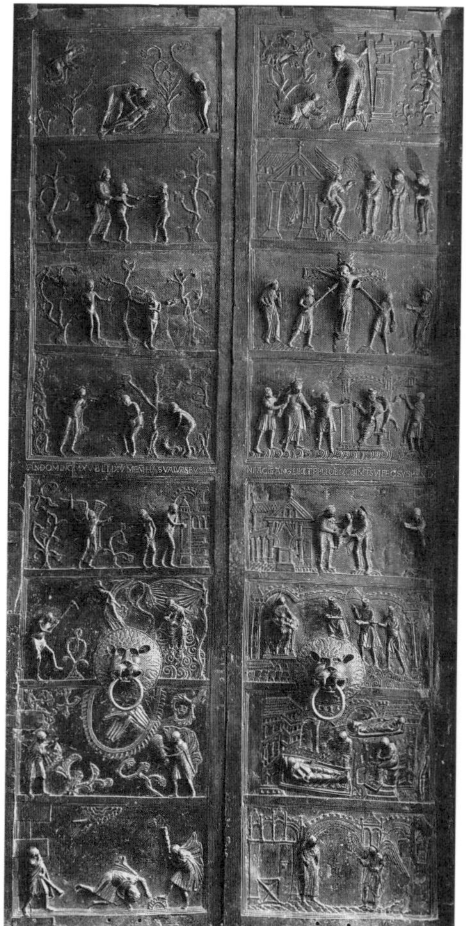

Bernwardskunst: Bernwardstür, St. Michael, Hildesheim.

dienend, die Burganlage überragte und als letzte Zuflucht bei der Verteidigung genutzt wurde.

Bering Der Bereich einer → Burg, der von der Hauptmauer (Zingel) umschlossen wird.

Bernwardskunst Kunst des frühen 11. Jh.s in Hildesheim, die von Bernward, dem Erzieher und Kanzler Kaiser Ottos III. (seit 993 Bischof von Hildesheim, † 1022) gefördert wurde. Zu ihr gehören einige der bedeutendsten Werke der Ottonischen Kunst, wie z. B. die bronzenen Bernwardstüren von St. Michael in Hildesheim mit Darstellungen aus der Genesis und dem Leben Jesu, die Bernwardssäule (4 m hoch) mit Reliefs aus dem Leben Jesu, die Bernwardsleuchter mit menschlichen und tierischen Darstellungen an Fuß und Schaft, das silberne Bernwardskruzifix, eine Auseinandersetzung mit → byzantinischen Vorbildern, und das goldene Bernwardskreuz (Magdalenenkirche) mit Perlen- und Edelsteinverzierung. Die B. war von großer Bedeutung für die Entwicklung der mittelalterlichen → Bildhauerei (Abb. S. 35).

Beschlagwerk Eine im 16. Jh. in den Niederlanden und Deutschland verbreitete Form der Verzierung von Holzteilen wie Täfelungen, Säulen, aber auch Gebäudeteilen wie Fassaden, Giebeln, Erkern u. a. m. Das B. besteht aus meist symmetrisch angeordneten Leisten und verschlungenen Bändern, die durch die → reliefartige Ausführung den Anschein erwecken, als seien sie aufgenagelt.

Bestiarium Strenggenommen ein moralisierendes Naturkundebuch, vom griechischen Physiologos abstammend, mit einer Sammlung von Abbildungen bekannter Tiere und Fabelwesen, üblicherweise mit moralisierenden Texten versehen. Im Mittelalter diente das B. Illustratoren und Schnitzern oft als Quellenmaterial für die Gestaltung von → Miserikordien und → Wasserspeiern.

Bestiensäule In der französischen und italienischen Kirchenbaukunst der → Romanik häufig zu findende Säulen- oder Pfeilerstütze, deren Schaft mit dichtgedrängten, untereinander oder mit Menschen kämpfenden Tierleibern bedeckt ist.

Béton brut siehe Sichtbeton

Betsäule (Bildstock, Votivkreuz) Freistehendes pfeilerartiges Denkmal mit gemaltem oder plastischem Andachtsbild bzw. Kruzifix aus Holz oder Stein zur Andachtsverrichtung oder zur Sühneerinnerung an ein besonderes Ereignis (wie plötzlicher Unfalltod oder unerwartete Heilung).

Bibelot (frz.) Kleines Schmuckstück oder Ornament.

Biblia pauperum (lat. ›Armenbibel‹) Ein kleines Buch, als → Handschrift oder gedruckt, das in Bildern aufzeigt, wie sich das Leben Christi im Alten Testament ankündigte. In Süddeutschland im späten 13. Jh. entstanden, wurde es nach der Erfindung des Buchdrucks als → Blockbuch herausgegeben. Üblicherweise enthielt es 120 Illustrationen, die, unterteilt in 40 Abschnitte, je drei gegenübergestellte Themen darboten. Diese Bücher waren eine wichtige Quelle für Anregungen zur Gestaltung von Skulpturen, → Bildteppichen und → Glasmalereien.

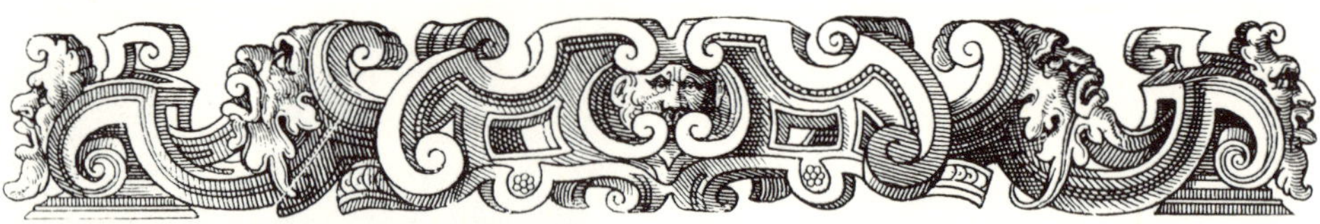

Beschlagwerk in einem Druckornament des späten 16. Jh.s.

Bible moralisée Bibelbilderbuch mit lehrhafter Auswahl bestimmter Szenen und Parallelisierung von Altem und Neuem Testament als heilsgeschichtliche Deutung, das im 2. Viertel des 13. Jh.s für Ludwig den Heiligen (1226–1270) im Nordosten Frankreichs gefertigt wurde.

Bidri-Ware (genannt nach der indischen Stadt Bidar) Aus → damasziertem Glockenmetall hergestellte indische Waren.

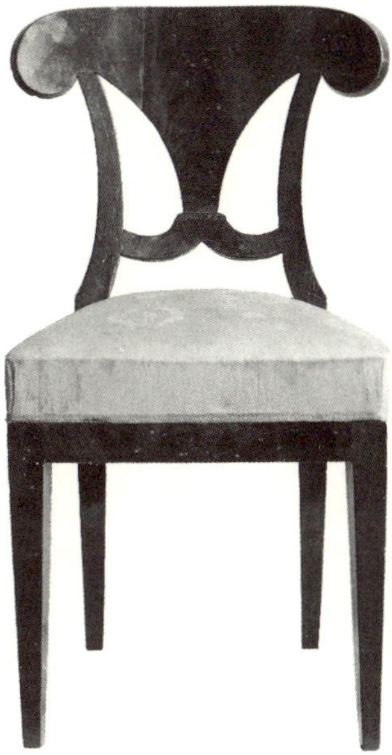

Biedermeier: Walnuß-Stuhl, 1820–1825. Die Verwendung eines in Europa beheimateten Holzes ist ein charakteristisches Merkmal.

Biedermeier Stilerscheinung zwischen dem Wiener Kongreß von 1815 und der Revolution von 1848 in Deutschland und Österreich. Die Bezeichnung geht auf eine Satirensammlung von Eichbrodt (1850, ›Fliegende Blätter‹) zurück, in der die Bürgertugenden von Genügsamkeit, Rechtschaffenheit und Fleiß in der Figur des Schulmeisters Gottlieb Biedermaier charakteristisch ausgeprägt sind (ein Name, der seinerseits aus zwei Gedichten von Viktor von Scheffel zusammengestellt ist: ›Biedermanns Abendgemütlichkeit‹ und ›Bummelmaiers Klage‹, 1848). Der Stilbegriff bezieht sich in erster Linie auf die bürgerliche Wohnkultur, deren Möbelkunst sich aus dem → Empire entwickelt hat. Die Malerei der B.-Zeit entspricht im Stil dem schlichten, behaglichen Geschmack dieser ausgesprochen bürgerlichen Kultur (Carl Spitzweg, Ferdinand Waldmüller).

Bildebene Die imaginäre Ebene, die von der materiellen Oberfläche (Leinwand, Papier etc.) eines Bildes dargestellt wird.

Bildende Kunst, Bildende Künste Sammelbegriff für die Künste, die das Verhältnis des Menschen zur Welt behandeln, soweit es in visuell wahrnehmbarer Gestalt ausdrückbar ist, also → Malerei und → Grafik (zweidimensional) sowie → Bildhauerei (dreidimensional) in engerem Sinn, in weiterem auch → Baukunst und → Kunstgewerbe sowie in neuerer Zeit → Film und → Fotografie. Im Unterschied zu Kunstgattungen wie Musik, Literatur und darstellende Kunst (Theater, Tanz), deren ›Werke‹ primär in zeitlichem Ablauf durch Interpretation des ›Werkträgers‹ entstehen, daher stets nur partiell erfahrbar sind und erst im nachhinein gedanklich zu einem Ganzen verbunden werden können, existieren Werke der b.n K. prinzipiell als körperlich-räumlich abgeschlossene, ruhende Gebilde, deren Erscheinungsform der Betrachtung in ihrer Gesamtheit unmittelbar zugänglich ist.

Bilderbogen Volkstümliche Einblattdrucke, deren Bilder häufig von gereimten Texten begleitet werden. Im 19. Jh. waren die Nürnberger, Neuruppiner und Münchner B. (für die u. a. Wilhelm Busch, Ludwig Richter und Moritz von Schwind tätig waren) besonders beliebt.

Bilderstreit siehe Ikonoklasmus

Bildersturm siehe Ikonoklasmus

Bildgattungen Im Lauf der Entwicklung – vor allem seit der → Renaissance – entstandene spezifische Ausformungen in den → bildenden Künsten (besonders in der Malerei), die gewöhnlich nebeneinander verwendet wurden, auf die sich Künstler aber oft auch spezialisierten. Neben dem bis ins 19./20. Jh. hinein gepflegten religiös gebundenen Bereich (u. a. → Altarbild, Andachtsbild, christliche → Allegorie) mit einer Fülle von Themen aus der Bibel oder den Heiligenlegenden sowie der durch die geistigen Umwälzungen im → Quattrocento und der daraus folgenden allmählichen Loslösung von der Religion begünstigten Wiederentdeckung der → antiken Mythologie entwickeln sich mit dem heraufkommenden Bürgertum neue große, spezifische Arbeitsbereiche, die wiederum in Untergruppen eingeteilt werden können: → Architekturbild (→ Interieur, → Vedute), → Genrebild (→ Bambocciata, → Fête galante, → Gesellschaftsstück, → Jagdstück, → Küchenstück, → Nachtstück), → Historienbild, → Landschaftsmalerei (→ Marine), → Porträt (Gruppenbild, → Schützenstück, → Selbstporträt) und → Stilleben (→ Blumenstück). Die → Bildhauerei kennt demgegenüber an eigenen Aufgaben → Büste, → Denkmal, Grabmal und Tierdarstellungen. Die überragende Bedeutung der B. im 19. Jh. löst sich schlagartig mit den neuen Strömungen in der Kunst des 20. Jh.s auf.

Bildhauerei, Bildhauerkunst Neben → Malerei und → Grafik der dritte große Bereich der → bildenden Kunst. Je nach dem bearbeiteten Werkstoff unterscheidet man zwei Gruppen: Plastik und Skulptur. Dabei umfaßt Plastik alles aus ›plastischem‹ (verformbarem), weichem Material Modellierte (Gips, Gold, → Porzellan, → Terrakotta, Wachs) sowie danach im → Gußverfahren aus Metall Hergestellte (Bronze, → Medaille), Skulptur dagegen alles aus mehr oder weniger hartem Material Gehauene (Granit, Marmor) oder Geschnitzte (Elfenbein, → Gemmen, Holz, Jade). Mit neuem Material (Aluminium, Eisen, Kunststoffe, Schrott) entstanden auch neue Bearbeitungstechniken wie Schweißen, Löten usw. Der Größe nach unterscheidet man Monumental- und Kleinplastik, der Form nach die dreidimensionale, raumgreifende Rund- oder Vollplastik bzw. das eher flächige und damit Malerei und Grafik nahestehende → Relief (mit seiner extremsten Form, der → Ritzzeichnung). Die Rundplastik (in Form einer einzelnen → Statue oder einer Figurengruppe) entsteht normalerweise nach vorbereitenden → Zeichnungen, einem Ton- oder Gipsmodell (dem → Bozzetto) sowie einem weiteren Modell in endgültiger Größe und sorgfältiger Ausarbeitung (vor allem natürlich bei einem späteren Guß). Produkte der B. gehören wie Felsmalereien zu den ältesten erhaltenen Kulturerzeugnissen (→ prähistorische Kunst, → Venusfigürchen). Wichtige Entwicklungsstadien sind: Ausbildung der Großskultpur in der frühen Kunst des Nahen Ostens und des → Kontraposts (des harmonischen Ausgleichs zwischen Ruhe und Anspannung eines organisch sich bewegenden Körpers) in der → griechischen Kunst, Kleinplastik (Elfenbeinschnitzerei, → Goldschmiedekunst) und Relief (→ Bernwardskunst) der → frühchristlichen bis → romanischen Kunst, Bauplastik der Romanik und → Gotik, Grabmäler und geschnitzte Flügelaltäre des späten Mittelalters (Pacher, Riemenschneider, Veit Stoß) sowie die Wiederaufnahme von Gattungen aus der Antike in der → Renaissance (Reiterdenkmäler von Donatello und Verrocchio). Bemalte Skulpturen finden sich besonders in der Antike, der Gotik und dem → Barock sowie in neuerer Zeit im Kontext einer neoexpressiven Holzskulptur und einer von technischer Konstruktion geprägten Metallplastik. Siehe auch → Herme, → Karyatide, → Obelisk und → Stele.

Bildnis siehe Porträt

Bildstock siehe Betsäule

Bildteppich Wandbehang mit bildlicher Darstellung (eingewebt, eingewirkt, appliziert oder aufgestickt) im Gegensatz zum nur gemusterten Teppich, seit Ende des 17. Jh.s gewöhnlich → Gobelin genannt.

Bildträger Das Material (z. B. Leinwand, Holz, Kupfer, Putz), auf dem ein Gemälde ausgeführt wird.

Bindemittel Klebende Lösungen, Emulsionen, Harzessenzen, Balsame, Öle oder Dispersionen zum Grundieren der Malfläche oder zum Binden von Farben untereinander.

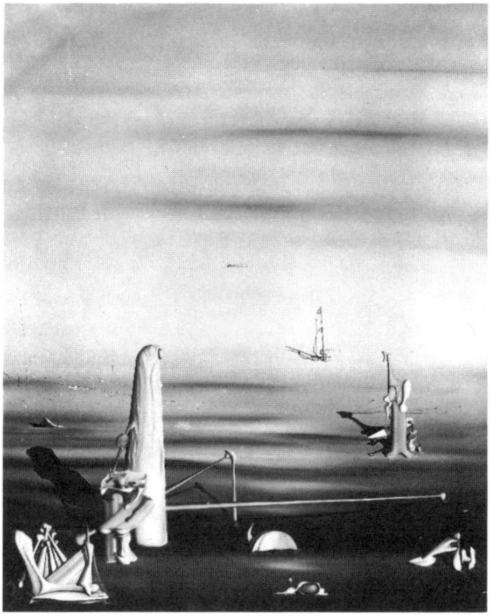

Biomorphe Formen in Yves Tanguys *Die Sonne in ihrem Kästchen,* 1937.

Binder siehe Backstein-Mauerwerk

biomorph (in Verbindung mit → abstrakter Kunst) Unregelmäßige abstrakte Formen, die auf in der Natur vorgefundenen Formen basieren. B.e Formen finden sich häufig im → Surrealismus, so z. B. in den Gemälden Yves Tanguys und in den Skulpturen Hans Arps.

Biskuit Unglasierte Keramik, besonders → Porzellan vor der → Glasur oder solches, das unglasiert belassen wird. B.-Porzellan wird häufig zur Herstellung von Miniaturfassungen von Marmorstatuen benutzt. Seinen Namen erhielt das Material aufgrund seines körnigen Charakters.

Bister Aus dem Ruß des Rauchfangs gewonnenes transparentes braunes Pigment, oft zum → Lavieren von Tuschzeichnungen verwandt.

Bitumen Chemisch instabiles braunes Pigment, das mit dem Alter verhältnismäßig stark nachdunkelt und opaker wird, gleichzeitig aber auch einen ausgeprägten Hang zur Rißbildung (→ Craquelure) aufweist. Der Einsatz dieses Pigments bei der Untermalung von Gemälden aus dem späten 18. und frühen 19. Jh. (z. B. im Werk Sir Joshua Reynolds') ist die Ursache schwerer Schäden. Als → Lasur richtet dieses Pigment weniger Schaden an.

Bizarre Seide Seidenstoffe mit asymmetrischen Blumen- und Blattmustern, die zwar von orientalischen Textilien beeinflußt sind, aber in Europa (besonders in Lyon und Spitalfields) um 1695–1720 hergestellt wurden.

Blanc de Chine (frz. ›chinesisches Weiß‹) Ein im 18. Jh. in Frankreich entstandener Begriff für durchscheinendes weißes Porzellan ohne aufgemalte Dekoration, das seit dem 17. Jh. in Té Hua (Provinz Fukien) in China hergestellt wurde.

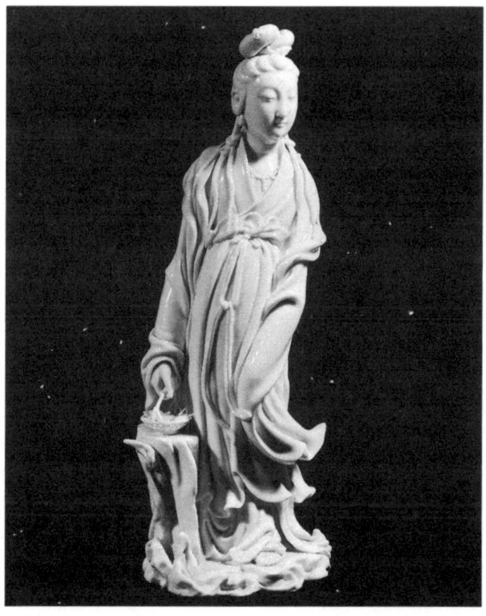

Porzellanfigur der Göttin Juan Yi (Qing-Dynastie), das wohl am häufigsten in **Blanc de Chine** ausgeführte Motiv.

Blattfries (auch Laubfries) Ornamentales Laubwerk in der gotischen Architektur, besonders im → Decorated Style (→ Fries).

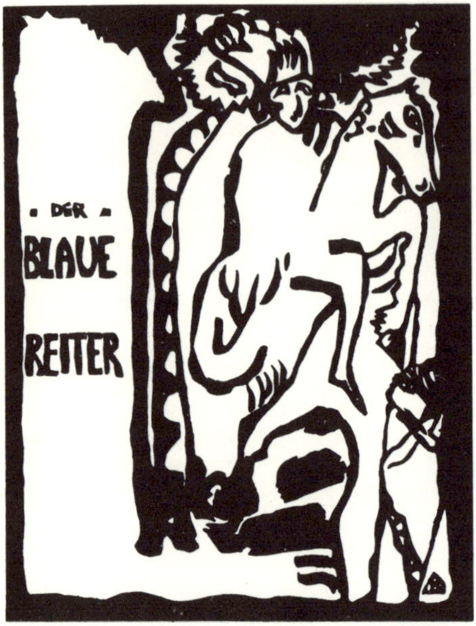

Schutzumschlag des Almanachs ›**Der Blaue Reiter**‹; Entwurf von Wassily Kandinsky

Der Blaue Reiter 1911 in München gegründete Künstlergruppe, die aus der ›Neuen Künstlervereinigung‹ hervorging und deren wichtigste Mitglieder Alexej Jawlensky, Wassily Kandinsky, Paul Klee, August Macke, Franz Marc und Gabriele Münter waren. Die Bezeichnung für die Gruppe und das gleichnamige Jahrbuch (erschienen 1912) ging auf ein Bild Kandinskys zurück. Die Gruppe war eine lockere Verbindung gleichgesinnter Künstler, die in ihrer Zielsetzung und künstlerischen Ausdrucksfähigkeit jedoch viel unterschiedlicher waren als etwa die Künstler der anderen großen Künstlergruppierung des deutschen → Expressionismus, der → Brücke. Sie standen auch den Einflüssen internationaler avantgardistischer Strömungen, wie → Kubismus, → Futurismus und → Orphismus, sehr viel aufgeschlossener gegenüber und nahmen Anregungen aus verschiedensten Bereichen – z. B. der russischen und bayerischen Volkskunst, der Laienmalerei, der Kinderzeichnung – auf. Bezeichnend für die breite Skala der künstlerischen Ausdrucksmöglichkeiten innerhalb der Gruppe ist die Tatsache, daß auf der ersten programmatischen Ausstellung am 18. 11. 1911 in der Münchner Galerie Tannhäuser neben Werken der Mitglieder auch Bilder von zwei so extremen Exponenten der französischen Kunst wie Robert Delaunay und Henri Rousseau gezeigt wurden, die für Kandinsky die beiden Pole einer zukünftigen Kunst – das ›Große Abstrakte‹ und das ›Große Reale‹ – verkörperten. Die stilistischen Bemühungen der Künstler des B. R., die eher intellektuell und analytisch geprägt waren und unter der geistigen Führung Kandinskys zur Abstraktion tendierten, hatten einen spirituellen und mystischen Unterton. 1912 erschien Kandinsky wegweisendes Buch ›Über das Geistige in der Kunst‹, in dem er den autonomen, vom Gegenstand unabhängigen Ausdruck von Form und Farbe postulierte. Der Ausbruch des Ersten Weltkrieges, in dem Marc und Macke fielen, setzte dem gemeinsamen Streben der Gruppe ein Ende.

Die Blaue Rose (russ. Golubaja rosa) Russische Gruppe → avantgardistischer Künstler, sowohl vom → Symbolismus als auch vom → Fauvismus beeinflußt. Sie publizierte eine ›Das goldene Vlies‹ genannte Zeitschrift (1906/07) und stellte ab 1907 aus. Prominente Mitglieder waren Michail Larionow und Natalia Gontscharowa. Die Mitglieder der B. R. waren Pioniere des neuen → Primitivismus in der russischen Kunst, aus dem sich die → Russische Avantgarde entwickelte.

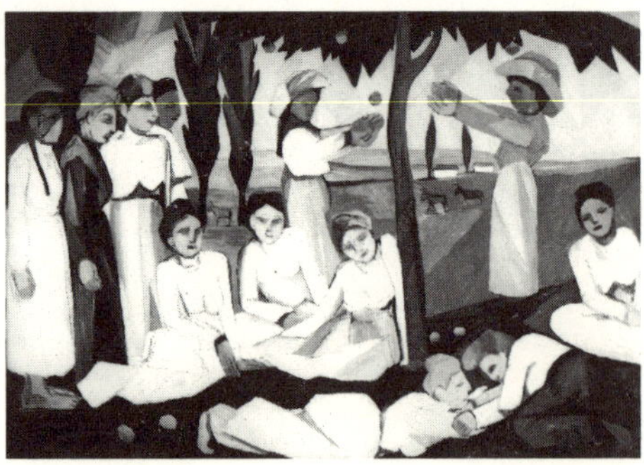

Apfelernte, 1909, von Natalia Gontscharowa; ein Beispiel für ›**Blaue Rose**‹-Malerei, in dem primitivistische und fauvistische Einflüsse deutlich sichtbar werden.

Bleiglas Eine → Glasart mit hohem Anteil an Bleioxid, das seine Leuchtkraft erhöht. Es wurde erstmals 1676 von George Ravenscraft verwandt und ist häufig graviert oder facettiert.

Bleiverglasung Kleine Glasscheiben oder -stücke unterschiedlicher Form und üblicherweise unterschiedlicher Farbe, die von Bleiruten in H-förmigen Verbindungen gehalten werden.

Blendarkade siehe Arkade und Blendfassade

Blendfassade Eine → Fassade, die einem unschönen Baukörper vorgestellt wird, um ihm ein ästhetisch ansprechendes Aussehen zu geben. Sie kann größer oder kleiner als der dahinterliegende Bau sein und enthält meist → Blendarkaden, -fenster etc., die die geschlossene Wand gliedern.

blind gedruckt, geprägt, gepunzt (bei ledernen Bucheinbänden) Verziert mit dem Eindruck von Druckstöcken, → Prägestempeln oder → Punzen ohne Zufügung von Gold oder Farbe.

Blockbuch Von ganzseitigen Blöcken gedrucktes Buch im Gegensatz zu solchen, die mit beweglichen Lettern gedruckt sind. Die frühesten europäischen B.er datieren von ca. 1440/50, nach 1500 wurde diese Technik nur noch vereinzelt angewandt (→ Biblia pauperum).

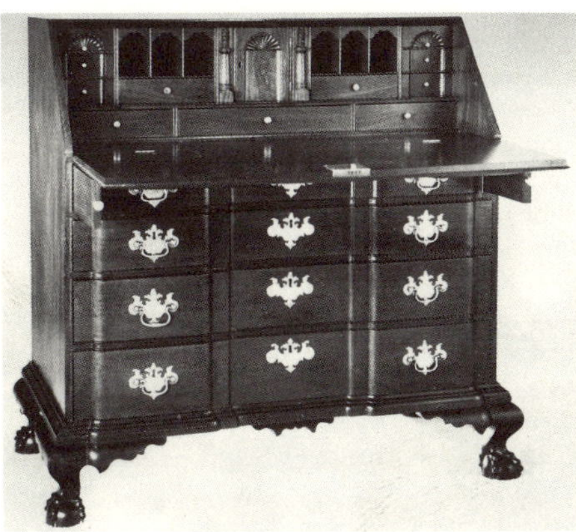

Amerikanischer **Blockfront**-Sekretär aus Mahagoni, 18. Jh.

Blockfront Ein Merkmal zahlreicher amerikanischer → Kastenmöbel des 18. Jh.s, bei denen die Front aus einem konkaven Mittelteil mit flankierenden flach-konvexen Seitenteilen besteht.

Blot Drawing (engl. ›Kleckszeichnung‹) Eine von dem englischen Aquarellmaler Alexander Cozens in seinem Buch ›A New Method of Assisting the Invention in Drawing Original Compositions of Landscapes‹ (1786) beschriebene Technik. Cozens schlug vor, die Zeichnung solle sich aus einigen völlig zufällig gesetzten Flecken oder Klecksen entwickeln. Der → Surrealismus bediente sich im 20. Jh. ähnlicher ›Zufallsmethoden‹.

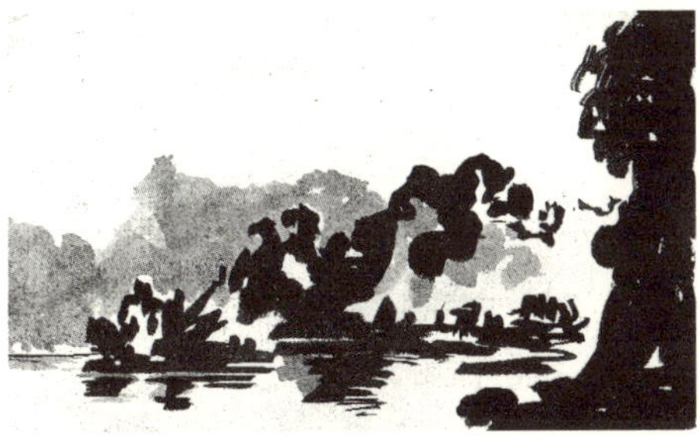

Blot Drawing: Landschaftsaquarell von Alexander Cozens (1717–1786).

Blumenstück Gemälde oder Zeichnung mit ausschließlicher Blumendarstellung in kunstvollem Arrangement, wobei die Zusammenstellung oft keine Rücksicht auf gemeinsame jahreszeitliche Blütephasen nimmt. Das B. gehört zur Gattung der → Stilleben.

Bocage (frz. ›Wäldchen, Dickicht‹) Dicht gedrängt stehende Blumen, Blätter oder Äste aus Porzellan.

Bodegón (span. ›Taverne‹) Spanische Gemälde, die vorrangig → Stilleben darstellen, obwohl im Hintergrund auch ein → Interieur mit oder ohne Figuren sichtbar sein kann.

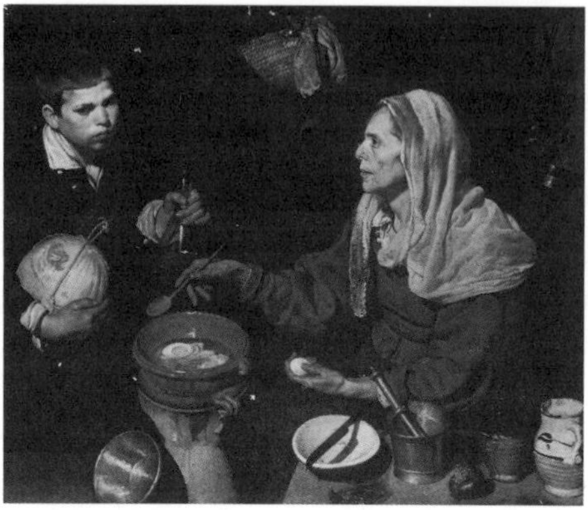

Diego Velázquez, *Die alte Köchin* (1619), eines der ersten Beispiele für ein **Bodegón.**

Bodhisattva (sanskr. ›Erleuchtungswesen‹) Wesen (›sattva‹), dessen Ziel Erleuchtung (›bodhi‹) ist. In den Geburtslegenden Buddhas dessen frühere (menschliche oder tierische) Daseinsformen. B. ist auch der Buddha selbst vor seiner Erleuchtung unter dem Bodhi-Baum. Im Mahajana-Buddhismus ist B. ein Wesen, das zwar Erleuchtung erfuhr, aber vorläufig auf die Buddhaschaft verzichtet, um anderen Wesen zum Heil zu verhelfen.

Body Art Ende der 1960er Jahre in New York entwickelte Kunstströmung, bei der der Körper des Künstlers als Medium benutzt wird. Die B. A. kann u. a. aus → Aktionen mit dem Körper bestehen (→ Performance) oder aus Manipulationen mit der Körperoberfläche, was bis zur Verwundung und Verletzung gehen kann, z. B. durch langandauerndes Reiben *(Rubbing Piece,* 1970) bzw. Abbrennen und Ausreißen der Körperbehaarung bei Vito Acconci, ihrem konsequentesten Vertreter, oder durch übermäßige Sonneneinstrahlung *(Reading Position for Second Degree Burn,* 1970) bei Dennis Oppenheim. Da es sich bei der B. A. meist um schnell vergängliche oder einmalige Aktivitäten handelt, werden sie oft mit Hilfe von → Film, → Fotografie oder → Video aufgezeichnet. Historische Vorläufer sind (mit bestimmten Stücken) Künstler wie Marcel Duchamp, Yves Klein, Piero Manzoni, Arnulf Rainer, die → Wiener Aktionisten und vor allem Bruce Nauman *(Self Portrait as a Fountain,* 1966; *Art Makeup* 1967/68; *Making Faces,* 1968).

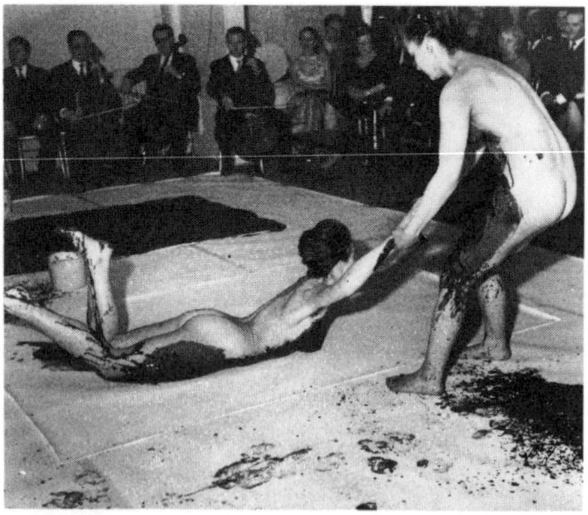

Body Art: Yves Klein, *Anthropometrien der blauen Periode,* 1960; Performance in der Galerie Internationale d'art contemporain, Paris.

Bogen Überspannung einer Öffnung, wodurch der nach unten wirkende Druck des darüberliegenden Gewichts in einen nach außen gerichteten Schub überführt ist, der von flankierendem Mauerwerk getragen wird. Üblicherweise eine aus keilförmigen Steinen (Gewölbesteine genannt) konstruierte gewölbte Struktur. Das wesentliche jedes echten B. (im Gegensatz etwa zum Kragsturzbogen) ist, daß er seine Stabilität durch das Gewicht erhält, das er trägt.

Chorbogen So wird der B. genannt, der den Chor einer Kirche vom westlichen Teil trennt. Synonym: Triumphb.

Einhüftiger oder steigender B. Einer der Pfosten steht nicht im rechten Winkel zur Grundfläche. Synonym: Schwanenhals.

Entlastungsbogen In die Mauer gebauter B. zum Tragen des Mauerwerks, das für die direkt unterhalb befindliche Öffnung zu schwer wäre (z. B. bei Türen oder Fenstern mit flachem oberen Abschluß).

Flachbogen B. aus dem Segment eines Kreises, dessen Mittelpunkt unterhalb der Kämpferlinie liegt. Synonym: Segmentb.

Gedrückter Spitzbogen 1. Besteht aus vier Kreissegmenten, von denen die beiden äuße-

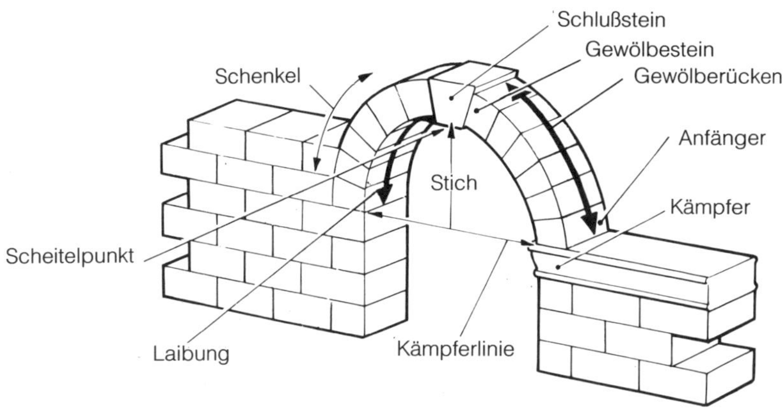

Teile des Bogens

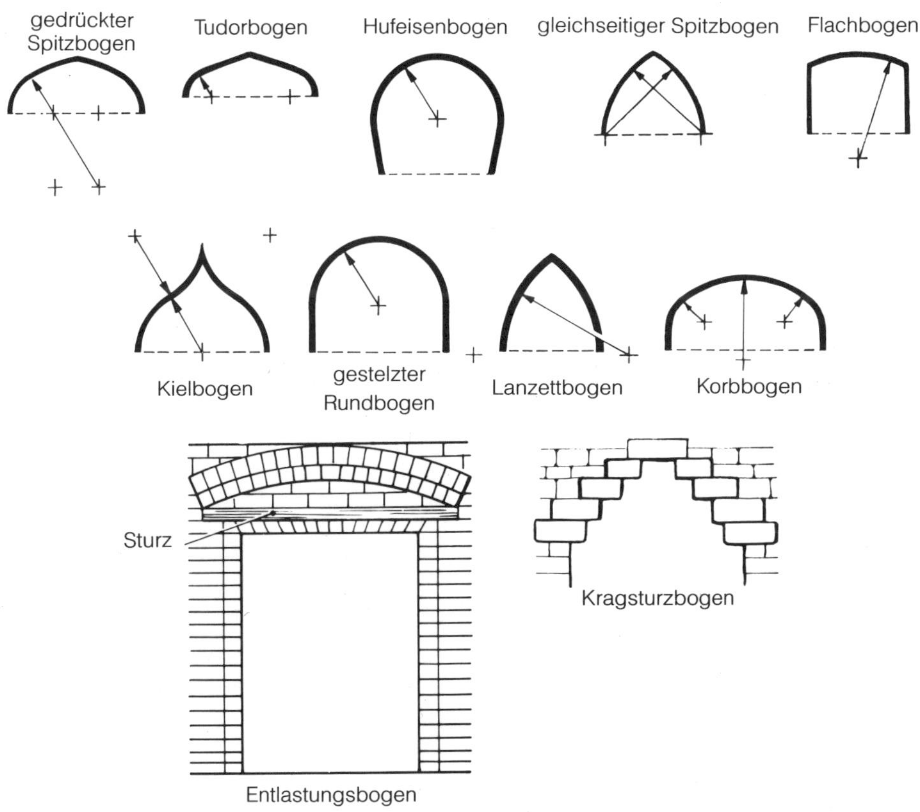

Bogenarten

ren ihren Mittelpunkt auf der Kämpferlinie haben. Die Mittelpunkte der inneren beiden liegen unterhalb dieser Linie. 2. Allgemeiner jeder Spitzb., dessen lichte Weite größer ist als sein Radius.
Gestelzter Bogen Ein auf vertikale Pfeiler über die Kämpferlinie gesetzter B.
Hufeisenbogen B. mit runder oder spitzer Hufeisenform; in der islamischen Architektur sehr verbreitet.
Kielbogen Spitzb. aus zwei oben konkav gekrümmten B., die sich unten in zwei konvexen B. fortsetzen. Synonym: Eselsrücken oder Sattelb.
Korbbogen Ein an die Form eines Korbhenkels erinnernder B., der aus dem Segment eines großen Kreises sowie flankierenden Segmenten zweier kleiner Kreise gebildet wird. Synonym: Anse de panier.
Kragsturzbogen Aus einer Reihe von übereinandergeschichteten Kragsteinen gebildeter (unechter) B., dessen Abschluß ein Steinblock im Scheitelpunkt bildet.
Schwibbogen Ein den Innenraum einer Kirche oder eine enge Gasse überspannender Strebeb., der verhindert, daß die Wände gegeneinander gedrückt werden.
Gelegentlich sind diese B. in Kircheninnenräumen mit einem Giebel übermauert, um das hölzerne Dach zu tragen. Indem sie dieses in Abschnitte unterteilen, bieten sie gleichzeitig größeren Feuerschutz.
Tudorbogen B. aus vier Sektionen, deren äußere zwei einen Viertelkreis bilden, während die beiden inneren sich in einer geraden Linie anschließen und sich in einer flachen Spitze treffen. Typisch für die englische Architektur des frühen 16. Jh.s.

Bogenschenkel Der untere Teil eines → Bogens, das heißt der Bogenteil zwischen → Kämpfer und Scheitel.

Bogensteine Bezeichnung für die meist keilförmigen Steine (Keilsteine), aus denen ein gemauerter Bogen gebildet wird.

Boiserie (frz. ›Holztäfelung‹) Oft reich geschnitztes und bemaltes Täfelwerk, wie es in französischen Innenräumen des 17. und 18. Jh.s zu finden ist.

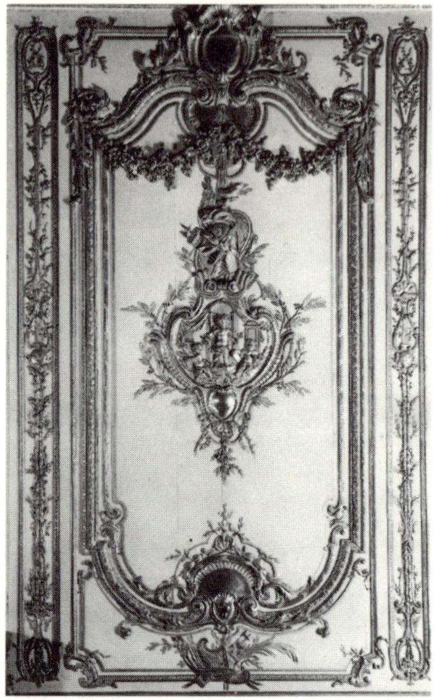

Boiserie im Cabinet du Conseil Ludwigs XV. in Versailles; ein Beispiel für frühes, verhaltenes Rokoko mit zwei Kartuschen.

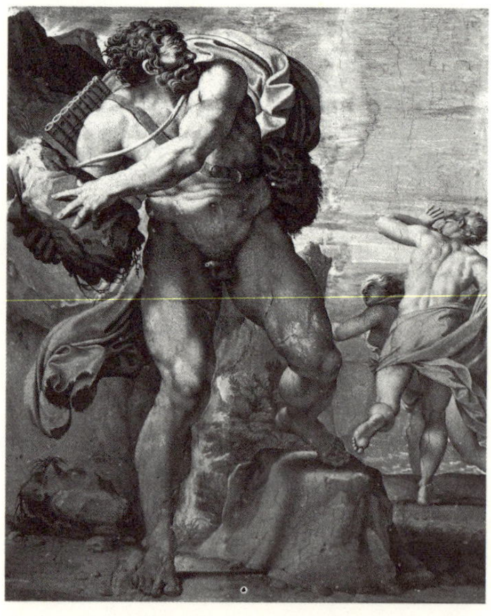

Bologneser Klassizismus: Ausschnitt aus Annibale Carraccis Fresko *Polyphem, Acis erschlagend* im Palazzo Farnese, Rom, um 1597/99.

Bologneser Klassizismus Von der Antike inspirierte → Barockkunst, wie sie von Annibale, Agostino und Lodovico Carracci in der ersten Hälfte des 17. Jh.s. in Bologna und später von deren Nachfolgern geschaffen wurde. Manchmal auch ›Römischer Klassizismus‹ genannt, da viele der mit diesem Stil assoziierten Künstler nach Rom zogen, um dort für den Papst und den päpstlichen Hof zu arbeiten.

Bolusgrund Rötlichbraune Tonlösung, in der → Ölmalerei und beim → Vergolden als Grundierung aufgetragen.

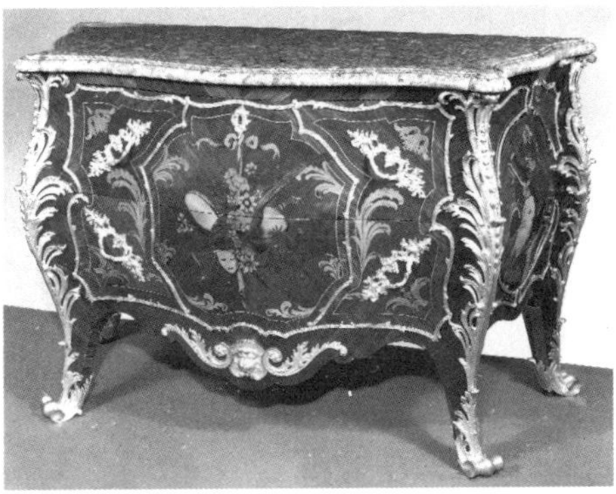

Englische **Bombé**-Kommode mit Ormoulu-Beschlägen und Intarsien; Pierre Langlois zugeschrieben (um 1760).

Bombé (frz. ›aufgeblasen‹) Eine in zwei oder mehr Ebenen konvexe Form. Besonders in der Möbelkunst des → Rokoko-Stils gebräuchlich.

Bone China (engl. ›Knochenporzellan) Durchscheinendes, Knochenasche enthaltendes Porzellan, das zuerst in englischen Manufakturen um 1748 hergestellt wurde.

Bosse 1. Eine erhabene Verzierung (z. B. Buckel, Knauf). 2. In → gotischen Bauten häufig die Verzierung des → Schlußsteins im Schnittpunkt der → Rippen. 3. Ein roh behauener Naturstein.

Bossenwerk siehe Mauerwerk

Bota (von pers. Buta, ›Blume, Busch‹) Kegelförmiges florales Motiv auf indischen Textilien, besonders auf Kaschmirschals, aber auch auf von indischen Mustern inspirierten europäischen Geweben zu finden.

Bottega (ital. ›Laden‹) 1. Werkstatt, in der ein etablierter Künstler des Mittelalters oder der → Renaissance mit seinen Gehilfen arbeitete. 2. Kunstwerk, das nicht vom Meister selbst, sondern nur unter seiner Aufsicht geschaffen wurde. Synonym: Werkstattarbeit.

Boulle-Marketerie Eine luxuriöse Furnierarbeit, die in Frankreich durch den → Ebenisten André-Charles Boulle (1642–1732) heimisch wurde. Das Furnier besteht aus einem aus → Schildpatt und Elfenbein geschnittenen Muster, in das wiederum ein Messingmuster eingelegt wurde. Mit Contre-Boulle wird die umgekehrte Technik bezeichnet, bei der man eine Messingplatte mit → Intarsien aus Schildpatt versieht.

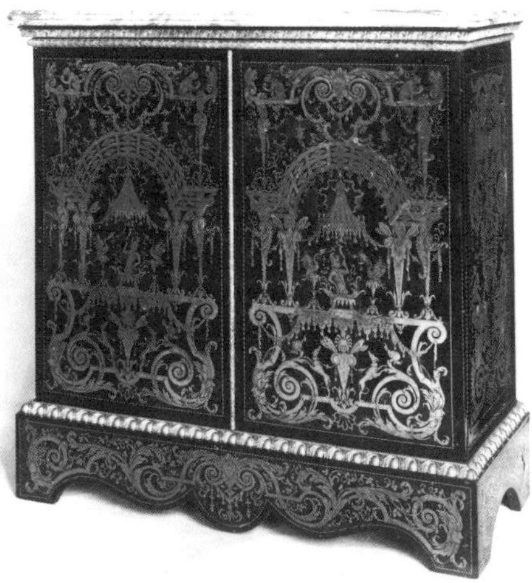

Boulle-Marketerie: Kabinettschränkchen des frühen 18. Jh.s, das André-Charles Boulle zugeschrieben wird.

Bozzetto (nach ital. bozzo ›roher Stein‹) 1. Im engeren Sinne ein kleiner dreidimensionaler Entwurf in Wachs oder Ton, den der Bildhauer im Rahmen der Vorarbeiten zu einer größeren Plastik anfertigt. 2. Im weiteren Sinne eine schnelle Ölskizze, die als Studie zu einem größeren Bild angefertigt wird (Abb. S. 46).

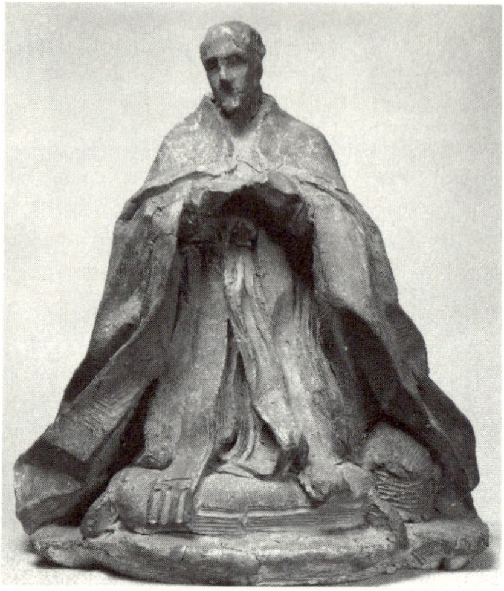

Terrakotta-**Bozzetto** von Gian Lorenzo Bernini für den Sarkophag Papst Alexanders VII.

Bräunen Nachdunkeln von Ölgemälden durch zunehmende Oxydation der Öle in Berührung mit Sauerstoff.

Braunfirnis (frz. ›Émail brun‹) Die Technik, Kupfer mit Leinöl zu überziehen, das dann eingebrannt wird und auf dem Metall eine satte braune Färbung hinterläßt. Im Mittelalter in Verbindung mit Grubenschmelz verwendet, ist der B. selbst jedoch kein echtes → Email.

Breakfront (engl.) Bezeichnung für → Kastenmöbel mit einem leicht vorspringenden Mittelteil.

Breite Manier In der italienischen → Renaissance ein → Gravurstil, bei dem eine kraftvoll wirkende Zeichnung aus einer Verbindung von starken Linien entsteht. Die feine Manier benutzt dagegen dünnere Linien und erlaubt eine Variation an tonaler Abstufung.

Brennen Das Erhitzen von → Keramik-, → Glas- und → Emailobjekten in einem Brennofen, entweder, um das Material zu härten, die Bestandteile zu binden oder um die Glasur bzw. das Email mit dem Keramikkörper bzw. der Metallplatte zu verschmelzen.

Brevier (Brevarium) Buch mit den Gebeten, die von Geistlichen zu den verschiedenen Stunden des Tages verrichtet werden müssen. Im Mittelalter erhielten diese liturgischen Bücher eine reiche Ausstattung in Gestalt farbiger → Illumination.

›Bright-Cut‹-Gravur Eine Art des Silbergravierens im späten 18. und 19. Jh., bei der kleine, gekräuselt geschliffene Formen in geometrischen Mustern winklig zueinander stehen und damit einen Glitzereffekt bewirken. Die Technik ähnelt dem Kerbschnitt in Holz.

Brise soleil (frz. ›Sonnenblende‹) Sonnenblende aus schräg gestellten Platten, die in die → Fassade eines Gebäudes integriert ist (1933 von Le Corbusier entwickelt).

Britannia-Metall Eine Legierung aus Zinn, Antimon und Kupfer, ein preiswerter und leichter zu bearbeitender Ersatz für Zinn. Mit der manufakturmäßigen Herstellung wurde in großem Stil ca. 1780 in England begonnen, daher B.-M.

Brokat Kostbares Seidengewebe mit erhabenen Mustern aus Gold- und Silberfäden: Beim Weben werden diese als zusätzliche Schußfäden eingezogen und immer dann an die Oberfläche gebracht, wenn das Muster sichtbar werden soll.

Bronzefarben Pulver aus feinen Metallplättchen (Metallbearbeitungsrückstände), meist Kupfer-Zink-Legierungen (Messing); B. ergeben, mit pflanzlichen oder synthetischen Bindemitteln verrührt, einen metallisch glänzenden Anstrich.

Bronzezeit Periode der Vorgeschichte in Europa, die auf die Jungsteinzeit (→ Neolithikum) folgte und in der Waffen und Gerätschaften nicht mehr aus Stein, sondern aus Bronze hergestellt wurden. Die Erfindung der Bronzeverarbeitung beginnt in Europa um 2100 v. Chr. auf Kreta; in Mitteleuropa rechnet man die B. von etwa 2000–1000 v. Chr. und in den nordeuropäischen Gebieten erst von 1800–600 v. Chr. Durch den neuen Werkstoff vollzieht sich im künstlerischen Formenrepertoire eine große Ausweitung der Gestaltungsmöglichkeiten, wie sie in der vorausgehenden Jägerkultur der Jungsteinzeit nicht zu finden ist. Schwert, Helm und → Fibel sind Erfindungen der B., die auch eine besonders reiche Verzierung erhalten. Neben der Bronze wird vor allem auch das Gold als Schmuckmetall verwendet, die Bearbeitung erfolgt durch Gießen, Hämmern und Treiben. Die Tonware wird außer in Kreta, wo man die Töpferscheibe bereits kannte, noch freihändig geformt. Der mitteleuropäische Kulturkreis der B. reicht von Frankreich bis Ungarn sowie von der Lausitz bis Unteritalien und ist von indogermanischen Völkergruppen besetzt. Die westliche Untergruppe des mitteleuropäischen Kreises bildet in der frühen B. die rheinische Adlerbergkultur, die in der mittleren B. in die elsässisch-süddeutsche Hügelgräberkultur übergeht und aus der in der späten B. die sogenannte Urnenfelder-Kultur der Urkelten (vgl. → Keltische Kunst) hervorgeht. Der nordische Kulturkreis der B. ist von frühgermanischer Kunst bestimmt, die zunächst geometrische Ornamente zeigt und dann allmählich in pflanzlich-organische Wellenmuster übergeht. Die → bildende Kunst der Germanen ist auf die Felszeichnungen Südskandinaviens und einige Grabdenkmäler beschränkt. Sie wirkt sehr schematisch und zeigt keine fortschreitende Entwicklung, so daß die germanische Kunst in der nachfolgenden → Eisenzeit im Gegensatz zur keltischen Kunst von geringer Bedeutung ist.

Die Brücke 1905 in Dresden gegründete deutsche Künstlergruppe. Zu ihren Gründungsmitgliedern gehörten Ernst Ludwig Kirchner, Fritz Bleyl, Erich Heckel und Karl Schmidt-Rottluff. Die Gründung markiert den Beginn des deutschen → Expressionismus und war die erste Manifestation einer echten deutschen Avantgarde. Durchdrungen von revolutionärem Bewußtsein, wurzelten die B.-Künstler doch tief in der deutschen → Gotik und → Romantik. Sie hatten einen Hang zum Ursprünglich-Primitiven und zu unmittelbarem Gefühlsausdruck. Ihre Malereien und Holzschnitte zeigen einen kraftvollen, vereinfachenden Stil, der anfänglich von van Gogh, dann von Matisse beeinflußt wurde. Als erste deutsche Künstlergemeinschaft im 20. Jh.

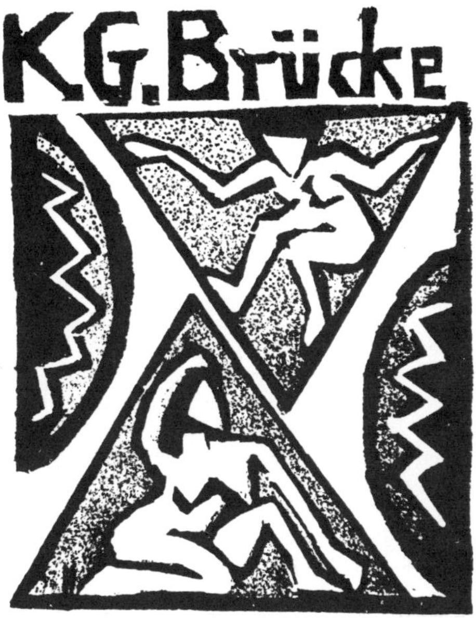

Die Brücke: Titelholzschnitt einer Einladungskarte zu einer Ausstellung; Erich Heckel, 1912.

schufen sie einen Stil, der aggressiv, archaisch und antibürgerlich das zukunftsfreudige Sendungsbewußtsein der damaligen Jugend verkörperte. Ihre breitflächige, leidenschaftliche Malerei entsprach dem Wunsch, der Farbe eine neue Bedeutung zu geben, Bilder ganz in reiner Farbe aufzubauen. Die ersten Ausstellungen fanden, von der Öffentlichkeit kaum beachtet, 1906/07 in einer Lampenfabrik außerhalb Dresdens statt. Auf Einladung Schmidt-Rottluffs trat 1906 Emil Nolde der B. bei, der die Gruppe allerdings nach eineinhalb Jahren wieder verließ. Im gleichen Jahr wurden Max Pechstein, der Schweizer Cuno Amiet, der Finne Axel Gallén-Kallela und der Holländer L. Zlyl Mitglieder. 1908 folgten vorübergehend Kees van Dongen und Franz Nölken. Otto Mueller trat 1910 bei. Pechstein übersiedelte 1908 nach Berlin, wohin ihm Kirchner, Heckel und Schmidt-Rottluff 1911 folgten, weil ihnen die Hauptstadt bessere Chancen als Dresden bot. In Herwarth Waldens ›Sturm‹ erschienen regelmäßig ihre Grafiken, und namhafte Kunstsalons nahmen sich ihrer an. 1912 beteiligten sich die B.-Maler an der Internationalen Sonderbundausstellung in Köln. Heckel, Kirchner, Pechstein und Mueller lieferten grafische Beiträge zu Kandinskys Almanach ›Der → Blaue Reiter‹. Im gleichen Jahr, 1912, verließ Pechstein die Künstlergemeinschaft. Wegen persönlicher Differenzen unter den Gründungsmitgliedern wurde die B. 1913 aufgelöst.

Bruitismus → Futuristische und → dadaistische Vorform einer interdisziplinären Verbindung von Tonkunst, Literatur und theatralischer Inszenierung, die simultan mit visuellen Eindrücken auch akustische Sensibilität aktivieren soll. Die Veranstaltungen des ›Cabaret Voltaire‹ (1916), der ersten → dadaistischen Bühne in Zürich, bezeichneten sich als bruitistisch.

Brustwehr Schutzmauer für die Verteidiger einer → Burg (Abb. → Pechnase).

Brutalismus 1954 in England geprägter Begriff zur Beschreibung des späten architektonischen Werks von Le Corbusier und der von ihm beeinflußten britischen Zeitgenossen. Dieser Stil macht ausgedehnten Gebrauch von → Sichtbeton und läßt funktionale Elemente unverhüllt.

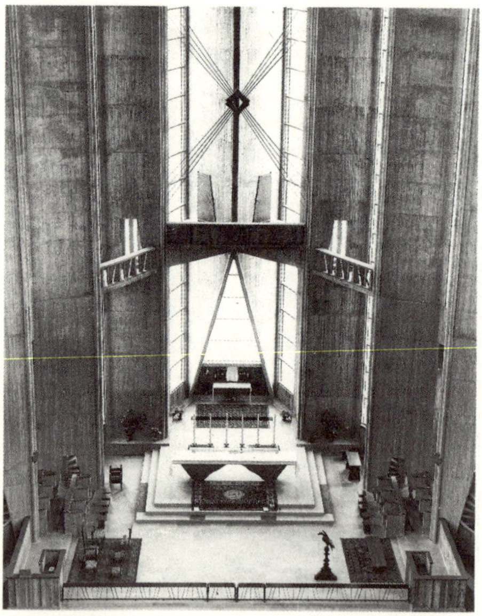

Brutalistische Architektur: Innenraum der Kirche Notre Dame in Royan, erbaut 1949. Das Haupt›ornament‹ ist die grobe Maserung, die durch die Schalbretter auf den Beton übertragen wurde.

Bucchero-Vasen → Etruskische Tonware mit schwarzglänzender Oberfläche und reliefartiger Verzierung aus dem 8. bis 4. Jh. v. Chr.

Buchmalerei Ausstattung von Büchern mit handgemalten oder ornamentalen Darstellungen schmückender oder auch erläuternder Art (Buchillustration). Die Bezeichnung wird unabhängig von der Buchform (Rotulus, → Kodex) und von der Darstellungstechnik gebraucht. Die Anfänge der B. gehen auf die Totenkultdarstellungen in den → Totenbüchern der alten Ägypter zurück. Die Entwicklung des aus einzelnen Blättern bestehenden Kodex brachte im 4. Jh. n. Chr. mit der Trennung von Bild und Text neue künstlerische Möglichkeiten, die in der karolingischen B. unter dem geistigen Patronat Karls d. Gr. eine ebenso hohe Blüte erfuhren wie in der irisch-angelsächsischen B. (insulare B.).
Mittelpunkt der B. waren neben der Aachener Palastschule vorwiegend die Klöster Reims, Tours, Metz, Canterbury, später auch Reichenau, St. Gallen, Echternach, Hildesheim und Fulda, wo man in den Schreibstuben die → Evangeliar-Handschriften → illuminierte. In der → Gotik treten neben die Klöster weltliche Schreibstuben, die vorwiegend Chroniken und Dichtungen illustrieren, so z. B. die Manessische Liederhandschrift. Mit der Erfindung des Buchdrucks verlor die B. rasch an Bedeutung.

Büffet (auch Kredenz, Anrichte) Ein Möbel des 16. Jh.s, bestehend aus zwei oder mehr Reihen offener Fächer und zum Stellen an eine Wand gedacht.

Bugholz Bezeichnung für massives Holz und Sperrholz, das unter Dampfhitze in gewundene Formen gebogen ist. Das Verfahren wurde von dem seit 1842 in Wien tätigen Tischler Michael Thonet (1796–1871) entwickelt und erstmals in großem Stil bei der Serienproduktion seines *Thonet-Stuhles* kommerziell eingesetzt. Später fand es auch bei

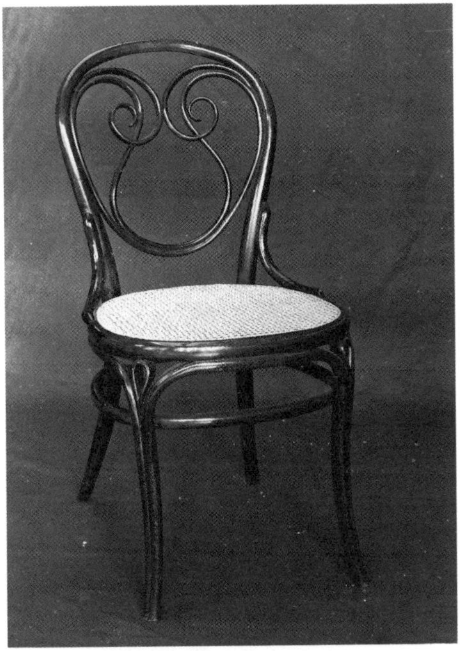

Thonet-Stuhl aus **Bugholz,** um 1900. Die Einzelteile waren miteinander verschraubt, so daß sich der Stuhl für den Versand zerlegen und flach verpacken ließ.

Möbelstücken Verwendung, die von den Architekten Alvar Aalto (1899–1976) und Marcel Breuer (1902–1981) entworfen wurden.

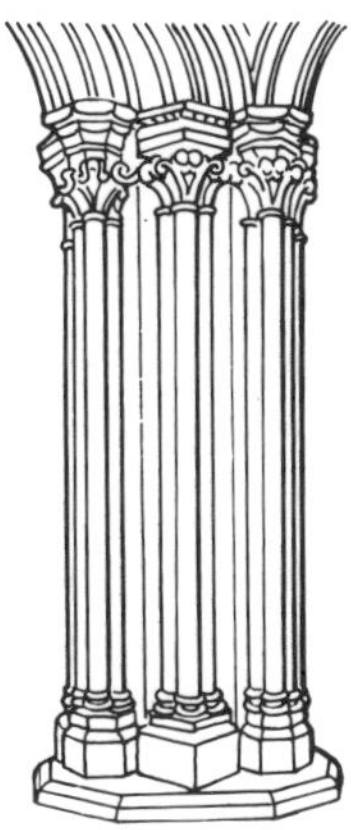

Bündelpfeiler

Bukranion (Ochsenschädel) Ein → antikes Ornament-Motiv, dessen Form auf dem gehörnten Schädel eines Ochsenkopfes basiert, häufig als wiederkehrendes Element eines → Frieses verwendet.

Bündelpfeiler Bezeichnung für die → gotische Pfeilergruppierung, bei der ein Pfeilerkern von großen und kleinen Dreiviertelsäulen, von sog. jungen und alten → Diensten umrahmt wird (→ Pfeiler).

Buntglas Während der Herstellung gefärbtes, jedoch auch häufig nachträglich mit Details bemaltes Fensterglas.

Burg Wehr- und Wohnbau, der in allen europäischen Ländern in der Zeit von ca. 900 n. Chr. bis zum ausgehenden Mittelalter anzutreffen ist. Vorläufer sind die germanischen Flucht- und *Wallburgen* sowie das römische Kastell. Entsprechend der topographischen Lage unterscheidet man die auf Bergkuppen oder an Bergsteilhängen befindlichen *Hohenburgen* von den *Tiefenburgen* bzw. *Niederburgen,* die zumeist durch einen umlaufenden Wassergraben eine natürliche Schutzvorrichtung besaßen *(Wasserburgen).* Die äußeren Wehranlagen der B., die sog. *Vorburg* mit den *Barbakanen* (Befestigungsanlagen mit Schießscharten, Wehrtürmen und Wehrgängen), wurden durch die Ringmauer *(Bering)* vom eigentlichen B.innern getrennt, wobei die geographischen Bedingungen den Gebäudegrundriß der B.anlage innerhalb der Mauer vorgaben. Das B.innere war nur durch ein einziges Tor in der B.mauer erreichbar, das seinerseits durch einen Graben mit *Zugbrücke* gesichert wurde. Das wehrhafte Zentrum der B. bildete der stark befestigte turmartige → *Bergfried,* der als Ausguck und letzte Zuflucht diente und in seinem Untergeschoß ein Verlies für die Gefangenen beherbergte. In der Innenb. befand sich der *Palas,* der als Hauptwohngebäude zumeist einen großen Saal im Obergeschoß enthielt. Zum Palas gehörten auch die beheizbare *Kemenate* als Frauenwohngemach (im späten Mittelalter *Dürnitz* genannt) und die B.kapelle. Eine Mischform zwischen Bergfried und Palas stellen der besonders in Frankreich verbreitete → *Donjon* und der

Wohnturm der rheinischen B.anlagen dar. Der Palas wandelte und erweiterte sich im Verlauf des Mittelalters zuweilen ähnlich wie die → Pfalz zu einer prunkvoll ausgestatteten, schloßartigen Anlage. Der Bereich der Vorb. war nicht selten durch eine zweite Mauer abgeschirmt, wobei man den zwischen den beiden Mauern befindlichen Platz als Tierzwinger *(Zwinger), Turnierplatz* oder Baumgarten nutzte.

Büste Ein plastisches → Porträt oder Bildnis, das aus Kopf und einem Teil der Schultern besteht (manchmal fälschlicherweise auf den Kopf allein angewandt).

Büttenpapier Handgeschöpftes Papier aus Hadern oder Zellstoff, das einen unregelmäßigen Rand und eine gerippte Struktur aufweist. Wird manchmal bei maschinengeschöpftem Papier nachgeahmt.

Butzenscheibe Eine früher für Fenster verwandte Sorte von Flachglas, die dadurch erzeugt wird, daß man eine Glasblase durch schnelle Drehung der Glasmacherpfeife zu einer kreisrunden Platte von ungleichmäßiger Stärke verformt.

byobu (jap.) Beweglicher japanischer Wandschirm.

Byzantinische Kunst Kunst des Oströmischen Reiches vom 5. Jh. n. Chr. bis zur Eroberung Konstantinopels durch die Türken 1453. Diese Kunst ist normalerweise → hieratisch und sakral (→ frühchristliche Kunst).

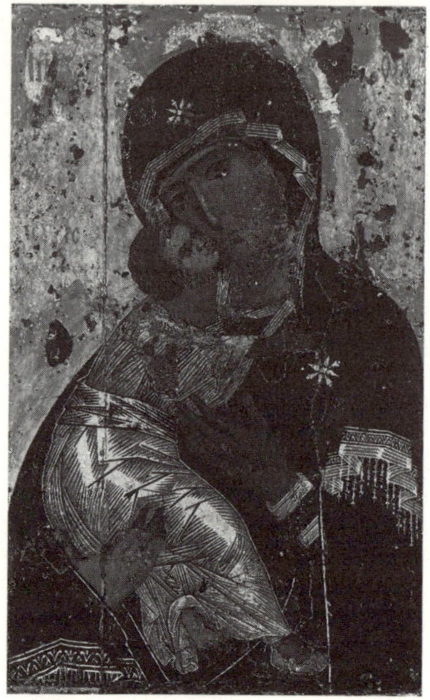

Byzantinische Ikone des frühen 12. Jh.s, die die Gottesmutter von Wladimir zeigt.

C

Cabochon 1. Ein sanft konvex gewölbter, unfacettierter Edelstein. 2. Jedes einem solchen Stein ähnliche Ornament.

Cabriole (von lat. caper ›Ziege‹) Geschweifte Beinform an einem Möbelstück, so benannt wegen der angeblichen Ähnlichkeit mit Ziegenbeinen. Ein solches Möbelbein kann in einer Keulenform, einem Huf, einem Knauf, einer Klaue, Klaue und Kugel oder einem Schnörkelfuß auslaufen.

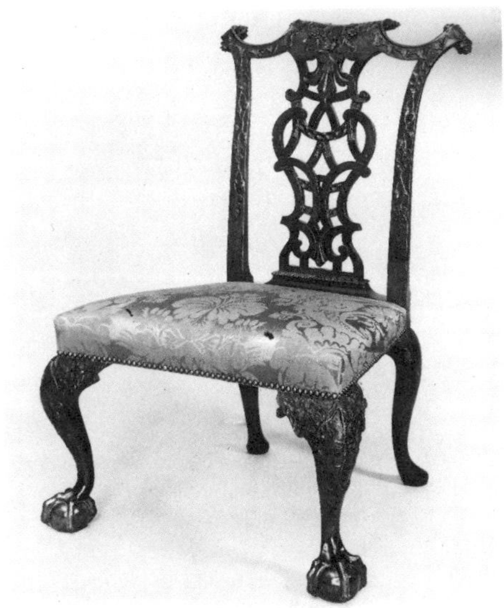

Chippendale-Stuhl mit **Cabriole**-Beinen, Klauen- und Kugelfuß, durchbrochener Rückenlehne und grünem Damastbezug, um 1745.

Callotfiguren Groteske Zwergenfiguren in Goldschmiedearbeiten des 18. Jh.s und als Dekor auf Porzellan, die an die Stichserie *Varie figure gobbi* (1622 publiziert) von Jacques Callot erinnern, in Wirklichkeit aber auf eine Serie von → Drucken nach Zeichnungen – 1716 in Amsterdam veröffentlicht – zurückgehen, in denen Callot von Wilhelmus Koning nachgeahmt wurde.

Camaïeu (frz. ›wie eine Kamee‹) → Monochromes Gemälde auf Holz, Leinwand, Glas und Porzellan aus mehreren Farbschichten, das üblicherweise beim Betrachter die Illusion erzeugen soll, es sei ein geschnitztes Relief. Die C.-Malerei in Grau wird als → Grisaille bezeichnet.

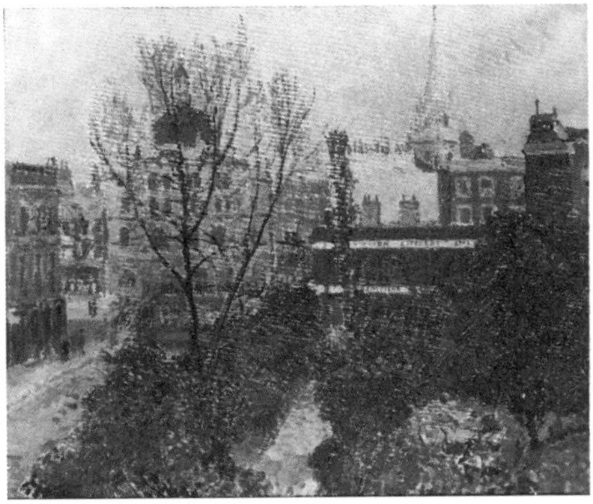

Mornington Crescent, Camden Town, von Spencer Gore, einem Mitglied der **Camden-Town-Gruppe,** um 1911.

Camden-Town-Gruppe Eine Vereinigung Londoner Künstler, die sich an der spätimpressionistischen Ausstellung 1910/11 unter der Leitung von Walter Sickert beteiligten. Zu ihr gehörten auch Künstler wie Harold Gilman und Spencer Frederick Gore. Der damals heruntergekommene Stadtteil Camden Town in London, aus der die Gruppe viele ihrer Motive bezog, lieferte ihr den Namen.

Camera lucida (lat. ›helle Kammer‹) Ein Gerät mit gleichem Effekt wie die → Camera obscura, bei dem jedoch ein Prisma das Licht konzentriert und vom Objekt auf ein Stück Papier projiziert, auf dem es dann mit seinen Konturen nachgezeichnet werden kann.

Camera obscura (lat. ›dunkle Kammer‹) Ein dunkler Kasten mit einer Öffnung (oder einer Linse) in einer Seite, durch die das Bild des Objekts auf einen geschliffenen Glasschirm oder ein Blatt Papier geworfen wird und dort nachgezeichnet werden kann. Canaletto setzte dieses Gerät zur Herstellung von

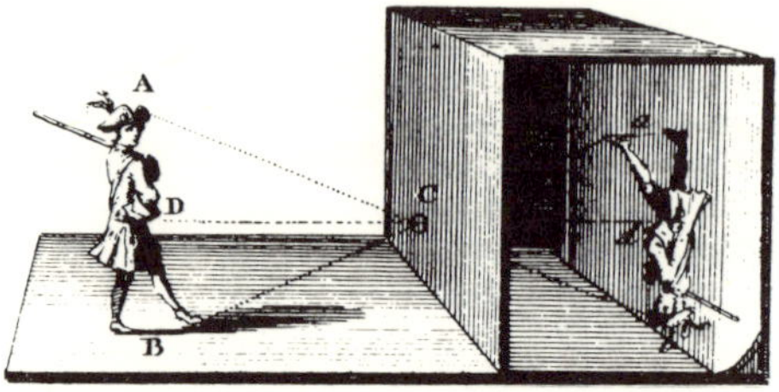

Stich einer **Camera obscura,** 1835. Bemerkenswert ist die typische Umkehrung des Bildes auf der Mattscheibe.

Studien für seine Gemälde ein. (Ein Fotoapparat arbeitet nach dem gleichen Prinzip, indem er ein Bild auf eine lichtempfindliche Oberfläche auffallen läßt, auf der es ›zurückbleibt‹).

Camp Begriff aus der Theater- und Homosexuellenszene, der ins Vokabular der modernen Kunst einging zur Beschreibung einer Art städtischen Dandytums mit einer gewissen ironischen Wertschätzung der Massenkultur.

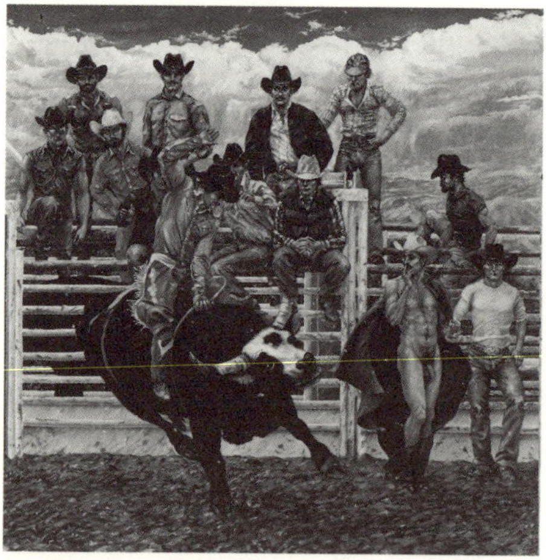

Camp: Delmas Howe, *Zeus und Ganymed,* 1981/82; eine ironische Darstellung eines der populärsten Themen der amerikanischen Massenkultur, des Cowboys.

Campo santo (ital. ›heiliges Feld‹) Friedhof.

Capriccio (ital. ›Laune‹) Gemälde oder → Druckgrafik mit einer Landschaft oder einer Architekturszene, in der Reales mit Erfundenem verbunden ist (im Gegensatz zu einer → Vedute). Dieses → Genre war im Venedig des 18. Jh.s besonders beliebt. Synonym: Veduta ideata.

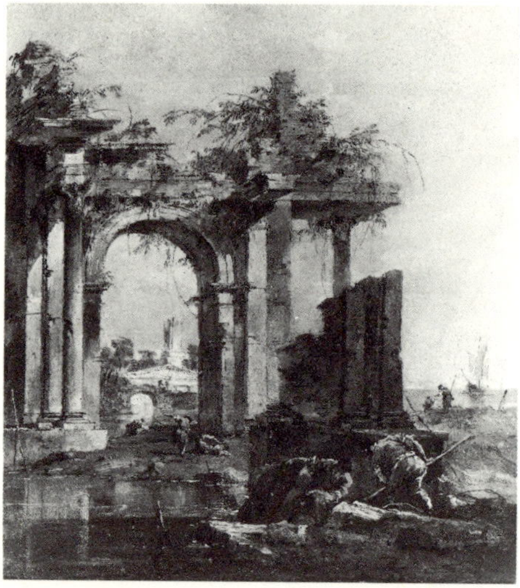

Francesco Guardi, **Capriccio** mit phantasievollen Ruinen an der Küste, um 1775.

Caravaggisten Eine Gruppe von Malern unterschiedlicher Nationalität – z. B. Bartolomeo Manfredi und Valentin –, die in Rom im ersten Viertel des 17. Jh.s arbeiteten und von dem ausgeprägten Helldunkel (→ Chiaroscuro) Caravaggios beeinflußt waren.

Carpenters' Gothic carpenteresque (engl. ›Zimmermannsgotik‹) Nordamerikanische Holzarchitektur des 19. Jh.s mit durchbrochener Ornamentik im → neogotischen Stil.

Carpet Page (›Teppichseite‹) Eine ganze Seite mit abstrakten Mustern, manchmal heilige Chiffren verkörpernd, die in → illuminierten Handschriften der Hiberno-Sächsischen-Schule des 8. und 9. Jh.s dem konventionellen Porträt des Evangelisten am Anfang eines jeden der vier Evangelien gegenübergestellt war.

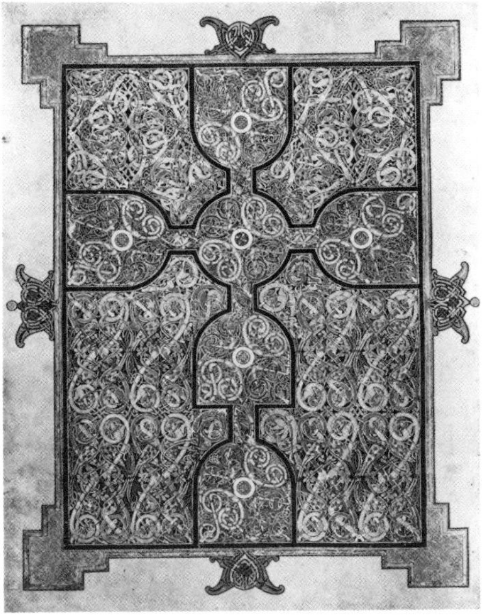

Carpet page aus dem Lindisfarne-Evangeliar (um 700), die eine sehr fein ausgearbeitete Tierornamentik zeigt.

Carte-de-visite (frz. ›Visitenkarte‹) 1. Ursprünglich ein kleines Porträtfoto als Ergänzung zu normalen Visitenkarten. In den 1860er Jahren wurden diese Fotos en masse produziert, begeistert gesammelt und in Alben geklebt. 2. Vom Porträtfoto abgeleitetes Fotografieformat (9,5 × 5,7 cm), das außer für Porträts auch für andere Motive, wie zum Beispiel Landschaften, benutzt wurde.

Cartel (frz. ›Herausforderung‹) 1. Uhrgehäuse, das zum Hängen an einer Wand gedacht ist. 2. Der verschnörkelte Rahmen um eine gemalte Dekoration.

Cartellino (ital. ›Stückchen Papier‹) Ein → ›Trompe l'oeil‹-Spruchband oder Papierstück, das, in eine Komposition hineingemalt, eine Inschrift – häufig die Signatur des Malers – trägt.

Cartoon Seit dem 19. Jh. eine → Karikatur oder komische Zeichnung.

Casino (ital. ›kleines Haus‹) 1. Kleines Haus oder Schmuckpavillon auf dem Gelände eines größeren Gebäudes. 2. Im 18. Jh. ein öffentlicher Tanzsaal. 3. Heute ein öffentliches Gebäude für Glücksspiele.

Cassone (ital. ›Kasten, Truhe‹) Italienische Hochzeitstruhe, oft in architektonischer Form. Im 15. Jh. war es Brauch, die wichtigste Truhe mit eingesetzten Tafelmalereien (C.-Malereien) zu schmücken (Abb. S.54).

Cavea (von lat. cavus ›hohl‹) 1. Die → gewölbten Zellen unter einem römischen Amphitheater. 2. Der gesamte Zuschauerraum eines griechischen Theaters.

Cavo rilievo (ital. ›Hohlrelief‹) Synonym für → Intaglio.

Cella (lat.) Im antiken → Tempel der zentrale Teil des Kultraumes mit Ausnahme des → Portikus und der → Kolonnade.

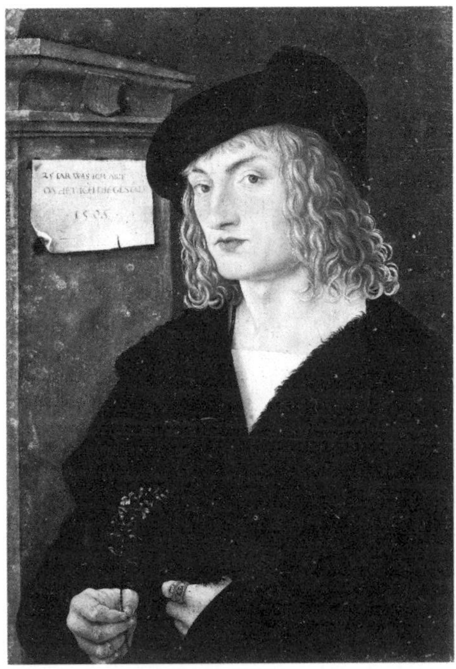

Hans Burgkmair, *Bildnis des Kaufmanns Hans Schellenberger.* Auf dem **Cartellino** ist zu lesen: »25 Jar was ich alt, on het ich die Gestalt, 1505.«

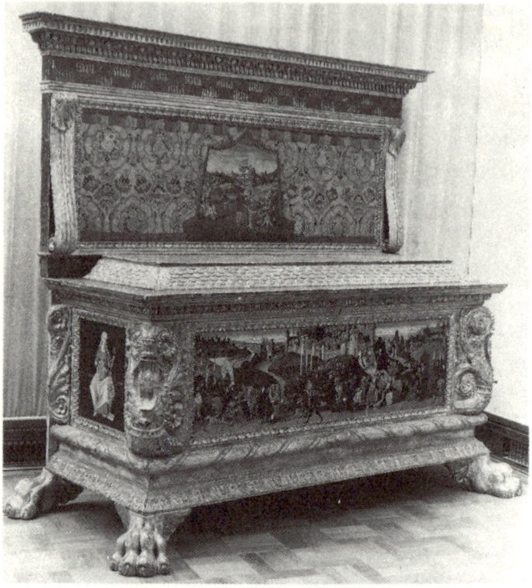

Ein Florentiner **Cassone** in geschnitztem und vergoldetem Holz, mit eingelegter Temperamalerei.

Cera colla (ital. ›Wachsleim‹) Eine Mischung aus Wachs und leimhaltigem Wasser, die von → byzantinischen und italienischen volkstümlichen Künstlern als Bindemittel für ihre → Temperamalerei genutzt wurde.

Cercle et Carré (frz. ›Kreis und Quadrat‹) Name einer Künstlergruppe, die 1929 von Michel Seuphor und Joaquín Torres García in Paris gegründet wurde. Sie vermischte quasimystische und symbolistische Ideen mit dem eher rationalen Einfluß Piet Mondrians.

Certosina-Möbel (ital.) Norditalienische Intarsienmöbel des 15. Jh.s in einem ursprünglich mit Kartäuser-Klöstern assoziierten Stil (Certosa = Klostergebäude des Kartäuserordens in Italien). Die Einlegearbeiten wurden aus Holzstückchen, Elfenbein- und Perlmuttplättchen in geometrischen Mustern nach orientalischen Vorbildern gefertigt.

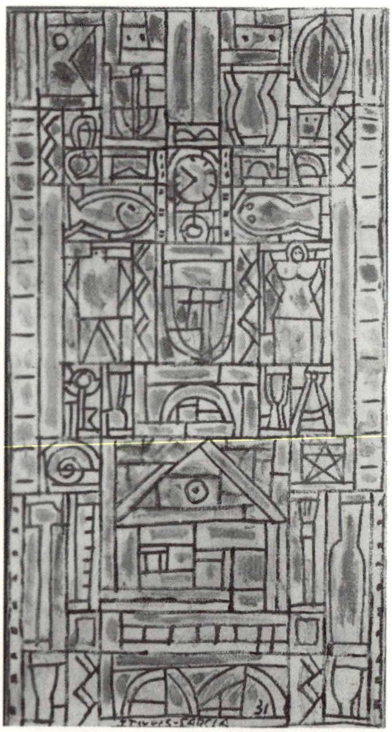

Cercle et Carré: Joaquín Torres-Carcías *Symmetrische Komposition* (1931) zeigt eine Kirchenfassade, in der der frühe Stil Mondrians mit christlichen Symbolen wie dem Fisch kombiniert ist.

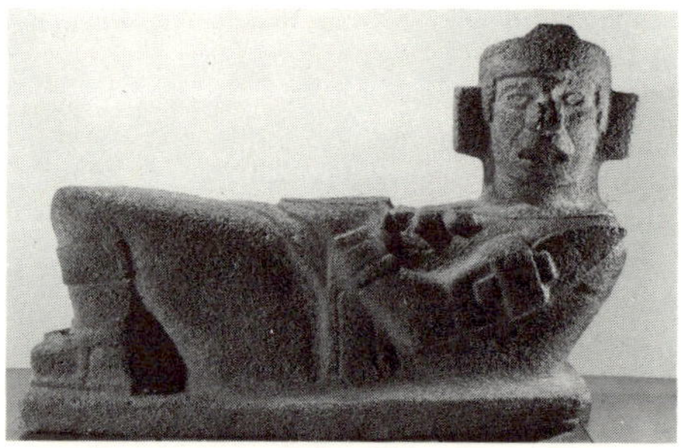

Toltekischer **Chacmool** (um 800–100 n. Chr.), der als Opferaltar diente.

Chacmool Die ruhende Gestalt einer männlichen Gottheit, deren Bedeutung unbekannt ist. Sie wurde von einer großen Zahl vorkolumbianischer Kulturen in Mexiko geschaffen, u. a. von den Tolteken (11.–12. Jh.). Der britische Bildhauer Henry Moore (1898–1985) ließ sich von diesen Figuren inspirieren.

Chakra (sanskr.) Scheibe oder Rad, in der indischen Kunst als Sonnensymbol, als Waffe des Gottes Vishnu und als Sinnbild für die Konzentration psychischer Kräfte anzutreffen.

Charpoy (von pers. charpai ›vierfüßig‹) Ein indisches Bett.

Chatri, Chattra (sanskr., auch Stupa) Eine schirmförmige Kuppel in der indischen Architektur, von der normalerweise einige einem Gebäude als zusätzlicher Schmuck aufgesetzt sind.

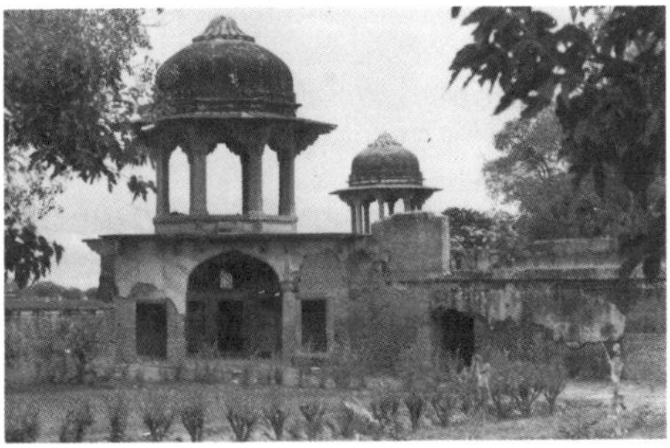

Der Nordwestpavillon des Ram Bagh, Agra, 1526, mit aufgesetzten **Chatris.**

Cherub 1. In der Architektur und Malerei das Motiv eines Kinderkopfes mit einem Paar Flügeln (→ Lünette). 2. Im freieren Wortgebrauch ein Synonym für → Putte.

Cherubim In der mittelalterlichen Architektur und Malerei Darstellungen von Engeln, die im Anschluß an die Apokalypse (Visionen des Propheten Ezechiel) als Tetramorphen, also mit vier Köpfen und vier Flügeln ausgestattet sind.

Chiaroscuro (auch Clairobscur, ›Helldunkel‹) In der Malerei die Technik, Formen zu modellieren mit fast nicht wahrnehmbaren Abstufungen von Hell und Dunkel. Die Erfindung dieser Technik wird allgemein im Zusammenhang mit der Arbeit Leonardo da Vincis gesehen. In heller, schnell trocknender → Tempera ist der Effekt schwer zu erzielen, weshalb die Entwicklung dieser Malweise auch mit der wachsenden Bedeutung der → Ölmalerei zusammenfiel und ihre Hochblüte im 17. Jh. in den Werken Caravaggios in Italien, Rembrandts in Holland und Georges de La Tour in Lothringen erreichte.

Chiaroscuro-Schnitt Ein in verschiedenen Farben gedruckter → Holzschnitt, bei dem die Verwendung mehrerer verschiedener Blöcke bewirkt, daß die Formen stark modelliert erscheinen.

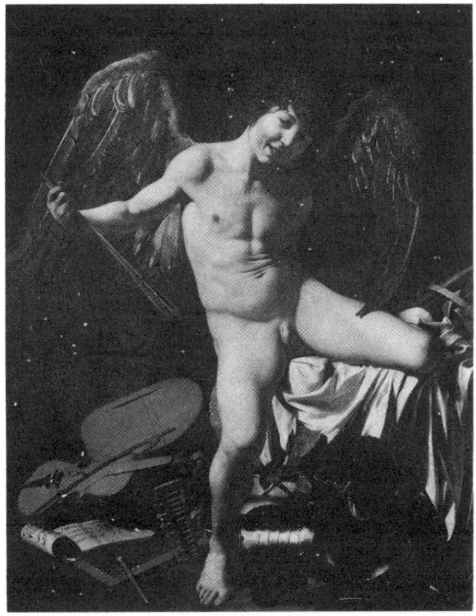

Caravaggios Bild *Amor als Sieger,* 1598/99, benutzt das **Chiaroscuro,** um diesen römischen Straßenjungen mit den Flügeln besonders realistisch erscheinen zu lassen.

Chicago School Eine Gruppe von Architekten, die in Chicago nach dem großen Brand 1871 bis in die Mitte der 1920er Jahre hinein wirkten. Zu ihr gehörten Louis Sullivan sowie die Architekturbüros Burnham & Roots und Holabird & Roche. Die C. S. ist in enger Verbindung mit der Entwicklung des Wolkenkratzers zu sehen.

Chinesische Kunst Funde jungsteinzeitlicher Keramik zeigen, daß die Anfänge der c. K. bis ins 3. Jahrtausend v. Chr. zurückreichen.

Plastik: Erste Hochleistungen finden sich mit sakralen Bronzestücken und Skulpturen aus Marmor, Jade sowie Steinschnitzarbeiten bereits während der Shang-Yin und Zhou-

Chinesische Dynastien

Xia	2205–1766 v.Chr.
Shang-Yin	etwa 16. Jh.– etwa 1050 v. Chr.
Zhou	etwa 1050– 249 v. Chr.
Qin	221–206 v. Chr.
Han	202 v. Chr. 220 n. Chr.
Drei Reiche und erste Trennung in Nord und Süd	220–589
Sui	581/589–618
Tang	618–907
Zweite Trennung in Nord und Süd	907–979
Song	960–1279
Yuan	1271–1368
Ming	1368–1644
Qing	1644–1911/1912

Dynastien (1766–249 v. Chr.). Von der Quin- bis zur Ming-Dynastie herrschte in China die Sitte, an den Zugangswegen zu den Gräbern bedeutender Persönlichkeiten paarweise Skulpturen zu errichten. Anfangs begnügte man sich mit Tierskulpturen, später kamen solche von Würdenträgern und Gaben- oder Tributbringern hinzu. Besonders bekannt ist die monumentale Grabanlage des Qin Shi Huangdi, in der sich 7000 lebensgroße Emailfiguren befinden. Die wichtigste stilistische Entwicklung in den Jh.en von der Han- bis zur Tang-Periode ist die zunehmend realistischere Wiedergabe von Gesichtsmerkmalen und Körperformen. In den nachfolgenden Jh.en bis zum Ende der Ming-Zeit hingegen finden sich allenfalls Unterschiede in der Behandlung des Oberflächendekors.

Die Tradition *keramischer Plastik* ist in China sehr alt. Eine ganz besondere Rolle spielte die Anfertigung von Bauwerksmodellen sowie das Modellieren von Figürchen, Tieren und Gerätschaftsnachbildungen aus Ton, die man den Toten mit ins Grab gab. Derartige Tonmodelle waren entweder mit farbiger Bleiglasur überzogen, oder man hatte sie nach dem → Brennen in leuchtenden Farben bemalt. Ihren Höhepunkt erreichte die zunehmend realistischere Wiedergabe der menschlichen Gestalt in der ersten Hälfte des 8. Jh.s während der Tang-Dynastie. Obwohl die Figuren mit Hilfe von mehrfach benutzten → Modeln angefertigt wurden, besitzen die besten Keramiken dieser Art eine Lebhaftigkeit des Ausdrucks und Präzision im Detail, die an buddhistische Steinskulpturen und zeitgenössische Tonplastiken aus China und Japan erinnert.

Malerei: Bis zum Ende der Tang-Zeit überwogen → Wandmalereien, die man in Profanbauwerken auf trockenem Putz auftrug. Als der Buddhismus Einzug hielt, wendete man die gleiche Technik auch in Klöstern und Höhlentempeln an. Seit dem 10. Jh. erlangten auch Malereien auf Seide und Papier, die es allerdings schon vorher gegeben hatte, zunehmende Bedeutung. Die wichtigsten Formate dieser Malereien waren Hängerollen (vertikale Rollen zum Aufhängen, auch unter der japanischen Bezeichnung → Kakemono bekannt) und Querrollen (Bildrollen, die meist etwa 30 cm hoch und ein Vielfaches davon breit bzw. lang sind; normalerweise wird nur ein Teil entrollt, d. h. jeweils nur eine Episode der Geschichte, die die Rolle darstellt, ist sichtbar). Weitere Formate sind Fächerblätter verschiedener Formen und Alben von meist acht, zehn oder zwölf Einzelblättern, oft auch mit einer Art Titelblatt, einem vorangestellten Blatt für Gedichte oder einem sogenannten → Kolophon. Die chinesische Malerei ist im wesentlichen eine Blumen- und Tier- sowie eine erzählende Landschafts- und Figurenmalerei, wobei ein typisches Merkmal in der Verbindung von Bild und → kalligraphischer Beischrift besteht, die von sogenannten ›Malerdichtern‹ ausgeführt wurde. Ihre reichste Entfaltung fand diese Malerdichtung in der Yuan- und Ming-Zeit.

Der sowohl für die Kalligraphie als auch für die Malerei verwendete Pinsel war während der gesamten Geschichte der chinesischen Malerei (seit der Han-Dynastie) das einzige Malwerkzeug, das eine wirklich zentrale Rolle spielte. An einem einfachen Bambusstiel befestigt, sind seine Haare so nach Länge und Elastizität geordnet, daß sie im feuchten Zustand eine saubere Spitze bilden. Mit ein und demselben Pinsel lassen sich daher sowohl fei-

ne als auch breite Striche ziehen. Die chinesische (schwarze) Tusche besteht in der Regel aus Kiefernruß, aus dem mit Hilfe eines Bindemittels (Knochenleim) feste Tusche-Steine angefertigt werden, die oft reizvoll verziert sind und als Kleinkunstwerke gesammelt werden. Im Bedarfsfall reibt man diese Tusche-Steine auf einem Reibstein (meist Kalkschiefer) mit Wasser an. Vom Grad der Mischung mit Wasser hängt die Farbtönung ab: sie reicht von blassem Grau bis zu tiefem Schwarz. Für andere Farben werden wasserlösliche Mineralien verwendet.
Kunsthandwerk: Hauptgebiete des chinesischen Kunsthandwerks sind neben Bronze- und Edelmetallarbeiten, Keramik, Schmelzarbeit, Seidenweberei, Jadeverarbeitung und Lackkunst besonders das → Porzellan, das in der Tang-Zeit erfunden und bald zu höchster Vollendung geführt wurde.

Chinesisches Chippendale Englische → Chinoiserie-Möbel nach dem Vorbild der Abbildungen, die in Thomas Chippendales ›The Gentleman and Cabinet Maker's Director‹ (1754) zu finden sind.

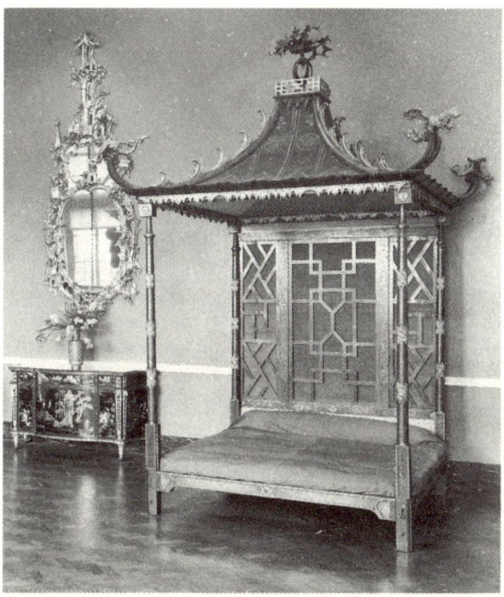

Chinesisches Chippendale-Möbel aus Badminton, Gloucestershire, um 1760. Das Bett zeigt am Kopfende durchbrochene Holzarbeit im chinesischen Stil.

Ch'ing-pai-Ware (chin. Ch'ing-pai ›bläulich-weiß‹) Chinesisches → Porzellan mit zartblauer Glasur, üblicherweise mit plastischem Dekor, das in Südchina zur Song- und Yuan-Zeit (960–1368) hergestellt und in großer Menge in den Nahen Osten und nach Europa exportiert wurde.

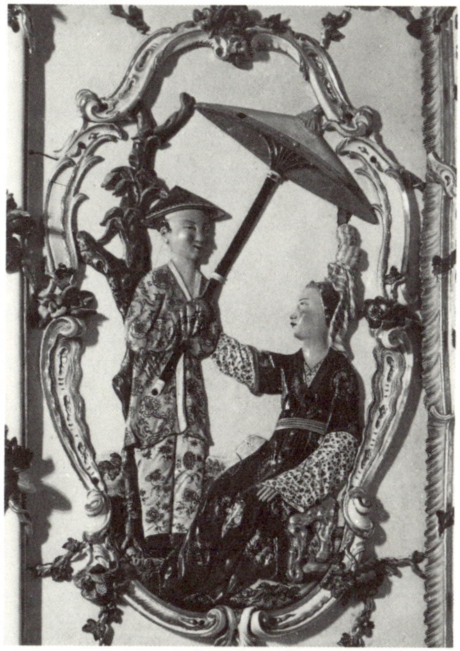

Chinoiserie: Detail aus dem Porzellanraum des Museo di Capodimonte mit chinesischen Figuren, umrahmt von Rokokovoluten (1757–1759).

Chinoiserie Verspielte Nachahmung → chinesischer Kunst und Architektur, meist mit dem → Rokoko des 18. Jh.s in Europa assoziiert.

Chippendale Englischer Möbelstil des 18. Jh.s mit reicher ornamentaler Schnitzerei, oft auch mit Durchbrucharbeiten (z. B. an Stuhlrücken). Benannt ist dieser Stil nach dem Designer und Kunsttischler Thomas Chippendale (1718–1779), der 1754 ein Vorlagenbuch ›The Gentleman and Cabinet Maker's Director‹ veröffentlichte. Typisch für das C. ist die Verwendung der → Cabriole.

Chor In seiner ursprünglichen Bedeutung der für den Chorgesang der Geistlichen bestimmte Ort in der Kirche. Später wurde die Bezeichnung auf den über das → Querschiff hinausreichenden verlängerten Teil des Mittelschiffes jenseits des → Altares übertragen. In den → frühchristlichen Kirchen besteht der C. lediglich aus einer halbrunden → Apsis, in den → romanischen Kirchen erweitert sich der C. durch eine quadratisch angelegte Fortsetzung des Mittelschiffes, an die sich die Apsis anschließt. Zuweilen ist der *Chorraum* durch → *Chorschranken* gegenüber dem Mittelschiff abgetrennt, aus denen im 13. Jh. der → Lettner und später das → barocke *Chorgitter* hervorgehen. Durch Weiterführung der Seitenschiffe entsteht der durch offene Bogenstellungen gegen den C. abgegrenzte *Chorumgang,* der wiederum durch halbrunde *Chorkapellen* mit eigenen Altarräumen durchbrochen sein kann.

Chorempore Galerie oberhalb des → Lettners, die über eine seitlich angeordnete Treppe erstiegen werden kann.

Chorgestühl An den Längsseiten eines → Chores angeordnete Sitzreihen für die Geistlichen.

Chorgitter siehe Chor

Chorhaupt Das östliche Ende einer Kirche jenseits der → Vierung mit dem Chorumgang und – wenn vorhanden – den strahlenförmig angebauten Kapellen.

Chorkapelle siehe Chor

Chorraum Der östliche Teil einer Kirche, traditionell den Geistlichen vorbehalten. Er umfaßt sowohl den → Chor selbst, in dem geistliche Gesänge abgehalten werden, als auch das den → Altar umgebende Allerheiligste (→ Sanktuarium) und ist vom restlichen Kirchenraum oft durch die → Chorschranke getrennt.

Chorschranke (ital. cancello, pl. cancelli ›eisernes Geländer‹) Eine Trennwand aus Gitterwerk, die das → Sanktuarium (das Allerheiligste, den → Chor) vom Laienraum einer → Basilika oder einer → frühchristlichen Kirche trennt.

Chorumgang siehe Chor

Chrismarium (auch Chrismatorium) 1. In der Kirchenarchitektur eine Vertiefung in der Nähe des Taufbeckens für Öl zur Salbung nach der Taufe. 2. In der katholischen Kirche Behälter für die Aufbewahrung der heiligen Öle; ursprünglich in der Form einer Büchse oder Flasche, später als verziertes Horn mit Kelchfuß.

Christusmonogramm Ein Christussymbol aus den ersten beiden Buchstaben des griechischen Wortes Christos. Synonym: Chirho.

Chryselephantin Aus Gold und Elfenbein hergestellt. Das Wort wird normalerweise für bedeutende Kultstatuen in antiken → griechischen Tempeln benutzt. Die sichtbaren Körperteile wurden aus geschnitztem Elfenbein, die Gewandteile und Haare aus Goldblech über einem hölzernen Kern gefertigt.

Chün-Ware Chinesisches Steingut der Song-Zeit (960–1279 n. Chr.) aus der Provinz

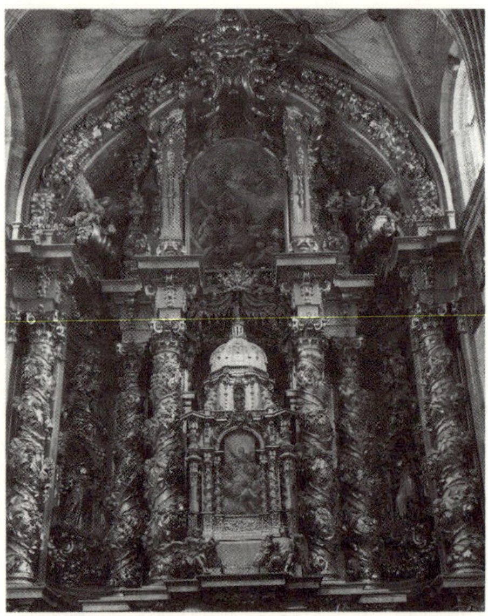

Churriguerrismus: der Altar in der Kirche von San Sebastian, Salamanca, von José Benito de Churriguerra.

Honan. Die Gegenstände besitzen einen schweren Körper und eine dicke → Glasur, deren Farbskala von hellem Lavendelblau bis zu Purpur reicht, manchmal auch karminrot geflammt oder gesprenkelt.

Churriguerrismus Eine ausgefallene Spielart der → barocken Architektur und Ornamentik, in Spanien, Südamerika und Portugal anzutreffen und nach dem Architekten José Benito de Churriguerra (1665–1725) benannt.

Ciborium (lat. ›Gehäuse‹) 1. Mit einem Deckel verschlossener Kelch, in dem in katholischen Kirchen die geweihten Hostien aufbewahrt werden. 2. Altarüberbau, üblicherweise kuppelförmig und von → Säulen getragen.

Cinerarium Ein Ort, an dem Bestattungsurnen aufbewahrt werden.

Cinquecento (ital. ›500‹) In Italien übliche Bezeichnung für das 16. Jh. Siehe auch Duecento.

Circus In römischer Zeit eine Rennbahn von langgestreckter längsrechteckiger Form mit abgerundeten Ecken.

Cire perdu Gußverfahren von Bronzeskulpturen ›mit verlorener Form‹ (frz. à cire perdu). Beim C.p.-Guß wird das Tonmodell der Skulptur mit einem Wachsüberzug in der Dicke der späteren Bronzewandung überzogen. Darüber wird dann ein perforierter Formmantel aus Lehm gegeben, durch dessen Löcher beim Erhitzen das Wachs abfließen und die flüssige Bronze einfließen kann. Nach Erkalten des Metalls wird der Mantel zerschlagen und durch eine Öffnung (meist am Boden der Skulptur) das Tonmodell herausgekratzt. Im C.p.-Verfahren ist nur ein einziger → Abguß des Modells möglich.

Ciste (lat. ›cista‹, auch Ziste genannt) 1. Zylindrisches Bronzegefäß mit Deckel, entweder zur Aufbewahrung für Toilettenartikel oder für zeremonielle Gegenstände, besonders im → antiken Griechenland und bei den → Etruskern. 2. Kleine sarkophagförmige Aschenurne aus Alabaster, Marmor oder Ton des spätetruskischen Totenkultes. Auf dem Deckel finden sich meist liegende Figuren der Verstorbenen (reiche Sammlung im toskanischen Volterra).

Clipeus (lat. ›runder Schild‹) Architektonisches → Ornament, bestehend aus dem → Medaillon-Porträt eines Verstorbenen. (Die Bezeichnung ist wohl abgeleitet von dem römischen Brauch, Schilder mit Ahnenporträts zu schmücken).

Clipeus-Sarkophag → Frühchristlicher → Sarkophag, dessen vordere Langseite das Brustbildnis des Verstorbenen medaillonartig zeigt.

Cloison (frz. ›Zelle‹) 1. Beim Emaillieren eine begrenzte Fläche (Zelle), die aus mit dem Untergrund verbundenem Metalldraht oder -streifen geformt wird und mit → Email gefüllt werden soll (Zellenschmelz). 2. Bei Keramik eine aus einem Tongrat auf der Oberfläche des Gegenstandes gebildete Zelle, die mit → Glasur gefüllt werden soll.

Cloisonné 1. → Email. 2. (Bei Keramik) Mit → Glasuren unterschiedlicher Farben dekoriert, die voneinander durch → Cloisons getrennt sind.

Cloisonnismus Ein für den Spätimpressionismus charakteristischer, von Emile Bernard (1868–1941) entwickelter Malstil. Matte Far-

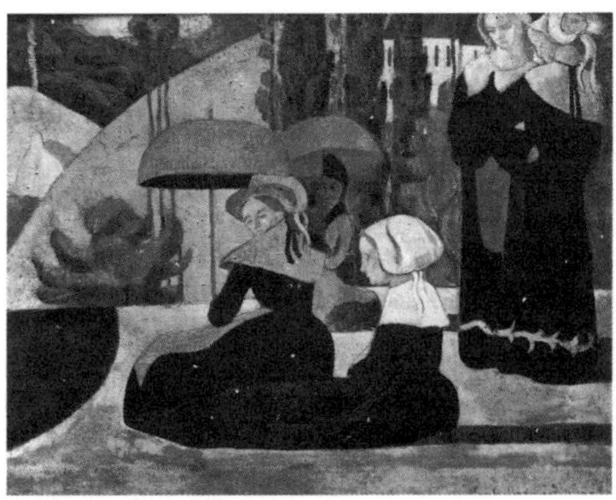

Cloisonnismus: Emile Bernards *Bretoninnen mit Schirmen, 1892.*

ben sind durch starke blaue oder schwarze Umrißlinien in der Art des → Email-Cloisonné voneinander abgesetzt (→ Synthetismus).

Coade-Stein Ein Typ künstlichen Gußsteins, der von ca. 1770 bis ca. 1820 in England für Skulpturen und architektonische Ornamente verwandt wurde. Er ist benannt nach Mrs. Eleanor Coade, der ursprünglichen Besitzerin der Londoner Herstellerfirma.

COBRA Eine Gruppe europäischer Künstler, 1948 in Paris gegründet, die den → Expressionismus mit seiner wilden, emotionsbetonten Malweise wiederbeleben wollten. Der Name setzt sich aus den Anfangsbuchstaben der Städte zusammen, in denen wichtige Gruppenmitglieder lebten: COpenhagen, BRüssel, Amsterdam. Zu diesen Mitgliedern zählten Pierre Alechinsky, Karel Appel, Asger Jorn und Lucebert. Die Gruppe löste sich 1951 auf.

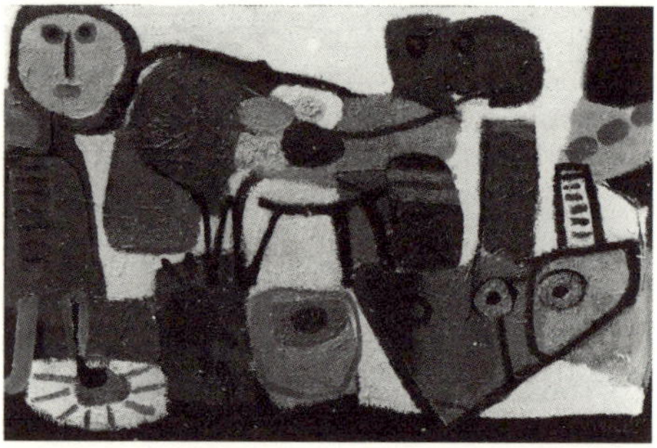

Kind und Tier II, 1951, zeigt die typisch kraftvolle Maltechnik von Karel Appel, einem Mitglied der Gruppe **COBRA.**

Collage (von frz. coller ›kleben‹) Eine von Pablo Picasso und Georges Braque während ihrer → kubistischen Phase für die Bildgestaltung entwickelte Klebetechnik. Sie begannen, in ihre Kompositionen Schnipsel aus Zeitungspapier und gemustertem Papier (→ Papiers collés) einzubauen, die sie als Repräsentanten der erfahrbaren Realität verstanden, auf deren Zerstörung in der kubistischen Formanalyse abgezielt wurde. → Dada und → Surrealismus nahmen später die C.-Technik auf zur Schaffung irrationaler Verbindungen von

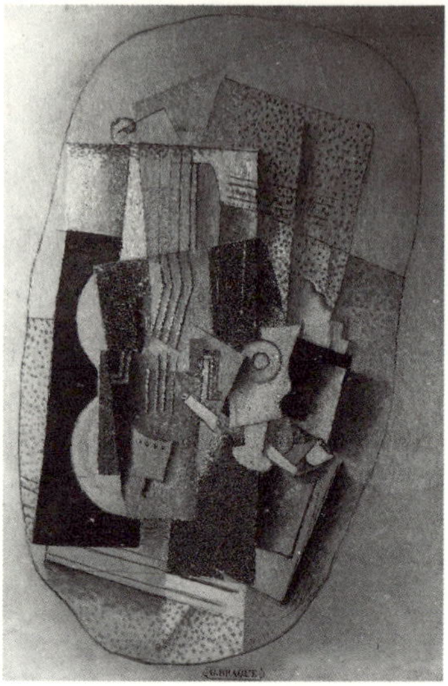

Kubistische **Collage** von Georges Braque, *Musik,* 1914. Verwendete Materialien sind aufgeklebte Papierstücke, Gips und Sägemehl.

›vorgefundenen‹ Bildwerten und Metaphern (→ Objet trouvé). Seit dem Kubismus, → Futurismus und Surrealismus ist die C. eine vielbenutzte Arbeitsmethode der modernen Kunst, aus der sich nachfolgend auch raumgreifende → Montagetechniken wie das → Combine Painting entwickelt haben.

Colour-field Painting siehe Farbfeldmalerei

Columbarium (lat. ›Taubenschlag‹) Eine römische, → frühchristliche Grabkammer, in

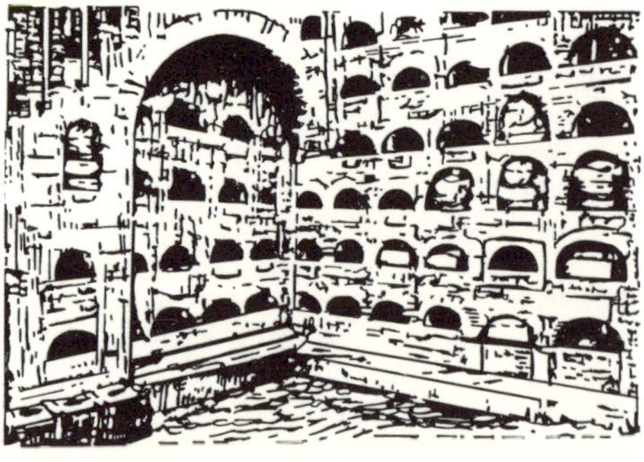

Columbarium

deren Wände zahlreiche Nischen zum Aufbewahren von Urnen eingelassen waren; sie erinnerte damit an einen Taubenschlag.

Combine Painting Eine Kombination aus Malerei und → Collage-Technik, bei der flache oder dreidimensionale → Objets trouvés auf der Oberfläche eines abstrakt expressionistischen Gemäldes befestigt und manchmal übermalt, manchmal auch in ihrem ursprünglichen Zustand belassen werden. Die Bezeichnung stammt von dem Amerikaner Robert Rauschenberg (→ Neodada), der u. a. C.-P.s mit ausgestopften Tieren und voll funktionstüchtigen Radios schuf. Es war dann nur noch ein kleiner Schritt vom C. P. zum → Environment.

Comic In den 1890er Jahren in den Vereinigten Staaten entwickelte Form der Bildgeschichte mit zunächst ausschließlich komischem Inhalt. Charakteristisch für C.s sind eine oder mehrere unveränderliche Hauptfiguren, die Zuweisung gesprochener Sprache über Sprechblasen und seit Beginn des 20. Jh.s eine Bildfolge mit ständig wechselnder Perspektive, die → filmischen Techniken nachempfunden ist. In den 1930er Jahren erweiterte sich das Repertoire der C.-Figuren um ›ernsthafte‹ wie Detektive, Superhelden, Science-fiction-Gestalten u. a. Heute sind C.s als Hefte, Bücher und Fortsetzungsserien in Zeitungen weltweit verbreitet. Mit der → Pop Art fanden Formenrepertoire und Bildersprache der C.s auch Eingang in die bildende Kunst.

Commedia dell'arte-Figuren In der Malerei seit dem 16. Jh., in Porzellan und Möbeltischlerei seit dem 18. Jh. Figuren, die angeregt wurden durch Charaktere aus Theateraufführungen umherziehender C.d.a.-Truppen wie Harlekin und Kolumbine.

Compagnie des Indes (frz. Bezeichnung der East India Company) Im 18. Jh. speziell für den europäischen Markt produziertes → chinesisches Porzellan.

Company School Unterschiedliche Gruppen indischer Maler, die im 18. und 19. Jh. für die Engländer tätig waren (d. h. in großem Maße für Auftraggeber in Verbindung mit der East India Company). Zentren waren Madras und Thanjavar im Süden, Delhi im Norden, Lucknow, Kalkutta und Patna im Osten. Die verwendeten Techniken waren der europäischen → Aquarellmalerei entlehnt, die Motivskala reichte von Handwerksdarstellungen über Repräsentationen des Kastensystems, Bildern von Festlichkeiten und botanischen Zeichnungen bis hin zu Tier- bzw. Vogelbildern.

Computerkunst Mit Hilfe von Computern geschaffene Kunst, hauptsächlich Zeichnungen und Grafiken. Die erste C. erschien Mitte der 1950er Jahre.

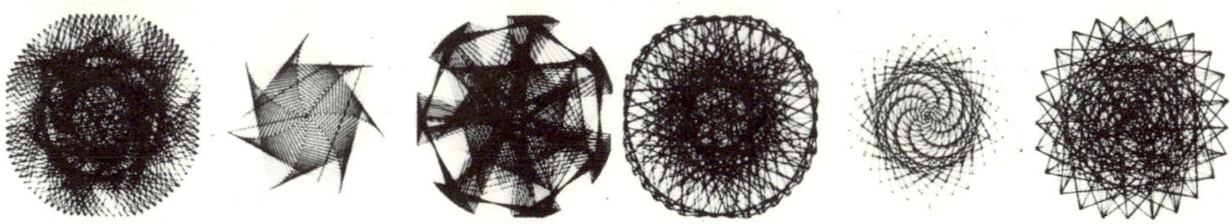

Computerkunst von John Whitney, 1969. Die Bilder entstehen, indem man Serien abstrakter Bilder auf einem Computerbildschirm erzeugt und sie mit einer Filmkamera abfotografiert.

Concept(ual) Art siehe Konzeptuelle Kunst

Concetto (ital. ›Konzept‹) Ein Begriff der → Renaissance, spezieller des → Manierismus, der die grundlegende Idee oder Konzeption bezeichnet, die dem jeweiligen Kunstwerk eine spezifische Bedeutung verleiht. Das C. ähnelt dem → Disegno, impliziert jedoch, daß die Bedeutung auf irgendeine Weise überraschend oder paradox ist.

Confessio (lat. ›Bekenntnis‹) In → frühchristlichen und frühen → romanischen Kirchen Bezeichnung für das Heiligengrab unter dem Hochaltar.

Conté Markenbezeichnung für synthetische Kreidearten in Schwarz, Rot oder Braun.

Contre-Boulle siehe Boulle-Marketerie

Copperplate Eine geschwungene Schreibschrift mit Ligaturen. Siehe Kalligraphie.

Corona Bezeichnung für das Kranzgesims der dorischen → Säulenordnung.

Corps de logis (frz. ›Hauskörper‹) Das Hauptgebäude eines Bauwerks, wenn diesem noch → Pavillons und Außengebäude angegliedert sind.

Cortile (ital. ›Hof‹) Ein von → Arkaden umgebener Innenhof.

Cosmatenarbeit Architektonischer Schmuck wie Mosaik und Marmor- → Einlegearbeiten (→ Inkrustationen) in den Innenräumen der Kirchen Roms aus dem 12. bis 14. Jh. In zwei der Familien, die diese Technik ausführten, war der Vorname Cosmas sehr häufig, daher die Bezeichnung C.

Cottage orné (frz. ›geschmücktes Landhaus‹) Kleines, nicht notwendigerweise zum Bewohnen konzipiertes Gebäude in verspielt rustikaler Form. Dieser Begriff wird in Verbindung mit der Begeisterung für das → Malerische in der englischen Landschaftsgarten-Gestaltung des späten 18. und frühen 19. Jh.s und mit der frühen → Neogotik verwendet.

Cour d'honneur Der von den Hauptgebäuden umgebene Empfangshof eines großen öffentlichen Gebäudes oder Palastes, insbesondere des → barocken Schlosses (→ Corps de logis).

Craquelé Netzartige Rißbildungen in der → Glasur von → Keramik nach dem Brennen, da sich beim Erkalten die Glasur anders verhält als der Ton. In der altchinesischen Keramik war die C.-Bildung ein bevorzugtes Mittel zur Belebung der Glasuroberfläche und – wegen der allmählichen Färbung der Risse – zur Erzielung einer Art → Patina. C.-Glas (sogenanntes ›Eisglas‹) stellt man durch Besprühen von ofenheißem Glas mit einer (bzw. durch Eintauchen in eine) Flüssigkeit (Wasser oder Öl) her, wodurch sich ein dichtes Haarriß-Netz bildet. Damit das so behandelte Glas nicht zerfällt, wird es durch ›Verwärmen‹ (nochmaliges kurzes Erhitzen) wieder stabilisiert. Auch durch Ätzen von Glas mit schwach verdünnter Flußsäure entsteht eine Art C.-Glas.

Craquelure, Krakelure (frz.) Bezeichnung für die sich durch Altern oder Austrocknen bildenden Risse im → Firnis oder in der Farbschicht eines Gemäldes.

Crewel-Arbeit Grobe Stickerei mit ausdrucksvoller Zeichnung aus Kammgarn in leuchtenden Farben. Vom frühen 17. Jh. an in England und Nordamerika beliebt als Vorhang- und Polsterstoff.

Croquis (frz.) Skizze, besonders Lageplan.

Cuerda seca (span. ›trockene Kordel‹) Eine Dekortechnik für Töpferware, bei der verschiedenfarbige → Glasuren mit Hilfe von aufgemalten Linien aus einer Mischung von Braunstein und Fett voneinander getrennt gehalten werden. Im Nahen Osten erfunden, kam diese Technik um 1500 nach Spanien.

Cul-de-lampe (frz. ›Lampenboden‹) 1. Ursprünglich eine dreieckige → Konsole, die eine Kirchenlaterne oder andere Objekte trug. 2. Heute auch eine → Vignette oder ein Druckerornament am Schluß eines Kapitels, die nach unten hin wie der untere Teil einer Ampel spitz zulaufen.

Cul-de-lampe, 17. Jh.

D

Dach (Dachformen) Als D. bezeichnet man den oberen Abschluß eines Gebäudes, der je nach Neigung der D.flächen unterschiedliche Bezeichnungen trägt. Die gebräuchlichsten Formen sind 1. Pultdach, 2. Satteldach, 3. Walmdach, 4. Kegeldach, 5. Zeltdach, 6. Pyramidendach, 7. Mansardendach. Sonderformen beim Turmdach ergeben sich u. a. als Zwiebelturm, Rhombendach, geschweifter Helm (gelegentlich mit Laterne) oder als achtseitiger Helm.

Dachreiter Bezeichnung für ein Türmchen, das dem Dachfirst von Kirchen aufgesetzt ist und zwar meist über der → Vierung, also auf dem Schnittpunkt von Lang- und Querhausdach.

Dachstuhl Ein seitlich in Intervallen unter den Sparren eingefügtes Rahmenwerk zur Stärkung einer Dachkonstruktion.(Abb. S.64)

Dada(ismus) (möglicherweise von frz. dada ›Steckenpferd‹) Bewußt bedeutungsloser

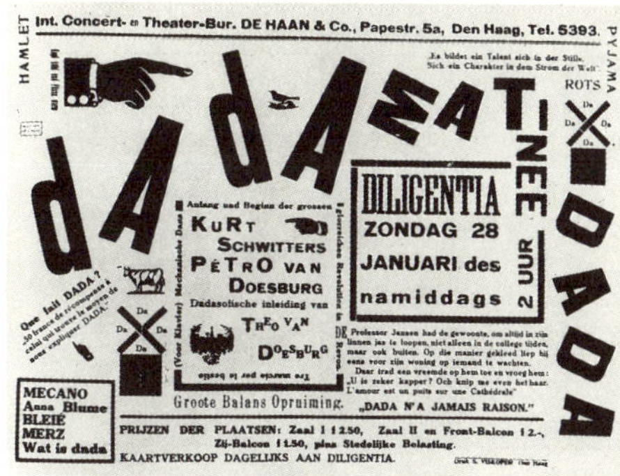

Plakat von Kurt Schwitters und Theo van Doesburg mit Nonsens-Texten für einen **Dada**-Rezitationsabend in Den Haag, 1923.

Name der ersten → Antikunst-Bewegung, die 1916 in Zürich mit der Gründung des ›Cabaret Voltaire‹ durch den Schriftsteller Hugo Ball, die Maler Tristan Tzara, Hans Arp u. a. ihre Antikunst-Programmatik formulierte. Die D.isten setzten Nonsens-Texte, Aufführungen (→ Performance) und abstrakte Kunstwerke ein, um gegen die vorherrschende Selbstgenügsamkeit und Weltferne der

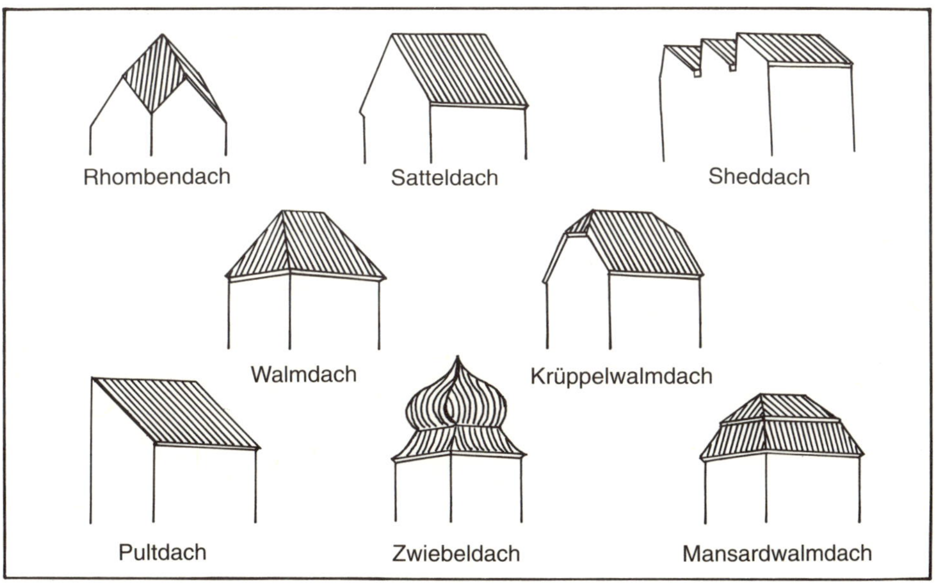

Dachformen

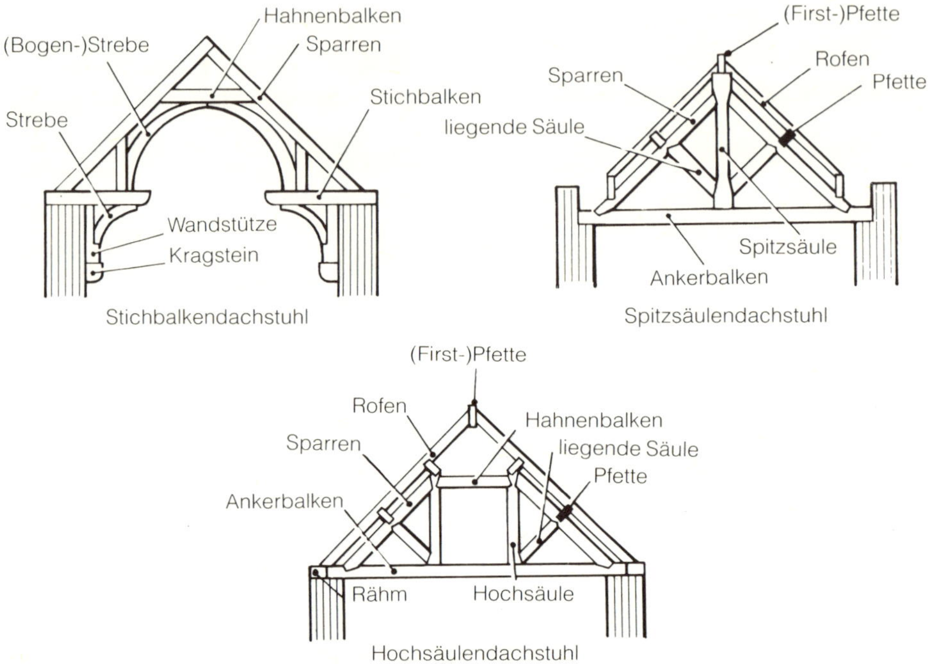

Dachstuhlformen

Kunst zu protestieren. Sie sollte statt dessen aus dem Leben und der Natur schöpfen. Das geforderte antiformalistische Denken sollte den Zufall der Natur akzeptieren und als kreatives Element für die Kunst fruchtbar machen. Marcel Duchamp übernahm in New York den Namen D., und auch in Berlin, Paris und anderen Städten bedienten sich künstlerische Bewegungen dieses Namens. In Paris stand die Erforschung des Irrationalen im Vordergrund, womit Dada den Weg zum → Surrealismus bereitete. In Berlin verband die D.-Bewegung die Attitüde des Nonsens mit politischer Provokation und Satire (Raoul Hausmann, Hannah Höch, John Heartfield) und bediente sich dazu (wie auch in Hannover Kurt Schwitters) der → Collage und → Fotomontage.

Dädalischer Stil Der zwischen der → geometrischen und der → archaischen Epoche liegende Stil in der → griechischen Bildhauerkunst (660–620 v. Chr.), benannt nach Dädalos, dem mythischen Handwerker und Künstler, dem die antiken Griechen die frühesten Götterstatuen zuschrieben. Dieser Stil wird auch früharchaisch genannt.

Daguerreotypie Das erste praktikable Verfahren der → Fotografie, das der Öffentlichkeit 1839 vorgestellt wurde. Das Bild war ein direktes Positiv auf einer polierten, versilberten Kupferplatte, die mit Jod- und/oder Bromdampf lichtempfindlich gemacht wurde. Der Erfinder, Louis Jacques Mandé Daguerre, bediente sich der Ergebnisse früherer Experimente von Nicephore Nièpce.

Daktyliothek Sammlung von → Gemmen und → Kameen.

Dalmatika Hemdartiges Gewand der Antike, das im Mittelalter zum Unterkleid der bischöflichen Kasel und zum Bestandteil des Krönungsornates der deutschen Kaiser entwickelt wurde.

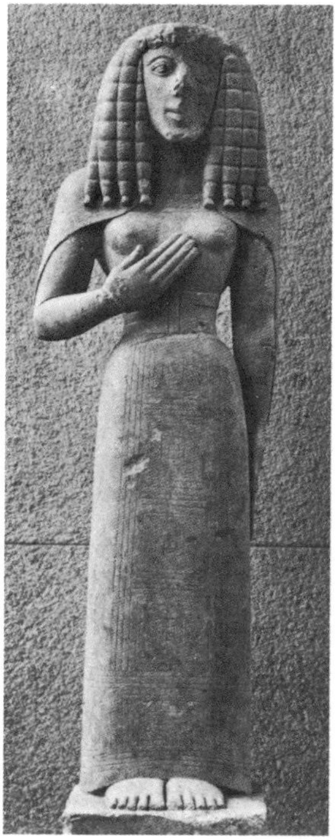

Kalkstein-Statuette einer Göttin in **dädalischem** Stil. Typisch sind der ägyptische Einfluß (das perükkenartige Haar) und die kretische Stola.

Damast 1. Ein beidseitig verwendbarer → monochromer Stoff, dessen Muster durch unterschiedlich flottierende Schuß- oder Kettfäden gebildet wird (positiv auf der einen, negativ auf der anderen Seite) und nur durch die verschiedenen → Texturen bzw. den verschiedenen Oberflächenglanz sichtbar wird (siehe Abb. → Cabriole). 2. Allgemeiner eine Bezeichnung für alle Arten von Stoffen mit erhabenen Mustern.

Damaszieren 1. Ursprünglich das Anbringen eines → Moiré-Musters auf Schwertklingen, eine Technik, die in Damaskus erfunden worden sein soll. 2. Später bezeichnete dieser Begriff fälschlich ein Verfahren, Stahl mit → Einlegearbeiten aus Edelmetall zu verzieren (→ Tauschierung).

Damp Fold Style Bezeichnung für eine besondere Art der Faltenwurfdarstellung bei Skulpturen und Malereien im England des 13.–15. Jh.s: Das Tuch scheint am Körper zu kleben, als ob es feucht wäre, die Falten sind flach und linear.

Dantesker Stil Im Italien des 19. Jh.s das Äquivalent zur → Neogotik in Nordeuropa. Der italienische Stil verwandte zusätzlich zu den streng mittelalterlichen Formen auch Elemente aus der → Renaissance.

Décadence Im Europa des späten 19. Jh.s eine künstlerische und literarische Richtung, die mit dem → Symbolismus assoziiert wird, jedoch auch durchdrungen war von dem Gedanken, daß Kunst und Gesellschaft in einem unaufhaltsamen Verfall begriffen seien. Die Bewegung erhielt viele Anregungen von J. K. Huysmans Romanen ›A Rebours‹ (Gegen den Strich, 1884) und ›Làbas‹ (Dort unten, 1891). Die mit ihr in Verbindung gebrachten Künstler und Schriftsteller (z. B. Aubrey Beardsley in England) zielten häufig darauf ab, die Ge-

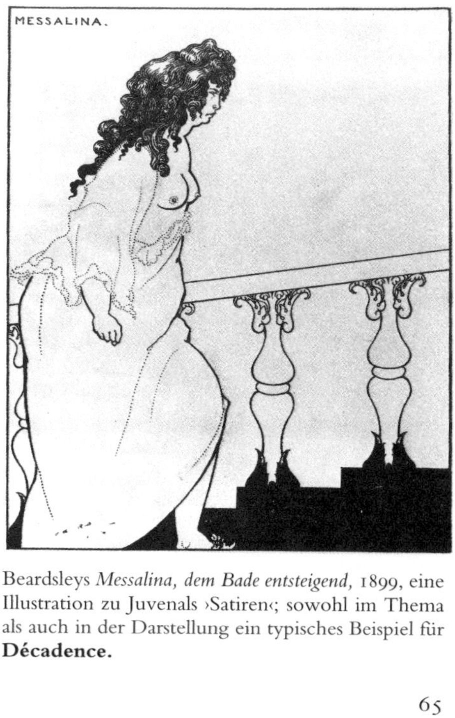

Beardsleys *Messalina, dem Bade entsteigend,* 1899, eine Illustration zu Juvenals ›Satiren‹; sowohl im Thema als auch in der Darstellung ein typisches Beispiel für **Décadence.**

sellschaft in ihrer konventionellen Moralität mit Bildern, die im Zusammenhang mit Sexualität und Satanismus standen, zu schockieren.

Decalcomanie (frz.) siehe Abklatschverfahren

Deckenbalken Ein entlang der oberen Kante einer Wand verlaufender Balken, der die Träger oder andere Dachbalken stützt (→ Rähm).

Deckenmalerei Als Teil der → Wandmalerei Ausgestaltung von Flachdecken oder → Gewölben mit bildlich-figurativen Darstellungen oder → ornamentalem Schmuck. In der → antiken Kunst der Griechen und Römer wurde die D. von einer netzartigen Aufteilung in Kassetten mit Ornamentalschmuck und Kleinszenen bestimmt; erst die Spätantike behandelte die Decke als einheitlichen Malgrund. Die → byzantinische Kunst verwendete das → Mosaik als Deckenschmuck, der zum Symbol des Himmels gestaltet wurde. Von karolingischer D. ist fast nichts erhalten. In der → romanischen Kirche wurde die flache Holzdecke oder auch die Wölbung in viereckige, kreis- oder vierpaßförmige Felder zerlegt, die in hierarchischer Anordnung biblische Gestalten enthalten, während die Zwischenräume ornamental gefüllt sind. In der → Gotik verzichtete man völlig auf die D.; erst die → Renaissance griff die Deckengliederung durch prunkvolle Kassetten wieder auf, wobei die einzelnen Felder mit Darstellungen aus Historie und Mythologie gefüllt wurden. Das → Quattrocento brachte mit der Ausnutzung der → Perspektivlehre eine illusionistische D. hervor, die die abschließende Raumfunktion der Decke für das Auge auflöst und den Blick nach oben unendlich erweitert (Andrea Mantegna, *Camera degli sposi,* 1472–74). Dabei waltet in der Sixtinischen Kapelle Michelangelos mit der strengen Gliederung in einzelne Bildfelder noch die Bindung an die vorgegebene Architektur, während in den Kuppelfresken Correggios der Illusionismus schon ohne wesentliche Beschränkung erscheint. In den Kirchen und Schlössern des → Barock und → Rokoko wurde der Illusionismus einer phantasievollen Gewölbeausmalung noch weiter getrieben, so daß sich D. und → Wandmalerei im Prinzip des Gesamtkunstwerks vereinigen (Pellegrino Tibaldi, Pietro da Cortona, Fra Andrea Pozzo, Giovanni Battista Tiepolo, Cosmas und Egid Asam). Die seit dem letzten Drittel des 18. Jh.s entstandene → klassizistische D. war programmatisch, nicht illusionistisch (Anton Raphael Mengs, *Parnaß,* 1761).

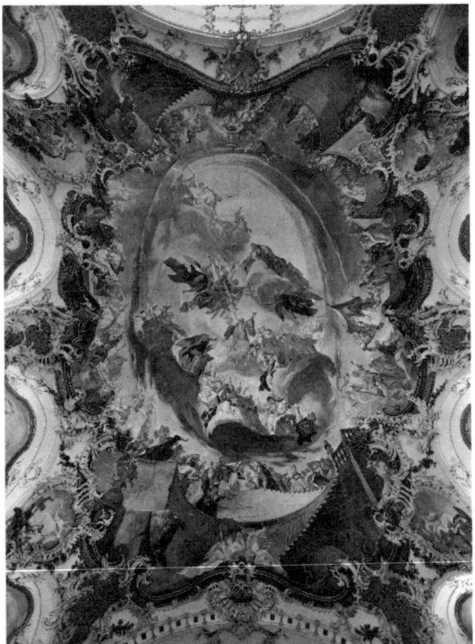

Deckenmalerei von Johann Georg Bergmüller (1688–1762) in der Kirche von Zwiefalten, Bayern.

Deckfarben Im Gegensatz zu → Lasurfarben undurchsichtige Farben, die den Malgrund abdecken: → Gouaches, → Öl, → Pastell und → Tempera.

Décollage (von frz. décoller ›ablösen‹, ›trennen‹) Ein Kunstwerk, das auf der Zerstörung vorgefundener Materialien basiert, z. B. auf dem Abreißen von Plakaten (→ Collage).

Decorated Style (Stil der reichen Schmuckformen) Englische → gotische Architektur des späten 13. Jh.s und der ersten Hälfte des 14. Jh.s, zeitlich zwischen dem → Early English

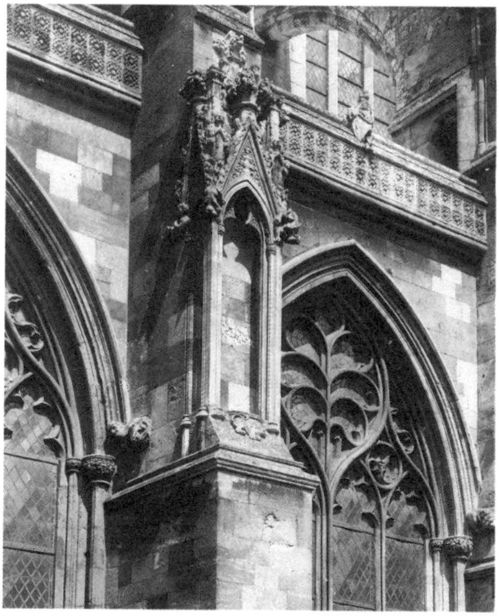

Decorated Style: Detail der Kathedrale von Beverley, Yorkshire, in dem die charakteristischen Doppel-S-Ornamente des Maßwerks und die reich verzierten Kreuzblumen zu erkennen sind.

und dem → Perpendicular Style einzuordnen, für die eine verschwenderische Ornamentik, besonders in Form von Blatt- und Laubwerk, charakteristisch ist. Mit → Maßwerk ausgefüllte Fenster ersetzen schlichte → Lanzettfenster, und Bögen wie auch Fenstermaßwerk weisen eine große Zahl von → Karniesen bzw. Ornamenten mit doppelter S-Krümmung auf.

Dedikationsbild (wörtlich ›Geschenkbild‹) Mittelalterliche Darstellung der feierlichen Überreichung eines Architekturmodells, eines Kunstwerks oder Buches an den Auftraggeber oder Stifter.

Deesis (griech. ›Gebet‹) Eine → byzantinische Darstellung Christi zwischen der Jungfrau Maria und dem hl. Johannes dem Täufer, die für die Menschheit Fürbitte einlegen.

Deinos (griech.) Gefäß mit großer Öffnung und ohne Henkel zum Mischen von Wein und Wasser. Manchmal mit einem passenden Ständer versehen (→ Vasenform, griechische).

Dekorative Malerei D. M. ist nach Gestalt, Material und Technik von dem Trägerobjekt (Fassade, Ecke, Wand, Tür- und Fensterrahmung) bestimmt, an dessen Ausschmückung sie beteiligt ist. Die Wahl der maltechnischen Mittel wird mit Rücksicht auf Baustoff und Untergrund getroffen. Die → Antike bevorzugte → Wachsfarben und Eitempera, das frühe Mittelalter → Lemfarben, die → Barockzeit → Kaseinfarben, die neueste Zeit Kunstharz-Emulsionsfarben. Der → Kratzputz (→ Sgraffito) fand bei entsprechenden Bauten Anwendung, die Ölfarbe zum Schmuck des Holzbaus und des Bildwerks auf Holz. Die d. M. vereinfacht die Kontur zu flächenhafter Eindeutigkeit und meidet die Ausgestaltung des Details. Ihr Motivrepertoire bezieht sie vorwiegend aus geometrischen Formen und Schriftzeichen, aus der Pflanzen- und Tierwelt sowie aus der phantastischen Symbolik.

del. (auch delin.) (Abkürzung von lat. delineavit, ›hat [es] gezeichnet‹) Eine auf → Drucken und Zeichnungen zu findende Abkürzung, die anzeigt, daß der nachfolgend Signierende für die Zeichnung verantwortlich ist, im Falle eines Druckes jedoch nicht notwendigerweise für die Gravur der Platte.

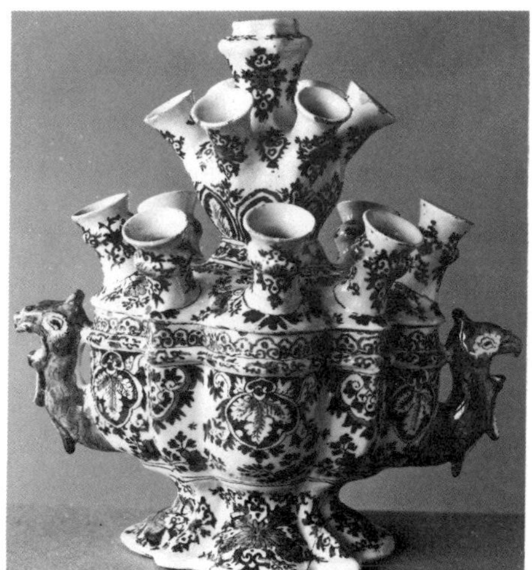

Niederländische Tulpenvase in **Delfter Fayence,** 17. Jh.

Delfter Fayence Eine Art zinnglasierten → Steinguts mit blauweißem, von chinesischem → Porzellan inspiriertem Dekor (später in einer farbenreicheren Palette und in einer größeren Mustervielfalt), das in Holland seit Mitte des 17. Jh.s hergestellt wird.

Denkmal Bezeichnung für ein zur Erinnerung an Personen oder spezifische Ereignisse hergestelltes Bild- oder Bauwerk.

Denkmalpflege Bezeichnung für alle konservatorischen Maßnahmen, die zur Beaufsichtigung und Erhaltung wichtiger Bauwerke, Denkmäler und Kunstwerke durchgeführt werden.

Derutaware → Fayencen aus der italienischen Stadt Deruta (Perugia), die durch ihre metallisch schillernden → Lüsterfarben im 16. Jh. bekannt wurden.

Desco da parto (ital. ›Geburtsplatte‹) Ein verziertes Tablett, auf dem im Italien des Mittelalters und der frühen → Renaissance Lekkereien und andere kleine Geschenke anläßlich des zeremoniellen Gratulationsbesuchs bei der Mutter eines Neugeborenen überreicht wurden (Synonym: Wöchnerinnenschüssel).

Design (engl. ›Entwurf, Zeichnung, Muster‹) Im deutschen Sprachgebrauch vor allem die Formgestaltung von Industriewaren und Gebrauchsgütern. Den Gestalter derartiger Formen nennt man ›Designer‹. Beim D. sind nicht nur ästhetische, sondern auch praktische (Funktionalität) und werbepsychologische Erwägungen (größere Gefälligkeit der entworfenen Gegenstände gegenüber Konkurrenzmustern) zu berücksichtigen.

Desornamentado-Stil Eine von dem spanischen Architekten Juan de Herrera (1530–1597) und dessen Nachfolgern vertretene Richtung der spanischen → Renaissance-Kunst in der zweiten Hälfte des 16. Jh.s, die vor allem zur Zeit Philipps II. in Kastilien zur Herrschaft gelangte und die durch strenge ›Schmucklosigkeit‹ gekennzeichnet ist.

Deutscher Werkbund Eine Vereinigung deutscher Industrieller, Designer und Architekten, die von dem Architekten Hermann Muthesius angeregt wurde und der so berühmte Architekten und Designer wie Peter Behrens und Henry van de Velde angehörten. Der Bund formierte sich 1907 in München mit dem Ziel, »die besten Vertreter von Kunst, Industrie, Handwerk und Gewerbe auszuwählen, alle Anstrengungen in Richtung auf eine hohe Qualität in der industriellen Arbeit zu vereinen und einen Treffpunkt für alle die zu bilden, die bereit und willens sind, sich für hohe Qualität einzusetzen«. Der D. W. leistete einen bedeutenden Beitrag zur Theorie der Gestaltung, was sich u. a. in der Konzeption des → Bauhauses niederschlug. In der Zeit des Nationalsozialismus wurde der Bund aufgelöst, jedoch 1947 neu gegründet.

Deutschrömer 1. Kreis deutscher Künstler, darunter zahlreiche → Nazarener, die in der ersten Hälfte des 19. Jh.s in Rom lebten. Ihr geistiger Mittelpunkt war J. A. Koch. 2. Bezeichnung für die Vertreter des deutschen Neuidealismus (u. a. Arnold Böcklin, Anselm Feuerbach und Hans von Marées), die auf die → klassische Kunst Italiens und besonders auf die → Antike zurückgriffen.

Devise Im Unterschied zum → Emblem ein allgemeiner Sinnspruch, meist verbunden mit einer bildlichen Darstellung, als Motto einer konkreten Person, mit dem diese ihre politischen, philosophischen, moralischen oder religiösen Wertvorstellungen zum Ausdruck bringt. D.n finden sich auf Wappen, in Exlibris, an Bauwerken usw.

Devotionalien Kleine, der Andacht dienende oder diese anregende Gegenstände wie Kruzifix, → Medaille, Heiligenbild oder Rosenkranz, die häufig als Erinnerung an eine Wallfahrt erworben werden.

Dhurrie (Hindi ›dari‹) Ein gewebter → Bildteppich, meist aus Baumwolle, oft auch aus Wolle, mit kariertem oder streifigem Muster.

Diakonion (griech.) In → byzantinischen Kirchen ein südlich des → Sanktuariums gelegener Raum, der als → Sakristei dient.

Diamantfries Kleines architektonisches Ornament in Form einer Reihung von vierseitigen Pyramiden. Siehe auch Fries.

Diamantgravur Eine Technik, mit deren Hilfe → Glas, gelegentlich auch → Porzellan verziert wird. Das Werkstück wird dabei mittels einer Diamantspitze mit Linien oder Punkten versehen, aus denen sich das Gesamtbild zusammensetzt.

Diaphanbild (griech. ›Durchscheinbild‹) Transparentes Bild, das entweder direkt auf Glas gemalt oder als farbige → Lithographie auf dünnes, mit Diaphanlack durchsichtig gemachtes Papier gedruckt und dann auf eine oder zwischen zwei Glasplatten geklebt wird (→ Diorama).

Dienst In der → gotischen Architektur eine der Wand oder einem → Pfeiler vorgelagerte Viertel- bis Dreiviertelsäule, die → Gurte oder → Rippen eines Gewölbes trägt. Im ersteren Fall ist sie zierlicher und heißt ›junger D.‹. D.e werden meist zu Bündeln (→ Bündelpfeiler) zusammengefaßt.

Dinanderie (frz. nach der belgischen Stadt Dinant bei Lüttich) Bezeichnung für mittelalterliche Haushaltsgegenstände, Gefäße etc. aus Messing oder Kupfer, so benannt nach ihrem Hauptursprungsgebiet. Ein größeres Werk ist das Taufbecken des Reiner von Huy (1118; Lüttich, St. Barthélemy).

Diorama 1. Eine im 19. Jh. beliebte Form der Schaubühne, die oft in einem eigens dafür eingerichteten Gebäude gleichen Namens untergebracht war. Kern des D.s war eine zweiseitig bemalte, lichtdurchlässige Leinwand, auf der, je nach Beleuchtung, das eine oder das andere Bild zu sehen war. Diese Einrichtung wurde 1822 von Louis Jacques Mandé Daguerre und Charles Bouton erfunden. 2. Ein häufig in Museen zu findendes plastisch wirkendes Schaubild, bei dem Gegenstände vor einem meist gemalten Rundhorizont aufgestellt sind.

Dipteros (griech. ›doppelflügelig‹) Doppelter Säulenumgang des altgriechischen → Tempels.

Diptychon (griech. ›doppelt gefaltet‹) 1. Durch Scharniere verbundene und dadurch zusammenklappbare Schreibtafel aus zwei schmal-rechteckigen Platten (Holz, Elfenbein, Silber oder Gold). Die Außenseiten waren mit kostbaren Schnitzereien, → Punzierungen oder gemaltem Bildschmuck ausgestattet, die Innenseiten zum Schreiben mit einer Wachsschicht belegt.
Die in römischer Zeit als kaiserliche Ernennungsdekrete oder als Geschenke beim Konsulatsantritt verwendeten, reich verzierten elfenbeinernen Diptychen bilden eine wichtige Gruppe von Kleinkunstwerken des 5./6. Jh.s, die die Entwicklung des Reliefstils besonders deutlich erkennen lassen. Seit dem 4. Jh. waren sie zur Aufzeichnung kirchlicher Namenslisten auch in der → frühchristlichen Kunst gebräuchlich. Viele D. blieben durch ihre Verwendung als Buchdeckel erhalten. 2. Zweiflügeliges Altarbild der mittelalterlichen Kirche, das als Vorläufer der großen Altargemälde wie → Triptychon und → Polyptychon gilt.

Dipylon-Vasen Prachtvoll mit geometrischen Ornamenten bemalte, bis 2 m hohe Tongefäße aus dem 8. Jh. v. Chr., die an einem antiken Athener Begräbnisplatz am nord-

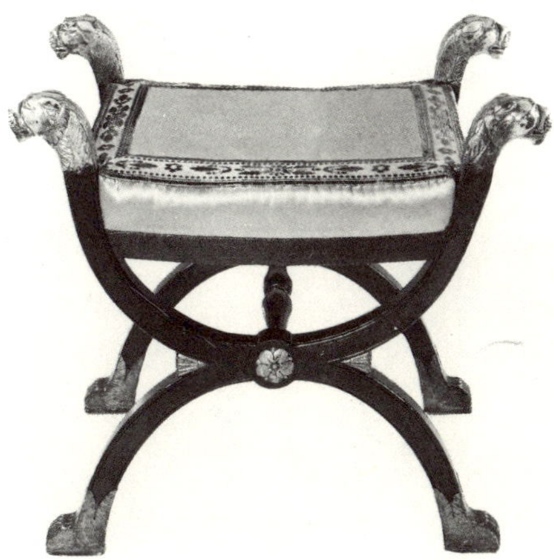

Directoire: Stuhl, der einem Modell der römischen Kaiserzeit nachgebildet ist. Auch die Löwenköpfe an den oberen Enden und die Tierpfoten nachgebildeten Füße sind klassischen Ursprungs.

westlichen Doppeltor (Dipylon) gefunden wurden.

Directoire In der französischen → angewandten Kunst eine vereinfachte Version des → Louis-seize-Stils, der um 1795/99 unter der Herrschaft des Direktoriums populär wurde. Dieser Stil verband → klassizistische Elemente mit republikanischen Motiven wie → Faszien und Jakobinermütze (Abb. S. 69).

Disegno (ital. ›Entwurf, Zeichnung‹) Der italienische Begriff meint seit der → Renaissance nicht nur die fertige Zeichnung, sondern allgemeiner die einer Arbeit zugrundeliegende Idee oder geistige Leistung.

Dispersionsfarben Mit fein verteilten Kunstharzen gebundene, → temperaähnliche Farben. Sie sind mit Wasser verdünnbar, trocknen wesentlich rascher als → Ölfarben und sind dann praktisch wasserunlöslich. Man kann sie als → Deck- oder als → Lasurfarben verwenden.

Divisionismus Von den → Neoimpressionisten bevorzugtes Synonym für → Pointillismus.

Diwan-i-am (pers.) Ein öffentlicher Audienzsaal in Indien.

Diwan-i-khas (pers.) Eine private Audienzhalle in Indien.

Documenta Internationale Ausstellung aktueller Kunst, die seit 1955 im Kasseler Fridericianum und in der Neuen Galerie ausgerichtet wird. Die erste D. bedeutete für Deutschland nach dem Krieg den Wiederanschluß an die abstrakte Kunst, die durch die Nationalsozialisten als → entartet verfemt worden war. Danach wurde die D. 1959, 1964, 1972, 1977, 1982 und 1987 jeweils als umfassende Informationsschau der Kunstavantgarde neu organisiert.

Doelenstück siehe Schützenstück

Dolmen (kelt. toal ›Tisch‹, men ›Stein‹) Tischartige Grabkammer der Jungsteinzeit, die zumeist aus vier bis sechs unbehauenen Felssteinen besteht. Die Steine sind in der Form eines Vierecks oder Polygons geordnet und werden von einer großen Steinplatte abgedeckt. D. liegen häufig unter einem künstlichen Erdhügel, dem sogenannten Tumulus. Fundstätten gibt es sowohl in Nordafrika wie auch in Skandinavien, Norddeutschland, den Britischen Inseln, Frankreich (Bretagne), Italien und Bulgarien (→ Megalithkultur).

Dom Ursprünglich Bezeichnung für eine Bischofskirche. Heute ist D. eine allgemeine Bezeichnung für eine Hauptkirche (Synonym: → Kathedrale).

Donator (lat.) Stifter eines Kunstwerks. Auf mittelalterlichen Bildwerken kniet der D. häufig als kleine Figur am unteren Rand des Bildfeldes, in der → Renaissance gleicht sich seine Darstellung dem Maßstab der heiligen Personen an.

Donauschule Eine lose verbundene Gruppe von Malern, Druckgrafikern, Bildhauern und Architekten, die in der ersten Hälfte des 16. Jh.s in den Donaulandschaften wirkten. Ihre Kunst basierte auf einer phantastischen

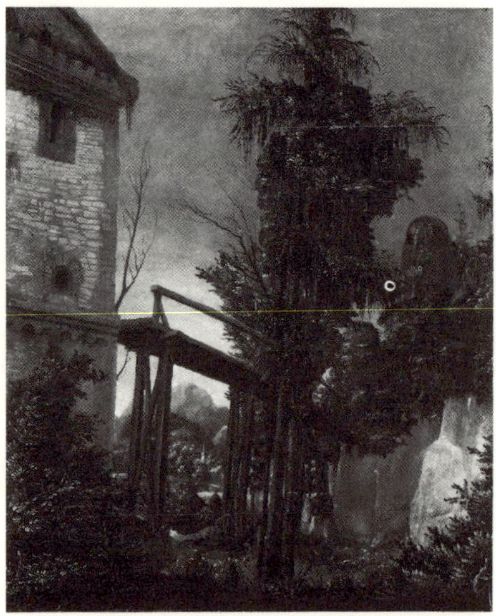

Donauschule: Eines der ersten Beispiele von Albrecht Altdorfer (um 1518/20) für ein eigenständiges Landschaftsbild in der europäischen Kunst.

Umsetzung spätgotischen Formenguts im Gegensatz zum → klassischen Stil des Zeitgenossen Dürer. Albrecht Altdorfer ist der bekannteste unter den mit dieser Gruppe in Zusammenhang gebrachten Künstlern. Sein Werk zeigt deutlich das besondere Interesse an Landschaften, deren Darstellung um ihrer selbst willen damals eine Novität bedeutete.

Donjon Französische Form des → Bergfrieds, der jedoch im Unterschied zu diesem nicht nur als reiner Wehrturm diente, sondern auch Wohnfunktion hatte (→ Burg).

Doppeladler Ornament, das einen Adler mit zwei voneinander abgewandten Köpfen zeigt. Die Darstellung gelangte vor dem 12. Jh. durch arabische Textilien nach Europa und wurde bald in Wappen von Adeligen, Städtesiegel etc. aufgenommen. Seit 1433 war der D. Bestandteil des deutschen Reichswappens.

Doppelfigur Jeweils mit dem Rücken zusammengefügtes Figurenpaar, das zur freien, umgehbaren Aufstellung mit zweifacher Ansicht bestimmt ist.

Dorisch Stilrichtung der → Säulenordnung in der → griechischen Baukunst.

Dormitio (lat. ›Schlaf‹) Gemälde oder → Fresko, das den Tod der Gottesmutter darstellt, der traditionell als bloßer Schlaf aufgefaßt wurde (→ Assumptio).

Dornauszieher Häufiges Motiv der → bildenden Kunst, das auf den kapitolinischen D. (Rom, Konservatorenpalast), der griechischen Bronzestatue eines sitzenden Knaben, der sich einen Dorn aus dem Fuß zieht, zurückgeht. Im Mittelalter wurde dieses Motiv unter der Symbolik der sündhaften Fleischlichkeit (besonders in der französischen → Romanik) umgedeutet, während die italienische → Renaissance wieder auf die → antike Auffassung zurückgriff.

Dorsale siehe Chorgestühl

Doublieren Das Verfahren, die Originalleinwand eines Gemäldes mit einer neuen, stützenden Leinwand zu unterlegen.

Drahtmetall Schon sehr früh (um 1000 v. Chr.) im Altertum, ganz besonders im ostgriechischen Raum (Zypern, Kreta, griechische Schwarzmeerkolonien) praktizierte → Emailtechnik: Auf einem Edelmetallgrund werden Drähte aufgelegt, die den Umriß des beabsichtigten Dekors ergeben, in die Zwischenräume wird farbige Glasmasse eingebracht. Die Drahtstege bleiben erhöht stehen. Diese Emailtechnik läßt sich als Vorläuferin des später in Byzanz entwickelten → Zellenschmelzes (Email cloisonné) betrachten.

Draperie Der in der Malerei oder Skulptur dargestellte Faltenwurf von Stoffen und Gewändern. Häufig als Kontrapunkt zu den Formen der Glieder und des → Torso und zur Verstärkung des Rhythmus der Gesamtkomposition eingesetzt.

Dravid'ha (sanskr.) Ein Hindutempel mit oktogonalem → Grundriß.

Drechseln Die Technik Holz zu formen, indem man es in eine Drehbank spannt und während der Rotation mit einem scharfen Werkzeug, z. B. einem Beitel berührt. Das Drehen des Werkstücks sorgt automatisch für gleichmäßige Formung. Es lassen sich sowohl Hohlkörper wie Schalen oder Becher als auch profilierte Gegenstände wie Stuhlbeine oder Docken herstellen.

Dreifuß Gestell mit drei Füßen als Gefäß- oder Sitzstütze.

Dreikonchenanlage Im Grundriß kleeblattförmige Anordnung von Hauptapsis und Nebenapsiden (an den beiden Querschiffarmen) in → romanischen → Basiliken.

Dreipaß Dekoratives Motiv des → gotischen → Maßwerks, bei dem drei Kreisbögen kleeblattförmig kombiniert sind (Abb. S. 72).

Dreischneuß siehe Fischblase

Drip Painting (engl. ›Tropfmalerei‹) Eine Technik, bei der die Farbe direkt auf die Leinwand getropft wird, die häufig auf dem Boden

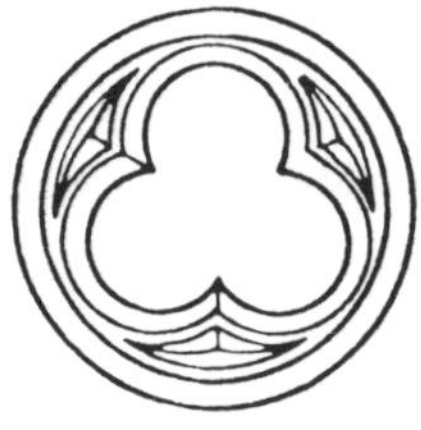

Dreipaß

liegend statt auf einer Staffelei stehend bearbeitet wird. Die Technik wird hauptsächlich mit Jackson Pollock und dem → Abstrakten Expressionismus assoziiert.

Drolerie Groteske oder satirische Figurendekoration der → Romanik und → Gotik mit menschlichen Darstellungen (Gaukler, Spieler, Narren und Musikanten) oder mit Tier-, Fabel- und Mischwesen, die sowohl ornamental als auch szenisch miteinander verbunden sein können. Die D. findet sich in der Bauplastik an → romanischen → Kapitellen und → gotischen → Schlußsteinen, ebenso aber auch im Kunsthandwerk und vor allem in der → Buchmalerei im Rankenwerk von → Initialen (→ Groteske).

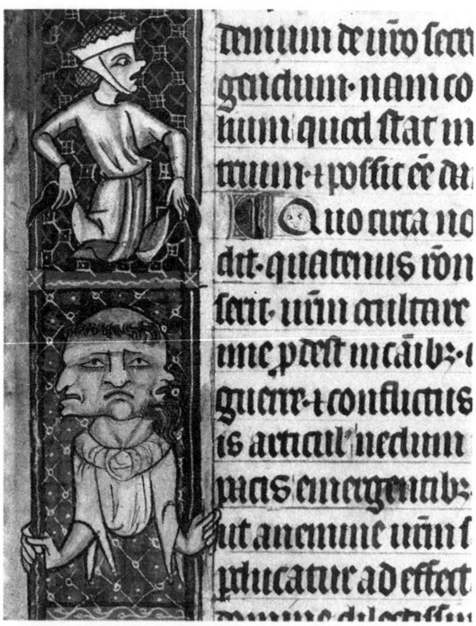

Drolerien in der Marginalie von Walter de Milemetes ›De Nobilitatibus Sapientiis et Prudentiis Regum‹, einer illuminierten Handschrift des 14. Jh.s.

Druck 1. Einzelner Abzug einer → Radierung bzw. eines → Kupferstichs. Im besonderen ist damit der Papierbogen gemeint, auf dem die Zeichnung aufgebracht ist. 2. Der Prozeß des Aufdrückens der Platte auf das Papier (→ Kupferstich, → Holzstich). 3. Ein in vielfachen Kopien existierendes Bild, das von einer gravierten Platte, einem → Holzschnitt, einer Siebdruckschablone, einem Lithographiestein, einem fotografischen Negativ etc. gefertigt ist.

Druckgrafik Sammelbegriff für die künstlerischen Druckverfahren auf dem Gebiet der → Grafik. Man unterscheidet zwischen Hochdruck (→ Holzschnitt, → Linolschnitt), Tiefdruck (→ Kupferstich, Radierung), Flachdruck (→ Lithographie) und Durchdruck (→ Serigraphie).

Duecento (ital. ›200‹) Verkürzte Form von ›mille due cento‹ (1200). In Italien übliche Bezeichnung für das 13. Jh.

Dugento siehe Duecento.

Duktus Bezeichnung für die Pinselführung des Künstlers (auch Handschrift genannt), die in ihrer individuellen Struktur am jeweiligen Auf- und Absetzen des Pinsels abzulesen ist.

Dun → Keltische Hügelfestung mit Erdwällen- und gräben.

Durbar, Darbar (pers.) Ein Audienzsaal in Indien und Persien.

Dymaxion (Zusammenziehung aus ›Dynamik‹, ›Maximum‹ und ›Ion‹) Ein 1929 von der Werbeabteilung eines Chicagoer Warenhauses geprägter Begriff zur Bezeichnung eines von dem Architekten Buckminster Fuller unter rein funktionalen Gesichtspunkten entworfenen experimentellen Hauses. Fuller übernahm diesen Begriff und gebrauchte ihn in der Folge, um viele seiner Erfindungen zu beschreiben und damit gleichzeitig auszudrücken, daß diese eine maximale Effizienz im Einsatz der verfügbaren Technik aufweisen.

E

e.d.a. siehe épreuve d'artiste

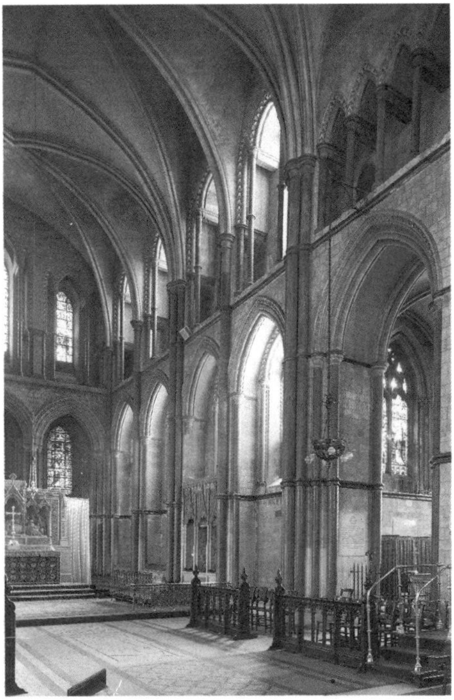

Südseite des Presbyteriums der Kathedrale von Rochester, 1214, mit den schmalen Spitzbogenfenstern, die für **Early English** charakteristisch sind.

Early English Style (engl. ›frühenglischer Stil‹) Der früheste englische Typ → gotischer Architektur, für den spitze, schmale Fenster ohne Mittelpfosten charakteristisch sind. Der Stil kam mit dem Bau des Chores der Kathedrale von Canterbury (begonnen 1174) auf und wurde vom → Decorated Style etwas mehr als ein Jh. später abgelöst.

Earth Art (engl. ›Erdkunst‹) Ein mit der Münchner Ausstellung von Walter de Maria (Galerie Friedrich) 1968 aufgekommener Begriff zur Bezeichnung von Kunstwerken, die einerseits natürlich vorkommende Materialien wie Erde, Steine, Rasen oder Schnee verwenden, andererseits aber so kleinformatig sind, daß sie in Museen und Galerien ausgestellt werden können. Die E. A. gehört in den Umkreis der → Konzeptionellen Kunst, geht aber über deren Kontext hinaus, weil sie auf die Naturressourcen, Naturgewalten und auf die mythische Beziehung zwischen Natur und Mensch verweist. In den 1970er Jahren wurden viele Arbeiten, die man zuvor der E. A. zugerechnet hatte, der → Arte povera mit Hinweis auf den spezifischen Charakter der Werkstoffe zugeordnet.

Ebenist (frz.) Auf die Herstellung → furnierten Mobiliars spezialisierter Möbeltischler. Die Bezeichnung kam im frühen 17. Jh. auf, als Ebenholz (frz. ›ébène‹) beliebtes Furniermaterial für → Kastenmöbel war. Die Arbeit des Ebenisten wurde von der des Menuisier unterschieden, der geschnitzte Möbel aus unfurniertem Holz herstellte, z. B. Betten, Stühle oder Tische.

Ecce homo (lat. ›Sehet, welch ein Mensch!‹) Darstellung Christi mit Dornenkrone, Spott-

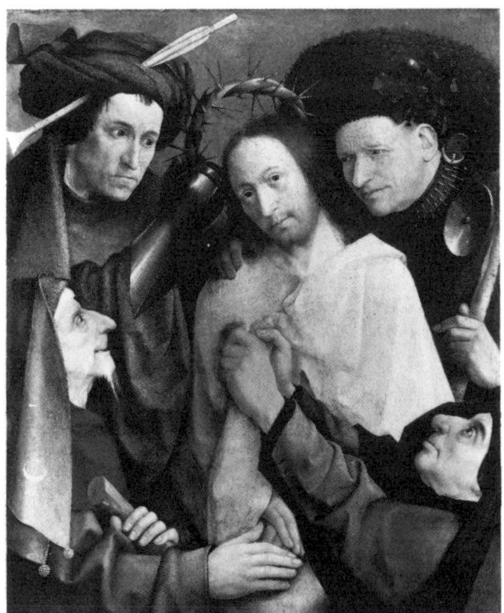

Ecce homo: Hieronymus Bosch (1474–1516), *Dornenkrönung,* nicht datiert.

mantel und Rohr als Spottzepter entsprechend der Bibelstelle Joh. 19,5.

Ecclesia (lat. ›Kirche‹) Künstlerische Darstellung der christlichen Kirche als gekrönte weibliche Figur mit Kreuz und Kelch oder Banner, manchmal begleitet von der Synagoga, einer weiblichen Figur mit verbundenen Augen und einer vom Kopf gleitenden Krone, die das Judentum symbolisiert. Zuweilen stellen E. und Synagoga auch → Allegorien für das Alte und Neue Testament dar.

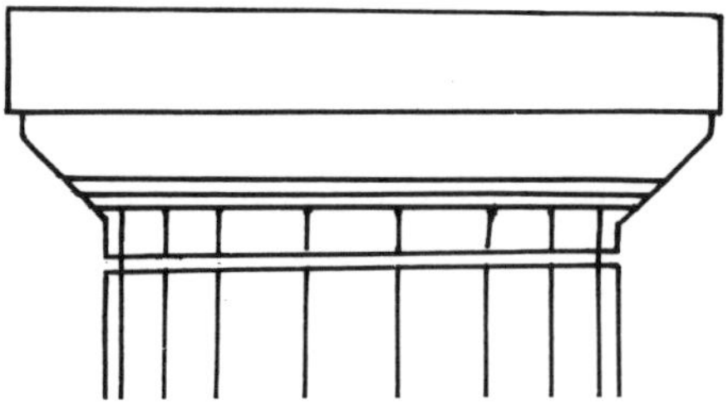

Echinus

Echinus (griech./lat. ›Seeigel‹, ›Schale‹) Der Teil eines dorischen → Kapitells, der von der runden Säule zur quadratischen Deckplatte (→ Abakus) überleitet und daher in der Form einer Schale ähnelt.

Ecole de Paris (frz. ›Pariser Schule‹) Sammelbegriff für alle Künstler, die sich kurz vor und nach dem Ersten Weltkrieg in Paris, der führenden europäischen Kulturmetropole jener Zeit, niederließen und von dort aus die Entwicklung der modernen Kunst entscheidend beeinflußten (→ Fauvismus, → Kubismus, → Surrealismus, → Tachismus, → Informel u. a.). Nach dem Zweiten Weltkrieg ging der Einfluß der E.d.P. mit dem Aufstieg New Yorks als Kunstmetropole und den eigenständigen amerikanischen Kunstströmungen (→ Abstrakter Expressionismus, → Pop Art) deutlich zurück.

églomisé siehe Verre églomisé, Zwischengoldglas

Eglomisieren Sonderform der → Hinterglasmalerei, bei der die Rückseite des Glases unter Aussparung bestimmter Musterfelder mit schwarzem Lack bemalt wird. Die nicht bemalten Stellen werden dann mit Goldbronze oder Metallfolie hinterlegt. Das Verfahren wurde benannt nach dem Pariser Kunsthändler J. B. Glomy († 1786), der es erstmals zur Umrahmung grafischer Blätter anwandte.

Eierschalenporzellan Verbreitete Bezeichnung für besonders dünnes Porzellan, speziell für in China seit dem 15. Jh. hergestellte weiße, extrem feine Ware.

Eierstab siehe Fries

Eight, The (engl. ›Die Acht‹) Eine Gruppe amerikanischer Künstler, die sich 1907 zusammenfand in ihrer Auflehnung gegen die akademische Kunst und in ihrer Entschlossenheit, die Malerei wieder in Kontakt mit dem alltäglichen Leben zu bringen. Die Mitglieder waren Arthur B. Davies, Maurice Prendergast, Ernest Lawson, Robert Henri, George Luks, William J. Glackens, John Sloan und Everett Shinn. Sie malten in sehr unterschiedlichen Stilen, und nicht alle waren Anhänger fortschrittlicher Tendenzen.

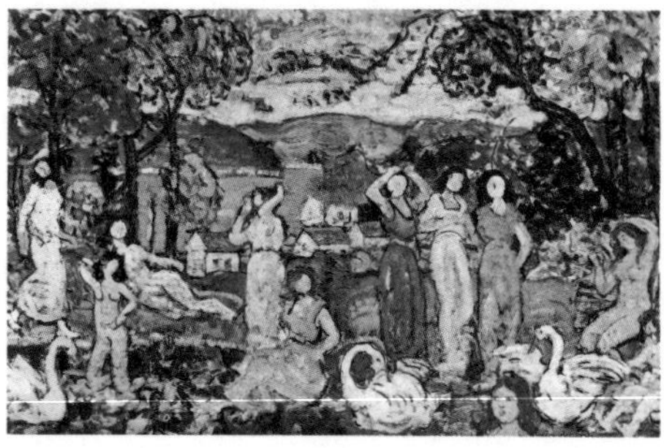

Das Picknick, 1915, von Maurice Prendergast, einem Mitglied von **The Eight.**

Eiklar Das Eiweiß, das als → Bindemittel für → Pigmente in der → Temperamalerei und auch für Goldstaub beim Vergolden Verwendung findet.

Einlegearbeiten Jedes Verfahren (z. B. → Marketerie), bei dem kleine Stücke eines Materials in größere Stücke eines anderen eingefügt werden, so daß ein Muster entsteht.

Einschlagen In der → Ölmalerei das Mattwerden von Farben, das auftritt, wenn das → Pigment vom Grund absorbiert wird.

Eisenätzung siehe Kupferstich

Eisenzeit Letzte Periode der europäischen Vorgeschichte, die die → Bronzezeit ablöst. Die Verwendung des Eisens breitete sich nur langsam vom Mittelmeergebiet nach Norden aus, so daß die E. in den einzelnen Gebieten Europas unterschiedliche Zeiträume abdeckt. In Griechenland und Unteritalien dauert sie von 1100–700 v. Chr., in Mittelitalien von 1000–500 v. Chr., in Mitteleuropa von 900– Christi Geburt, in Britannien von 600 v. Chr.–50 n. Chr., in Skandinavien von 600 v. Chr.–400 n. Chr. In Griechenland wird die E. durch die Periode des → geometrischen Stils in der → Vasenmalerei gekennzeichnet. Von den italienischen E.-Kulturen erreichte vor allem die → etruskische Kultur im westlichen Mittelitalien (750–400 v. Chr.) eine hohe Blüte. In Mitteleuropa gliedert sich die E. in die ältere E. oder Hallstatt-Zeit (8.–5. Jh. v. Chr.) und die jüngere E. oder Latène-Zeit (450 v. Chr.–Christi Geburt). In der Hallstatt-Zeit ist ganz Mitteleuropa von Frankreich bis in die Sudetenländer und zum Nordbalkan von der Hallstatt-Kultur bestimmt, so genannt nach einem Gräberfeld bei Hallstatt im Salzkammergut mit zahlreichen Urnenfunden, die eine fast barocke geometrische Verzierungstechnik aufweisen. Die französische und süddeutsche Gruppe des Hallstatt-Kreises sind → keltisch; die donauländisch-ostalpine, die sudetenländische und die dinarische Gruppe sind illyrisch. In der jüngeren E. oder Latène-Zeit breitete sich über ganz Mitteleuropa der keltische Latène-Stil aus, der um 450 v. Chr. stark italisch-etruskische Einflüsse verarbeitete. Im nordischen Europa (Skandinavien) erlebte die germanische Kultur in ihren künstlerischen Formen im wesentlichen eine Fortsetzung bronzezeitlicher Kunst, die in der Verzierung von Geräten und Waffen durch keltische Vorbilder eine technische Verfeinerung erfuhr.

Ekistik (von griech. oikizo ›eine Wohnanlage schaffen‹) Ein um 1944 von dem griechischen Architekten und Städteplaner Constantin Coxiadis geprägter Begriff, mit dem er eine neue Wissenschaft des menschlichen Siedlungswesens charakterisieren wollte. In ihr sollten alle historischen, soziologischen, ökonomischen und architektonischen Faktoren berücksichtigt werden, die Einfluß auf den Erfolg oder Mißerfolg einer Siedlung haben.

Eklektizismus (von griech. eklegein ›auswählen‹) Bezeichnung für eine Kunstrichtung, die ausgewählte Bild- oder Stilelemente aus überkommenen Kunststilen deutlich identifizierbar aufgreift, ohne sie organisch miteinander zu verbinden.

Ekphrasis (griech. ›Beschreibung‹) Die Beschreibung eines Kunstwerks, das durchaus lediglich in der Vorstellung existieren kann, als Mittel zur rhetorischen Übung. Zwei griechische Schriftsteller des 2.–3. Jh.s n. Chr., beide Philostratos genannt, schufen Beispiele, die Künstler der → Renaissance beeinflußten.

Elektron Eine in der Natur vorkommende Legierung aus Silber und Gold, die in antiken Kulturen (besonders in Persien und im alten Ägypten) für wertvolle Gegenstände, manchmal auch für Münzen, benutzt wurde.

Elementarismus Eine in Nachfolge des → Neoplastizismus von holländischen Künstlern des de → Stijl vertretene Richtung, die von Theo van Doesburg in einem Manifest propagiert wurde, das er 1926 in der Zeitschrift ›De Stijl‹ veröffentlichte. Die Formen sollten weiterhin wie im Neoplastizismus rechtwinklig sein, jedoch konnten jetzt auch schräge Ebenen benutzt werden (Abb. S. 76).

Elisabethstil Bezeichnung für den Kunst- und Architekturstil in England und Wales während der Regierungszeit Elizabeths I. (1551–1603), der Elemente der italienischen → Renaissance mit solchen der einheimischen → Gotik verband. (Das schottische Äquivalent heißt schottische Renaissance.)

Ell (amerik.) Ein dem Hauptgebäude im rechten Winkel angebauter, eingeschossiger

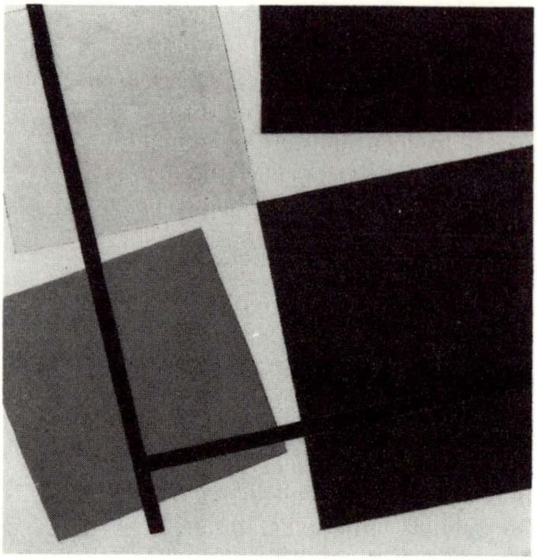

Elementarismus: Theo van Doesburg, *Simultanistische Kontrakomposition,* 1929/30.

Flügel mit Pultdach, der üblicherweise die Küche beherbergt.

Email (auch Glasfluß genannt) Eine meist leicht flüssige Substanz, aus pulverisiertem Glas, Bindemittel und Farbstoffen, die entweder transparent oder opak sein kann. Sie wird durch → Brennen auf ein Metallträgermaterial, z. B. eine → Plakette, aufgebracht.

Silberrelief- oder Tiefschnittschmelz (frz. basse taille) Eine Technik, deren Wirkung in abgestuften Licht- und Schatteneffekten besteht. Zuerst wird eine Zeichnung unterschiedlich tief in eine Platte geschnitten, die dann mit transparentem E. überzogen wird. Die flach eingravierten Bereiche erscheinen hell, während die tiefer eingeschnittenen eine dunklere, intensive Tönung zeigen. Die Technik scheint sich gegen Ende des 13. Jh.s unabhängig voneinander in Italien und Frankreich ausgebildet zu haben.

Camaïeu Eine Art Grisaille-E., bei der zuerst auf eine mit schwarzem oder dunklem E. überzogene Platte gezeichnet wird, dann eine weiße E.-Schicht darübergelegt und in diese die Umrisse der Zeichnung so geschnitten werden, daß der schwarze Untergrund sichtbar wird. Auf diese Weise entsteht ein → kameeartiger Effekt.

Grubenschmelz (frz. champlève ›erhöhter Grund‹) Eine aus römischer Zeit stammende oder sogar noch ältere Technik, bei der die Zeichnung so in die Oberfläche einer dicken Metallplatte (üblicherweise Bronze oder Kupfer, manchmal auch Gold) geschnitten wird, daß sich flache, relativ breite Gruben bilden. Diese werden mit E. gefüllt und gebrannt.

Zellenschmelz (frz. cloisonné ›unterteilt‹) Eine im 6. Jh. n. Chr. entstandene Technik, bei der die unterschiedlichen Farben mit Hilfe von Metalldrähten oder Stegen, die an die Platte gelötet wurden, voneinander getrennt gehalten werden.

Contre-Email Im späten 15. Jh. erfundene Technik. Beide Seiten einer Plakette werden mit einer gleich dicken E.-Schicht überzogen, um ein Verziehen des Trägers zu verhindern, was sonst auf Grund des unterschiedlichen Grades an Ausdehnung und Kontraktion von Metall und Glas leicht geschieht. Auf diese Weise konnten dünne Plaketten in Malere. hergestellt werden.

Drahtemail Eine Variante des Zellenschmelzes (Cloisonné), ursprünglich im 13. Jh. in Venedig entstanden. Eine Silberplatte wird mit einem (üblicherweise floralen) Muster in Silberdraht verziert, die entstehenden Zellen werden anschließend mit E. aufgefüllt. Diese Technik wurde im 15. Jh. in Ungarn weiterentwickelt (man überzog hier die ganze Platte mit E.) und gelangte auch nach Österreich, Polen und Rußland.

Grisaille Eine monochrome Art des Malere.s (normalerweise in Grautönen auf weißem Grund, manchmal aber auch in Purpur oder Braun). Die vollständig mit dunklem E. überzogene und gebrannte Platte wird mit durchscheinendem weißem E. bedeckt und nochmals gebrannt. Die Zeichnung entwickelt sich durch schrittweises Malen in den verschiedenen Farbtönen und durch die unterschiedliche Dicke des Farbauftrags, die zu einem Reliefeffekt führt.

Italienischer Tiefschnittschmelz (ital. lavoro di basso rilievo ›Arbeit im Flachrelief‹) Italienisches Äquivalent zu ›basse taille‹, dem Tiefschnittschmelz.

Maleremail E.-Arbeiten, die in einer im 15. Jh. entwickelten Technik gefertigt sind, bei der eine Kupfer-, Gold- oder Silberplatte mit verschiedenfarbigen E.-Schichten bemalt wird, wobei die Platte nach jedem Farbauftrag ge-

brannt wird, damit sich die verschiedenen Schichten nicht vermischen. Da die Farben unterschiedliche Schmelzpunkte besitzen, werden solche mit hohen Brenngraden zuerst aufgetragen. Diese Technik verbreitete sich schnell nach der Erfindung des beidseitigen Emaillierens.
en plein (frz. ›vollständig‹) Bezeichnung für eine Technik, bei der man das E. direkt auf die Oberfläche eines Objekts aufträgt und nicht auf Plaketten, die dann an dem Gegenstand befestigt werden.
en plein sur fond réservé (frz. ›vollständig mit ausgespartem Grund‹) Das Verfahren, E. direkt auf bestimmte Bereiche des Gegenstandes aufzutragen.
Plique à jour (frz.) Durchbruche. Ein E., das in Zellen ohne Untergrund gehalten wird und transparent oder zumindest durchscheinend ist, so daß es wie ein miniaturhaftes Buntglasfenster erscheint.
en résille sur verre (frz. ›in einem Glasnetz‹) Eine Technik, bei der Einschnitte in blauem oder grünem Glas mit Gold eingefaßt und mit E. ausgefüllt werden. Bei einer präzise erreichten Brenntemperatur verbinden sich Glas, Gold und E. In dieser Art wurden um 1625–1650 in Frankreich hauptsächlich Kästchen für → Miniaturen gefertigt.
en ronde bosse (frz. ›erhabene Verzierung‹) Verfahren, bei dem opakes E. in mehreren Schichten und Farben direkt auf einen gewölbten, dreidimensionalen Gegenstand aufgetragen wird.
Surrey-Email Ein Verfahren hauptsächlich des 17. Jh.s, bei dem E. an Messinggegenständen wie Kerzenleuchtern oder Schwertgriffen in gegossene Vertiefungen eingelassen wird.

Emblem Ein Sinnbild, das aus drei Teilen besteht, der Überschrift (Lemma), einem → allegorisch gemeinten Bild (Ikon), sowie einer Unterschrift (Subscriptio), die den allegorischen Gehalt des E.s erläutert. Im Unterschied zur → Devise zielt das E. auf eine allgemeingültige Aussage politischen, religiösen, philosophischen oder moralischen Inhalts. Gedruckte Sammlungen von E.en waren im 16. und 17. Jh. sehr beliebt und dienten Künstlern vielfach als Vorlagen. Das bekannteste von ihnen, das ›Emblematum liber‹ von Andreas Alciati, erschien 1531.

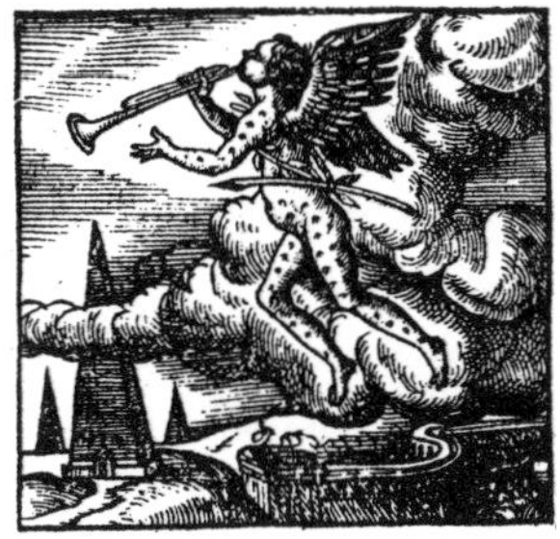

Ein **Emblem** des Ruhmes, das Pyramiden (Denkmäler) und einen Engel mit Schreibfeder zeigt. Entworfen zur Erinnerung an den Dichter Thomas Howard, Earl of Surrey, und verzeichnet in Geoffrey Whitneys Buch ›A Choice of Emblemes‹, 1586.

Emblema (griech. pl. Emblemata) 1. Eine Darstellung in → Mosaik, die einem gemusterten Fußboden aus gröberer Mosaikarbeit eingefügt wird. 2. (gewöhnlich nur im Plural) Die → allegorischen und → symbolischen Gegenstände auf niederländischen → Genrebildern und → Stilleben des 17. Jh.s. So kann das Bild einer Frau, die an einer Blume riecht, eine Allegorie des Geruchsinns sein und gehört wahrscheinlich zu einer Serie, in der die fünf Sinne dargestellt sind. Der als → Vanitas bekannte Stilleben-Typus ist üblicherweise voll solcher Symbole.

Empaquetage (frz. ›Verpackung‹) Eine mit dem bulgarischen Künstler Christo (Christo Jawatschew) assoziierte Kunstform, die im Einwickeln von manchmal sehr großen Ob-

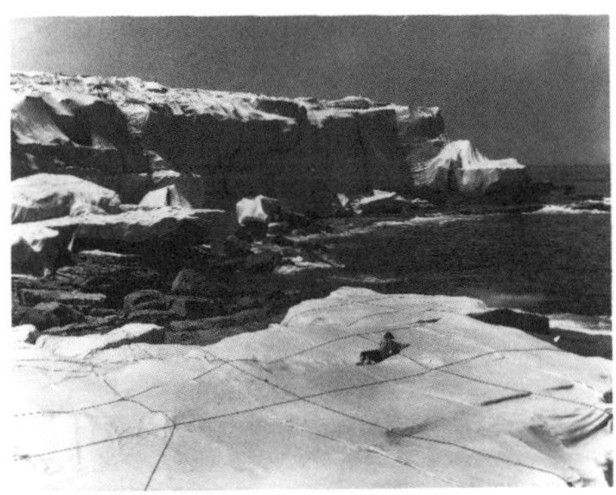

Empaquetage: Christo, *Klippenverpackung*, Little Bay, Australien, 1969.

jekten, z. B. des Pont-Neuf in Paris, besteht. Sogar ganze Landschaften wurden verpackt. Christo schuf seine ersten E.n 1958.

Empirestil Eine späte Variante des → Klassizismus, die in Frankreiche an den → Directoirestil anknüpfte, während des ersten Napoleonischen Kaiserreichs (Empire) aufkam und später in ganz Europa und sogar Nordamerika Verbreitung fand. Der E. wirkte sich vor allem auf Innenraumdekorationen, Kunsthandwerk, Möbelbaustil und Mode aus. Typisch sind vor allem strenge, an die → Antike anknüpfende Formen bei gleichzeitiger üppiger Prachtentfaltung sowie der häufige Gebrauch von → Draperien bei der Innenausstattung.

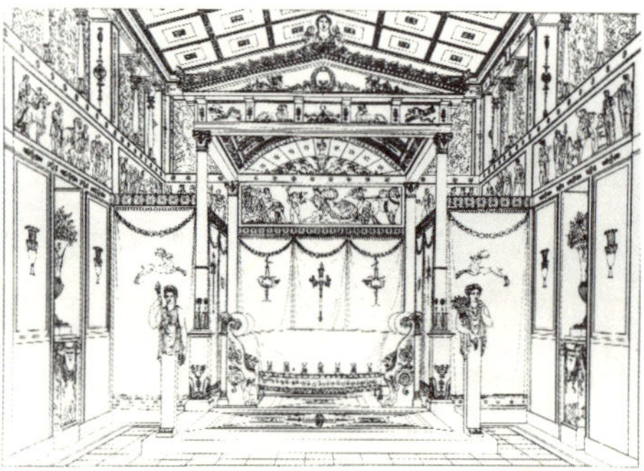

Entwurf für ein Schlafzimmer im **Empirestil** von Percier und Fontaine, 1801.

Emulsion Disperses Gebilde aus zwei nicht mischbaren Flüssigkeiten (z. B. Öl und Wasser). Durch Rühren verteilen sich Tröpfchen der dispersen Phase (z. B. des Öls), bis sie gleichmäßig in der anderen Flüssigkeit, der sogenannten ›geschlossenen‹ Phase (z. B. des Wassers) suspendiert (verteilt) sind. Die Suspension ist um so gründlicher, je kleiner die Teilchen sind, und die Dauerhaftigkeit der E. ist daher um so größer, je kräftiger man rührt. Allerdings haben E.en die Tendenz, sich von selbst wieder zu entmischen, was man durch besondere Zusätze in geringer Konzentration, sogenannte ›Emulgatoren‹, weitgehend zu verhindern sucht. Die Konsistenz einer E. ist u. a. je nach Konzentrationsverhältnissen und Temperaturen verschieden. In der Kunst benutzte man E.en schon in frühester Zeit als Bindemittel für → Farben (z. B. → Tempera).

Enfilade (frz. ›Aufreihung‹) Ein → barockes Bauprinzip, nach dem die Türen aufeinanderfolgender Räume genau gegenüberliegend angeordnet sind, so daß man bei geöffneten Türen durch die gesamte Zimmerflucht schauen kann.

Englischer Garten siehe Gartenkunst

Englischer Verband siehe Backstein-Mauerwerk

Engobe (frz. ›Beguß‹) Tonschlamm, mit dem ein Keramikwerkstück vollständig überzogen wird, um die Farbe des Rohmaterials zu überdecken und dem Gefäß eine gleichmäßige Tönung zu geben.

Enkaustik (von griech. enkausis ›Einbrennen‹) Eine in der → Antike entwickelte Maltechnik, bei der mit Wachs gebundene → Pigmente benutzt werden. Sie werden verbreitet, indem man die Wachsstangen erhitzt und die Farbe mit dem Pinsel aufträgt oder indem man einen heißen Spachtel verwendet. Das Ergebnis ist eine wetterfeste Bemalung. In der Antike diente die E. häufig als Konservierung von Holz, Leinwand oder Stein.

Enkaustische Fliesen Fliesen mit einer Ton- → Intarsie von abweichender Farbe, die mit Glasur überzogen und gebrannt sind. Die-

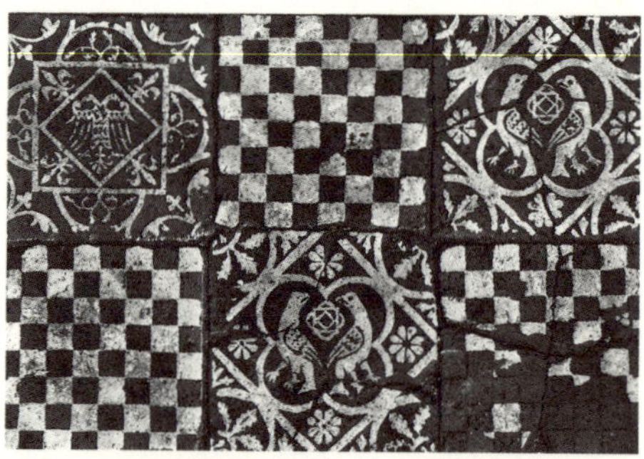

Enkaustische Fliesen aus der Abtei Titchfield, Hampshire, 13. Jh.

se Technik war im Mittelalter sehr verbreitet und wurde in der viktorianischen Epoche wiederentdeckt.

Entartete Kunst Titel einer Ausstellung, die 1937 aus Anlaß der Eröffnung des ›Hauses der Kunst‹ in München stattfand. In ihr waren alle Spielarten der von den Nationalsozialisten abgelehnten → avantgardistischen Kunst vertreten, da sie nicht der von Rassentheorie und Blut-und-Boden-Ideologie geprägten NS-Kunstauffassung entsprachen. Als ›entartet‹ galten u. a. die Arbeiten von Ernst Barlach, Marc Chagall, Otto Dix, Vincent van Gogh, Wassily Kandinsky, Emil Nolde und Pablo Picasso. Ein Teil der aus öffentlichem und privatem Besitz beschlagnahmten Werke wurde 1938 in Luzern ins Ausland verkauft, andere wurden im Jahr darauf in Berlin öffentlich verbrannt. Die meisten der verfemten deutschen Künstler belegte man, sofern sie nicht emigriert waren, mit Arbeitsverbot.

Entasis Die leichte Schwellung am Schaft einer klassischen → Säule. Sie soll verhindern, daß die Säule konkav wirkt.

Entrelacs (frz. ›Geflecht‹) Ein Oberflächenornament aus ineinanderverschlungenen Linien und Bögen.

Entresol (frz.) siehe Mezzanin

Environment (engl. ›Umwelt, Umgebung‹) Ein seit den späten 1950er Jahren gebräuchlicher Begriff zur Bezeichnung dreidimensionaler Kunstwerke. Dabei werden verschiedene Gattungen (Malerei, Plastik) mit diversen Gebrauchsgegenständen etc. kombiniert. Die so ausgestalteten Räume sind häufig begehbar, um den Betrachter unmittelbarer als beim herkömmlichen Kunstwerk einzubeziehen. Besonders bekannt wurden die Werke von George Segal und Edward Kienholz. Vorläufer des E.s waren → Assemblage und → Combine Painting (→ Installation).

Epitaphion (griech.) Ein den Leichnam Christi zeigendes besticktes Tuch, das in den Karfreitagszeremonien der → byzantinischen Kirche von Bedeutung ist.

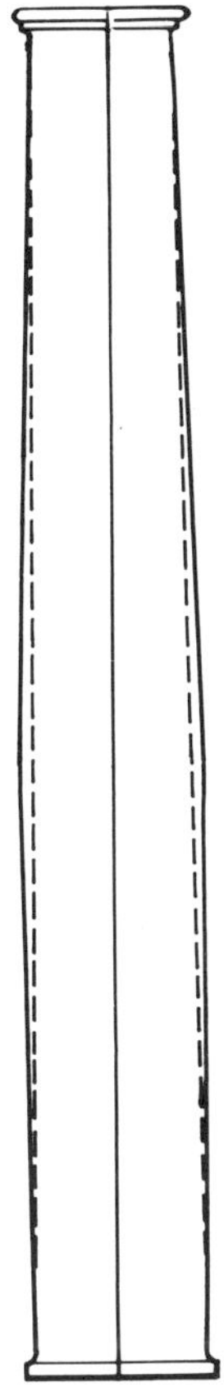

Entasis

Épreuve d'artiste (frz. ›Künstlerdruck‹) Ein erster → Abdruck, den der Künstler vor dem Auflagendruck für den Eigenbedarf anfertigt. Er ist meist nicht numeriert und lediglich mit ›e.a.‹ oder ›h.c.‹ (frz. → hors de commerce ›außerhalb des Handels‹) gekennzeichnet, und wird – auf Grund der größeren Seltenheit – zu höheren Preisen als die eigentliche Auflage gehandelt.

Épreuve sur chine (frz. ›Probedruck auf Chinapapier‹) Ein Andruck auf einem dünnen, festen, glatten Papier, das auch für Bücher Verwendung findet, die besonders kompakt und haltbar sein sollen (z. B. Bibeln und Gebetbücher).

Épreuve sur japon (frz. ›Probedruck auf Japanpapier‹) Andruck auf einem dünnen, weichen, getönten Papier, das normalerweise aus Maulbeerrinde hergestellt ist und eine deutlich sichtbare, unregelmäßige Faserstruktur besitzt.

Erbärmdebild Andachtsbild, auf dem Christus als Schmerzensmann mit Wundmalen und Dornenkrone sowie mit Lendenschurz und Mantel dargestellt wird (→ Ecce homo).

Ereignisbild siehe Historienmalerei

Erdfarben Braune, gelbe, grüne und rote Pigmente, die in Erde oder Ton natürlich vorkommen, z. B. Ocker, Rötel, Siena und Umbra. Dabei handelt es sich um Metalloxidverbindungen. Sie sind chemisch die stabilsten aller Pigmente und unterliegen daher im Alterungsprozeß nur geringen Veränderungen.

Erhabene, das Ein erstmals im 18. Jh. verwendeter Begriff der Kunsttheorie, der jedoch seinen Ursprung bei dem römischen Philosophen Longinus hat. Mit Boileaus Longinus-Übersetzung ins Französische (1674) und Burkes ›Philosophical Enquiry into the Origin of our Ideas of the Sublime and Beautiful‹ (1757) wurde er allgemeiner gebräuchlich. Im wesentlichen verbanden alle, die das E. zu charakterisieren versuchten, diesen Begriff mit Vorstellungen der Grenzenlosigkeit, Außergewöhnlichkeit, Großartigkeit und manchmal mit der des Schreckens. In dieser Definition unterscheidet sich das E. vom Malerischen, das angenehm und unregelmäßig ist, ohne Ehrfurcht zu erwecken, aber auch vom Schönen, das im Sinne der Kunsttheorie des 18. Jh.s als absolute Harmonie der Proportionen definiert ist.

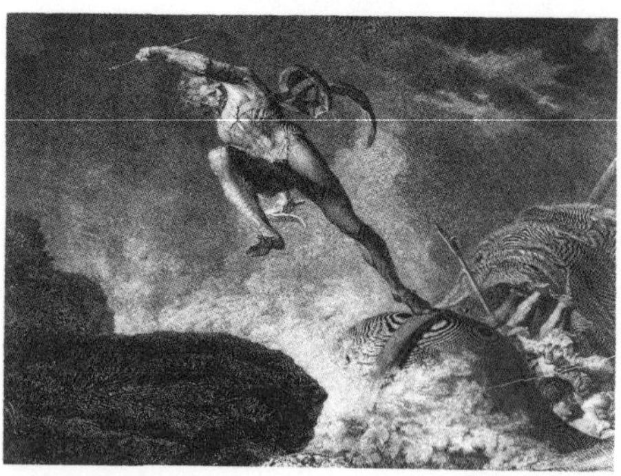

Das Erhabene: Heroische Darstellung der Geschichte Wilhelm Tells in einer Radierung nach Johann Heinrich Füssli (1741–1825).

Eroten siehe Amoretten

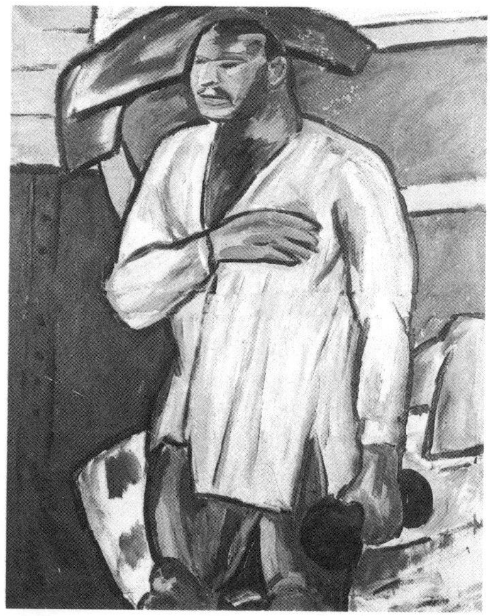

Michail Larionows Bildnis des Künstlers Wladimir Burliuk (um 1908) zeigt den für die **Eselsschwanz**-Gruppe typischen stilistischen Primitivismus.

Eselsschwanz (russ. Osliny chwost) Ein Zusammenschluß avantgardistischer Künstler, der sich 1911 in Moskau aus einer vom → Karobuben abgespaltenen Gruppe bildete. Das leitende Prinzip dieser Künstler war es, die russische Kunst aus ihrer Abhängigkeit vom Westen zu befreien, indem sie sich traditionellen russischen Formen wie den → Ikonen und den verschiedenen Arten der → Volkskunst zuwandten. Zu den besonders engagierten Mitgliedern zählten Michail Larionow, Natalia Gontscharowa, Kasimir Malewitsch und Wladimir Tatlin. Larionow wählte als Titel der ersten Ausstellung den Namen ›Eselsschwanz‹, nachdem er gehört hatte, daß französische Künstler einem Esel einen Pinsel an den Schwanz gebunden und das so entstandene Resultat als ›Gemälde‹ ausgestellt hatten.

Eskimo-Kultur (Indianisch ›Rohfleischesser‹; sie selbst nennen sich Innuit, ›Menschen‹) Bewohner der arktischen Gebiete Amerikas und Grönlands. Die Anfänge der E.-K. lassen sich bis unter die Zeitmarke 1000 v. Chr. zurückverfolgen. Um 300 v. Chr. entwickelten sie erstmals einen Kunststil von einiger Bedeutung. Dieser Okvik-Tradition folgen Kulturen, die man als ›Old Bering Sea-‹, Ipiutak-, Birnik- und Punuk-Kultur bezeichnet. Jede brachte einen charakteristischen Kunststil hervor, obwohl es sich jeweils nur um Kleinkunst handelte (meist aus Walroß-Elfenbein, oft mit typischen Linienmustern verziert). Auf Birnik folgte die Thule-Tradition, die sich in Alaska entwickelte (um 1000 n. Chr.) und bei ihrer Ausbreitung nach Osten hin die im Gebiet um die Hudson-Bay, in Labrador, Baffinland und auf Grönland heimische Dorset-Kultur ablöste. Abseits vom Hauptstrom der E.-Traditionen entfaltete sich daneben an der Pazifikküste (Südalaska) die Aleutenkultur. Es hing wohl mit den andersgearteten Umweltbedingungen zusammen, daß die Aleutenkultur auch Holzschnitzerei und Malerei kannte. In historischer Zeit entstanden in ihrem Bereich kunstvolle Tanzmasken aus bemaltem Holz (dies gilt insbesondere auch für das Gebiet des Kuskokwim-Flusses, Alaska). Im übrigen hielten die E. an ihren Traditionen fest und stellten weiterhin Geräte und Figürchen aus Elfenbein her. Typisch für ihre Art der Dekoration sind erzählende Jagd- und Fischfangszenen in Ritz- und Schnitztechnik unter Anwendung von Ruß zum Schwärzen der Konturen und Figuren. Heutige E.-Kunst besitzt mehr oder weniger den Charakter industrialisierten Kunstgewerbes, doch entstehen noch immer Steinskulpturen und Grafiken, die in Stil und Qualität der Tradition verpflichtet bleiben.

Espagnolette (frz.) 1. Ein Dekormotiv an französischen → Rokoko-Möbeln, vor allem an Beschlägen, in der Form eines weiblichen Kopfes mit hochgestellter Halskrause. 2. Eine Verriegelung von Flügeltüren oder -fenstern,

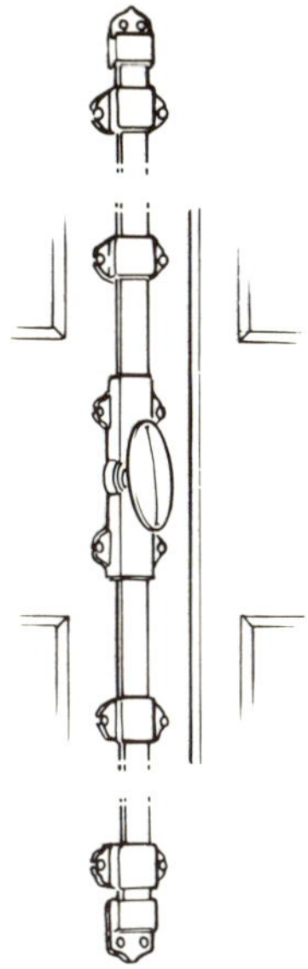

Espagnolette

bei der, wenn man einen Hebel umlegt, über einen Zahnrad- oder Stiftmechanismus Riegel nach oben und unten geschoben werden. Synonym: Basküleverschluß.

Esquisse Französischer Begriff für ›Skizze‹.

Estampille Eine Art Meister- oder Werkstattzeichen mit Namen, Initialen oder Monogramm des Herstellers an Möbelstücken, das mit einem Eisenstempel an unauffälliger Stelle angebracht wurde. Die so markierten Möbelstücke sind von Herstellern gefertigt, die Mitglieder der Pariser ›Corporation des Menuisiers-Ebénistes‹, der Schreinerzunft, waren, die durch ihre Statuten diese Markierung in der Zeit von 1751–1791 vorschrieb und streng kontrollierte. Königliche Hersteller und Hoflieferanten waren von dieser Auflage befreit. Eine Witwe, die die Werkstatt ihres Gatten weiterführte, durfte auch weiterhin seine E. benutzen.

Estipite siehe Säule

Etruskische Kunst Von dem in Etrurien (etwa der heutigen Toskana) lebenden Volk der Etrusker vom 7.–3. Jh. v. Chr. geschaffene Kunst. In der frühen Phase ist der starke Einfluß des → archaischen Stils des ionischen Griechenlands deutlich spürbar, die sich später entwickelnden ausgeprägten realistischen Züge gingen als Erbe in die → römische Kunst ein. Sitz besonders fähiger Bildhauer war Veji, wo eine hervorragend gearbeitete Apollostatue (der Apoll von Veji) gefunden wurde. Künstler aus Veji wie Volca arbeiteten in königlichem Auftrag in Rom. Eine e. Bronzeplastik war möglicherweise die *Kapitolinische Wölfin* (wenn sie tatsächlich das ihr zugeschriebene Alter besitzt). Außerdem schufen die Etrusker hervorragende Malereien, und die Entdeckung von mehr als 60 Gräbern mit Wandmalereien in Tarquinia (Tarquinii) sowie 20 in Chiusi (Clusium) hat erheblich zum besseren Verständnis ihrer Kultur beigetragen. Die ältesten dieser Malereien zeigen einen orientalisierenden Stil und erinnern zum Teil an korinthische → Vasenmalereien. Dargestellt sind u.a. Tanz-, Spiel-, sowie mythologische Szenen.

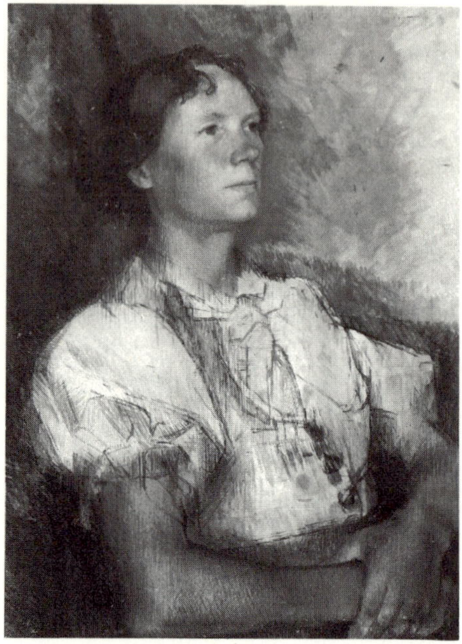

Euston Road School: William Coldstreams Bildnis von Winifred Bunger, 1936/37.

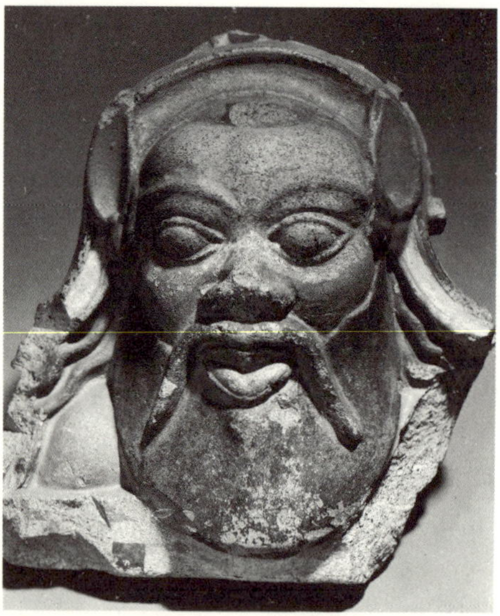

Etruskische Kunst: Ein Terrakotta-Antefix in Form einer Silenus-Maske, um 500 v. Chr. Der Stil ist von archaischer griechischer Kunst beeinflußt.

Euston Road School Eine 1937 ursprünglich als Malschule von einer Künstlergruppe um William Coldstream gegründete Vereinigung mit dem Ziel, ›extremen‹ Entwicklungen der Kunst der Moderne entgegenzutreten. Sie erhielt ihren Namen nach der Euston Road in London, dem Sitz der Schule. Die Gruppe löste sich 1939 formell auf. Zu den mit ihr in Verbindung stehenden Künstlern gehörten Victor Pasmore und Rodrigo Moynihan. Ihre Arbeiten sind gegenständlich, verhalten in der Farbgebung, unaufdringlich in der Pinselführung und dem Werk Walter Sikkerts und der → Camden-Town-Gruppe verpflichtet.

Evangeliar Ein liturgisches, meist großformatiges und reich → illuminiertes Buch, das die vollständigen Texte der vier Evangelien enthält, von denen ausgewählte Passagen während der Messe verlesen werden (→ Buchmalerei).

Evangelistensymbole Die in der Kunst seit dem 4. Jh. gebräuchlichen, den vier Evangelisten zugeordneten Symbole bzw. Attribute (nach Apokalypse 4,6 ff.): Engel (Matthäus), Löwe (Markus), Stier (Lukas) und Adler (Johannes).

... exc., ... excud., ... excudit (lat. ›er hat es gedruckt‹) Eine auf → Drucken zu findende Abkürzung, die die genannte Person als den Drucker (und nicht den Zeichner) angibt. Synonym: imp. (→ Kupferstich).

Exedra 1. Eine halbrunde oder eckige Nische, die einem Innenhof oder einem geschlossenen Raum angegliedert und im strengen Sinne mit Sitzgelegenheiten ausgestattet ist. Sie diente in der Antike als Geselligkeitsraum. 2. Synonym für → Apsis.

Expertise Gutachten eines Fachmannes aus dem Museums- oder Galeriewesen über ein Kunstwerk.

Expressionismus Künstlerische Bewegung des frühen 20. Jh.s, die in Abgrenzung von → Naturalismus und → Impressionismus nicht in erster Linie Wirklichkeit oder deren sinnlich erfahrbare Teile abbilden wollte, sondern vielmehr danach strebte, mit bildnerischen Mitteln subjektive Reaktionen auf die Wirklichkeit auszudrücken. Demzufolge trat die → perspektivische Darstellung in den Hintergrund, und es dominierten klar umrissene, ›verzerrt‹ erscheinende Formen, die von der Kunst Afrikas und Polynesiens beeinflußt waren. Hinzu kamen meist ungebrochene Farben. Der E. entwickelte sich um 1905 in verschiedenen europäischen Ländern (→ Fauvismus), in Deutschland gilt im allgemeinen die Gründung der Künstlergruppe → ›Die Brücke‹ als Beginn. Ihr gehörten u. a. Erich Heckel, Ernst Ludwig Kirchner und Karl Schmidt-Rottluff an. Auch die frühen Werke

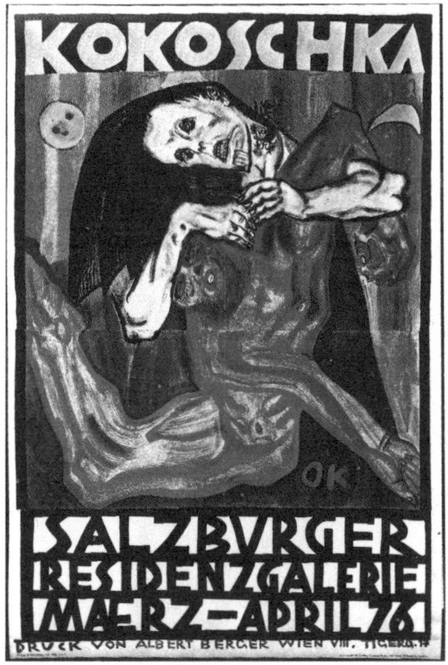

Abkehr von konventionellem Realismus und subjektiver Ausdruck im **Expressionismus:** Oskar Kokoschkas *Pietà,* Plakat für eine Ausstellung in der Salzburger Residenzgalerie, 1916.

des → Blauen Reiters werden dem E. zugerechnet. Zwischen 1910 und 1932 hatte diese Kunstrichtung in der von Herwarth Walden in Berlin gegründeten Kunstzeitschrift ›Der Sturm‹ ein bedeutendes Sprachrohr. Nach dem Zweiten Weltkrieg nahmen viele Stilrichtungen Elemente des E. wieder auf (→ Abstrakter Expressionismus, → Art brut, → Tachismus, → Neoexpressionismus).

ex-voto (lat. ›auf Grund eines Gelübdes‹) Übliche Inschrift auf einem als Weihgeschenk einem Heiligtum gestifteten Objekt oder Bild (→ Votivkapelle).

F

f Abkürzung für → Folio.

... f., ... fe., ... fec., ... fecit (lat. ›er hat es gemacht‹) Eine auf → Drucken zu findende Abkürzung, die mit dem begleitenden Namen den Radierer oder den Graveur angibt, der jedoch nicht notwendigerweise auch der Zeichner des Blattes ist (→ Kupferstich). Synonym: sc., sculp., sculpsit (lat. ›er hat es geschnitten‹).

... f.f. ... (lat. fieri, fecit, ›zu machen veranlaßte) Eine Abkürzung auf → Drucken, die mit dem vorhergehenden oder nachfolgenden Namen den Auftraggeber (nicht den Künstler) der Arbeit angibt.

Face-painting (engl. ›Gesichtsmalerei‹) Altertümliche englische Bezeichnung für die Porträtmalerei, die dem 16. Jh. entstammt, als Maler noch den Status eines Handwerkers innehatten.

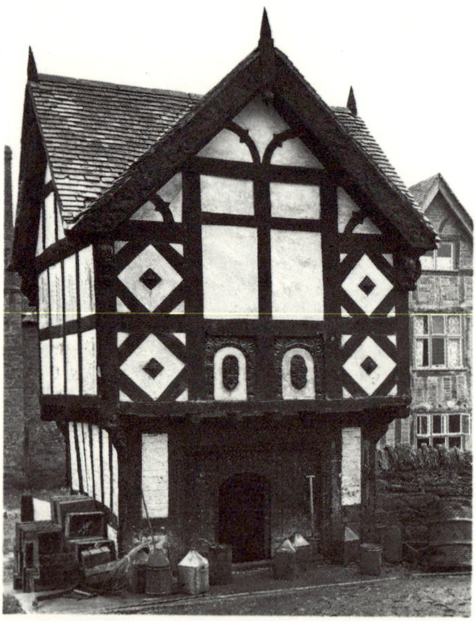

Fachwerk: ›The Buttas‹, King's Pyon, Herefordshire, 1632.

Fachwerk Ein vor allem im nördlich der Alpen gelegenen Teil Europas verbreiteter Baustil, der aus der Pfostenbauweise der Ur- und Frühgeschichte hervorging. Dabei wird ein Baukörper von einem tragenden Skelett aus miteinander verblatteten, später verzapften Balken gebildet. Die freigebliebenen Teile der Wände (Gefache) wurden mit nichttragendem Stroh-Lehm-Gemisch, seltener mit Ziegel- oder Naturstein ausgefüllt. Der F.bau hatte seine Hochblüte zwischen dem 15. und 17. Jh.

Façon de Venise (frz. ›Venezianische Art‹) (bei Glas) In venezianischem Stil, aber von nichtvenezianischen Glashütten hergestellt.

facture (frz.), **fattura** (ital.) (›Behandlung‹) **Faktura** Die charakteristische Art, in der ein Künstler oder Handwerker das Medium bearbeitet oder einsetzt. Eine wichtige Analyse der Material-F. wurde von den Vertretern der → Russischen Avantgarde geleistet.

Faksimile 1. Streng genommen eine in jeder Hinsicht (einschließlich → Medium) originalgetreue Nachbildung. 2. Im weiteren Sinne die gedruckte Reproduktion einer → Zeichnung, eines → Drucks, einer → Handschrift oder eines gedruckten Buches, die nur bei genauer Prüfung vom Originalbild zu unterscheiden ist.

Fallenbild Von Daniel Spoerri zuerst praktizierte → Akkumulationsmethode, die zufälligen Restbestände eines Vorgangs, z. B. einer Mahlzeit, auf ihrer Unterlage mit Kunstharzbinder zu befestigen und das so entstandene Materialrelief als Bild zu benutzen. Das F. wird zu einem eingefrorenen Dokument und Erinnerungsstück an einen bestimmten abgeschlossenen Prozeß in der Realität (→ Nouveau Réalisme).

Fälschung Ein in betrügerischer Absicht hergestelltes Kunstwerk, entweder die Kopie einer existierenden Arbeit, ein → Pasticcio im Stil eines bestimmten Künstlers, eines Dekors einer bestimmten Epoche oder ein Original, das so stark verändert und im Fall von Mobiliar oder Holzskulpturen durch Nachschnitzen überarbeitet wurde, daß es seinen ursprünglichen Charakter verloren hat.

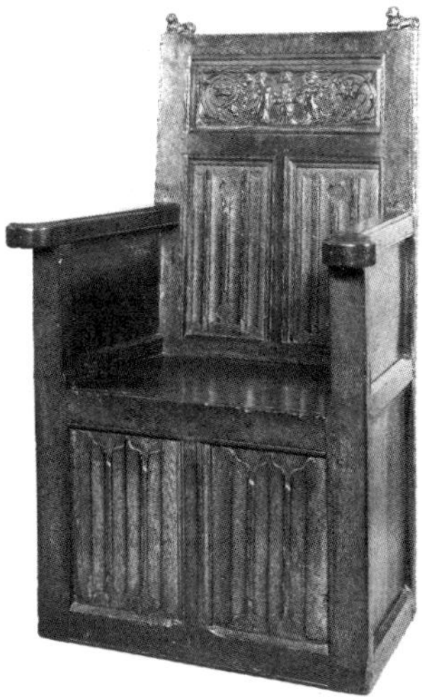

Faltwerk-Tafeln an einem englischen Eichenstuhl, 16. Jh.

Faltwerk Schnitzornament, im späten 15. und 16. Jh. häufig zur Flächenfüllung von Holztäfelungen und zur Verzierung von Mobiliar verwandt. Es erhielt seinen Namen nach seiner Ähnlichkeit mit einem lose senkrecht gefalteten Leinentuch.

Famille jaune, noire, rose, et verte (frz. ›gelbe, schwarze, rosa und grüne Familie‹)

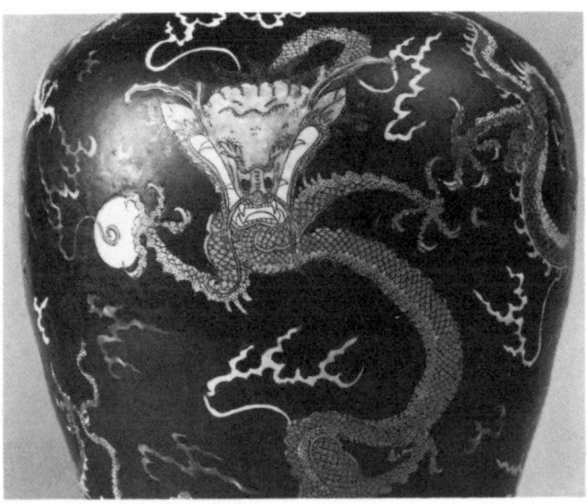

Famille-noire-Vase mit Dekoration in Famille-verte-Farben. Dargestellt ist ein Drachen, umgeben von volutenartigen Wolken, der eine Perle fängt. Der schwarze Grund ist mit einer transparenten grünen Glasur überzogen, Qing-Dynastie, frühes 18. Jh.

Französische Klassifizierung von chinesischem Porzellan des 17. und 18. Jh.s, das hauptsächlich für den Export nach Europa hergestellt wurde. Die Einteilung hängt von der jeweils vorherrschenden → Emailfarbe im Dekor bzw. Fond ab. Am häufigsten sind Famille verte und Famille rose. Bei der ersten Variante wird ein kräftiges Apfelgrün mit Eisenrot, Gelb, Purpur und Blauviolett kombiniert. Die Famille rose fügt dem noch ein Rosarot hinzu, das von Europa nach China gelangt war.

Fancy Picture (engl.) Ein im 18. Jh. gebräuchlicher Begriff für 1. ein Gemälde, das die Realismus-Konventionen der → Genremalerei zu verlassen und eine Phantasiewelt zu betreten scheint. 2. Ein Porträt, das den Dargestellten in Verkleidung bzw. Phantasiekostüm abbildet. Besonders beliebt war idealisierte Bauerntracht.

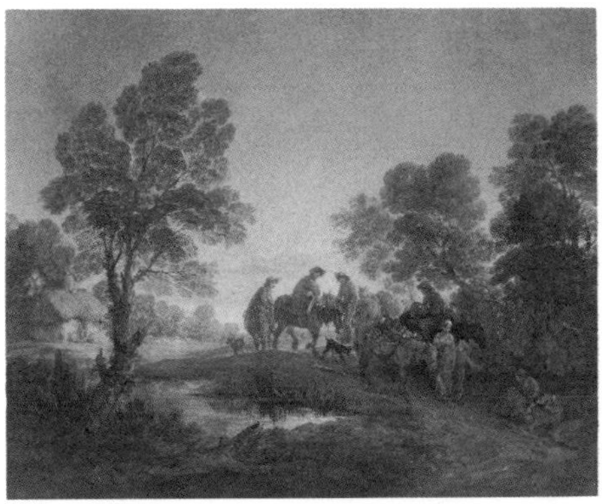

Fancy Picture: Thomas Gainsboroughs *Auf dem Weg zum Markt,* 1768/71, zeigt Landleute in stilisierter Umgebung.

Farbfeldmalerei (Colo[u]r-field) Malerei, deren Komposition eine Ausdehnung der Farbfläche über die Leinand hinaus in die Unendlichkeit suggeriert. Die Bezeichnung wurde Ende der 1950er Jahre in Amerika für Arbeiten von Künstlern wie Ellsworth Kelly, Morris Louis, Kenneth Noland und Jules Olitski geprägt, rückwirkend aber auch auf entsprechende Arbeiten von Vertretern des → Abstrakten Expressionismus wie Barnett Newman, Mark Rothko und Clyfford Still

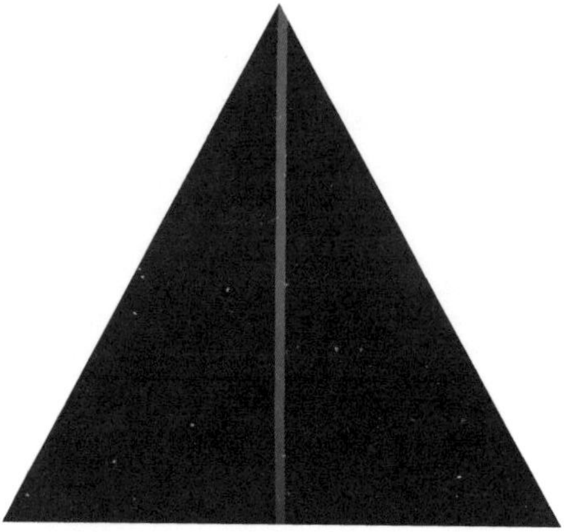

Farbfeldmalerei: Barnett Newman, *Jericho,* 1969. Das Bild ist fast 240 cm hoch.

angewandt. Typisch für die F. sind absoluter Einsatz der Farbe (Verzicht auf spezifische Formstrukturen) in dünnem Auftrag unter Vermeidung jeglicher Raumillusion und Betonung alles Flächigen, auch durch große (bis riesige) Formate. Bei scharfer Trennung der einzelnen Farbflächen voneinander spricht man von → Hard-edge (→ Nachmalerische Abstraktion).

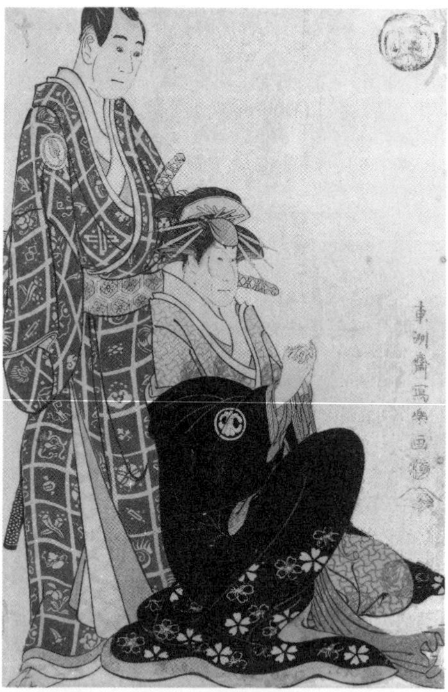

Farbholzschnitt: Zwei Kabuki-Tänzer in einem Ukiyo-e-Druck von Sharaku, 1793.

Farbholzschnitt Eine Holzschnittvariante, gedruckt mit verschiedenen Holzstöcken, von denen jeder eine eigene Farbe überträgt und die zusammengesetzt die vollständige Zeichnung ergeben, wobei sich manchmal Farben überlagern, so daß die Farbenvielfalt noch vergrößert wird. Die besten Beispiele für diese Technik sind → Ukiyo-e-Drucke.

Farbkreis Ein Modell, mit dem die Beziehungen der einzelnen Farben zueinander sowie ihre Ableitung auseinander dargestellt werden soll. Dabei werden sie so angeordnet, daß sich entweder → Komplementärfarben genau gegenüberliegen oder alle Farben gleichen Abstand zueinander haben, d. h. als gleich verschieden empfunden werden. Gewöhnlich sind die F.e in zwölf oder 24 Farben unterteilt. Es gibt zahlreiche Versionen des F.es. Den ersen F. entwickelte Sir Isaac Newton. Goethes F. bestand aus 6 Farben. Weitere bekannte Modelle erstellten Philipp Otto

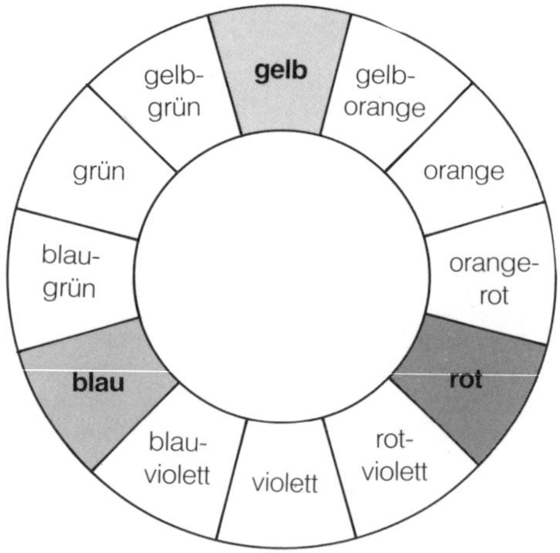

Farbkreis

Runge, Michel Eugène Chevreul und – im 20. Jh. – Adolf Hoelzel, Johannes Itten (F. und Farbenkugel), W. Ostwald und Harald Küppers (1976).

Farblithographie Mehrfarbige → Lithographie, die mit einem separaten Stein oder einer separaten Platte für jede Farbe gedruckt ist.

Farborgel (Farbklavier) Seit der → Barockzeit bekanntes mechanisches Gerät zur rhythmischen Erzeugung von Farbspielen, die im → Futurismus (Luigi Russolo) und → Dadaismus (→ Optophonetik von Raoul Hausmann) mit phonetischen Elementen gekoppelt wurden. Eine klavierartige Tastatur ermöglicht die kompositionshafte Variation der Farb- und Klangkombinatonen.

Fasces (lat. ›Bündel‹) Ein an einer Axt befestigtes Rutenbündel; ursprünglich eines der Insignien eines römischen Konsuls, das ihm von seinem Liktoren vorangetragen wurde. Später wurde es ins Repertoire der klassischen Architekturornamentik aufgenommen.

Fase Fläche, die entsteht, wenn man die scharfe Kante eines Werkstücks abschrägt.

Fassade Die Hauptansichtsseite (Schauseite) eines Gebäudes, auf die dessen ganze Gestaltung ausgerichtet ist; bei Kirchen meist die nach Westen gelegene Eingangsseite. Die F. kann so gestaltet sein, daß sie die Struktur des dahinterliegenden Baukörpers genau widerspiegelt oder aber diese verbirgt (Blendfassade).

Faszien, Fascien (lat. fasciae ›Bänder‹) In der klassischen Architektur (meist) drei stufenartig übereinander angeordnete Bänder, die den → Architrav der ionischen und korinthischen → Säulenordnung bilden.

Fauvismus (frz. fauves ›wilde Tiere‹) Von dem französischen Kunstkritiker Louis Vauxcelles geprägter Begriff, mit dem er eine Gruppe junger Maler bezeichnete, die 1905 im Pariser Salon d'Automne (Herbstsalon) erstmalig ausstellten. Der Spottname ging

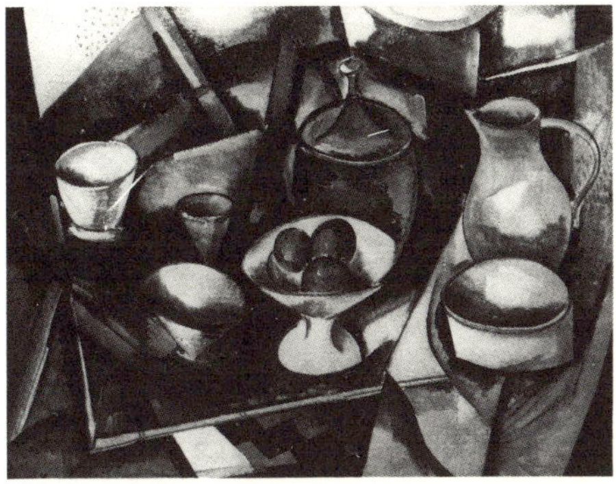

Ein **fauvistisches** Stilleben von Maurice de Vlaminck, 1909, das die typischen einfachen, kräftig konturierten Formen zeigt.

zurück auf ihre ›wilde‹, nicht realistische Farbgebung und ihre ›grobe‹, scheinbar unausgebildete Zeichenkunst. Der F. knüpfte damit an die von Paul Gauguin und Vincent van Gogh eingeleitete, vom → Impressionismus wegführende Entwicklung an. In Farbauftrag und flächiger Darstellung ähnelt der F. dem deutschen → Expressionismus, er beschränkte sich jedoch im Gegensatz zu diesem weitgehend auf Themen, die die Impressionisten bevorzugt hatten (z. B. Flußufer, Häfen, Porträts, Stilleben). Zu den ursprünglichen Mitgliedern der Gruppe zählten Henri Matisse (der als die führende Persönlichkeit galt), André Derain, Pierre-Albert Marquet, Maurice de Vlaminck u. a. Zwischen 1907 und 1909 löste sich die Gruppe auf.

Favrile-Glas Eine von Louis Comfort Tiffany (1848–1933) entwickelte, hergestellte und so benannte vielfarbig irisierende → Glasart. Der Begriff ist von dem veralteten englischen Wort ›fabrile‹ abgeleitet, was ›in Beziehung zu einem Handwerker und seiner Kunst stehend‹ bedeutete, und wurde für Tiffany 1894 als Markenzeichen registriert.

Fayence (frz. Name der ital. Stadt Faenza) → Töpferware, die mit einer deckenden, meist weißen → Glasur auf der Basis von Blei- und Zinnoxiden überzogen ist. Das Verfahren wurde im 9. Jh. in Bagdad entwickelt und verbreitete sich über Spanien nach Italien

(Faenza) und das restliche Europa (→ Majolika; → Fritte).

feathered, feather-edged ornament (engl. ›gefedert‹, ›Feder-Ornament‹) Feinziselierter gerillter Dekor, am häufigsten als ornamentale Bordüre an den Griffen von Silberlöffeln und -gabeln, der in England und Nordamerika in der zweiten Hälfte des 18. Jh.s populär war.

Federal Style (engl. ›Bundesstil‹) Ein Dekorationsstil, der in den USA von der Gründung der Bundesregierung 1789 an bis ca. 1830 weit verbreitet war. Er zeigt Einflüsse des englischen und französischen → Klassizismus; die mit ihm in Verbindung gebrachten Designer waren u. a. der Silberschmied Paul Revere und die Möbeltischler Charles-Honoré Lannuier, Daniel Phyfe und Michael Allison.

Feine Manier siehe Breite Manier

Feingehaltsstempel Ein offizielles Zeichen auf einem Stück Gold oder Silber, das dessen Reinheit angibt. Heute wird der F. einer Metallegierung in Promille angegeben (z. B. 900er Gold = 900 ‰ Goldanteil).

Fenster, Arten
Erkerfenster F. mit dreiseitigem oder polygonalem Grundriß, das im Erdgeschoß aus der Fassade vorkragt, oft jedoch ein oder mehrere weitere Stockwerke hoch gebaut ist.
Runderkerfenster F. mit halbkreisförmigem oder geschwungenem Grundriß, das im Erdgeschoß aus der Fassade vorkragt und sich manchmal über mehrere darüberliegende Stockwerke erstreckt.
Flügelfenster F. mit senkrechter Unterteilung in Flügel, die in ihrer vollen Höhe schwingen.
Chicago-Fenster F., das sich über die volle Breite einer → Auslucht erstreckt, mit einer großen, fixen mittleren Scheibe und zwei kleineren beweglichen Schiebeflügeln an beiden Seiten. Diese F.-Art ist typisch für die Chicagoer Architektur der Jahrhundertwende, z. B. für Louis Sullivan.
Kreuzfenster F., das von einem F.-Pfosten (Setzholz) und einem Querholm (Kämpfer), die das F.-Kreuz bilden, unterteilt ist. Oft an Bauwerken des späten 17. Jh.s zu finden.
Gaubenfenster (auch Gaupe, Dachf.) Ein senkrechtes F., das aus einem schrägen Dach vorragt und eine eigene Überdachung besitzt.
Französisches Fenster Zwei F.-Flügel, die bis zum Fußboden reichen, so daß sie sich wie eine Flügeltür öffnen lassen. Erstmals in Versailles in den 1680er Jahren verwandt.
Jessefenster Ein mittelalterliches F., das als → Jessebaum ausgeformt ist.
Lanzettfenster Ein hohes schmales F., das bekrönt wird von einem steilen Spitzbogen. In der → gotischen Architektur, insbesondere der des 13. Jh.s, zu finden.
Ochsenauge (frz. Œil-de-bœuf) Kreisförmiges F.
Fenstererker Vorkragendes F. mit Öffnungen vorn und an den Seiten, gewöhnlich von Konsolen getragen.
Palladio-Motiv Dreiteiliges F., dessen mittlerer Teil höher ist als die beiden seitlichen und außerdem von einem Bogen bekrönt wird. Synonym: Venezianisches F.
Fensterrose Ein rundes F. mit → Maßwerk, dessen Ornamentik vom Zentrum ausstrahlt und mit den Nasen rund um den Rand zusammentrifft. Die meist reiche → glasmalerische Ausstattung ist typisch für die → gotische Kirchenbaukunst.
Schiebefenster F., das horizontal in zwei Scheiben unterteilt ist, die in Schienen auf- und niedergeschoben werden. Diese Konstruktion wurde für F. erstmalig im 17. Jh. verwendet und ist besonders in England und Nordamerika verbreitet.
Serliana Synonym für Palladio-Motiv.
Venezianisches Fenster Synonym für Palladio-Motiv.
Radfenster Eine frühe Form (und Vorläufer) der Fensterrose, bei der das Stabwerk aus speichenartig angeordneten → Säulen besteht, die mit → Basis und → Kapitell ausgestattet sind.

Ferrotypie Eine in einer Abart des → nassen Kollodiumverfahrens hergestellte → Fotografie auf einer kleinen zinnbeschichteten Eisenplatte, die eher ein Positiv- als ein Negativbild darstellt. Diese Platten waren preiswerter und bequemer zu handhaben als Positive oder Negative aus Glas, und im Fall von Porträtfotografie konnte der fertige Abzug dem Auftraggeber schon wenige Minuten

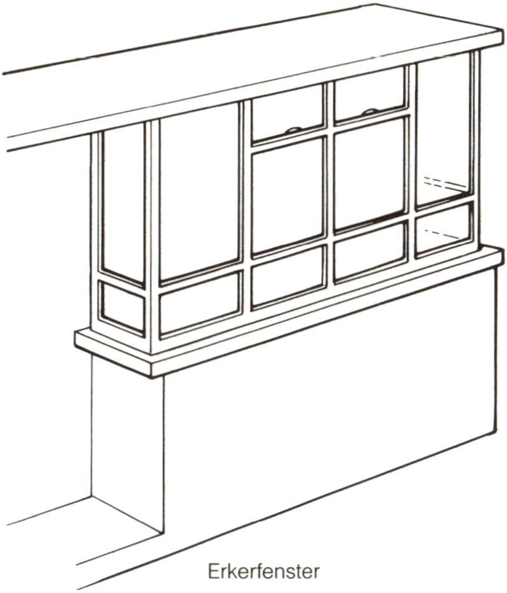

Erkerfenster

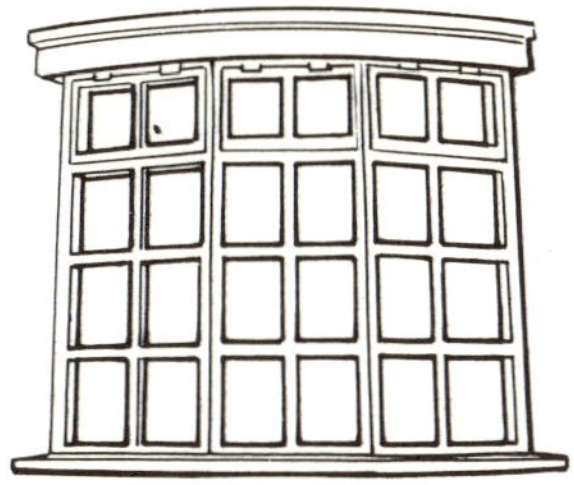

Runderkerfenster

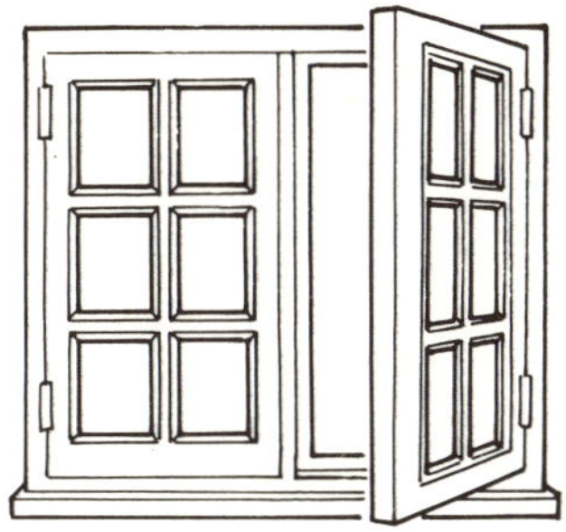

Flügelfenster

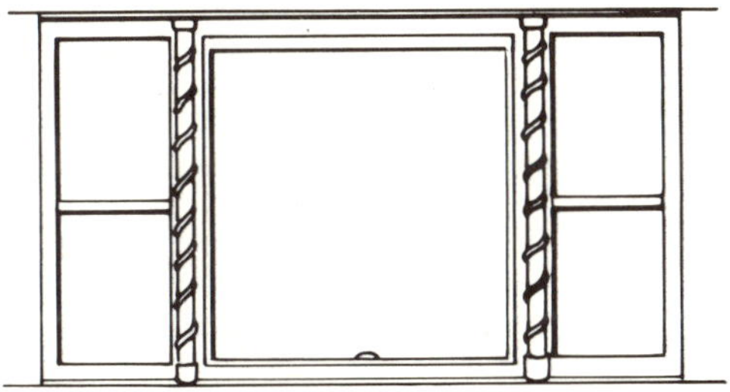

Chicago-Fenster

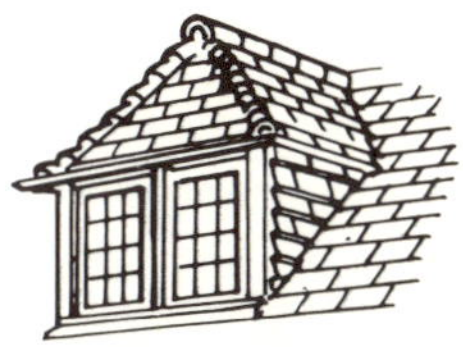

Gaubenfenster

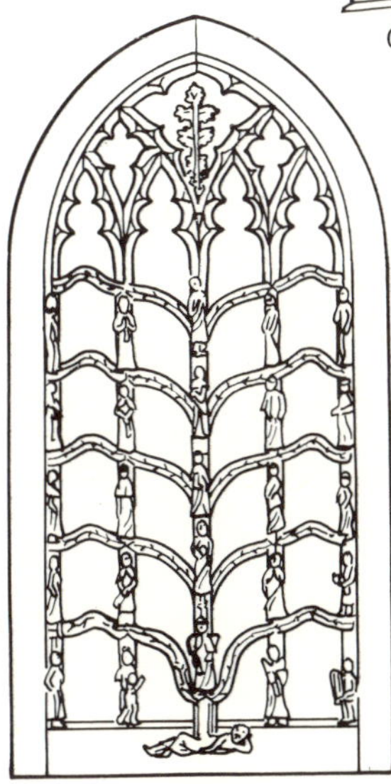

Jessefenster

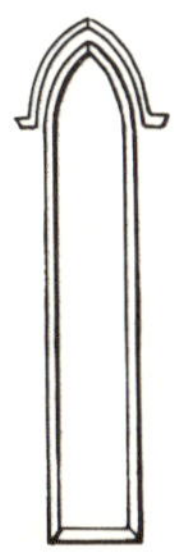

Lanzettfenster

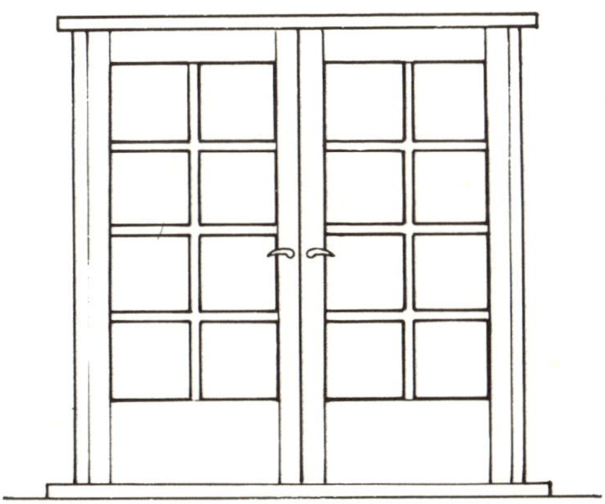

Französisches Fenster

Fensterarten

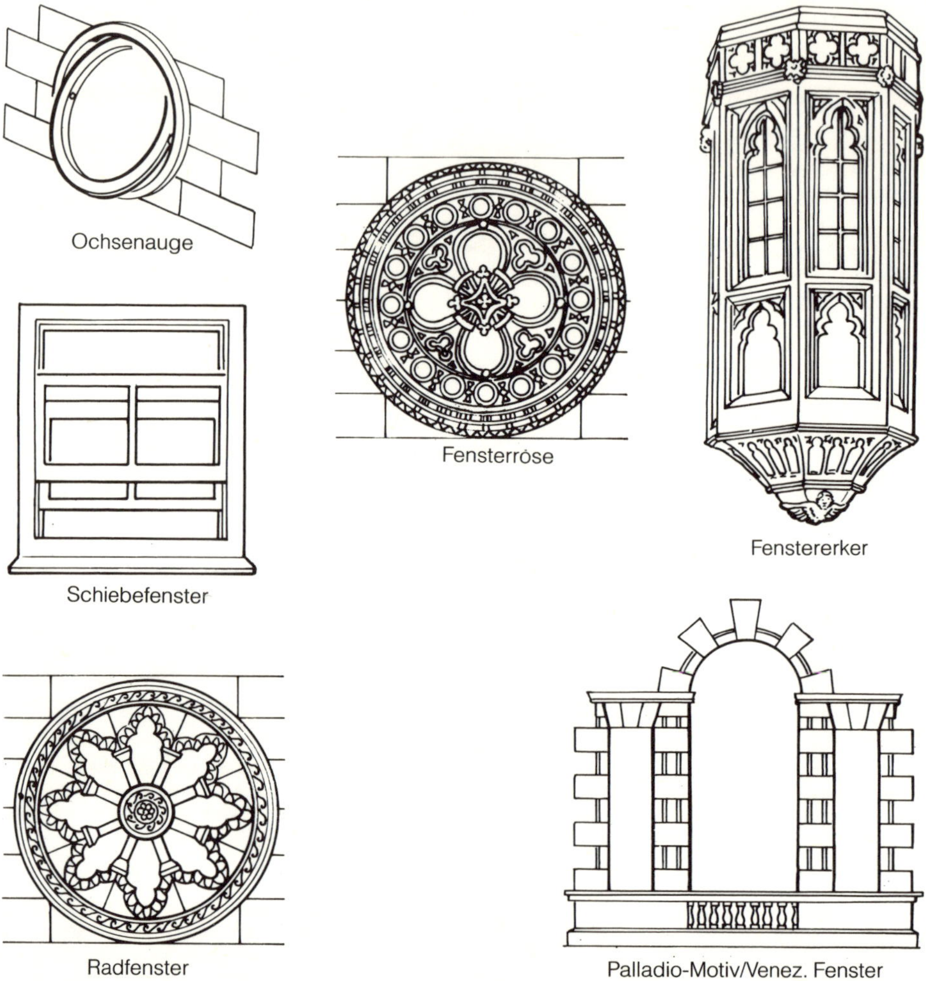

Fensterarten

nach der Entwicklung überreicht werden. Das Verfahren wurde 1853 von dem Franzosen Adolphe Alexandre Martin erfunden und fand ab 1860 in den Vereinigten Staaten rasche Verbreitung.

Feston Architektonisches Ornament in Form einer mit Blumen und Früchten verzierten Girlande, die zusätzlich mit Bändern ausgestattet ist. F.s werden in der Architektur häufig als durchlaufendes → Fries, besonders auch im Wechsel mit → Bukranien angebracht.

Festtagszyklus In der → byzantinischen Kunst die Darstellung der üblicherweise zwölf Hauptkirchenfeste als Serie.

Fête galante (frz. ›galantes Fest‹) Ein charakteristischer → Rokoko-Typus der → Genremalerei des frühen 18. Jh.s, der höfische Feste zum Gegenstand hat und hauptsächlich in der französischen Kunst zu finden ist. Kleine Figuren – entweder höfische Damen und Herren oder eine Schauspielertruppe – sind in einer Parklandschaft zu sehen. Derartige Bil-

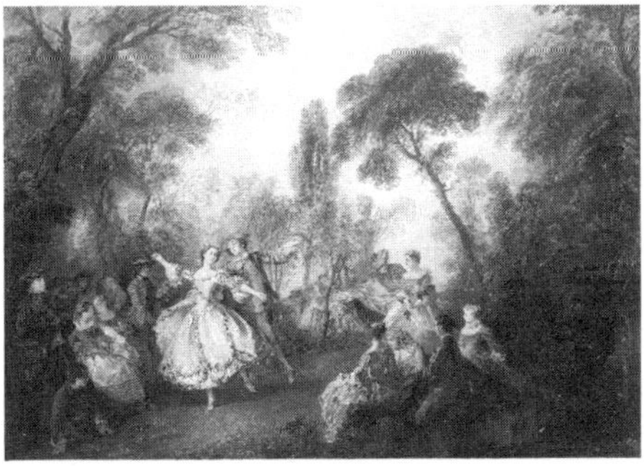

Fête galante: Nicolas Lancret, *Mademoiselle Camargo,* um 1740.

der werden besonders mit Jean-Antoine Watteau und seinen Nachfolgern Nicolas Lancret und Jean-Baptiste Pater assoziiert.

Fetisch Ein Gegenstand, der entweder selbst übernatürliche Kräfte besitzt oder einen Geist mit solchen beherbergt. Prinzipiell kann jeder Gegenstand zum F. werden, meist jedoch handelt es sich um kleine Skulpturen oder Masken. Am häufigsten findet man F.e in Westafrika.

fett auf mager Veralteter Atelierbegriff aus der Ölmalerei. Damit wird die Regel zusammengefaßt, nach der jede neue Farbschicht eines Gemäldes weniger stark mit Terpentin oder anderen flüchtigen Lösungsmitteln verdünnt sein sollte als die vorhergehende.

Fettling (engl. ›den letzten Schliff geben‹) Die abschließende Behandlung eines Ton-/Porzellangefäßes oder -ornaments vor dem Brennen, besonders wenn es in einer Form gegossen wurde. Mit einem Metallwerkzeug werden die sichtbaren Nähte und Gußrückstände u. ä. entfernt.

Feuervergoldung Vergoldete Bronze (oder Goldbronze) am Rahmenwerk von Möbeln oder auch an Kerzenhaltern, Kandelabern und anderen Schmuckgegenständen.

Feuille de chou (frz. ›Kohlblatt‹) 1. Ein unverwechselbarer und auffälliger Dekor aus überlappenden hochstehenden Blättern, zu finden auf chinesischem Export- und Wappenporzellan. 2. Ein Brüsseler → Bildteppich (→ Verdure) des 17. Jh.s mit einem Muster aus riesigen Blättern.

Fiale In der → gotischen Architektur ein kleines dekoratives Türmchen, das entweder → Wimperge flankiert oder den Abschluß von → Strebepfeilern bildet.

Fibel (lat. ›Spange‹) Eine Brosche zum Befestigen der Tunika an der Schulter. Sie ist in einer Reihe von Kulturen der Antike und der Völkerwanderungszeit in verschiedenen Formen zu finden, manchmal ähnelt sie der modernen Sicherheitsnadel.

figural (besonders bei gewebten und bedruckten Materialien und bei Tapeten) Mit eher gegenständlichen als abstrakten Mustern geschmückt.

Figurative Kunst Eine Kunst, die in der sichtbaren Welt wahrgenommene Dinge – in welch veränderter oder verzerrter Form auch immer – abbildet (→ abstrakte Kunst).

Figurenmalerei Malerei, die die menschliche Gestalt darstellt.

Filigran Aufwendige → Durchbrucharbeiten aus Edelmetall (meist Silber oder Gold), in

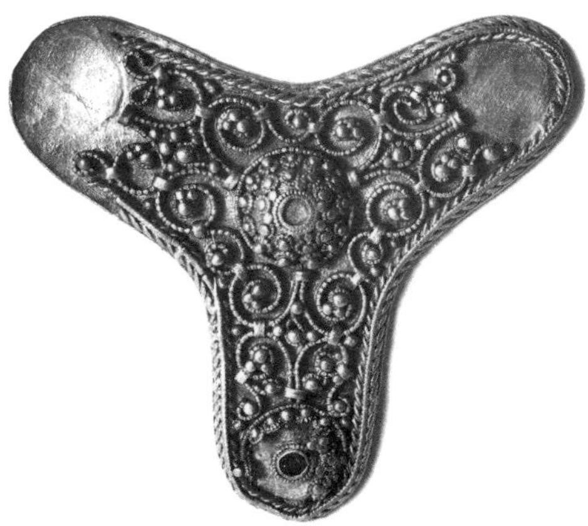

Filigran: Die Kirkoswald-Brosche, Silber, Schottland, 8.–9. Jh. n. Chr.

denen sehr feine Drähte und winzige Kugeln verlötet sind. Ursprünglich wurden Schmuckfassungen, später auch ganze Objekte in F.-Technik ausgeführt. F.-Schmuck war bereits im späten Mittelalter sehr verbreitet und erlebte in der ersten Hälfte des 19. Jh.s eine erneute Blüte.

Film Die Geschichte des unabhängigen F.s, der von der bildenden Kunst herkommt, begann in den 1920er Jahren mit dem abstrakten und dem → surrealistischen F. Vorläufer des abstrakten F.s gab es im → Futurismus (am bekanntesten *Perfido Incanto* des Italieners Antonio Bragaglia unter Mitwirkung Filippo Tommaso Marinettis, 1916, und *Rhythme Colore* des russischen Malers Léopold Survage). In den 1920er Jahren erhielten jene F.e die Bezeichnung abstrakt, die mit gegenstandslosen Darstellungsmitteln aus der Malerei arbeiteten. Der abstrakte F. wurde in Deutschland durch Walter Ruttmann (*Photodram Nr. 1,* 1919; *Opus 1–4,* 1921–25). Viking Eggeling (*Symphonie diagonale,* 1921) und Hans Richter (*Rhythmus 21,* 1921) begründet. Eggeling und Richter, die der Züricher → Dada-Gruppe angehörten, erarbeiteten zusammen im sogenannten Rollenbild eine Formen- und Liniensprache, die das Verhältnis von Zeit und Bewegung als filmisch rhythmisches Prinzip visualisierte. Noch mehr als bei Eggeling wurde für Oskar Fischinger die verbildlichte Musik zum filmischen Gestaltungsfaktor (*Silhouetten,* 1920). Ähnliche Experimente mit einer Synthese von Bild und Ton machte der Dadaist Raoul Hausmann im Zusammenhang mit seiner → Farborgel ›Optophon‹, und auch die → Bauhaus-Künstler Kurt Schwerdtfeger und Ludwig Hirschfeld-Mack beschäftigten sich in ihren reflektorischen Farblichtspielen mit Projekten, die auf der Farborgel beruhen. Fernand Légers *Ballet Mécanique* (1924) gewann die Abstraktion durch Loslösung von Realaufnahmen aus einem erzählerischen Handlungsablauf durch das Prinzip der Bildmontage. Auch bei ihm stand die filmische Visualisierung der Bewegung im Mittelpunkt. Marcel Duchamp, der ebenfalls über seine künstlerische Arbeit den Zugang zum Medium F. fand, beschäftigte sich seit 1920 mit dem dreidimensionalen Bild und wandte Erkenntnisse der Wahrnehmungstheorie auf den F. an, um räumliche Effekte zu erzielen (*Anémie Cinéma,* 1926). Ein weiterer Vertreter des abstrakten F.s ist der Franzose Henri Chomette (Bruder von René Clair), dessen F.e aus Lichtreflexen, Negativbildern und rasenden Fahrten durch Tunnels, Kanäle und über Brücken zusammenmontiert sind. Als Vorläufer des surrealistischen F.s ist René Clairs Dada-F. *Entr'acte* anzusehen, der in der Pause zwischen den Akten des Balletts *Relâche* von Francis Picabia lief (Musik von Eric Satie, 1924). Als erste Verwirklichung der surrealistischen Konzeption von Antonin Artaud ist Man Rays *Etoile de Mer* (1928) anzusehen, der die surrealistische Haltung durch → Montage- und verschwommene Beleuchtungseffekte erreicht. Der erste offizielle surrealistische F. war *Un chien andalou* (1928) von Louis Buñuel und Salvador Dalí, der durch die interpretative Offenheit und Schockwirkung seiner Szenen den manifesthaften Forderungen André Bretons an ein surrealistisches Kunstwerk entsprach. Wie *Un Chien andalou* ist auch das nachfolgende Werk Buñuels, *L'âge d'or* auf Grund seiner zeitlosen Problematik als Meilenstein in die F.-Geschichte eingegangen. In der Zeit nach dem Zweiten Weltkrieg verlagerte sich das Wirken der avantgardistischen Filmemacher durch Emigration vieler Künstler nach Amerika. In den 1950er Jahren traten Kenneth Anger, Curtis Harrington und Gregory Markopoulos als bedeutende F.-Avantgardisten hervor. Der entscheidende Impuls für eine Weiterentwicklung des unabhängigen F.s wurde erst 1960 mit der Gründung der New American Cinema Group (NAC) gegeben, der 23 Filmemacher angehörten, darunter Markopoulos als einziger Vertreter des experimentellen F.s. Wichtigstes neues Stilelement des avantgardistischen F.s wurde innerhalb der NAC bei Filmen wie Stan Brakhage, Bruce Connor, Harry Smith und Stan Vanderbreek die Anwendung des → Collage-Prinzips mit dem Ziel, das filmische Material selbst durch Aufhebung des Illusionscharakters und durch Montage abstrakter und realer Bildsequenzen zu thematisieren. Neue Impulse erhielt der unabhängige F. besonders von Andy Warhol, der mit der stehenden Kamera in seinen ersten F.en von 1963 (*Sleep, Kiss* und

Empire State Building) den rein zeitlichen Verlauf der Realität reportagehaft ohne eine persönliche Perspektive demonstrierte. In einer zweiten Phase seiner filmischen Produktion entwickelte Warhol den ›Superstar‹, der improvisatorisch, die Drehbuchkonzeption verändernd, gestaltete, indem er sich selbst spielte. Die stehende Kamera dokumentierte nun den Wechsel von geplanter und improvisatorischer Handlung. Stark von der → kinetischen und → Aktionskunst ist vor allem die F.-Konzeption des ›Expanded Cinema‹ geprägt, wobei Expanded Cinema die Erweiterung der Leinwand-Projektion in Multiprojektionen und → Mixed-Media-Aktionen bedeutet. Hier schließt der unabhängige F. wieder an Tendenzen der 1920er Jahre an, als man in der Form der reflektorischen Farblichtspiele und Farborgeln erstmals die Idee der Multiprojektoren konzipierte.

Fin de siècle (frz. ›Jahrhundertende‹) Das für die 1890er Jahre charakteristische Gemisch künstlerischer und literarischer Tendenzen.

Firnis In einem → Medium gelöstes Harz, das als klare, schützende Beschichtung auf ein Gemälde aufgetragen wird.

Firstbalken Ein Balken, der entlang dem Scheitel eines → Daches verläuft.

Fischblase Bei spätgotischem → Maßwerk, ein Ornament, das in seinen Umrissen an eine F. erinnert (Synonym: → Schneuß).

Fixativ Eine farblose Lösung, die auf leicht zu verwischende Zeichnungen (Kreide, Pastell oder Kohle) gesprüht wird, um sie zu schützen.

fl... (von lat. floruit, ›es blüht‹) Eine Abkürzung, die die Angabe des genau bestimmten oder ungefähren Zeitabschnitts begleitet, in dem ein Künstler nachweislich aktiv war, wenn Geburts- oder Todesdaten unbekannt sind.

flambé (frz. ›geflammt‹) Eine karminrote, aus Kupfer gewonnene → Glasur, die so von blauer Farbe durchzogen ist, daß ein flammenartiger Effekt entsteht. Erstmalig in China während der Song-Dynastie (960–1280 n. Chr.) entwickelt. Im 19. Jh. stellten Manufakturen in Deutschland, England und Frankreich F.-Ware her.

Flamboyant-Stil (frz. ›flammender Stil‹) Die letzte stilistische Ausbildung der französischen und englischen → Gotik, beginnend um 1640, in der die → Fischblasenornamente des → Maßwerks so in die Länge gezogen sind, daß sie an Flammen erinnern.

Flechtwerk Aus verschlungenen Linien bestehendes Dekormuster, besonders in der → keltischen Kunst.

Fleuron 1. Bauornament in der Form eines stilisierten Blumenarrangements. 2. In der → Typographie ein ursprünglich von stilisierten Blumen abgeleitetes Ornament zur Verzierung von Bucheinbänden.

Flor Eine Oberfläche aus kurzen aufrecht stehenden Fasern gleicher Länge an Stoffen, aber auch an Velourstapeten.

Florentiner Mosaik Bezeichnung für Schmucktafeln, bei denen unregelmäßig geschnittene Halbedelsteine (→ Pietre dure) zu einem Mosaik zusammengestellt sind. Diese

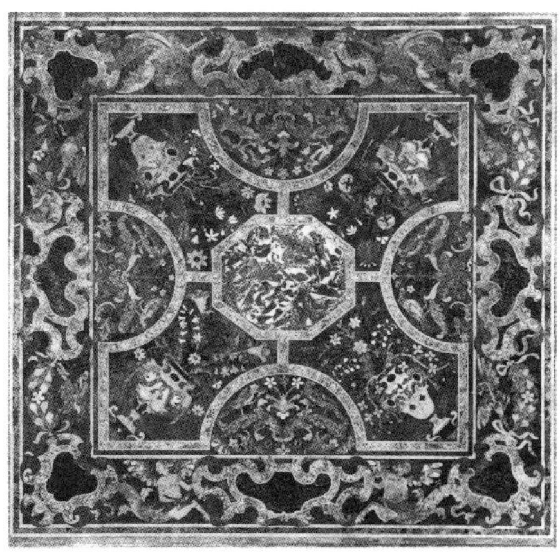

Florentiner Mosaik: Tischplatte aus Florenz, 17. Jh., mit Einlegearbeit aus Halbedelsteinen, u. a. Lapislazuli.

Technik wurde vor allem in Florenz seit dem späten 16. Jh. zu höchster Vollkommenheit entwickelt. Die dargestellten Themen schlossen Blumen- und Früchtemotive ebenso ein wie Landschaften, Bildnisse u. a. m. Diese Schmucktafeln wurden häufig als Tischplatten, aber auch als Einlegearbeiten bei Kastenmöbeln verwandt.

Flüchtige Öle Fette Öle pflanzlichen Ursprungs, die in der Ölmalerei als Bindemittel für Pigmente große Bedeutung haben, da sie an der Luft zu einer festen, transparenten Substanz trocknen. Sie dienen auch als Mittel, um das Pigment auf der Leinwandgrundierung haftend zu machen. Die wichtigsten f. Ö. sind Leinöl, Walnuß- und Mohnöl.

Fluchtpunkt In der → perspektivischen Zeichnung der Punkt, in dem Linien, die in Wirklichkeit Parallelen bilden, zusammenzulaufen scheinen.

Flügelfenster siehe Fenster

Flußmittel Stoffe mit niedrigem Schmelzpunkt, die schwer schmelzbaren Stoffen beigefügt werden, um diesen bessere Fließeigenschaften zu geben. F. sind u. a. bei → keramischen Techniken erforderlich.

Fluxus Internationale Bewegung der → Aktionskunst Ende der 1950er, Anfang der 1960er Jahre, die es sich zum Ziel gesetzt hatte, die Grenzen zwischen den Kunstmedien, zwischen Künstler und Publikum und zwischen ästhetischem und realem Bereich zu durchbrechen. Auf Grund dieses allgemeinen Anspruchs ist es nur schwer möglich, Werke als F.-Kunst in der Abgrenzung zum → Happening zu kategorisieren. Typisch für F. ist die Tatsache, daß viele Veranstaltungen mit verfremdeten Geräuschen von Musikinstrumenten arbeiteten und nach zufallsoffenen Partituren abliefen. Meist handelte es sich bei F. um szenisch-theatralische Veranstaltungen, mit denen auch Witz und Spontanität wieder in die Kunst einziehen sollten. F. knüpfte damit an den → Dadaismus an. Führende Vertreter dieser Kunstrichtung waren u. a. Joseph Beuys, George Maciunas und Nam June Paik (→ Neodada).

Folie Ein dünnes Blatt aus Gold, Silber oder anderem Metall, oft als Unterlage für gefaßte Edelsteine benutzt.

Folio 1. Buchformat, bei dem die Bögen nur einmal gefaltet sind, so daß vier Seiten oder zwei Blätter entstehen (die bei alten Büchern in der Größe je nach Papierformat variieren können). 2. Blatt eines Buches. Handschriften und viele gedruckte Bücher wurden bis zum 17. Jh. nicht nach Seiten, sondern nach Blättern numeriert, d. h. nicht 1, 2, 3 etc., sondern 1r (1 recto), 1v (1 verso), 2r, 2v, 3r, 3v etc.

Folly Ein funktionsloses oder offensichtlich unsinniges Gebäude. Kleine F.s wurden im 18. Jh. häufig von begüterten und exzentrischen Grundbesitzern zum Schmuck ihrer Parks und Gärten errichtet.

Fontainebleau, Schule von Eine Gruppe italienischer und französischer Künstler, die von ca. 1530 bis 1560 für den Valois-Hof in Fontainebleau tätig war. Der von ihr entwickelte Stil verband die für die französische Kunst jener Zeit typische üppige Sinnlichkeit mit Elementen des italienischen → Manierismus. Die in Fontainebleau geschaffenen idylli-

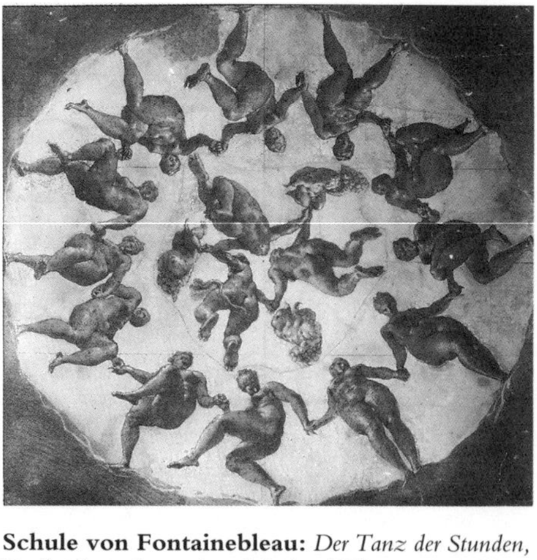

Schule von Fontainebleau: *Der Tanz der Stunden,* Deckenbemalung der Galerie d'Ulysses, Fontainebleau, nach einem Entwurf von Francesco Primaticcio (1504–1570).

Empire State Building) den rein zeitlichen Verlauf der Realität reportagehaft ohne eine persönliche Perspektive demonstrierte. In einer zweiten Phase seiner filmischen Produktion entwickelte Warhol den ›Superstar‹, der improvisatorisch, die Drehbuchkonzeption verändernd, gestaltete, indem er sich selbst spielte. Die stehende Kamera dokumentierte nun den Wechsel von geplanter und improvisatorischer Handlung. Stark von der → kinetischen und → Aktionskunst ist vor allem die F.-Konzeption des ›Expanded Cinema‹ geprägt, wobei Expanded Cinema die Erweiterung der Leinwand-Projektion in Multiprojektionen und → Mixed-Media-Aktionen bedeutet. Hier schließt der unabhängige F. wieder an Tendenzen der 1920er Jahre an, als man in der Form der reflektorischen Farblichtspiele und Farborgeln erstmals die Idee der Multiprojektoren konzipierte.

Fin de siècle (frz. ›Jahrhundertende‹) Das für die 1890er Jahre charakteristische Gemisch künstlerischer und literarischer Tendenzen.

Firnis In einem → Medium gelöstes Harz, das als klare, schützende Beschichtung auf ein Gemälde aufgetragen wird.

Firstbalken Ein Balken, der entlang dem Scheitel eines → Daches verläuft.

Fischblase Bei spätgotischem → Maßwerk, ein Ornament, das in seinen Umrissen an eine F. erinnert (Synonym: → Schneuß).

Fixativ Eine farblose Lösung, die auf leicht zu verwischende Zeichnungen (Kreide, Pastell oder Kohle) gesprüht wird, um sie zu schützen.

fl... (von lat. floruit, ›es blüht‹) Eine Abkürzung, die die Angabe des genau bestimmten oder ungefähren Zeitabschnitts begleitet, in dem ein Künstler nachweislich aktiv war, wenn Geburts- oder Todesdaten unbekannt sind.

flambé (frz. ›geflammt‹) Eine karminrote, aus Kupfer gewonnene → Glasur, die so von blauer Farbe durchzogen ist, daß ein flammenartiger Effekt entsteht. Erstmalig in China während der Song-Dynastie (960–1280 n. Chr.) entwickelt. Im 19. Jh. stellten Manufakturen in Deutschland, England und Frankreich F.-Ware her.

Flamboyant-Stil (frz. ›flammender Stil‹) Die letzte stilistische Ausbildung der französischen und englischen → Gotik, beginnend um 1640, in der die → Fischblasenornamente des → Maßwerks so in die Länge gezogen sind, daß sie an Flammen erinnern.

Flechtwerk Aus verschlungenen Linien bestehendes Dekormuster, besonders in der → keltischen Kunst.

Fleuron 1. Bauornament in der Form eines stilisierten Blumenarrangements. 2. In der → Typographie ein ursprünglich von stilisierten Blumen abgeleitetes Ornament zur Verzierung von Bucheinbänden.

Flor Eine Oberfläche aus kurzen aufrecht stehenden Fasern gleicher Länge an Stoffen, aber auch an Velourstapeten.

Florentiner Mosaik Bezeichnung für Schmucktafeln, bei denen unregelmäßig geschnittene Halbedelsteine (→ Pietre dure) zu einem Mosaik zusammengestellt sind. Diese

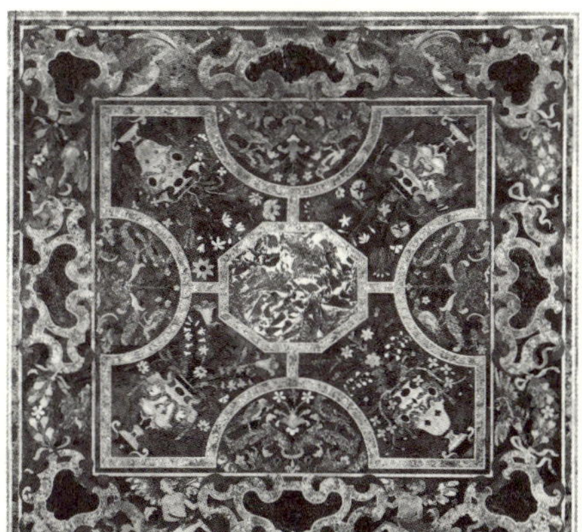

Florentiner Mosaik: Tischplatte aus Florenz, 17. Jh., mit Einlegearbeit aus Halbedelsteinen, u. a. Lapislazuli.

Technik wurde vor allem in Florenz seit dem späten 16. Jh. zu höchster Vollkommenheit entwickelt. Die dargestellten Themen schlossen Blumen- und Früchtemotive ebenso ein wie Landschaften, Bildnisse u. a. m. Diese Schmucktafeln wurden häufig als Tischplatten, aber auch als Einlegearbeiten bei Kastenmöbeln verwandt.

Flüchtige Öle Fette Öle pflanzlichen Ursprungs, die in der Ölmalerei als Bindemittel für Pigmente große Bedeutung haben, da sie an der Luft zu einer festen, transparenten Substanz trocknen. Sie dienen auch als Mittel, um das Pigment auf der Leinwandgrundierung haftend zu machen. Die wichtigsten f. Ö. sind Leinöl, Walnuß- und Mohnöl.

Fluchtpunkt In der → perspektivischen Zeichnung der Punkt, in dem Linien, die in Wirklichkeit Parallelen bilden, zusammenzulaufen scheinen.

Flügelfenster siehe Fenster

Flußmittel Stoffe mit niedrigem Schmelzpunkt, die schwer schmelzbaren Stoffen beigefügt werden, um diesen bessere Fließeigenschaften zu geben. F. sind u. a. bei → keramischen Techniken erforderlich.

Fluxus Internationale Bewegung der → Aktionskunst Ende der 1950er, Anfang der 1960er Jahre, die es sich zum Ziel gesetzt hatte, die Grenzen zwischen den Kunstmedien, zwischen Künstler und Publikum und zwischen ästhetischem und realem Bereich zu durchbrechen. Auf Grund dieses allgemeinen Anspruchs ist es nur schwer möglich, Werke als F.-Kunst in der Abgrenzung zum → Happening zu kategorisieren. Typisch für F. ist die Tatsache, daß viele Veranstaltungen mit verfremdeten Geräuschen von Musikinstrumenten arbeiteten und nach zufallsoffenen Partituren abliefen. Meist handelte es sich bei F. um szenisch-theatralische Veranstaltungen, mit denen auch Witz und Spontanität wieder in die Kunst einziehen sollten. F. knüpfte damit an den → Dadaismus an. Führende Vertreter dieser Kunstrichtung waren u. a. Joseph Beuys, George Maciunas und Nam June Paik (→ Neodada).

Folie Ein dünnes Blatt aus Gold, Silber oder anderem Metall, oft als Unterlage für gefaßte Edelsteine benutzt.

Folio 1. Buchformat, bei dem die Bögen nur einmal gefaltet sind, so daß vier Seiten oder zwei Blätter entstehen (die bei alten Büchern in der Größe je nach Papierformat variieren können). 2. Blatt eines Buches. Handschriften und viele gedruckte Bücher wurden bis zum 17. Jh. nicht nach Seiten, sondern nach Blättern numeriert, d. h. nicht 1, 2, 3 etc., sondern 1r (1 recto), 1v (1 verso), 2r, 2v, 3r, 3v etc.

Folly Ein funktionsloses oder offensichtlich unsinniges Gebäude. Kleine F.s wurden im 18. Jh. häufig von begüterten und exzentrischen Grundbesitzern zum Schmuck ihrer Parks und Gärten errichtet.

Fontainebleau, Schule von Eine Gruppe italienischer und französischer Künstler, die von ca. 1530 bis 1560 für den Valois-Hof in Fontainebleau tätig war. Der von ihr entwickelte Stil verband die für die französische Kunst jener Zeit typische üppige Sinnlichkeit mit Elementen des italienischen → Manierismus. Die in Fontainebleau geschaffenen idylli-

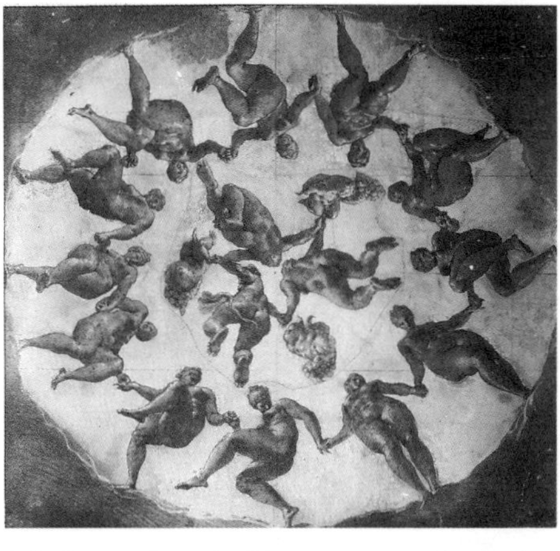

Schule von Fontainebleau: *Der Tanz der Stunden,* Deckenbemalung der Galerie d'Ulysses, Fontainebleau, nach einem Entwurf von Francesco Primaticcio (1504–1570).

schen Landschaften und ausgeklügelten → Mythologien sowie die erstmals vorgenommene Verbindung von Malerei und Stuckornamentik hatten weit über Frankreich hinaus Einfluß auf die Innenraumgestaltung, da die Entwürfe als Druckgrafiken weite Verbreitung fanden. Herausragende Vertreter der Gruppe waren Giovanni Battista Rosso, Francesco Primaticcio und Niccolo dell'Abbate. Nach Beendigung der Religionskriege versuchte Heinrich IV. während seiner Regentschaft (1589–1610), die S. v. F. wieder aufleben zu lassen. Diese zweite Schule, der auch flämische Künstler angehörten und deren führende Persönlichkeiten Ambroise Dubois und Toussaint Dubreuil waren, erreichte allerdings nicht mehr das künstlerische Niveau der ersten.

Fore-edge, Foredge-painting Ein in viele horizontale Einzelteile aufgesplittertes Gemälde. Die Einzelteile erscheinen jeweils auf der rechten Bandleiste der rechten (recto) Seite eines Buches. Das gesamte Bild wird erst sichtbar, wenn die Seiten aufgefächert werden.

Form Die in einem Kunstwerk dargestellten verschiedenen Gestalten und Körper und ihr Verhältnis zueinander, seien sie nun gegenständlicher oder → abstrakter Natur (im Unterschied zum Motivmaterial und dem Gehalt des Bildes).

Formalismus Kunst und kritische Schriften über Kunst, in denen die Betonung auf die Analyse der Form gelegt wird und auf die Verwendung formaler Elemente statt auf den Gehalt. Häufig als abwertender Begriff von kommunistischen Kritikern benutzt, die die formalistische Kunst als Gegenspieler zum → Sozialistischen Realismus ansahen.

Format Größe und Proportionen einer Leinwand, eines Zeichenblattes oder auch einer Buchseite.

Forum Ein freier öffentlicher Platz jeder römischen Stadt, der von → Tempeln und öffentlichen Gebäuden umgeben war und als Markt sowie Ort für politische Versammlungen diente (→ Agora).

Fotografie Die erste erhaltene F. machte Nicephore Nièpce 1826 aus seinem Dachfenster von den Giebelspitzen der Nachbarhäuser, doch erst 1839 wurde die inzwischen von Louis Daguerre wesentlich verbesserte Erfindung in Paris bekanntgegeben. Das Verfahren lieferte scharfe Bilder, es gab jedoch zu jeder Aufnahme nur eine Platte, die nicht vervielfältigt werden konnte. Die künstlerische Qualität vieler → Daguerreotypien ist dadurch zu erklären, daß sich vor allem Maler der neuen Technik bedienten. Für die Malerei bedeutete das neue Medium einen umwälzenden Einbruch in ihren Bereich der Realitätsabbildung. Die meisten Künstler standen ihr ablehnend gegenüber, nur wenige erkannten schon früh ihre Anwendbarkeit als Vorlage für die Malerei (z. B. Eugène Delacroix). Vor allem die → Impressionisten bedienten sich dann der neuen Möglichkeit, u. a. zum Studium der wechselnden atmosphärischen Lichtverhältnisse, und obwohl es die wenigsten Künstler zugaben (→ Präraffaeliten), wurde die Verwendung von F.n als Vorstudien immer üblicher.
Von größerer praktischer Bedeutung war die – ebenfalls 1839 veröffentlichte – Erfindung des Negativ-Positiv-Verfahrens durch Hippolyte Bayard in Frankreich und William Henry Fox Talbot in England. Das Ergebnis nannte man → Kalotypie bzw. → Talbotypie, Vorstufen des uns heute geläufigen fotografischen Verfahrens. Die Domäne der F. im 19. Jh. war das → Porträt. Um 1850 entstand allerdings auch schon die Reise- und Illustrationsf., deren Ergebnisse oft in Bildbänden veröffentlicht wurden.
Die Systematik in der Erfassung eines Vorgangs oder einer Erscheinungsform gehört zu den interessantesten Aufgaben der F., da sie wie kaum ein anderes Medium dazu prädestiniert ist. Als erster begann Muybridge mit fotografischen Untersuchungen der Bewegung von Mensch und Tier, als nächster Eugène Atget mit einer Dokumentation der Stadt Paris (ab 1898). Karl Blossfeldt versuchte eine systematische Erfassung der Pflanzenformen (1900–1921), August Sander eine Typologie des Menschen des 20. Jh.s (1906–1951). In den 1920er Jahren benutzten Künstler wie Herbert Bayer, Burchartz, Raoul Hausmann, El Lissitzky, László Moholy-Nagy, Man Ray und

Alexander Rodtschenko die F. erstmals als eigenständiges Medium und gewannen ihr neue Gestaltungsmöglichkeiten ab (→ Fotocollage, → Fotomontage, → Fotogramm). Für die → Pop Art und den → Fotorealismus war sie eher wieder nur Vorlage, während sie mit dem Aufkommen der vielen neuen Strömungen ab Mitte der 1960er Jahre einen Höhepunkt erlebte. Dabei diente die F. in den meisten Fällen als Dokument, als Ersatz für das Eigentliche: die einmalige, nicht wiederholbare Aktion (→ Body Art, → Land Art, → Performance). Sie diente aber auch zur Verdeutlichung anders nicht darstellbarer optischer Phänomene gedanklich-prozessualer Vorgänge (→ Konzeptuelle Kunst) oder als Ausgangspunkt für weitere Bearbeitung (Sigmar Polke, Walter Dahn). In den 1980er Jahren erhielt die F. als Reaktion auf die Wiederkehr der Malerei eine innovative künstlerische Bedeutung. Sie dient nun als Inszenierungsmedium, das bis in die Dimensionen phantastischer Imagination hineinreicht (inszenierte F.). Inszeniert wird vom Künstler, vor, in und hinter der Kamera, wobei Techniken des Laserprints, der Fotoübermalung, der Mehrfachbelichtung und Montage eine komplexe Nutzung für die Metamorphose oder die Verrätselung des einen Abbildes erfahren. So ist das Machen des fotografischen Bildes hier nicht mehr Dokumentieren, sondern Erfinden von Wirklichkeit aus dem subjektiven Arrangement von diversen Versatzstücken oder Wirklichkeitsfragmenten (Astrid Klein, Katharina Sieverding, Cindy Sherman).

Fotogramm siehe Rayogramm

Fotogravüre (auch Heliogravüre) Synonym für Klischeedruck.

Fotomontage Gestalterisches Kombinieren von → fotografischen Ausschnitten, in das mitunter auch Schrift, Zeichnung und Farbe einbezogen sind. Man unterscheidet die Positivmontage (Aufkleben, → Collagieren von Fotos auf einer Unterlage) und die Negativ- oder Lichtmontage (Überkopieren verschiedener Negative, die dann im Vergrößerungsapparat als Montage neu fotografiert werden). Die F. wird vor allem zur → Plakatgestaltung und zur Herstellung von Buchumschlägen verwendet. Als künstlerisches Gestaltungsmittel wurde sie erstmals von den italienischen → Futuristen benutzt, dann von den Vertretern der → Russischen Avantgarde (El Lissitzky, Alexander Rodtschenko) sowie den → Dadaisten (Raoul Hausmann, George Grosz, John Heartfield) übernommen und zu einer eigenständigen Kunstform entwickelt. Die F. diente vor allem den Dadaisten als Instrument des politischen und gesellschaftskritischen Angriffs auf aktuelle Zeitprobleme, und sie bezog ihre provokative Schockwirkung aus der freien Zusammenstellung bildlicher und textlicher Fragmente aus Presse, Werbung und Propaganda, die dann oftmals noch mit satirischen Kommentaren versehen wurden. Die Möglichkeit, durch verfremdende Montage von Fotos das Sinnlose und Abstruse der Realität zu artikulieren, blieb auch nach der Dada-Bewegung eine zentrale Funktion der F., die vor allem im → Surrealismus als Audrucksform der grotesken Übersteigerung weiterentwickelt wurde. In den 1960er Jahren erlebte die F. als Kunstform im Kontext von → Neodada eine Wiederbelebung.

Fotorealismus Kunstrichtung, die in den 1970er Jahren in den USA ihren Ausgang nahm und auch in Westeuropa weite Verbreitung fand. Charakteristisch für die Malerei des F. ist die scheinbar fotografisch genaue Abbildung der Wirklichkeit, die tatsächlich jedoch durch ›unscharfe‹ Darstellung und meist überlebensgroße Formate verfremdet ist. Im Bereich der Plastik werden vielfach direkte Abgüsse von menschlichen Körpern angefertigt, die entweder nackt belassen sind oder eine realistische, teilweise überzeichnende Ausstaffierung erhalten, um der Kritik an gesellschaftlichen Zuständen Ausdruck zu verleihen. Synonyme: Hyperrealismus, Superrealismus.

Fractur Eine pennsylvanisch-holländische → Volkskunst, entstanden aus der Dekoration offizieller Schriftstücke mit deutschen → Fraktur-Schriftzeichen, die sich späterhin zu einer → abstrakten Musterung entwickelten.

Fraktur Eine im 16. Jh. in Deutschland aus Abwandlungen der → gotischen Schrift hervorgegangene Type, die sich bis in das 20. Jh. neben der → Antiqua behaupten konnte. Charakteristisch sind die mit ›Elefantenrüsseln‹ verzierten Großbuchstaben (Majuskeln), die mittelalterlichen → Initialen nachempfunden sind, sowie die mit ›Entenfüßchen‹ versehenen Kleinbuchstaben (Minuskeln). Die F. fand nur kurzzeitig auch außerhalb Deutschlands Verbreitung und gilt daher auch als ›Deutsche Schrift‹.

Französischer Garten siehe Gartenkunst

Freilichtmalerei 1. Im Freien gemalt. Diese Praxis wurde möglicherweise schon von François Desportes im 18. Jh. begonnen; die → Impressionisten erhoben sie später zum Prinzip (→ Pleinairmalerei). 2. Manchmal fälschlicherweise auf Landschaftsbilder angewandt, die im Atelier entstanden, jedoch in einer so direkten Technik gemalt sind, daß sie im Freien geschaffen zu sein scheinen.

Freischwinger Ein Stuhl, dessen Design Gebrauch vom Prinzip des Auslegers macht, üblicherweise mit einem auf einer u-förmigen Konstruktion aus Metallrohr oder → Bugholz ruhenden Sitz. Berühmte Beispiele für diese Art Stühle wurden zu Beginn des 20. Jh.s von Mart Stam, Marcel Breuer und Ludwig Mies van der Rohe entworfen. Wer ursprünglich die Idee des Auslegerprinzips im Möbelbau anwandte, bleibt umstritten.

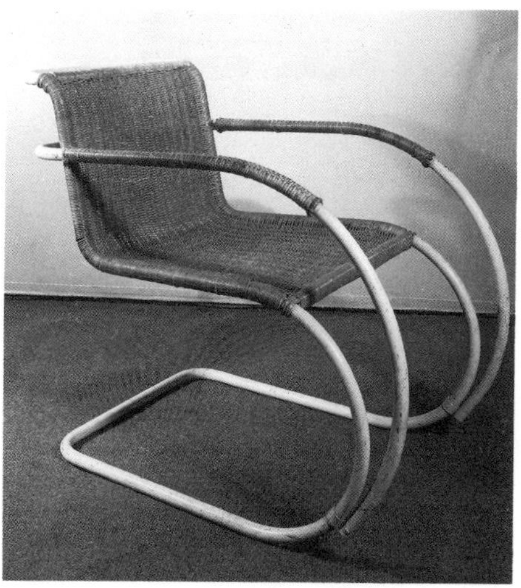

Freischwinger von Mies van der Rohe, 1926.

Freitreppe Eine meist doppelte Treppenflucht mit Plattform und Geländer vor der Fassade eines Gebäudes, die den Zugang zu einem wichtigen Eingang bildet.

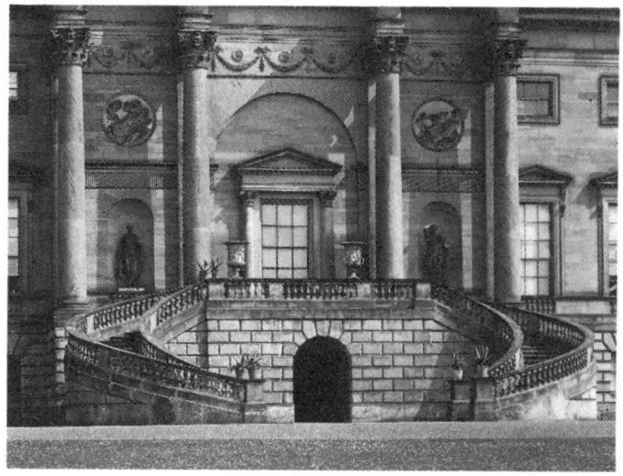

Freitreppe, Kedleston Hall, Derbyshire, Südseite, von Robert Adams, um 1761.

Fresko (von ital. al fresco ›auf das Frische‹) 1. Im engeren Sinne das Malen auf noch feuchtem Putz. Hierfür wird zunächst eine Rauhputzmauer mit einer Schicht feinem Gipsmörtel überzogen, auf den die Komposition (Sinopie) mit Kohle und → Sinopia skizziert wird. Anschließend trägt man die in Wasser gelösten Pigmente auf, wobei Sicherheit und Schnelligkeit erforderlich sind, denn während sich an der Oberfläche bald eine erste trockene Schicht bildet, zieht die Farbe tief in den Wandputz ein. Korrekturen sind daher nicht mehr möglich. Für die Farben benötigt man überdies mineralische Pigmente, da pflanzliche vom Kalk zerstört würden. Die besondere Technik macht es ebenfalls erforderlich, daß immer nur so viel nasser Bewurf aufgetragen wird, wie an einem Tag bemalt werden kann (→ Sekkotechnik). 2. Im weiteren Sinne jede → Wandmalerei.

Fries In der Baukunst allgemein jedes schmale Band zur Abgrenzung von Flächen

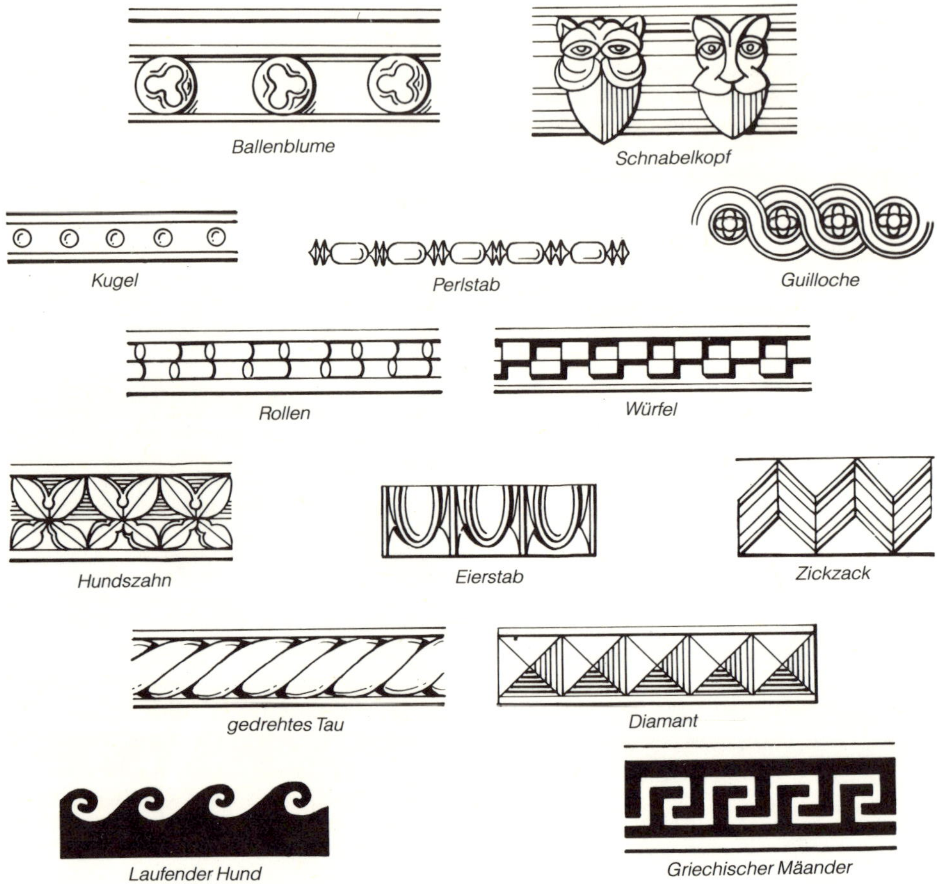

Friesformen

oder zur Dekoraton von Architekturteilen. Die verschiedenen Grundformen sind meist mit pflanzlichen oder abstrakten Ornamenten verziert.
Zur ersten Kategorie zählen u. a. 1. → Akanthusf.; 2. → Anthemion; 3. gotischer Blattf.; 4. Palmettenf. Zur zweiten Gruppe zählen u. a. 1. Bogenf.; 2. Mäanderf.; 3. Eierstabf. (ionisches Kyma); 4. gedrehtes Tauf.; 5. Hundszahnf.; 6. Kreuzbogenf.; 7. Kugelf.; 8. lesbisches Kyma; 9. Perlstabf.; 10. Rollenf.; 11. Würfelf.; 12. Zinnenf.; 13. Diamantf. Daneben gibt es verschiedene Figurenf.e, z. B. Schnabelkopff. oder → Bukranion.

Friggers Umgangssprachlicher Ausdruck für die Feierabendprodukte eines Glasbläsers aus Restmaterialien, z. B. gläserne Spazierstöcke, Modellschiffe und Tierfiguren.

Fritte 1. Das Grundmaterial für die Glasgewinnung vor dem → Brennen. 2. Die ungebrannte Masse, aus der → Weichporzellan hergestellt wird. 3. Pulverisiertes Glas, das zur Herstellung von → Glasuren aller → Keramikarten benutzt wird. 4. Eine gläserne, später glasierte Substanz, die im alten Ägypten und an anderen Orten im antiken Nahen Osten dazu verwandt wurde, → Uschebtis, andere Statuetten, Siegel und Amulette herzustellen.

Frontalität Von dem dänischen Gelehrten Julius Lange in seinem Buch ›Die menschliche Gestalt in der bildenden Kunst‹ (1899) geprägter Begriff zur Beschreibung des Beharrens auf einer frontalen Ansicht in der Malerei oder Skulptur ohne Anzeichen von → Perspektive. Er wandte ihn besonders auf die Kunst früher Zivilisationen an.

Frontispiz 1. Eine der Titelseite eines Buches gegenüberliegende Illustration, die entweder eine → allegorische Darstellung oder ein Verfassungsporträt zeigt oder auf den Inhalt Bezug nimmt. 2. → Giebeldreieck über dem → Mittelrisalit eines Gebäudes. 3. Giebeldreieck über einer Tür oder einem Fenster (frz. fronton).

Fronton siehe Frontispiz

Frottage (von frz. frotter ›abreiben‹) Manuelle Durchreibetechnik, die 1925 von Max Ernst entwickelt wurde. Sie diente als Mittel, den konstruktiv gestaltenden Verstand bei der Bildkomposition auszuschalten und sich ganz der aus sich fließenden Imagination anheimzugeben. Bei der F. wird die Maserung einer rauhen Reliefoberfläche (z. B. Holzbohlen oder trockene Blätter) mit Hilfe von Bleistiftschraffuren auf Papier oder Leinwand übertragen. Die aus der Schraffur heraustretenden Zeichnungen dienen als Auslöser der → automatischen Schreibweise, die den sich formierenden Vorstellungen der Phantasie im weiteren Malprozeß nachspürt.

Frühchristliche Kunst Bezeichnung für die christliche Kunst bis zur Auflösung des Weströmischen Reiches (553 n. Chr.). Aus den ersten drei Jh.en (Verfolgungszeit) sind nur → Wandmalereien aus den → Katakomben bekannt, aus der Spätzeit existieren auch → Sarkophage und → Reliefs mit religiösen Themen. Hierbei finden sich meist dieselben Stilmittel wie in der nichtchristlichen Kunst jener Zeit. Nach der offiziellen Anerkennung des Christentums durch Kaiser Konstantin (313 n. Chr.) kam es zu ersten christlichen Kirchenbauten, deren Form aus der profanen → Basilika hervorging. Während die → Plastik auf das Relief beschränkt blieb, entwickelten sich → Freskomalerei und vor allem → Mosaikkunst zu hoher Blüte.

Füllmittel 1. Der Farbe zugesetztes Material zur Erhöhung ihrer Deckkraft. 2. Material zum Schließen der Poren eines Malgrundes, um ihm mehr Festigkeit zu verleihen. 3. Material zum Auffüllen von Rissen und Löchern in Holz, Stein etc.

Fünf Farben Synonym für → Wu T'sai.

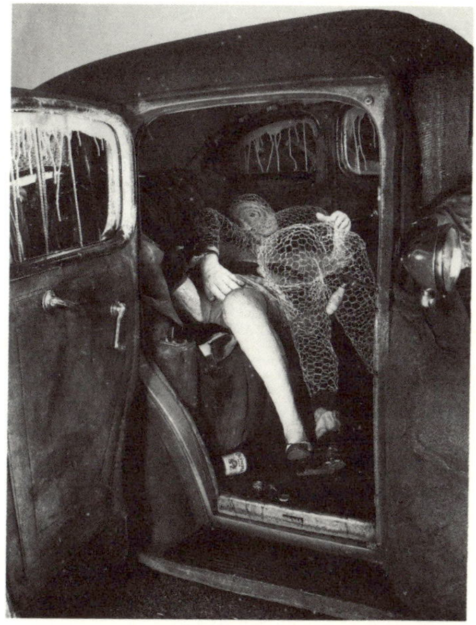

Funk Art: Ausschnitt aus Edward Kienholz, *Rücksitz – Dodge '38,* 1964.

Funk Art (von engl. funky ›stinkend‹) Bezeichnung für die Kunst der amerikanischen → Neodadaisten Edward Kienholz, Paul Thek und Bruce Conner, die in ihren → Environments bizarre Materialkombinationen und obszöne bzw. vulgäre Inhalte einsetzten, um die Betrachter zu schockieren. Sie formulierten so in ironisch-satirischer Weise ihre Kritik am kleinbürgerlich-schäbigen ›Way of Life‹.

Funktionalismus Gestaltungsprinzip der modernen Architektur und des Design, wonach sich die Form eines Bauwerks oder Möbelstücks aus seiner Funktion ableitet. Der amerikanische Architekt Louis Sullivan hatte diese Theorie erstmals gegen Ende des 19. Jh.s formuliert (»Form follows function«), als er für eine den neuen technischen Möglichkeiten angepaßte Architektur eintrat. Das britische → Arts and Crafts Movement stellte den ersten Versuch dar, dem F. bei Fertigung von Gebrauchsgegenständen Geltung zu verschaffen. Im 20. Jh. griffen → Deutscher Werkbund und → Bauhaus dieses Gestaltungsprinzip auf und entwickelten es weiter.

Furchen- und Zungenornament (groove-and-tongue ornament) Ein in Möbelstücke geschnitztes Ornament, bestehend aus → Kannelüren, von denen jede mit einer ausgedehnten konvexen zungenähnlichen Form gefüllt ist.

Furnier Extrem dünne Holzblätter, häufig auf Grund ihrer ornamentalen Maserung ausgewählt, mit denen die Oberfläche von Möbeln überzogen wird, die aus gröberen und preiswerteren Hölzern gebaut sind. F.e können auch aus Materialien wie Elfenbein, Schildpatt oder Messing bestehen (→ Boulle-Marketerie; → Marketerie; → Parqueterie).

Fusuma (jap.) Schiebetür in einem japanischen Haus, entweder aus einem Holzrahmen mit darübergespanntem Papier oder aus einer ganz aus Holz gefertigten Tafel bestehend.

Futurismus Kunstrichtung der Moderne, die 1909 von dem italienischen Schriftsteller Filippo Tommaso Marinetti begründet wurde. In ihren literarischen Anfängen zielte sie darauf ab, die ›Fesseln‹ von Grammatik, Syntax und Logik zugunsten einer Verherrlichung der Eindrücke und Geräusche einer technisierten Welt der Zukunft abzuwerfen. Die etablierte Kunst wurde demgegenüber als ›steril‹ und ›rückständig‹ geschmäht. In der futuristischen Malerei und Bildhauerei von Giacomo Balla, Umberto Boccioni u. a. liegt die Betonung auf dem Eindruck der gegenseitigen

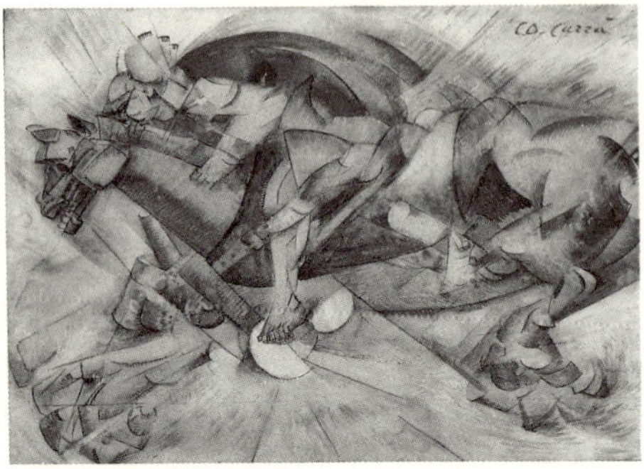

Futurismus: Carlo Carrà, *Roter Reiter,* 1913. Die simultane Darstellung von Beinen und Hufen des Pferdes in verschiedenen Positionen dient dazu, die Geschwindigkeit wiederzugeben.

Durchdringung verschiedener Raum- und Zeitebenen. Als bildnerisches Ausdrucksmittel bot sich den Futuristen anfänglich der → Divisionismus mit seiner vibrierenden Farb- und Lichtzerlegung an, der sich aber schon bald mit der Formzerlegung des → analytischen Kubismus verband. Die Ziele der futuristischen Skulptur – simultane Darstellung verschiedener Bewegungsphasen, Ausdruck der dynamischen ›Kraftlinien‹ und Einbeziehung des Raumes – formulierte Boccioni 1912 in seinem ›Technischen Manifest der futuristischen Skulptur‹. Die Durchdringung von Körper, Raum und Zeit versuchte er durch eine Verbindung konvexer und konkaver Flächen auszudrücken. Eine große Wanderausstellung des Jahres 1912, die in Frankreich, Großbritannien, Deutschland und den Niederlanden zu sehen war, verhalf dem F. zu internationaler Resonanz, die sich in Einflüssen auf den → Orphismus in Frankreich, den → Blauen Reiter in Deutschland, den → Vortizismus in Großbritannien sowie → Rayonismus, → Suprematismus und → Konstruktivismus in Rußland niederschlug. In einer Reihe von Manifesten propagierten Marinetti u. a. neben ihrer Kunstauffassung auch ein futuristisches politisches ›Programm‹, das deutliche Anklänge an den italienischen Faschismus aufwies (→ Aeropittura).

G

Gaden Fensterreihe im oberen Teil einer Mauer, besonders einer Kirche, wo die Fenster über den Dächern der flankierenden Seitenschiffe Licht in das Hauptschiff einlassen.

Galerie 1. Ein neben mehreren Empfangs- und Festräumen entlanglaufender Verbindungsgang, der den Rittersaal der mittelalterlichen → Burg ersetzte. Die G. kam im 16. Jh. in Frankreich auf und war im 17. und 18. Jh. verbindlicher Bestandteil aller bedeutenden Schloßanlagen. Die charakteristisch lange Fensterreihe sorgte für so gute Lichtverhältnisse, daß die G. seit dem 17. Jh. zum Aufstellen von Kunstwerken benutzt wurde. Von daher ging der Name auf größere Kunstsammlungen und später auch Kunsthandlungen über (→ Kabinett). 2. In der sakralen Architektur der Laufgang über einem Seitenschiff, der zum Kirchenraum hin offen, nach außen jedoch geschlossen ist (→ Triforium). 3. Ein hochgelegenes, zum Innenraum hin offenes Stockwerk, besonders in einem öffentlichen Gebäude wie einem Theater (→ Empore). 4. Sowohl in kirchlichen als auch weltlichen Gebäuden ein äußerer Laufgang, der nur durch eine → Arkade oder → Kolonnade geschlossen ist. 5. Ein Laufgang mit offenen Arkaden an einer Fassade, oft auch nur mit Zierfunktion.

Galerieton Bezeichnung für die dunkelbräunliche Tönung alter Ölgemälde, die durch die allmähliche Oxidation der → Ölfarben entsteht. Der G. wurde im 19. Jh. vielfach auch als ästhetischer Eigenwert empfunden und nachgeahmt bzw. Bilder alter Meister mit einem gold-braunen → Firnis überzogen, der den G. als Einheitston für eine Gemäldesammlung künstlich erzeugte.

Galiläa Eingeschossige größere Vorhalle oder Kapelle am Eingang einer Kirche, normalerweise an ihrem westlichen Ende gelegen (→ Vorhalle; → Narthex; → Westwerk).

Gallé-Glas Bezeichnung besonders für → Überfangglas aus der Werkstatt des französischen → Art-nouveau-Glaskünstlers Emile Gallé (1846–1904).

Galvanoplastik Eine metallene Reproduktion, die mit Hilfe der Elektrolyse erstellt wird. Hierzu überzieht man ein Modell aus Wachs oder einem leicht schmelzenden Metall in einem Galvanisierbad mit einer Schicht aus einem reinen Metall, meist Kupfer. Anschließend wird das Modell ausgeschmolzen, so daß die Plastik als hohle Form übrigbleibt. Mit diesem Verfahren, das um 1836 entwickelt und in den 1840er Jahren von G. R. Elkington perfektioniert wurde, lassen sich extrem detailgetreue Reproduktionen erstellen.

Garniture de cheminée (frz. ›Kamingarnitur‹) Ein Satz von Schmuckgegenständen, der zum Aufstellen auf einem Kaminsims gedacht ist. Häufig besteht die G. aus fünf Vasen, von denen zwei Trompetenform haben, während drei Deckelvasen in → Balusterform sind. Häufig als chinesisches Porzellan des 17. Jh.s zu finden.

Gartenkunst Man unterscheidet zwei Hauptlinien künstlerischer Gartengestaltung: 1. die nach geometrisch-architektonischen Regeln symmetrisch konstruierte Parkanlage und 2. den der freien Natur nachgebildeten, unregelmäßigen Landschaftsgarten. Der erstgenannte Gartentyp ist der älteste, seine Vorläufer reichen zurück bis in → altägyptische Zeiten und bis zu den ›hängenden Gärten‹ (Terrassengärten) Babylons; auch die Perser, Griechen und Römer pflegten eine hohe G., die jedoch im Mittelalter – abgesehen von den relativ bescheidenen und mehr auf Kräuterzucht ausgerichteten Klostergärten – völlig in Vergessenheit geriet. Erst in der → Renaissance erfuhr die abendländische G. mit den italienischen Villengärten (Medici) sowie den französischen Schloßparks ihre klassische Ausformung als architektonisch geplante Anlage mit symmetrischen Beeten, regelmäßigem Heckenbewuchs, Springbrunnen, Statuen, Pavillons und geometrisch angelegten Alleenwegen.
Im französischen und deutschen → Barock findet dieser Gartentyp seinen prunkvollen Kulminationspunkt in der Schloßanlage von

Versailles, wo sich die architektonische Struktur des Schlosses in der Konstruktion des Gartens als Verlängerung der Mittelachse widerspiegelt (französischer Garten). Eine Gegenreaktion auf diese geometrische G. erfolgte zu Beginn des 18. Jh.s von England mit dem sog. englischen Landschaftsgarten, der in der Anlage eines Parks den Anschein ursprünglicher Natur nachzuahmen suchte. Dazu bediente man sich solcher Stilelemente wie künstlich angelegter Bäche, Grotten, Ruinen und Einsiedeleien, in denen sich spezifisch → romantische Gefühlswerte symbolhaft niederschlugen. Auf die Ausbildung des englischen Landschaftsgartens dürften ostasiatische Vorbilder – vor allem der chinesische Garten – nicht unwesentlichen Einfluß ausgeübt haben, denn typisch für den chinesischen Garten ist nicht eine regelmäßige Konstruktion, sondern eine harmonische Ensemblelandschaft von Wasserflächen, Brücken, Baumgruppen, Pavillons und Grotten. Eine Sonderform des asiatischen Gartens stellt der japanische Meditationsgarten dar. Kennzeichnend für ihn ist das monochrome Zusammenspiel von Wasser und Steinen als symbolischer Verweis auf den Kosmos.

Garzone (ital.) Während der → Renaissance und des → Barock ein Junge, der in der Werkstatt eines italienischen Künstlers als Gehilfe tätig war.

Gaufrieren Die Technik, Prägemuster auf Textilien, Buchdeckeln o. ä. anzubringen, indem man das Material zwischen beheizten, mit einem Prägestempel versehenen Druckwalzen durchführt.

Gaupe Bezeichnung für ein Dachhäuschen bzw. eine Dachluke mit einem Walmdach in der → Renaissance.

Gebälk 1. Sammelbezeichnung für das Balkengefüge eines Holzbauwerks. 2. Beim Steinbau Bezeichnung für die Bauteile zwischen Dach und Mauer. 3. Im Rückgriff auf die griechische → Tempelarchitektur Bezeichnung in → Renaissance und → Barock für den auf → Säulen, → Pfeilern oder → Pilastern aufliegenden waagerechten Balken, der den oberen Teil einer → Säulenordnung, d. h. → Architrav, → Fries und → Kranzgesims trägt.

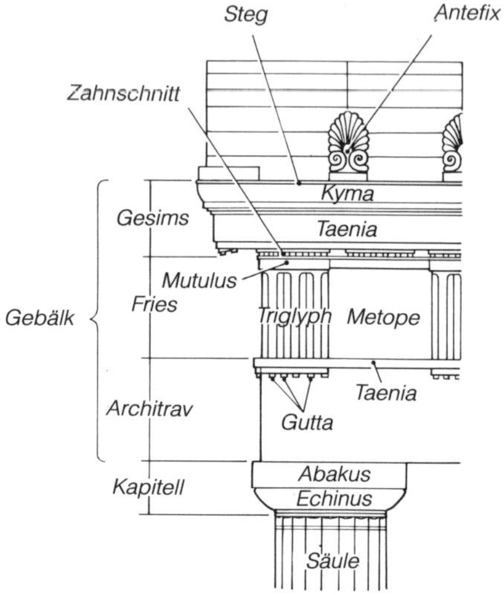

Gebälk (siehe auch Einzeleinträge)

Gebende (Gebände) Kopfbedeckung, bestehend aus flacher runder Mütze und Leinenbinde, für die verheiratete Frau im 13. Jh.

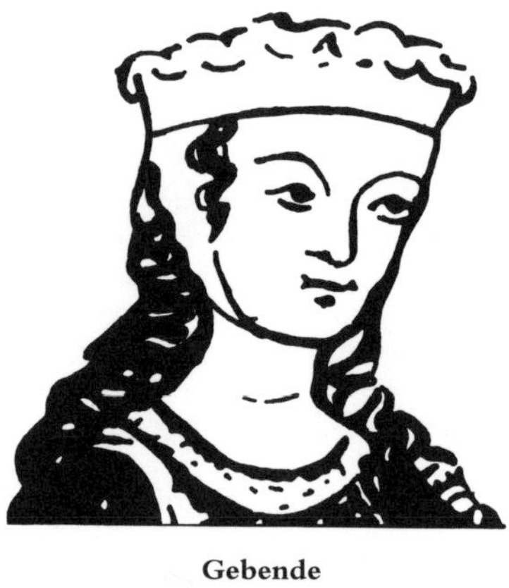

Gebende

Gebetsteppich Ein Teppich, auf dem ein Moslem betet. Das Muster besteht normalerweise aus einer Nische (Mihrab) oder einem Bogen, der Richtung Mekka gelegt wird (→ Saf).

Gebrauchsgrafik Im 19. Jh. eingeführter Begriff, der zwischen maschinell hergestellter, zweckbestimmter G. und von Hand gefertigter künstlerischer → Grafik unterscheidet. Die G. umfaßt vor allem die grafische Gestaltung und Herstellung von Werbung (→ Plakate, Anzeigen, Layout, → Typographie, Verpackung, → Signets), aber auch von Büchern, Zeitschriften, Briefmarken u. ä.

Gebrochene Farbe Bunte Farben werden in ihrer Reinheit gebrochen (getrübt) durch Beimischen ihrer jeweiligen → Komplementärfarbe (Bunttrübung). Beim Zumischen von Weiß oder Schwarz spricht man von Hell- bzw. Dunkeltrübung.

gegenständig Spiegelbildliche Anordnung. Häufiges Gestaltungsmotiv (vor allem zweier Tiere im Profil) in der frühen Kunst des Nahen Ostens, das auch im Mittelalter Verwendung fand.

Gekochtes Öl Durch Kochen zu einer gummiartigen Masse eingedicktes → Öl (gewöhnlich Leinöl) für → Firnis. Es trocknet rasch und gibt starken Glanz, vergilbt jedoch mit der Zeit.

Gelatine-Abzug → Fotografischer Abzug auf Papier, das mit einer Emulsion aus Gelatine und lichtempfindlichen Salzen beschichtet wurde. Heutzutage das Standardverfahren zur Herstellung von Schwarzweiß-Fotografien.

Gelatine-Trockenplatten-Verfahren Synonym für → Trockenplatten-Verfahren.

Gemmen Bei den Römern bezeichnete ›gemma‹ ganz allgemein einen edlen Stein. Heute versteht man unter G. insbesondere Edelsteine – oder meist – sogenannte Halbedelsteine mit eingravierten bildlichen Darstellungen. Je nach Art des Reliefs spricht man von → Intaglio (eingetieft) oder → Kamee (erhaben). Kameen besaßen bisweilen größeres Format als Intaglio-Arbeiten, diese wiederum dienten oft als Siegel. Die wahrscheinlich aus dem Orient stammende Kunst, G. anzufertigen, bezeichnet man als Steinschneidekunst (Glyptik). Als Arbeitsgeräte benutzte der G.-Schneider metallgefaßte Diamant- oder Korund-Splitter, ebenso in eine winzige Metallkugel auslaufende Metallstäbchen zum Bohren auf Schmirgel. Themen waren in der antiken Gemmenschnitzkunst Mythos und Alltag, aber auch Porträts.

Genien Schutzgeister der → römischen Mythologie, die in der Kunst als geflügelte Wesen dargestellt wurden. In der → Renaissance tauchen die aus der → Antike übernommenen G. meist als kindliche Gestalten auf.

Genremalerei (frz. genre ›Art, Gattung‹) 1. Eine Malerei, die nach ihrem Gehalt oder Motivmaterial eingeordnet wird, z. B. → Stillleben, → Landschaft, → Porträt, → Historienmalerei. 2. Alltagsszenen darstellende Kunst, hierbei besonders die im 17. Jh. in den Niederlanden populäre G.

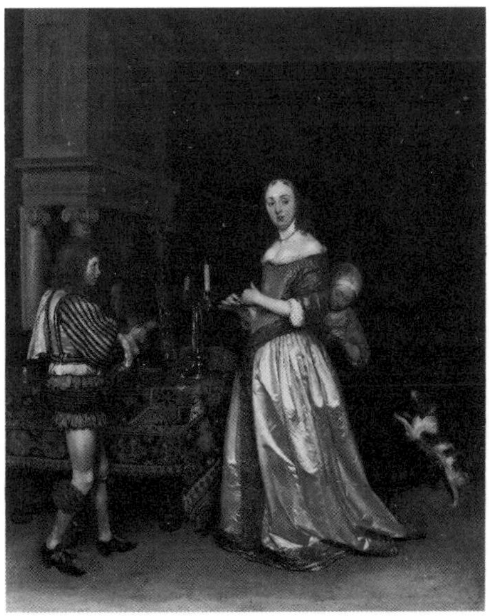

Gerard Terborch, *Dame beim Ankleiden,* um 1660, ein typisches Beispiel für die niederländische **Genremalerei** des 17. Jh.s.

Geometrischer Stil → Griechische Kunst von ca. 1100 bis ca. 600 v. Chr., in der Töpferware mit einem Netzwerk aus feinen geometrischen Mustern bedeckt wurde.

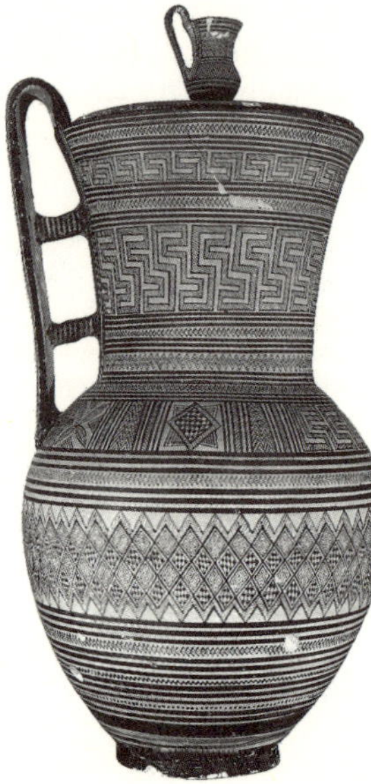

Große attische Oinochoe in frühem **geometrischen Stil,** um 750 v. Chr. Sie zeigt typische Muster, einschließlich zweier Mäanderformen. Eine kleine Oinochoe bildet den Deckelgriff.

Georgian Style Englischer Architektur- und Dekorationsstil, der mit den ›vier Georges‹ (George I.–IV.) von England in Verbindung steht (1714–1830). Tatsächlich bildet er keine kohärente Einheit, sondern verknüpft Elemente der → Renaissance, des → Rokoko und des → Klassizismus, wobei letzterer in gewisser Weise dominiert (→ Regency).

Gerüstbauweise Jede Bauart (z. B. → ›Balloon Frame‹-Konstruktion, → Fachwerk), bei der die Statik des Gebäudes eher auf einem Gerüst und nicht so sehr auf den Grundmauern beruht.

Gesamtkunstwerk Die Idee der vollständigen Interpretation verschiedener Kunstformen – Malerei, Sprache, dramatische Handlung, Poesie, Musik – in einer Weise, daß keine dieser Formen dominiert. Diese Vorstellung wurde ursprünglich mit Richard Wagner und seinen Musikdramen assoziiert.

Geschlossene Form Art der Gestaltung einer Skulptur, bei der die ursprüngliche Form des Steinblocks noch erkennbar bleibt und die Skulptur nicht in den umgebenden Raum hinausragt. Das Gegenteil ist die → offene Form.

Geselle Ein Künstler oder Handwerker, der seine Ausbildung abgeschlossen, jedoch in seiner speziellen → Gilde noch nicht den Meisterstatus erlangt hatte. Aus diesem Grunde konnte er seinen Beruf nicht selbständig ausüben, sondern arbeitete tageweise für einen Meister.

Gesellschaftsstück (Konversationsstück) Im 17. Jh. in den Niederlanden entwickelte Bildgattung mit dem Thema des geselligen Beisammenseins mehrerer bis vieler Menschen. Nach den derb-bäuerlichen Anfängen (Pieter Brueghel) behandelt das G. später eher bürgerliche Schichten (Pieter de Hooch, Gerard Terborch) und entwickelte sich – unter dem Einfluß von Peter Paul Rubens' *Liebesgarten* (um 1638, Prado) – in Frankreich zur überaus eleganten → Fête galante.

Gesims Waagerecht aus einer Mauer hervortretendes Bauelement, das eine Wand oder einen Baukörper horizontal gliedert. Je nach Lage unterscheidet man Fuß- bzw. Sockelg., Fenster- bzw. Brüstungsg., Kordon- bzw. Stockwerkg., sowie Dach- bzw. Hauptg. Sonderformen sind das weit ausladende Kranzg. antiker → Tempel und Palastbauten und das → gotische Kaffg., das durch eine abgeschrägte Deckplatte und Unterschneidung charakterisiert ist. Meist sind G.e mit → Friesen verziert.

Gesprengter Giebel Giebel, dessen Mitte nicht geschlossen ist oder bei dem der mittlere Teil der oberen Segmentkrümmung fehlt. In beiden Fällen ist die Lücke oft mit einer → Plinthe (einem Säulenfuß) gefüllt, die manchmal eine Vase oder ein Ornament trägt.

Gesso (ital. ›Gips‹) Eine Mischung aus Gips und Schlämmkreide mit Leim, die sowohl als

Grundierung für Tempera, einige Arten der Ölmalerei und der Vergoldung als auch für modellierte Verzierungen an Möbeln und Bilderrahmen (gesso rilievo) Verwendung findet.

Gewände Die seitliche Begrenzung eines Portals oder eines Fensters, falls dieses schräg und nicht im rechten Winkel zur Wandfläche in das Mauerwerk eingeschnitten ist.

Gewändefigur Eine geschnitzte oder steingehauene Figur, die einen Teil des → Gewändes am Torbogen einer mittelalterlichen Kirche bildet.

Gewölbe Der Begriff bezeichnet im Unterschied zur → Kuppel eine gewölbte Überdachung, die sich auch für monumentale Längsräume (z. B. Kirchenschiffe) eignet. Die einfachste G.-Art ist das *Tonnengewölbe,* das aus einem halbierten Kreiszylinder besteht. Der halbkreisförmige Querschnitt kann allerdings auch zum Spitzbogen gebrochen werden.
Kreuzt man zwei Tonnen vom gleichen Querschnitt, so entsteht das *Kreuzgewölbe.* Die sich kreuzenden diagonalen Schnittlinien bezeichnet man als → *Grate,* die von den Graten begrenzten Felder als *Kappen.*
An die Stelle der Grate können auch gemauerte *Rippen* treten, die (zur Entlastung der Kappen) den senkrechten *Druck* und den waagerechten *Schub* des G.s auf sich nehmen und auf die vier Stützpunkte ablenken *(Kreuzrippengewölbe).* Den jeweils von einer Gewölbeeinheit überdeckten Raumabschnitt innerhalb der axialen Raumfolge bezeichnet man als

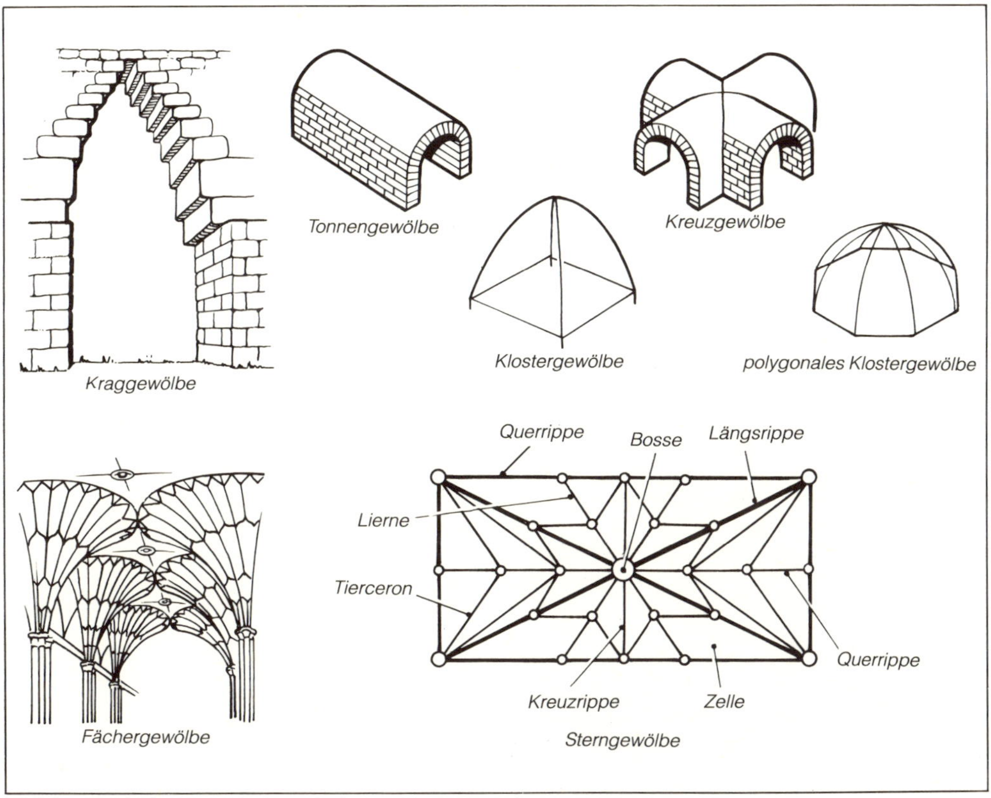

Gewölbearten (siehe auch Einzeleinträge)

Joch, die einzelnen Joche werden durch → Gurtbögen voneinander abgetrennt.
Beim *Sterngewölbe* schließen sich die Rippen zu sternförmigen Mustern zusammen.
Beim *Netzgewölbe* überzieht ein Netz von Rippen die gekrümmte Decke, so daß die Joche nicht mehr als gesonderte Abschnitte hervortreten.

Gewölbebogen siehe Schildbogen

Ghandara-Kunst Kunst aus der indischen Landschaft G. im heutigen Afghanistan, Ostiran und Nordwestindien vom 2.–5. Jh., deren frühe buddhistische Rundplastik → hellenistischen Einfluß zeigt. Im Gefolge des Indienkreuzzuges von Alexander dem Großen gelangten → griechische und durch Handelskontakte auch → römische Kunsteinflüsse in das G.-Gebiet. Auf diese Weise konnte die römische Kaiserdarstellung auf die Buddhadarstellung der G.-K. einwirken. So hat die G.-K. die beiden Grundtypen des Buddha-Bildes vorhergebracht, die seitdem die buddhistische Kunst beherrschen: den stehenden lehrenden und den sitzenden meditierenden Buddha.

Ghat (von sanskr. ›ghatta‹) Treppenartig angelegte Uferbefestigung indischer Flüsse, die nicht nur als Anlegestelle und Badeplatz, sondern auch als Kultstätte (Prozessionen, Leichenverbrennungen) dient.

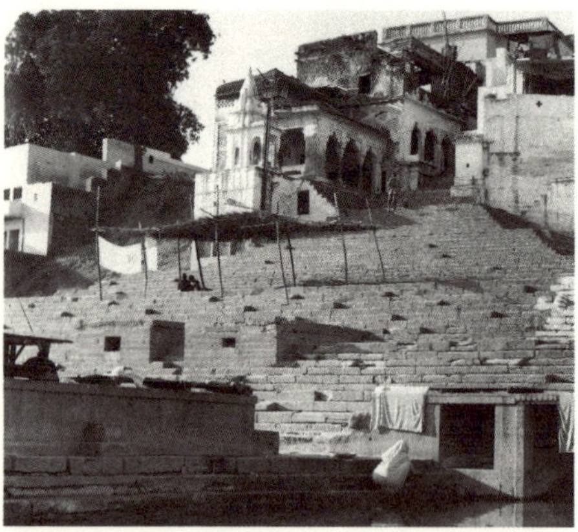

Ghat am Ganges, bei Benares.

Giebel Abschlußwand eines Bauwerkes zwischen den Schrägen eines Satteldaches. Der G. erhielt jeweils dann eine besondere Ausstattung, wenn er zur sichtbaren Fassadenseite des Gebäudes gehörte.
Eine reiche G.-Architektur entwickelte sich in der deutschen → Gotik in Form des hochstufigen *Treppen-* oder *Staffelgiebels.* In der → Renaissance werden die Treppen beibehalten, aber häufig mit → Voluten oder Pyramiden besetzt und in horizontale Streifen zerlegt.
Ziergiebel findet man in der Renaissance auch über Fenstern und Portalen, die als → Wimperge bezeichnet werden.
Der → barocke G. ist durch geschweifte Umrisse gekennzeichnet, während der → Klassizismus den antiken *Dreiecksgiebel* bevorzugt.
Eine besondere Schmuckform an deutschen Bürgerhäusern findet sich als gestufte Auskragung des höheren Geschosses über dem tieferen.

Gilde Ursprünglich freie Vereinigung von Berufsgenossen (Künstler, Handwerker, Händler etc.) einer Stadt, deren Anfänge im fränkischen Reich bis ins 8. Jh. zurückreichen. Während des Mittelalters entwickelten sich die G.n zu Zwangsverbänden. Die eher handwerklichen Sparten gingen, besonders in Deutschland, in → Zünfte über, während die G.n als Vereinigungen zu Schutz und Förderung des Handels ihre größte Bedeutung erlangten. Mit dem Ende des 15. Jh.s war die Hochzeit der G.n vorbei.

Girandole (frz., von ital. girandola ›Katharinenrad‹) 1. Ein Kandelaber, 2. Ein mehrarmiger, reich verzierter Wandleuchter, 3. Eine Konsole, meist mit einem dahinter befindlichen Spiegel.

Gisant (frz. ›ruhend‹) Ein plastisches Bildnis auf einem Sarg, das den Verschiedenen als Toten zeigt.

Glas Eine harte, spröde, nicht kristalline Substanz, zu deren Herstellung hauptsächlich Siliziumdioxid (Quarz) mit einem → Flußmittel wie Pottasche oder Soda verschmolzen wird. Die frühesten Hinweise auf seine Verwendung finden sich um 3500–3000 v. Chr.

in Mesopotamien, als G. als → Glasur von Keramik bekannt war (→ Butzenscheibe, → Bleiglas, → Kristallglas, → Pâte de verre, → Sandkerntechnik).

Glasgow School Ein Name, der irreführenderweise zwei sehr unterschiedlichen Gruppen von schottischen Künstlern des späten 19. und frühen 20. Jh.s verliehen wurde: 1. der Gruppe um William Yorke Macgregor, zu der auch John Lavery und David Cameron gehörten, der von dekorativen Elementen des französischen → Impressionismus beeinflußt war; 2. der Gruppe um den Architekten Charles Rennie Mackintosh, die eine unverwechselbare schottische Variante des → Art nouveau kreierte.

Glasklischeedruck (frz. ›cliché verre‹) Eine Technik aus der Frühzeit der → Fotografie, bei der eine lichtundurchlässig beschichtete Glasplatte Verwendung findet. In die Beschichtung wird, ähnlich wie bei der → Radierung, eine Zeichnung eingeritzt und die präparierte Platte auf lichtempfindliches Papier gelegt. Bei Belichtung bildet sich die Zeichnung auf dem Papier ab. Die Glasplatte dient so als Negativ für einen Fotoabzug oder Druck (→ Fotogramm).

Glasmalerei Herstellung farbiger Glasfenster mit bildlichen Darstellungen. Die → romanische Kunst verwendet das musivische Verfahren der G.: Die in der Masse eingefärbten Glasstücke werden durch Bleiruten zusammengefügt, wobei die Bleiruten zugleich die Konturen der Figur markieren. Die feineren Zeichnungen werden mit Schwarzlot erzielt, einem Bleiglas, das sich auf die Glasstücke aufschmelzen läßt und dann schraffurartig ausgekratzt werden kann. Im späteren Mittelalter entwickelte sich die Technik des Überfangglases: Anstatt die Glasstücke in der Masse zu färben, werden sie von einem dünnen, entsprechend gefärbten Glas überfangen. Durch Schleifen der Überfangglasschicht entstehen neue Wirkungen der plastischen Kontur. Die bedeutendsten Beispiele mittelalterlicher G. befinden sich in der Kathedrale von Chartres (1160) sowie in der Abteikirche von St. Denis (1140). Der →

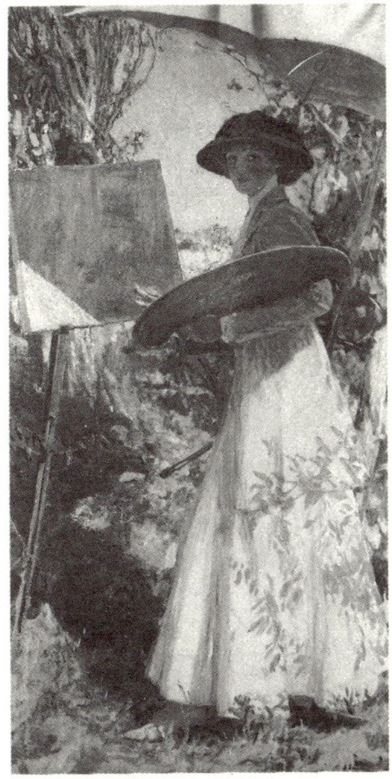

Glasgow School: John Laverys (1856–1941) Bildnis seiner Frau Hazel, nicht datiert.

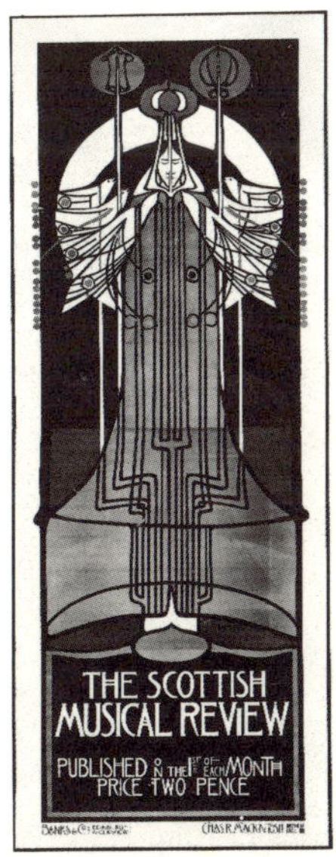

Glasgow School: Plakatentwurf von Charles Rennie Mackintosh im Stil des Art nouveau, 1896.

Jugendstil griff die Technik der Überfang-G. wieder auf und erreichte nach dem Abgleiten der G. in die Herstellung von billigen Massenwaren eine neue qualitätvolle Veredelung.

Glasur 1. Bei → Keramik eine → glasartige Beschichtung, die den Gefäßkörper wasserundurchlässig macht und ihn gleichzeitig schmückt. 2. In der Malerei eine transparente Farbschicht, die über eine andere Schicht oder über die → Grundierung gelegt wird, jedoch eine von diesen abweichende Farbe hat, um das Darunterliegende zu modifizieren.

Gliederpuppe Eine zusammengesetzte Holzfigur, die – bekleidet oder unbekleidet – in fast jede Pose gebracht werden kann und dem Künstler zum Studium der Proportionen des menschlichen Körpers dient.

Glockenbechergruppe Nichtindogermanische Kultur der → Jungsteinzeit und frühen → Bronzezeit – ursprünglich aus Zentralspanien kommend –, die sich bis nach Oberitalien, Polen, Ungarn und England ausdehnte und sich dabei – vor allem im Rheingebiet – mit den Trägern der indogermanischen → Schnurkeramik vermischte. Typisch für den Volksstamm der G. ist eine glockenförmige, rötlich gefärbte Keramik mit umlaufenden Mustern.

Glockenbronze Eine Legierung in 4 : 1 Teilen aus Kupfer und Zinn, aus der wegen ihrer besonderen Resonanzfähigkeit Glocken gegossen werden.

Glockenleiste siehe Karnies

Glorie (auch Heiligenschein) Auf Gemälden die Darstellung von Licht, das einer heiligen Person oder einem Gegenstand entströmt (→ Aureole, Nimbus).

Glyptik (von griech. glyptikos ›geschnitten‹) Sammelbezeichnung für die Objekte der Gemmenschnitzkunst bzw. → Steinschneidekunst (insbesondere → Intaglio- oder → Kameenschnitzerei an Edel- oder Halbedelsteinen).

Glyptothek Eigentlich Sammlung von geschnittenen Steinen, im weiteren Sinne Skulpturensammlung (z. B. München, Kopenhagen).

Gobelin 1. Ursprünglich in der Gobelin-Manufaktur hergestellter → Bildteppich; die Manufaktur erlebte ihre Hochblüte von der Zeit Ludwigs XIV. bis zum späten 18. Jh. Sie war spezialisiert auf die → Hautelisse-Technik und produzierte eine unendliche Vielfalt an Webteppichen, vom klassischen Barockdesign Le Bruns bis zu kunstvollen → Alentours des späten 18. Jh.s. 2. In Deutschland gebräuchliche Bezeichnung für Teppichweberei im allgemeinen.

Godronierung Wulstiges Ornament, das aus einer Reihe von konvexen, leicht verzogenen Elementen besteht. Man findet es meist auf Flächen, die selbst in mehr als einer Ebene gekrümmt sind, häufig auch als Verzierung an Metallarbeiten.

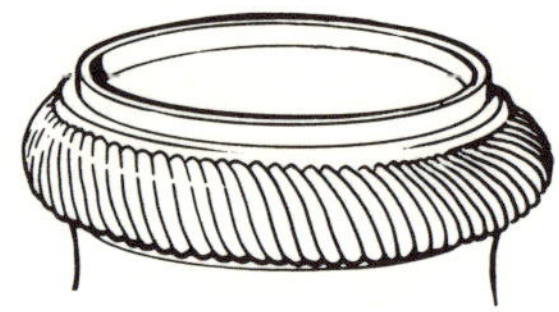

Godronierung

Goldener Schnitt (Sectio aureal) Bereits von Euklid in seinen ›Elementen‹ (2. Buch, § 11) formulierte Teilung einer Strecke (AB) durch einen Punkt (E) in der Art, daß sich die kleinere Teilstrecke (EB) zur größeren (AE) verhält wie diese zur Gesamtstrecke. Dem italienischen Mathematiker Leonardo Fibonacci (um 1180–nach 1240) gelang erstmals die Formulierung des Problems in ganzen, rationalen Zahlen. Luca Pacioli (um 1445–1514) versuchte in seiner Abhandlung ›De divina proportione‹ (Venedig 1509) die → Proportionen u. a. des Alphabets, der Architektur und des Menschen auf das gemeinsame Maßverhältnis des G.S.s. zurückzuführen und beeinflußte damit Leonardo da Vinci, der die Illustrationen für die Ausgabe zeichnete.

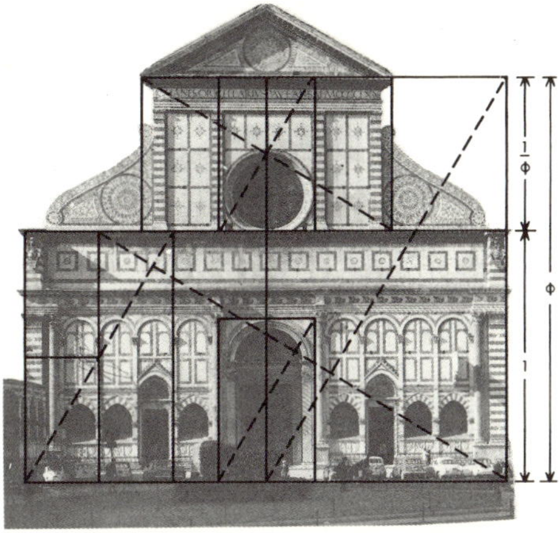

Die Fassade der Kirche Santa Maria Novella, Florenz, 15. Jh., zeigt Albertis Gebrauch des **Goldenen Schnitts.** Die Seiten der eingezeichneten Rechtecke – es ließen sich noch zahlreiche weitere finden – stehen im Verhältnis 1 : φ (ca. 1,6).

Goldgrund Mittelalterliche Maltechnik, bei der → Tempera- oder → Ölfarbe auf eine vorher mit Kreide, dann mit Blattgold überzogene Holztafel aufgetragen wird. Das Blattgold tritt an die Stelle eines realistischen Hintergrunds, um den sakralen Charakter der Szene zu betonen.

Goldschmiedekunst Künstlerische Gestaltung von Geräten, Schmuckgegenständen und Gefäßen aus Edelmetallen. Man unterscheidet formgebende Techniken wie Schmieden, Treiben, Gießen, Prägen, Montieren (wobei die Verbindung der einzelnen Teilstücke durch Löten, Schweißen, Nieten oder Verschrauben hergestellt wird) und Ziertechniken wie → Ziselieren (Schroten, Punzieren) → Gravieren, → Tauschieren, → Niello-Technik, → Granulieren, → Filigranarbeit, → Emaillieren, Ätzen, → Fassen. Die G. hatte im Altertum vor allem in den mittelmeerisch-orientalischen Kulturen eine reiche Blüte erfahren, die sich in der → byzantinischen Kunst fortsetzte. Ebenso läßt sich für die europäische Vorgeschichte anhand von Goldfunden eine hohe Kultur der → keltischen und germanischen G. bezeugen. Die eigentliche Hochblüte erlangte die G. in der → Romanik mit der Herstellung kostbarer Altarvorsätze, Altartafeln, Reliquienschreine und Meßutensilien. Seit dem Ende des Mittelalters entwickelte sich neben der sakralen G. eine weltliche mit prunkvollem Tafelgerät und → Kabinettstücken, besonders in der Barockzeit.

Gopis (sanskr.) Bezeichnung für die weiblichen Kuhhirten, die mit dem Hindugott Krishna herumtollen.

Gopura, Gopuram (sanskr. ›Kuhfestung‹) Kunstvolle Torbögen mit vorspringenden Türmen, charakteristisch für die Hindutempel Südindiens.

Gorgoneion (griech.) Am klassischen → Tempel und in der angewandten Kunst ein Ornament, das das abgetrennte Gorgonenhaupt darstellt. (Ursprünglich ein Amulett zum Schutz vor dem Bösen.)

Gotik Begriff, der heute alle mittelalterliche Kunst vom Ende der → Romanik (Mitte des 12. Jh.s) bis zum Beginn der → Renaissance

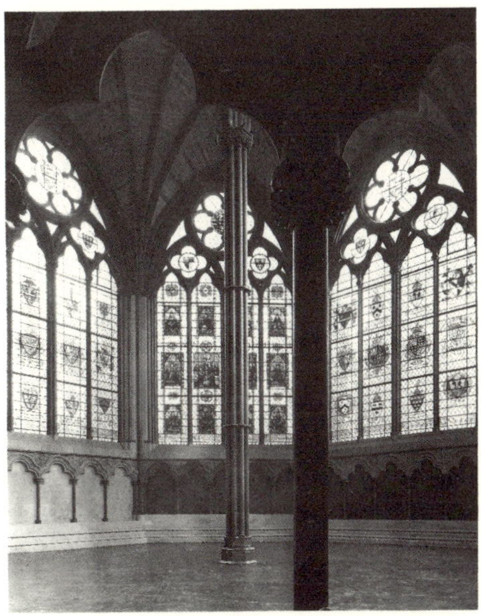

Gotik: Kapitelsaal von Westminster Abbey, 1245–1253, mit Spitzbögen, Kreuzrippen, Bündelpfeilern und Blendarkaden.

(frühes 15. Jh.) beschreibt, jedoch besonders auf Architektur mit → Spitzbögen, → Rippengewölben, → Strebepfeilern etc. angewandt wird. (Die traditionell in England übliche Klassifikation der G. reicht vom → Early English über den → Decorated zum → Perpendicular Style und basiert auf der Entwicklung der Fensterformen.) Der Begriff wurde von Renaissance-Architekten geprägt, die mit ihm ihre direkten Vorläufer als ›Goten‹, das heißt Barbaren, verspotten wollten. Ihren zentralen Ausdruck findet die G. in der nach oben strebenden Bauform der → Kathedrale (Frankreich und Deutschland), die als Sinnbild des himmlischen Reiches von leichtem Mauerwerk, hohen Fenstern und steiler Strebekonstruktion geprägt ist. Im Gegensatz zum betont gegliederten Grundriß der romanischen → Basilikaform verschmelzen in der Kathedrale das → Langhaus, das verkürzte → Querhaus und der → Chor zu einem homogenen Hallenraum, um den der → Chorumgang herumgeführt wird. Eine reiche Gliederung mit filigranem → Maßwerk erhalten auch die Außenfassaden, vor allem die Westfassade und die Türme, wobei die frühe Vieltürmigkeit im Verlauf der Entwicklung zugunsten der zweitürmigen, dreiportaligen Westfassade mit reicher plastischer Figurenausstattung aufgegeben wird. Auch Plastik (Gewandfiguren, Grabplastik, Bildschnitzerei) und Malerei stehen ganz im Dienste der Baukunst. Die deutsche G. bildet im 14. Jh. unter dem Einfluß des → Weichen Stils den Skulpturentypus der → Schönen Madonna aus, und die Spätgotik findet ihre großartigste Ausdrucksform in den mehrflügeligen → Altarretabeln, zu deren Ausgestaltung Maler und Bildhauer gleichermaßen beitragen.

Gotische Kathedrale siehe Grundriß und Querschnitt.

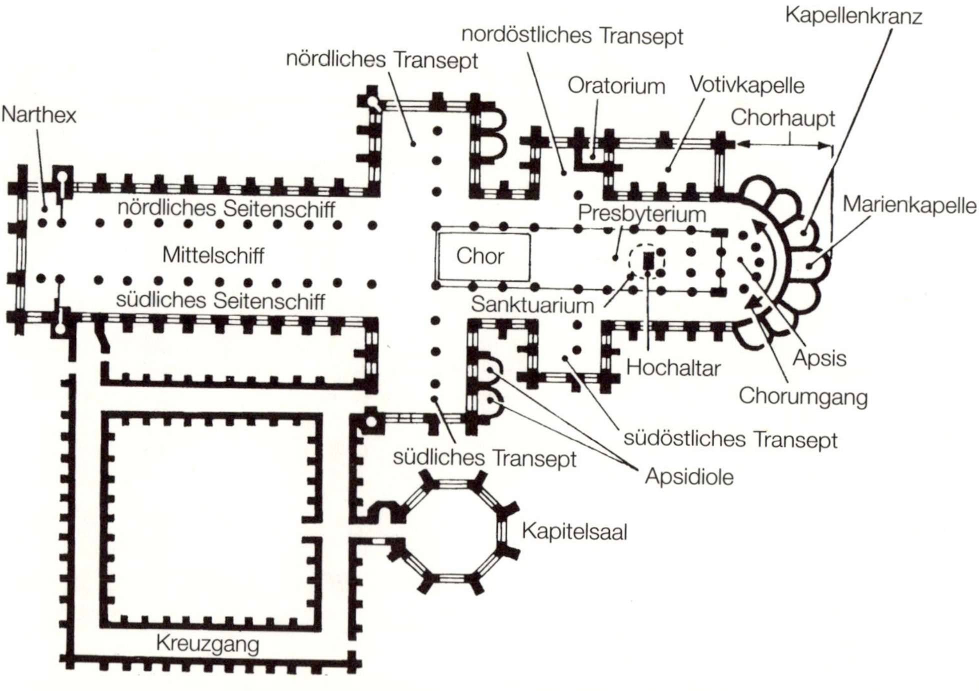

Gotische Kathedrale, Grundriß (siehe auch Einzeleinträge)

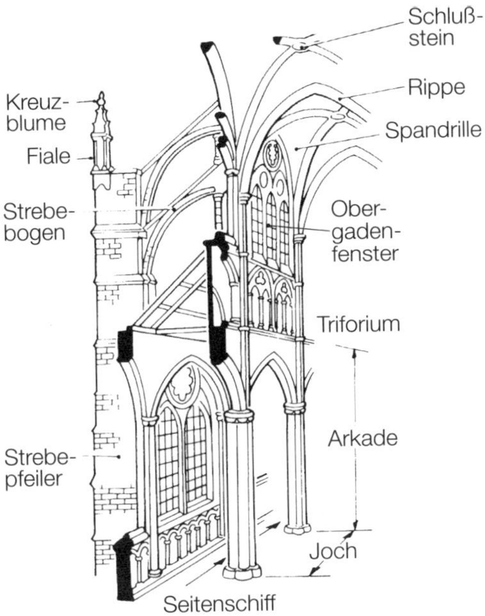

Gotische Schrift Früheste Gruppe von Schrifttypen, die nach dem 12. Jh. entstandene lateinische Schriften imitieren. Charakteristisch sind die breiten Hauptstriche, die feinen Haarstriche, die komprimierte Buchstabenform und die Vermeidung von Bögen. Weiterentwicklungen dieses Letterntyps waren in Deutschland und Österreich bis nach dem Zweiten Weltkrieg in Gebrauch. Siehe auch Schriftarten.

Gouache (frz.) Malerei in undurchsichtigen (opaken) Wasserfarben. Die → Pigmente sind mit Gummi als → Bindemittel versetzt, und als → Füllmittel wird grundsätzlich ein deckendes Weiß (wie Lehm oder Baryt) benutzt, der ihnen das typische ›kalkige‹ Aussehen verleiht, das sogar dunklen Farbtöne eigen ist. Synonyme: Deckfarbe, Körperfarbe.

Grabstichel Gravierinstrument für den → Kupferstich, mit dem die Linienzeichnung in die Kupferplatte eingestochen wird. Er besteht aus einem kurzen Stahlstift mit meist quadratischem Querschnitt, dessen Spitze rautenförmig geschliffen ist. Gearbeitet wird mit dem G., indem man den runden Holzknauf mit dem Handballen treibt.

Graffiti (ital. graffiare ›kratzen‹) Schriftzüge oder Zeichnungen, die auf Wänden an öffentlichen Plätzen etc. angebracht sind. Waren früher gekritzelte oder eingeritzte G. die Regel, so werden heute meist Lacksprays eingesetzt (→ Sgraffito).

Graffito (ital.) 1. Eine Technik der Dekoration entweder von → Putz, wobei durch eine nasse Schicht hindurchgekratzt wird in eine andersfarbige trockene, oder von → Töpferware, indem der → Schlicker bis zum Gefäßkörper durchgekratzt wird. Synonym: Sgraffito. 2. Die Einzahl von → Graffiti.

Grafik Neben → Malerei und → Bildhauerei der dritte große Bereich der → bildenden Kunst, umfaßt als Sammelbegriff alle auf Linien beruhenden Erzeugnisse, also die verschiedenen Techniken der → Zeichnung wie der (manuell vervielfältigten) künstlerischen Druckverfahren (→ Druckgrafik).

Granatapfelmuster Sarazenisches Seidenstoffmuster, das seit dem 15. Jh. in Italien für die Motivverzierung prunkvoller Seiden- und Samtstoffe verwendet wurde. Sein Hauptmerkmal ist der stilisierte, mit Rankenwerk verzierte Granatapfel, der von spitz-ovalen, → maßwerkartigen Rahmungen umgeben ist.

Grand Manner (engl. ›erhabene Manier‹) Der erhabene und ambitionierte Stil in der → Historienmalerei, wie er von führenden Kunsttheoretikern des 18. Jh.s verfochten wurde, besonders von Sir Joshua Reynolds in seinen dritten und vierten ›Discourses‹ (1770, 1771). Er forderte, die zeitgenössische Kunst solle versuchen, die Einflüsse sowohl der → Antike als auch der großen Meister der italienischen → Renaissance in sich aufzunehmen. Er dehnte seine Theorie auch auf die Porträtmalerei aus und stellte aristokratische Herrschaften in Posen dar, die berühmten klassischen Statuen wie etwa dem Apoll vom Belvedere nachempfunden waren.

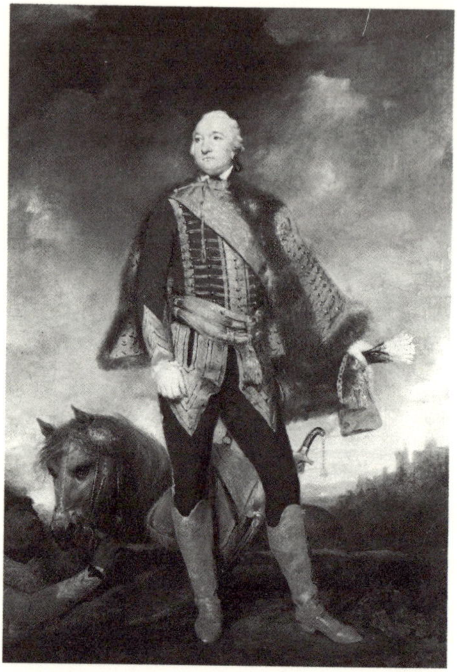

Grand Manner: Sir Joshua Reynolds' lebensgroßes Bildnis Louis Philippes, des Herzogs von Orléans (1793–1850), der einige Jahre im Exil in England verbrachte.

Grand Rapids Abwertender Begriff für in Massenproduktion hergestelltes amerikanisches Mobiliar, besonders für Möbelstücke aus der Zeit von ca. 1850 bis 1930. Grand Rapids, Michigan, war zu dieser Zeit das größte Zentrum der Möbelherstellung in den USA mit einem hohen Grad an maschineller Produktion.

Grand Tour (engl. ›große Rundfahrt‹) Studienreise durch Europa, die oft ein Jahr oder länger dauerte und von wohlhabenden jungen Engländern im 17. und 18. Jh. unternommen wurde. Die hauptsächlich aufgesuchten Orte lagen in Frankreich, den Niederlanden und vor allem in Italien.

Granierstahl Längliches Gerät mit bogenförmiger, fein gezähnter Schneide (wegen ihrer Bogenform auch ›Wiege‹ genannt) zum Aufrauhen von Kupferplatten bei der Mezzotinto-Technik (→ Kupferstich).

Granulation In der → Goldschmiedekunst Verzierungsform durch Auflöten von goldenen und silbernen Körnchen. Die Technik ist seit dem 3. Jh. v. Chr. bekannt und wurde vor allem von den → Etruskern angewandt.

Graphit Mineralische Modifikation des reinen Kohlenstoffs. Gereinigt, mit hochplastischen Tonen gemischt, zu dünnem Brei angerührt, feingemahlen, entwässert und homogenisiert, unter Luftabschluß bis zur Weißglut erhitzt und daraufhin noch in erhitzten Fetten und Wachsen gebadet, ergibt G. das Material für Bleistiftminen.

Grat 1. Die von zwei aufeinanderstoßenden Dachflächen gebildete Kante, sofern ihr innerer Winkel kleiner als 180 Grad ist (→ Kehle). 2. Die von zwei sich schneidenden Gewölben gebildete Kante. 3. Siehe Backstein-Mauerwerk. 4. In der Metallplatten-Bearbeitung der → Druckgrafik das von der Stahlnadel (→ Grabstichel) beim Gravieren einer Platte seitlich des Striches hochgedrückte überschüssige Metall. Dieser G. wird bei der Kaltnadelradierung nicht entfernt, da er im Druck den charakteristischen Effekt der unscharfen Kontur ergibt.

Gravieren Das Verfahren, eine Zeichnung mit einem spitzen Werkzeug auf einer harten Oberfläche anzubringen.

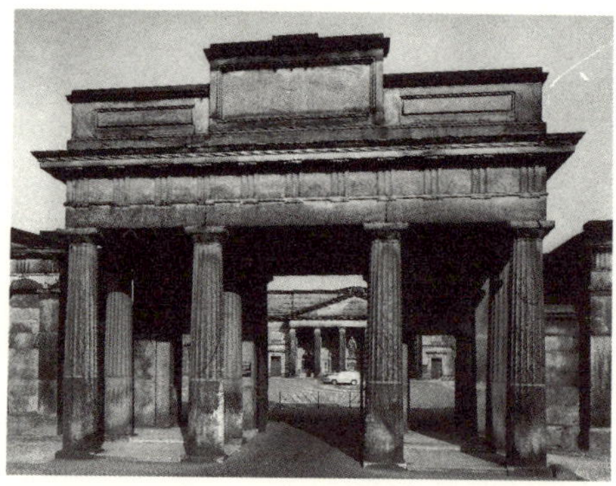

Greek Revival: Thomas Harrisons Propylaeum, Chester Castle, 1788–1822. Auf der Grundlage von Stuarts und Revetts Zeichnungen der Akropolis schuf der Architekt ein genaues Abbild der dorischen Ordnung.

Greek Revival (engl. ›Neugriechischer Stil‹) Als Griechenland Mitte des 18. Jh.s für Antiquare und Architekten besser zugänglich wurde, erwuchs dem etablierten → Palladianismus in England und Amerika eine Herausforderung in einer neuen Architektur, die versuchte, den → griechischen Originalen genauer zu entsprechen. Das Schlüsseljahr ist 1762, als Stuart und Revett ihr ›Antiquities of Athens‹ veröffentlichten. Der Stil war in England bis ca. 1840, in den USA noch länger gebräuchlich. Er beeinflußte auch die Entwicklung der deutschen Architektur.

Grès (frz.) Französische Bezeichnung für → Steingut.

Griechische Kunst Die Kunst der griechischen Antike hat ihre Anfänge im → geometrischen Stil der → archaischen Zeit (um 1000 v. Chr.). Zeichnung und Malerei, die nur durch die → Vasenmalerei überliefert sind, entstanden um 700 v. Chr. ungefähr zeitgleich mit der Steinplastik und dem monumentalen steinernen Tempelbau, der die frühen Holzkonstruktionen ablöste. Der → Tempel wurde als Gefüge aus Quadern, → Säulen und → Gebälkformen vom Bildhauer Stück für Stück gemeißelt. In der → Säulenordnung bildete sich zunächst als älteste Form die dorische (um 625 v. Chr.) auf dem Festland heraus, später die ionische (seit etwa 570 v. Chr.) auf den Ionischen Inseln und in den kleinasiatischen Küstengebieten (z. B. *Artemistempel von Ephesos).* Die korinthische Säulenordnung mit dem für sie typischen reichen Dekorationsstil der gereihten → Akanthusblätter entstand erst um 400 v. Chr. und fand ihre vielfältige Variation in der Kunst des römischen → Hellenismus. In der zweiten Hälfte des 7. Jh.s v. Chr. begann mit der Entfaltung der monumentalen Baukunst auch die Blütezeit griechischer Bildhauerkunst in Stein mit den beiden zentralen Figurentypen des → Kuros (stehender nackter Jüngling) und der → Kore (bekleidete weibliche Gestalt), die – nach orientalischem und → ägyptischem Einfluß ausgebildet – für mehr als ein Jh. die kanonisierte Grundlage der griechischen Skulptur z. B. in den Haarmustern und mit dem sog. → archaischen Lächeln festlegten. Im 5. Jh. v. Chr. vollzogen sich die Befreiung von der archaischen Starrheit und die Ausbildung des klassischen Stils mit den Götterbildern und Athletenfiguren sowie mit den Reliefdarstellungen der Friese und → Metopen (z. B. am *Zeustempel von Olympia,* um 460 v. Chr.). Die Plastik der hellenistischen Spätphase schließlich war von starker Naturtreue und emotionaler Ausdruckskraft geprägt. Anhand von Keramikfunden läßt sich auch eine reichhaltige Entwicklung der Malerei in der g. K. beobachten, obwohl keine Zeugnisse von → Wandmalerei überliefert sind. Führendes Zentrum für die Vasenmalerei war zunächst Korinth, später ging diese Vorrangstellung auf Athen über, wo sich die dortigen Vasenmaler intensiver als ihre korinthischen Kollegen auf die Einzelfigur konzentrierten. Bis zur Mitte des 6. Jh.s v. Chr. herrschte die → schwarzfigurige Technik vor, neben die ab ca. 525 v. Chr. der → rotfigurige Stil trat, der eine äußerst differenzierte Malerei mit perspektivischen Verkürzungen, Binnendetails und Schatteneinwirkungen ermöglichte (→ Vasenformen, griechische).

Griechischer Mäander Zierband mit einem Ornament aus in rechten Winkeln zueinander versetzten Linien, die so eine eckige Spirale bilden (→ Geometrischer Stil). Siehe auch Fries.

Griechisches Kreuz Kreuz, dessen senkrechte und waagerechte Balken die gleiche Länge besitzen (→ Kreuz).

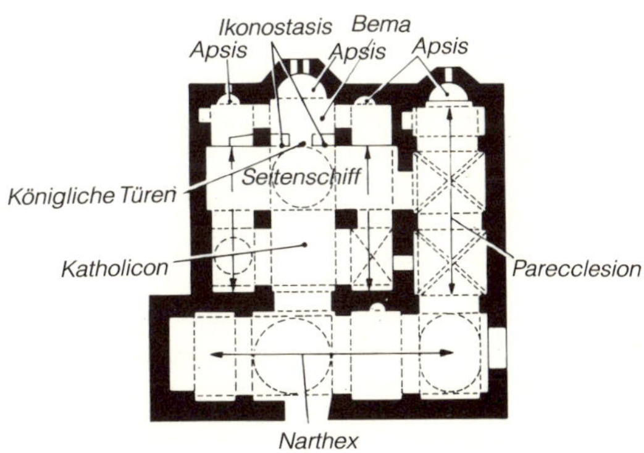

Griechisch-orthodoxe Kirche, Grundriß (siehe auch Einzeleinträge)

Griechisch-orthodoxe Kirche siehe Grundriß auf S. 113.

Grisaille 1. Malerei in grauer oder gräulich nomochromer Farbgebung, manchmal mit Gold gehöht. 2. → Email.

Groteske 1. Eine Ornamentart, die Architekten und Künstler der → Renaissance von antiken römischen Dekorationen ableiteten, die sie in unterirdischen Ruinen, damals in Italien gemeinhin als ›Grotte‹ bezeichnet, fanden – daher die Benennung. Die Dekoration besteht aus lose verbundenen → Motiven, häufig menschlichen Figuren, Vögeln, Tieren und Fabelwesen, die gewöhnlich rund um kleine Tafeln oder → Medaillons mit gemalten Szenen oder nachgeahmten → Kameen gruppiert sind. 2. Im weiteren Sinne jede verzerrende Darstellung, besonders wenn sie menschliche und tierische Charakteristika verknüpft.

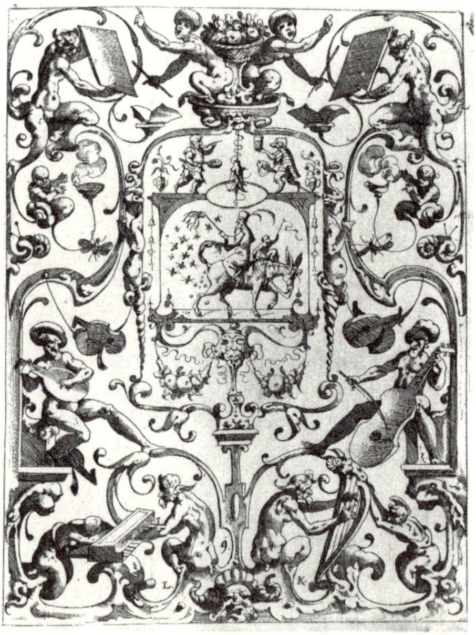

Groteske: Lukas Kilian, ›Neues Gradesco Büchlein‹, 1607.

Groteskschrift Zu Anfang des 19. Jh.s aus der → Antiqua entwickelte Blockschrift, die sich durch gleichmäßig starke Linien und das Fehlen von Serifen auszeichnet. Siehe auch Schriftarten.

Groupe de Recherche d'Art Visuel (GRAV) Eine 1960 in Paris gegründete Künstlergruppe. Ihr Zugang zur Kunst war ein quasi-wissenschaftlicher, dem es um die Qualitäten (Eigenschaften) von Farbe, Licht und Bewegung ging. Die Gruppe war dem → Konstruktivismus verpflichtet und leistete einen wichtigen Beitrag zur Entwicklung der → kinetischen Kunst. Die mit ihr in Verbindung stehenden Künstler waren Horacio García-Rossi, Julio Le Parc, François Morellet, Francisco Sobrino, Jöel Stein und J.-P. Yvaral.

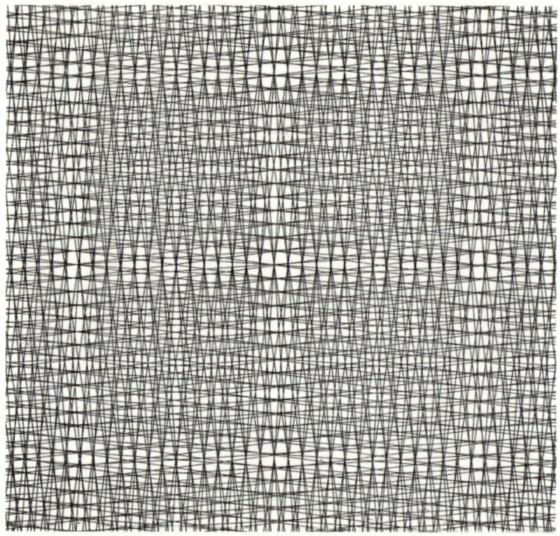

Groupe de Recherche d'Art Visuel: François Morellet, *Zwei Doppelraster,* 1959.

Grubenschmelz siehe Email

Grund 1. Eine speziell zum Bemalen, entweder mit Kreide oder → Gesso oder auch einer farbigen oder getönten Schicht, präparierte Oberfläche. Ein absorbierender Grund enthält kein Öl und nimmt daher das Öl aus der Farbe auf, die dadurch matt wird und schnell trocknet. 2. Im weiteren Sinne der Malgrund, auf dem ein Gemälde oder eine Zeichnung ausgeführt ist – Leinwand, Papier oder Putz. 3. Ein untergeordneter Hintergrund auf einem Gemälde. 4. In der angewandten Kunst das Basismaterial, dem die Darstellung, das Ornament oder das Muster aufgelegt ist. Z. B. ist der Grund beim → Emaillieren normalerweise aus Metall, bei Keramik ist der Gefäßkörper der Grund, der als Basis für Dekorationen dient. 5. Beim → Kupferstich die säureresistente Beschichtung auf der Metallplatte, durch die die Radiernadel gezogen wird.

Gründerzeitbaustil Dekorreicher, → historisierender Repräsentationsbaustil aus der Zeit des wirtschaftlichen Aufschwungs im ausgehenden 19. Jh.

Grundfläche Eine Oberfläche, die in → perspektivischen Zeichnungen und Gemälden in den Bildraum zurückzuweichen scheint und den abgebildeten Figuren und Objekten eine Basis oder Standfläche liefert.

Grundierung Material, das vor der Bemalung auf einen Malgrund aufgetragen wird. Die G. hat verschiedene Funktionen: zum einen sorgt sie für eine glatte Malfläche, indem sie Materialunebenheiten ausgleicht; zum anderen versiegelt sie den Untergrund, so daß die später aufgetragene Farbe nicht aufgesogen wird. Je nach Untergrundmaterial verwendet man Kreide- (z. B. Hoztafeln) oder Leimgrund (z. B. Leinwand).

Grundlinie In → primitiven und → naiven Arten der Malerei eine Linie, die den Grund angibt, auf dem Figuren und Objekte stehen.

Grundriß 1. Die horizontale Anordnung der Teile eines Gebäudes. 2. Eine Zeichnung oder ein Diagramm mit der Darstellung dieser Anordnung, so als sei das Gebäude von oben betrachtet.

Gubbio-Keramik Im 16. Jh. in Gubbio (Provinz Perugia) gefertigte Keramikwaren, die durch ihren karminroten → Lüster (Rubinlüster) bekannt wurden.

Guéridon (frz.) Ein Tisch mit sehr kleiner Platte und einem zentralen Fuß (oft eine geschnitzte Holzfigur), manchmal für einen Kerzenhalter gemacht. Der Name ist einer Mohrengestalt eines französischen Theaterstücks des 17. Jh.s entlehnt.

Guilloche (frz.) Ein fortlaufendes Ornament aus verschlungenen Bändern, das ursprünglich zur Verzierung von → Friesen (Flechtband), seit dem späten 16. Jh. auch von Möbeln und Metallgegenständen, verwendet wurde (→ Guillochieren).

Guillochieren Das Gravieren netzartig verschlungener Band-, Flecht- oder Zopfornamente (Guillochen) auf Metall. Das G. wird besonders beim Banknoten- und Werkpapierdruck praktiziert, um durch die Kompliziertheit und Präzisionsausführung des Musters Nachahmungsmöglichkeiten zu verhindern. Das G. erfolgte früher mit sog. Guillochiermaschinen, heute setzt man dafür fototechnische Verfahren ein.

Guri (jap.) Eine → Lackart, die sich aus mehreren verschiedenfarbigen Schichten zusammensetzt, die nacheinander tief eingeschnitten werden, um die Schichten unter der Oberfläche freizulegen.

Gurtbogen Quer zur Längsachse eines Raumes angelegter gurtartiger Verstärkungsbogen eines Tonnengewölbes (→ Gewölbe).

Guß Verfahren, bei dem ein Kunstgegenstand geschaffen wird, indem man flüssiges Material in eine Form gießt (→ Cire perdue).

Gußabdruck Der durch Formgießen gewonnene Gegenstand.

Gutai-Gruppe (jap. gutai ›Konfiguration‹) Japanische avantgardistische Kunstbewegung, 1954 in Osaka gegründet. Sie spezialisierte sich auf → Happenings und öffentliche Veranstaltungen.

Guter Hirte Darstellung Christi als Hirte mit einem Schaf auf den Schultern in Anlehnung an das Gleichnis vom guten Hirten (Joh.

10, 11). Diese Form der Ikonographie war in der → frühchristlichen Kunst sehr gebräuchlich.

Gutta 1. Kleines tropfenförmiges Gefäß. 2. (pl. Guttae) In der Architektur die konischen Elemente unterhalb der Triglyphen eines → Frieses der dorischen Ordnung (siehe Säulenordnung).

H

h. c. Abkürzung für hors de commerce (→ Epreuve d'artiste).

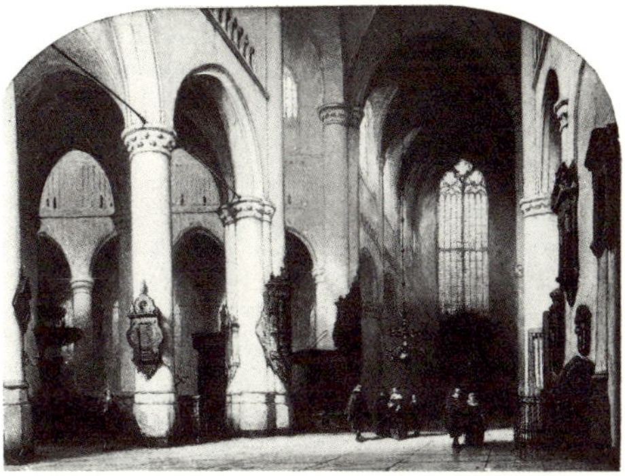

Haager Schule: Johannes Bosboom, *Innenansicht der Peterskirche, Leiden,* 1855. Das Bild knüpft an die holländische Architekturmalerei im Stil Pieter Saenredams (1597–1665) an.

Haager Schule Niederländische Künstlergruppe der 1870er und 1880er Jahre, die sich vor allem in ihrem Verhältnis zur Natur mit der französischen → Barbizon-Schule und dem Frühimpressionismus vergleichen läßt. Ihr Begründer war Jozef Israëls, dessen Landschaftsstil mit seinen Lichteffekten, der dunstverhangenen Atmosphäre und melancholischen Stimmung im Werk der führenden Vertreter der H. S. (der Brüder Maris, Anton Mauve, Hendrik Willem Mesdag und den Weissenbruchs) seine Fortsetzung fand.

haboku (jap. ›gekleckste Tusche‹) Eine extreme spätere Variante des freien Pinselmalstifts in Tusche, die in China während der südlichen Song-Dynastie (960–1279) beliebt war. Diese Technik wurde gleichermaßen von → japanischen wie → chinesischen Künstlern angewandt; besonders der japanische Maler Sesshū (1420–1506) wurde berühmt für seine Meisterschaft in h.

Hafner-Keramik Sammelbegriff für alle Tonwaren, die eine gefärbte Blei- oder Zinnglasur aufweisen. Dazu gehören besonders Geschirre und Ofenkacheln. Die H. erreichte in der deutschen → Renaissance durch die umfangreiche Produktion von Prunkkrügen und Schautellern eine hohe künstlerische Qualität. Ein Sondergebiet der H. ist die sogenannte Bauerntöpferei, auch volkstümlich Hafnerware genannt.

Hahnenbalken In einem → Dachstuhl die waagerechten Querbalken knapp unterhalb des Firstes, die die → Sparren miteinander versteifen.

Halbedelstein Alte Bezeichnung für natürliche (im Gegensatz zu synthetischen) → Schmucksteine, die weniger wertvoll sind als → Edelsteine, z. B. Achat, Granat und Lapislazuli.

Halbfayence Tonwaren aus → Fayence, deren unedler, mißfarbiger Scherben durch aufgegossenen weißen Erdton veredelt und

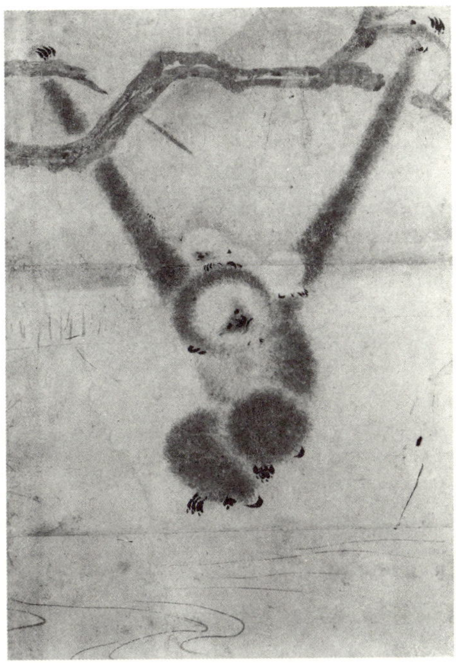

Haboku: Ausschnitt aus *Affen, Vögel und Bäume* von Sesshū (1420–1506).

mit aufgemalter oder eingekratzter Zeichnung unter durchsichtiger Bleiglasur verziert wird.

Halbfigurenbild In der Malerei Porträtdarstellung eines Menschen in halber Figur (Kopf und Oberkörper), seit dem 15. Jh. besonders in Italien sehr beliebt. In der Bildhauerei entspricht dem H. die → Büste.

Halbsäule Eine aus dem Mauerwerk nur halb hervortretende → Säule.

Halbton Gebrochener Farbton, der in der Malerei und Fotografie den Übergang zwischen Licht und Schatten bildet.

Halle 1. Gedecktes, aber an den Seiten offenes Bauwerk, das einem öffentlichen Gebäude vorgelagert sein kann. 2. Geschlossener, überdachter Raum (wie z.B. die germanische Königsh.).

Hallenkirche Eine Kirche mit gleich hohen Seiten- und Mittelschiffen.

Hallstatt-Kunst siehe Eisenzeit.

Hals Eine schmale Leiste, die ein → Kapitell von der sie tragenden Säule trennt (→ Säulenordnung).

Hammam (arab. ›Bad‹) Türkisches Bad, normalerweise aus drei Abteilungen bestehend, dem Camekán oder Ankleide- und Ruheraum, dem Sogukluk oder Vorraum, und dem Hararet oder Dampfraum. Das Bad wird üblicherweise mit darunterliegendem Ofen beheizt.

Han Türkisch für → Karawanserei.

Han-Zeit siehe Chinesische Kunst

Handdruck Der nicht mit einer Presse, sondern durch bloßes Anreiben von einem Holzstock oder → Model gewonnene Druck.

Handschrift (Autograph, Manuskript) Allgemein Bezeichnung für das von Hand Geschriebene im Gegensatz zum Gedruckten. (Mit Autograph bezeichnet man im engeren Sinn eigenhändige Niederschriften, bedeutender Persönlichkeiten – Schriftsteller, Musiker, Gelehrte usw. – im Gegensatz zur davon oft hergestellten Abschrift durch Dritte, der → Kopie, mit Manuskript auch Vorlagen, die für den Druck bestimmt sind –, selbst maschinenschriftlich abgefaßte.) Im speziellen Sprachgebrauch bezeichnet H. das handschriftlich hergestellte Buch von der Spätantike bis zum Aufkommen des Buchdrucks um 1440.

Handzeichnung Die im Unterschied zur technischen Zeichnung mit der freien Hand angelegte und ausgeführte künstlerische Zeichnung auf Papier und Pergament, wobei als Materialien Bleistift (→ Graphit), → Feder, → Kohle, → Kreide, → Rötel, → Silberstift und → Tusche dienen können.

Hängekuppel siehe Kuppel

Hängesäule siehe Dacharten

Haniwa (jap., wörtl. ›Tonbild‹) Figuren in Ton, die in → Japan im 3.–6. Jh. n. Chr. (Kofun-Kultur) auf große Grabhügel gestellt wurden.

Happening (engl. to happen ›sich ereignen‹) Eine Ende der 1950er/Anfang der 1960er Jahre entwickelte internationale Kunstströmung, geistig in der Tradition → dadaistischer und → surrealistischer Aktionen, historisch eine Fortführung von Tendenzen im → Action Painting (Betonung des Gestischen) und in der Musikkonzeption von John Cage (Integration von Geräuschen, Auflösung der Trennung zwischen den einzelnen Medien). Beim H. handelt es sich im Prinzip um große, umfangreiche (Außen-)Aktionen, elementaren Formen des Theaters ähnlich (mit vorher festgelegten Situationen, aber ohne fortlaufende Handlung oder spezifische Charaktere und jederzeit offen für Improvisation) und – da von bildenden Künstlern entwickelt – unter besonderer Betonung visueller und taktiler Reize (durch Verwendung möglichst verschiedenen Materials). Beabsichtigt war eine neue Sensibilisierung der Erlebnisfähigkeit durch Veränderung der gewohnten Lebensumstände (bis an die Grenze der Belastbarkeit: *24-Stunden-H.,*

Wuppertal 1965). Der Begriff H. geht zurück auf die erste öffentliche Aktion *(18 Happenings in 6 Parts)* 1959 in New York von Alan Kaprow, der auch theoretisch die Ziele des H. formulierte: »Die Grenze zwischen H. und täglichem Leben sollte so flüssig wie unbestimmbar gehalten bleiben. Die Wechselwirkung zwischen der menschlichen Aktion und dem Vorgefundenen wird dadurch zu ihrer höchsten Form gesteigert ... Die Komposition aller Materialien, Aktionen, Bilder und ihrer Raumzeitbezüge sollte in einer so kunstlosen wie praktischen Weise erfolgen ... H.s sollten nicht geprobt werden und nur einmal von Nicht-Professionellen aufgeführt werden.« Zu den bekanntesten H.-Vertretern gehören (wobei die Grenzen zu → Fluxus überaus fließend sind): Stanley Brouwn, Jim Dine, Henry Flynt, Al Hansen, Bici Hendricks, Claes Oldenburg, Carolee Schneemann, Robert Rauschenberg, Wolf Vostell, George Segal und die → Wiener Aktionisten.

haptische Kunst Bezeichnung für eine Kunstform, die besonders den Tastsinn anspricht.

Hard-edge-Malerei 1. Ein 1958 von dem Kunstkritiker Jules Lansner in Los Angeles geprägter Begriff zur Beschreibung der Arbeit lokaler Künstler, die sauber und streng abgegrenzte Formen und flache Farbfelder benutzten. 2. Im weiteren Sinn jede moderne abstrakte Malerei mit diesen Eigenschaften. Josef Albers' Serie *Homage to the Square* zählt zu den bekanntesten Beispielen dieser Kunstrichtung.

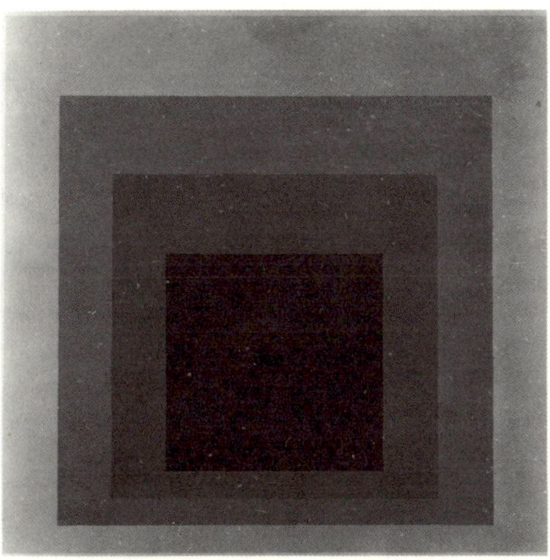

Hard-edge-Malerei im weiteren Sinn: Josef Albers, *Homage to the Square: Stille Halle,* 1961.

Harmonische Proportion Ein System architektonischer Proportionen, das → Renaissance-Architekten entwickelten, die eine Analogie zu der Art sahen, wie Töne auf Saiteninstrumenten erzeugt werden. Wenn zum Beispiel zwei Saiten, eine halb so lang wie die andere, zum Vibrieren gebracht werden, beträgt die Tonhöhendifferenz eine Oktave; bei einem Verhältnis 2 : 3 ist diese Differenz eine Quinte, bei 3 : 4 ist sie eine Quarte. Die Schlußfolgerung lautet, daß nach diesen musikalischen Verhältnissen konstruierte Bauwerke dem Auge unweigerlich harmonisch erscheinen müssen (→ Goldener Schnitt).

Hartfaserplatte Platte aus Holzfaser und Bindemittel (Kunstharz, Kleber, Leim), entweder im Naßverfahren ähnlich wie Papier hergestellt (aufgeweicht, mit Bindemittel vermischt, gegossen und ausgewalzt) oder im Trockenverfahren erst nach dem Trocknen der Holzfaser/Bindemittel-Masse zu Platten gepreßt, unter Umständen auch mit Kunststoff beschichtet. H.n dienen heute oft als Untergrund für Bilder.

Hartporzellan (frz. pâte dure) siehe Porzellan

Harze Zähflüssige, durchsichtige Stoffe natürlichen oder künstlichen Ursprungs, die leicht löslich sind und zur Herstellung von Künstlerfarben und Lacken verwendet werden.

Hasenfellglasur Synonym für → Temmoku.

Hauptschiff (Mittelschiff) Der westliche Hauptraum einer Kirche im Unterschied zum → Querschiff (→ Transept), → Altarraum etc. Manchmal umfaßt es jedoch auch die Seitenschiffe. Wenn die Kirche einen → Chorraum für Sänger und Geistlichkeit aufweist, ist das H. der den Laien vorbehaltene Kirchenraum.

Hausmalerei Fabrikmäßig hergestelltes → Porzellan, → Fayence oder → Glas, das von unabhängigen ›Hausmalern‹ in Heimarbeit mit → Email und Vergoldung verziert wurde. Dieser Brauch setzte im 17. Jh. in Deutschland ein, als unabhängige Glasemaillierer begannen, zeitgenössische Fayence zu imitieren. In der ersten Hälfte des 18. Jh.s wurden oft → Meißner und → Wiener Porzellan auf diese Weise dekoriert.

Haustein Ein Naturstein, der vor dem Einbau allseitig behauen wurde (→ Mauerwerk).

Hautelisse (frz., wörtl. ›hohe Kette‹) Wandteppichweberei mit hoher, d. h. senkrecht zwischen Walzen gespannter → Kette und handbedientem Webstuhl. (Gegenteil von → Basselisse oder ›niedriger Kette‹). Charakteristische Machart der → Gobelin-Wandteppiche.

Heiliges Grab 1. Angenommene Grabstätte Christi in der Nähe Jerusalems, über der Konstantin der Gr. eine Grabeskirche errichten ließ. 2. Mittelalterliche Nachbildung dieser Grabeskirche als selbständiger Bau oder in einem Kircheninnenraum. 3. Eine geschnitzte Darstellung der Grablegung Christi, die ständig oder zeitweise in einer dafür vorgesehenen Nische eines Kircheninnenraums gezeigt wird. Früheste Beispiele datieren aus dem 13. Jh.

Heiliges Monogramm Synonym für → Christusmonogramm.

Heilsspiegel Bereits im 12. Jh. auftauchende, dann im 14. Jh. in Klosterkreisen ihre endgültige Gestalt findende, auf der → Armenbibel fußende Handschrift. Die Bilderfolgen illustrieren die Ereignisse des Lebens Christi in typologischer Gegenüberstellung zu je drei → Votivbildern aus dem Alten Testament sowie erbauliche Legenden. Als → Blockbuch war der H. vor allem in Norddeutschland und den Niederlanden im 15. Jh. weit verbreitet.

Helladische Kultur (Helladikum) → Bronzezeitliche Frühkultur (ca. 2500–1900 v. Chr.) auf dem griechischen Festland mit Schwerpunkt in der Argolis, für die zunächst kupferne, dann bronzene Beile, Meißel und Messen sowie handgemalte Keramik typisch sind. Später ging die h. Kultur in die → mykenische Kultur über.

Helldunkel siehe Chiaroscuro

Hellenismus Im modernen Sinn (seit Johann Gustav Droysen, 1836) die allgemeine Bezeichnung der Epoche zwischen dem Tod Alexanders d. Gr. (323 v. Chr.) und der Eroberung Ägyptens durch Rom (30 v. Chr.) sowie der damit verbundenen ›weltweiten‹ Ausbreitung → griechischer Kultur, die andere Kulturen (z. B. → ägyptische, orientalische, → etruskische, → römische) zwar überlagerte, aber gleichzeitig zu eigener Kreativität anregte. Erst unter dem schöpferischen Impuls der Begegnung mit dem Griechentum entwickelten manche Kulturen ihre eigenständige, kanonische Formensprache. Allerdings ist nicht jeder griechische Kultureinfluß ›hellenistisch‹. Vielmehr breitete sich, von Kolonisten getragen, griechische Kultur in Süditalien und Sizilien schon sehr viel früher aus. Das kulturelle Erbe des H. trat schließlich Rom an, dessen Weltreich sich auf den Trümmern der hellenistischen Staatenwelt ausbreitete. Stilistisch ist die Kunst des H. im engeren Sinne durch der griechischen Klassik fremde Spannungen von Figur und Raum und durch die zuvor ungekannte Wiedergabe von Affekten gekennzeichnet. Hinzu kommt eine Dominanz des Malerischen in der Bildhauerei. Die Porträtkunst blühte, auch die Kunst des Münzporträts. Insbesondere in Griechisch-Baktrien (im nordostiranisch-nordwestindischen Grenzbereich) wurden die hervorragendsten Münzporträts der gesamten damals mehr oder weniger griechischsprachigen und griechisch beeinflußten Welt geschaffen. Nach anfänglicher Abwendung von der Monumentalität brachte der ›hohe H.‹ eine Rückkehr zum Monumentalen (→ Pergamon). Nach Roms Sieg im Zweiten Punischen Krieg (201 v. Chr.) traten immer mehr Künstler in den Dienst der neuen Vormacht im Mittelmeerraum, und es entwickelte sich einerseits ein gewisser strenger Klassizismus, andererseits kam es erst jetzt zu jener formalen Durchdringung, die man in der Regel meint, wenn man vom H. spricht. Es ist daher eine Frage des Standpunkts, ob man ab etwa 150 v. Chr. eine separate ›Kunst der Römerzeit‹ aussondert (die man bis zum Tode Kaiser Justinians 565 n. Chr. bestehen läßt) oder ab man die Bezeichnung ›H.‹ noch auf Kunst nach 30 v. Chr. anwendet.

Helm Bezeichnung für ein spitzes Turmdach über quadratischem, rundem oder polygonalem Grundriß (→ Dachformen).

Heraldik (Heroldskunst) Sammelbegriff für alles, was mit der Entstehung, der Gestaltung und der Anwendung von → Wappen zusammenhängt.

Herme Eine ursprünglich den griechischen Gott Hermes darstellende → Büste auf einem Pfeiler mit quadratischem Querschnitt, üblicherweise etwa mannshoch und sich nach unten verjüngend. Auf → griechischen Beispielen der → archaischen und → klassischen Zeit ist vorn am Pfeiler ein Phallus abgebildet. In griechischer und römischer Zeit wurden H.n häufig als Grenzsteine und zur Markierung von Kreuzungen und Straßenecken benutzt. Seit der → Renaissance sind sie Teil des allgemeinen Formenrepertoires der Dekoration geworden.

Heroische Landschaft siehe Landschaftsmalerei

Hervortretende Farbe Eine stark gesättigte warme Farbe (rot, orange, gelb etc.), die vor der Bildfläche zu liegen scheint. Das Gegenteil ist die zurücktretende Farbe.

hieratisch (griech. ›priesterlich‹) Bezeichnung für einen erhabenen Stil in der Kunst.

Hieroglyphe (griech. ›heilige Schnitzerei‹) (Bei → altägyptischer Bilderschrift) Zeichen, die entweder vollständige Wörter oder aber Silben eines Wortes repräsentieren (→ Totenbuch, → Kartusche).

Hinterglasmalerei Seit dem Altertum bekannte Malerei auf Glas, die – im Unterschied zur durchsichtigen → Glasmalerei – mit opaken (undurchsichtigen) Farben auf der Rückseite von Glasflächen ausgeführt wird, so daß die bildliche Darstellung von der unbemalten Vorderseite aus als Aufsichtbild zu betrachten ist. Vorläufer sind die spätantiken Fondi d'oro (Goldglas) aus dem 4./5. Jh. n. Chr. Die Zeichnung wird mit → Aquarellfarben, → Sepia oder Zinnober auf die Rückseite einer Glasscheibe aufgetragen und dann mit stärkeren → Deckfarben koloriert. Durch das Hinterlegen mit Gold oder Silber anstelle der zuletzt aufgetragenen abdeckenden Grundierfarbe kann man starke Irisiereffekte erreichen. Eine Sonderform bildet das → Eglomisieren. Die H. diente vorwiegend zur Gestaltung von Andachtsbildern und → Votivtafeln und war besonders vom 14.–16. Jh. in Deutschland, Italien, den Niederlanden und Spanien weit verbreitet. Sie wurde auch viel in der → Volkskunst verwendet (und ist daher auch bei den → naiven Malern als Technik beliebt).

Hippodrom Pferderennbahn der Antike, die aus meist mehreren, u-förmig angeordneten Bahnen bestand und von ansteigenden Zuschauerrängen umgeben war. Neben den großen Heiligtümern verfügten auch die bedeutenden Städte über eigene H.e.

Hirado Blau-weißes japanisches, auf der Insel Hirado in den Mikawachi-Brennereien hergestelltes → Porzellan. (Auch → Seladon wurde dort produziert.) Die schönsten Stücke stammen aus der Zeit von Mitte des 18. bis Mitte des 19. Jh.s.

Hirnholz Quer zur Faser, also im rechten Winkel zur Wachstumsrichtung geschnittenes Holz. Es wird dekorativ in der → Marketerie und als Druckstock für → Holzstiche verwandt.

hispano-moresk Bei Architektur und angewandter Kunst spanische Herkunft mit maurischem Einschlag.

Historienmalerei Darstellung historischer Stoffe als Ereignisbild zeitgenössischen Geschehens, als → Schlachtenbild oder auch in Verbindung mit mythologischen Themen. Die bildliche Schilderung von Zeitge-

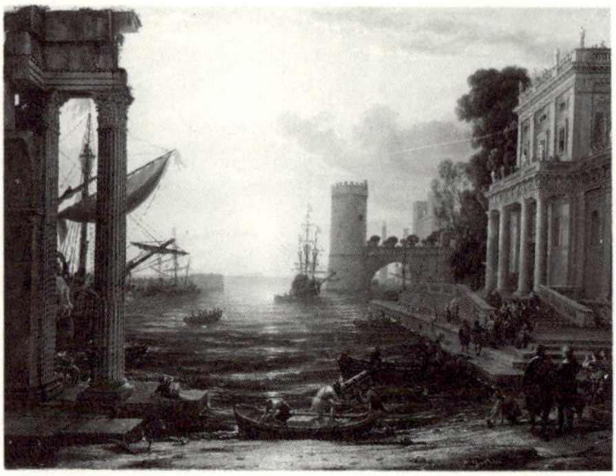

Historienmalerei: Claude Lorrain, *Einschiffung der Königin von Saba,* 1648.

schehen findet sich – häufig auch in Form allegorischer Szenen – bereits in der → Antike. Im Verlauf der → Renaissance entwickelte sich die H. zu einer eigenständigen Bildgattung, wobei zur Glorifizierung einer Herrscherpersönlichkeit antike Themen miteinbezogen wurden. Die akademischen Theoretiker des 17. und 18. Jh.s sahen in der H. die höchste Kunstform nach der religiösen Malerei. Im Verlauf des 18. Jh.s wurde die H. in den Ereignisbildern von Francisco Goya, Théodore Géricault und Eugène Delacroix zum Träger der aufkommenden, revolutionären Ideen, während das Historienbild in den Apotheosen Napoleons von Jacques Louis David den restaurativen Umwendungstendenzen und dem → Historismus diente, der die requisitenreiche H. des 19. Jh.s prägte.

Historismus Das eklektizistische Wiederaufleben historischer Stile im 19. Jh., besonders in der Architektur und den angewandten Künsten (→ Neobarock, → Neogotik, → Neorenaissance, → Neorokoko, → Neoromanik).

Hochaltar Der Hauptaltar einer Kirche oder eines Tempels.

Hochdruckverfahren Jede Drucktechnik, bei der die eingefärbte Fläche im → Relief und nicht in → Intaglio gestaltet ist.

Hochrelief siehe Relief

Hochrenaissance Höhepunkt der Renaissancekunst, ca. 1495–1520, wie er sich in den Arbeiten von Raffael, Michelangelo und Leonardo da Vinci darstellt.

Hochsäule Bei einem → Dachstuhl eine hölzerne → Säule, die vom Dachboden bis unter den → Hahnenbalken reicht.

Hochschnitt Glasgravur, in der die Verzierung erhaben im → Relief und nicht im → Intaglio sichtbar wird.

Hodegetria (griech. ›Wegführerin‹) Typologische Darstellung der Muttergottes als Halbfigur mit dem Christusknaben auf dem linken Arm in der → byzantinischen Kunst (Abb. → Ikone).

Höhlenmalerei, prähistorische Malereien in Höhlen des → Paläolithikums (des Aurignacien 60 000–40 000 v. Chr. und des Magdalenien 40 000–10 000 v. Chr.), mit denen das Jagdglück beschworen werden sollte. Die H.n befinden sich vornehmlich in den Kalkhöhlen des französischen Dordognegebietes (Lascaux, Font-de-Gaume bei Les Eyzies) und in Spanien (Altamira). Die polychrom gemalten, zum Teil auch eingeritzten Darstellungen von Bisons, Wildpferden, Hirschen und anderen Jagdtieren wurden tief im Dunkeln der Höhlen, oft an Ecken und mehrfach übereinander gemalt. Man vermutet, daß in ihrer Nähe rituelle Handlungen, zum Beispiel Tänze, ausgeführt wurden.

Hohlleiste (auch Kehlleiste) Ein konkaves Bauglied, das das Gegenstück zum → Stab bildet. Es findet sich häufig bei → Profilen, etwa an der Basis von → Säulen.

Hohlpfanne Dachziegel mit s-förmigem Querschnitt, an dessen einer Seite sich eine Krempe befindet, die auf dem benachbarten Ziegel aufliegt.

Ho-ho-Vogel Ein seltsam aussehender kranichartiger Vogel, der in der → chinesischen Kunst dekorativ eingesetzt und für europäische → Chinoiserie-Dekors übernommen wurde.

Holbein-Brücken Türkische Teppiche des 16. und 17. Jh.s mit einer Randeinfassung aus stilisierten → kufischen Schriftzeichen und oktogonalen Motiven in Blau und Gelb auf rotem Grund. Sie sind nach dem europäischen Maler Hans Holbein benannt, der auf einigen seiner Gemälde diese Teppiche abgebildet hat.

Höllenfahrt Christi Christi Abstieg in die Hölle nach seinem Tod, wo er Satan bezwang und die Seelen der Heiligen des Alten Testaments befreite (→ Anastasis). Dieses Thema war in der mittelalterlichen Kunst als Teil von Passionszyklen verbreitet, ist jedoch nach dem 16. Jh. selten zu finden. Üblicherweise wird Christus gezeigt, der, ein Banner mit rotem Kreuz auf weißem Grund haltend, die Tore der Hölle durchschreitet, die, aus den Angeln gebrochen, Satan unter sich begraben.

Holographie 1948 von Dennis Gabor entwickeltes Verfahren, Objekte auf einer zweidimensionalen Platte dreidimensional aufzuzeichnen und wiederzugeben. Hierzu wird ein Objekt von einer Quelle aus einfarbigem, möglichst gleichförmigem Licht – idealerweise Laserlicht – angestrahlt. Die vom Objekt zurückgeworfenen Lichtstrahlen werden von der fotografischen Platte aufgezeichnet (Objektwelle). Gleichzeitig trifft, von einem Spiegel reflektiert, eine zweite Lichtquelle auf dieser auf (Referenzwelle), die das Objekt aus einem anderen Blickwinkel zeigt. Die spezielle Fotoschicht ist in der Lage, das durch diese Überlagerung entstandene Interferenzbild in seinen verschieden verteilten Intensitäten und Strahlungsrichtungen zu speichern. Bei der Wiedergabe wird das Hologramm wiederum von einer einfarbigen, möglichst gleichförmigen Lichtquelle angestrahlt, und zwar aus der Richtung, aus der die Referenzwelle auf die Platte aufgetroffen ist. Je nachdem, aus welchem Blickwinkel der Betrachter ein Hologramm anschaut, verändert sich damit auch die Ansicht des Objekts, das so realistisch dreidimensional wirkt.

Hologramm siehe Holographie

Holzbildhauerei (Holzbildnerei, Bildschnitzerei) Als → Relief oder Rundplastik aus Holz herausgehauene Werke der → Bildhauerei im Unterschied zur sogenannten Holzschnitzerei, unter der man das figürliche oder ornamentale Verzieren von Holzgeräten versteht. Bei der H. wird nach Modell oder Vorzeichnung auf dem Holzblock das Bildwerk mit großen und kleinen Schnitzeisen herausgeschlagen. Die Technik ist seit dem Altertum bekannt und in vielen Werken (z. B. in der → altägyptischen Rundskulptur) belegt. Einen außerordentlichen Aufschwung erlebte die H. im Mittelalter, besonders in Deutschland, nachdem bereits in der → frühchristlichen Kunst als früheste erhaltene europäische Holzreliefs bedeutende Holztüren entstanden waren. Hauptwerke der ottonischen sakralen H. sind das *Gerokreuz* und die Holztüren von St. Maria im Kapitol in Köln. In der Frühromanik tritt die H. zurück, und bedeutende Leistungen finden sich erst wieder im 12. Jh., als monumentale Kruzifixe und Triumphkreuzgruppen hergestellt wurden (Halberstadt, Wechselburg, Freiberg). Seit dem 14. Jh. wurden plastische Andachtsbilder und → Altäre häufig aus Holz geschnitzt. Aus dieser Zeit stammen auch die ersten geschnitzten → Chorgestühle. Ihren Höhepunkt erreichte die H. in der niederländischen und deutschen Spätgotik (Pacher, Riemenschneider, Stoß) durch eine souveräne Behandlung des Materials und Entfaltung aller der Zeit verfügbaren inhaltlichen und formalen Möglichkeiten der Gestaltung, des Aufbaus und der Ornamentik bei der Altarschnitzerei sowie bei der vollplastischen Holzfigur. Die Tradition großer Schnitzaltäre wurde erst wieder vom stark gegenreformatorisch bestimmten Hochbarock und → Rokoko reaktiviert (Permoser). Seit dem → Klassizismus verfiel die H. und lebte nur noch in der → Volkskunst weiter. Erst im 20. Jh. wurde von Künstlern wie Barlach, Gauguin, Kirchner und Picasso, oft angeregt durch außereuropäische Holzidole (afrikanische und ozeanische Kunst), die H. wieder aufgegriffen, wobei vielfach Prinzipien der Malerei auf die Holzplastik übertragen wurden.

Holzschnitt Grafisches Hochdruckverfahren, bei dem die auf den Druckstock übertragene Zeichnung erhaben stehen bleibt, indem die Stellen, die nicht drucken sollen, mit

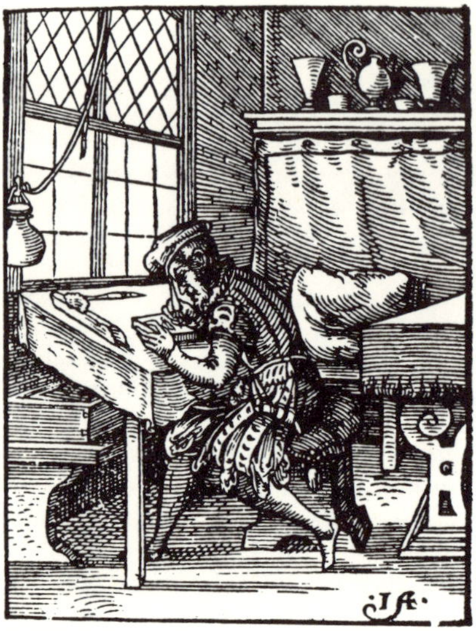

Holzschnitt von Jost Amman, 1568, auf dem ein Künstler zu sehen ist, der einen Holzschnitt anfertigt.

Schneidemessern und Hohleisen weggeschnitten werden, so daß die erhabenen Stege nach dem Einschwärzen die spiegelbildlich aufgetragene Zeichnung auf Papier abdrucken. Besonderheiten des H. sind Kräftigkeit der Linien und Kontrastreichtum. Das Verfahren hat eine bis ins Altertum zurückreichende Vorstufe im → Zeugdruck, dem Bedrucken von Stoffen mit Holzformen (→ Model). Im frühen Mittelalter war das teure → Pergament Bildträger, das dann durch die Erfindung des Papiers verdrängt wurde. Die ersten vervielfältigten H.e entstanden im 14. Jh. als → Einblattdrucke (Heiligenbilder für die private Andacht), aus denen sich dann im frühen 15. Jh. das → Blockbuch entwickelte, in dem Folgen von einseitig bedruckten H.en zu Büchern zusammengeheftet wurden (→ Armenbibel, → Heilsspiegel). Nach der Erfindung des Buchdrucks begann bereits um 1460 die H.-Illustration des gedruckten Buches. Um 1500 erreichte der H. mit der Generation Dürers seinen Höhepunkt; das durch Monogramm gezeichnete Blatt verdrängte den anonymen Meister der frühen → Buchillustration. So arbeiteten fast alle bedeutenden Meister der Dürer-Zeit (Albrecht Altdorfer, Hans Burgkmair, Lucas Cranach, Hans Baldung gen. Grien, Hans Holbein) in dieser Technik, der sie ein dynamisches Eigenleben der Linienführung verliehen. Dabei wurde die Technik des H.s durch den → Clairobscur-Schnitt verfeinert, bei dem die Stichplatte durch eine oder mehrere Tonplatten mit grauer Tönung ergänzt wird. Sind die Tonplatten verschieden eingefärbt, so entsteht der → Farbholzschnitt. Im 16. Jh. verdrängte der → Kupferstich den H., und erst die Erfindung des → Holzstichs, der das Schneidemesser durch den Stichel ersetzte, gab dem H. im 18. Jh. neuen Aufschwung. Im 20. Jh. wurde der H. von den Künstlern der → Brücke unter dem Einfluß des → japanischen Farbholzschnittes wiederentdeckt, und der Flächenholzschnitt entwickelte sich neben dem Farbholzschnitt zum wichtigsten grafischen Medium des → Expressionismus, wobei die Zeichnung meist negativ in das großflächige Brett geschnitten wurde.

Holzstich Grafische Technik, bei der mit Hilfe eines Stichels (nicht wie beim → Holzschnitt mit dem Messer) in Hirnholz geschnitten wird. Am besten eignet sich hierfür Buchsbaum, der in seiner Härte einer Metallplatte nahekommt. Die Arbeit mit dem Stichel er-

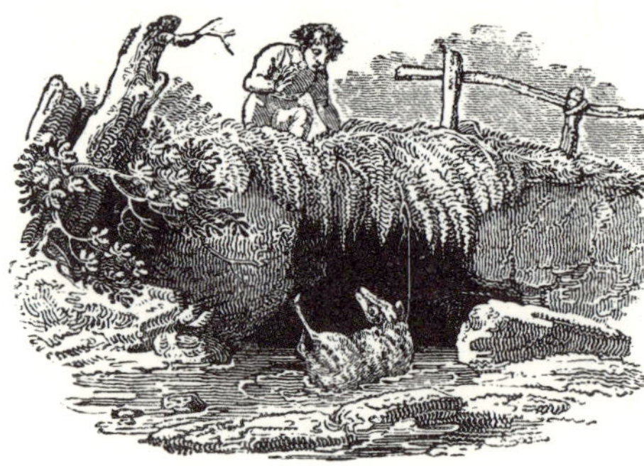

Holzstich: Thomas Bewick, *Arme Mailie,* eine Illustration zu Robert Burns ›Gedichte‹, 1814.

laubt die Wiedergabe feinster Linien und → Schraffuren, die wie → Halbtöne erscheinen. Im wesentlichen diente der H. als technisches Verfahren zur Vervielfältigung von → Zeichnungen in der → Buchillustration.

Horizontlinie 1. Eine gedachte Linie, die horizontal eine gezeichnete oder gemalte Komposition durchläuft und dem Betrachter als Anhaltspunkt zur Rekonstruktion der (tatsächlichen oder vorgestellten) Position des Künstlers im Verhältnis zum gezeigten Motiv dient. 2. In der → Zentralperspektive die Linie, an der sich Himmel und Erde zu treffen scheinen und auf der sich der → Fluchtpunkt befindet.

Hortus Conclusus (lat. ›eingeschlossener Garten‹) Eine Darstellung der Jungfrau Maria mit dem Kinde in einem umfriedeten Garten, manchmal in Gesellschaft einer Gruppe weiblicher Heiliger. Der Garten ist eine symbolische Anspielung auf einen Vers des Hoheliedes (4.12): »Meine Schwester, liebe Braut, du bist ein verschlossener Garten, eine verschlossene Quelle, ein versiegelter Born.«

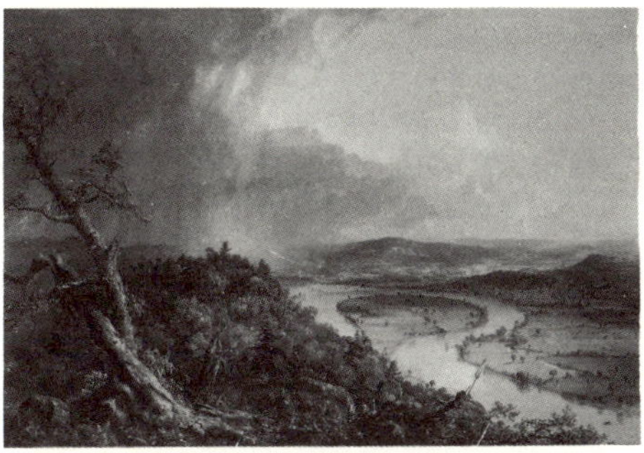

Hudson River School: Thomas Cole, *Der ›Jochbogen‹*, 1846, eine typische Panoramadarstellung unberührter amerikanischer Landschaft, in diesem Falle eine Ansicht des Connecticut River bei Northampton.

Hudson River School Eine Gruppe nordamerikanischer Maler, die um 1820 bis etwa 1850 tätig waren und deren Hauptmotiv die Szenerie des Hudson-River-Tals und der Catskill Mountains war. Zu den Mitgliedern dieser Gruppe, die teilweise an die Schule von → Barbizon anknüpfte, gehörten Thomas Cole und Frederic Edwin Church.

Hugenotten-Silber Silber, das entweder von den Hugenotten, den calvinistischen Flüchtlingen, die sich nach dem Widerruf des Ediktes von Nantes (1685) in England niederließen, hergestellt wurde oder aber diesen Stil nachahmte.

Humpen Bauchiges oder zylindrisches Trinkgefäß mit Deckel aus dem 16. bis 18. Jh., das aus Glas, Metall oder → Fayence bestand und mit reicher Verzierung versehen war.

Hund des Fo (chin. fo ›Buddha‹) Eine phantasievolle chinesische Löwendarstellung.

Hundszahnornament (auch Spitzzahnornament) Architektonisches → Ornament aus erhabenen vierzackigen Sternen, die diagonal gesetzt sind und so eine gewisse Ähnlichkeit mit dem Hundegebiß aufweisen. Das H. ist typisch für die Architektur des → Early English Style.

Hungertuch (Fastentuch, Fastenvelum) Mittelalterlicher, bemalter oder bedruckter Vorhang mit Darstellungen aus der Passion Christi oder mit den Marterwerkzeugen, der in der vorösterlichen Zeit zwischen → Chor und Kirchenschiff aufgehängt wurde.

Hydria (von griech. hýdor, ›Wasser‹) Ein griechischer Wasserkrug, üblicherweise urnenförmig und mit drei Henkeln, einem horizontalen Paar zum Heben des Gefäßes und einem hochkant stehenden zum Ausgießen (→ Vasenformen, griechische).

Hyperrealismus siehe Fotorealismus

Hypogäum (griech. Hypogeion ›Grabstätte‹) Lateinische Bezeichnung für → Katakombe.

Hypokaustum Eine römische Methode der Gebäudebeheizung mit Hilfe von heißem Wasserdampf, der unterhalb des Bodenbelags zirkuliert.

Hypostylon (von griech. ›unter Säulen‹) In der Antike eine große → Halle mit einem von Säulen getragenen Dach.

Hypotrachelion (griech.) Der dicht unter dem → Kapitell befindliche Hals einer → Säule, der meist mit diesem aus einem Stück gearbeitet ist.

I

Ideal Alle hervorragenden Qualitäten, die in unterschiedlichen individuellen Formen des gleichen Typs oder der gleichen Kategorie in der Natur zu finden sind, in sich vereinende künstlerische Ausdrucksweise. Das I. strebt also höhere Perfektion gegenüber allem an, was in der Wirklichkeit beobachtet werden kann, entspringt allerdings notwendigerweise der Vorstellung des Künstlers von Perfektion. Diese Vorstellung wurzelt im Neuplatonismus der → Renaissance und übte ihren größten Einfluß auf Künstler des 18. Jh.s aus (→ Klassizismus).

Ideale Landschaft siehe Landschaftsmalerei

Ife Stadt in Nigeria, wo seit 1910 bemerkenswerte Funde an Bronze- und Terrakottafiguren getätigt wurden, deren Entstehungszeit man ins 13./14. Jh. n. Chr. datiert. Das hervorstechende Merkmal der Kunst von I. ist ihr → Naturalismus, allerdings weisen Plastiken, die den ganzen Körper wiedergeben, typisch afrikanische Proportionen auf (d. h., daß der Kopf bis zu einem Viertel der Gesamtkörpergröße einnehmen kann). Darüber hinaus erinnert die Wiedergabe des Körpers und der Glieder auffallend an die Terrakotten der → Nok-Kultur, und es ist in diesem Zusammenhang von Bedeutung, daß die Kulturen von Nok und I. die beiden einzigen Kulturen Afrikas sind, die die Aufgabe bewältigten, so große Terrakottaplastiken zu brennen. Ganz sicher gehörten die Terrakottaköpfe und -figuren einst zur Ausstattung von Kultstätten und heiligen Hainen, während man die Bronzeköpfe wohl auf Holzpfählen anbrachte, die dann, noch mit Gewändern angetan, als Toteneffigien verstorbener Könige und Häuptlinge dienten. Nach dem 14. Jh. ging die Bronzegießerei in I. – wohl aus wirtschaftlichen Gründen – zurück, während sie in → Benin, wo günstigere Bedingungen herrschten, aufblühte.

Ignudo (ital., pl. ignudi) Ein männlicher → Akt, besonders Michelangelos Aktfiguren der Sixtinischen Kapelle (→ Scheinskulptur).

Ikat, Ilkhat (malaiisch) 1. Das Verfahren, mit dem ein Muster dauerhaft in die Kette (Ketten-I.), den Schuß (Schuß-I.) oder beide (Doppel-I.) vor dem Weben des Stoffes eingefärbt wird. 2. Bezeichnung für auf diese Weise hergestellte Textilien.

Ikone Tafelbild der griechisch- oder russisch-orthodoxen Kirche mit üblicherweise religiösem Motiv, das genau von der Tradition festgelegt ist und in der Darstellung streng den kanonisch vorgeschriebenen Mustern folgt. Eine authentische I. kann demnach aus dem 6. Jh. genauso wie aus der Gegenwart stammen, ohne sich im Aussehen grundlegend zu unterscheiden.

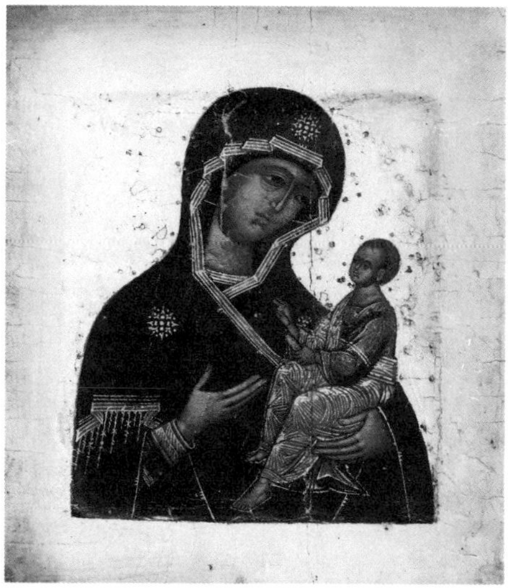

Russische **Ikone,** um 1600, mit der verbreiteten Darstellung der **Hodegetria.**

Ikonographie Die rein deskriptive Erfassung und Klassifikation der Themen, Motive, → Allegorien und → Symbole von Werken bildender Kunst im Gegensatz zur interpretativen → Ikonologie. Als Hilfsmittel ikonographischer Forschung müssen nicht selten künstlerische Selbstzeugnisse und Kommentare wie auch Sekundärquellen herangezogen werden.

Ikonoklasmus (griech. ›Bildersturm‹) Die durch ein Edikt Kaiser Leos III. († 741) entfesselte Bildzerstörung (730–843) bzw. -verbrennung im Gefolge des 726 in Byzanz ausgebrochenen Bilderstreits. Anlaß war die überhandnehmende Verehrung der → Ikonen. Als Argumente dienten das biblische Bilderverbot (u. a. 2. Buch Mose, 20.4) sowie die Unmöglichkeit, Jesu ›göttliche Natur‹ darzustellen. Eine Abbildung seiner bloßen ›Menschlichkeit‹ bedeute jedoch Trennung der beiden Naturen Christi und komme damit einem Bekenntnis zum Nestorianismus gleich (so Kaiser Konstantin V., 741–775). Allerdings ziehen Historiker auch einen Einfluß des Islam in Betracht, dessen Macht an den Grenzen des byzantinischen Reiches zunahm und dessen Lehre durch einen Verzicht auf bildliche Darstellungen gekennzeichnet ist. 754 lieferte eine Synode in Hiereia (am Bosporus) für den I. das ›theologische Fundament‹. Als Alternative für die verpönten Ikonen schuf man Pflanzen-, Blatt- und Tiermotive (Vögel) sowie schlichte Kreuze ohne Korpus. Mit Personendarstellungen fand man sich nur bei ›weltlichen‹ Sujets ab. Der I. führte zu einer blutigen Krise in Byzanz und war nicht zuletzt von nachhaltiger Wirkung auf die Entwicklung der → byzantinischen Kunst mit ihrem hieratisch-strengen Ikonenstil (→ ikonoklastische Kunst).

Ikonoklastische Kunst Eine Art der byzantinischen Kunst ohne figurative religiöse Bildnisse.

Ikonologie Interpretation und Erhellung von Bildinhalten durch breite Untersuchung des kulturellen, historischen und soziologischen Hintergrundes.

Ikonostase (griech. ›stehendes Bild‹) Die Scheidewand zwischen → Hauptschiff und → Chorraum in einer → griechisch-orthodoxen Kirche, üblicherweise bedeckt mit → Ikonen (das Äquivalent einer Altar- oder → Chorschranke in einem Gotteshaus der Westkirche).

Illumination, Illuminieren (lat. illuminare ›erhellen‹) Bereits im Mittelalter gebräuchliche Bezeichnung für das Ausschmücken von → Handschriften (weltlichen oder → liturgischen Büchern) mit ornamentalen oder bildlichen Darstellungen (→ Initialen, → Miniaturen, Randleisten) durch den Illuminator (Miniaturist) im Sinne der → Buchmalerei.

Illusionismus Bezeichnung für die Versuche, in der → Malerei auf der zweidimensionalen Bildfläche einen möglichst hohen Grad optischer Realitätsnähe zu erzeugen, und zwar durch künstlerisch-technische Mittel im Sinne der quadratura (entsprechendes Format, → perspektivische Raumerweiterung, → Verkürzung, Plastizität, Ineinandergehen von Skulptur bzw. Plastik und Malerei, Übergang von Architektur in gemalte → Scheinarchitektur) oder durch malerische Tricks im Sinne des → Trompe-l'œil (Vorhangmotiv, geöffnete Schranktüren, Einbeziehung von Spiegeln, aus dem Bild blickende Figuren, Licht- und Schatteneffekte unter Berücksichtigung der tatsächlichen Lichtverhältnisse im Raum, virtuose Darstellung kleiner, scheinbar auf oder sogar vor der Bildfläche befindlicher Objekte, wie z. B. Fliegen usw. Gemalte Scheinarchitektur und scheinbare Durchbrechung von Wänden durch gemalte Szenen waren in der → römischen Kunst allgemein üblich (besonders gut dokumentiert in → Pompeji); in der → Renaissance griff man wieder darauf zurück (eines der frühesten Beispiele ist Mantegnas *Camera degli Sposi* in Mantua), und diese Technik erreichte ihren Höhepunkt im → Barock, als man u. a. mit → Stuck vollendete Übergänge zwischen den Medien schuf. Auch für täuschende Naturähnlichkeit finden sich Beispiele in der → Antike: Plinius behauptet, eine Weintrauben-Darstellung des → griechischen Malers Zeuxis sei von so verblüffend echter Wirkung gewesen, daß sie sogar Vögel angelockt habe. Auch hier knüpften Renaissance-Maler an, beliebt waren vor allem illusionistische → Stilleben an den Außenseiten von Flügelaltären. Illusionistische Verfahren sind in neuerer Zeit vor allem im → Surrealismus (Dalí) und in den verschiedenen Spielarten des → Realismus (→ Fotorealismus) angewandt worden.

Illustration (lat. illustrare ›erleuchten, erläutern‹) Eine seit etwa 1840 gebräuchliche

Bezeichnung für Text begleitende bildliche Darstellungen schmückender oder verdeutlichender Funktion (auch in Form beigelegter Mappenwerke, die in einem reproduzierbaren Verfahren (wie → Holzschnitt, → Holzstich, → Kupferstich, → Lithographie, Radierung aber auch → Fotografie) hergestellt sind. Gemalte Einzelausführungen bezeichnet man dagegen als → Illumination. Ein Überwiegen der I. über den Text findet sich beim → Bilderbogen (bzw. dem → Comic strip).

Imago pietatis (lat. ›Andachtsbild‹) Christus wird als Halbfigur mit vor der Brust übereinandergelegten Händen und sichtbaren Wundmalen vor dem Kreuz dargestellt.

Imari (jap.) Reich verziertes → Porzellan, das seit dem späten 17. Jh. in Arita, Japan, für den Export hergestellt und vom Hafen Imari aus nach Europa verschifft wurde. Sein Dekor

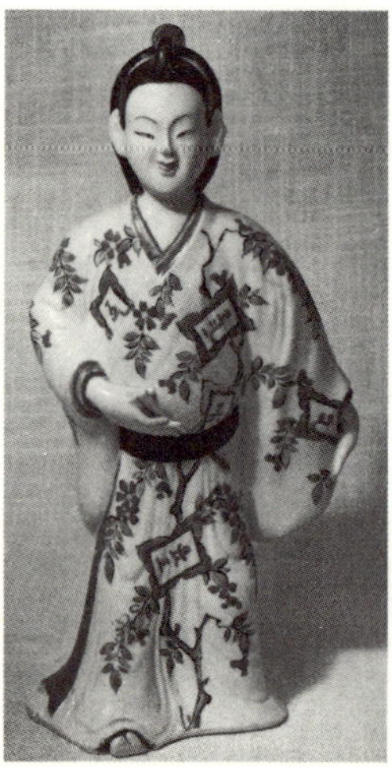

Porzellanfigur einer japanischen Schönheit, Arita, um 1673/83. Ihr Gewand zeigt **Imari**-Dekor.

verbindet → Unterglasur-Blau mit → Aufglasur-Email (besonders in Rot und Gold). Das chinesische I. ahmte die japanischen Originale im Konkurrenzkampf um den europäischen Markt nach; auch englische Porzellanmanufakturen benutzten im 18. und 19. Jh. I.-Dekor.

imp. (von lat. impressit ›hat es gedruckt‹) Synonym für → exc.

Impasto In der → Malerei das Verfahren, Farbe so dick aufzutragen, daß eine ausgeprägte Oberflächenstruktur entsteht.

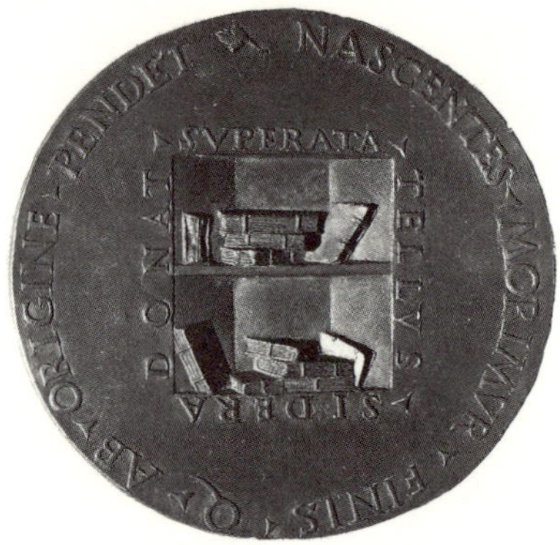

Impresa: Der Bücherschrank auf diesem persönlichen Siegel des Galeotto Marzio da Narni, eines Bologneser Gelehrten des 15. Jh.s, ist ein typisches Motiv.

Impresa (ital.) In der italienischen → Renaissance eine → Devise, die von Prinzen, Gelehrten und anderen hochgestellten Persönlichkeiten als individuelles Abzeichen benutzt wurde.

Impressionismus Französische Kunstrichtung des 19. Jh.s, die versuchte, zeitgenössische wissenschaftliche Forschungen über die physikalische Beschaffenheit der Farben (einschließlich der von Michel Eugène Chevreul geleisteten Arbeit) zu benutzen, um eine exaktere Wiedergabe von Farbe und Farbwert zu erreichen. Die meisten Impressionisten trugen reine Farben in kleinen Tupfen auf und nicht in breiten, angemischten Strichen. Auf diese Weise entstanden Bilder, die strahlender und leuchtender erschienen als die der zeitgenössischen Salonmaler. Sie zogen auch die → Pleinairmalerei vor und versuchten, einen speziellen flüchtigen Eindruck von Farbe und Licht einzufangen und nicht im Atelier eine Synthese der Eindrücke zu schaffen. Der Wald von Fontainebleau, die Gegend der Seine-

Mündung und der Kanalküste waren die Szenerie dieser Malweise, die die Natur aus der subjektiven ›Impression‹ begriff. Das wesentliche Kriterium dieser Kunstrichtung war, die Gegenstände der Natur nicht in ihrer Körperlichkeit, sondern in der farbigen Auflösung zu zeigen, die Sonne, Licht und Luft hervorrufen. Die mit der Bewegung in Verbindung stehenden Künstler trafen kurz vor Ausbruch des deutsch-französischen Krieges von 1870/71 zusammen. Die erste impressionistische Ausstellung fand 1874 statt, sie enthielt Arbeiten von Claude Monet, Auguste Renoir, Alfred Sisley, Camille Pissarro, Paul Cézanne, Edgar Degas, Armand Guillaumin, Eugène Boudin und Berthe Morisot.

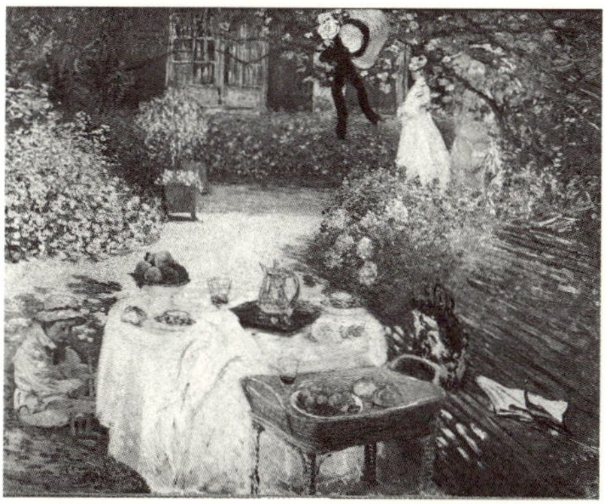

Claude Monet, *Das Frühstück,* um 1873, entstand während der Blütezeit des **Impressionismus.** Das Bild zeigt eine typische Pleinair-Szene.

Imprimitur In der → Ölmalerei das Verfahren, mit dessen Hilfe einem Bild ein einheitlicher mittlerer Grundton verliehen wird. Hierzu trägt man eine dünne Farbschicht mit Ocker oder Siena lasierend über der auf weißem Grund angelegten Vorzeichnung auf.

...in., ...inv., ...invenit, ...inventor (lat. invenit ›hat [es] erfunden‹) Eine auf Drucken zu findende Abkürzung, die den vorangehend Genannten als den Urheber der Zeichnung angibt (der aber nicht notwendigerweise auch der Stecher oder Radierer war).

...inc., ...incid., ...incidit, ...incisor (lat. incidit ›hat [es] geschnitten‹) Abkürzung auf Drucken, die den vorangehend Genannten als Stecher oder Gravierer angibt.

Independent Group (engl. ›unabhängige Gruppe‹) Eine Gruppe britischer Künstler, Architekten und Kunstkritiker (unter ihnen Richard Hamilton und Eduardo Paolozzi), die im Institute of Contemporary Arts (ICA) Mitte und Ende der 1950er Jahre in London zu regelmäßigen Diskussionen zusammenkam. Diese Gruppe ist verantwortlich für die Geburt der englischen → Pop Art.

In der Art des ... Die so bezeichnete Arbeit entstammt der Hand eines unbekannten Nachahmers des genannten Künstlers.

Individualisten Chinesische Künstler des 17. Jh.s, die sich von den offiziellen → Schulen zurückzogen und allein in Protest gegen die Mandschu-Regierung nach dem Sturz der Ming-Dynastie arbeiteten (→ Chinesische Kunst).

Individuelle Mythologie(n) Anläßlich der documenta 5 (1972) von Harald Szeemann geprägte Bezeichnung, die versucht, die verschiedenen – nach der Wendung zum Objektiven in der Mitte der 1960er Jahre (→ Minimal Art, → Konzeptuelle Kunst) – ins Subjektive umschlagenden Tendenzen zu Beginn der 1970er Jahre unter einen Begriff zu fassen. Subjektive Weltsicht, Beschäftigung mit der eigenen Person und das Erfinden neuer Welten sind seit der → Renaissance in der Kunstgeschichte durchaus gebräuchlich. Neu ist bei den I.n M. ein Hang zum Enzyklopädischen, zum Systematischen und zum Konstruieren großer, übergreifender Systeme (sorgfältige und exakte, quasi ›wissenschaftliche‹ Dokumentation und Rekonstruktion tatsächlicher oder fiktiver Welten) – was sich ohne Zweifel aus der Kunst der 1960er Jahre herleitet –, und auch die Wendung nach innen zielt oft eher aufs Kollektive als aufs Individuelle. Unverkennbar ist ferner die Neigung zum Archäologischen und – deutlich vom Strukturalismus und Claude Lévi-Strauss beeinflußt – zum Ethnologischen.

Induskultur Älteste Epoche der indischen Kunst, entstanden um 2500 v. Chr., mit einer hochzivilisierten, aus der Dorfstruktur entwickelten städtischen Kultur, die sich über das ganze Gebiet des Indus-Flußsystems mit den Hauptzentren Harappa und Mohendjo-Daro ausbreitete. Die I. kannte bereits den Backsteinbau und die regelmäßige Stadtanlage im Gitterraster, sie besaß eine ausgebaute Kanalisation, öffentliche Bäder und Brunnenanlagen, eine Bilderschrift sowie Keramik und schuf vollplastische Bildwerke von meisterlicher Qualität. Viele Motive der späteren indischen Kunst sind hier schon vorgebildet wie zum Beispiel der Asket in der Yoga-Haltung. Der plötzliche wohl gewaltsame Verfall der I. um 1500 v. Chr. konnte bis heute in seinen konkreten Ursachen nicht eindeutig aufgeklärt werden.

Industrial Design Seit Mitte des 19. Jh.s die durchdachte Anwendung ästhetischer und praktischer Kriterien auf den Entwurf von maschinell hergestellten Waren mit dem Ziel, eine erfolgreiche Verbindung zwischen künstlerischer und maschineller Industriefertigung erreichen zu können.

Informel, Informelle Kunst Sammelbezeichnung für eine abstrakte Kunstrichtung, die sich um 1945 in Paris formierte und sich durch die Ablehnung einer organisierten Formstruktur von der sogenannten geometrischen Abstraktion abhebt. Die Bezeichnung geht auf eine Wortprägung des französischen Kritikers Michel Tapié zurück (Art informel), der erstmals von der »Bedeutsamkeit des Formlosen« sprach. Mit → Tachismus, → Action Painting und → Art brut brachte die I.K. eine Vielfalt von Stilrichtungen hervor, die vor allem in den 1950er und frühen 1960er Jahren die internationale Kunstszene beherrschten. Feste Kompositionsregeln wurden abgelehnt, durch frei erfundene Zeichen oder durch die spontane Rhythmik von Farbflecken und Linien versuchte man, geistige Impulse unmittelbar auszudrücken. Bilder der I.n K. sind als spontane Gebärden zu verstehen, als Psychogramme innerer Vorstellung.

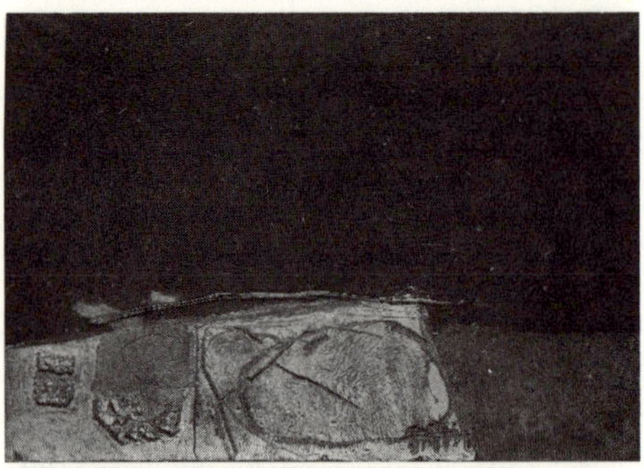

Informel: Antoni Tapiès, *Grün und Schwarz,* 1957.

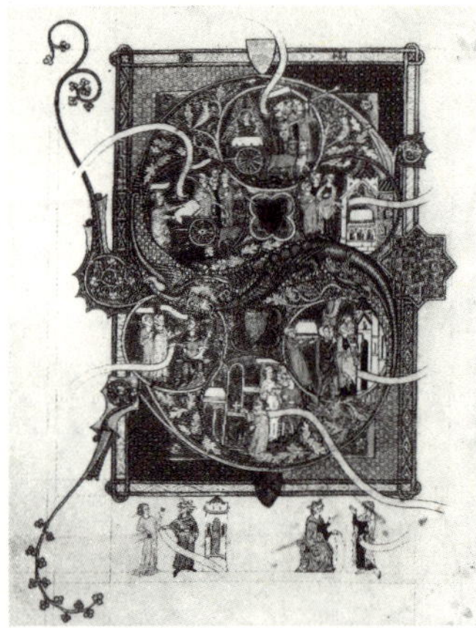

Eine S-**Initiale** aus dem Tickhill-Psalter, um 1310. Eine der sechs Szenen (unten) zeigt eine Episode aus dem Leben des Thomas Becket.

Initiale In farblicher Gestaltung und ornamentaler Verzierung ausgeführter Anfangsbuchstabe, der häufig ein → Monogramm bildet. Die I. taucht erstmals in spätantiken Handschriften auf (5. Jh. n. Chr.), erlebt einen Höhepunkt in der irisch-angelsächsischen, insularen → Buchmalerei und bildet das ganze Mittelalter hindurch (neben Rankenwerk und → Miniaturen) ein Hauptgebiet der → Illuminationskunst.

Inka, Kunst der Indianisches Volk, dessen Imperium zur Zeit seiner größten Ausdehnung (Ende 15./Anfang 16. Jh.) von Ecuador über Peru und Bolivien bis nach Nordwest-Argentinien und zum Rio Maule (Mittelchile) reichte. Die I. besaßen ein straff organisiertes Reich, kannten Landwirtschaft, hielten Haustiere und waren hervorragende Baumeister. Ihre Kunst hält sich an überkommene Formen, typisch sind vor allem feine Textilien, oft mit (noch nicht restlos geklärten) schriftartigen Zeichen (Tocapus). Derartige (Quillca-) Zeichen fand man auch auf Keros (großen Holzbechern mit geraden oder konkaven Seitenwänden und eingekerbten geometrischen Mustern). Bemalte Keros stammen erst aus der Zeit nach der spanischen Eroberung. Die I. schufen ferner Metallobjekte (Gold- und Silberfigürchen von Menschen und Tieren, z. B. Lamas) und Keramik (überwiegend standardisierte Typen, wegen ihrer Ähnlichkeit mit altgriechischen Vasen Aryballos-Formen genannt: große bauchige Gefäße mit spitzer Basis ohne Standfläche, engem, langem Hals und ausgebogener, weiter Mündung).

Inkarnat Fleischton. In der Malerei die Farbe für menschliche Haut.

Inkrustation Farbige Verzierung von Steinflächen durch Einlagen oder Auflagen aus → Marmor, → Terrakotta, Glas, farbiger Paste (vgl. auch → Mosaik). Bei der I. erzeugt man durch den Wechsel von hell- und dunkelfarbigen Steinen verschiedenartige Muster, ein Verfahren, das bereits in der → antiken und der → byzantinischen Kunst (Hagia Sophia) angewandt wurde und dann besonders in der italienischen Baukunst vom frühen Mittelalter bis zum → Barock eine bedeutende Rolle spielte. (→ Cosmaten). Inkrustiert wurden neben Fußböden, Innenräumen und Ausstattungsstücken auch Fassaden (z. B. das Baptisterium in Florenz). Ist Holz in Holz inkrustiert, spricht man von → Intarsien. I.en von Metall in Metall heißen → Tauschierungen.

Inkunabeln (Wiegendrucke) (lat. incunabula ›Wiege‹) Bezeichnung für Druckerzeugnisse seit der Erfindung des Buchdrucks mit beweglichen Lettern (um 1440) bis zum Jahre 1500, also aus der Zeit, als der Buchdruck noch ›in der Wiege‹ lag. Auch die ersten Radierungen, Kupferstiche etc. werden als I. bezeichnet.

Inrō (jap. ›Medizinkasten‹) Ein kleiner Lackkasten, der bei der traditionellen japanischen Männerkleidung am Gürtel anstelle eines Beutels getragen wird, da diese Tracht keine Taschen hat. I.s sind gewöhnlich in mehrere Fächer unterteilt und reich geschmückt (→ Netsuke).

Installation siehe Rauminstallation

Intaglio In eine Oberfläche eingetieftes → Relief (insbesondere bei → Gemmen, im Gegensatz zur erhaben gearbeiteten → Kamee).

Intarsien (ital.) Kunsthandwerk, bei dem ein hölzerner Träger mit Einlegearbeiten aus andersfarbigem Holz, Schildpatt, Messing etc. verziert wird. Häufig werden mit I. figürliche Motive oder kunstvolle → perspektivische Effekte erzielt. Die Blütezeit der I.-Arbeit war die → Renaissance in Italien, wo sie unter anderem bei zahlreichen → Chorgestühlen und Wandtäfelungen Verwendung fand.

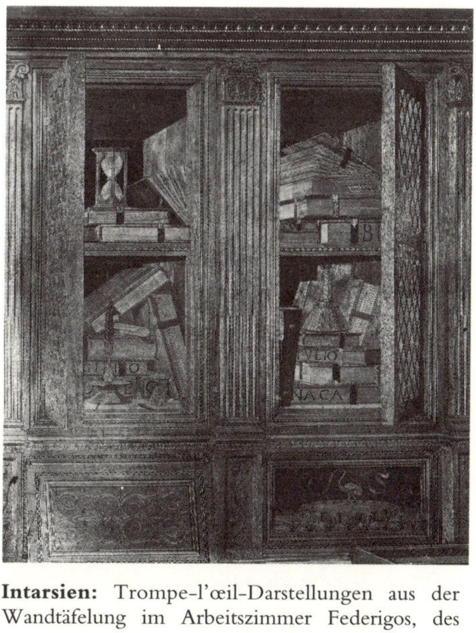

Intarsien: Trompe-l'œil-Darstellungen aus der Wandtäfelung im Arbeitszimmer Federigos, des Herzogs von Urbino, nach Entwürfen von Botticelli, 1476.

Interieurmalerei Die Darstellung von Innenräumen in der Malerei. Zu Beginn des 14. Jh.s kommen, unter Anlehnung an spätantike Scheinarchitekturen, in Italien kastenartige Innenraumdarstellungen mit fehlender Vorderwand auf. Aber erst im 15. Jh. erfaßt die Innenraumdarstellung das gesamte Bild bei zunehmender Beherrschung einer lebendigen, → perspektivischen Wiedergabe von → Genremotiven. Besonders in der altniederländischen Malerei des 14./15. Jh.s läßt sich eine Entwicklung feststellen, die zu einem frühen Höhepunkt poesievoller und auf sorgfältiger Detailbeobachtungen beruhender I. führt. In Italien ist für die I. besonders das Schaffen von Domenico Ghirlandaio und Vittore Carpaccio hervorzuheben. In Deutschland führt Albrecht Dürer mit seinem Kupferstich *Der hl. Hieronymus im Gehäus* (1514) die humanistische Gelehrtenstube in die I. ein. Die Niederländer des 16. und 17. Jh.s haben diese Ansätze der I. schließlich zu einer eigenständigen Bildgattung in Form des → Küchenstücks oder des → Konversationsstückes geführt.

Interkolumnium (lat. ›Säulenabstand‹) siehe Säule, Systylos

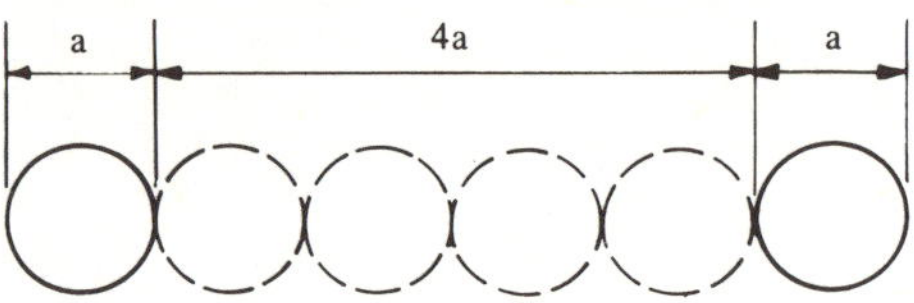

Interkolumnium

Intermedia Spektakuläre Inszenierung eines Medienverbundes (→ Mixed Media).

International Style Von dem Architekturhistoriker Henry Russell Hitchcock und dem Architekten Philip Johnson geprägte Bezeichnung zur Charakterisierung der Avantgarde-Architektur, die sich in Europa zwischen 1920 und 1930 ausbildete. Nach deren Beurteilung war es eine Architektur, die sich vom Innern des Gebäudes nach außen zu dessen Fassade vorarbeitete. Die Achsensymmetrie, die bis dahin die architektonische Gestaltung bestimmt hatte, wurde durch das Prinzip der

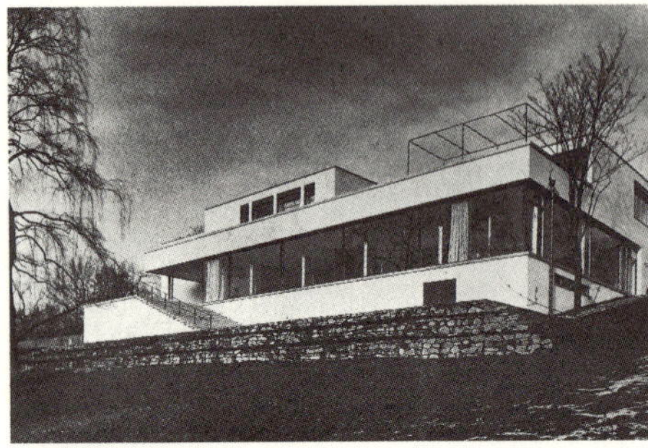

International Style: Das Tugendhat-Haus in Brünn, 1930, ein früher Entwurf Mies van der Rohes, zeigt das typische Fehlen von Verzierungen sowie asymmetrische Fassaden.

logischen Planung ersetzt, und man verzichtete auf alles nicht funktionale Schmuckwerk. Synonym: Internationale Moderne.

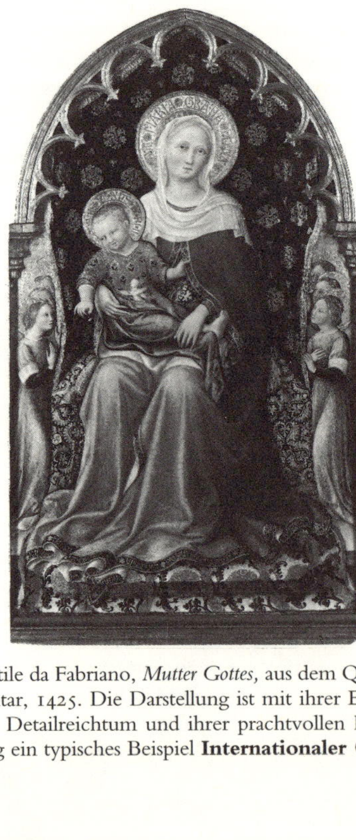

Gentile da Fabriano, *Mutter Gottes,* aus dem Quaratesi-Altar, 1425. Die Darstellung ist mit ihrer Eleganz, dem Detailreichtum und ihrer prachtvollen Farbgebung ein typisches Beispiel **Internationaler Gotik.**

Internationale Gotik Die Entwicklung des → gotischen Stils, besonders in der Malerei und Bildhauerei, in ganz Europa von ca. 1400 an in Richtung höfischer Eleganz und → Naturalismus. In der Malerei wurde diese Etikettierung Pisanello und Gentile da Fabriano in Italien, André Beauneveu in Frankreich und Bernardo Martorell in Spanien verliehen.

Internationale Moderne Synonym für → International Style.

Intimismus (frz.) Ein Name, der der späten → impressionistischen Richtung (besonders den Arbeiten von Pierre Bonnard und Edouard Vuillard) verliehen wurde, in der informelle private Szenerien in bürgerlich-häuslicher Umgebung dargestellt wurden.

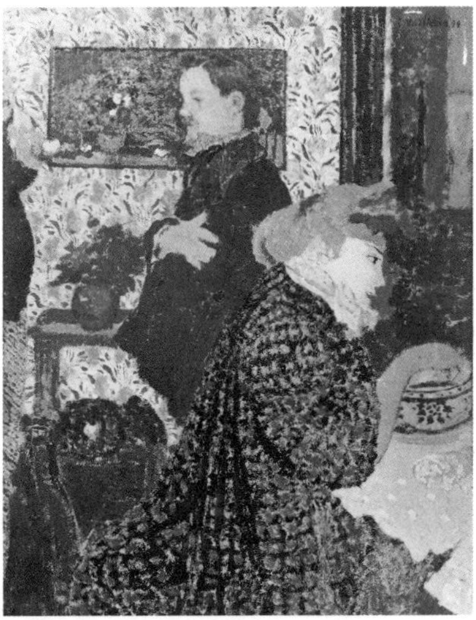

Vuillards Doppelporträt von Misia Sert (damals Natanson) und dem Maler Félix Valloton, 1894, zeigt ein bürgerliches Interieur, wie es für den **Intimismus** typisch ist.

Intonaco (ital.) Die letzte → Putzschicht, auf die ein → Fresko gemalt wird. Deutsch: Feinbewurf, Feinputz.

Ionisch Stilrichtung der → Säulenordnung in der → griechischen Baukunst.

Ipiutak Bemerkenswerte → Eskimo-Kultur (etwa 200–300 n. Chr.), benannt nach einer Fundstätte von Point Hope (Alaska). Das reichhaltige und reichdekorierte Inventar enthält unter anderem fein gearbeitete Schnitzereien (Masken, Figuren) aus Walroß-Elfenbein. Die Bevorzugung von Tiermotiven deutet auf Beziehung zu Sibirien hin.

Irokesen Kunst der Gruppe von Indianerstämmen im Nordosten der Vereinigten Staaten bzw. Südosten Kanadas. Vor dem Eindringen der Europäer schufen sie einen charakteristischen Keramikstil und schnitzten Knochenkämme. Bekannter wurden sie jedoch durch ihre jüngere (und noch immer qualitätsvolle) Groteskmasken-Schnitzerei, die mit ihren ›Falsches Gesicht‹-Geheimbünden zu tun hat. Die aus Holz geschnittenen und mit Pferdehaar versehenen Masken sollen Krankheiten heilende Geister darstellen.

Islamische Kunst Tragendes Element der i.K. ist das Verbot der Darstellung alles Lebendigen. Aufgrund dieses religiösen Postulats kann man trotz lokaler Unterschiede feststellen, daß sich aus den Bedingungen der islamischen Religion eine mit spezifischen Merkmalen behaftete i.K. ausgebildet hat, die von verschiedenen Völkern getragen und angenommen wurde. Zentrale Bedeutung in der i. Baukunst besitzt die Moschee. Dieser Kultraum ist gewöhnlich rechteckig, im Ganzen mit einer Mauer umgeben, die zuweilen nach außen vorspringende Türme sowie nach innen gerichtete Säulen- oder Pfeilerumgänge besitzt. Den Mittelpunkt bildet der rechteckige, überwölbte Betsaal, in dem eine apsidenartige Nische *(Mihrab)* die Richtung nach Mekka anzeigt. Im Hof befinden sich der Reinigungsbrunnen *(Sebil)* und das *Minarett,* der Turm für den Gebetsrufer. Neben der Gebetsmoschee hat die ebenfalls mit Kuppeln überwölbte Moschee über den Heiligengräbern im gesamten Gebiet des Islam eine hohe Bedeutung. Beide Moscheentypen wurden von der spätantiken Kuppelkirche wesentlich beeinflußt (z. B. Felsendom in Jerusalem). Die Bauornamentik ist fast ausschließlich geometrischer Natur, nur selten finden sich stilisierte Pflanzen- oder Tierornamente. Ein wichtiges

Element der islamischen Ornamentik stellt die → kufische Schrift dar, an deren Ausbildung die → Buchmalerei und -binderei, die in der islamischen Welt wie die Malerei als eine der schönen Künste gelten, einen hohen Anteil haben. Bei → Miniaturen religiösen Inhalts handelt es sich zunächst um Illustrationen zu Dichtungen und religiös-historischen Epen mit dogmatischem Lehrcharakter, die auch gelegentlich Figürlichkeit darstellen, während man sich in der Regel auf die rein ornamentale Ausschmückung der Schriften beschränkte. Im 14./15. Jh. stellte man den Propheten Mohammed, den Begründer der islamischen Religion, noch unverhüllt dar, danach nahm jedoch die Tendenz zu, sein Gesicht verhüllt wiederzugeben und schließlich sogar seinen ganzen Körper zu verschleiern.

Isokephalie Die Anordnung von Figuren in einer Weise, daß ihre Köpfe auf gleicher Höhe sind, gleichgültig in welcher Pose sie dargestellt sind. Typisch für die → antike griechische Kunst der klassischen Zeit.

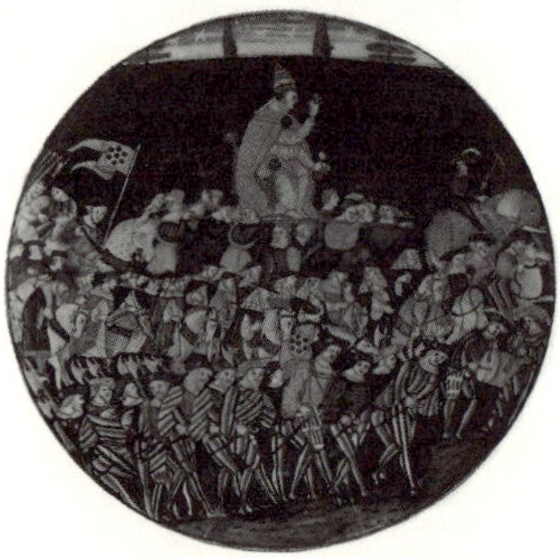

Istoriato: Ein Majolikateller zum Gedenken an den Besuch Papst Leos X. in Florenz 1516.

Istoriato (ital. ›bemalt, ausgemalt‹) Italienische → Majolika des späten 15. und 16. Jh.s, besonders Teller und Platten, deren gesamte Oberfläche mit figürlichen historischen, klassisch → mythologischen oder biblischen Szenen geschmückt ist.

Italianate Style (engl. ›italianisierender Stil‹) 1. Ein englischer Architekturstil des 19. Jh.s, der von italienischen → Renaissance-Bauten

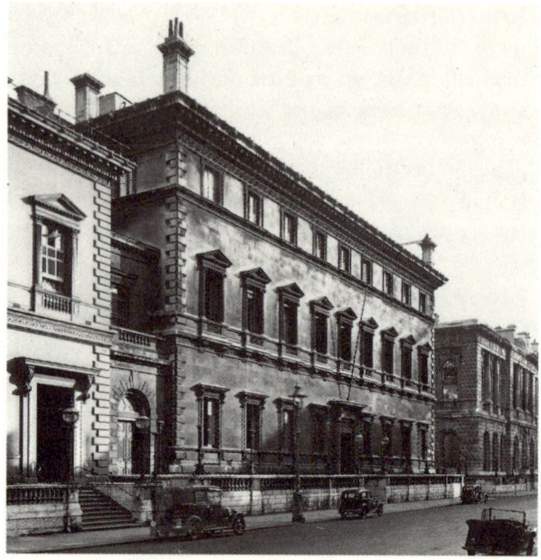

Italianate Style: Charles Barrys Reform Club, Pall Mall, 1837, ist dem Palazzo Farnese in Rom (16. Jh.) nachempfunden.

abgeleitet und an öffentlichen Gebäuden, großer städtischer Architektur, aber auch an Landhäusern und Villen Anwendung fand. 2. Ein nordamerikanischer Architekturstil aus der Mitte des 19. Jh.s; bei Häusern zu finden, die häufig ein sanft ansteigendes Walmdach haben, das von einem kleinen Aussichtsturm gekrönt ist.

Italic 1. Eine Form der Kalligraphie mit schrägstehenden Buchstaben, die zuerst von den italienischen Humanisten des 15. Jh.s benutzt wurde. 2. Eine auf dieser Schrift aufbauende → Schriftart.

italisch Bezeichnung für die antiken Zivilisationen Italiens bis etwa zum 1. vorchristlichen Jh., außer den Römern, Etruskern und den griechischen Kolonisten in Süditalien.

italisierend Von der italienischen Architektur und Dekorationskunst der → Renaissance abgeleitet.

Iwan (auch Liwan) (arab.) In der → sassanidischen und → islamischen Architektur eine lange Vorhalle oder flache Halle mit einem spitzbogigen Tonnengewölbe (Gewölbe).

Iznik Türkische Töpferware aus dem 16. und 17. Jh. aus Iznik (dem antiken Nicäa) in Anatolien. Sie ist mit großen Blumenmustern, verwandt denen auf zeitgenössischen ottomanischen Textilien, und in strahlenden Farben bemalt (am typischsten in Blau, Türkis und Grün, oft mit der Beigabe eines leuchtenden Siegellackrot).

J

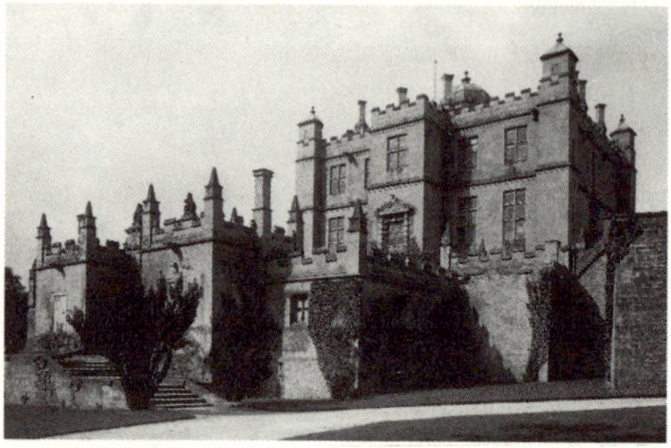

Jacobean Style: Die 1612 von John Smythson bei Bolsover Castle, Derbyshire, erbaute ›kleine Burg‹ stellt eine unkanonische Mischung aus gotischen und Renaissance-Elementen dar.

Jacobean Style Während der Regierungszeit Jakobs I. (1603–1625) in England vorherrschender Architektur- und Dekorationsstil. Vergröberte und unkanonisch eingesetzte Architekturmotive der → Renaissance wurden mit Beschlagwerk und anderen dekorativen Formen kombiniert, die dem → Manierismus in Nordeuropa entstammen. In Innenräumen findet sich viel kunstvoller Stuck und Holzschnitzerei.

Jacobethan Eine Mischung aus dem → Elisabeth- und dem → Jacobean Style, insbesondere freie Nachahmungen aus dem 19. Jh., die die Charakteristika beider kombinieren.

Jagdstück Malerische Darstellung von Jagdszenen oder → Stilleben mit erlegtem Wild. Die Geschichte des J.s beginnt im Grunde mit der paläolithischen → Höhlenmalerei und setzt sich in frühgotischen Jagdteppichen, mittelalterlichen religiösen Jagdthemen (Hubertus als Jagdheiliger) und → barocken mythologischen Jagddarstellungen (Alexanderjagd, Diana) fort. In der niederländischen Malerei des 17. Jh.s verselbständigt sich das J. zu einer eigenen Bildgattung.

Jakobsmuschel Ornament in der Form einer Jakobsmuschel. Im Mittelalter gelangte dieses Ornament zu religiöser Bedeutung als Emblem des St. Jakobus des Älteren; als solches wurde die J. von Pilgern auf dem Weg zum Schrein des Heiligen im spanischen Santiago de Compostela als Abzeichen getragen.

Japanische Kunst Aus der vorbuddhistischen Zeit Japans sind nur sehr wenige Relikte einer künstlerischen Kultur erhalten. Mit der Einführung des Buddhismus um die Wende vom 6. zum 7. Jh. n. Chr. entstand eine Baukunst, die in der Tempelarchitektur → chinesischen Vorbildern folgte. Eine bedeutende Rolle spielten in der Porträtplastik Darstellungen verehrter geistlicher Führer, Priester und Patriarchen, das gilt von der Nara-Zeit (710–784 v. Chr.) bis zur Heian- (794–1185) und Kamakura-Zeit (1185–1392). Danach verfällt die buddhistische Plastik. Gestalterin der geistigen Ideen (vor allem die Offenbarung des Göttlichen in der Landschaft) wird nun die Malerei, die sich als Tuschmalerei eng dem chinesischen Vorbild in den benutzten Formaten und den geltenden Konventionen anlehnt. Malflächen sind in der Hauptsache Hängerolle *(Kakemono),* Querrolle *(Emaki-mono),* Album-

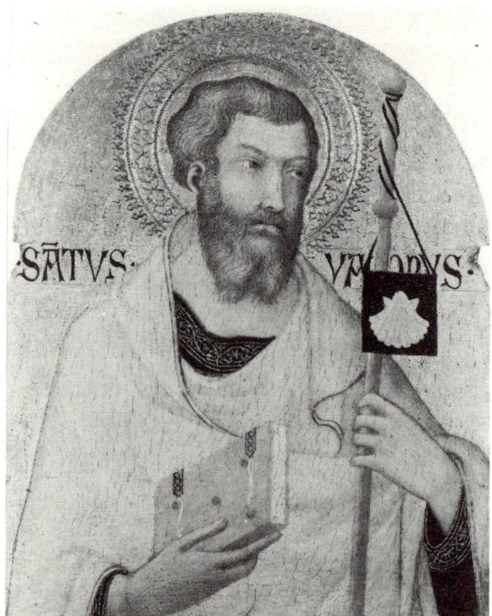

Jakobus der Ältere von Simone Martini und seinen Gehilfen, um 1284–1344, zeigt eine **Jakobsmuschel.**

blätter und – für eher dekorative Bedürfnisse – Paare zusammenklappbarer Wandschirme oder Schiebetürflächen. Das Kakemono wird gewöhnlich einzeln aufgehängt, seit Ende des 15. Jh.s sogar in einem eigens dafür vorgesehenen Alkoven *(Tokonoma)*. Emaki-monos sind von rechts nach links zu lesen. Sie enthalten entweder abwechselnd Bild- und Textteile oder eine durchlaufende Darstellung, oft eine regelrechte Erzählung in unterschiedlichen Szenen, in denen der (oder die) Hauptfigur(en) immer wieder aufs neue auftreten. Wandschirme zu Dekorationszwecken tauchen erstmals in großen Häusern während der Heian-Periode und der Folgezeit auf. Häufiger sind sie im Muromachi (1392–1568) und in der Momoyama-Zeit (1568–1600) zu verzeichnen. In der Momoyama-Periode bekommen sie etwas Prunkendes. Oft bildet nun Blattgold den Hintergrund ihrer Bemalung. Derartige Schirme sind in der Regel doppelt oder sechsfach zusammenklappbar, stets aber werden sie paarweise benutzt. Auch Schiebetüren bemalte man in gleicher Weise wie Wandschirme, doch bisweilen greift die Dekoration von der Tür auf die Wand über. Malereien wurden ebenso auf Seide wie auf Papier unterschiedlichen Typs und verschiedener Saugfähigkeit ausgeführt. Für besonders detailfreudige und stilgerechte Malereien sind geleimtes Papier und Seide die Regel. Tusche sowie Farben mineralischen oder pflanzlichen Ursprungs werden mit einem dicken, allerdings zugespitzten Pinsel aufgetragen. Dies ermöglicht dem Künstler eine kräftige, kontinuierliche Linienführung von unterschiedlicher Intensität und Breite. Häufig kommen in der japanischen Malerei Wolken ins Bild – bisweilen ohne erkennbaren Sinn, dann freilich erweisen sie sich, vom Standpunkt des Dekorativen aus, wieder als eminent wichtig. Man benutzt Wolken auch als eine Art trennende Kulisse zwischen einzelnen Szenen einer fortlaufenden Bilderzählung oder zur Unterteilung eines Stellschirms in unterschiedliche Bildebenen. Besondere Bedeutung erlangten Wolkenbänder während und nach der Momoyama-Periode, da der Hintergrund teilweise aus Gold bestand. Der menschliche Körper faszinierte die japanischen Maler nicht sonderlich. Selbst in den erotischen Bildern der → Ukiyo-e-Schule kommt kaum einmal ein → Akt vor, und wenn, besitzt er kaum etwas Aufreizendes, dafür wurde der Kleidung um so mehr Aufmerksamkeit gewidmet. Seit dem 15. Jh. verbreiteten sich in Japan auch die chinesische Töpferkunst im Dienst der Teezeremonie und die → Lackkunst. Eine bedeutende Besonderheit der j.n K. ist der Farbholzschnitt, der seine faszinierende Farbigkeit durch das Übereinanderdrucken mehrerer (bis zu 15) Farbplatten erhält. Seine Blütezeit erlebte der japanische Farbholzschnitt im 18. und 19. Jh. unter anderem mit den Meistern Utamaro, Hokusai und Hiroshige.

Japanpapier Handgeschöpftes, aus japanischen Hartfaserpflanzen hergestelltes, weiches Papier. Es wurde bereits im 17. Jh. zum Beispiel von Rembrandt für Handzeichnungen verwendet.

Japon siehe Épreuve sur japon

Japonaiserie (frz.) 1. Europäische Imitation der authentischen → japanischen Künste und des Kunsthandwerks. 2. Japanische Produkte, die im späten 19. Jh., zur Hochblüte des europäischen Japan-Enthusiasmus, dem europäischen Geschmack am meisten zusagten. Dazu gehörten Holzschnitte im → Ukiyo-e-Stil, → Porzellan, Fächer, → Lack- und Metallarbeiten.

Japonismus 1. Deutsche Bezeichnung für die europäische Japan-Begeisterung in der zweiten Hälfte des 19. Jh.s, die der Öffnung des Landes nach Westen hin folgte. 2. Der Einfluß japanischer Stilelemente auf die europäische Kunst, insbesondere → Impressionismus und → Postimpressionismus. 3. Bezeichnung für den seit dem 19. Jh. in Europa auftretenden kunsthandwerklichen Stil, der japanische Vorbilder nachahmte.

Jazz Modern Ein populärer Dekorstil der 1920er und 1930er Jahre mit gezackten Mustern, die letztendlich vom → Kubismus abgeleitet waren.

Jessestamm (Jessewurzel) In der bildenden Kunst seit dem Mittelalter beliebte Darstellung des Stammbaums Jesu (nach Jesaja 11, 1: »Und es wird ein Reis aufgehen aus der

Wurzel J., und ein Zweig aus seiner Wurzel wird Frucht bringen«, Römer 15,12 sowie Matthäus 1, 1 ff. und Lukas 3, 23 ff.). In der Regel liegt der J. auf dem Boden und aus ihm geht ein Baum hervor, dessen Zweige Voll- oder Brustbilder der Vorfahren Jesu tragen. Die Krone bildet dann Jesus (bzw. Jesus zusammen mit Maria).

Jesuitenporzellan Chinesisches Porzellan mit normalerweise monochromem Dekor, das Motive von europäischen Drucken verwendet.

Joch (frz. travée) 1. Abschnitt eines → Gewölbes. Es wird gebildet von einem Gewölbefeld, das auf vier Stützen (Säulen, Wänden) ruht. Mehrere, in der Längsachse eines Gebäudes angeordnete, gleichartige Gewölbefelder bilden ein → Schiff. 2. Der Teil eines Gebäudes, der von einem solchen Gewölbefeld überspannt wird. 3. Bei Bogenbrücken der Abschnitt zwischen zwei Pfeilern.

Jüdische Kunst Die Gemeinsamkeiten einer j. K. ergeben sich historisch und kulturell aus ihrer im wesentlichen kultisch orientierten Funktion. Zu diesen ausgesprochen jüdischen Kunstaufgaben gehören die religiös-liturgischen Zwecken dienende → Synagoge, die künstlerische Gestaltung der Kultgeräte um den Thora-Schrein, die jüdischen Kodices und Bücher sowie gewisse Grundzüge der → Kalligraphie. Die j. K. der Frühzeit ist von starken Impulsen der älteren Kulturen Palästinas bestimmt, mit denen sie sich auseinandersetzen mußte, sowie von dem mächtigen Einfluß der mesopotamischen Reiche, die sich oft den ganzen östlichen Mittelmeerraum unterwarfen. Die Kunst nach der römischen Verfolgung ist durch vielfältige Anregungen der einheimischen Kultur des jeweiligen Landes gekennzeichnet, in dem sich die jüdischen Bevölkerungsgruppen aufhielten. So spiegeln sich die einzelnen historischen Stilepochen auch in dem dem Kult dienenden jüdischen Kunsthandwerk wider. Allerdings ist aus der Zeit vor dem 16. Jh. wenig erhalten; das meiste gehört dem → Barock an. Es handelt sich dabei u. a. um Thora-Schilder, -Behälter, -Kronen, -Vorhänge und -Mäntel, um Thora-Wimpel und -Zeiger, um Rimmonim (eine Form der Thora-Bekrönung mit hohem Fuß), Sabbat-Leuchter, Kiddusch-Becher, Waschgeräte, Gewürzbecher, Chanukka-Leuchter (ein älterer bankartiger Typ und der jüngere Menora-Typ, d. h. der siebenarmige Leuchter), Etrog-Schalen für die Zitrusfrucht, Megilla (eine Kapsel für das auf eine Rolle geschriebene Buch Esther), Beschneidungsmesser, Flakons für die Beschneidung und Mesusoth (kleine Metall- oder Holzkapseln für Schriftrollen). Einen bedeutenden Zweig der j. K. stellen → Buchmalerei und Schriftkunst dar. Die ältesten erhaltenen, meist ornamental geschmückten Manuskripte sind aus dem 10./11. Jh. Vor allem in Spanien blühte eine hohe Kultur, in der im 13./14. Jh. figürliche Darstellungen auftraten sowie die ersten → illuminierten Hagadah-Handschriften erschienen. Sie sind eine wertvolle Quelle der jüdischen Kultur und Religionsgeschichte. In Italien entstanden

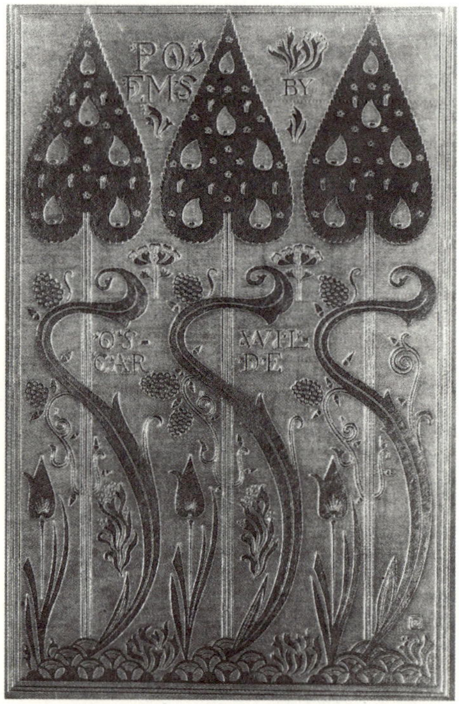

Jugendstil: Typische, an Pflanzenranken erinnernde Ornamente auf dem von Charles Ricketts gestalteten Einband zu Oscar Wildes ›Gedichten‹, 1892.

Handschriften besonders in der → Renaissance, wobei sich auch ein eigenwilliger → Miniaturstil ausprägte. Wertvolle Manuskripte wurden in Deutschland im 14.–16. Jh. geschaffen, zum Beispiel die Darmstädter Pesach-Haggadah (1410 illuminiert), der Machsor Lipisae (frühes 14. Jh.), zwei Nürnberger Handschriften (um 1492; um 1500). Seit dem 15. Jh. entwickelte sich der jüdische Buchdruck in Gestalt von Bibelkommentaren, Ritualvorschriften und liturgischen Büchern. Eine figürliche Darstellung im Sinne von → Malerei und → Bildhauerei gibt es in der j. K. aufgrund des Gebots des Pentateuch nicht (»Du sollst dir kein Bild und keinerlei Gestalten machen«).

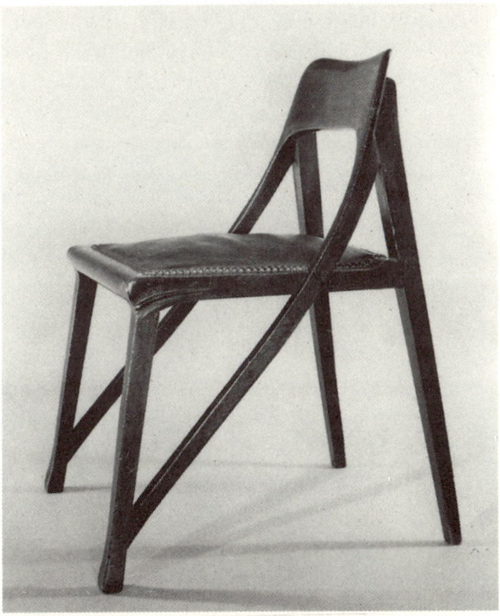

Jugendstil-Stuhl von Richard Riemerschmid, 1899; der Entwurf zeigt die für diese Spielart des Art nouveau typische, zurückhaltende Gestaltung und den Verzicht auf Verzierungen.

Jugendstil Deutsche und österreichische Variante des → Art nouveau, im allgemeinen etwas später und im Stil verhaltener als ihre französischen und belgischen Gegenstücke. Der Stil ist nach der 1896 in München begründeten Zeitschrift ›Jugend‹ benannt. Zu den mit dem J. assoziierten Designern gehören Hermann Obrist und Richard Riemerschmid in Deutschland und Josef Maria Olbrich in Österreich. Gekennzeichnet ist der J. durch die Betonung des → Ornaments (pflanzliche Vorbilder und daraus entwickelte abstrakte Formen) und des Flächig-Dekorativen (im Extrem bei Gustav Klimt) sowie der einzelnen, ausdrucksstark geschwungenen Linie. Daher liegen die besten Leistungen auch auf dem Gebiet der Grafik (vor allem der Buchkunst). Eine Blüte erlebte auch im → Kunstgewerbe die Herstellung von kostbarem Glas.

Jungsteinzeit siehe Neolithische Kunst

Junk Sculpture (auch Junk Art, Junk Culture) (vom engl. junk ›Müll, Abfall‹) Eine → neodadaistische Variante der → Assemblage und des → Environments, wie sie von Künstlern wie John Chamberlain oder Edward Kienholz seit den späten 1950er Jahren aus dem Müll der modernen Konsumgesellschaft geschaffen wird.

Ju-Ware Chinesisches Steingut, das in Ju Chou in Zentralhonan für den kaiserlichen Hof der Song im frühen 12. Jh. hergestellt wurde; es gibt nur ausgesprochen wenige Exemplare dieser seltenen Ware. Die gelbbraunen Gefäßkörper sind mit einer blauen bis lavendelblauen → Krakelee-Glasur überzogen.

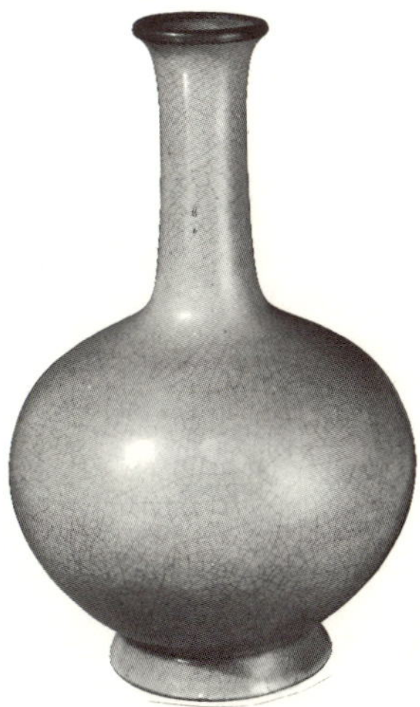

Ju-Ware: Vase aus der nördlichen Song-Periode mit der typischen Krakelee-Glasur.

K

Kabinett 1. Ein kleiner, abgeschlossener Raum, in den sich ein Fürst mit seinen engsten Beratern zum vertraulichen Gespräch zurückziehen konnte. Später diente das K. auch zur Aufbewahrung von Kunstgegenständen. 2. Ein Kastenmöbel mit kleinen Schubladen oder Fächern, das zur Aufbewahrung von Schreibutensilien und kleinen Kostbarkeiten diente. K.schränke hatten in erster Linie repräsentative Funktion, sie waren daher meist prunkvoll ausgestattet und mit → Intarsien reich verziert.

Kabinettformat Besonders für Porträtfotos in England seit den späten 1860er Jahren gebräuchliches Format von 14 × 10 cm. Mit einem schmalen → Passepartout ausgestattet (16,5 × 11,5 cm), waren derartige Fotos als eine verbesserte Form der → Carte-de-visite sehr beliebt.

Kachina-Puppe Eine bei den nordamerikanischen Indianern zu findende geschnitzte Holzpuppe, die ein übernatürliches Wesen in der menschlichen Gestalt eines maskierten Tänzers repräsentiert. Diese Puppen stehen mit Fruchtbarkeitsriten in Zusammenhang und werden auch bei der Unterweisung der Kinder bezüglich der Geister und deren Funktionen eingesetzt.

Kakemono (jap. ›hängendes Bild‹) Ein Bild, ein → Druck oder eine → Kalligraphie der → japanischen Kunst auf einer vertikalen, hängenden Rolle. In der japanischen Kunst wird die Hängerolle auch als Kakejiku bezeichnet.

Kakiemon (jap.) Japanisches → Porzellan feinster Qualität, spärlich und asymmetrisch dekoriert mit → Aufglasurfarben (Muffelfarben), manchmal auch mit Gold. Es ist benannt nach dem Porzellanhersteller Sakaida Kakiemon (1596–1666), der angeblich die Aufglasurmalerei aus China 1644 in Japan einführte. Der K.-Stil wurde vielfach von führenden europäischen Manufakturen wie Meißen, Chantilly, Mennecy, Chelsea, Bow und Worcester nachgeahmt.

Kalathos (griech.) 1. Ein Weidenkorb oder seine Darstellung in anderem Material wie zum Beispiel Stein. Nach der Legende erwuchs das korinthische → Kapitell einer → Akanthuspflanze in einem K. (→ Säulenordnung). In christlicher Zeit wurde der K. zum Symbol für die Eucharistie, da Körbe zum Aufbewahren von Brot verwandt wurden. 2. Ein eimerförmiger → Krater ohne Henkel (→ Vasenformen, griechische). 3. Der glockenförmige Mittelteil eines korinthischen Kapitells.

Kalendarium Bezeichnung für die Aufstellung zu Beginn von → liturgischen Büchern, die die Anzahl der Tage pro Monat, deren Einteilung in normale oder Festtage (bewegliche und unbewegliche Feste des Kirchenjahres) und in Gedenktage für Heilige (nach dem Martyrologium) angab.

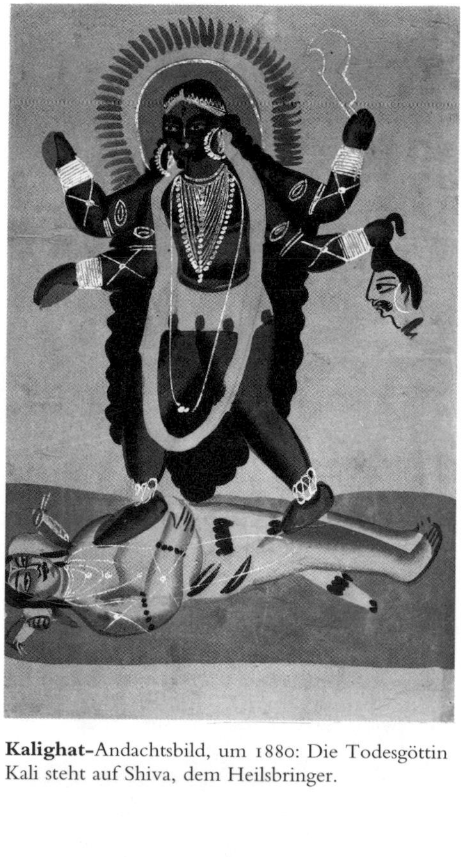

Kalighat-Andachtsbild, um 1880: Die Todesgöttin Kali steht auf Shiva, dem Heilsbringer.

Kalighat-Malerei Indische Schule populärer Malerei, die in Verbindung steht mit dem Tempel, der 1809 zu Ehren der Göttin Kali in Kalighat, wenige Kilometer südlich des Zentrums von Kalkutta, erbaut wurde. Die kraftvollen, groben Malereien in Wasserfarbe auf Papier wurden von ca. 1831 an massenweise als Andachtsbilder für arme Pilger produziert. Im gleichen Stil entstanden auch Bilder mit nichtreligiösen Inhalten. Die Schule bestand bis ungefähr 1930 fort.

Kalligramm Poetisches → Textbild, bei dem die Buchstaben so angeordnet werden, daß die Worte die Form der genannten Gegenstände annehmen.

Kalligraphie (griech. ›Schönschrift‹) Im übertragenen Sinn flüssige, schwungvolle, schönschriftartige Linienführung mit Feder oder Pinsel bei Zeichnungen oder Gemälden. Bedeutung erlangte die K. aber vor allem in China und Japan, wo sie nicht – wie die abendländische oder → islamische K. – überwiegend dekorativen Gesetzmäßigkeiten unterworfen war, sondern als eigenständige Kunst gepflegt wurde (→ Chinesische Kunst).

Kalligraphische Malerei 1. Moderne, gewöhnlich abstrakte Kunst seit den 1940er Jahren, die den ›schreibenden‹ Charakter des Pinselstriches betont. In dieser Eigenschaft liegt auch ihre Ähnlichkeit mit der fernöstlichen Kalligraphie begründet. 2. → Chinesische und → japanische Tuschebilder, die mit einem Schreibpinsel gemalt und aus den beim Schreiben üblichen Pinselstrichen aufgebaut sind (Abb. S. 142).

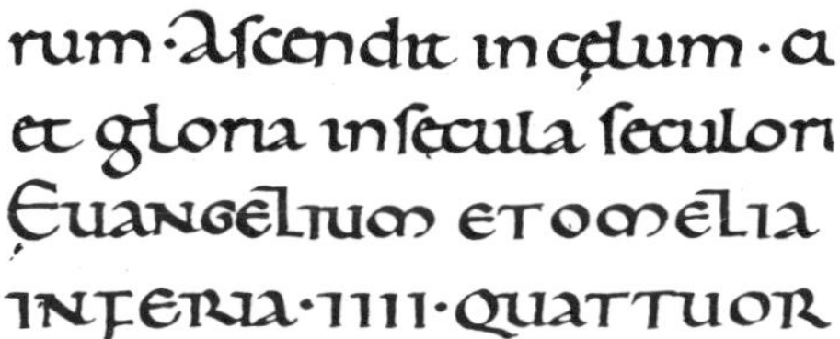

Unziale, frühes 12. Jh.

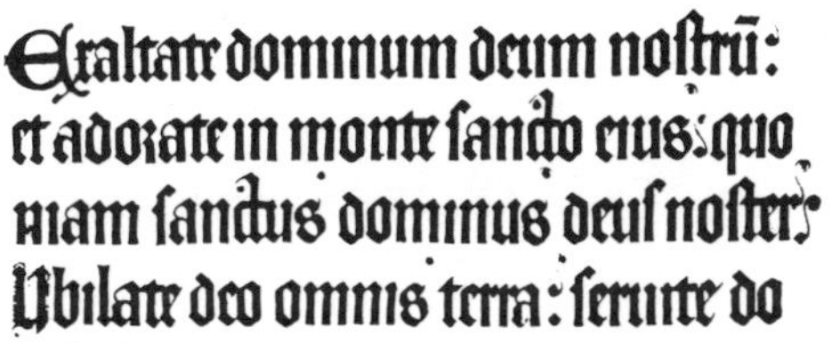

Gotische Schrift aus dem Lutrell-Psalter, 14. Jh.

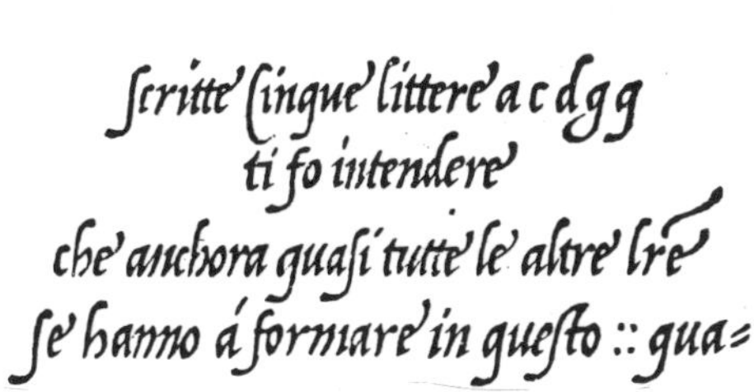

Italic, aus Arrighis erstem Schreiblehrbuch ›Operina‹, 1522.

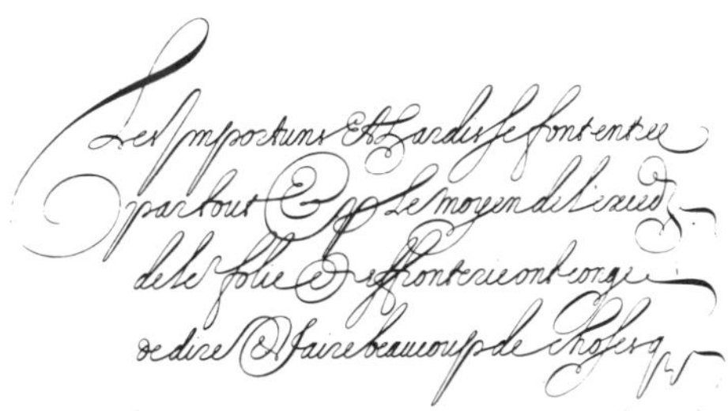

Kursive, aus dem Schreiblehrbuch von Louis Barbedor, 1659.

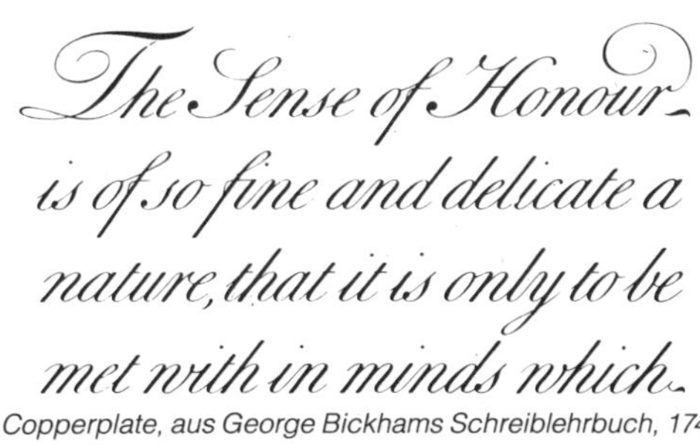

Copperplate, aus George Bickhams Schreiblehrbuch, 1743.

Kalligraphische Schriftarten (siehe auch Einzeleinträge)

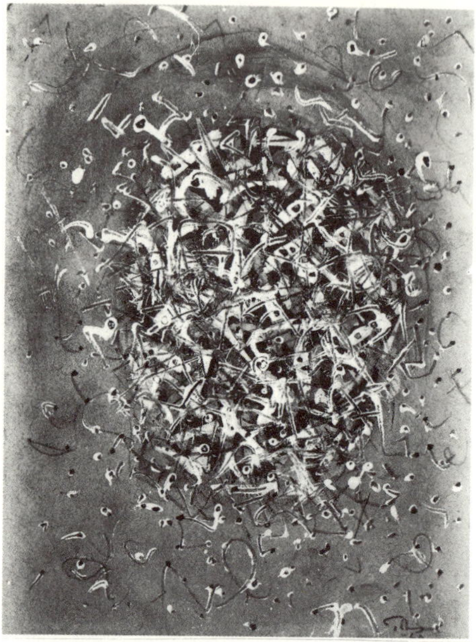

Kalligraphische Malerei: Mark Tobey, *Unruhiges Zentrum, beherrscht,* 1960. Das Bild zeigt den Einfluß fernöstlicher Kalligraphie.

Kalotypie (auch Talbotypie) Das früheste praktikable → fotografische Negativ-Positiv-Verfahren auf Papier, aufbauend auf der Entdeckung des → latenten Bildes.

Kalpis Weiterentwicklung der → Hydria. Hals und Rumpf des Gefäßes sind nicht mehr deutlich voneinander abgesetzt, sondern gehen in sanftem Schwung ineinander über (→ Vasenformen, griechische).

Kalte Farbe Eine Farbe, die kinästhetisch ein Gefühl der Kühle vermittelt, wie Blau oder die verwandten Farbtöne Blaugrün und Blauviolett. In der Malerei scheinen blaue Farben von der Bildebene ins Bild hinein zurückzuweichen und suggerieren deshalb Tiefe.

Kaltemail Eine Art → Lack, der im 16. und 17. Jh. zur Nachahmung von → Email benutzt wurde, besonders auch an Gegenständen, die zu groß oder zu zerbrechlich waren, um gebrannt zu werden.

Kaltmalerei Ungebrannter Dekor in Ölfarbe oder → Lack auf Porzellan und Glas.

Kaltnadelradierung siehe Kupferstich

Kalvarienberg Plastische Darstellung der Kreuzigung, häufig mit beistehenden Heiligenfiguren.

Kamares-Vasen Eine Art fein bemalter, → minoischer Töpferware mit Zeichnungen in Rot und Weiß auf dunklem Grund. Sie ist benannt nach der heiligen Höhle am Berg Ida auf Kreta, dem ersten Fundort.

Kamee Eine → Gemme aus Edelstein oder Halbedelstein, häufig auch Glas, Keramik oder Perlmutt. Das Material wird so geschliffen, daß das Motiv erhaben aus dem Hintergrund heraustritt. Das Gegenteil wird → Intaglio genannt.

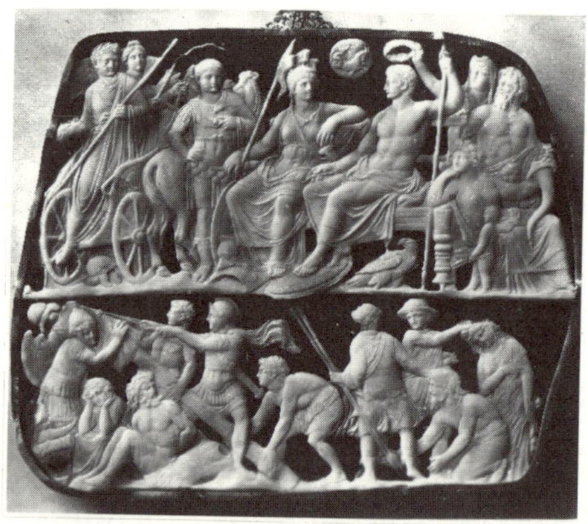

Römische Onyx-**Kamee,** um 12 n. Chr.

Kammkeramik Sammelbezeichnung für die Tonwaren zahlreicher Jäger- und Fischerkulturen der → Jungsteinzeit und → Bronzezeit in großen Teilen Nordeurasiens, die auch als ›Nordeurasische Kultur‹ zusammengefaßt werden. Typisch sind rundbodige Gefäße mit flächendeckenden Kamm- und Stempelmustern.

Kampanile (ital. ›Glockenturm‹) Ein freistehender Glockenturm italienischer Kirchen.

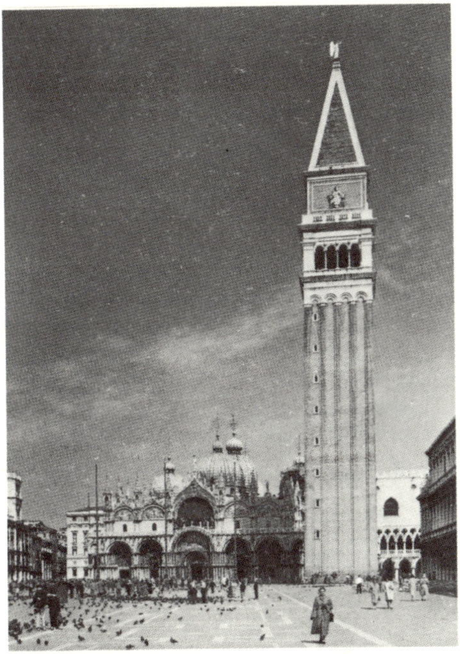

Kampanile auf dem Markusplatz, Venedig, mit Arkaden zu beiden Seiten und dem Markusdom im Hintergrund.

Kämpfer Teil einer Säule oder Steinlage einer Mauer, auf der ein → Bogen oder → Gewölbe aufliegt. Der K. ist für die Statik äußerst wichtig, da er den Schub des Gewölbes auf die Seitenwand abzuleiten hat.

Kämpferaufsatz In der → vorbyzantinischen und → romanischen Architektur ein zusätzlicher, einem → Kapitell aufgesetzter Block, der sich zwischen diesem und der → Spandrille des darüberliegenden → Bogens befindet. Häufig mit dem → Kämpfer verwechselt.

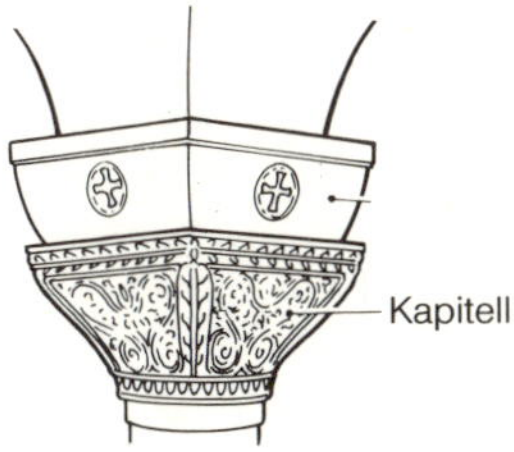

Byzantinisches Kapitell mit **Kämpferaufsatz.**

Kämpferlinie Auch lichte Weite. Die Linie, die von den Oberseiten der → Kämpfer gebildet wird, auf denen sich der → Bogen erhebt.

Kanephore (griech. ›Korbträgerin‹) 1. Eine → Karyatide, die auf ihrem Kopf einen Korb trägt, der die Funktion eines → Kapitells übernimmt. 2. Jede ornamentale weibliche Figur, im → Relief oder freistehend, die auf ihrem Kopf einen Korb trägt.

Kangra-Schule Eine Schule indischer Malerei des späten 18. und frühen 19. Jh.s, die in Verbindung stand mit dem Staate Kangra im westlichen Himalaya und mit dem Rajah Sansar Chand (1775–1823), ihrem Schirmherrn. Kangra-Künstler bevorzugten für ihre Gemälde die Darstellung von Liebenden und von Frauen, die auf ihren Geliebten warten.

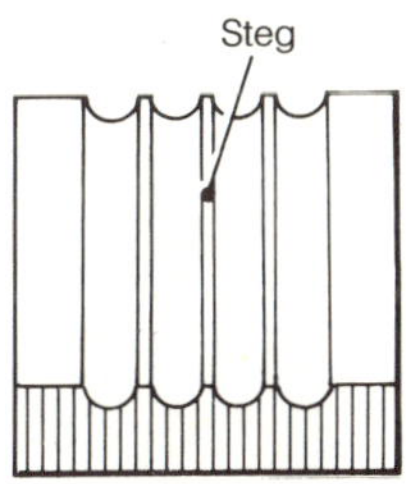

Kannelierung

Kannelierung In der Architektur eng stehende parallele Auskehlungen (Rillen) als Schmuck an → Säulen, → Pfeilern etc. (→ Säulenordnung). Auch in der → angewandten Kunst, zum Beispiel bei Silber, gebräuchlich als Gegenteil von → Pfeifen.

Kannenbäcker-Keramik Im 16./17. Jh. künstlerisch hochstehende → Steinzeug-Tonwaren (Kannen, Krüge, Humpen) aus dem Westerwald.

Kano-Schule (jap.) Malschulen-Dynastie in Japan. In der Muromachi-Periode (1338–1573) von Kano Masanobu gegründet, bestand sie bis ins 19. Jh. fort. Kano-Künstler arbeiteten sowohl in der authentischen → japanischen dekorativen Tradition als auch in der → chinesischen Tuschmalerei.

Kanon In der bildenden Kunst Ausdruck für die Regeln zur Bestimmung der idealen Proportionsverhältnisse.

Kanope (nach lat. Canopus, einer Stadt im alten Ägypten) Eine Vase mit Deckel in Form eines menschlichen oder tierischen Kopfes, zuerst im alten Ägypten gefertigt für die Aufbewahrung einbalsamierter Eingeweide, später von Josiah Wedgewood im 18. Jh. als Schmuckgegenstand kopiert.

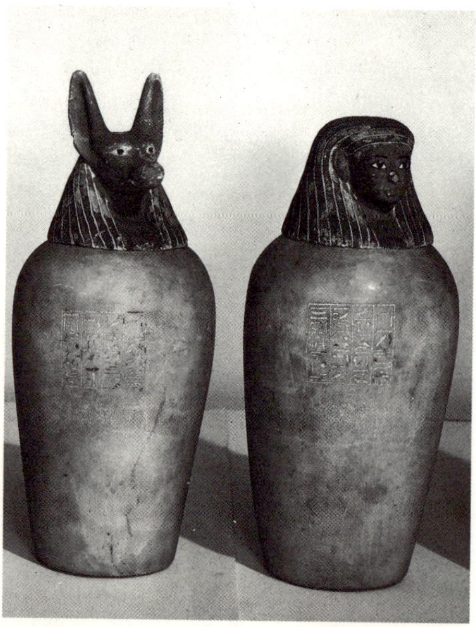

Kanopen aus Alabaster, eine mit menschlichem Kopf, die andere mit dem Schakalkopf des Gottes Anubis, 21. Dynastie, um 1000 v. Chr.

Kantharos Ein antiker griechischer tiefbauchiger Pokal mit zwei Henkeln (→ Vasenformen, griechische).

Kanton-Email Chinesisches gemaltes → Email auf Kupfer. Die Technik kam aus Europa im 18. Jh. nach China; frühe Beispiele sind in der → Famille-rose-Palette ausgeführt.

Kanton-Schule Chinesische Künstler, die im späten 18. und frühen 19. Jh. im europäischen Stil für europäische Auftraggeber arbeiteten. Die Motive sind denen der indischen → Company School sehr verwandt und umfassen Handwerksszenen, Darstellungen der → Porzellanherstellung und der Tee-Ernte, aber auch Ansichten der Provinz Kanton und botanische Zeichnungen.

Kanzel (von lat. cancelli ›Schranken‹) Erhöhte Predigerbühne der christlichen Kirche, die sich aus dem → Ambo, dem vor den → Chorschranken befindlichen Lesepult der → frühchristlichen → Basilika entwickelt hat. Erst nach 1200 wurden zunächst in Italien, ab dem 14. Jh. dann auch in Deutschland selbständige K.n aus Stein errichtet, die zumeist an einem Vierungs- oder Mittelschiffpfeiler mit Treppenaufgang angebracht waren. Über der K. findet sich häufig ein baldachinartiger *Schalldeckel,* der ebenso wie die Brüstung und der Kanzelfuß in der → Renaissance und im → Barock eine prunkvolle Ausstattung mit ornamentalen Verzierungen sowie mit → Putten und Engeln erhielt.

Kanzeldach (auch Himmel) 1. In der Architektur eine kleine dachähnlich vorspringende Konstruktion, oft über einer Nische. 2. Ein üblicherweise aus Stoff gefertigter Himmel über einem Bett, Thron etc. (→ Baldachin).

Kapitalistischer Realismus In Analogie zum → Sozialistischen Realismus von Konrad Lueg (K. Fischer) und Gerhard Richter für eine Aktion in Düsseldorf gewählte Bezeichnung (*Demonstration für den K. R.,* 1963), die später auch auf Arbeiten anderer Künstler (KP Brehmer, KH Hödicke, Sigmar Polke, Wolf Vostell) übertragen wurde, die sich (mit malerischen und grafischen Mitteln) mit der konsumgeprägten, trivialen deutschen Alltagswelt der frühen 1960er Jahre und ihren kleinbürgerlichen Geschmacksidealen auseinandersetzten.

Kapitell In der Architektur ein → Säulen, → Pfeiler oder → Pilaster krönendes Einzelelement, das dem → Gebälk eine größere Auflagefläche und daher wirksamere Stütze als die Säule allein bietet. Jede der grundlegenden griechischen → Säulenordnungen hat eine spezielle Kapitellform entwickelt, darüber hinaus gibt es weitere vielfältige Variationen.
Korbkapitell Würfelförmiges K. mit kompliziert gewundenen Schnitzereien, die an ein Korbgeflecht erinnern. Typisch für die → byzantinische Architektur.
Glockenkapitell K. in Form einer umgekehrten Glocke.
Blockkapitell Synonym für Würfelkapitell.
Kompositkapitell Ein K., das Elemente der → ionischen und der → korinthischen Ordnung verbindet.
Würfelkapitell Ein K. aus würfelförmigen Blöcken mit abgerundeten unteren Ecken. In der → romanischen Architektur sehr geläufig. Synonym: Blockkapitell.
Kämpferkapitell Ein breites, abgeflachtes K., das die Funktion des → Kämpfers mit der des K.s verbindet. Es ist in der byzantinischen Architektur zu finden.
Kelchkapitell Ein K. in Form eines Blütenkelches.
Protomenkapitell Ein aus zwei halbfigurigen Tieren, die Rücken an Rücken sitzen, gebildetes K.
Pfeifenkapitell Würfelkapitell mit muschelförmigen Seiten.
Blattkapitell Ein mit stilisiertem Blattwerk geschmücktes K. Typisch für die englische gotische Architektur des 12. und 13. Jh.s (→ Neogotik).

Kapitelsaal Ein großer Raum innerhalb eines Klosters oder eines Bischofssitzes oder ein dem Hauptgebäude angeschlossener großer Saal, in dem Zusammenkünfte (Kapitel) des klerikalen Vorstandes stattfinden. → Gotische K.säle in England haben häufig oktogonale Form zur Betonung des demokratischen Charakters der Versammlungen.

Kappe siehe Gewölbe

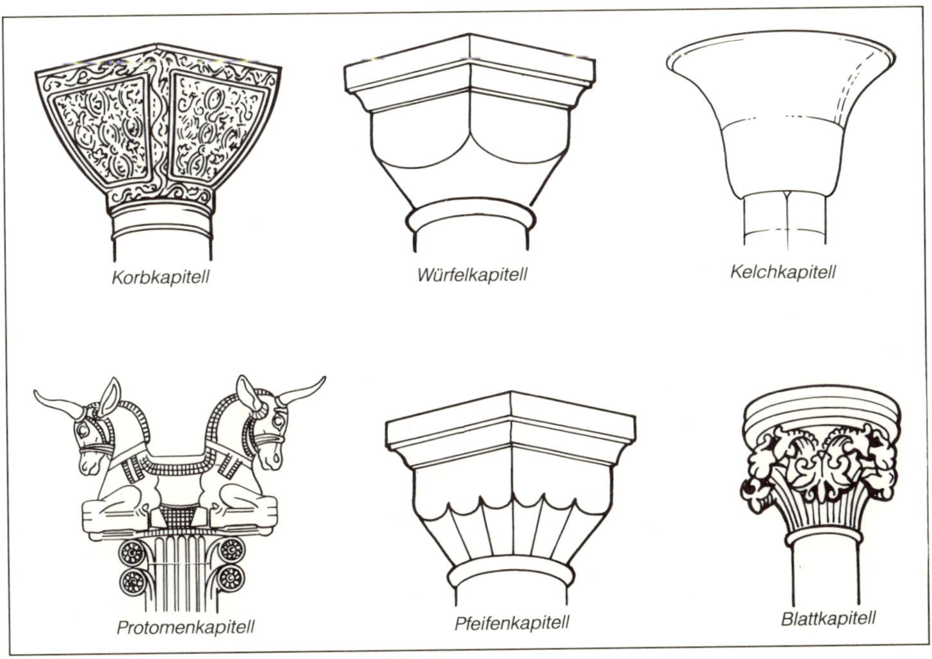

Kapitellformen

Kara-e (jap. ›Chinamalerei‹) Von einem japanischen Künstler in chinesischem Stil geschaffenes Gemälde (→ Yamato-e).

Karawanserei (von pers. kārwān ›Karawane‹ und sarāy ›großes Haus‹) Ein normalerweise aus gewölbten Unterständen rund um einen Innenhof oder aus einer Serie von Höfen bestehender Gebäudekomplex, der Reisenden entlang einer Karawanenstraße als Unterkunft diente.

Karikatur (ital. caricarsi ›sich überladen‹) Spottbild, das durch Übertreibung bestimmter auffallender Züge einen Menschen oder einen Sachverhalt satirisch oder komisch darstellt. Die K. bedient sich zumeist grafischer, vor allem zeichnerischer Mittel, um durch pointierte Linienführung der Darstellung die gewünschte glossenhafte Zuspitzung zu erzielen.

Karnation Fleischfarbe in einem Gemälde.

Karnies Auch Glockenleiste. Bauglied, das aus einem konvexen und konkaven Element so zusammengesetzt ist, daß ein S-förmiges Profil entsteht. Man unterscheidet steigenden K. (bekrönend oder stützend) und fallenden K. (auslaufend oder fußend).

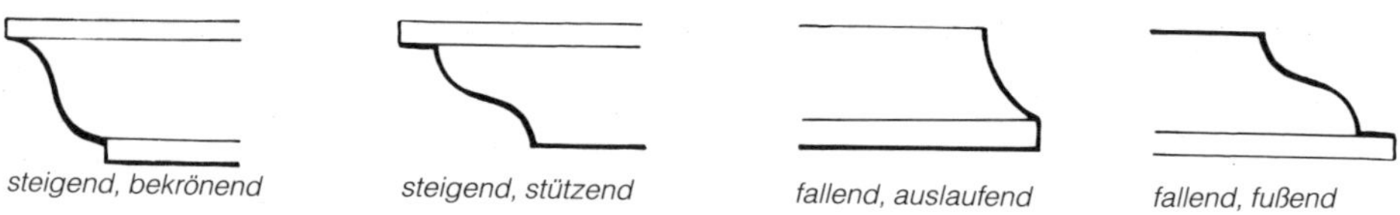

Karniesformen

Karobube (russ. Bubnowyi walet) Nach einer gleichnamigen Ausstellung (1910) im Jahre 1911 gegründete russische Künstlervereinigung. Neben den Initiatoren, den Gebrüdern David und Wladimir Burljuk, und dem ›Erfinder‹ des Namens, Michail Larionow, gehörten zu ihren bedeutendsten Mitgliedern P. Kontschalowski, Ilja Maschkow, Robert Falk, Natalia Gontscharowa, A. Kuprin und Aristarch Lentulow. Nicht ganz zutreffend gelegentlich als ›russische Cézannisten‹ bezeichnet, verraten die Künstler des K.n – ähnlich den ihnen verwandten westeuropäischen Gruppen und Strömungen (→ Neoimpressionismus, → Fauvismus, → Expressionismus) – eine Position des Protestes gegen verknöcherte akademische Traditionen wie auch gegen den in Rußland verbreiteten Symbolismus der → ›Blauen Rose‹ und den raffinierten Ästhetizismus der Gruppe ›Welt der Kunst‹.

Karolingische Renaissance Das allgemeine Wiederaufleben von Kunst und Gelehrsamkeit in Westeuropa (außer in Großbritannien und Spanien) unter Kaiser Karl dem Großen und seinen Nachfolgern (8.–10. Jh.). Es stellt den ersten bewußten Versuch der Wiederaufnahme klassischen → griechischen und → römischen Erbes nach den Verwüstungen der Völkerwanderungszeit dar. Die Entwicklung von Schriftarten wie der → Unziale, von → Handschriften-Illuminationen und großräumiger Architektur gehörten zu den Hauptleistungen dieser Zeit.

Kartause Ein dem Kartäuser-Orden angehörendes Kloster.

Karton Letzte zur Ausführung bestimmte → zeichnerische Vorstufe (meist mit Bleistift, → Kohle oder → Kreide) in Originalgröße bei großformatigen Arbeiten (→ Bildteppichen, → Glasmalereien, → Mosaiken oder → Wandmalereien).

Kartusche (frz. cartouche ›Patrone‹) 1. Ovaler Rahmen, der mit einer Inschrift versehen ist und den Namen eines altägyptischen Pharao einfaßt. 2. Ein besonders in → Renaissance und → Barock beliebtes → Ornament, bei dem ein → Emblem, eine Inschrift oder ein Wappen von einem Zierrahmen mit → Voluten und → Knorpelwerk umgeben ist.

Karyatide (von griech. karuatis, d. h. eine Priesterin aus Karyai in Lakonien) Weibli-

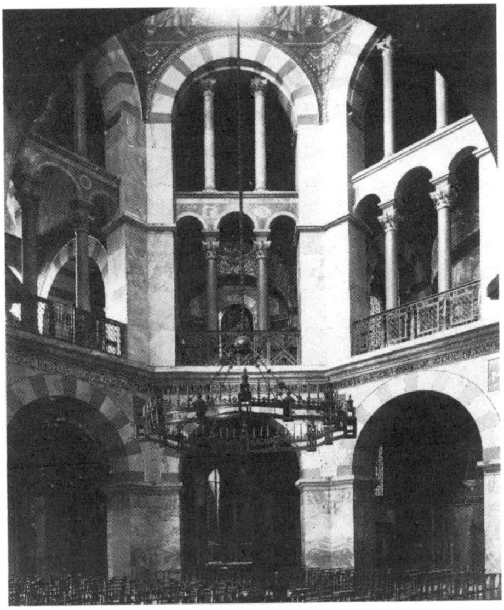

Architektur der **karolingischen Renaissance:** Blick in das zentrale Oktogon des Aachener Doms, ehemals Pfalzkapelle Karls d. Gr., 792–805. Der Bau ist der Kirche San Vitale in Ravenna nachempfunden und spiegelt die klassische Tradition wider, die Karl d. Gr. wiederzubeleben versuchte.

che Figur, die anstelle einer Säule als architektonische Stütze dient (→ Atlanten, Kanephore, Telamon).

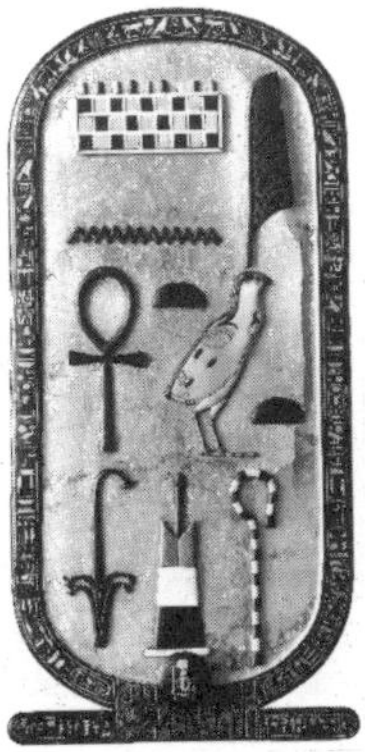

Kartusche auf einem Behältnis im Grab Tut-ench-Amuns. In der Mitte links ist ein → Ankh zu sehen.

Kaseinfarbe Jedes Pigment, das mit einem aus Kasein (Milcheiweiß) hergestellten Bindemittel angerührt ist. K. bindet wasserunlöslich ab.

Kaseinmalerei (Käsekalkmalerei) Malerei mit Farben, die mit Kasein (einem Eiweißbestandteil der Milch) gebunden sind. Die K. wird vor allem in der → Wandmalerei verwendet, wobei man die → Kaseinfarbe auf noch feuchten oder trockenen → Freskoputz aufträgt. Die K. ist in Deutschland seit dem 14. Jh. nachgewiesen und erlebte ihre Blüte in → Renaissance und → Barock.

Kasematte Eine gewölbte, in die Wand einer Befestigungsanlage eingebaute Kammer mit → Schießscharten.

Kassette Kastenförmig vertieftes Paneel in einer Kassettendecke.

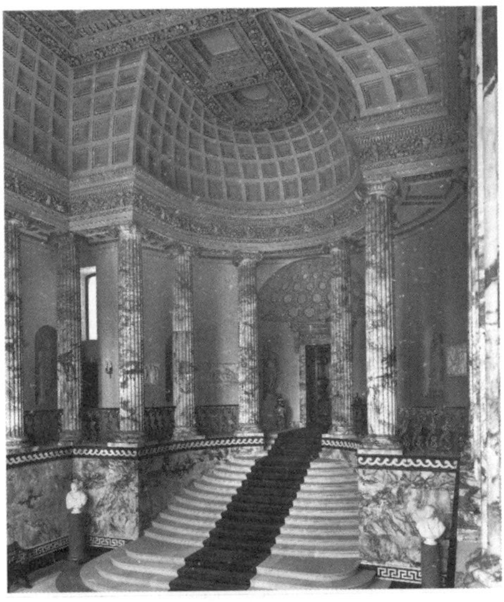

Marmorsaal in Holkham Hall, Norfolk, erbaut von 1734 an im Palladianischen Stil. Zu sehen sind die **Kassettierung** der Kuppel sowie die Friesformen Laufender Hund und Mäander.

Kassettierung Ein System aus vertieften kastenförmigen Feldern (→ Kassetten), die in ein → Gewölbe, eine → Laibung oder eine Decke eingelassen sind.

Kastenmöbel Als Behälter gedachte Möbelstücke wie Schreibtische, Bücherschränke, Küchenschränke, Kommoden.

Kastenrahmen-Konstruktion Eine Art der Betonkonstruktion aus gleichartigen, übereinanderliegenden Zellen, wobei das Gewicht von allen Wänden gleich getragen wird und nicht von vertikalen Stützen, die in voller Höhe das Gebäude durchziehen.

Katafalk Eine provisorische Balkenkonstruktion, oft reich verziert, die bei einer Bestattungszeremonie den Sarg trägt, manchmal auch in beständiger Ausführung aus Stein oder Bronze zum Bau eines Grabes gehört.

Katakomben, Katakomben-Malerei Als K. bezeichnet man die im Mittelmeerraum weit verbreiteten unterirdischen Grabkammern, insbesondere Grabanlagen aus → frühchristlicher Zeit. Die größten Anlagen dieser Art befinden sich unmittelbar außerhalb Roms, benutzt wurden sie vom 2. bis 6. Jh. Ihre Malereien waren meist recht flüchtig hingeworfene Wandbilder in leuchtenden Farben mit Darstellungen von Auferstehung und Paradies, gelegentlich auch Szenen aus dem Alten und Neuen Testament. Bis zur Zeit Kaiser Konstantins hatten diese Malereien die Aufgabe, die christliche Heilslehre zu verkünden, nach seinem Sieg (312 n. Chr.) bildete der Triumph der Kirche das neue Thema.

Kathedrale (auch Dom, Münster) Ein Kirchengebäude mit der Cathedra oder dem offiziellen Thron eines Bischofs.

Kathedralstil Schmuckbuchhüllen des frühen 19. Jh.s mit aufgeprägten, gotischem → Maßwerk nachempfundenen Motiven.

Katholikon (griech.) Das Hauptschiff einer griechisch-orthodoxen Kirche.

Kehlbalken Bei einem → Dachstuhl die Querbalken, die zwei gegenüberliegende → Sparren miteinander verbinden. Siehe auch Hahnenbalken.

Keilrahmen Aus Holzleisten bestehender Rahmen, über den die Malleinwand mit Hilfe eingetriebener Eckkeile gespannt wird.

Kelch Gefäß, üblicherweise mit Fuß und Stiel, manchmal auch mit Henkeln, aus wertvollem Material gefertigt und für den → liturgischen Gebrauch bestimmt. Bei christlichen Zeremonien befindet sich in ihm der Meßwein.

Kelim (türk. ›Teppich‹) Teppich aus dem Nahen Osten, üblicherweise die Arbeit von Nomadenvölkern, ohne → Flor und mit dem gleichen Muster auf beiden Seiten des Gewebes. Synonyme: pala, karamanai.

Keltische Kunst Die von keltischen Völkern in Westeuropa von 450 v. Chr. bis 700 n. Chr. geschaffene Kunst, bei der insbesondere die aus asymmetrischen und gewundenen Linien bestehende abstrakte → Ornamentik, häufig verbunden mit Tierornamentik, auffällt. Zwei Epochen sind zu unterscheiden: die frühere (bis zum Beginn des 1. Jh.s n. Chr.), in der auf dem europäischen Kontinent der sog. Latène-Stil entstand, und die spätere, in der, auf Großbritannien und Irland beschränkt, sich seit 150 n. Chr. ein Stil entwickelte, der

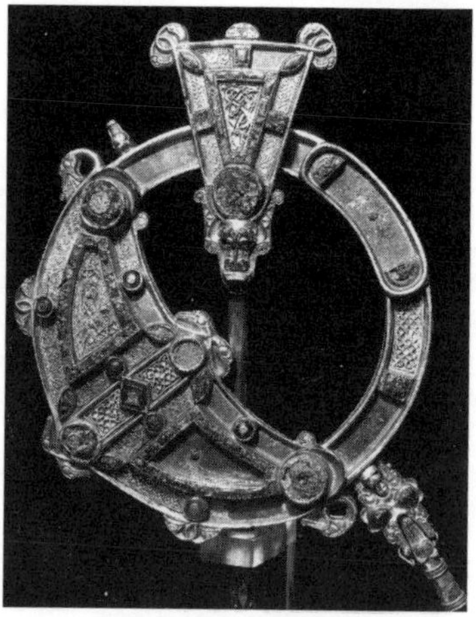

Keltische Kunst: Detail der Tara-Brosche, die mit Flechtwerk verziert ist. Bronze mit Einlegearbeit aus Bernstein und Glas, um 700 n. Chr.

oft Anzeichen des Kontaktes mit → römischer Kunst zeigt. Schmuck, Holzschnitzereien, Töpferware und Metallarbeiten gehören zu den typischsten Produkten.

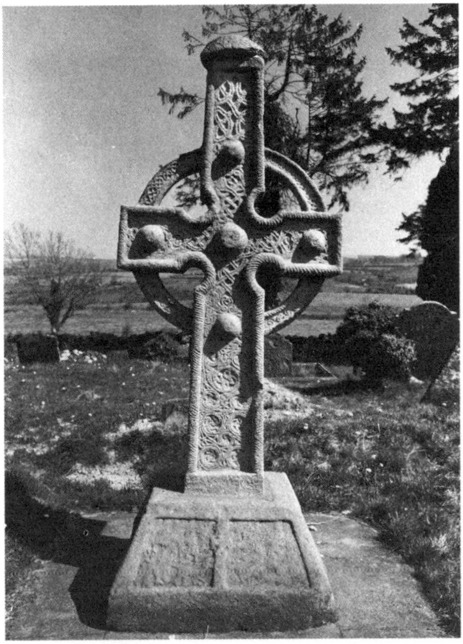

Keltisches Kreuz in Ahenny, Grafschaft Tipperary, 8. Jh. n. Chr.

Keltisches Kreuz Kreuz mit hohem Längsbalken, kurzen horizontalen Balken und einem Kreis am Balkenschnittpunkt.

Kendi (pers.) Ein kugelförmiges Trinkgefäß mit vertikalem Hals zum Einfüllen und einem kurzen vorspringenden Schnabel, durch den die Flüssigkeit direkt in den Mund gegossen werden kann.

Kenotaph (auch Zenotaph) Ein Denkmal für eine Einzelperson oder eine Personengruppe, deren Körper vermißt sind oder an anderem Ort bestattet wurden.

Keramik Sammelbegriff für aus Ton geformte und gebrannte Erzeugnisse. Die Tonmasse wird beim Herstellungsverfahren von Tonwaren zunächst aufbereitet und mit der Hand oder mit der Töpferscheibe geformt. Danach wird sie so lange getrocknet, bis der Feuchtigkeitsgehalt um 35 Prozent gesunken ist. Der Brand der Scherben erfolgt in Spezialöfen, wobei der Scherben je nach dem natürlichen Gehalt oder Mangel an Aluminiumoxid oder Eisenverbindungen seine Brennfarbe erhält. Daraus ergeben sich die Hauptgruppen → Fayence (Majolika), → Porzellan, → Steingut, → Steinzeug und → Terrakotta. Im zweiten Brand erhalten die Tonwaren eine Glasur, wobei man zwischen transparenter Bleiglasur und opaker Zinnglasur unterscheidet. Die K. gehört zu den frühesten Erzeugnissen des Kunstgewerbes und ist Träger frühester Kulturstufen wie → Neolithikum, → Bronzezeit und → Eisenzeit. Die für die K. entwicklungsgeschichtlich bedeutendste Erfindung, die Verwendung der Töpferscheibe, ging im 4. Jahrtausend v. Chr. vom Orient aus und breitete sich um 2500 v. Chr. über den kretisch-mykenischen Kulturkreis nach Griechenland aus.

Kerbschnitt (auch Keilschnitt) Mit Meißel und Beitel geschnitzte, versenkte Reliefverzierung, häufig in runden und geometrischen Mustern, zum Beispiel an Eichenmöbeln des 15. und 16. Jh.s.

Kerbschnittverzierung Ornamentale scharfkantige Verzierung auf Keramiken des → Neolithikums und der → Bronzezeit.

Kette Bei allen gewebten Textilien die festen Fäden, die in Längsrichtung auf den Webstuhl gespannt sind und das Gerüst liefern, durch das der dünnere Schußfaden (auch Weft genannt) gezogen wird.

Kinästhetische Kunst Eine Kunst, die im Betrachter körperliche Empfindungen außer den visuellen zu stimulieren scheint.

Kincob (von pers. khimkab) Ein Brokatgewebe mit Gold- oder Silberfäden.

Kinetische Kunst Eine Kunst, die ein Element mechanischer Bewegung enthält oder die Illusion von Bewegung optisch (durch Be-

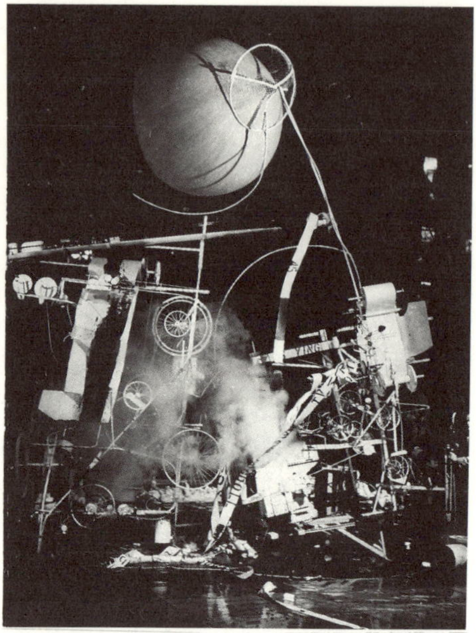

Kinetische Kunst: Jean Tinguely, *Hommage à New York,* Aktion im Museum of Modern Art, New York, 1960.

wegung des Betrachters oder der Lichtquelle) erzeugt. Die erste k. K. wurde von den → Konstruktivisten, in den frühen 1920er Jahren geschaffen, Alexander Calder machte sie dann mit seinen → Mobiles aus den 1930er Jahren weiter populär; sie erreichte ihren vollen Bekanntheitsgrad jedoch erst in den 1950er Jahren, als die Ausdrucksmittel und Techniken durch Einwirkung von Wasser und Magneten wesentlich erweitert wurden.

Kiosk (von türk. köşk ›Pavillon‹) Ein kleiner, offener orientalischer → Pavillon, normalerweise aus einem säulengetragenen Dach bestehend.

Kirchenväter Bestimmte → frühchristliche Theologen, die als führende Persönlichkeiten in der frühen Entwicklung der christlichen Lehre angesehen wurden. In der westlichen Kunst werden üblicherweise acht von ihnen dargestellt – zumeist als ehrwürdige alte Männer in stehender Position und mit Büchern in den Händen. Unter diesen sind die vier westlichen oder lateinischen Väter, Ambrosius, Augustinus, Hieronymus und Gregor der Große, bei weitem die geläufigsten. Die vier östlichen oder griechischen Väter sind Basilius, Gregor von Nazianz, Johannes Chrysostomos und Athanasius.

Kirigane (jap.) Jede Art Oberfläche (z. B. → Lack oder → Papier), die mit winzigen Stückchen Goldfolie als Dekoration übersät ist.

Kirin (jap.) Die japanische Version eines → Kylin.

Kit-cat (engl.) Eines der Standardmaße einer Leinwand (36 × 28 in. entsprechen 91,5 × 71 cm). Die Bezeichnung entstammt Sir Godfrey Knellers Porträtserie (1702–1717) von Mitglie-

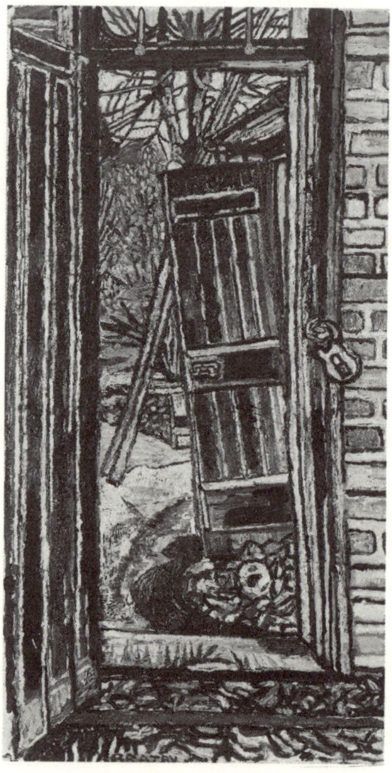

John Bratbys Gemälde *Die Tür zum Schuppen* hat einen, für die **Kitchen Sink School** typischen, ›banalen‹ Bildgegenstand.

dern des ›Whig Kit-Cat Club‹, die er so benannte. Der Club war seinerseits nach Christopher (›Kit‹) Cat, dem Inhaber des Pastetenhauses, in dem sie zusammenkamen, benannt. Ein Kit-cat-Porträt sollte genaugenommen den Kopf, die Schultern und eine Hand zeigen.

Kitchen Sink School (engl. ›Spülbeckenschule‹) Von dem britischen Kunstkritiker David Sylvester geprägter Begriff für eine → sozialrealistische Tendenz in der englischen Malerei der 1950er Jahre. In ihrem Motivmaterial antizipierte diese Kunstrichtung häufig die → Pop Art. Die an ihr beteiligten Künstler waren u. a. John Bratby, Derrick Greaves und Jack Smith.

Kitsch In Massenproduktion hergestellte → Artefakte, die die ästhetischen Standards der Elitekultur nachahmen.

Klassik/klassisch 1. Streng genommen die → griechische und → römische Kunst und Architektur der Antike, speziell die griechische des 5. und 4. vorchristlichen Jh.s und originalgetreue römische Kopien. 2. Allgemeine Bezeichnung für eine Kunst, die auf den harmonischen Ausgleich von Spannungen, also auf ein möglichst vollkommenes Ebenmaß abzielt. Als k. wird zum Beispiel die hochgotische Bauplastik bezeichnet.

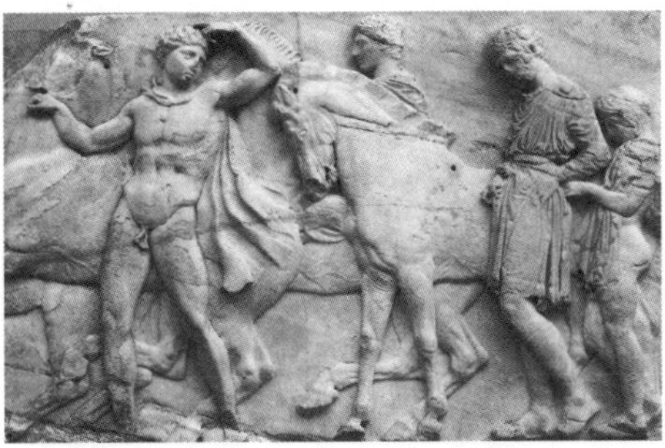

Klassik: Detail aus dem Parthenon-Fries, 5. Jh. v. Chr., das eine religiöse Prozession zeigt.

Klassizismus Allgemeine Bezeichnung für die Nachahmung → klassischer, vor allem antiker Gestaltungsprinzipien unter Anpassung an den jeweiligen Zeitgeschmack. Darüber hinaus werden zwei spezielle Stilphänomene in der europäischen Kunstgeschichte mit dem Begriff des K. belegt. 1. Die auf den italienischen Architekten Andrea Palladio (1508–1580) zurückgehende Baukunst, die sich im 17. Jh. auch nördlich der Alpen – unter anderem in den Bauten von Karl Friedrich Schinkel (Altes Museum, Berlin) und im Pariser Panthéon von Jacques Soufflot – durchsetzte. 2. In engerem Sinne die (gelegentlich auch als → Neoklassizismus bezeichnete) Epoche zwischen 1770 und 1830 in der bildenden Kunst als Abgrenzung zu → Barock und → Rokoko, die sich um eine Erneuerung der Kunst im Sinne der antiken ausgewogenen Form bemühte (→ Directoire und → Empire).

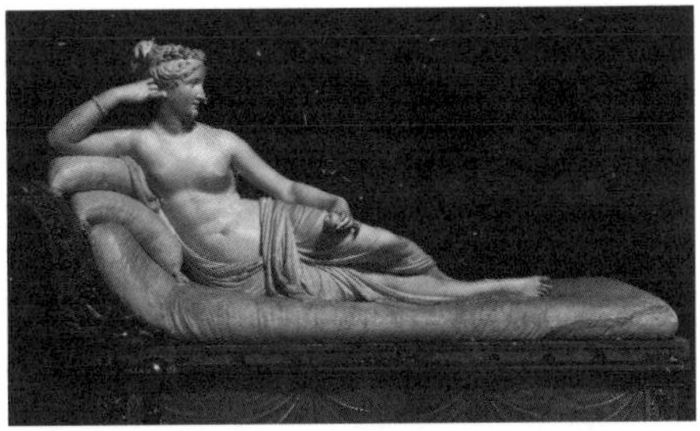

Klassizismus: Antonio Canovas Skulptur von Napoleons Schwester Pauline Borghese – ein Halbakt von Venus, die einen Apfel hält – zeigt deutliche Anklänge an klassische Formen.

Klebebild siehe Papier collé

Kleinmeister Im allgemeinen Bezeichnung für einen Künstler geringerer Bedeutung, im speziellen aber für eine Gruppe von → Kupferstechern des 16. Jh.s, die sich in ihren Stichen eines sehr kleinen Formats bedienten. Als bedeutendste und für die Stilentwicklung maßgebliche Künstler rechnet man zu ihnen die Nürnberger Sebald und Barthel Beham, Georg Pencz, Heinrich Aldegrever und Albrecht Altdorfer, den Kölner Jakob Binck, den in Münster tätigen Wilborn, Hans Brosamer und die Mitglieder der Augsburger Familie Hopfer.

Klischeedruck Ein kommerzielles Druckverfahren mit Harz- oder Bitumen-beschichteten Platten oder Zylindern, die fotografisch in Intaglio geätzt oder graviert werden (→ Autotypie).

Knauf Ein gerundeter Schlußstein oder ein Ornament, manchmal in Form eines Blumen- oder Blätterstraußes.

Kniestück siehe Porträt

Knorpelwerk (Ohrmuschelstil) Kunsthandwerkliche Ornamentform aus dem 17. Jh., verbreitet in Deutschland, Frankreich und den Niederlanden, die aus kurvig geschwungenen und knorpelartig verdickten Gebilden besteht. Am häufigsten ist das K. in Ornamentstichen und auf den Verzierungen von Beschlägen zu finden.

ko kutani (jap. ›altes kutani›) Siehe Kutani

Kobako (jap.) Japanisches Weihrauchgefäß.

Kodex (Codex), Kodizes (lat. ›Holzklotz‹) Ursprünglich Bezeichnung für die bei den Römern durch Draht oder Riemen verbundenen hölzernen, wachsbestrichenen Schreibtafeln (→ Diptychon), später dann für beschriebene, in Form von Lagen gefaltete und geheftete → Pergamentblätter (ältestes erhaltenes Fragment – Teile der ›Kreter‹ des Euripides – aus dem 2. Jh. v. Chr.) im Gegensatz zu der im ägyptisch-griechisch-römischen Altertum bis dahin üblichen Buchrollen (Volumen oder → Rotulus). Wegen seiner größeren Vorzüge (doppelseitig beschreibbar, bequemer zu lesen, raschere Übersicht) verdrängte der K. die Buchrolle im Laufe des 4. Jh.s n. Chr.; der am Schluß einer Rolle stehende Titelvermerk (→ Kolophon) wurde allerdings in dieser Form beim K. noch bis ins Mittelalter übernommen und erst dann vom → Incipit bzw. Titelblatt abgelöst. Weit stärker als die Buchrolle kam der K. dem Bedürfnis nach → Illustrationen und deren gefälliger Einordnung in den Text entgegen und ermöglichte so die Blüte der → Buchillustration bzw. → Buchmalerei.

Koftgari (pers.) 1. Die Technik, Eisen oder Stahl mit einer Einlegearbeit aus Edelstahl zu schmücken (→ Damaszieren). 2. Die Technik, Eisen oder Stahl mit Metallfolie zu verzieren, die mit Klebstoff angeheftet wird.

Kohle Aus gebrannten Holzstengeln (Linde, Weide oder Buchsbaum) gewonnenes Zeichenmittel, das bereits in → paläolithischer Zeit Verwendung fand. Der leicht erzeugbare, kräftige Strich der K. und ihre unkomplizierte Tilgbarkeit machen das Material besonders geeignet für → Skizzen. Eigentliche K.-Zeichnungen sind erst nach der Erfindung von → Fixativen (Ende 15. Jh.) erhalten, dabei als herausragende Werke Arbeiten von Albrecht Dürer, Tintoretto und Tizian.

Kollegiatskirche siehe Stiftskirche

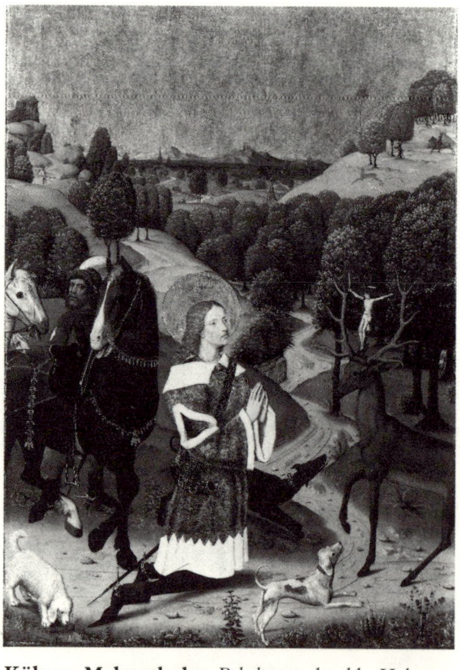

Kölner Malerschule: *Bekehrung des hl. Hubertus* vom Meister des Marienlebens, in dem verschiedene Zeitebenen (kontinuierliche Darstellung) vorkommen: Der hl. Hubertus wird im Hintergrund rechts bei der Jagd gezeigt.

Kollotypie Frühe fotomechanische Vergrößerungstechnik mit Gelantineplatten, die in Großbritannien um 1860 bekannt wurde.

Kölner Malerschule Im 19. Jh. geprägter Begriff für eine Anzahl verschiedener Maler, die in unterschiedlichen Stilen um Köln vom 14. bis 16. Jh. wirkten. Einer der bekanntesten Vertreter der K. M. ist Stephan Lochner. Die lyrische, leicht manierierte → Internationale Gotik der Maler des frühen 15. Jh.s wie des Meisters der hl. Veronika wurde abgelöst vom größeren Realismus des Meisters des Marienlebens (spätes 15. Jh.). Dieser Realismus erreichte jedoch nie die Intensität der zeitgenössischen niederländischen Kunst, obwohl viele Kölner Maler offensichtlich in den Niederlanden ihre Ausbildungen absolvierten.

Kolonialstil Bau- und Möbelstil in den englischen Kolonien Latein- und Nordamerikas während des 19. Jh.s. Typisch für den kolonialen Wohnstil sind völlig weiß gehaltene Bauten.

Kolonnade Säulengang mit geradem → Gebälk (→ Säule).

Kolophon (griech. ›Ende, Abschluß‹) Bei mittelalterlichen → Handschriften oder Frühdrucken eine Schlußschrift (auch Explicit, Subscriptio oder Rubrum genannt) mit Angaben über Titel, Verfasser, Schreiber bzw. Drucker, Ort und Zeit der Herstellung usw.

Kolorieren Ausmalen von → Zeichnungen, → Grafiken und → Fotografien mit wäßrigen → Lasurfarben, wobei die Farbe nur den Zweck erfüllt, das Bild zu beleben. Das K. ist im Grunde eine Fortsetzung des mittelalterlichen → Illuminierens in der → Buchmalerei.

Koloß Wort wohl westkleinasiatischen Ursprungs, das zunächst einfach eine ›Statue‹ bezeichnete. Seine spätere Bedeutung ›Kolossalstatue‹ erhielt es erst durch den legendären K. von Rhodos.

Kolossalordnung → Säulenordnung, die sich über mehrere Stockwerke erstreckt.

Kolossalsäule, Kolossalpilaster Säulen bzw. Wandpfeiler, die mehrere Stockwerke hoch sind. Sie bilden Teile der → Kolossalordnung.

Kolumbarium siehe Columbarium

Kommode (frz. commode ›bequem‹) 1. Ein Schubladenschrank, normalerweise eher nach dekorativen als nach nützlichen Gesichtspunkten konstruiert. Dieses Möbel erhielt seinen Namen, da es mit seinen Schubladen eine bequemere Einrichtung darstellte als sein Vorgänger, die einfache Truhe. 2. Seit dem 19. Jh. in England die Bezeichnung für einen Nachtstuhl.

Komplementärfarbe (auch Ergänzungs- oder Gegenfarbe genannt) Farbpaare, die sich im geometrisch abgestuften → Farbkreis gegenüber liegen und sich bei additiver Mischung zu Weiß, bei subtraktiver Mischung zu Schwarz ergänzen.

Komposition 1. In der bildenden Kunst die formale Kombination und Anordnung der Elemente eines Kunstwerks. In die K. gehen sowohl die überlieferten Konventionen ein (z. B. → Pyramidenk.) als auch die individuelle gestalterische Absicht. 2. In der Architektur die Gestaltung eines einzelnen Gebäudes oder eines Gebäudeensembles.

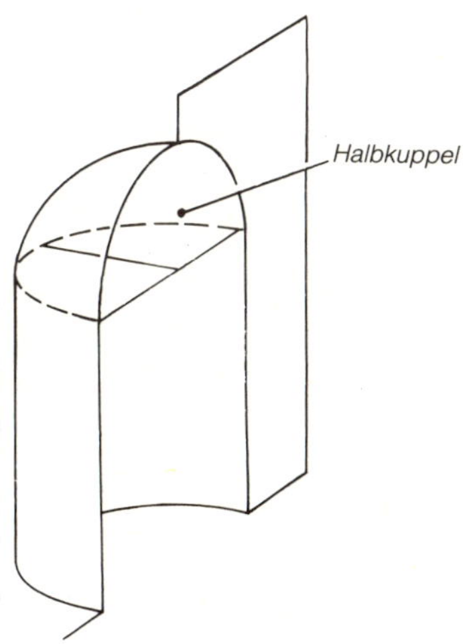

Konche

Konche Im → frühchristlichen und mittelalterlichen Kirchenbau die halbkreisförmige → Apsis, im engeren Sinne auch nur die Halbkugel, die sie nach oben abschließt (Abb. S. 153).

Kondô (jap. ›Goldene Halle‹) Die Haupthalle eines japanischen buddhistischen Klosters.

Königliche Türen Die Mitteltüren in der → Ikonostasis einer russischen oder → griechisch-orthodoxen Kirche, so genannt, weil der ›König der Herrlichkeit‹ sie in Form von gesegnetem Brot und Wein durchschreitet.

Konkrete Kunst Bezeichnung Theo van Doesburgs für eine Kunst ohne jede Beziehung zur visuellen Wirklichkeit, in der die bildnerischen Elemente weder Abbild der Natur noch symbolisch gemeint sind, sondern in einem Wechselspiel von (meist geometrischen) Formen nur sich selbst bedeuten. Nach den in ›Art Concret‹ (1930) veröffentlichten Grundsätzen soll die k. K. ganz im Geist vorgebildet und in der Ausführung so präzise, unpersönlich und immateriell wie möglich sein. Die Benennung wurde in diesem Sinne von Max Bill wiederaufgenommen. 1944 organisierte er in Basel die erste internationale Ausstellung ›K. K.‹ und gründete die Zeitschrift ›abstrakt/konkret‹.

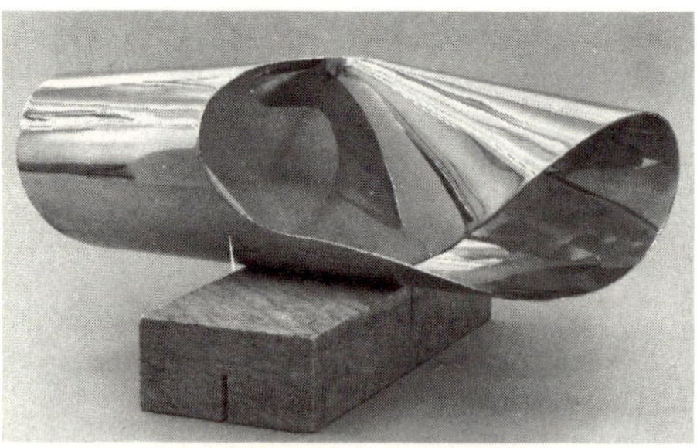

Konkrete Kunst: Max Bill, *Endlosschleife I*, 1947/49.

Konkrete Poesie Texte, die auf visuelle ebenso wie auf verbale Wirkungen hin entweder recht frei oder in streng geordneten Mustern arrangiert sind und auf Flächen erscheinen, die nicht unbedingt Buchseiten sein müssen. Die Idee wurde 1956 von einer Gruppe brasilianischer Dichter und Künstler auf der Ausstellung für → konkrete Kunst in São Paulo vorgestellt, sie kann aber weiter zurückverfolgt werden bis zu Werken der französischen Dichter Stéphane Mallarmé und Guillaume Apollinaire.

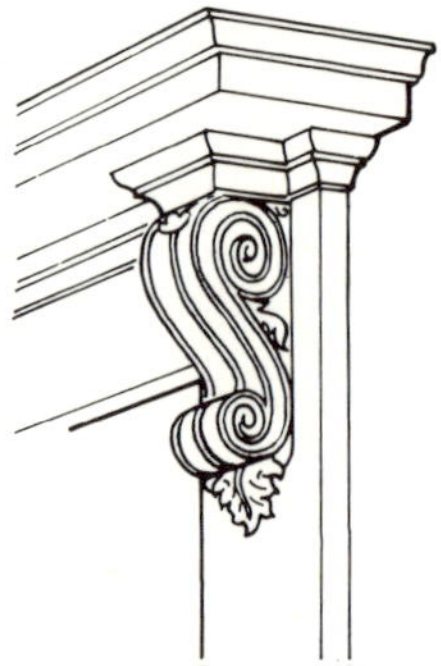

Konsole

Konsole In der klassischen Architektur eine ornamentale Krage von größerer Höhe als Ausladung, häufig zusammengesetzt aus zwei umgekehrten → Voluten, so daß sich im Längsschnitt eine S-Form ergibt.

Konstruktivismus, konstruktivische Kunst Bezeichnung für eine abstrakte Richtung in der Kunst des 20. Jh.s, die erstmals von Wladimir Tatlin im Zusammenhang mit seinen geometrischen Reliefkonstruktionen (→ Kontrarelief) von 1913 verwendet wurde. Es war das Jahr, in dem Alexander Rodtschenko an ungegenständlichen, mit dem Zirkel entworfenen Zeichnungen arbeitete und Kasimir Malewitsch gerade seinen auf der reinen Abstraktion basierenden → Suprematismus entwickelte. Der russische K. hatte seinen Ursprung im → Kubismus und → Futurismus und zielte mehr auf den plastischen Ausdruck des Materials. Mit den Mitteln abstrakter Stereometrie sollten selbständige, von persönlichen Emotionen befreite Konstruktionen errichtet werden - als adäquater Ausdruck einer neuen, von Mathematik und Technik beherrschten

Welt. Hauptvertreter der K.-Idee waren neben Tatlin und Rodtschenko Naum Gabo, Antoine Pevsner und El Lissitzky. Nach der Revolution kam es zwischen ihnen zu einer Spaltung: während Rodtschenko, Tatlin und später Lissitzky forderten, daß die Kunst mehr der Nützlichkeit als der reinen Äthetik verpflichtet sein und sich industrieller Materialien und Ingenieurstechniken bedienen müsse, vertrat Gabo, unterstützt von seinem Bruder Pevsner, in seinem ›Realistischen Manifest‹ von 1920 den Standpunkt, daß die Kunst sich wohl ingenieurmäßiger Techniken bedienen und den Raum als skulpturales Element benutzen solle, daß aber der Schwerpunkt weiterhin im Ästhetischen liegen müsse. Nach 1921 fiel die anfänglich von den Revolutionsorganen geforderte k.e Kunstrichtung in Ungnade: Lenin favorisierte einen traditionalistischen Realismus. Gabo, Pevsner, Lissitzky übersiedelten nach Deutschland bzw. Frankreich, und der K. wurde zu einer europäischen Bewegung. In Düsseldorf wurde 1922 ein k.er Kongreß abgehalten, in Weimar ein k.er → Dada-Kongreß. Nach 1923 verschmolzen die Ideen des K. mit denen der niederländischen Parallelbewegung de → Stijl und entwickelten sich zu einem internationalen k.en Stil, der vor allem vom → Bauhaus vertreten wurde.

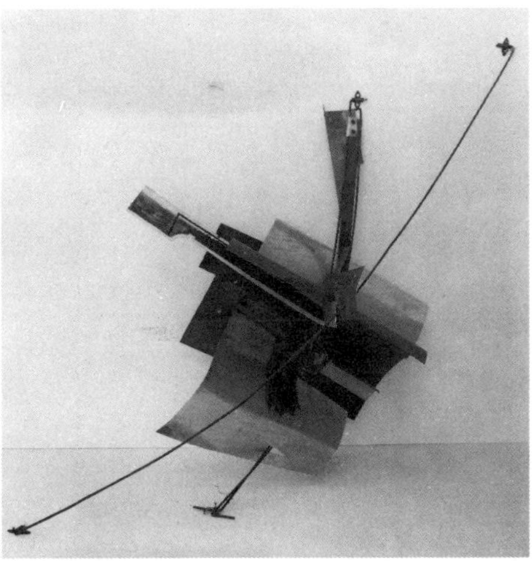

Konstruktivismus: Wladimir Tatlins *Eckrelief* ist eine formale Studie zum Gebrauch von Baumaterialien (Blech, Holz, Draht, Kabel) im Raum.

Konsulardiptychon Ein spätantikes → Diptychon aus Elfenbein mit Scharnieren, so daß es sich wie ein Buch öffnen läßt. Die Außenseiten waren mit dem geschnitzten Porträt eines römischen Konsuls geschmückt, die Innenseiten ausgehöhlt und mit einer dünnen Wachsschicht belegt, die beschriftet werden konnte. Von 384 n. Chr. bis zur Abschaffung der Konsularverwaltung im Jahre 541 waren diese Diptychen ein offizielles Abzeichen der Macht römischer Konsuln.

Konterdruck Reproduktion einer Zeichnung oder eines Drucks, bei der das Original befeuchtet, mit der Oberseite auf ein neues Blatt Papier gelegt und durch eine Presse geschickt wird. Das Ergebnis ist ein Spiegelbild des Originals.

Kontinuierliche Darstellung Eine in der Antike und in der europäischen mittelalterlichen Kunst (→ Predella) verbreitete Technik, einander folgende Episoden erzählerisch nebeneinander vor einem offensichtlich fortlaufenden Hintergrund darzustellen. Manchmal auch fälschlicherweise als → Simultandarstellung bezeichnet (→ Kölner Malerschule).

Kontrapost (ital. contrapposto ›Gegensatz‹) Eine Methode der → Bildhauerei, die verschiedenen Körperteile so darzustellen, daß sie um eine zentrale Vertikalachse herum gleichgewichtig angeordnet sind: So kann zum Beispiel der obere Teil eines → Torso in eine bestimmte Richtung gedreht sein, während sich der untere Teil in die entgegengesetzte Richtung wendet. Zuerst von den antiken → griechischen Bildhauern entwickelt, um Steifheit zu vermeiden, wurde der Kontrapost im 16. Jh. unter dem Einfluß des → Manierismus ins Extreme getrieben (Abb. S. 156).

Kontrarelief Sammelbegriff für die abstrakten, raumplastischen Wandtafeln Wladimir Tatlins (aus eckigen Metallplatten, Drähten, Glas- und Holzteilen konstruiert) (→ Konstruktivismus).

Kontur Die eine bestimmte Form festlegende Umrißlinie. Mit dicken K.en kann der Künstler den Eindruck größerer Plastizität erzielen.

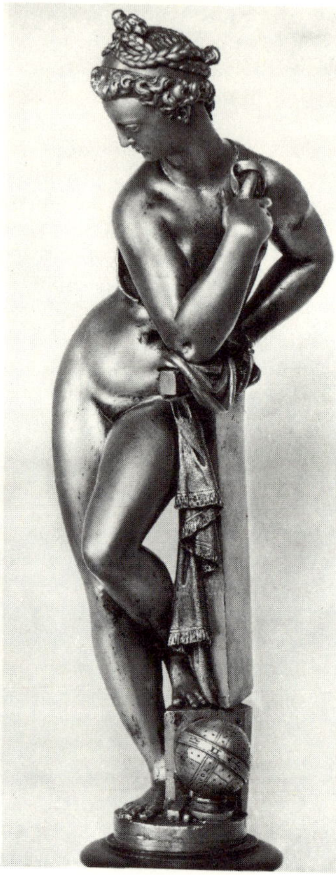

Kontrapost: Manieristische Figur der Astronomie von Giovanni da Bologna (1529–1608), nicht datiert.

Konzeptuelle Kunst (Conceptual Art) Bezeichnung für die sich ab Mitte der 1960er Jahre (vor allem unter dem Einfluß von Sol LeWitt) aus der → Minimal Art entwickelnden internationalen künstlerischen Bestrebungen. Kennzeichnend ist die Abwendung von der Kreativität (im Sinne der Erfindung eigener Bildwelten) zugunsten des klar Definierten, ›Objektiven‹ (im Sinne von in sich geschlossenen Systemen ohne Aussage über etwas anderes als sich selbst oder im Sinne des Konstatierens oder Fixierens von Prozessen). In der Erscheinungsform ging damit eine Auflösung der traditionellen Kunstformen (→ Malerei und → Bildhauerei) durch Reduzierung des Objekthaften bis zur ›Entmaterialisierung‹ einher (›Umschreibung‹ des Kunstwerks mit Hilfe von Texten, Diagrammen und → Fotografien bis hin zu Arbeiten, die nur noch durch gedanklich-assoziative Prozesse in der Vorstellung des Betrachters verwirklicht werden können). Typische Vertreter dieser Richtung sind Robert Barry, Douglas Huebler und Lawrence Weiner, im weiteren Sinne werden aber oft auch Künstler wie Daniel Buren, Hanne Darboven, Jan Dibbets, Gilbert & George, Richard Long und On Kawara dazu gerechnet. Eine andere Richtung innerhalb der k.n Kunst verkörpern Künstler wie die ›Art & Language‹-Gruppe, Victor Burgin und Joseph Kosuth, die – systematisch und explizit – die Analyse der Konzeption (daher der Name k. K.) von Kunst, das heißt, der Bedingungen, unter denen sie existent ist, zum zentralen Thema ihrer Bemühungen erhoben haben: Theorie (eine Fülle von Texten, in eigenen Zeitschriften veröffentlicht) und die daraus hervorgehende praktische Demonstration der gedanklichen Auseinandersetzung fallen hier als künstlerisches Tun zusammen, und nur hicr ist in strengerem Sinne von k.r K. zu sprechen. Nach einer anfänglich auf die morphologische Beschaffenheit des Kunstwerks gerichteten Analyse verlagerte sich die Problematik später auf den als entscheidend erkannten Kunstkontext, das heißt auf das Zusam-

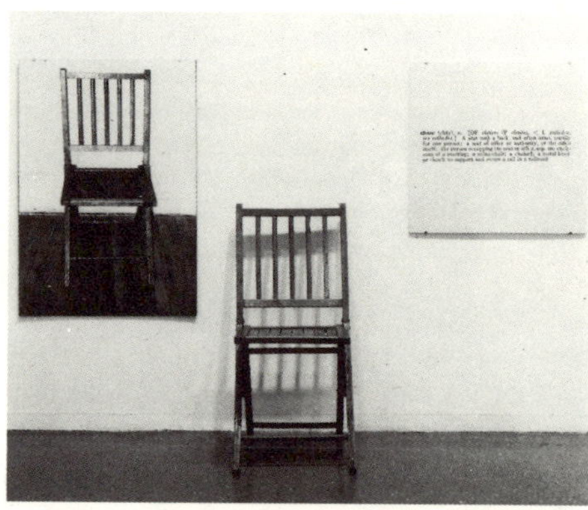

Konzeptuelle Kunst: *Einer und drei Stühle* von Joseph Kosuth, 1965. Das Werk besteht aus dem Foto eines Stuhls, einem tatsächlichen Stuhl und der Lexikondefinition eines Stuhls.

menwirken diverser geistiger und praktischer Bereiche, die in ihrer ständig sich wandelnden Konstellation den Bedingungs- und Existenzrahmen von Kunst darstellen.

Köper Textilart, die so gewebt ist, daß sich ein Diagonal-, Fischgrät- oder Rautenmuster ergibt.

Kopie Duplikat eines bereits existierenden Kunstwerks, üblicherweise nicht von der Hand des Künstlers, der das Original schuf (→ Replike, Reproduktion).

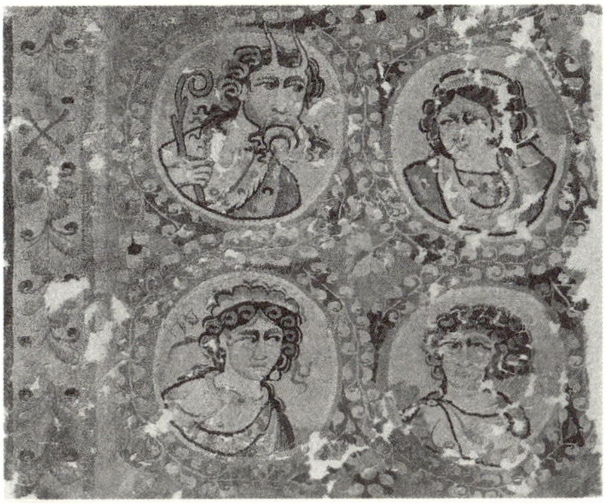

Koptische Kunst: Detail aus einem gewebten Wandbehang, um 400 n. Chr., das in Medaillons die Köpfe eines Fauns, zweier Frauen und eines Mannes zeigt.

Koptische Kunst Spätklassische Kunst (4.–7. Jh. n. Chr.) der Kopten (der ägyptischen Christen), häufig mit gedrungenen Proportionen und überladener, schwerfälliger Gestaltung. Die k. K. stand unter starkem Einfluß nichtklassischer expressiver Tendenzen aus Syrien und dem Nahen Osten. Typisch für sie sind Steinmetzarbeiten und Elfenbeinschnitzereien, gewebte Textilien und → Handschriften-Illuminationen.

Kore (griech. ›Mädchen‹, pl. korai) Die Skulptur einer stehenden weiblichen Figur mit drapiertem Gewand, typisch für die → griechische Kunst der → archaischen Zeit (ca. 620–ca. 500 v. Chr.) (→ Karyatide, → Kuros).

Kôrin-Schule (jap.) Eine nach dem Künstler Ogata Kôrin (1658–1716) benannte Schule der japanischen dekorativen Malerei. In Wirklichkeit wurde sie von Hon'ami Koetsu (1558–1637) und Nonomura Sotatsu (gest. um 1643) begründet. Sie stellt einen Versuch dar, sich vom → chinesischen Einfluß zu lösen. Die von ihr hervorgebrachten Arbeiten sind charakterisiert durch üppige Farbgebung und kraftvolle, ungewöhnliche Muster.

Koromandel-Lackarbeiten Holzgegenstände (z. B. Wandschränke), die mit einer dicken Schicht Kreidegrund und → Lack überzogen waren. Verzierungen wurden angebracht, indem man die Lackschicht an den vorgesehenen Stellen entfernte und den freigelegten Kreidegrund mit leuchtenden Farben bemalte. K.-L. arbeiten wurden seit dem 17. Jh. in China für den Export nach Europa produziert und durch die Handelsniederlassungen der East India Company an der Koromandel-Küste Indiens vertrieben, daher der Name.

Kotyle (griech.) 1. Ein antiker griechischer Kelch mit zwei Henkeln. 2. Manchmal wird dieser Begriff fälschlicherweise als Synonym für → Skyphos verwandt (→ Vasenformen, griechische).

Kraak-Porzellan Chinesisches blau-weißes → Porzellan aus dem späten 16. und 17. Jh., das für den Export hergestellt wurde und normalerweise mit Feldern aus wiederkehrenden Mustern bemalt ist. Benannt nach einer portugiesischen Karacke (niederl. ›Kraak‹), die 1603 von den Holländern gekapert wurde und diese Ware geladen hatte.

Krabbe (auch Kriechblume) In der → gotischen Architektur ein Ornament in Form eines auswärts gerollten Blattes. Es findet sich häufig an Turmspitzen und → Baldachinen.

Kraggewölbetechnik Form des unechten → Gewölbebaus, bei dem die ›Kuppel‹ aus einer Serie von übereinander hinausragenden → Konsolen gebildet wird. Siehe auch (Krag-) → Bogen.

Kragstein (auch Konsole) Vorspringendes Architekturelement aus Stein, Backstein, Holz etc. zum Tragen eines Gewichts (→ Bogen, → Pechnase, → Stichbalkendach, → Gewölbe).

Krakelee siehe Craquelée

Krakelure siehe Craquelure

Krapp Ein bereits in der Antike bekannter, aus den Wurzeln der Färberröte gewonnener roter Farbstoff. Er fand lange Zeit bei der Textilfärberei Verwendung und wird heute noch zur Herstellung von Druck- und Künstlerfarben verwandt, die sich durch besondere Lichtechtheit auszeichnet.

Krater Großer, kelch- oder glockenförmiger Krug mit weiter Öffnung und Stangen- oder Volutenhenkeln, der in der griechischen Antike zum Mischen von Wein und Wasser verwendet wurde (→ Vasenformen, griechische).

Kratzputz Volkstümliche Bezeichnung für → Sgraffito-Wandmalerei. Tatsächlich hat sich vor allem in der → Volkskunst zum Beispiel Thüringens, Hessens, Siebenbürgens und des Engadin die Sgraffito-Technik erhalten, bevor sie in neuerer Zeit von Architekten und Malern wiederentdeckt wurde.

Kredenz 1. Sideboard. So benannt, weil an ihm ursprünglich die Speisen einer hochstehenden Persönlichkeit vorgekostet wurden, um den Verdacht auf Gift auszuräumen, das heißt den Speisen ›Kredenz‹ gegeben wurde. Später allgemein eine Anrichte. 2. Der Tisch oder das Wandbrett nahe dem → Altar einer Kirche, auf denen die Sakramente abgestellt werden.

Kreide Zeichenmittel aus feinerdiger Kalksteinmasse, mit dem sich weiche und harte Linien sowie durch Strichverwischung helle und dunkle Tonflächen erzielen lassen. In der Zeit vom 15. bis 18. Jh. verwendete man vorwiegend schwarze *Malkreide,* auch *Steinkreide* genannt, aus Tonschiefer, deren Strich mehr grau als schwarz ist. Vom 16. Jh. an war bei der K.-Zeichnung die Verwendung verschiedener kombinierter Techniken (K. und → Rötel, K. und → Pastell) häufig. Im 19. Jh. verdrängte die *Kunstkreide* aus Lampenruß fast vollständig die *Naturkreide.* Sie vertritt heute aufgrund ihres weichen Strichs von samtartiger Tiefe allein das Zeichenmittel K. Weiße Natur- (Schneider-) oder Kunstkreide dient zur Höhung, das heißt zum Herausheben von → Lichtern.

Kreidemanier (Crayonmanier) siehe Kupferstich

Kretische Kunst siehe Minoische Kunst

Kreuz Ornamentales Schmuckmotiv, das in fast allen Kulturen vorkommt und im Christentum zum tragenden Symbol für das Leiden Christi wurde. Die verschiedenen Kreuzformen des Christentums sind u. a.: 1. griechisches Kreuz; 2. lateinisches Kreuz; 3. Andreaskreuz; 4. Antoniuskreuz; 5. Doppelkreuz; 6. Gabelkreuz; 7. Malteserkreuz; 8. Kleeblattkruze; 9. Lothringisches Kreuz; 10. Päpstliches Kreuz; 11. Russisches Kreuz; 12. Wiederkreuz.

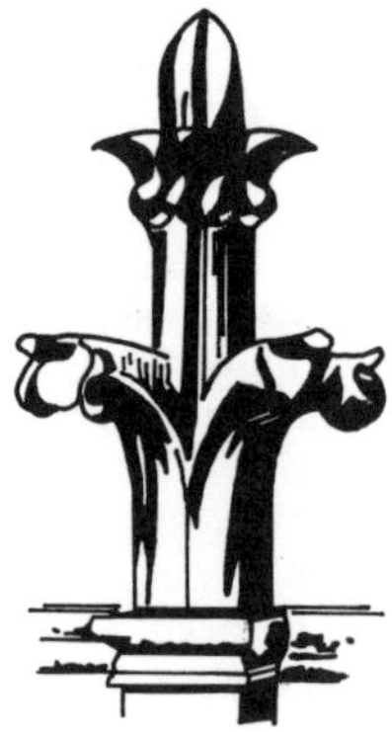

Kreuzblume

Kreuzblume Kreuzförmig angelegte, aus Blattwerkornamentik gebildete Spitze → gotischer Türme, Giebel, → Fialen und → Wimperge. Die Spitze erscheint als Knospe oder Blume.

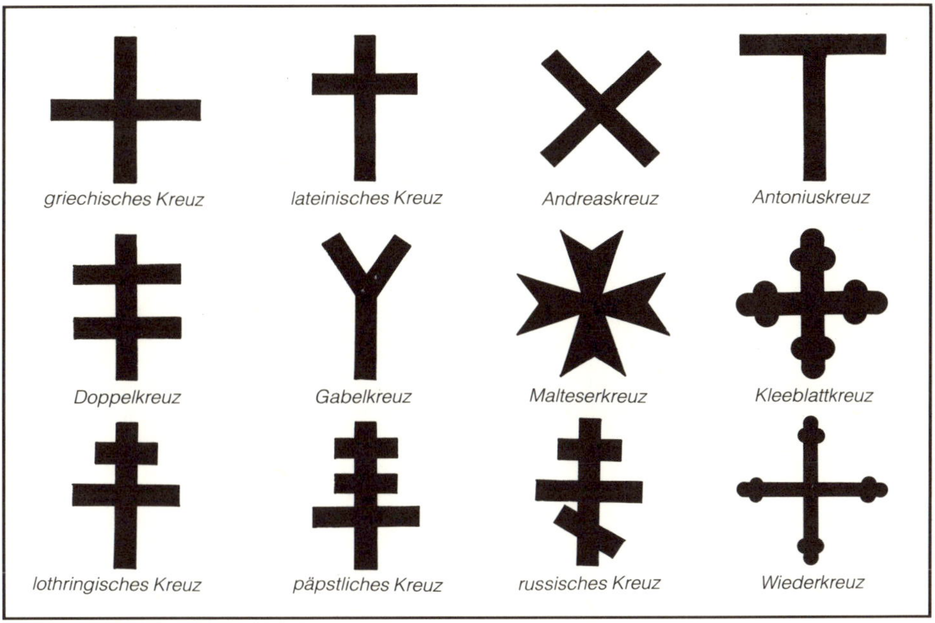

Kreuzformen

Kreuzfahrerkunst Westeuropäische Künstler, die im Gefolge des Kreuzzuges in den Nahen Osten gelangten, waren teilweise von der → byzantinischen Kunst so tief beeindruckt, daß sie einen Mischstil schufen, der am besten in Jerusalem (12. Jh.) und Akko (13. Jh.) repräsentiert ist. Typische Beispiele sind die Mosaiken der Grabeskirche in Jerusalem sowie einige → Ikonen des Sinaiklosters, die byzantinische Ikonographie in westlichen Stilformen und umgekehrt präsentieren.

Kreuzgang Überdachter Gang oder Arkade, normalerweise alle vier Seiten eines umbauten, rechteckigen Hofes umlaufend und mit einer Kirche, besonders einer Klosterkirche, verbunden.

Kreuzschraffur Schattenwiedergabe auf → Zeichnungen oder → Grafiken mit Hilfe von sich kreuzenden Parallellinien.

Kristall Jedes farblose, transparente Glas, das Ähnlichkeit mit Bergkristall aufweist (z. B. Bleikristall).

Kristallglas 1. Eine ursprünglich im 17. Jh. in England von George Ravenscroft hergestellte Glasart, bei der das Silizium (der Grundbestandteil von Glas) aus Feuerstein gewonnen war. 2. Der Name wurde später für englisches Bleikristall übernommen, obwohl die Siliziumquelle in diesem Fall Sand, und nicht Feuerstein ist.

Kromlech (keltisch kramon ›Krümmung‹; lec'h ›Ort‹) Zur Gruppe der → megalithischen Denkmäler gehörende Steinkreise (spätes → Neolithikum/frühe → Bronzezeit) aus kreisförmig angeordneten, nur wenig oder gar nicht behauenen Steinblöcken, oft mit einem besonders hohen, einzelnen Stein in der Mitte (→ Menhir). Das Verbreitungsgebiet entspricht dem der → Dolmen, besonders zahlreich sind K.s allerdings auf den britischen Inseln vertreten.

Kronglas siehe Butzenscheibe

Kronleuchter Eine hängende Leuchte aus einem oder mehreren Ringen mit Öllampen und Kerzenhaltern, ursprünglich die Form einer Krone nachempfindend.

Krümme Der obere gekrümmte Teil eines Bischofsstabes, der zumeist eine besondere Verzierung aufweist.

Krypta Eine unterirdische Kammer, gewöhnlich mit einem Gewölbe, unter dem Fußboden einer Kirche, die zunächst nur der Aufnahme eines Heiligengrabes diente, später auch als Andachtskapelle gestaltet war.

Kubismus Eine um 1900 entstandene Kunstrichtung, die besonders von Pablo Picasso und Georges Braque vertreten wurde, ihre Wurzeln aber in den Theorien Paul Cézannes hatte. Sie stellt den Versuch dar, vollständig alle Aspekte dessen, was der Künstler in drei Dimensionen wahrnimmt, auf einer Fläche darzustellen. Seinen Höhepunkt erreichte der von beiden Künstlern gemeinsam entwickelte Stil zwischen 1909 und 1912. Um 1910 hatten ihre Ideen bereits eine große Anhängerschaft gefunden und waren von einigen, mit mehr ›missionarischem‹ Eifer erfüllten Künstlern ideologisch und methodisch unterbaut worden. Zu ihnen gehörten Robert Delaunay und Albert Gleizes, Henri Le Fauconnier, Fernand Léger und Jean Metzinger, die mit ihrer Ausstellung im Saal 41 des ›Salon des Indépendents‹ von 1911 für den ersten kubistischen Skandalerfolg sorgten. Die Werke der Kubisten wirkten auf viele avantgardistische Künstlerkreise ein, so daß durch oft ganz unkubistische Interpretationen höchst interessante und wichtige Lösungen vorgeschlagen wurden, wie zum Beispiel die Abstraktionen von Piet Mondrian und Kasimir Malewitsch, der reife → Futurismus von Umberto Boccioni oder der → Expressionismus von Franz Marc und August Macke. Die dem K. zugrundeliegende Idee fanden in den Schriften von Gleizes und Metzinger (›Du Cubisme‹, 1912) und Guillaume Apollinaire (›Les Peintres Cubistes‹, 1913) ihre methodische Auslegung. Sie basierten im wesentlichen auf der Auffassung, daß die Vorstellung des Künstlers vom Objekt ebenso wirklich oder sogar wirklicher sei als dessen Erscheinungsform, weshalb man den Gegenstand auch geometrisieren (d. h. idealisieren) oder konstruieren, d. h. aus den einzelnen, aus verschiedenen Blickwinkeln und zu verschiedenen Zeitpunkten gesehenen Teilansichten facettenhaft zusammensetzen könne. Weiter vertrat man, daß das Bild oder die Skulptur ebenso wirklich sei wie der Bildgegenstand, daß also das Kunstwerk selbst autonom sei, was dadurch betont wurde, daß die Flächigkeit der Bildebene verstärkt wurde durch die Zerlegung und die flächige Einbindung des Gegenstandes in die Bildoberfläche. Diese Idee des autonomen Kunstwerks führte außerhalb des kubistischen Kreises zur Abstraktion. Die Kubisten selbst blieben stets in der Wirklichkeit verwurzelt und bemühten sich, die Spannung zwischen Bildgegenstand und bildnerischer Form zu erforschen und die Wirkungen, die sich aus dem Gegensatz ergaben, zu nutzen. So verwendeten sie als bildnerische Gestaltungsmittel Fragmente von realen Dingen – Buchstaben, Zeitungen, Papier (→ Papier collé) oder Materialien wie Holz, Stoff, Sand etc. (→ Collage). Die Entwicklung des K. vollzog sich in verschiedenen Phasen.

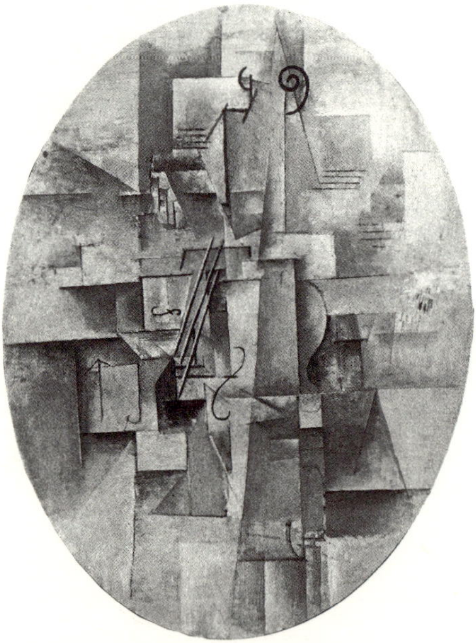

Analytischer **Kubismus:** Picassos *Stilleben mit Violine,* 1911/12, macht deutlich, wie der Bildgegenstand in zahlreiche Facetten zerlegt und anschließend in zur Bildfläche parallelen Ebenen wieder zusammengesetzt wird.

Daniel Henry Kahnweiler, Kunsthändler und Freund von Picasso, Braque und Juan Gris, unterscheidet in seinem 1920 erschienenen Buch *›Der Weg zum Kubismus‹* eine frühe *analytische* Phase und eine spätere (ab 1912 etwa) *synthetische* Phase. Der analytische K. entwickelte die Form noch aus dem Gegenstand durch analytische Zerlegung in verschiedene Ansichten, die in ihrer Zusammenschau ein simultanes, ganzheitliches Bild des Gegenstandes ergeben. Der synthetische K. dagegen ging nicht mehr vom Gegenstand selbst aus, sondern von einer Vorstellung und setzte aus frei erfundenen Formen und Zeichen den Bildgegenstand synthetisch zusammen.

Kubo-Futurismus Ein von Kasimir Malewitsch erfundener Begriff. Er bezeichnet den Stil seiner zwischen 1911 und 1913 entstandenen Werke, in denen sich Elemente von → Kubismus und → Futurismus mit Formen des russischen Primitivismus verbinden. Der K.-F. ist eine der zentralen Stilrichtungen der → Russischen Avantgarde.

Küchenstück, Küchenszene Darstellung eines Küchenraumes mit → stillebenhaft zusammengestellten Küchengeräten und Speisen. Das K. gehört zum Bereich der sogenannten → Interieurmalerei und kann auch durch Personen oder lebende Tiere → genrebildhaft ergänzt werden. Es taucht auf in der niederländischen Malerei des 17. Jh.s und erlebt seinen Höhepunkt im 18. Jh. bei Jean-Baptiste Siméon Chardin.

Kufische Schrift (nach Kufa, einer Stadt südlich von Bagdad) Eine formale, eckige Variante der arabischen → Kalligraphie, die als Dekoration an Gebäuden, Tonware, Textilien, Metallarbeiten etc. zu finden ist.

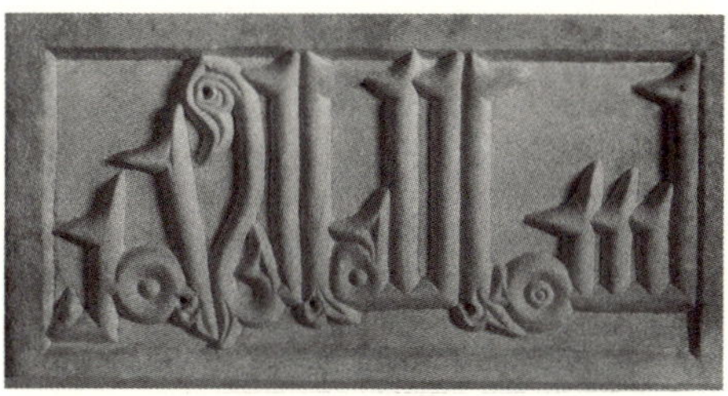

Weiße Marmortafel aus Ägypten, 9.–10. Jh. n. Chr., mit einer **kufischen** Inschrift.

Külliye (türk.) Ein Gebäudekomplex um eine Moschee, der eine Schule und ein Hospital einschließt.

Kunstgewerbe Sammelbegriff für handwerklich hergestellte Zier- und Gebrauchsgegenstände, deren Form und Dekor künstlerisch gestaltet sind. Das K. unterscheidet sich als → angewandte Kunst von den sogenannten freien Künsten (Malerei, Grafik, Bildhauerei) und wird auch als Kunsthandwerk bezeichnet. Zum K. gehören die → Keramik, das Glas, die Schmiedekunst (Gold, Silber, Eisen), die Schnitzerei (Elfenbein, Holz), die → Emailkunst, die Möbelherstellung und die → Textilkunst.

Kunst- und Wunderkammer Eine Ansammlung von Kunstgegenständen, Naturalien, Kuriositäten etc., die von deutschen Prinzen- und Adelshäusern im 16. und 17. Jh. zusammengetragen wurde. Trotz ihres gemischten Charakters stellen diese Sammlungen die Vorläufer unserer heutigen Museen dar.

Kupferstich Druck von in Metallplatten (Kupferplatten) eingeritzten Zeichnungen.
Kaltnadelverfahren: Die Zeichnung wird mechanisch (mit dem → Grabstichel oder mit der ›kalten Nadel‹) in die Metallplatte eingeritzt. → Grate neben den Ritzfurchen und Fehllinien korrigiert man mit einem → Schaber. Man reibt die Platte mit Druckerschwärze ein und reinigt sie wieder. Die Druckerschwärze bleibt in den Rillen zurück, und die Platte ist druckfertig.
Radierung: Ein chemisches Verfahren (Ätzung). Die Metallplatte wird mit einem Wachs-Harz-Gemisch bestrichen und an der Oberfläche rußgeschwärzt. In diesen Firnis ritzt man die Zeichnung ein, umkleidet auch den Rest der Platte mit Wachs und setzt die Platte einem Säurebad (Scheidewasser, d. i. Salpetersäure oder Eisenchlorid) aus. Die Säure dringt in die Rillen des Wachs-Harz-Überzugs, ätzt hier die Metallplatte, und so wird die Zeichnung chemisch in die Platte einge-

tieft. Anschließend wird der Überzug entfernt. Korrekturen, die sich bei Probedrucken als nötig erweisen, können mit der ›kalten Nadel‹ angebracht werden.
Kreidemanier: Verschiedene Techniken. Teils Behandlung des Wachsüberzugs mit Rouletten und einer Art Raspel (→ Mattoir), teils Abdecken des Überzugs mit Papier, auf dem gezeichnet wird. An der Papierrückseite bleibt der Überzug an den Zeichenlinien haften, das Metall wird an diesen Stellen frei, und der Ätzvorgang kann beginnen. Das Ergebnis sind weiche Linien ähnlich einer Kreidezeichnung.
Mezzotinto oder *Schabkunst:* Mit einem → Granierstahl (auch ›Wiege‹ genannt) wird die Platte gleichmäßig aufgerauht, bis sich bei Druck ein einheitliches Samtschwarz ergibt. Stellen, die heller erscheinen sollen, werden mit einem Schabeisen wieder geglättet. Das Verfahren erlaubt subtile Abstufungen der Schattierung.
Punktiermanier: Ein ganz ähnliches Verfahren wie Mezzotinto, nur daß in diesem Fall die Metallplatte nicht mit einem Granierstahl aufgerauht wird, sondern mit → Punzen, die ein feines, gleichmäßiges Punktraster erzeugen, aus dem die im Druck heller erscheinenden Partien herausgeschabt werden.
Aquatinta: Verfahren der Flächenätzung. Teile des Wachsüberzugs einer zur Radierung vorbereiteten Platte werden gelöst. Die freigewordenen Plattenpartien bedeckt man mit pulverisiertem Harz, das aufgeschmolzen wird. Im Säurebad erhalten sie eine Rauhheit, die im Abdruck an Tuschzeichnungen erinnert.
Farbdrucke erzielt man durch Übereinanderdrucken verschieden eingefärbter Platten.
Der *Druck* ist ein Tiefdruck (d. h., die Druckerschwärze, mit der die fertige Platte eingerieben wird, haftet nach Reinigung nicht an den erhöhten Plattenpartien, sondern in den eingetieften Furchen, Linien, Schraffen und Grübchen). Das Verfahren besteht darin, daß man die Platte sehr stark auf angefeuchtetes Papier preßt. Da die Platte sich beim Drucken abnutzt, was nur eine begrenzte Auflage ermöglicht, ist man dazu übergegangen, sie zu verstählen, nachdem man zeitweise überhaupt dem *Stahlstich* Vorzug gab. Eine Spezialität Albrecht Dürers war die Anfertigung von Drukken nach *Eisenätzungen.* Zuvor hatte man lediglich Dekormotive an eisernen Waffen im Ätzverfahren angebracht.

Kuppel Ein → Gewölbe auf rundem, quadratischem oder polygonalem Grundriß in der Form eines Kugelsegments. Die K. kann entweder völlig geschlossen sein oder im Scheitel eine Öffnung besitzen, die man als *Auge* bezeichnet (Pantheon in Rom). Häufig ist über der Scheitelöffnung noch ein kleiner Turm, die *Laterne,* aufgesetzt oder zwischen der K. und dem überkuppelten Baukörper befindet sich noch ein zylindrisches Zwischenteil, das als *Trommel* oder *Tambour* bezeichnet wird.

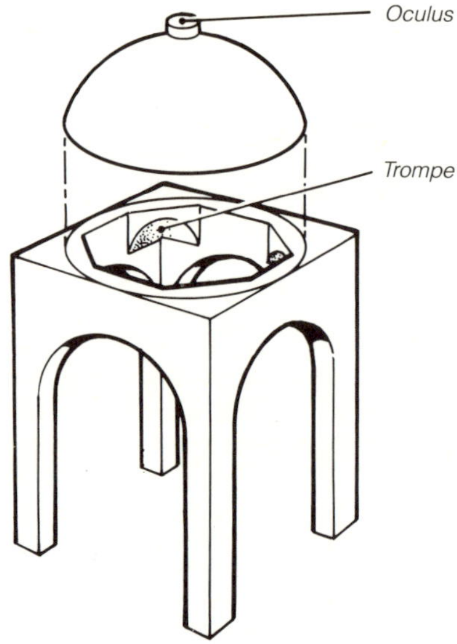

Trompen**kuppel**

Bei der *Trompenkuppel* entsteht die Kugelform dadurch, daß durch Überecksetzen von Steinen aus dem viereckigen Grundriß des überkuppelten Baukörpers ein Achteck gebildet wird, über dem sich dann die K. wölbt.

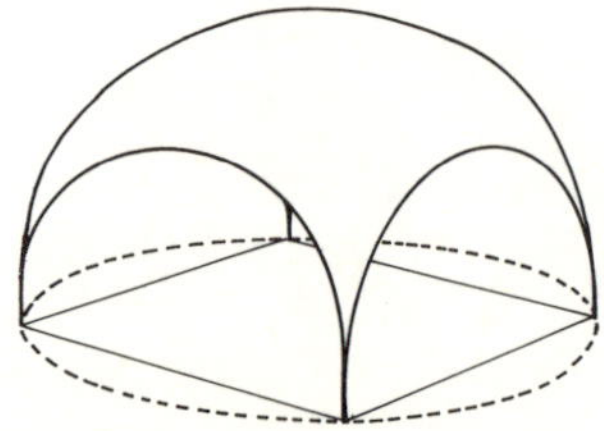

Hänge**kuppel**

Bei der *Hängekuppel* umschreibt der gedachte Fußkreis der K. das zu überwölbende Grundquadrat. Dessen Seiten begrenzen die Kuppelwölbung durch die sog. *Schildbögen.*

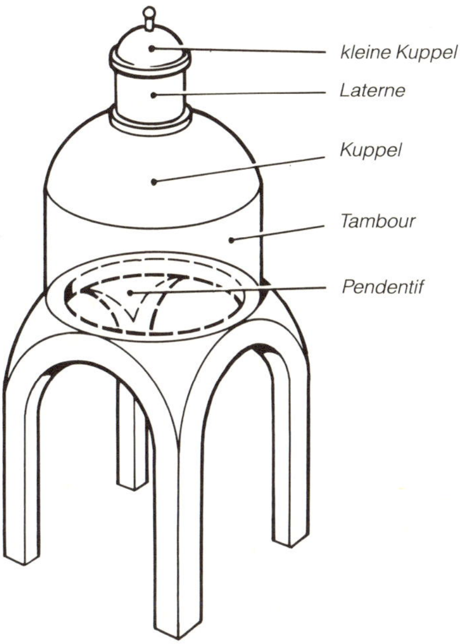

Pendentif**kuppel**

Bei der *Pendentifkuppel* ist der Fußkreis der K. dem Grundquadrat eingeschrieben, so daß durch die sog. *Pendentifs* (sphärische Dreiecke) eine Überleitung zwischen Baukörper und K. geschaffen werden muß. Eine moderne Konstruktionsmethode der K. – entwickelt von dem amerikanischen Architekten Buckminster Fuller (1895–1938) – stellt die *Geodätische Kuppel* dar: Als leichtgewichtige Tragluftkuppel besteht sie aus einem Raster kleiner starrer Elemente, die die Oberfläche in regelmäßige Facetten aufteilen, wobei jedes einzelne dieser Teile auf die anderen verstärkend wirkt (wie eine Art Schutzglocke).

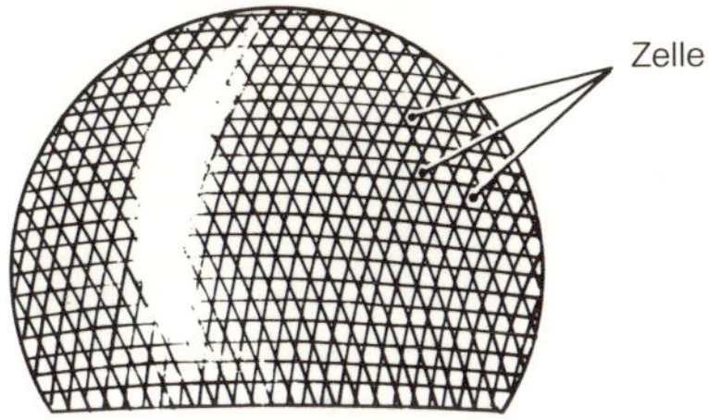

Geodätische **Kuppel**

Kuros (griech. ›Jüngling‹, pl. kuroi) Die Skulptur eines nackten Jünglings, entweder eines Gottes oder eines Siegers in einem athletischen Wettkampf, typisch für die → griechische Kunst des → archaischen Stils (ca. 620 – ca. 500 v. Chr.) (→ Kore).

kursiv 1. Jede Form von → Kalligraphie in einer fließenden Schrift, bei der die Buchstaben miteinander verbunden sind. 2. Jede Schrifttype, die eine solche Kalligraphie nachahmt.

Kütahya (türk.) Eine Art zinnglasierter Tonware aus Kütahya in Zentralanatolien, in der sich die → Iznik-Tradition fortsetzt, die jedoch eine leicht abgewandelte Farbpalette mit gelben Farben verwendet.

Kutani (jap.) 1. Genaugenommen in Kutani (Provinz Kega) im 17. und 18. Jh. hergestelltes japanisches → Porzellan. Synonym: ko kuani (›altes kutani‹). 2. Im weiteren Sinne japanische Keramikware im Kutani-Stil, jedoch beliebiger Provenienz und beliebigen Alters.

Kyathos (griech.) Eine kelchartige Schöpfkelle mit aufrechtem geschwungenen Griff (→ Vasenformen, griechische).

Kybernetische Kunst Mechanische Skulpturen und andere Kunstwerke, die auf äußere Stimuli reagieren können, wie zum Beispiel auf die Nähe des Betrachters oder die von ihm produzierten Geräusche. Die K. K. ist eine Weiter- und Fortentwicklung der → kinetischen Kunst.

Kylix (griech.) Ein antikes griechisches Trinkgefäß (→ Vasenformen, griechische).

Kyma In der klassischen Architektur Bezeichnung für eine wellenförmige → Profilleiste, die dazu dient, Bauglieder voneinander abzusetzen. Je nach Art der Verzierung unterscheidet man dorisches, ionisches und lesbisches K.

L

Labyrinth Im → ägyptischen Altertum erstmals zu findendes planmäßig angelegtes Gefüge von zusammenhängenden Gängen und Kammern, in denen sich der Eingetretene verirren muß, will er den Ausgang der Anlage finden. In der griechischen Mythologie findet sich ebenfalls das L. als Irrgang oder Irrgarten, eine erste künstlerische Realisation bedeutete das L. im → minoischen Königspalast von Knossos auf Kreta, wo sich die Form des L.s mit der Ariadne-Sage verband. Als kunstvoll geometrisches Spiel nutzten auch Mittelalter und → Gotik die labyrinthische Form zum Beispiel in Gestalt von Fußbodenmosaiken in Kathedralen. Im 17. und 18. Jh. taucht das L. als interessante Spielart der → Gartenkunst auf.

Lac burgauté (frz. ›Perlmuttlack‹) Eine in der zweiten Hälfte des 18. Jh.s in China entwickelte Technik, schwarzen → Lack mit Perlmutteinlagen zu versehen. Sie wurde auch zur Verzierung von → Porzellan verwandt.

Lack Ein extrem harter, wasserfester, aus dem Orient stammender → Firnis. Eine Lackart wird aus dem Saft des ›Rhus vernicifera‹-Baumes gewonnen, der unter Lufteinwirkung polymerisiert. Um als Firnis brauchbar zu sein, muß er lediglich durchgesiebt und zur Reduzierung der Flüssigkeitsmenge erhitzt werden. Schichtweise übereinandergelegt, wird er dabei so hart, daß er geschnitzt werden kann (→ *Koromandel-Lack* ist auf diese Weise hergestellt). Eine andere Art *(Schellack)* wird aus Auszügen des Sekretes der Schildlaus gewonnen, indem die Larven in kochendes Wasser getaucht werden. Diese Sekretion wird anschließend in dünne Flocken geschmolzen, in Alkohol gelöst und so als L. verwendbar. (→ japanisierende Arbeiten, → Vernis martin).

Lackkunst Überziehen und Bemalen von Gegenständen mit → Lack, wobei dick aufgetragene Lackschichten auch durch Schnitzwerk verziert werden können. Die L. war in der → chinesischen Kunst bereits in der späten Shang-Zeit bekannt und erreichte in der Tang-Dynastie ihre klassische Blütezeit. Von China aus verbreitete sich die L. nach Japan, Korea, Indien und Persien und wurde in der zweiten Hälfte des 17. Jh.s auch eine beliebte Kunstform des → Rokoko.

Lady Chapel Englische Form der → Marienkapelle, im Unterschied zu dieser jedoch aus dem Kapellenkranz herausragend.

Laibung 1. Der Teil einer Tür- oder Fensterfassung, der einen Winkel mit der Wand bildet, jedoch nicht vom Rahmen verdeckt ist. 2. Die innere sichtbare Wölbung eines → Bogens.

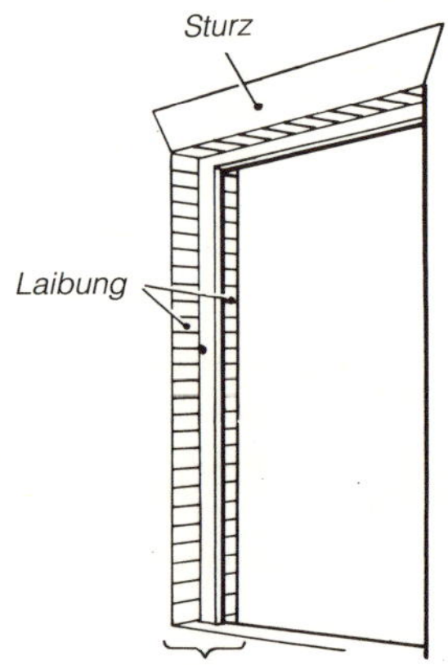

Laibung eines Fensters

Laienaltar → Altar, der in Kloster- oder Stiftskirchen im Mittelschiff vor dem → Chor errichtet wurde, da letzterer den Klosterinsassen vorbehalten war.

Lajvardina-Ware (von pers. lajvard ›Lapislazuli‹, ›Kobalt‹) Persische Töpferware, die in Farbe oder Gold über einer tiefblauen oder türkisen Glasur bemalt ist.

Lambrequin (frz.) Urspünglich ein regelmäßig eingeschnittener, mit Quasten verzierter Saum eines Gewandes. Im → Barock waren L.-Formen als Bordürenornament in Architektur und → Kunstgewerbe sehr beliebt, und ihre Grundform wurde vielfältig variiert.

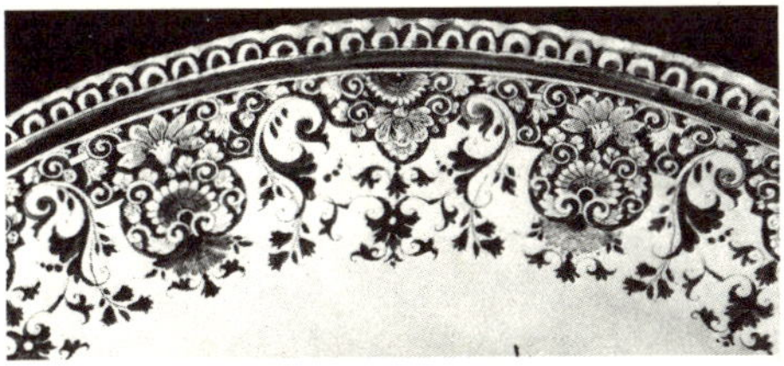

Lambrequin-Bordüre auf einem Fayence-Teller, Rouen, 18. Jh.

Laminieren Bezeichnung für das Aneinanderschmelzen verschiedener Glasmassen, wobei auf dem Glasgefäß ein farbliches Zufallsmuster entsteht. Laminierte Gläser kommen heute vor allem aus Venedig (Murano).

Lampas Ein schwerer → Damaststoff, in dem das Muster aus flottierendem → Schuß (der Schußfaden überspringt zwei oder mehr Kettfäden, bevor er wieder in der Kette gebunden wird) zusätzlich von einem gesonderten bindenden Kettfaden gehalten wird. Im 18. Jh. wurde L.-Damast für Seidenpolster höchster Qualität verwandt.

Land Art Kunstrichtung der frühen 1970er Jahre, die den Entwicklungsprozeß zeitgenössischer Kunst zur Ideenkunst mitbestimmt hat. In der L. A. wird der natürliche oder industriell veränderte Natur- und Landschaftsraum zum künstlerischen Gestaltungsmaterial gemacht. Ihre bekanntesten Vertreter sind Michael Heizer, Walter de Maria und Richard Long. In entlegenen, unbewohnten Gebieten der Welt – der Sahara, der Mojave-Wüste oder dem kalifornischen Trockensee von El Mirage – hoben die Künstler Gräben aus, zogen lange Linien mit Kalk über die Erde oder schichteten Felsbrocken zu Haufen aufeinander. Dabei benutzten sie die Landschaft nicht mehr als dekorativen Hintergrund einer skulpturalen Produktion, sondern machten die Weite der landschaftlichen Räume selbst zum Kunstobjekt. Die künstlerischen Gestaltungen können sich sowohl in großen Dimensionen als auch in unscheinbaren Details vollziehen, jede Veränderung ist ein einflußreicher Bestandteil der Beziehung zwischen Mensch und Umwelt. Die L. A. ist eng verbunden mit dem Medium Video, das eine filmische Aufzeichnung des künstlerischen Prozesses in der Landschaft möglich und durch das Abspielen des Videotapes ständig reproduzierbar macht.

Landschaftsmalerei Die L. umfaßt als → Genre die realistische und stilisierte Darstellung von bestimmten Landschaften sowie Ansichten von Städten und Architekturen (→ Veduten), Seestücke (→ Marinen) und Parklandschaften (Panneaux). Um 1600 bildete sich im Kreis einiger in Rom tätiger Maler (Annibale Carracci, Domenichino, Paul Bril, Adam Elsheimer) eine als *ideale Landschaft* bekannt gewordene Richtung aus, die eine kulissenhaft aufgebaute Sonntagslandschaft nach streng rationalen Prinzipien komponierte. Befinden sich in dieser idealen Landschaft Gestalten der → antiken Mythologie und klassische Architekturen, so spricht man von *heroischer Landschaft*. Hauptvertreter dieser Richtung waren die in Rom arbeitenden Franzosen Nicolas Poussin und Gaspard Dughet, während der zum Arkadischen neigende Claude Lorrain den *idyllischen Landschaftstyp* schuf. Eine eigenständige Entwicklung nahm die L. in der niederländischen Kunst, die sich auf bestimmte Landschaftsgenres wie See- und Küstenstücke, Fluß- und Waldlandschaft, aber auch Winter- und Mondscheinlandschaft spezialisierte. Die heimatlichen Gegenden wurden mit differenzierter Farbpalette voll lyrischer Einfühlung und dramatischer Spannung gemalt (Rembrandt, Jacob von Ruisdael, Jan Vermeer). Im 17. Jh. verstärkte sich das Interesse für die topographisch genaue Darstellung bestimmter Orte (Merian), die im 18. Jh. zur Malerei von Stadtansichten (die beiden Canalettos) führte. Grundsätzlich aber übernahm das 18. Jh. die Prinzipien der *idealen Landschaft* und wies der L. im wesentlichen dekorative Funktionen zu, so in Frankreich bei Jean-Honoré Fragonard und Antoine Watteau, in England bei Thomas Gainsborough und der → Norwich School. Erst die → Romantik brachte zu Beginn des 19. Jh.s schöpferische Neuansätze (Caspar David Friedrich), die Mensch und Landschaft in eine enge, emotionale Beziehung stellen. Die realistische L. nahm in England bei John Constable und William Turner ihren Ausgangspunkt, die das Zeitmoment in ihre L. integrierten und damit den Weg für die → Pleinairmalerei der → Impressionisten bereiteten.

Langhaus Eingeschossige Unterkunft auf Pfählen und von ausgedehnt längsrechteckiger Form, in Neuguinea und Arawak häufig zu finden, wo diese Gebäude von einer Anzahl von Familien in einem Stammesverband bewohnt werden; jede Familie besitzt ihren eigenen Bereich auf der Fußbodenfläche.

Langhausbau Ein- oder mehrschiffiger Bau der → Basilika mit deutlich erkennbarer Längsausdehnung, wobei → Chor und → Altar eine ostwestliche Ausrichtung aufweisen.

Längsschnitt Architekturzeichnung, die den Längsschnitt durch ein Bauwerk konstruiert.

Lanzettenbogen Eine hohe schmale Öffnung, gekrönt von einem steilen Spitzbogen. In der → gotischen Architektur besonders im 13. Jh. zu finden (→ Fensterarten).

Lasur, Lasurfarben Als L. bezeichnet man eine dünne, mehr oder weniger durchsichtige Farbschicht. L.farben sind transparente Farben, deren lasierende Wirkung vom Grad ihrer Verdünnung abhängt.

Lateinisches Kreuz siehe Kreuz

Latène-Kultur siehe keltische Kunst und Eisenzeit

Latentes Bild Das unsichtbare fotografische Bild, das nach einer nur kurzen Belichtung mit dem Fox-Talbotschen Verfahren des ›fotografischen Zeichnens‹ erscheint. Anschließend kann es mit Silbergallonitrat entwickelt werden. Die Entdeckung des latenten Bildes machte die → Kalotypie praktikabel.

Laterne In der Architektur ein Türmchen an der Spitze einer → Kuppel mit Fenstern oder anderen Öffnungen, die Licht in den dahinterliegenden Raum einlassen.

Latticino (von ital. latte ›Milch‹) Klares, durchsichtiges Glas mit einer Verzierung aus eingebetteten Fäden, die normalerweise, jedoch nicht immer, weiß und opak sind. Dieser Dekor war zwischen dem 16. und dem 18. Jh. sehr beliebt.

Lattimo (von ital. latte ›Milch‹) Opakes weißes Glas (Milchglas), das unter Zusatz von Zinnoxid hergestellt wird. Diese Technik wurde im 15. Jh. in Murano erfunden.

Läufer siehe Backstein-Mauerwerk

Lavierung (frz. laver ›waschen‹) Kombination einer Federzeichnung mit einer leichten Tönung in Tusche, Sepia oder Aquarellfarbe, die – mit nassem Pinsel aufgetragen – eine malerische Wirkung der Federzeichnung hervorruft.

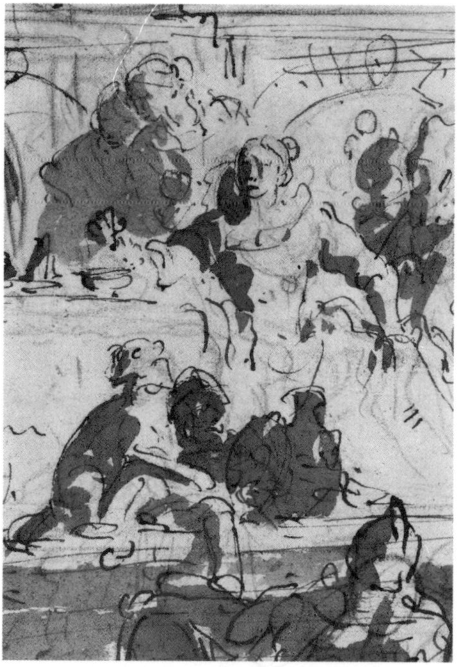

Lavierung: Giovanni Battista Tiepolo, *Festmahl Kleopatras,* um 1740/50.

Lavoro di basso rilievo (ital.) Siehe Email, italienischer Tiefschnittschmelz

Layout (engl. ›Entwurf, Skizze‹) Ein kommentiertes Diagramm, das die Verteilung von typographischem Material und Illustrationen, falls vorhanden, auf einer Druckseite angibt.

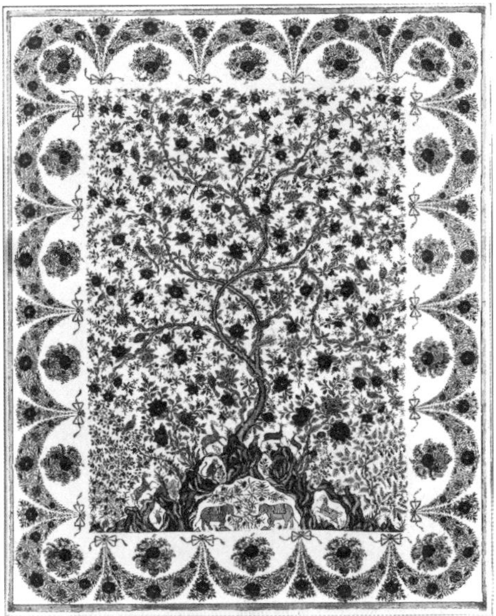

Bemalter und gefärbter Bettüberwurf mit einem **Lebensbaum**-Motiv, Palampur, 19. Jh.

Lebensbaum Ein in der Mythologie vieler Völker anzutreffender Baum als Symbol des Lebens, der Lebenskraft und der Generationsfortsetzung, die vor allem auch in der christlichen Volkskunst häufig vorkommt.

Lebes (griech.) Ein antiker griechischer Kessel zum Kochen von Fleisch. Ein *Lebes gamikos* wurde als Hochzeitsgeschenk überreicht (→ Vasenformen, griechische).

Lederschnitt Verzierung von Lederflächen durch das Einschneiden von Figuren und Ornamenten, oft verbunden mit → Punzierung des freistehenden Grundes, mit → Vergoldung oder dem plastischen Herausreiben des Bildmotivs von der Rückseite her. Der L. ist eine orientalische Erfindung und taucht im Abendland bereits im 7./8. Jh. vereinzelt als Gestaltungsform von → Kodex-Einbänden auf.

Ledertapete Maurische Wandbespannung, die sich über Spanien nach Europa verbreitete und im 18. Jh. sehr beliebt war. Die Muster wurden entweder mit → Modeln in das Leder eingepreßt oder mit → Punzen eingeschlagen und anschließend häufig vergoldet, versilbert oder bemalt.

Legende In der bildenden Kunst Bezeichnung für den erläuternden Text, der in Gemälden und Grafiken auf → Banderolen angebracht wird.

Legierung Mischung unterschiedlicher Metalle ohne chemische Verbindung, zum Beispiel durch Verschmelzen.

Lehmflechtwerk (engl. wattle-and-daub) Miteinander verwobene Zweige, die mit Lehm oder Putz beworfen werden. Dieses Baumaterial fand im Mittelalter und zu Tudor-Zeiten häufig Verwendung beim Errichten von Mauern, besonders aber zum Füllen von → Fachwerkkonstruktionen.

Leimfarbe Wasserlösliche Farbe mit Leim als Binde- und Kreide als Füllmittel. Frühe Autoritäten wie Giorgio Vasari unterscheiden sie nicht klar von der Temperafarbe, sie ist jedoch bei weitem weniger haltbar als diese, da sie keine chemische Verbindung mit der Kalkbasis eingeht. Sie findet häufig im Tapetendruck Verwendung (→ Peinture à la colle).

Lekane, Lekanis (griech.) Im antiken Griechenland ein flaches Bassin mit Fuß, Dekkel und zwei Henkeln (→ Vasenformen, griechische).

Lektionar → Liturgisches Buch, das die beim Gottesdienst zu lesenden Stellen aus der Hl. Schrift enthält – geordnet nach dem liturgischen Jahr – und bereits im frühen Mittelalter eine kostbare künstlerische Ausgestaltung, vergleichbar dem → Evangeliar, erhielt.

Lekythos (griech.) Im antiken Griechenland ein zylindrischer Ölkrug mit einem einzelnen senkrechten Henkel, einem engen Hals und einem kleinen Ausguß (→ Vasenformen, griechische).

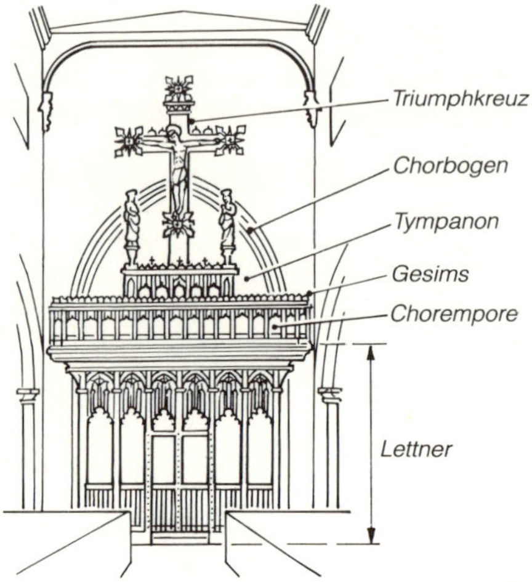

Lettner (siehe auch Einzeleinträge)

Lettner (lat. lectorium ›Lesepult‹) Aus den einfachen Altar- und → Chorschranken seit Ende des 12. Jh.s entwickelte halbhohe Scheidewand in Kloster- und Bischofskirchen, die den allein der Geistlichkeit vorbehaltenen Altarraum von dem den Laien zugänglichen Kirchenraum abtrennt. Auf der Rückseite des zumeist reich verzierten L.s befand sich das Lesepult (→ Ambo), von wo aus Epistel und Evangelium verlesen sowie Hostie und Reliquien den Gläubigen gezeigt wurden. Der L. diente auch als liturgische Sängertribüne und als Bühne von Mysterienspielen. Im Verlauf der Spätgotik wurden die L. immer mehr durchbrochen, bis sie sich im 16. Jh. weitgehend auflösten.

Lettrismus Seit den 1950er Jahren gebräuchlicher Begriff zur Beschreibung von Kunstwerken, die Wörter, Buchstaben und Zeichen vorrangig wegen ihres visuellen Effektes, weniger aufgrund ihrer Bedeutung, verwenden.

Levitenstuhl (auch Sedilia) Dreisitziges → Chorgestühl für Priester (Diakon und Subdiakon [Leviten]) an der Südseite des → Chores.

Lichter Die hellsten Teile eines Bildes.

Lichtgaden siehe Gaden

Lierne Bei Fächer- und Netzgewölben eine Nebenrippe, die nicht von einem → Kämpfer oder zentralen → Schlußstein ausgeht.

linear Die starke Betonung der Linie in einer gezeichneten oder gemalten Komposition im Gegensatz zum ›malerischen Stil‹, in dem Farbe oder Schattierung betont werden.

Lineares Gravieren Eine Art des → Kupferstichs, bei dem direkt mit dem Grabstichel auf die Platte gezeichnet wird. Die entstehenden Grate werden entfernt, eine saubere Rille bleibt zurück, die die Tusche hält.

Linearperspektive siehe Perspektive

Linga (auch Lingam) (sanskr. ›Zeichen‹) Ein phallisches → Emblem des Hindugottes Shiva, manchmal in Verbindung mit einem oder mehreren Gesichtern des Gottes zu finden.

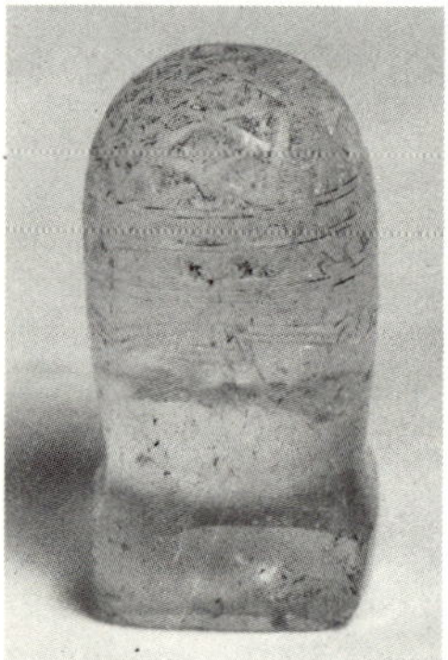

Bergkristall-**Linga** aus Rajasthan
mit Yantra-Gravur, 17. Jh.

Linolschnitt → Reliefdruck (Hochdruckverfahren) von einer Linoleumplatte, die an einem Holzblock befestigt ist.

Lisene Senkrechter, hervorspringender, glatter Mauerstreifen ohne → Basis und → Kapitell, der, besonders in der romanischen Architektur, dazu diente, große Wandflächen zu gliedern.

Lithographie Druckverfahren, bei dem auf feinkörnigen porösen Sandstein oder auf eine

Zinkplatte mit fettigem Material gezeichnet wird. Der Stein oder die Platte werden danach angefeuchtet und mit fettiger Tusche eingerieben, die nur an den fettigen Linien haften bleibt. Angefeuchtetes Papier wird daraufhin auf den Stein gelegt und mit einer Spezialpresse gerieben, um den endgültigen Druck herzustellen.

Lithophanie Bildliche Darstellung auf einer dünnen Porzellanplatte, die mit Hilfe eines Gipsreliefs eingepreßt wird und im durchscheinenden Licht plastisch hervortritt. L.n. tauchten 1827 zuerst in Paris auf und dienten vorwiegend als Schmuck für Fenster und Lichtschirme.

Liturgische Bücher Die offizielle Zusammenstellung der in der christlichen Kirche bei der Liturgie benötigten Texte und Noten in Büchern, je nach den Anforderungen der verschiedenen Gottesdienste (Messe, Stundengebet usw.) von anderem Inhalt. Einige von ihnen waren bevorzugter Gegenstand → buchmalerischer Ausgestaltung und sind daher von besonderem kunstgeschichtlichen Interesse, z. B. → Evangeliar, → Lektionar, → Missale, → Perikopenbuch und → Sakramentar. Nicht zu den l.n B.n (trotz ihrer religiösen Texte) gehören die verschiedenen Bibelformen (→ Armenbibel, → Bible moralisée), → Psalter und das (vor allem für den Bedarf von Laien angefertigte) → Stundenbuch.

Loggia (ital.) Teilweise nach mehreren Seiten offene Vorhalle eines Gebäudes, die nicht aus der Bauflucht hervortritt. Besonders häufig bei italienischen Palastbauten der → Renaissance.

Lohan (chin.) Ein buddhistischer Unsterblicher; in der → chinesischen Kunst eine häufig wiederkehrende Darstellung.

Lokalfarbe Die Farbe eines Gegenstandes, wie sie bei Tageslicht vor einem weißen Hintergrund unabhängig von Umgebungseinflüssen wie Schatten und Lichtreflexen erscheint.

Lotto-Teppich Eine türkische Teppichart aus dem 16. und 17. Jh. mit einer Bordüre aus

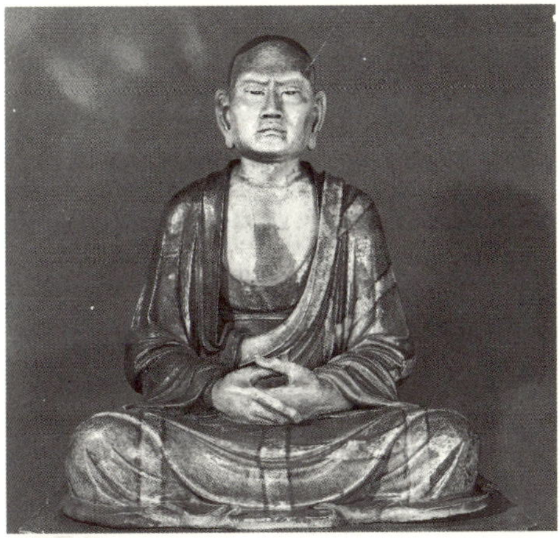

Gebrannte Tonfigur eines sitzenden **Lohan** aus Hopei, China, 10./11. Jh.

stilisierten → kufischen Schriftzeichen und einem Gitterwerk aus stilisierten → Palmetten in Blau und Gelb auf rotem Grund. Diese Teppiche wurden nach dem europäischen Maler Lorenzo Lotto benannt, da sie auf seinen Bildern zu finden sind.

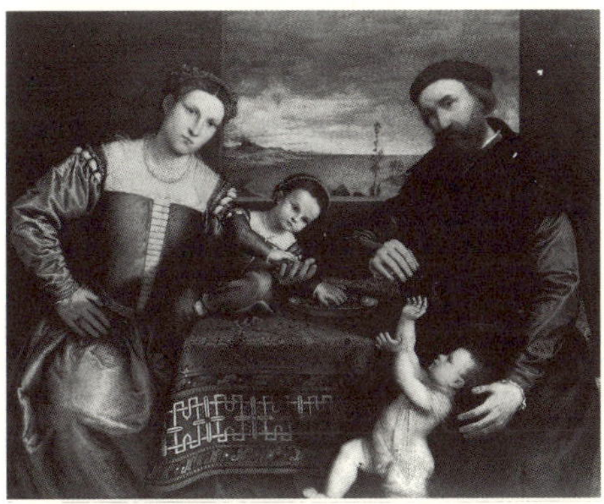

In diesem *Familienbildnis,* 1547, von Lorenzo Lotto bedeckt ein **Lotto-Teppich** den Tisch.

Louis-Philippe-Stil Ein Begriff, der eine ganze Gruppe unterschiedlicher Stilrichtungen zusammenfaßt, die in Frankreich während der Regierungszeit Louis Philippes (1830–48) anzutreffen waren. Zu ihnen gehört eine Fortsetzung des → Empire ebenso wie der →

Troubadour-Stil, jedoch auch eine schwere und akkurate Version der → Gotik und der → Renaissance. Sogar eine Tendenz zum Wiederaufleben der → Rokokomode ist zu beobachten.

Louis-quatorze (Ludwig XIV.) Der reiche, formale Dekorationsstil, der unter König Ludwig XIV. in Frankreich beliebt war. Er verbindet aus dem italienischen → Barock übernommene Elemente mit Formen aus dem Standardrepertoire der → klassischen Ornamentik. Zu den luxuriösen Produkten der Manufakturen zählen → Gobelin-Teppiche, → bizarre Seiden und → Boulle-Marketerien.

Louis-quinze (Ludwig XV.) Die französische Variante des → Rokoko, wie sie zwischen 1720 und 1750 populär, aber beim Tod des Königs 1774 schon wieder aus der Mode war. Dieser Stil ist charakterisiert durch seine Vorliebe für Asymmetrie und den reichen Gebrauch von abstrakten C-Voluten, → Muschel- und → Rocaille-Ornamenten.

Louis-seize (Ludwig XVI.) Früher → klassizistischer Dekorationsstil, der zur Zeit der Thronbesteigung Ludwigs XVI. 1774 schon populär war. Er zeigt jedoch auch noch Einflüsse eines zurückhaltenden → Barock aus dem → Louis-quinze. Ab ca. 1795 wurde er vom → Directoire-Stil abgelöst.

Ludwigsburger Porzellan Erzeugnisse der 1758 gegründeten letzten bedeutenden Porzellanmanufaktur Deutschlands, die ihre Blüte in den 1770er Jahren erreichte, als sie sich vom → Meißner Vorbild löste. In der Produktion lag der Schwerpunkt auf → rokokohaften Bacchantengruppen und → antikisierenden allegorischen Figuren.

Luftperspektive Die Wirkung der Ferne in der Malerei, die sich durch die Verdichtung der Atmosphäre ergibt. Mit wachsender Entfernung werden die Farben blasser und bläulicher.

Lukarne 1. Ursprünglich eine kleine Öffnung oder ein Deckenfenster in einem Dachgeschoß. 2. Eine besonders in Frankreich zwischen dem 13. und 17. Jh. verbreitete Konstruktion, bei der die Außenwand eines Gebäudes über das Hauptgesims hinaus erhöht wird, um ein stehendes Dachfenster, das von einem Giebel bekrönt ist, in die Front zu integrieren.

Lukasbrüderschaft siehe Nazarener

Luminismus Der lichtdurchtränkte Eindruck den viele → impressionistische und → neoimpressionistische Gemälde erwecken.

Lünette (frz. ›kleiner Mond‹) 1. Ein halbkreisförmiges, oft dekoriertes Feld über einer Tür oder einem Fenster. 2. Eine Bezeichnung für jede Art von halbkreisförmiger Fläche. 3. Ein der Festungsmauer vorgelagertes, halbkreisförmiges Werk zwischen zwei Bastionen (Synonym: Ravelin).

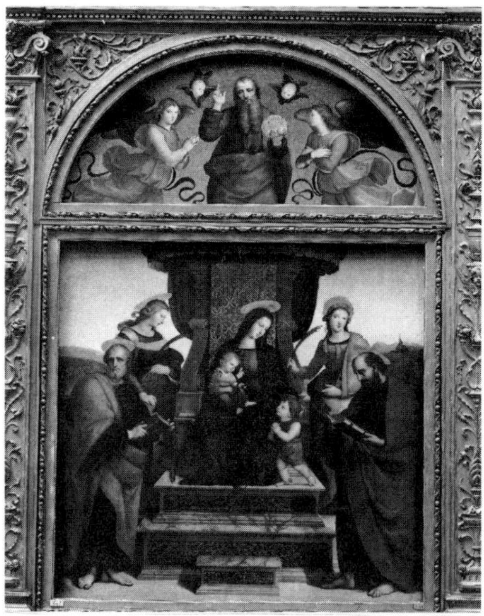

Altarbild Raffaels (1483–1520), nicht datiert, auf dem die Sacra conversazione mit einer **Lünette** bekrönt ist. Diese zeigt Gottvater, der, flankiert von zwei Cherubim, seinen Segen erteilt.

Lüster Kronleuchter mit Gehängen aus geschliffenem Kristall oder Glas.

Lüsterdekor Schillernde Metallverzierung als Überglasur, vorwiegend bei islamischer → Keramik. Hierzu wird ein Werkstück nach dem ersten Brennvorgang mit einer feinen Metalloxid-Lösung bemalt, die bei niedriger Temperatur in einem zweiten Brennvorgang fixiert wird.

Lutrophoros (griech. ›Träger von reinigendem Wasser‹) Im antiken Griechenland ein hohes, langhalsiges Gefäß, manchmal mit offenem Boden, damit Opfergaben den Boden des Heiligtums berühren konnten. Häufig als Graburne verwandt (→ Vasenformen, griechische).

Lyrische Abstraktion Die Weiterentwicklung des → abstrakten Expressionismus in den 1960er und 1970er Jahren im Unterschied zur geometrischen Abstraktion. Sie ist charakterisiert durch eine großzügige malerische Gestik, die die lyrischen Qualitäten von Farben betont.

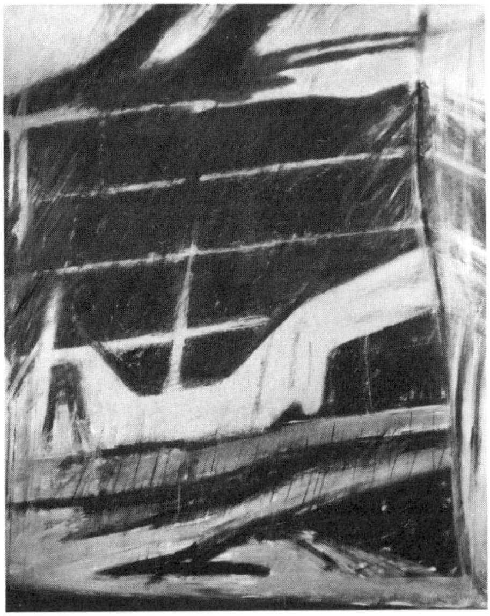

Lyrische Abstraktion: Jack Tworkov, *Nordamerikanisch,* 1966.

M

Mäander Von den Windungen des kleinasiatischen Flusses Maiandros abgeleitetes, rechtwinklig gebrochenes → Ornamentband. M.-Zeichnungen finden sich schon in der → paläolithischen Keramik. Besondere Bedeutung gewinnt der M. in der → eisenzeitlichen Hallstatt-Kultur. In der griechischen → Antike erhält der M. seine klassische Ausbildung, die sich in der mittelalterlichen → Miniaturmalerei bis ins 12. Jh. fortsetzt. Im → Klassizismus erfährt der M. eine Neubelebung und wird als das charakteristische → griechische Ornament betrachtet (→ Friesformen).

Maas-Kunst Stil der Metallbearbeitung im 12. Jh., benannt nach der Maasregion, ausgehend vom Fürstentum Lüttich. Die M.-K. vermied die Verzerrungen der südfranzösischen → Romanik und brachte Arbeiten von beträchtlicher Plastizität unter direktem → antiken oder → byzantinischen Einfluß hervor.

Macchiaioli (von ital. macchia ›Fleck, Tupfen‹) Eine Gruppe italienischer Maler, die um 1855–1865 in Florenz wirkten. Sie rebellierten gegen den herrschenden akademischen Stil, indem sie die Wirkung einzelner Farbfelder ausdrücklich einbezogen. Sie waren beeinflußt von Camille Corot und Gustave Courbet und nahmen in gewisser Weise die Techniken des französischen → Impressionismus vorweg. Zu den bekanntesten Mitgliedern der Gruppe zählen Giovanni Fattori und Telemaco Signorini.

Madonna der Demut Eine durch den Franziskanerorden verbreitete Darstellung der auf dem Boden sitzenden Jungfrau Maria. Sie symbolisiert in ihrer Haltung die Liebe zu allen, den Sündern wie den Rechtschaffenen.

Maestà (ital. ›Majestät‹) Eine im Italien des 13. und 14. Jh.s beliebte Mariendarstellung, auf der die Madonna und das Kind thronend und von Heiligen und/oder Engeln umgeben dargestellt sind (→ Sacra Conversazione, Heilige Familie).

Magischer Realismus Der Stilbegriff M. R. hat im Verlauf seiner Geschichte keine eindeutige Typisierung erfahren. 1924 belegte der Kunstkritiker Franz Roh die → Neue Sachlichkeit mit dem Namen M. R., um mit diesem Terminus die besondere Optik der Neuen Sachlichkeit zu kennzeichnen, die mit der gleichen Exaktheit den Menschen im Vordergrund wie die Dinge im Hintergrund registriert und den Bildern dadurch eine objektivierte Innerlichkeit verleiht. In den 1960er Jahren wurde die Kennzeichnung M. R. für die Bilder jener Realisten nach der → Pop Art wieder angewendet, die im Rückgriff auf die Neue Sachlichkeit und mit den stilistischen Mitteln des → Fotorealismus eine magische Objektsprache entwickeln, wobei Dinge für Gefühle und Assoziationen stehen (z. B. Konrad Klapheck).

Magot (frz. für ›Berberaffe‹, ›Mißgeburt‹) 1. Ein Ausdruck des 18. Jh.s. für Bezeichnung einer → grotesken orientalischen → Porzellanfigur. 2. Im 19. Jh. abwertende Bezeichnung für billige chinesische und japanische Porzellan-Exportware.

Majestas Domini (lat. ›Herrlichkeit des Herrn‹) Eine Darstellung des thronenden Christus, der seinen Segen erteilt.

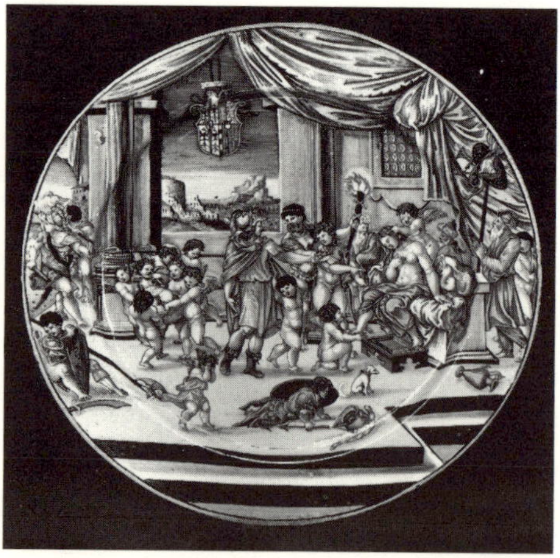

Majolika: Istoriato-Teller, frühes 16. Jh., von Francesco Xanto, auf dem die Legende von Alexander und Roxana dargestellt ist.

Majolika (ital.) Jede mit niedrigen Temperaturen gebrannte, → zinnglasierte Keramik, benannt nach der Insel Mallorca, wo solche Töpferware von maurischen Kunsthandwerkern hergestellt wurde und von wo aus sie angeblich im 12. Jh. nach Italien kam. Die italienische Majolika erlebte ihre Hochblüte in der ersten Hälfte des 16. Jh.s, als das Motivmaterial des Dekors in enger Verbindung zur → Renaissancemalerei stand. → Delfter Ware und → Fayencen sind in der gleichen Technik hergestellt (→ Istoriato)

Majuskeln Allgemeine Bezeichnung für Großbuchstaben der lateinischen Schrift. Abgeleitet von antiken Inschriften, fanden sie Eingang in die → Antiqua. Siehe auch Minuskeln, Schriftarten.

Makartbukett Eine nach dem österreichischen Maler Hans Makart (1840–1884) benannte Dekorationsstaffage der → Salonmalerei, die aus einem getrockneten Strauß aus Blumen, Gräsern, Binsen und Palmzweigen besteht.

Maki-e (jap. ›gesprenkeltes Bild‹) Ein dekorativer Effekt auf → Lackarbeiten, der erzielt wird, indem man den Lack Schicht für Schicht aufbaut, wobei jede Schicht vor dem Austrocknen mit Gold- oder Silberpulver bestreut wird.

Makimono (jap. ›Rollenbild‹) Ein horizontales → japanisches Rollenbild, das zwischen den Händen aufgerollt wird und entweder für Malerei oder → Kalligraphie verwandt wird (→ Kakemono).

Makonde Gruppe von Bantustämmen in Südosttansania und Nordmozambique, die die kunstfertigsten Bildschnitzer (Ebenholz) Ost- und Südafrikas stellen. Ihre Masken und Figuren weisen bisweilen einen hohen Grad an Naturalismus und grotesken Elementen auf.

Makramee (von türk. makrama ›Tagesdekke‹) 1. Geknüpfte Fransen, ähnlich denen, die an türkischen Badetüchern zu finden sind. 2. Eine aus der Türkei stammende Knüpftechnik, aus der eine Vielzahl verschiedener Kunstgewerbeartikel geschaffen wird.

Makulatur Ein schwacher → Druck als zweiter Abdruck ohne vorheriges Wiedereinfärben der → Platte. Manchmal als → Probedruck verwendet, so daß Korrekturen vor dem erneuten Einfärben der Platte vorgenommen werden können.

Malerbuch vom Berg Athos Lehrbuch der Malerei, das im 18. Jh. nach alten Quellen und Vorlagen auf dem Berg Athos verfaßt wurde.

Malerei Neben → Grafik und → Bildhauerei der dritte große Bereich der → bildenden Kunst. Hinsichtlich des → Bildträgers lassen sich unterscheiden: → Buchmalerei, → Fresko (→ Deckenmalerei, → Wandmalerei), → Glasmalerei, → Miniatur, → Mosaik und → Tafelmalerei, hinsichtlich der Maltechnik → Aquarellmalerei, → Enkaustik, → Gouache, → Ölmalerei, → Pastell und → Tempera.

Maleremail siehe Email

Malerische, das Das dem 18. Jh. entstammende Prinzip, architektonische Elemente, Teile einer bildlichen oder bildhauerischen Komposition oder eine Gartenanlage auf gefällig unregelmäßige Weise zu arrangieren (wie auf den Gemälden von Claude Lorrain und Nicolas Poussin). Uvedale Price führte diesen Begriff in seinem Aufsatz ›An Essay on the Picturesque, as Compared with the Sublime and the Beautiful‹ (Ein Aufsatz über das M. im Vergleich mit dem Erhabenen und dem Schönen) 1794 ein.

Malerradierer Synonym für Kupferstecher.

Malstock Ein langer Stock, dessen eines Ende der Maler in der linken Hand hält, um seine rechte (den Pinsel haltende) Hand zu stützen und ruhig zu halten. Das andere Ende ist gepolstert und liegt auf der Leinwand auf.

Mandala (sanskr. ›Scheibe, Kreis‹) Diagrammartige Darstellung des Kosmos oder eines seiner Aspekte, auf die in östlichen Reli-

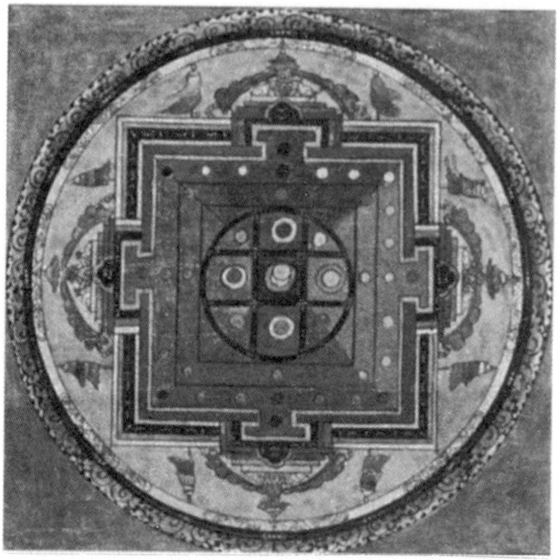

Eines von neun **Mandalas** aus einem tibetischen Tanka, 19. Jh.

gionen in der Kontemplation die Konzentration gerichtet wird. Sehr häufig in der buddhistischen Kunst (→ Shri-Yantra).

Mandapa (sanskr.) Eine lange offene Halle in einem hinduistischen Tempelkomplex, die Mönchen und Gläubigen als Versammlungsraum dient.

Mandorla (ital. ›Mandel‹) Mandelförmiger Heiligenschein aus Licht, der eine helle Figur, wie etwa den auferstandenen Christus, völlig umgibt. Synonym: Vescia piscis.

Maniera greca Sammelbezeichnung für die → byzantinischen Stilelemente in der italienischen Kunst des → Duecento und frühen → Trecento.

Maniera tedesca (ital. ›deutsche Manier‹) Von den Theoretikern und Historiographen der italienischen → Renaissance abwertend gebrauchte Bezeichnung für die → Gotik, der sie neben der → Maniera greca die Schuld für den Niedergang der italienischen Kunst im Mittelalter gaben.

Manierismus (ital. maniera ›Stil‹) 1. Ein im 20. Jh. geprägter Begriff zur Bezeichnung der europäischen Kunst von ca. 1515 bis ca. 1610, also zwischen Hochrenaissance und Barock. Seinen Ausgang nahm der M. vom Spätstil Michelangelos, den Vasari als ›maniera‹ bezeichnete. Ganz allgemein ist er durch eine bewußt antiklassische Haltung gekennzeichnet, d. h. eine Abkehr von Idealen wie Harmonie und Schönheit und einer Neigung zu übersteigertem Ausdruck, der sich formal in überlängten Figuren, stark gedrehten Bewegungen (Figura serpentinata), komplizierter Raumordnung, expressiver Farbigkeit, unnatürlichen Lichteffekten und inhaltlich in einem Hang zum Ausgefallenen, Phantastischen und sogar Absurden äußert. Zu den frühesten und bedeutendsten Vertretern des M. zählen u. a. Jacopo Pontormo, Agnolo Bronzino, Tintoretto, Arcimboldo und Parmigianino, dessen vor einem runden Vexierspiegel gemaltes *Selbstbildnis* (1523) als eines der typischsten Beispiele des M. gilt. Bis gegen Ende des 16. Jh.s hatte der neue Stilausdruck ganz Westeuropa erfaßt. Bedeutende Manieristen

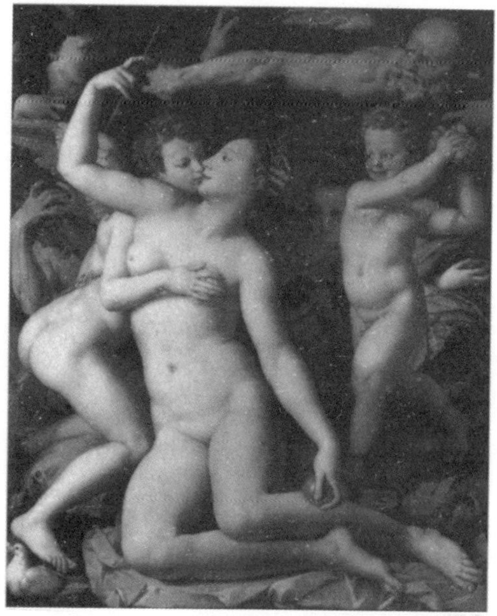

Manierismus: Agnolo Bronzino, *Venus, Amor, Eifersucht und die Zeit,* um 1540/50. Die deutlich gelängte Figur der Venus, das Fehlen eines logischen Raumes und die offenkundige Erotik sind typische Elemente.

außerhalb Italiens waren die Maler der Schule von → Fontainebleau, El Greco und Bartholomäus Spranger. 2. Abgesehen von der zeitlich festgelegten Stilepoche wird der Begriff im überzeitlichen Sinne verwendet. Als ›manieristisch‹ kann man im Grunde alle antiklassischen Stilepochen oder künstlerischen Ausdrucksweisen, die meist mit geistig oder politisch im Umbruch begriffenen Krisenzeiten parallel laufen (→ Amarna-Kunst, → Hellenismus, bis zur ›modernen‹ Kunst unserer Zeit), bezeichnen.

Mansarde Raum im Dachgeschoß mit abgeschrägten Wänden.

Mansardendach siehe Dach

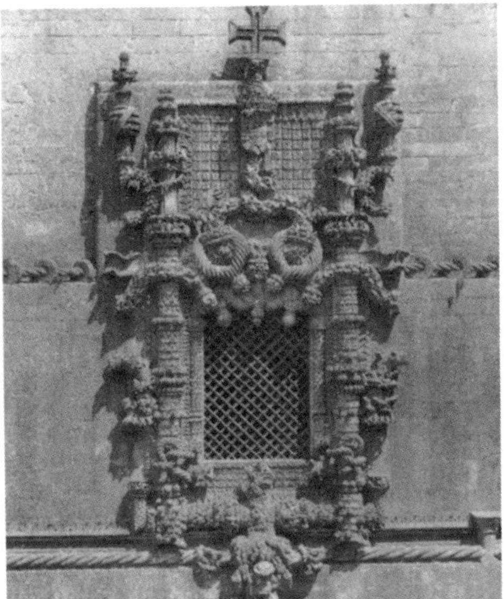

Manuelische Architektur: Fenster des Kapitelsaals in Tomar, nach einem Entwurf König Manuels I., um 1520. Die gemeißelten Verzierungen sind Tauen und Korallenformationen nachempfunden.

Manuelischer Stil (auch Emanuelstil) Dekorativer Stil in Portugal, benannt nach König Manuel I. (1495–1521), der Elemente der Spätgotik mit solchen der Frührenaissance verband. Zu den typischen Kennzeichen zählen u. a. maritime Motive, besonders ornamentale Verzierungen in Form von gedrehten Tauen und Korallen sowie eine allgemeine Vorliebe für üppige, organische Formen.

Mappa Mundi (lat. ›Weltkarte‹) Eine mittelalterliche Darstellung der Welt als flache Scheibe mit Jerusalem als Zentrum.

Marchand-Mercier (frz. ›Kunstwarenhändler‹) Ein Mitglied der Pariser Kunstwarenhändler- → Gilde des 18. Jh.s, der die Funktion des heutigen Antiquitätenhändlers mit der eines Innenarchitekten verband. Diese Händler durften aufgrund von Gildevorschriften keine eigenen Werkstätten unterhalten, daher ließen sie ihre Entwürfe von unabhängigen Kunsthandwerkern in Kommission ausführen. Auf diese Weise spielten sie eine entscheidende Rolle in der Entwicklung des Dekorationsstils.

Marienkapelle Eine der Jungfrau Maria gewidmete Kapelle, meist im Scheitelpunkt der → Apsis dem → Chor angebaut.

Marinemalerei Darstellung des Meeres und der Schiffahrt; oft sind auch Seegefechte und andere historische Ereignisse abgebildet. Als unabhängiges → Genre entwickelte sich die M. zuerst im 17. Jh. in Holland. Zu den führenden holländischen Malern dieser Bildgattung gehörten im 17. Jh. Vater und Sohn van de Velde. Synonym: Seestück.

Marketerie Hölzerne Einlegearbeiten an Möbelstücken (→ Intarsie, Furnier).

Martyrologium (auch Menologion) Ein Buch über das Leben der Heiligen, geordnet nach dem kirchlichen Kalender.

Maschinenkunst Sie ist kennzeichnend für das künstlerische Werk Wladimir Tatlins, das die raumfunktionalen Bedingungen technischer Konstruktion im abstrakten Modell entwickelt (→ Konstruktivismus, → Russische Avantgarde).

Maskaron Eine → groteske Maske, die als Verzierung in der Architektur sowie in der

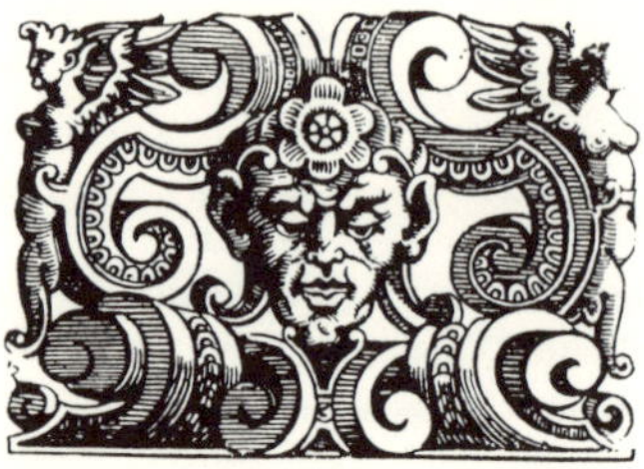

Maskaron als Teil eines typographischen Ornaments.

angewandten Kunst Verwendung findet, z. B. als eine goldbronzene Umrahmung an französischem Mobiliar des 18. Jh.s.

Maske 1. Eine → Replik des Gesichts, die aus einem Abguß der lebenden oder toten Person hergestellt wird (im letzten Fall spricht man von einer Totenmaske). 2. Verkleidung oder Verhüllung für Gesicht und Körper, die in Theateraufführungen und bei Maskeraden getragen wird. 3. Darstellung eines legendären oder übernatürlichen Wesens, das Besitz vom Träger ergreift, solange er die Maske trägt (wie bei afrikanischen rituellen Masken). 4. Die gemalte oder geschnitzte Darstellung einer Theatermaske (z. B. die Masken der Komödie und der Tragödie als architektonisches Ornament).

Mastaba (arab.) Ein altägyptisches Grab von rechtwinkliger Form mit geböschten (schräg abfallenden) Seiten. Mehrere aufeinandergestellte M.s bilden eine → Stufenpyramide.

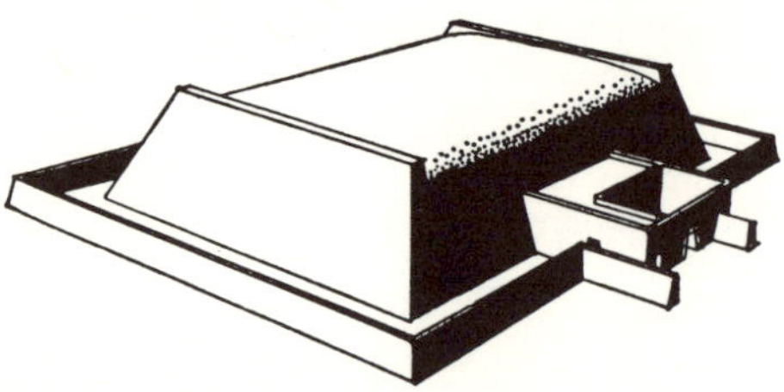

Rekonstruktion eines **Mastaba,** *Saqqara,* 4. Dynastie.

Maßstab Proportion oder Abmessung. Eine Zeichnung ›im Maßstab 1:3‹ zeigt den Gegenstand in einem Drittel seiner natürlichen Größe.

Maßwerk In der → gotischen Baukunst entwickeltes geometrisches → Ornament, das dazu diente, den Bogenzwickel eines Fensters auszugestalten. Der Name M. geht darauf zurück, daß die Formen geometrisch konstruiert sind.

Mastixfirnis Mastixharz ist ein aus dem mediterranen Mastixstrauch (Pfefferstrauch) gewonnener eingedickter Saft. In Alkohol, Terpentin und den meisten aromatischen Lösungsmitteln löst es sich zu einem klaren → Firnis auf, nicht hingegen in mineralischen Destillaten. M. hat die Tendenz, im Laufe der Zeit auszublühen und zu vergilben.

Mastos (griech. ›Brust‹) Trinkgefäß im antiken Griechenland in Form einer weiblichen Brust und ohne Fuß, so daß es nur umgekehrt sicher abgestellt werden konnte (→ Vasenformen, griechische).

Mater dolorosa (lat. ›schmerzensreiche Mutter‹) Eine Darstellung der Jungfrau Maria, auf der ihr Schmerz an dem sie durchbohrenden Schwert oder den sieben Wunden ihres Herzens sichtbar wird. Eine andere Variante zeigt sie weinend, den toten Körper Christi in ihrem Schoß haltend (→ Pietà).

Mater Misericordiae (lat. ›Mutter der Gnade‹) Synonym für Madonna della Misericordia (→ Schutzmantelmadonna).

Materialbild Bezeichnung für Bilder, die aus Materialien wie Sand, Kies, Sackleinen, Schwamm, Holz usw. → collagiert sind. Im Unterschied zum → Combine Painting ist bei den M.ern der → Tafelbildcharakter nicht aufgegeben, vielmehr verbindet sich die Farbe mit dem plastischen Material zu einem rudimentären Ausdruck (Antoni Tapiès).

Materialkunst Bezeichnung für Kunstwerke der 1960er Jahre, die – vor allem als Reaktion auf die perfekten geometrischen Formen der → Minimal Art – besondere Betonung auf die Reize unverbrauchten, d. h. bis dahin nicht oder nur selten verwendeten Materials legen (meist trocken, spröde und stumpf wie z. B. Blei, Filz, Gummi, Kohle, Sand, Steine oder Zement. Wegen der offensichtlichen ›Dürftigkeit‹ prägte der Kritiker Germano Celant 1967 den Ausdruck → Arte povera). Damit einher ging die Verwendung von Stoffen (Wasser, Schnee, Blätter, Gras, Zweige) und Kräften der Natur (Schwerkraft, Wind, Wachstum von Pflanzen) sowie eine Tendenz zur ›Formlosigkeit‹ (z. B. Verstreuen des Materials im Raum; daher der 1968 von Robert Morris geprägte Begriff ›Anti-Form‹) und der Wunsch nach Sichtbarmachung des zur Herstellung der Arbeit führenden Prozesses. Die M. stellt keine künstlerische Richtung im strengen Sinne dar, sondern betrifft meist nur einen Teilaspekt (oder einen Übergang) im Schaffen der betreffenden Künstler.

Mathematische Kachel Kacheln, die das Aussehen von → Backstein-Mauerwerk haben.

Matrize 1. Eine Hohlform zum Abformen von Gegenständen. Der zugehörige Positivstempel heißt Patrize. 2. Eine Form zum Guß von Lettern und Schriftzeilen.

Mattoir Werkzeug für die Kreidemanier (→ Kupferstich), mit dem Punkte oder unterbrochene Linien durch Eindrücken in die Metallplatte erzeugt werden.

Mauerwerk Gefüge aus künstlichen oder natürlichen Steinen, das meist mit Mörtel ver-

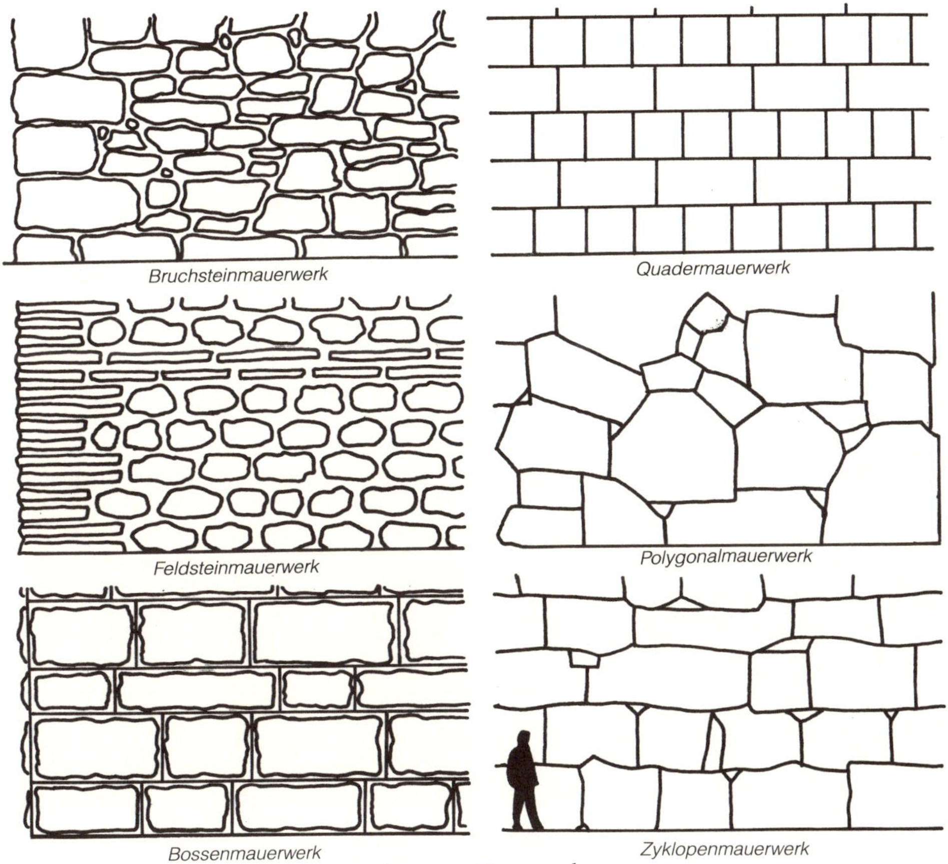

Arten von **Mauerwerk**

festigt ist. Je nach verwendetem Material unterscheidet man:
Bruchsteinmauerwerk (Opus incertum) Unbehandelte, unregelmäßig geformte Steine werden mit Mörtel vergossen, B.m. wird häufig mit → Hausteinen verblendet.
Quadermauerwerk (Opus romanum) Bestehend aus allseitig behauenen, glatten Werksteinen.
Bossenmauerwerk (Opus rusticum) Bestehend aus Quadern mit meist nur grob behauenen Sichtflächen und abgefasten Kanten, so daß die Fugen tiefer liegen.
Zyklopenmauerwerk Aus sehr großen, unregelmäßigen, gut gefügten Natursteinen.
Polygonalmauerwerk Ähnlich dem Z.m. aus sehr großen, unregelmäßigen Steinen. Im Unterschied zu diesen sind jedoch die Steine, ihrer Form folgend, so behauen, daß ihre Sichtflächen Vielecke mit unregelmäßigen Seitenlängen bilden.
Siehe auch Backsteinmauerwerk, Opus.

Mauerzacke Die festen Teile einer → Brustwehr, die die → Schießscharten voneinander trennen (Abb. → Pechnase, → Burg).

Maureske Aus der → hellenistischen Pflanzenornamentik in der → islamischen Kunst enwickeltes flächiges → Ornament mit stilisierten Blüten und Blättern.

Mausoleum Das prächtige Grabmal einer bedeutenden Persönlichkeit, benannt nach König Mausolos von Caria (4. Jh. v. Chr.), dessen Grabgebäude im kleinasiatischen Halikarnassos in der → griechischen und → römischen Welt zu den sieben Weltwundern zählte.

Medaille Schau- oder Denkmünzen aus Metall, die meistens rund oder oval sind und zur Erinnerung an bestimmte Personen und denkwürdige Ereignisse, aber auch als ehrende Auszeichnung hergestellt werden. Eckige Formate bezeichnet man als Plakette. Die M. zeigt auf Vorder- und Rückseite Darstellungen im → Basrelief, wobei die Szene der Vorderseite direkten Bezug zum eigentlichen Ereignis aufweist, während die Rückseite oft mit → allegorischen, → symbolischen oder mythologischen Motiven verziert ist.

Medaillon 1. Rund oder oval gerahmtes Bild oder → Relief, oft ein kleines Erinnerungsbild in einem Anhänger. 2. Das stark ausgebildete Motiv in der Mitte persischer Teppiche.

Medium 1. Die Flüssigkeit, in der das → Pigment in der → Malerei gebunden ist. So ist Leinöl das am häufigsten verwendete M. (Bindemittel) in der Ölmalerei. 2. Die physikalische Substanz (das Material), die als Träger für den künstlerischen Ausdruck in der bildenden Kunst gewählt wird. So ist Marmor ein M. der → Bildhauerei.

Medresse, Madrasak (arab.) Eine islamische Schule oder Hochschule, manchmal einer Moschee als Hof angegliedert.

Meeresstil (etwa 1500–1450 v. Chr.) Ein in Kreta verbreiteter Typus der Vasenmalerei. Zu den Ornamenten gehören stilisierte Muscheln, Seetang und Oktopoden mit langen Tentakeln und aufgerissenen Augen (→ minoische Kunst).

Megalith Ein großer, aufrecht stehender, grob behauener oder im Naturzustand belassener Stein.

Megalithische Denkmäler → Neolithische und → bronzezeitliche Denkmäler, die aus großen → monolithischen, roh behauenen Steinblöcken bestehen. Das Verbreitungsgebiet erstreckt sich über ganz Europa bis in einzelne Gebiete Asiens. Zu den m. D.n gehören die → Dolmen, → Kromlechs und → Menhire.

Megaron Hauptraum des → mykenisch-griechischen Hauses. Mit Herd und Vorhalle gilt das M. als Vorläufer des griechischen → Tempels.

Meißel Flaches, rundes (oder je nach Bedarf anderweitig geformtes), teils spitzes, teils mit einer oder mehreren Schneiden versehenes Werkzeug zum Formen harten Materials wie Holz oder Stein, bisweilen auch Metall. Das Formen geschieht, indem man mit dem M., der mit einem Hammer geschlagen wird, Holzspäne bzw. Steinsplitter von dem zu bearbeitenden Rohling abschlägt. Der M. wird daher vor allem zur → Bildhauerei benötigt.

Meißner Porzellan Arbeiten der 1710 in Meißen durch den Kurfürsten August II. gegründeten Porzellanmanufaktur, nachdem das M. P. 1708/09 von dem Alchemisten Johann Friedrich Böttger erfunden wurde, auf den auch die Herstellung des sogenannten braunroten Böttger-Steinzeugs zurückgeht. Unter Leitung des Malers Johann Gregor Höroldt (1720–1731) entwickelte sich die eigentliche Porzellanmalerei des M. P.s in der geschmacklichen Anpassung an die zeitgenössische Mode der → Chinoiserie. Die eigentliche Blüte begann mit der Berufung des Bildhauers Johann Joachim Kändler an die Manufaktur, der sich von ostasiatischen Vorbildern löste und im Geiste des Spätbarock und → Rokoko einen eigenständischen Porzellanstil im Bereich der Kleinplastik schuf. Während des → Klassizismus verlor das M. P. gegenüber dem französischen Porzellan von → Sèvres und dem englischen → Wedgwood-Steinzeug an internationaler Bedeutung.

Meister des/der... Konventionelle Bezeichnung (wie ›Meister von Flémalle‹ oder ›Meister des weiblichen Brustbildes‹) einer Gruppe von Arbeiten, die erkennbar von einem bestimmten Künstler geschaffen sind, dessen Identität jedoch nicht bekannt ist.

Meisterstück Im mittelalterlichen → Gildesystem das obligatorische Prüfungswerkstück, an dem der Geselle unter Beweis stellte, daß er sich als Meister seines Faches qualifiziert hatte. Später wurde der Begriff auf jegliche Arbeit von herausragender Qualität ausgedehnt.

memento mori Jegliches Symbol wie ein Schädel oder ein Stundenglas, das den Betrachter an die Vergänglichkeit des menschlichen Lebens erinnert (→ Vanitas).

Menhir Ein gewaltiger, roh behauener Steinblock, der allein steht oder Teil eines → megalithischen Denkmals ist.

Menologion In der → byzantinischen Kirche die monatlich geordnete Sammlung von Heiligenlegenden.

Menora (hebr. ›Kerzenhalter‹) Jüdischer siebenarmiger Leuchter für sakrale Zwecke, der Teil der Ausstattung des Tempels in Jerusalem war und seitdem als → Emblem für das Judentum in der → Malerei und auch in der → angewandten Kunst benutzt wird.

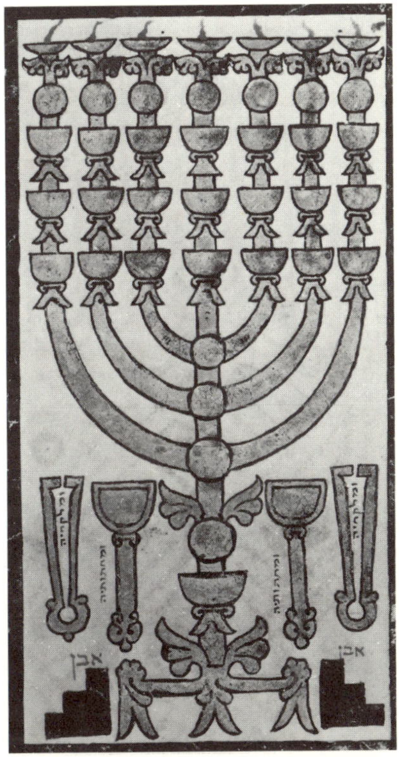

Darstellung einer **Menora** in einer illuminierten Handschrift, Frankreich, 1299.

Menuisier siehe Ebenist

Menus plaisirs (frz. ›Taschengeld‹) Im 18. Jh. in Frankreich benutzte Bezeichnung für das höfische Amt des Erfinders von Kostümen, Ornamenten usw.

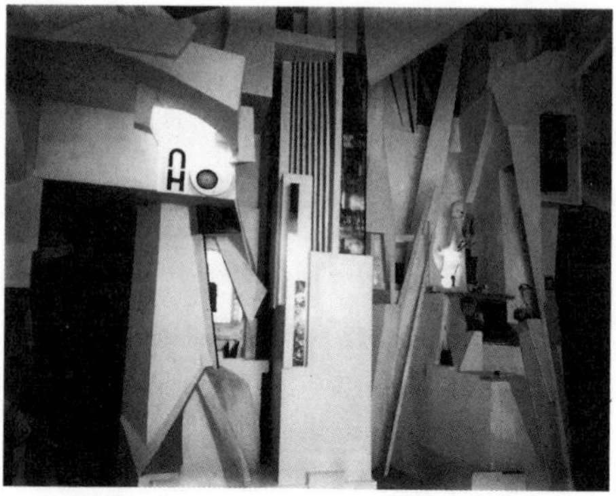

Der **Merz**-Bau, gestaltet von dem Dada-Künstler Kurt Schwitters in seinem Wohnhaus in Hannover, um 1927.

Merz Unter diesem Kennwort publizierte Kurt Schwitters (1887–1948) seine künstlerischen Arbeiten (nach dem aus einer Anzeige der ›Commerz- und Privatbank‹ ausgeschnittenen Wort ›merz‹). In seiner Zeitschrift ›M‹. (24 Hefte, 1923–1932) schrieb er über seine M.-Kunst, die ihre Kompositionen aus entwerteten Fundobjekten erstellte (→ Objet trouvé). Ab 1923 begann Schwitters mit der zehnjährigen Arbeit an seinem M.-Bau, der sich schließlich über zwei Etagen seines Hauses in Hannover erstreckte und aus zahllosen Grotten und Höhlen bestand, in denen er die »gesammelten Brocken des täglichen Abfalls« einfügte. Der M.-Bau wurde 1943 bei einem Luftangriff zerstört.

Metallschnitt Druck von einer Metallplatte, auf der die Zeichnung wie bei einem → Holzschnitt erhaben geschnitten ist. Der → Schrotschnitt ist eine Art des M.s.

Metallverzierung Ziertechniken der Goldschmiedekunst: → Emailarbeit, → Filigran, → Granulation, → Gravieren, → Niello und → Tauschierung.

Metope (griech.) Der quadratische Raum zwischen den → Triglyphen (Dreischlitzen) an einem → Fries der dorischen → Säulenordnung, manchmal mit → Reliefs verziert (→ Gebälk).

Mezzanin (ital. ›Halbgeschoß‹) Zwischengeschoß, das meist zwischen das Erdgeschoß und das erste Stockwerk eingeschoben ist.

mezzo rilievo siehe Relief

Mezzotinto (ital. ›Halbton‹) Technik des → Kupferstichs, bei der der Künstler vom Dunklen zum Hellen hinarbeitet. Zuerst wird der gesamte Grund mit einem Wiegestahl gleichmäßig aufgerauht. Diese Grundierung nimmt die Druckfarbe auf und erscheint als schwarzer Hintergrund. Die Zeichnung selbst wird aufgebracht, indem man mit einem → Schaber oder Polierstab die entsprechenden Partien glättet. Sie nehmen die Farbe nicht an, und die Zeichnung erscheint daher im Druck grau bis weiß.

Mihrab (arab.) Nische in der Wand einer Moschee, die die Richtung nach Mekka angibt.

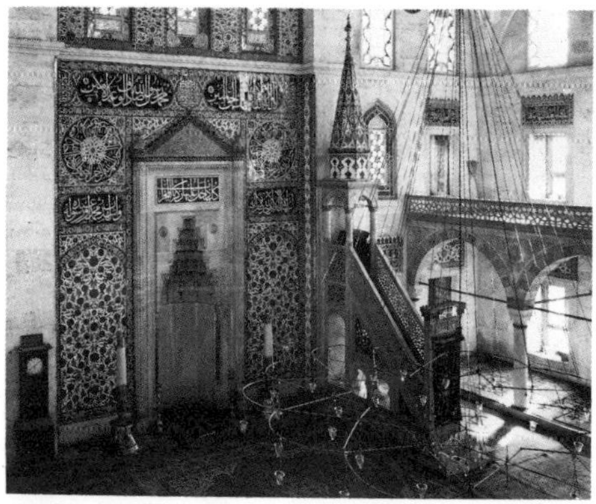

Mihrab und **Mimbar** (rechts) in der Sokullu-Mehmet-Pascha-Moschee, Istanbul, erbaut von Sinan, 1571/72.

Milieumalerei Bezeichnung für eine → naturalistische Malerei, die sich auf die Darstellung kleinbürgerlicher bzw. proletarischer Umwelt konzentriert (z. B. Heinrich Zille).

Millefiori-Glas (ital. millefiori ›tausend Blumen‹) Leuchtend bunte → Glasscheiben, die zu einem blumenähnlichen Blatt zusammen-

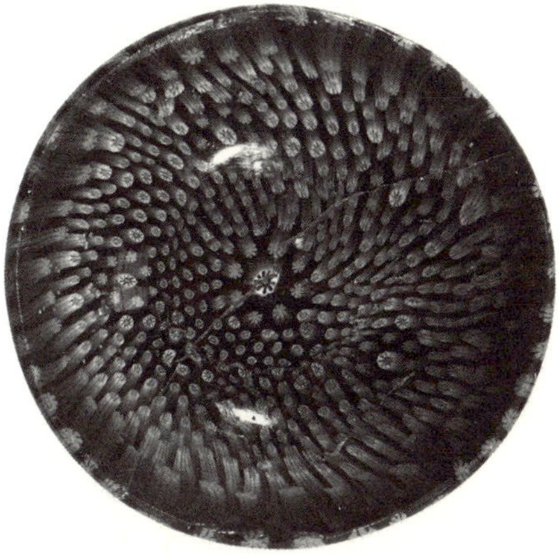

Römische **Millefiori**-Glasschüssel.

geschmolzen und in klares Glas eingeschlossen sind. Diese Scheiben werden hergestellt, indem man verschiedenfarbige Glasstäbe miteinander verschmilzt und diese Bündel in kleine Abschnitte unterteilt. Die Technik war bereits in der Antike bekannt und erlebte vom 15. Jh. an in Venedig eine große Blüte.

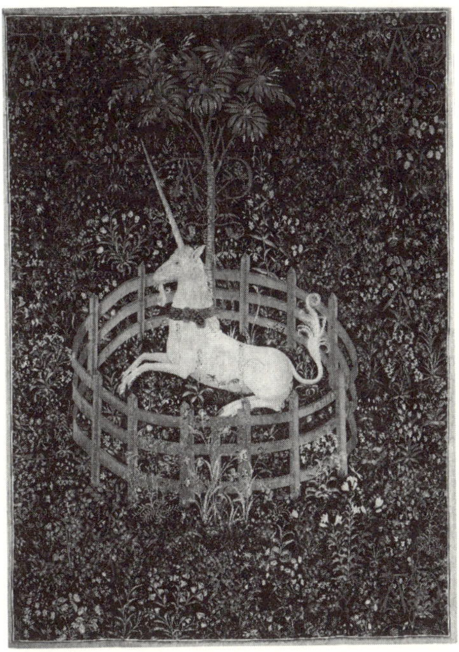

Mille-fleurs-Wandteppich des späten 15. Jh.s aus dem Château de Vertreuil. Er zeigt ein gefangenes Einhorn.

Mille-fleurs (frz. ›tausend Blumen‹) Mittelalterliche Bildteppiche, auf denen die Figuren vor einem reich mit Blumen, manchmal auch mit kleinen Tieren und Vögeln, besetzten Hintergrund erscheinen. Diese Webteppiche datieren aus dem späten 15./frühen 16. Jh.

Mimbar, Minbar (arab.) Predigtkanzel in einer Moschee.

Mina'i (pers. ›Email‹) Persische Keramik des 12. und frühen 13. Jh.s, mit einer undurchsichtigen weißen oder türkisfarbenen Glasur, kunstvoll verziert mit blauem, grünem, braunem, schwarzem, rotem und weißem → Email, manchmal auch mit Gold.

Minarett Hoher Turm, der mit einer → Moschee verbunden ist oder in deren nächster Nähe steht, mit einem Balkon, von dem aus der Muezzin zum Gebet ruft.

mingei (jap.) Japanische Volkskunst.

Miniatur 1. Sehr fein gearbeitetes Gemälde oder Zeichnung, normalerweise ein Porträt, in Aquarell und/oder Gouache von äußerst kleinem Format. 2. Synonym für eine (einzelne) → Illumination (Buchmalerei).

Minimal Art Wichtige künstlerische Bewegung der 1960er Jahre als Gegenreaktion auf den Kult von Emotion und individuellem Ausdruck im → Abstrakten Expressionismus. In dem Wunsch, jede Spur von Illusion (wie in der Malerei), Allusion, Metaphorik oder Symbolik auszuschalten, entstanden fast ausschließlich skulpturale Arbeiten, deren Formensprache auf lapidar einfache Grundstrukturen reduziert waren – teils in Form von → serieller Reihung zu größeren Arbeiten zusammengesetzt, teils (vor allem bei überdimensionalen Formaten) als solche präsentiert. Das Interesse verlagerte sich dabei von der Arbeit selbst mehr auf die Beziehung von Skulptur und umgebenden Raum (der Negativform), also auf den Kontext. Dieser wahrnehmungstheoretische Aspekt und die Tendenz zu ›Objektivität‹, Entpersönlichung, schematischer Klarheit und Logik waren (vor allem über die Vermittlung durch Sol LeWitt) von großer Bedeutung für die Entwicklung der → Konzeptuellen Kunst. Zu den wichtigsten Vertretern der M. A. gehören neben Sol LeWitt Carl Andre, Dan Flavin, Donald Judd und Robert Morris.

Minnekästchen Mit Schnitzwerk und Malerei ornamental verziertes Deckelkästchen, das im Mittelalter ein beliebtes Geschenk des Bräutigams an die Braut darstellte.

Minoische Kunst Kretische Kunst der Bronzezeit (ca. 2300–100 v. Chr.), benannt nach dem legendären König Minos von Kreta. 2500/2000 v. Chr. organisiserten sich die Bewohner der Insel zu einer zivilisierten Gesellschaft mit Königen als Herrschern. Die ersten großen Paläste entstanden in Knossos, Phaistos und Mallia, und man stellte neben hervorragenden Statuetten und Reliefs (in Bronze, Ton, Stein, Elfenbein), Siegelsteinen, Steingefäßen, goldenen Ringen und Reliefbechern die prächtigen polychromen → Kamaresvasen her (2000–1700 v. Chr.). Als um 1700 v. Chr. (durch ein Erdbeben?) die ersten Paläste zerstört worden waren, baute man neue, besser geplante, deren Wände mit prächtigen farbenfrohen Malereien dekoriert waren. Beliebte Sujets waren Frauen, Tänzer, Priester, Stierkämpfer und Meeresszenen, darunter ein Repertoire von Delphinen, Oktopoden und anderen Meerestieren. Dieser → Meeresstil tritt auch in der gleichzeitigen Keramik in Erscheinung, obgleich in der Region von Knossos der formellere Palaststil in Mode stand. Um 1400 v. Chr. wurden auch diese Paläste zerstört und nicht mehr wiederaufgebaut. Anschließend sank das Niveau der m.n K., und sie vermischte sich mit der → mykenischen.

Minuskel Allgemeine Bezeichnung für Kleinbuchstaben der lateinischen Schrift. Als M.schriften bezeichnet man solche → Schriftarten, die, im Unterschied zu → Majuskelschriften, keine gleichhohen Buchstaben haben, sondern über Ober- und Unterlängen verfügen. Aus der Kombination der karolingischen M., der bedeutendsten Kanzleischrift des Mittelalters, mit antiken Majuskeln ging in der Renaissance die → Antiqua hervor. Siehe auch Schriftarten.

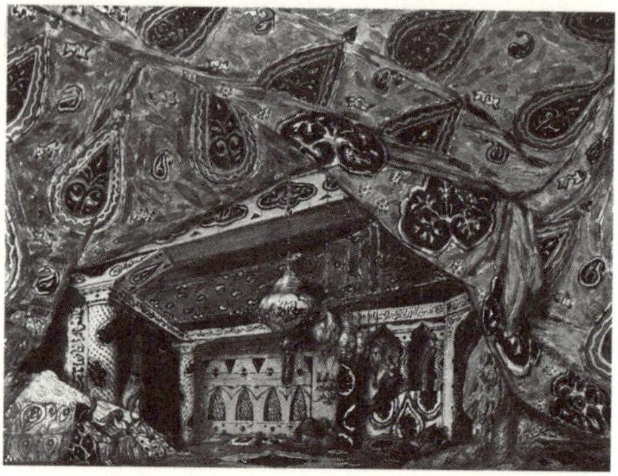

Dieser nicht realisierte Entwurf für ein orientalisches Bühnenbild von Léon Bakst, um 1910, zeigt die typischen orientalisierenden Tendenzen von **Mir Iskusstwa** und spiegelt gleichzeitig die russische Architektur des 16. Jh.s.

Mir Iskusstwa (russ. ›Welt der Kunst‹) Eine in St. Petersburg von Sergej Diaghilew gegründete Kunstrichtung, die von ihm selbst in der gleichnamigen, erstmals 1898 erschienenen Zeitschrift propagiert wurde. Diese Kunstrichtung schuf eine Verbindung der zeitgenössischen, üblicherweise → symbolistischen Malerei Rußlands mit der russischen Kunst der Vergangenheit.

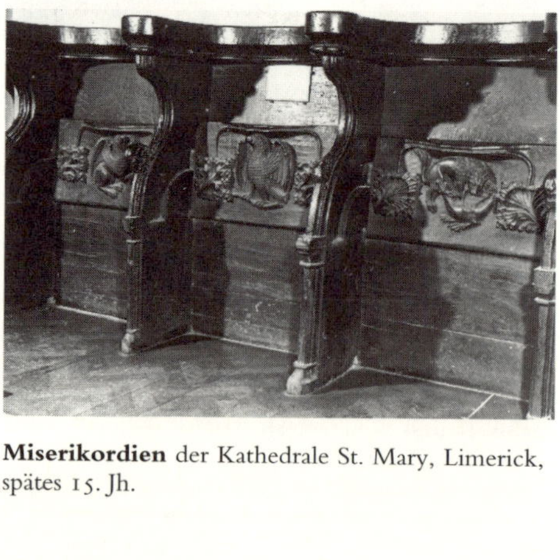

Miserikordien der Kathedrale St. Mary, Limerick, spätes 15. Jh.

Mischtechnik Kombination zweier oder mehrerer Maltechniken in einer Arbeit (z. B. von Tusche, → Pastell und → Aquarell; → Ölfarbe auf → Tempera usw.).

Miserikordie Eine kleine → Konsole an der Unterseite eines Klappsitzes in einem → Chorgestühl. Sie ermöglichte es einem Geistlichen, beim Stehen während eines langen Gottesdienstes seine Füße zu entlasten. M.n sind häufig Träger → grotesker und phantastischer Schnitzereien.

Missale Wichtigstes → liturgisches Buch, das alle bei der Messe verwendeten Gesänge, Schrifttexte und Gebete enthält. Ein erster Höhepunkt für die künstlerische Gestaltung des M. zeigt sich in der spätromanischen deutschen → Buchmalerei des 13. Jh.s mit ganzseitigen Deckfarbenmalereien.

Mission Furniture (engl. ›Missionsmöbel‹) Sehr schlichtes Mobiliar, das in Amerika in Nachahmung des englischen → Arts and Crafts Movement Anfang des 20. Jh.s hergestellt wurde. Die Bedeutung des Wortes ›mission‹ ist hier umstritten. Entweder entstand der Begriff aus einer Assoziation mit den frühen Franziskanermissionen in Kalifornien, oder er ist von der These der → Funktionalisten abgeleitet, allen Möbeln sei eine Mission eigen – nämlich die des zweckmäßigen Gebrauchs.

Mittelsteinzeit (Mesolithikum) Übergangsstufe zwischen Alt- und Jungsteinzeit (Paläolithikum, → Neolithikum), deren Kunstdenkmäler sich auf Knochengegenstände mit einfachen geometrischen Ritzmustern beschränken.

Mixed Media Bezeichnung für die gleichzeitige Verwendung verschiedener Materialien in einer Arbeit (etwa bei der → Collage), darüber hinaus vor allem auch für den über die traditionelle Definition der → bildenden Kunst hinausgehenden Medienverbund von bildnerischer Gestaltung, Tanz, → Film, Musik und Theater. Als M. M. werden vor allem → Fluxus, → Happening, → kinetische → Environments und → Performance bezeichnet, bei denen die traditionelle Objektanschauung des Kunstwerks zugunsten einer erlebnishaften Anregung des Bewußtseins abgelöst ist.

Mobile Ein aus sich bewegenden Teilen konstruiertes komplexes Kunstwerk, das entweder hängt oder steht und entweder mit Wind oder mechanisch angetrieben sein kann. Es verändert ständig seine Form, da jede Be-

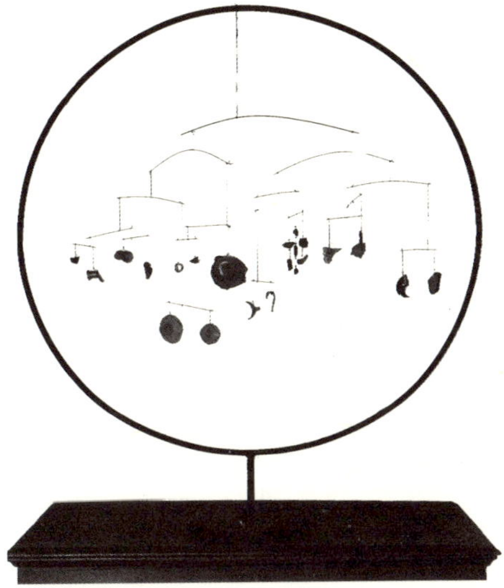

Mobile von Alexander Calder, 1934, aus Draht, Buntglas und Bindfaden.

wegung eine neue Kombination der Teile bewirkt. Der Begriff wurde 1932 von Marcel Duchamp als Bezeichnung für die Arbeiten Alexander Calders geprägt.

Model 1. Im → Zeug- und Tapetendruck sowie in der → Keramik Bezeichnung für die erhabene Druckform, die zur Reproduktion eines Musters verwendet wird. 2. In der → Textilkunst bezeichnet man die Vorlagen für Stickereimuster als M.n, die in sogenannten M.- oder → Musterbüchern gesammelt werden.

Modell 1. In der → Malerei und → Bildhauerei Bezeichnung für einen Gegenstand oder einen Menschen (Akt), deren Gestalt dem Künstler als Vorlage für eine Arbeit dient. 2. In der Bildhauerei bezeichnet man als M. auch die aus weichem Material wie Ton hergestellte Urform einer Plastik, die nach einem Gipsguß (→ Bozzetto) in den gewünschten Werkstoff übertragen wird.

Modellieren 1. Plastisches Formen in weichem Material (wie Gips, Ton und Wachs). Im Gegensatz zur Skulptur, die durch Abtragen von Werkstoff aus dem Block gearbeitet wird, ist das M. die Arbeitstechnik der Plastik (→ Bildhauerei). Dabei wird zunächst ein Modelliergerüst hergestellt, an das die Modelliermasse nach einer vorher angefertigten Zeichnungsvorlage angetragen wird. 2. In der → Malerei und → Grafik bezeichnet man als M. das Durcharbeiten bestimmter Details, z. B. das Herausheben der körperlichen Erscheinung durch Farbkontraste.

Modern Style Englische Bezeichnung für → Jugendstil bzw. → Art nouveau.

Modernismus Eine allgemeine Bezeichnung für die Abfolge von Avantgarde-Stilen in Kunst und Architektur, die in der westlichen Kultur fast während des gesamten 20. Jh.s bis zur → Postmoderne vorherrschend war.

Modul (lat. modulus ›Maß‹) Bereits in der Antike gebräuchliches Verfahren, ein Einheitsmaß festzulegen, von dem alle Bauabmessungen abgeleitet werden konnten, meist der halbe untere Durchmesser einer → Säule. Alle weiteren Baumaße sind als Bruchteile oder Vielfache dieser Relation definiert, um den Anforderungen der → Proportionslehre zu genügen. In der modernen Architektur haben M.n wieder besondere Bedeutung, da sich mit ihrer Hilfe die Vorfabrikation von Bauteilen erleichtern läßt.

Mogulkunst Die Kunst des moslemischen (mongolischen) Hofes in Indien, beginnend mit der Herrschaft des Kaisers Babur (1526–30) und endend mit dem indischen Aufstand (1858). Die Mogulbaukunst besteht vorrangig aus Grabanlagen der Mogul-Dynastie, besonders berühmt ist das Grabmal Taj Mahal bei Agra. Die Malerei der islamischen Mogulschulen fußte auf der langen und hochentwickelten Tradition der → persischen Buchmalerei. Sie gibt ein lebendiges Bild des weltlichen Hofes und der indischen Mythen wider. Der sog. Mogulstil ist geprägt von einer stimmungsvollen Naturbegeisterung sowie von der Jagdleidenschaft und dem Lagerleben der Mogulherrscher. Die M. übte nachhaltigen Einfluß auf die spätere Hindu-Malerei Indiens aus, wie sie in den Schulen von → Rajasthan und in den Panjab-Bergen gepflegt wurde.

Moiré-Effekt (frz.) Jedes Muster mit einem verwaschenen oder geriffelten Aussehen, das in manchen Fällen so ausgeprägt sein kann, daß die Illusion von Bewegung entsteht.

Mokume (jap. ›Holzmaserung‹) 1. Japanische Metallarbeiten und deren europäische Versionen, bei denen die Metallschichten so geschmiedet und verschweißt sind, daß sie

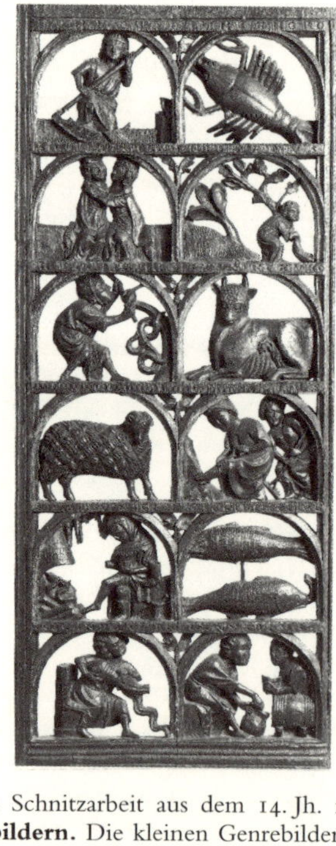

Deutsche Schnitzarbeit aus dem 14. Jh. mit sechs **Monatsbildern.** Die kleinen Genrebilder sind mit den jeweiligen Tierkreiszeichen kombiniert.

wie die Maserung im Holz in konzentrischen Kreisen liegen. 2. Japanische → Lackarbeiten ähnlichen Aussehens, hergestellt, indem nacheinander die Lackschichten aufeinandergelegt und dann wieder abgerieben werden.

Mon (jap.) Ein japanisches → heraldisches Abzeichen, zuerst nur von Familien des Adels, später auch als Marken- oder Warenzeichen kommerzieller Unternehmen in Gebrauch (→ Holzschnitt).

Monatsbilder Ein Zyklus von zwölf Szenen, eine für jeden Monat, von denen jede eine unterschiedliche ländliche Arbeit zeigt, normalerweise begleitet vom entsprechenden Tierkreiszeichen. In mittelalterlicher Bildhauerei und auf Buntglasfenstern zu finden, oft auch im Kalender eines Stundenbuches.

Mönch und Nonne → Dachbedeckung aus Ziegeln mit halbkreisförmigem Querschnitt, die ineinandergreifend, d. h. abwechselnd mit der Höhlung nach oben und nach unten verlegt werden.

monochrom Einfarbig. Siehe auch Grisaille.

Monogrammisten Bezeichnung für solche Künstler, von denen man nur die Namenszeichen als Anfangsbuchstaben des Namens, nicht aber den vollen Namen kennt.

Monolith Skulptur, Monument oder architektonisches Element (z. B. eine Säule) aus einem einzigen Steinblock wie z. B. → Obelisk oder → Menhir.

Monopteros (griech.) 1. Antiker Rundtempel ohne → Cella, dessen Dach nur von → Säulen getragen wird. 2. Im → Barock und → Klassizismus beliebtes Gartentempelchen in der Gestalt des griechischen M.

Monotypie Ein Druck, der hergestellt wird, indem eine Zeichnung entweder in Ölfarbe oder in Druckerschwärze auf einer glatten Kupferplatte angefertigt wird, die dann entweder in einer Presse oder manchmal auch nur durch Reiben des Papiers mit dem Handballen gedruckt wird. Auf diese Weise wird die Farbe direkt auf das Papier übertragen, so daß jede M. ein Einzelstück (Unikat) darstellt.

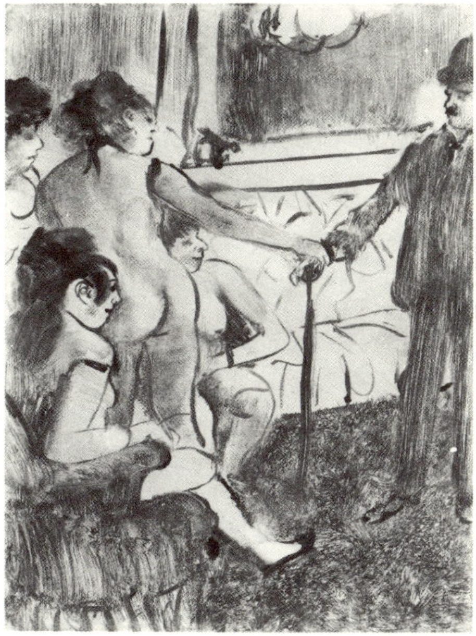

Edgar Degas, *Der Freier,* um 1879, aus einer Serie von **Monotypien** mit Bordellszenen.

Monstranz Eine transparente → Pyxis (Hostienbüchse, auch Kustodia) aus Glas oder Kristall mit umgebender Metallarbeit. M.en sind normalerweise reich verziert; in ihnen wird in römisch-katholischen Kirchen die geweihte Hostie gezeigt (Abb. S. 186).

Montage (frz. ›Aufbau‹) 1. Die Kombination unterschiedlicher Materialien in einem Werk. 2. Das Verfahren, ein solches Werk zu erstellen (→ Collage, Fotomontage).

Morbidezza (ital.) Übertriebene Zartheit oder Weichheit, besonders bei der malerischen oder geschnitzten Darstellung des menschlichen Körpers.

Mordants In der → Druckgrafik verwendete ätzende Säuren.

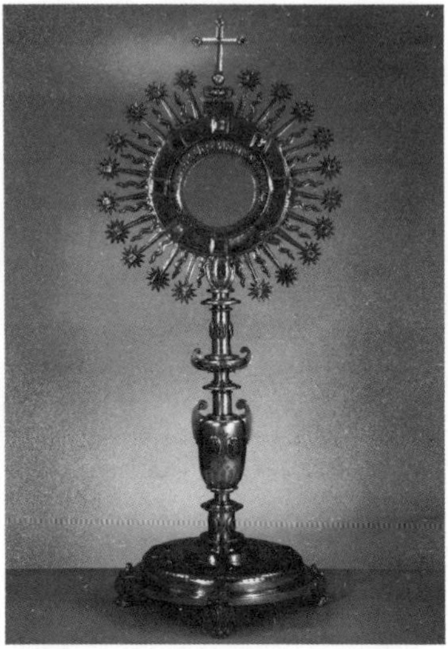

Spanische **Monstranz,** Silber, vergoldet, frühes 17. Jh.

Moriskentänzer Volkstümliche Darstellung eines sog. Mohrentanzes (wie im Tanzsaal des Münchner Rathauses), die vermutlich den Kampf der Christen gegen die Mauren als historischen Hintergrund hat.

Mosaik Ein Muster, das durch Zementieren kleiner Stücke (tesserae) harter, farbiger Materialien wie Marmor, Glas, Keramik oder Halbedelsteine auf einen Untergrund entsteht (→ Opus vermiculatum).

Mosaikglas Synonym für → Millefiori-Glas.

Motiv 1. Ein unterscheidbares oder herauszulösendes Element eines Gemäldes, einer Skulptur, eines Gebäudes oder Musters. 2. Der auf einem Gemälde dargestellte Gegenstand.

Mound Builders (engl. ›Hügelbauer‹) Dieser Name wurde einer relativ hoch entwikkelten nordamerikanischen Indianerkultur verliehen, die sich um 400 n. Chr. im Mittelwesten der heutigen Vereinigten Staten südlich der großen Seen, zwischen den Flüssen Ohio und Mississippi, entwickelte und bis zum Erscheinen der Europäer im späten 17. Jh. fortdauerte. Typisch für die M. B. sind kunsthandwerkliche Gegenstände, unter anderem Metallarbeiten, Webtextilien und Töpferware.

Movimento Nucleare In Mailand 1951 gegründete Künstlergruppe, der Enrico Baj, Sergio Dangelo und Joe Colombo angehörten. Das verbindende Ziel war die Ablehnung der geometrischen Abstraktion zugunsten einer → informellen Malerei, in der sich die Energie als Zeichen der Atomwelt verbildlichen sollte. Baj wandte sich bald von den Zielen der Gruppe ab und näherte sich wieder der Figuration.

Mozarabischer Stil (von span. Mozárabe, ein einem maurischen König zum Treueeid verpflichteter Christ, der jedoch seine eigene Religion ausüben durfte) Die christliche, vom Islam beeinflußte Kunst Spaniens im 10. und 11. Jh. n. Chr.

ms. mss. Abkürzungen für ›Manuskript‹ und ›Manuskripte‹.

Mudéjar-Stil (span. von arab. mudajjan ›zum Bleiben ermächtigt‹) Dekorativer Stil, der sich in Spanien entwickelte, wobei entweder Moslems für christliche Herren tätig waren oder christliche Künstler → islamisches Formengut nachahmten.

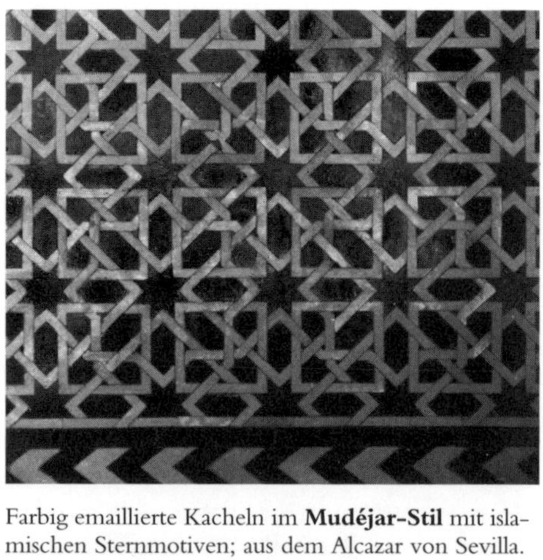

Farbig emaillierte Kacheln im **Mudéjar-Stil** mit islamischen Sternmotiven; aus dem Alcazar von Sevilla.

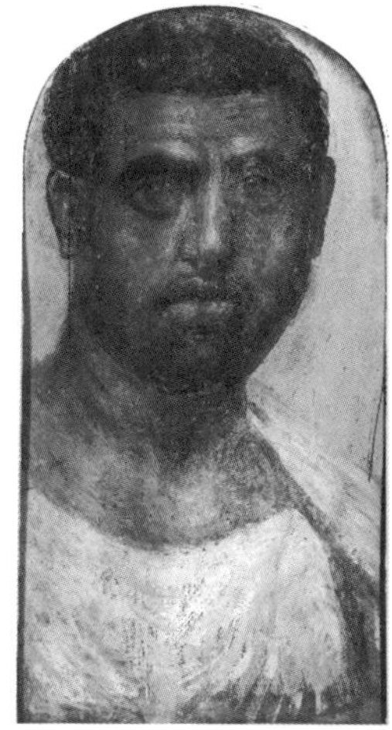

Mumienbildnis in enkaustischer Malerei, 3. Jh. n. Chr.

Mudra (sanskr.) In der hinduistischen Kunst Handstellungen des Buddha, die eine spezifische Stimmung oder Handlung symbolisieren wie Schutz, Mitgefühl, Meditation oder Lehren.

Muffelfarben (auch Schmelzfarben) Metallische Pigmente, die mit pulverisiertem Glas in einem öligen Bindemittel gemischt, dann auf einen fertig glasierten Keramik- oder Glasgegenstand aufgetragen und in einem erneuten, gegenüber dem ersten Brennen schwächeren Brennvorgang fixiert werden. Dekors des → Famille jaune, noire, rose und verte sind alle mit M. hergestellt.

Muldenfaltenstil Bezeichnung für eine zu Beginn des 13. Jh.s gebräuchliche Darstellung des Faltenwurfs, abgeleitet aus den muldenförmigen Falten und der weichen, enganliegenden Gewandung, wie sie bei dem Protagonisten der → Maas-Kunst, dem Goldschmied und Emailmaler Nikolaus von Verdun zu finden ist. Diesen Stil der Maas-Kunst übernahmen Bildhauer in Chartres und Reims.

Multimedia siehe Mixed Media

Multiples Für die Massenproduktion bestimmte Kunstwerke, die (zumindest theoretisch) in unlimitierter Auflage hergestellt werden können, ohne an Qualität zu verlieren oder eine Verwässerung des Gehalts zu erleiden.

Mumienbildnisse (auch Fayum-Porträts, nach einer Region Unterägyptens benannt) Bildnisse auf Holz oder Leinwand, die auf den Gesichtern von Mumien auf römischen Friedhöfen im alten Ägypten gefunden wurden und vom ersten vorchristlichen bis dritten nachchristlichen Jh. datieren. Sie sind entweder in → Tempera oder in → Enkaustik ausgeführt. Ihre Schlichtheit und ihr gleichzeitiger, bemerkenswerter Naturalismus lassen darauf schließen, daß sie wohl zu Lebzeiten der Abgebildeten geschaffen wurden.

Münster 1. Ursprünglich eine Klosterkirche oder sogar das gesamte Kloster. 2. Später eine große Kirche, die ursprünglich zu einem Kloster gehörte. 3. Besonders in Süddeutschland übliche Bezeichnung für bedeutende Kirchengebäude, auch wenn es sich nicht um Bischofskirchen handelt.

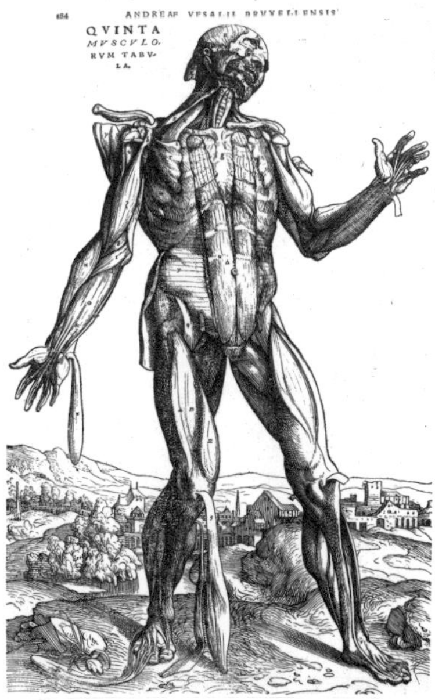

Muskelmann: Illustration aus Vesalius' ›De Humani Corporis Fabrica‹, 1547, die die Hauptmuskeln zeigt.

Muschelwerk (auch Muschelornament) Für den → Rokokostil typisches Ornament in Muschelform (→ Rocaille).

Musée imaginaire (franz. ›imaginäres Museum‹) Von André Malraux geprägter Ausdruck, mit dem er die Summe aller Illustrationen und Reproduktionen bezeichnete, die heutzutage Kunstwerke fast jedermann zugänglich werden lassen. In seinem Buch ›Les Voix du silence‹ (1954) verwandte er auch den Ausdruck »musée sans murs« (Museum ohne Mauern) für den gleichen Sachverhalt.

Muskelmann Eine Zeichnung oder Skulptur, die einen Menschen mit abgezogener Haut darstellt, so daß an ihm Lage und Funktion der Muskeln sichtbar werden (Abb. S. 187).

Musterbuch 1. Im Mittelalter Sammelwerk von Vorlagezeichnungen (z. T. → byzantinischen Ursprungs), die dem Künstler als Muster dienten. Das bedeutendste überlieferte M. ist das Bauhüttenbuch des Villard de Honnecourt (um 1240). 2. Vorlagensammlung von Mustern für das → Kunstgewerbe und die → Textilkunst.

Mutulus Dielenknopf, der oberhalb des → Triglyphs an der Unterseite eines Gesimses der dorischen → Säulenordnung vorspringt (→ Gebälk).

Mykenische Kunst (1400–1100 v. Chr.) Die Kunst im Umkreis von Mykene auf dem nördlichen Peloponnes, die die → helladische und die → minoische Kunst verdrängte, wenngleich sie von letzterer auf vielerlei Weise beeinflußt war. Die bekanntesten Erzeugnisse sind (in den Gräbern von Mykene gefundene) Gold- und Silbergefäße und -Schmuckstücke, mit kostbaren Metallen eingelegte Bronzeklingen und goldene Begräbnismasken. Außerdem waren die Mykener sehr kunstfertige Töpfer, wie die beliebtesten Formen, die Becher mit hohem Fuß und die ›Steigbügelkrüge‹ mit ihren realistischen, obgleich etwas stilisierten Mustern erkennen lassen. Das Löwentor von Mykene mit seinen zwei großen Reliefskulpturen aufgerichteter Löwen, die die Pranken auf einen Doppelopfertisch stützen, sind Zeugnisse dafür, daß die Mykener auch Monumentalskulpturen schaffen konnten.

N

Nabeshima (jap.) In Okawachi, Provinz Hizen, hergestelltes japanisches → Porzellan, produziert in Brennereien, die Mitte des 17. Jh.s von Nabeshima, dem Prinzen von Kaga, gegründet wurden. Der Dekor führt die Vorliebe des japanischen Geschmacks für das Asymmetrische zuweilen ins Extrem.

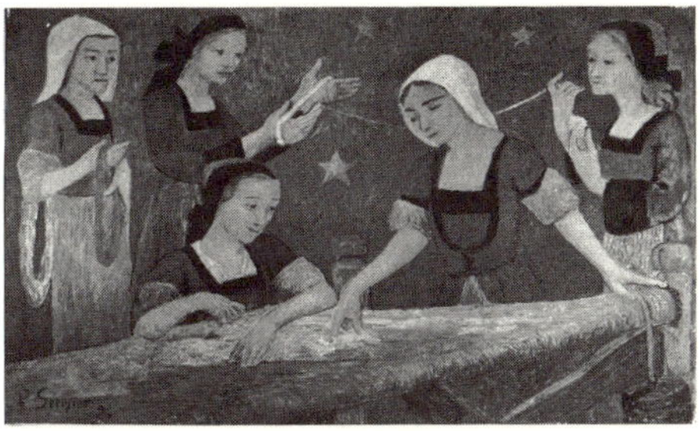

Nabis: Paul Sérusier (1863–1927), *Fünf Teppichweberinnen,* nicht datiert, zeigt Anklänge an Paul Gauguins bretonisch-ländliche Motive.

Nabis (hebr. ›Propheten‹) Eine französische Künstlervereinigung, die sich 1888 unter dem Einfluß von Gauguins Schaffen in → Pont-Aven in der Bretagne zusammenfand. Zu ihren Mitgliedern zählten Pierre Bonnard, Edouard Vuillard, Maurice Denis, Paul Sérusier und Aristide Maillol. Die N. verbanden Gauguins Lehre von der expressiven (im Gegensatz zur realistischen) Farbgebung mit Ideen, die dem → Symbolismus entlehnt waren.

›nach...‹ 1. In Verbindung mit einer Reproduktionstechnik wie z. B. → Kupfer- oder Stahlstich bezeichnet es den nachfolgend genannten Künstler als ursprünglichen Schöpfer des Entwurfs, macht aber gleichzeitig deutlich, daß er nicht für die Herstellung der Platte, von der der Druck gezogen wurde, verantwortlich ist. 2. Bei einem Gemälde oder einer Zeichnung weist diese Bezeichnung das Bild als eine von anderer Hand als der des genannten Künstlers gefertigte Kopie oder Reproduktion aus.

Nachbildfarbe Optische Illusion, die entsteht, wenn man den Blick auf ein intensives Farbfeld fixiert und anschließend auf eine weiße oder neutrale Fläche richtet. Für einen Augenblick erscheint die Komplementärfarbe als Nachbild. So sieht man nach intensivem Betrachten einer Fläche in leuchtendem Orange einen entsprechenden grünen Fleck.

Nachdunkeln Oxidation der Öle auf einem Ölbild, wodurch der typische → Galerieton älterer Gemälde entsteht.

Nachmalerische Abstraktion: Ellsworth Kelly. *Orange und Grün,* 1966.

Nachmalerische Abstraktion (Post-Painterly Abstraction) Ein von dem amerikanischen Kunstkritiker Clement Greenberg 1964 geprägter Begriff, der die Arbeit amerikanischer Künstler wie Morris Louis, Kenneth Noland, Barnett Newman, Jules Olitski und Ellsworth Kelly beschreibt, die damals große Flächen reiner, nicht durch Pinselstriche modulierter Farbe einsetzten. Heute wird mit diesem Begriff generell eine ab Ende der 1950er Jahre sich abzeichnende amerikanische Kunstrichtung gekennzeichnet, die sich von gefühlsbetonten, subjektiven, → kalligraphischen Formen des → Informel und des → Action Painting durch die objektive Ausdruckskraft der reinen Farbe unterscheidet, wobei mit reiner Farbe die Abstraktion der Farbwirkung vom gestischen Tun des Künstlers gemeint ist. Diese Entwicklung besitzt in der Malerei der amerikanischen Künstlerin Helen Frankenthaler eine lyrische Übergangsphase, die bereits die Konzentration der Bildaussage auf die Eigenart der Farbtonalität einführt. Dieses malerische Experiment mit dem reinen Farbraum auf der Bildfläche setzt sich in der eigentlichen N. A. von Newman, Ad Reinhardt, Noland, Louis, Frank Stella und Kelly fort, in deren Bildern aus klar definierten Farbflächenstaffelungen und Farbbändern die qualitative Differenzierung der tonalen Farbe zur Anschauung kommt (→ Farbfeldmalerei). Dabei entdeckten die Künstler die vielfältige Skala der Farbeigenschaften neu, die sich über verschiedenartige Tiefenauswirkungen bis zur Transparenz und Vibrationsfähigkeit erstreckten. Die N. A. leistet somit eine Bestandsaufnahme der nicht an Gegenständlichkeit gebundenen abstrakten Farbtonalität; während Louis in dieser Absicht mit weichen und fließenden Farbbahnen operiert, bedienen sich die Künstler der sogenannten → Hard-edge-Malerei hart voneinander abgegrenzter, geometrischer Formen, um das strukturierende Element der Farbe im Sinne der Raumgliederung zu begreifen.

Nachtstück Gemälde, dessen Sujet durch Mondlicht oder durch künstliche Lichtquellen wie Kerzen, Fackeln oder Lampen beleuchtet wird. N.e treten im 15. Jh. verstärkt als realistische Bildgestaltung der nächtlichen Geburt Christi oder Gefangennahme Christi auf. In der deutschen Malerei wird das N. besonders von Albrecht Altdorfer bevorzugt. Im → Manierismus nimmt die Beliebtheit des N.s zu, entscheidende Impulse aber erhält dieses → Genre durch das → Chiaroscuro Caravaggios, der in der niederländischen Malerei zahlreiche Nachfolger findet, die den nächtlichen Innenraum mit Kerzen oder Öllampen variationsreich beleuchten. In der → Romantik war die stimmungsvolle Mondscheinlandschaft (C. D. Friedrich) sehr beliebt.

Naga (sanskr.) Ein indischer Schutzgeist gegen Schlangen, häufig halb als Mensch, halb als Tier dargestellt.

Naive Malerei Neben der Entwicklung der Malerei in den einzelnen Stilepochen steht das von Schuldisziplinen und Tradition, vom Geschehen auf der aktuellen Kunstszene unbeeinflußte Schaffen der naiven Künstler. Bildvorstellungen und Wirklichkeit sind eins in ihren Bildern; sie schaffen damit im Malprozeß eine Verbildlichung der individuellen Identität des Erlebens, wie sie auch bei Kindern und Naturvölkern vorhanden ist, eine Unbewußtheit, die zwischen Abbild und erlebter Wirklichkeit nicht unterscheidet. Wesen und Charakter der n.n M. wachsen in der Seelenlandschaft von Einfalt und Aufrichtigkeit. Die n. M. ist im wesentlichen ein Produkt von Hobby-Beschäftigung, wobei viele naive Maler ihre künstlerische Tätigkeit als ›Sonntagsmalerei‹ erst in der Freizeit ihres Lebensabends begannen, wie etwa Henry Rousseau, Louis Vivin, Morris Hirshfield und die Farmersfrau Grandma Moses. Die Welt der n.n M. ist geordnet und von kindlicher Problemlosigkeit, die oft ins Phantastische und Märchenhafte übergleitet. Perspektive und Proportionalität werden nicht berücksichtigt, Menschen und Dinge sind vielmehr linear gegeneinander abgesetzt, wobei eine lebhaft bunte Palette vor allem die Details von Gewändern, Innenräumen und Pflanzen ausschmückend betont. Zu den Klassikern der n.n M. in Frankreich zählen neben Rousseau Camille Bombois, André Bauchant und der frühe Utrillo; als Hauptvertreter der Schule von Hlebine (Kroatien) ist besonders Ivan Generalić bekannt geworden, während in den Vereinigten Staaten Grandma Moses große Anerkennung fand.

Namban (jap. ›südliche Barbaren‹) 1. → Japanische Kunst, in der portugiesische, spanische und holländische Japanreisende im 16. und 17. Jh. abgebildet sind. 2. Allgemeiner: japanische Kunst, die europäische Moden und Gebräuche darstellt. 3. Japanische Gegenstände in quasi-europäischem Stil, z. B. → Lackarbeiten mit christlichen Motiven.

Nanga-Schule (jap. nanga ›Malerei des Südens‹) Eine japanische Malschule, die ihre Blütezeit vom Ende des 17. Jh.s bis zum späten 18. Jh. erlebte. Ihre Mitglieder imitierten die ›literarische Malerei‹ herausragender chinesischer Amateure seit der Yuan-Zeit (13. Jh.). Selbst wenn sie in Wirklichkeit professionelle Maler waren, hielten sie sich abseits von den kommerziellen Kano- und Tosa-Schulen.

Naos (griech. ›Wohnung, Haus‹) Der aus dem → Megaron hervorgegangene Raum eines antiken → Tempels, der das Bild der Gottheit beherbergte.

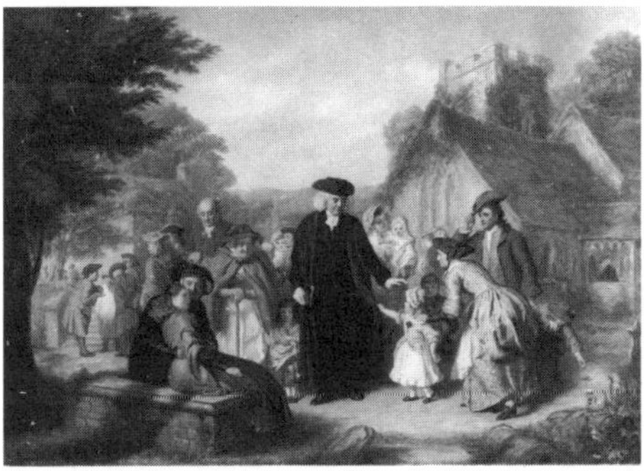

Narrative Malerei: William P. Frith, *Der Dorfpfarrer,* spätes 19. Jh., eine Illustration zu Oliver Goldsmiths Gedicht ›Das verlassene Dorf‹ (1770). Es gibt sehr genau Goldsmiths Zeilen wieder: »E'en children followed with endearing wile/And plucked his gown to share the good man's smile.«

Narrative Art 1. Bezeichnung für jede Malerei, deren Hauptanliegen es ist, eine Geschichte zu erzählen; besonders beliebt war die N. A. im viktorianischen England. 2. Bezeichnung für Arbeiten einiger (seit Beginn der 1970er Jahre verstärkt mit → Fotografien arbeitender) Künstler aus dem Umfeld der → Individuellen Mythologien, in denen Fotografie nicht objektiv (im Sinne von Dokumentation), sondern – im Zuge der neuen subjektiven Tendenzen – dazu benutzt wird, ›Geschichten‹ zu erzählen, wobei einzelne Fotografien zu Bildfolgen zusammengestellt und darüber hinaus durch begleitende Texte (als integralem Bestandteil) kommentiert werden.

Narthex (griech.) Eingeschossige Vorhalle oder großer Raum, der in das Hauptgebäude einer → frühchristlichen oder → byzantinischen Kirche führt und gewöhnlich deren volle Breite besitzt. Ist der N. innerhalb des Kirchenbaus gelegen, wird er *Esonarthex* genannt; als Vorsprung vor der Fassade heißt er *Exonarthex*. Ein *Doppelnarthex* besitzt die Tiefe von zwei → Jochen (→ Vorhalle, → Galiläa, → Westwerk).

Nase Der Punkt in einem → Maßwerk, an dem die Pässe zusammentreffen (→ Dreipaß).

Nashiji (jap. ›Birnengrund‹) Dicke → Lackdekoration, die aus Schichten aufgebaut ist, von denen jede weitgestreute Stücke von Goldfolie enthält, so daß das Gold im Lack in unterschiedlichen Tiefen zu schwimmen scheint.

Naßverfahren (nasses Kollodiumverfahren) Von Frederick Scott Archer erfundenes und 1851 publiziertes fotografisches Verfahren, bei dem eine mit einer → Emulsion (Kollodium mit einer Silberiodid/Eiseniodid-Lösung) beschichtete Glasplatte dem Licht ausgesetzt und in noch nassem Zustand entwickelt wird. Diese Technik erfordert extrem wenig Zeit, bringt eine große Subtilität der Tonwerte hervor und führte im 19. Jh. zu einer weiten Verbreitung der → Fotografie, da keine Patente ihre Anwendung einschränkten. Sie wurde vom → Trockenplatten-Verfahren abgelöst.

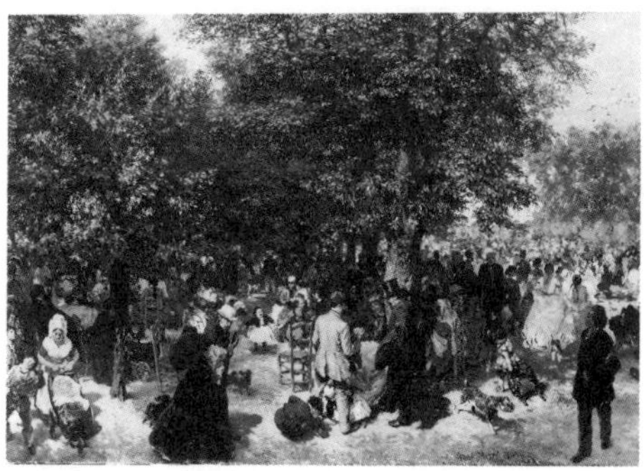

Adolph von Menzels panoramahafte Darstellung der Tuilerien, 1867, enthält viele realistisch gezeichnete Details, die für den **Naturalismus** typisch sind.

Naturalismus Stilrichtung im späten 19. Jh., die sich bewußt einer idealistischen Darstellungsweise entgegensetzte, indem sie die Wirklichkeit absolut naturgetreu abzubilden versuchte. Der Begriff N. ist in der bildenden Kunst im Gegensatz zur Literatur (Gerhart Hauptmann) nicht eindeutig vom → Realismus zu unterscheiden. So spricht man ebenso von einer naturalistischen Tendenz des → Impressionismus wie auch von der naturalistischen → Milieumalerei etwa bei Heinrich Zille und Käthe Kollwitz.

Nature morte Französischer Begriff für → Stilleben.

Naturpapier (Tonpapier) Seit Ende des 15. Jh.s gebräuchliches, in der Masse blau, grau und braun eingefärbtes Zeichenpapier.

Nautiluspokal Silberner Pokal der → Renaissance mit Fuß, bei dem eine große Nautilusmuschel aus dem Indischen Ozean als Schale dient. Die Muschel ist meist in Edelmetall ornamental verziert und trägt oft auch kleinplastischen Schmuck in Gestalt von Seetieren und Meeresgottheiten, z. B. den auf einem Delphin reitenden Neptun.

Navicella (ital. ›kleines Schiff‹) Die Darstellung eines Schiffes auf stürmischer See mit den Aposteln an Bord (Matthäus 14,22–23). In der mittelalterlichen Kunst ein Symbol für die Kirche als Zufluchtsstätte der Menschheit.

Nazarener Eine in Rom tätige, aus deutschen und österreichischen Malern bestehende Künstlergemeinschaft der → Romantik, deren idealistisches Ziel die Schaffung einer »neudeutsch-religiös-patriotischen Kunst« war. Sie ging aus dem 1809 in Wien von Johann Friedrich Overbeck, Franz Pforr u. a. nach dem Vorbild religiöser Bruderschaften gegründeten ›Lukasbund‹ hervor, der aus Protest gegen den überzüchteten, inhaltsleeren → Klassizismus der Wiener Akademie entstand. 1810 übersiedelten einige der Lukasbrüder – neben Overbeck und Pforr auch Vogel und Hottinger – in das abgelegene ehemalige Kloster S. Isidoro bei Rom, wo sich ihnen später zahlreiche Künstler anschlossen, u. a. Peter von

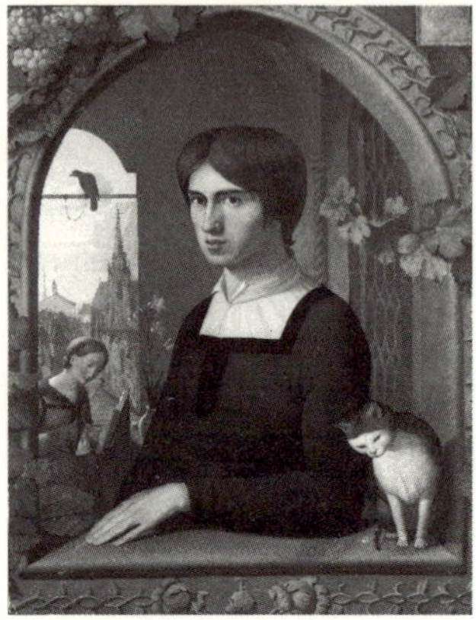

Nazarener: Overbecks *Bildnis Franz Pforr,* 1811, greift die Bildersprache des 15. Jh.s, der Werke Peruginos und Raffaels, auf: Der Porträtierte ist hinter einer Balustrade sitzend dargestellt.

Cornelius, Johann Gottfried Schadow, Carl Philipp Fohr, Ferdinand Olivier und Julius Schnorr von Carolsfeld. Die Verpflichtung zu einer strengen sittlich-religiösen Lebensführung, die die neuen Mitglieder eingehen mußten, verbunden meist mit dem Übertritt zum Katholizismus, trug den Künstlern die eigentlich spöttisch gemeinte Bezeichnung ›N.‹ ein, die sie dann selber übernahmen. Ihre Malerei, die von Italienern wie Perugino und dem frühen Raffael, aber auch von altdeutschen Meistern wie Albrecht Dürer inspiriert war, zeichnet sich vor allem durch feste Umrißzeichnung und klare Lokalfarbigkeit aus.

Nebenfluchtpunkte Zusätzliche Fluchtpunkte in der → Perspektive, die nicht auf der Horizontlinie liegen.

Nebenlichter In der Malerei jegliche Lichtquellen außer dem Sonnenlicht, wie Kerzenlicht, Mondschein.

Negoro (jap.) Eine nach dem Negorotempel in der Präfektur Kü, dem ersten Herstellungsort, benannte japanische → Lackart. Ein schwarzer → Grund wurde mit zinnoberrotem Lack bedeckt. Zuerst nutzte sich die rote Farbe zufällig beim Gebrauch ab und legte Flecke des schwarzen Grundes frei; dieser Effekt wurde jedoch schon bald von den Kunsthandwerkern bewußt herbeigeführt.

Nekropole (griech. ›Stadt der Toten‹) Antike Gräberstadt, besonders im alten Ägypten und bei den Etruskern.

Neobarock (Neubarock) Historisierende Stilrichtung in der Kunst der zweiten Hälfte des 19. Jh.s. Dabei spielte die Begeisterung für Pracht und Repräsentation eine wichtige Rolle in der Ablehnung des formstrengen → Klassizismus und für den Rückgriff auf nationale → barocke Gestaltungsprinzipien. In der Malerei führte der Stil des N.s zu einer dynamisch rauschhaften → Salonmalerei (Hans Makart), während die Plastik (Adalbert Begas) mehr von monumentalem Pathos bestimmt ist.

Neodada (Neodadaismus) Neodadaistische Aktivitäten in den 1950er Jahren haben ihre Grundlage im → Dadaismus, der die Kunst aus dem Elfenbeinturm einer kulinarischen Normierung befreien und in ein gesellschaftskritisches, lebensnahes und zeitbezogenes Problembewußtsein überführen sollte. Dabei ist die methodische Neuorientierung des N. im Anschluß an Psychologie und Soziologie sowie die interdisziplinäre Ausweitung in Richtung auf eine gezielte Ausnutzung moderner Technik und Medienforschung wesentliche Voraussetzung für die Konzentration künstlerischer Praxis auf das menschliche Bewußtsein und auf die Problematik eines fehlenden kommunikativen Sozialverhaltens innerhalb der modernen Gesellschaftsstruktur. Grundmaxime jeder dadaistischen Kunst bildet das Wissen, daß alles real und damit der Bewußtseinserhellung wert ist. Das Banale, das gewöhnlich Verbrauchte, wird ebenso relevant wie die vielfältigen Prozesse des Alltags. Mit der N.-Bewegung erlebte vor allem die → Aktionskunst in → Happening und → Fluxus eine wesentliche Neuorientierung und setzte wichtige Bedingungen für eine Annäherung zwischen Kunst und Lebenswirklichkeit. Gleichzeitig wurden die Grenzen der Kunstgattungen durch vielfältige Formen des Medienverbundes gesprengt; es bildeten sich neue Darstellungsformen wie → Combine Painting, → Objektkunst, → Environment, → Materialbild und → Akkumulation heraus, die den vorgefertigten Gegenstand der Konsumindustrie in das Kunstwerk integrierten (→ Neuer Realismus und → Nouveau Réalisme).

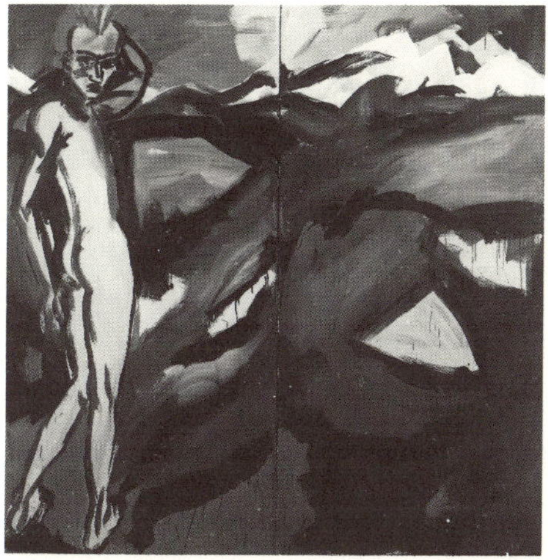

Neoexpressionismus: Rainer Fettings *Grüner Bergindianer,* 1982, zeigt Bezüge zur expressionistischen Malerei Ernst Ludwig Kirchners.

Neoexpressionismus Nicht ganz unproblematische Typisierung für eine expressive Richtung innerhalb der → Neuen Wilden, die den direkten Anschluß an den spontanen und zugleich pathetischen Ausdrucksgestus der → Expressionisten sucht. Die Kennzeichnung bezieht sich vor allem auf die heftige Malerei der Berliner Künstler Peter Chevalier, Rainer Fetting, Dieter Hacker, Karl Horst Hödicke, Bernd Koberling, Helmut Middendorf und Salomé (Wolfgang Cilarsz). Die Nähen zum Expressionismus sind motivisch in der Vorliebe für Großstadtsujets und individuelle Emotionen sowie malerisch in der spontanen Gestik gegeben. Gehaltlich ist jedoch ein wesentlicher Unterschied in der Tatsache nicht zu übersehen, daß die Berliner Heftigen von heute ihre Fluchtwelten nur als Traumrealitäten inszenieren und damit die Dimension der konkreten Utopie, die bei den Expressionisten als Weltverbesserungsmoment vorhanden war, radikal nivellieren. Eine neoexpressionistische Bewegung gibt es ab 1978 auch in Italien unter dem Stichwort → Transavanguardia, in Frankreich als Figuration libre und in den Vereinigten Staaten als ›Bad Painting‹ oder → New Image Painting bezeichnet.

Neogotik Ein Wiederaufleben → gotischer Architekturformen, das in größerem Rahmen in England und den Vereinigten Staaten von der Mitte des 18. bis zur Mitte des 19. Jh.s zu beobachten ist. In England wurde gotisches Formengut mit einer gewissen Verspieltheit, sogar mit der Intention des Spottes, wieder aufgenommen, so z. B. Horace Walpoles Villa in Strawberry Hill bei Twickenham, Middlesex, die er selbst als ›Spielzeughaus‹ bezeichnet. Vom frühen 19. Jh. an wurde der gotische Stil ernster genommen, schließlich wurden nicht nur wie bisher Kirchen, sondern alle Arten von öffentlichen und privaten Gebäuden in diesem Stil erbaut. In Deutschland wird die N. sogar zum ›nationalen Stil‹ aufgewertet, was u. a. zum Weiterbau des Kölner Doms (1842–80) und zu einer Fülle von kirchlichen Neubauten im gotischen Stil führt. In der Malerei finden sich gotische Elemente (vor allem als Bauten und Ruinen) bei Caspar David Friedrich, den → Nazarenern und Karl Friedrich Schinkel, in der Buchkunst bei dem Engländer William Morris.

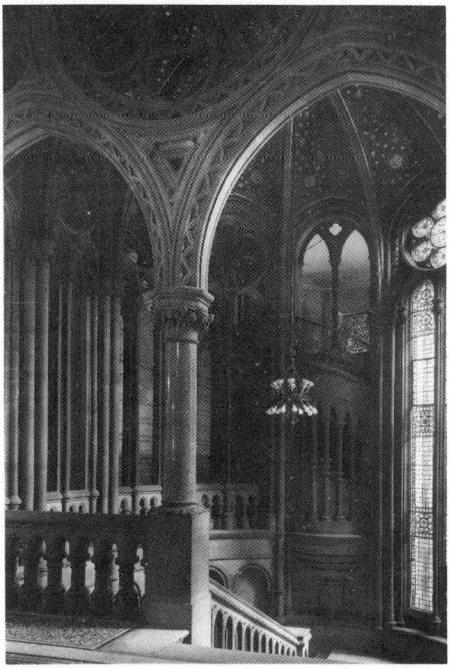

Neogotik: Treppenaufgang im Rathaus von Manchester, 1867–1877, von Alfred Waterhouse. Die Details, z. B. die Blattkapitelle, sind stilgetreu, die Gesamtanlage des Baus entspricht jedoch dem 19. Jh.

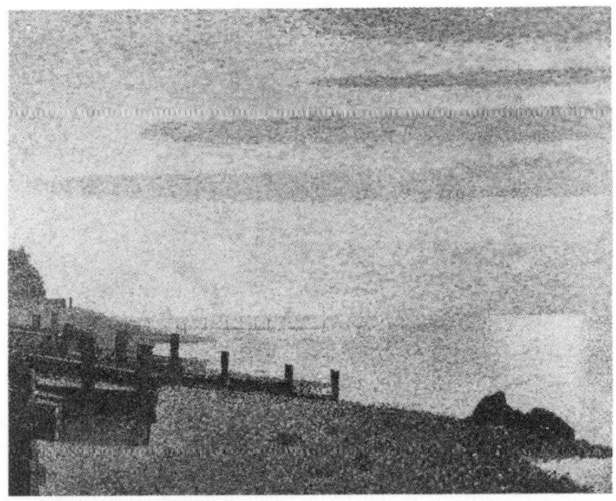

Neoimpressionismus: Georges Seurats *Die Seinemündung bei Honfleur am Abend,* 1886, zeigt die systematische Anwendung divisionistischer Technik.

Neoimpressionismus Zunächst französische Strömung der Malerei zu Ende des 19. Jh.s, die sich 1884 mit der Gründung der ›Société des artistes indépendants‹ durch Georges Seurat als Stilrichtung konstituierte. Das vom → Impressionismus angewandte Verfahren, reine Farben in kurzen Pinselstrichen nebeneinander aufzutragen, um den beabsichtigten frischen Farbton atmosphärischer Situationen erst durch optische Mischung im Auge des Betrachters zu erzielen, wurde durch Seurat zum methodischen Prinzip erhoben. Gestützt auf wissenschaftliche Erkenntnisse der Farbtheorie, benutzte Seurat für seine Bilder gleichgroße, dicht nebeneinander geordnete Punkte ungebrochener Farben, eine Methode, die die Bezeichnung → Pointilismus erhielt. Seurat selbst nannte sein Verfahren der rasterartigen Farbzerlegung → Divisionismus oder Chromo-Luminarismus. Dem N. schlossen sich in rascher Folge Paul Signac und aus den Reihen der Impressionisten Camille Pissarro, Charles Angrand, Henri-Edmond Cross und Dubois-Pillet an, die mit dem ›wissenschaftlichen Impressionismus‹ Seurats den romantischen Impressionismus im Stile Monets überwinden wollten. Über die Gruppe Les → Vingt wurde der N. sehr schnell in Belgien und Holland verbreitet, wo auch Vincent van Gogh durch den N. 1887 die entscheidende Aufhellung seiner Palette erfuhr.

Neoklassizismus Stilrichtung in Literatur, Musik (angeregt von Jean Cocteau, vertreten u. a. von Eric Satie und Igor Strawinsky), Malerei (Peintres néo-Ingresque) und Bildhauerei (vor allem) Frankreichs zwischen dem Ersten und Zweiten Weltkrieg. Der N. sah sich als legitime Weiterentwicklung künstlerischer Vorstellungen des 18. und 19. Jh.s und versuchte – als offizielle, repräsentative Kunst vom staatstragenden Großbürgertum gefördert –, sich gegen die Bestrebungen der Moderne zu behaupten. Charakteristisches Merkmal des N. sind allegorische Themen (klassisch-heroische Akte in freier Natur oder Phantasie-Architekturen, häufig in Verbindung mit Tieren wie Rössern, Windhunden, Tauben oder Wildkatzen) und ein geometrisch durchgearbeiteter, reduzierter Formenkanon, der in den bedeutenden Werken zu einer gewissen dynamischen Dramatik gelangt, wenngleich kompositorische Monumentalität und dekorative Eleganz vorherrschen. Der französische N. wurde zum Leitbild des gesamten internationalen Kunsthandwerks in den 1920er und 1930er Jahren. Der N. hatte auch großen Einfluß auf das Kunstgewerbe im faschistischen Italien und nationalsozialistischen Deutschland.

Neolithische Kunst Kunst der jungsteinzeitlichen Vorgeschichte (ab 300 v. Chr.), die auf die Mittelsteinzeit (d. h. auf die letzte Periode des → Paläolithikums) folgt und von der → Bronzezeit abgelöst wird. Im Neolithikum vollzieht sich in der europäischen Kulturentwicklung der Übergang vom nomadischen Jägertum zur seßhaften Dorfkultur. Gleichzeitig bildet sich die urindogermanische Bevölkerung aus. Diese prähistorische Periode dauert im ägäischen Raum bis etwa 2100 v. Chr., in Mitteleuropa bis 200 v. Chr. und in Nordeuropa bis 1800 v. Chr.

Neoplastizismus (frz. néo-plasticisme, von holländ. nieuwe heelding ›neue Formgebung‹) Von Piet Mondrian dargelegte Kunsttheorie, die seine Malerei und die seiner Schüler (darunter Theo van Doesburg) in den Jahren 1912 bis 1920 beeinflußte. Ihr Grundsatz war, daß Kunst vollständig → abstrakt zu sein habe, daß nur rechte Winkel in horizontalen und vertikalen Positionen benutzt werden durften und daß die Farben einfache → Primärfarben zu sein hatten, ergänzt durch Weiß, Schwarz und Grau (→ Stijl, de).

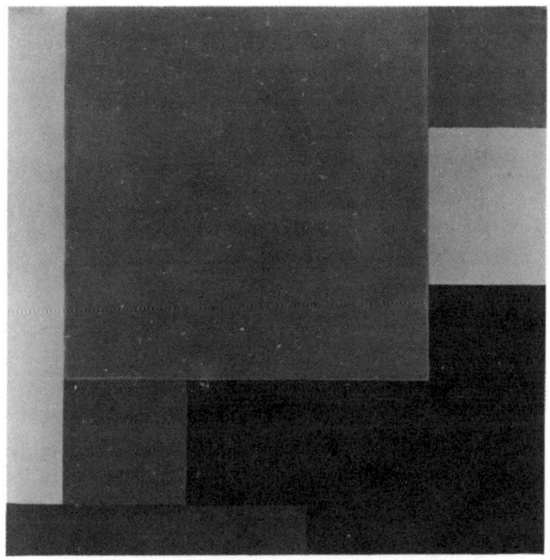

Neoplastizismus: Theo an Doesburgs *Komposition*, 1920, zeigt die charakteristische Betonung horizontaler und vertikaler Linien.

Neorenaissance Historisierende Stilrichtung in Architektur und → Kunstgewerbe des 19. Jh.s, die nach dem → Neorokoko auf Gestaltungsformen der → Renaissance zurückgreift, wobei der in Dresden arbeitende Baumeister Gottfried Semper zum bedeutendsten Vertreter der N. in Deutschland wurde (Gemäldegalerie Dresden).

Neorokoko (Zweites Rokoko) Im Bereich der Innendekoration, des → Kunstgewerbes und der Mode Rückgriff auf das → Rokoko in der Zeit von 1830–1869, vor allem in Frankreich (als restaurative Bewegung, die nach der Revolution von 1830 die Kunst der Zeit Ludwigs XIV. neu aufleben ließ) und im Wien Metternichs: Typischstes Beispiel für den Stil des N. ist die Innenausstattung des Palais Liechtenstein in Wien (1842–1847). Nach der Weltausstellung von 1851 in London verlor das N. rasch an Beliebtheit zugunsten der → Neorenaissance.

Neoromanik (Neuromanik) Historisierende Richtung der Kunst, vor allem der Architektur im 19. Jh., besonders in jenen Ländern verbreitet, die auf eine eigene → romanische Architektur zurückgreifen konnten. Wie → Neobarock und → Neogotik entsprang die N. einem wachsenden nationalen Bewußtsein, das durch eine gleichzeitige → romantische Geschichtsbegeisterung gefördert wurde.

Neschi Älteste bekannte arabische Kursivschrift, die in der Frühzeit des → Islam gleichzeitig mit der → kufischen Schrift verwendet wurde, und zwar zumeist für arabische Texte. Im 10. Jh. benutzte man sie immer häufiger,

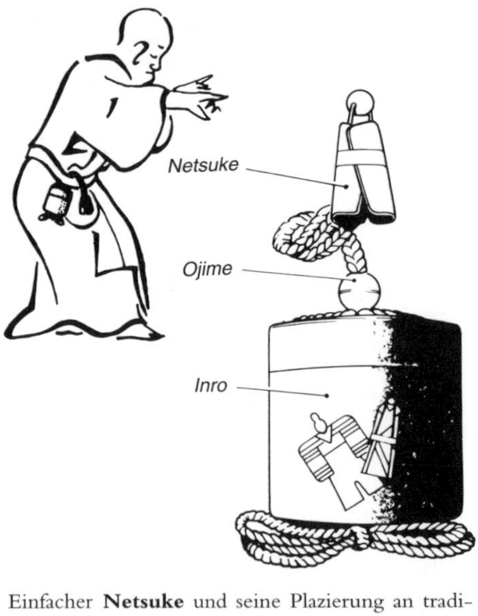

Einfacher **Netsuke** und seine Plazierung an traditioneller japanischer Kleidung.

bis sie schließlich die kufische verdrängte. Aus ihr entwickelten sich weitere Kursivschriften, so persische und türkische und die heute gebräuchliche arabische Schrift.

Netsuke (jap.) Ein japanischer Knebelknopf in Form einer Miniaturskulptur am oberen Ende der Seidenkordel, mit der ein Beutel für Medizin (→ Inro) an der Schärpe des Kimono befestigt wurde. Er ist aus Elfenbein oder anderen Materialien wie Holz oder Horn gefertigt und zeigt eine ungeheure Vielfalt an Motiven einschließlich Tieren und Illustrationen japanischer Volksmärchen.

Netzgewölbe siehe Gewölbe

Netzrahmen Rahmen mit Fadennetz, der dem Künstler als Hilfsmittel bei der Wiedergabe perspektischer Verkürzungen in der → Bildnis- und → Landschaftsmalerei dient. Durch den senkrecht aufgestellten Rahmen wird das Sujet betrachtet, dessen wesentliche Blickpunkte und Hauptlinien dann auf dem mit dem gleichen Gitterwerk versehenen Zeichenblatt eingetragen werden können.

Neuattischer Stil Die dekorative späthellenistische Bildhauerei des 1. Jh.s v. Chr., die → archaische griechische Motive in einer steifen und leicht → manieristischen Art kopierte.

Neue Künstlervereinigung München Aus dem Ideenkreis Wassily Kandinskys, seines Freundes Alexej Jawlensky und seiner Schülerin Gabriele Münter hervorgegangene, 1909 gegründete Vereinigung, die aber bald mit den künstlerischen Vorstellungen ihrer Gründer nicht mehr Schritt halten konnte und daher Kandinskys neuem Weg der Abstraktion eine auf Münchner → Jugendstil-Ästhetik und expressivem → Fauvismus beruhende Kunstkonzeption entgegensetzte. Diese Auseinandersetzungen führten 1911 zur Sezession des → Blauen Reiters. Zu den Gründungsmitgliedern der N. K. M. gehörten u. a. auch Adolf Erbslöh, Alexander Kanoldt und Alfred Kubin.

Neue Sachlichkeit Ein 1923 vom Direktor der Mannheimer Kunsthalle, Georg Friedrich

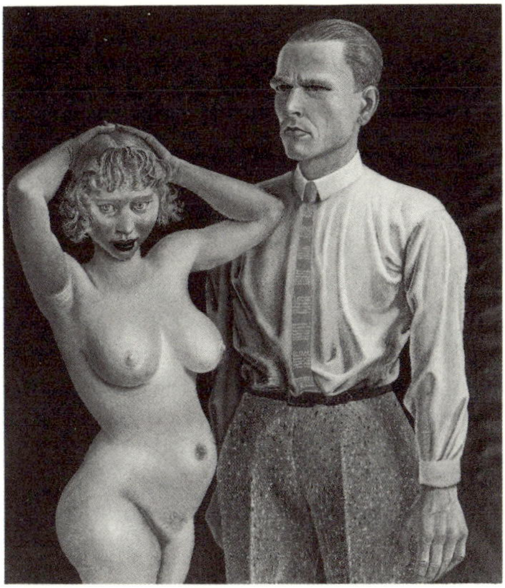

Neue Sachlichkeit: *Selbstbildnis mit nacktem Modell,* 1923, von Otto Dix.

Hartlaub, geprägter Begriff. Er sprach von »Resignation und Zynismus nach einer Periode überschwenglicher Hoffnungen«. Dieser deutsche Malstil formierte sich um 1918 als Nachkriegsreaktion auf die Abstraktion von → Kubismus und → Futurismus sowie auf den pathetischen Emotionalismus der → Expressionisten (vor allem in Berlin und Dresden) mit den Künstlern Otto Dix, Carl Grossberg, George Grosz, Karl Hubbuch, Anton Räderscheidt, Christian Schad und Rudolf Schlichter. Diese realistische Tendenz suchte wieder nach der »Eigengesetzlichkeit der Dingwelt« in ihrer Umgebung und bemühte sich mit dem Verzicht auf sinnliche Dynamik um Objektivität. Die N. S. wurde auch mit der Kennzeichnung → Magischer Realismus belegt, wobei sich ›magisch‹ auf die ambivalente Darstellungsmethodik dieser Stilrichtung bezieht, die trotz distanziert scharfer Konturierung und emotionsferner Abbildung der Realität eine engagierte Perspektivik des Künstlers erkennen läßt. Diese besondere Perspektivik äußert sich in der unbestechlichen Blickschärfe, die die Mehrschichtigkeit der Wirklichkeit hinter ihrer Oberflächenfassade freilegt und die Diskrepanz zwischen zivilisationsunberührter Natur und morbider Großstadtbürgerlichkeit bildlich greifbar macht. In der ätzend-satirischen Kritik einiger dieser Realisten erscheint die technisierte Umwelt in anonymen Straßenfluchten und trostlosen Elendshinterhöfen als menschenfeindlicher Vegetierraum. Aus alltagsnahen Großstadtszenen spricht die Angst, die Leere, die Verlassenheit des Menschen inmitten der Industrielandschaften und Häusermeere. Die karikaturhafte Zeichnung wird daher zum adäquaten Ausdrucksmittel einer sozial engagierten Bildsprache, die Menschenliebe und bittere Aggressivität in sich vereint. Bei aller überscharfen Realistik besitzen die Bilder der N. S. eine reduzierte Figürlichkeit und einen straff durchorganisiserten, fast geometrischen Bildorganismus.

Neuen Wilden, Die Sammelbezeichnung für die durch starke Farbigkeit und sehr persönliche Bildchiffren gekennzeichnete westdeutsche → neoexpressionistische Malerei seit 1978, die – vor allem in der Berliner Szene – bewußt auch auf den französischen → Fauvismus und deutschen → Expressionismus Bezug nimmt. Vorbilder sind auch Georg Baselitz, Markus Lüpertz, Karl Horst Hödicke und Anselm Kiefer, die schon in den 1960er Jahren jeweils sehr individualistisch eine neoexpressionistische Malerei in der Abgrenzung zu den seinerzeit vorherrschenden Kunstströmungen → Konzeptueller Kunst praktizierten. Neben emotionsbetonten Ausdrucksgebärden und grell bewegter Farbigkeit ist für die frühe Zeit der N. W. eine enge Bindung an die subkulturelle Musik der New Wave sowie ein kollektives Arbeiten an sog. Gemeinschaftsbildern stimulierend. Dieses gemeinschaftliche Malen ist nicht der Versuch einer neuen sozialen Künstlerkommunikation gewesen, sondern Ausdruck einer außenseiterhaften Cliquenszenerie, in der sich gemeinsame Träume und Wünsche theatralisch beschwören lassen. Derartige Gruppenbildungen vollzogen sich in Westberlin um die Galerie am Moritzplatz (u. a. mit Rainer Fetting, Salomé, Helmut Middendorf, Elvira Bach) und in Köln mit der Gruppe ›Mülheimer Freiheit‹, zu der sich u. a. Walter Dahn, Jiří Georg Dokoupil, Peter Bömmels und Peter Adamski als Ateliergemeinschaft zusammenfanden. Typisch für die gesamte Szene der N. W. war in der ersten Hälfte der 1980er Jahre ein freier Umgang mit beliebigen Motiv- und Stilzitaten aus der Kunstgeschichte, ein Hang zum Bilderwitz, zur subkulturellen Parodie und zu nonsenshaften Spielereien mit Alltag, Politik, Sprache und Kunst (Albert und Markus Oehlen, Martin Kippenberger, Werner Büttner).

Neuer Realismus Stilrichtung zu Ende der 1950er und zu Anfang der 1960er Jahre, die die progressive Bewegung in Europa und Amerika gegen die Vorherrschaft des → Informel zusammenfaßte und zugleich eine Erneuerung der → Dada-Ideen anstrebte. In Europa wurde der N. R. programmatisch mit der Bildung des → Nouveau Réalisme durch den Kunstkritiker Pierre Restany begründet, während sich in Amerika ähnliche Ziele ohne festen Gruppenzusammenschluß bei dem → Happening-Künstler und -Theoretiker Allan Kaprow sowie bei Robert Rauschenberg und Jasper Johns herauskristallisierten. Diese amerikanischen Opponenten gegen das → Action Painting nannten sich ›New Realists‹, bis ihnen das Etikett ›Pop Artists‹ gegeben wurde. Das die Künstler des N.n R. Verbindende war weniger ein einheitlicher Stil als eine neue Einstellung zur Wirklichkeit, die sich im Interesse für die banale Dingwelt der Konsumgesellschaft und im Bemühen um eine Identifikation von Kunst und Leben in Gestalt der → Aktionskunst, der → Assemblage, des → Combine Painting, der → Akkumulation und der → Objektkunst konkretisierte.

Neusilber (auch Nickelsilber, German Silver) Eine Legierung, die Kupfer, Zink und Nickel etwa im Verhältnis 2:1:1 enthält und Silber ähnlich sieht. Das Verfahren zu ihrer Herstellung stammt ursprünglich aus China, war jedoch seit dem späten 18. Jh. auch in Europa bekannt. Die Fertigung von Gegenständen aus N. begann in großem Stil in Berlin und Wien um 1825, in England erst in den 1840er Jahren.

New Bauhaus Neugründung des → Bauhauses von László Moholy-Nagy 1937 in Chicago.

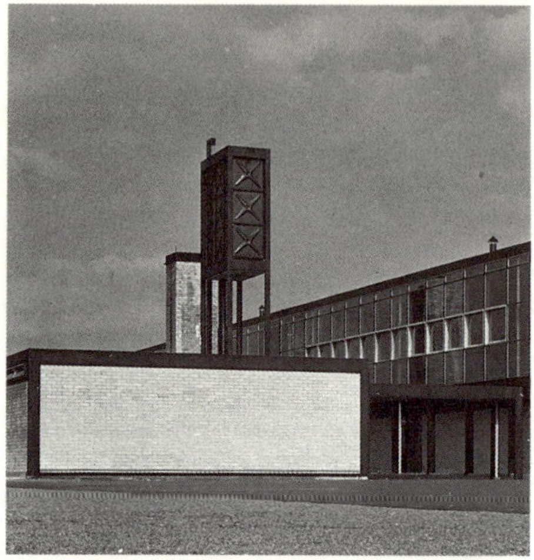

New Brutalism: Die 1949–1954 nach einem Entwurf von Peter und Alison Smithson erbaute, weiterführende Schule in Hunstanton, Norfolk. Bemerkenswert ist der deutlich zur Schau gestellte Wasserturm.

New Brutalism (engl. ›Neuer Brutalismus‹) Eine englische Architekturrichtung der 1950er Jahre, die sich der Verwässerung des Modernismus widersetzte und den direkten Ausdruck von Funktion und Dienstleistung propagierte, ebenso den direkten Einsatz von Materialien wie Beton. Die führenden Persönlichkeiten der Bewegung waren die Architekten Alison und Peter Smithson und der Architekturhistoriker Rayner Banham.

New Image Painting Bezeichnung für die ab 1978 auch in den Vereinigten Staaten einsetzende expressive malerische Gegenbewegung zur → Konzeptuellen Kunst, die in Europa ihre Parallelen in der heftigen Malerei der deutschen → Neuen Wilden und der italienischen → Transavanguardia Vertreter hat. Wie auch in der neoexpressiven Malerei Europas ist für das N. I. P. eine betonte Sinnlichkeit und Innerlichkeit mit symbolischen und parallelsetzenden Bildbezügen sowie ein Nebeneinander verschiedener Stil- und Motivzitierungen typisch. Als Hauptvertreter gelten David Salle und Julian Schnabel, die wesentliche Einflüsse von Francis Picabia (Nebeneinander diverser Stilzitate) und von Sigmar Polke (Miteinander von Malerei, Fotografie und Fotoübermalung) aufweisen.

New York School Die innovative abstrakte Malerei mit New York als Brennpunkt, die sich in den 1940er Jahren auszubilden begann. Sie schließt den → Abstrakten Expressionismus, aber auch die Arbeiten von nur lose mit dieser Richtung verbundenen Künstlern ein. Zu ihren Hauptvertretern zählen Jackson Pollock, Mark Rothko und Adolph Gottlieb.

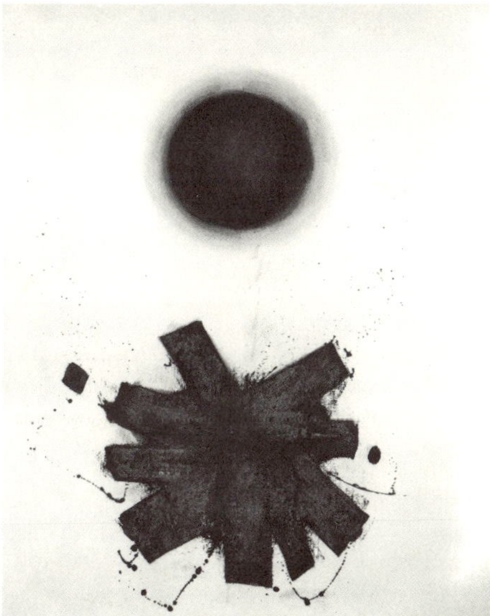

New York School: Adolph Gottliebs *Rot und Blau,* Nr. 2, 1966, zeigt die typische Verbindung ikonischer und symbolischer Elemente; das Bild läßt sich als Sonne, die einen Planeten bescheint, interpretieren.

nichtgegenständlich (besonders in bezug auf moderne Kunst) Keine Darstellung erkennbarer Figuren oder Objekte enthaltend, d. h. das Gegenteil von figurativer oder gegenständlicher Kunst.

Niello (ital., von lat. nigellus ›schwärzlich‹) Eine Technik der Verzierung von Gold (und gelegentlich Silber) mit schwarzer → Einlegearbeit. Zuerst wird die Zeichnung in das Metall graviert, die Rillen werden dann mit einer pulverisierten Legierung aus Kupfer, Silber, Blei und Schwefel, unter Zugabe von Flußmittel, gefüllt. Der gesamte Gegenstand wird dann bis zum Schmelzpunkt der Legierung (der niedriger ist als der des Goldes) erhitzt, so daß diese flüssig wird und mit den Rillen der Zeichnung verschmilzt. Anschließend wird der Gegenstand poliert.

Nihon-ga (jap. ›japanische Malerei‹) Malerei im → japanischen Stil.

Nimbus (lat. ›Wolke‹) Die Scheibe oder der Strahlenkranz, gewöhnlich aus Gold, mit dem der Kopf einer Heiligenfigur hinterlegt wird, um sie von den gewöhnlichen Personen abzuheben (→ Aureole, → Heiligenschein, → Mandorla).

Nishike-e (jap. ›Brokat-Bild‹) Ein aufwendiger japanischer → Druck in vielen Farben.

Nok Der N.-Kultur im Zentralgebiet Nordnigerias entstammen die ältesten Zeugnisse afrikanischer Skulptur südlich der Sahara und überdies die ersten Zeugnisse einer Eisenverarbeitung, die in der Zeit zwischen 900 v. Chr. und 200 n. Chr. entstanden. Die dort gefundenen Terrakottaköpfe, Statuetten und Fragmente monumentaler Figuren repräsentieren vermutlich eine Tradition, die ihren Höhepunkt in den Skulpturen von → Ife hatte.

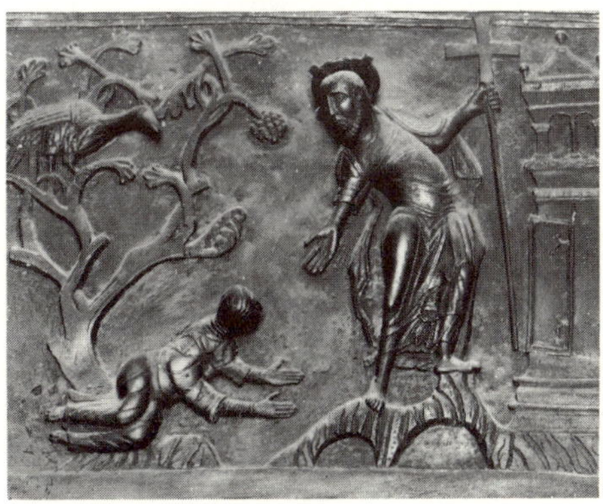

Romanisches **Noli me tangere** auf einem Bronzeportal des Doms zu Hildesheim, um 1020.

Noli me tangere (lat. ›Rühr mich nicht an‹) Eine Darstellung nach Joh. 20,17, auf der der auferstandene Christus Maria Magdalena erscheint und zurückweicht, als diese ihn zu berühren versucht.

Normannischer Stil Die englische Variante der → Romanik, die zwar mit der normannischen Eroberung 1066 assoziiert wird, jedoch ebenso aus Burgund und dem Rheinland übernommene charakteristische Züge aufweist wie auch solche, die aus der Normandie selbst stammen. Zu seinen auffälligsten Eigenarten gehören Rundbögen und eine Überfülle an gehauener Ornamentik, in der die → Gotik vorbereitet wird. Der n. S. behielt seine Vitalität bis fast zum Ende des 12. Jh.s.

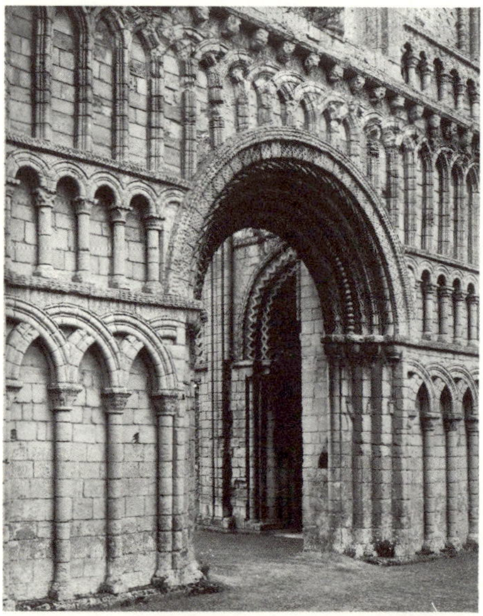

Normannischer Stil: Dieses Detail aus der Westfassade der Abtei Castle Acre, Norfolk (um 1150), zeigt die typischen Rundbogen sowie eine Vielzahl gemeißelter Ornamente, einschließlich Zickzack-Friese.

Norwich School Eine auf die Landschaft East Anglias spezialisierte Schule englischer Maler, die 1803 in Norwich gegründet wurde und ab 1805 als Ausstellungsgesellschaft fungierte. Ihre zwei wichtigsten Mitglieder waren

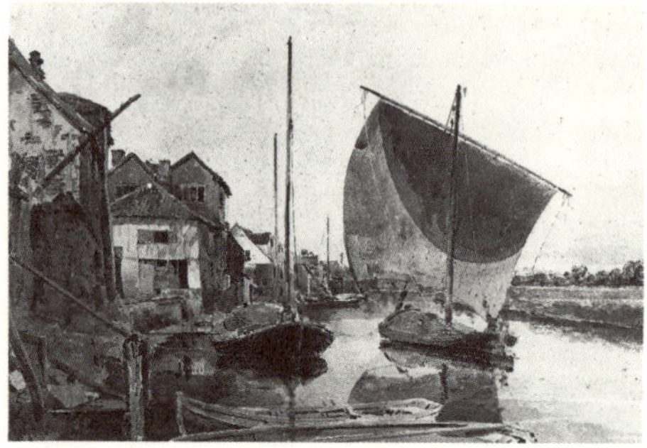

John Crome (1768–1821), *Häuser und Kähne auf dem Wensome, Norwich,* nicht datiert; das Bild zeigt die Konzentration der **Norwich School** auf lokale Themen.

John Crome und John Sell Cotman. In ihrer Malerei ließen sich die Künstler der N. S. von der niederländischen Kunst sowie von der Schönheit der ostenglischen Landschaft anregen.

Nouveau Réalisme (frz. ›Neuer Realismus‹) Ein von dem französischen Kunstkritiker Pierre Restany in einem 1960 publizierten Manifest geprägter Begriff, mit dem er eine Gruppe französischer Künstler charakterisierte, u. a. Jean Tinguely, Yves Klein und Arman, die die freie Abstraktion der damaligen Zeit ablehnten und statt dessen existierende Objekte, besonders vorgefundenes Material (→ Objets trouvés) aus der städtischen Umgebung benutzten, um ironische Kommentare auf die zeitgenössische Gesellschaft abzugeben. In vieler Hinsicht ist er eine Parallelbewegung zu → Neodada im übrigen Europa sowie zur englischen und amerikanischen → Pop Art.

Novecento 1. (ital. ›neunhundert‹) Italienischer Begriff für das 20. Jh. Siehe auch Duecento. 2. 1922 entstand in Italien als Reaktion auf den fortschrittsoptimistischen Geist des → Futurismus mit dem N. eine Gegenbewegung, die die Rückkehr zur Tradition vertrat. Das Programm der N.-Künstler (vor allem Mario Sironi, Carlo Carrà und Massimo Campigli) war ausschließlich von der Antiposition zum Intellektualismus der modernen Richtungen (Futurismus, → Kubismus) geprägt und wollte die nationalen Werte und bildnerischen

Grundlagen der klassischen italienischen Kunst wieder zur Geltung bringen. Die Bewegung des N. wurde vom Faschismus gefördert.

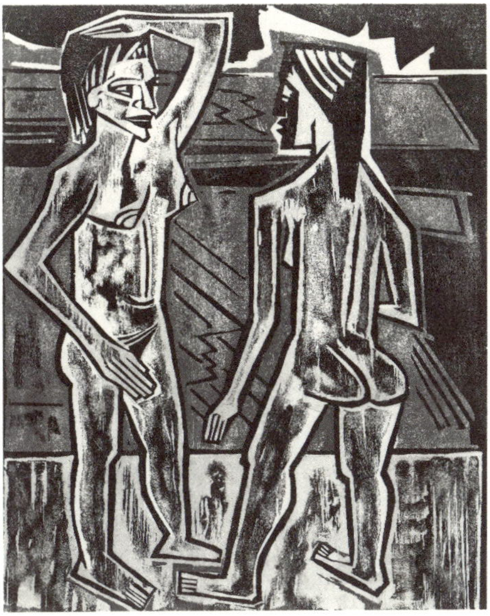

Novembergruppe: Max Pechstein, *Zwiesprache,* 1920. Dieser kraftvolle Holzschnitt zeigt deutlich expressionistische Züge.

Novembergruppe Die Gruppe wurde Ende 1918 in Berlin von den Malern Max Pechstein, Cesar Klein, Georg Tappert, Heinrich Richter und Moritz Melzer gegründet mit dem Ziel, die Kunst eng mit der sich in Deutschland vollziehenden sozialen Revolution zu verbinden. Die N. verstand sich nicht nur als ein Ausstellungsverband, sondern als eine Vereinigung gleichgesinnter ›radikaler‹ bildender Künstler (→ Expressionisten, → Kubisten, → Futuristen), die Einfluß nehmen wollte auf alle öffentlichen Angelegenheiten der Kunst (Baukunst, Städtebau, Denkmalpflege, Neugestaltung des Unterrichts an den Akademien, Umwandlung der Museen, Ausstellungswesen usw.). Vor allem strebte man jedoch nach einer »engen Vermischung von Volk und Kunst«. Das anfängliche politische Engagement schwächte sich nach dem Austritt Pechsteins 1920 etwas ab. Die meisten der führenden Künstler in Deutschland (Willi Baumeister, Rudolf Belling, Otto Dix, George Grosz, Kurt Schwitters u. a.) beteiligten sich an den Ausstellungen der N.; einen festen Bestandteil bildeten vor allem die → Bauhausmeister (Lyonel Feininger, Johannes Itten, Wassily Kandinsky, Paul Klee, László Moholy-Nagy, Georg Muche usw.). Nach der Auflösung des ›Arbeitsrats für Kunst‹ (1921) schlossen sich auch die Bauhaus-Architekten der N. an, allen voran Ludwig Mies van der Rohe.

Nul Niederländische Künstlergruppe, die 1960 aus der ›Nederlandse informele groep‹ (gegründet 1958) hervorging. Mitglieder waren Armando, Henk Peeters und Jan Schoonhoven. Die Gruppe verfolgte ähnliche puristische Ziele in der Malerei wie in Deutschland die Gruppe → Zero, mit der sie in engem Kontakt stand.

Numismatik (Münzkunde) Wissenschaft von den Münzen, die vor allem für die klassische Archäologie von großer Bedeutung ist, da sie Kenntnisse von verlorengegangenen Götterbildern und Bauwerken vermitteln kann. Vielfach dienen Münzen der Identifizie-

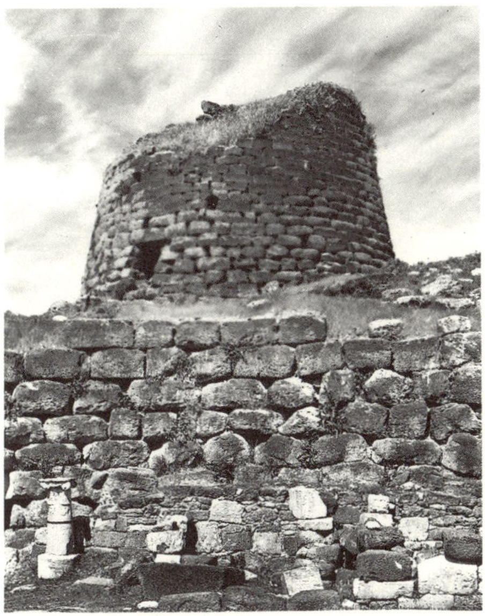

Detail eines **Nuraghe** mit Zyklopenmauerwerk.

rung → römischer Kopien nach → griechischen Originalen.

Nuraghe (pl. Nuraghi) Ein prähistorischer sardischer Turm von üblicherweise konischer oder dreieckiger Form mit geböschten Mauern aus Zyklopenmauerwerk (→ Mauerwerk). Diese Bauten datieren aus der Zeit von 1800 v. Chr. bis zur Eroberung Sardiniens durch die Römer im Jahre 238 v. Chr (Abb. S. 201).

Nymphenburger Porzellan Porzellanware der 1754 vom Kurfürsten Max Josef II. von Bayern in Neudeck gegründeten und dann 1758 nach Nymphenburg verlegten Manufaktur. Mit Franz Anton Bustelli hatte die Manufaktur einen der bedeutendsten Modellmeister seiner Zeit unter Vertrag, dessen → Rokoko-Figurengruppen von ähnlicher Qualität sind wie die Plastiken des → Meißner Künstlers Johann Joachim Kändler.

O

Obelisk Hoher, sich verjüngender, vierkantiger Pfeiler aus einem Stein, der in einer pyramidenartigen Spitze ausläuft. O.en werden besonders mit dem Alten Ägyten in Verbindung gebracht, wo sie als Denkmäler fungierten.

Obergaden siehe Gaden

Objektkunst Die Anfänge der O. fallen mit der Umbruchsituation der bildenden Kunst zu Beginn des 20. Jh.s zusammen, als die Kubisten eine neue, antiillusionistische Bildstruktur forderten und bedruckte Papier- und Tapetenteile in ihre Bilder einklebten (→ Papier collé). Diese Klebebilder setzen mit dem Gestaltungsprinzip der Materialmontage die Grundlage einer Kunstrichtung, die im Verlauf der Entwicklung nach dem → Kubismus eine vielfältige Differenzierung erfährt und dadurch zugleich Aufschluß über die Stilgeschichte der modernen Kunst geben kann. Die Geschichte der O. umfaßt eine vielfältige Ausdrucksskala, die von der skurrilen und absurd-poetischen Materialmontage des → Dadaismus (Schwitters) über die Materialhappenings und → Akkumulationen der → Neuen Realisten, über → Environments und die → Assemblagen der → Pop Art bis zu den jüngsten Stilrichtungen der → Rauminstallationen reicht. Die → surrealistische O. erhebt die Gegenstände (→ Objets trouvés) durch Verhüllung ins Magisch-Rituale oder transformiert sie zu Sprachorganen sadomasochistischer Vision und grotesker, geistreicher Widersprüchlichkeit. In Duchamps → Ready-mades (ab 1913) besitzt die O. ihren wesentlichen Reflexionsmittelpunkt, da hier der Unterschied zwischen Kunst- und Gebrauchsgegenstand in Frage gestellt wird, indem Duchamp ein industriell vorgefertigtes Produkt (z. B. ein Urinoir) durch museale Ausstellung zum Kunstobjekt erklärt (*Fontäne,* 1917).

Objet trouvé (frz. ›vorgefundenes Objekt‹) Ein vom Künstler im Alltag vorgefundener Gegenstand, den er entweder ohne jegliche Veränderung oder mit nur minimalen Veränderungen als ein Kunstwerk oder als Teil eines Kunstwerks präsentiert (→ Collage, → Ready-made).

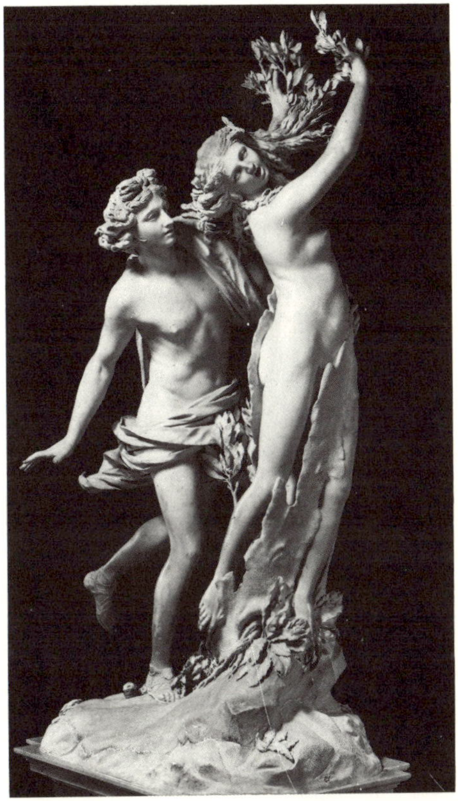

Offene Form: Gian Lorenzo Bernini stellt in *Apollo und Daphne,* 1622/24, sein ganzes Können unter Beweis. Die vielen vorspringenden Partien scheinen eher auf die Malerei als auf die klassische Bildhauerei zu verweisen.

Ochsenauge (Œil-de-bœuf) Im → Barock häufige runde oder ovale → Fensterform.

Oculus (lat. ›Auge‹) Kreisrundes Oberlicht im Scheitel einer → Kuppel.

Odaliske (von türk. odalik) Eine Sklavin in einem orientalischen Harem, als Motiv von Malern des 19. und 20. Jh.s (z. B. Ingres, Eu-

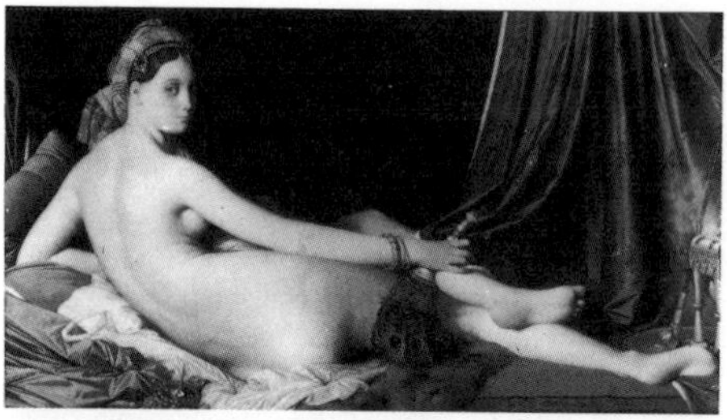

Odaliske, 1814, von Jean Auguste Dominique Ingres. Die manieristisch verlängerte Figur steigert die erotische Ausstrahlung.

gène Delacroix und Henri Matisse) übernommen als konventioneller Typ des sinnlich-verlockenden weiblichen Aktes oder Halbaktes, häufig mit einem Beiwerk an orientalischer Ausstattung.

Odeion (Odeon, Odeum) Gebäude, das in der → griechischen und → römischen Antike musikalischen oder musischen Vorführungen diente.

Œuvre-Katalog Werkverzeichnis. Die vollständige Auflistung aller Arbeiten eines Künstlers.

Offene Form Eine Skulptur, die teilweise deutlich in den sie umgebenden Raum vorspringt (Abb. S. 203).

Offsetdruck Anfang des 20. Jh.s erfundenes maschinelles Flachdruckverfahren. Hierbei wird eine Druckplatte, die das *seitenrichtige* Bild enthält, auf einen Plattenzylinder aufgespannt. Während des Druckvorgangs wird das Druckbild zunächst *seitenverkehrt* auf einen Gummituchzylinder übertragen. Von dort wird das Bild wieder *seitenrichtig* auf das Papier »abgelegt« (engl.: to set off).

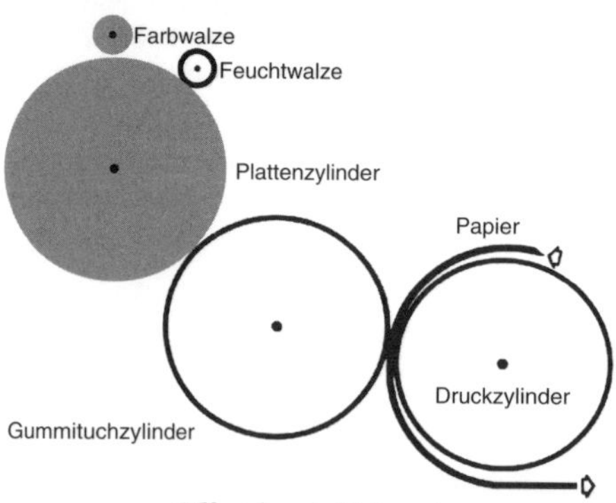

Offsetdruck (Schema)

off-stretcher (engl.) Üblicherweise abstrakte Malerei auf ungespannter Leinwand oder Stoff von häufig unregelmäßiger Form. Diese Art Kunstwerke tauchten in den 1970er Jahren sowohl in Europa als auch in Amerika auf.

Ogive Diagonale Gratrippe, später besonders in Frankreich allgemein für → Spitzbogen.

Ohrmuschelstil siehe Knorpelwerk

Oinochoe (griech.) Weinkrug mit vertikalem Schlaufenhenkel und häufig einer Kleeblattlippe in der → griechischen Antike (→ geometrischer Stil, → Vasenformen, griechische).

Ojime (jap.) Eine kleine Perle, normalerweise aus Metall oder Halbedelstein, zum Festziehen der Kordel, mit der der → Netsuke an den → Inro gebunden ist.

Oktogon Ein Bauwerk mit achteckigem Grundriß.

Öl, Ölfarbe Mit Ö. ist in der → Malerei gewöhnlich trocknendes Ö. gemeint, in dem die (nicht löslichen) → Pigmente oder Farbkörper gebunden sind. Am gebräuchlichsten ist *Leinsamenöl*, aber es kommen auch *Mohn-* und *Nußöl* vor. Ö.e trocknen auf natürliche Weise durch Oxidation, nicht durch Verdunstung und bilden dann eine dicke, lederartige Fläche. Man kann sie auch mit hellen, nicht sehr gilbenden → Harzen oder mit Balsam mischen. Andere Beimischungen, wie das langsam trocknende *Nelkenöl*, dunkeln rasch nach, Trockenmittel führen zu Rißbildung und zum Vergilben. Zusätze aus eingedicktem oder → gekochtem Ö. verleihen der Farbe ein emailartiges Aussehen (*Olivenöl* trocknet nie, wird aber zuweilen Industriefarben beigemischt, damit sie in der Tube weich bleiben).

Oleographie Ein fotografisch hergestelltes Bild, das als → Lithographie auf eine strukturierte Fläche gedruckt wurde und so ein Ölgemälde nachahmen soll.

Olla (lat.) Ein Kochtopf mit großer Öffnung.

Olpe (griech. ›Lederkrug‹) Ein Krug ohne Ausguß, jedoch mit einer geraden Lippe (→ Vasenformen, griechische).

Omega Workshops (Omega Werkstätten) Werkstätten für dekorative Kunst, die von dem Maler/Kritiker Roger Fry 1913 in London gegründet wurden. Er wollte die Arbeit junger englischer Künstler der Zeit wie Duncan Grant, Vanessa Bell und Wyndham Lewis sinnvoll fördern; unter seiner Leitung versuchten sie, Prinzipien der → fauvistischen und der → kubistischen Kunst auf Innendekorationen zu übertragen. Die Werkstätten wurden nie ein finanzieller Erfolg und schlossen 1920.

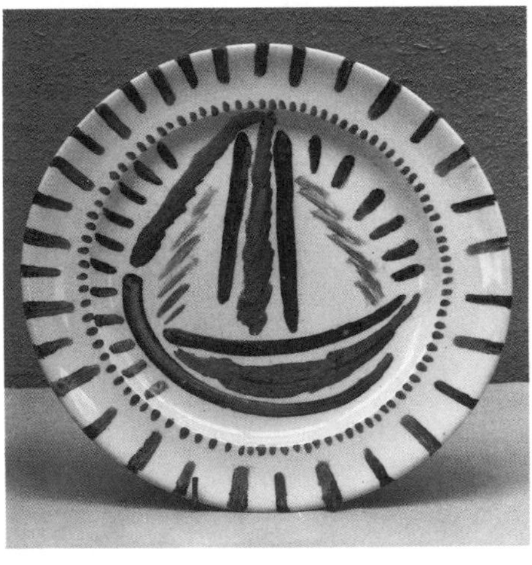

Omega Workshops: Teller mit Überglasurmalerei von Duncan Grant, 1913, der fauvistischen Einfluß zeigt.

Ontbijtje (niederl. ›kleines Frühstück‹) Ein → Stilleben mit verschiedenen Speisen und Getränken, die normalerweise ungeordnet durcheinanderliegen. Der Begriff wird meist

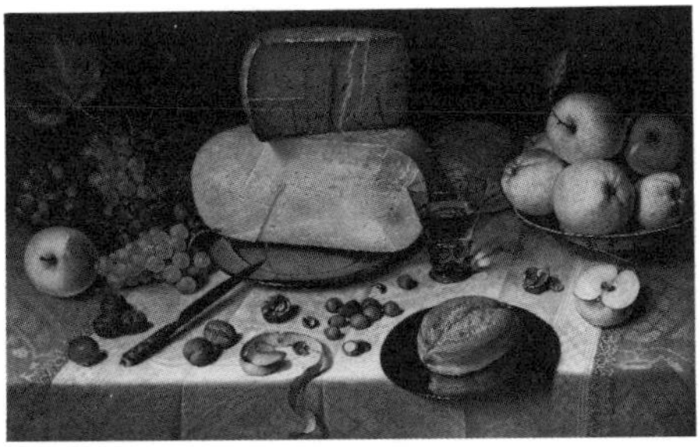

Ontbijtje: Floris van Dyck, *Stilleben*, 1613.

für Bilder dieser Art aus dem 17. Jh. verwandt, besonders für solche der Haarlemer Schule.

Opak (undurchsichtig; lat. ›schattig‹) O. nennt man solche → Pigmente, die am dichtesten sind und das meiste Licht reflektieren. Weiß, einige Gelbtöne und die helleren → Erdfarben sind im allgemeinen o. Mischt man o.e Farben mit kräftigeren, transparenten, erhält jedes reflektierende Pigmentkörnchen einen dünnen Filmüberzug aus der hinzugefügten Farbe.

Op Art Eine → abstrakte Kunstrichtung der 1960er Jahre, die sich mit der Erforschung der verschiedenen durch Netzhautstimulation

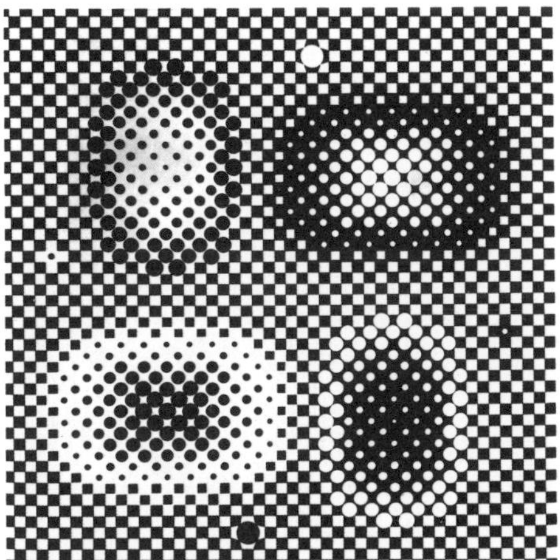

Metagalaxie, 1959, von Victor Vasarély, einem der Pioniere der **Op Art.**

hervorgerufenen optischen Effekte beschäftigte. Typische Arbeiten dieser Kunstrichtung wurden von Bridget Riley, Jesús Raphael Soto und Victor Vasarély geschaffen (→ kinetische Kunst, → Moiré).

Opisthodomos (griech. ›Hinterhaus‹) Ein Raum hinter dem → Naos des antiken → Tempels, der als Schatzkammer genutzt wurde.

Optische Mischung Reine → Primärfarben, die in kleinen Punkten eng nebeneinander aufgetragen sind, so daß sie sich zu vermischen scheinen und → Sekundärfarben produzieren. Dieser Effekt wurde von den → Impressionisten und in systematischer Weise von den → Neoimpressionisten um Georges Seurat gezielt eingesetzt.

Optophonetik Die Eigenschaft eines Kunstwerks, gleichzeitig Gesichts- und Gehörsinn anzusprechen.

Opus Bezeichnung der → römischen Antike für jede Handwerkstechnik, die beim Bau von Gebäuden Anwendung fand.
O. *alexandrinum* In geometrischen Mustern angeordnete Pflasterung aus verschiedenfarbigen Marmorplatten.
O. *incertum* siehe Mauerwerk
O. *reticulatum* Mauerwerk, bei dem die Steine pyramidenförmig zugeschnitten sind. Sie werden mit der Spitze in feuchten Putz gesetzt, so daß ihre quadratischen Grundflächen eine Blendmauer mit netzartiger Struktur bilden.
O. *romanum* siehe Mauerwerk
O. *rusticum* siehe Mauerwerk
O. *sectile* Fugenloses → Mosaik aus kleinen Marmorplatten, die entsprechend dem abzubildenden Gegenstand zugeschnitten sind.
O. *spicatum* siehe Backstein-Mauerwerk, Verbandformen
O. *tesselatum* Mosaik aus gleich großen, quadratischen Elementen.

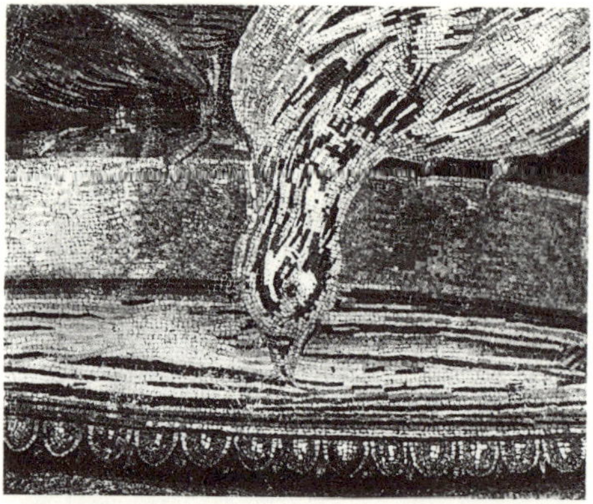

Opus vermiculatum: Das Detail aus einem römischen Mosaik der Hadriansvilla, 2. Jh. n. Chr., zeigt in der Motivbehandlung von Wasser und Federn deutlich die charakteristische gewundene Linienführung.

O. *vermiculatum* (lat. ›Arbeit von Würmern‹) Klassische → Mosaiken, die sehr kleine Steine verwenden. Der Name leitet sich von den wurmartig gekrümmten Linien her, in denen die Elemente angeordnet sind.

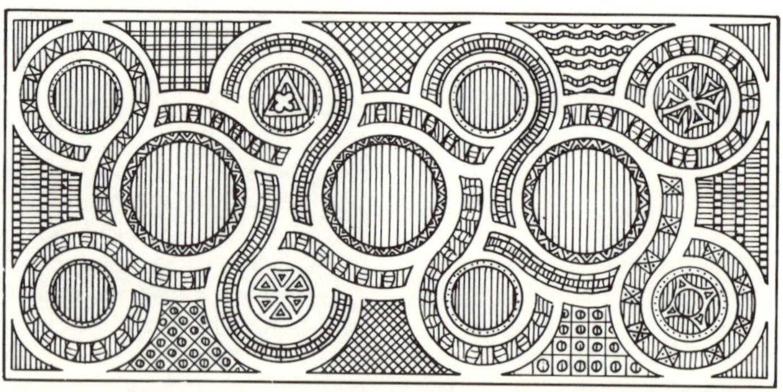

Opus alexandrinum

Opus anglicanum (lat. ›englische Arbeit‹) Englische kirchliche Stickerei des 13. und 14. Jh.s, die in ganz Europa für ihre hohe Qualität berühmt war.

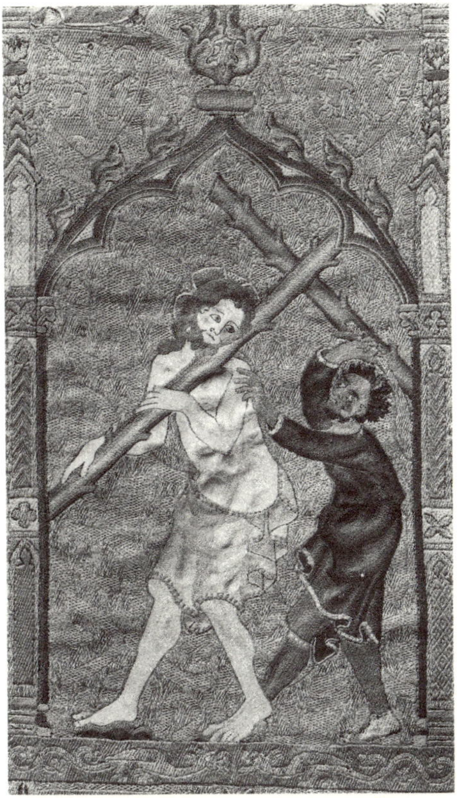

Opus anglicanum: Detail eines englischen Meßgewandes, frühes 14. Jh., mit üppigem Gebrauch von Gold- und Silberfäden.

Orangerie Eine frühe Art des Gewächshauses, erbaut, um eingetopfte Schmuckbäume (ursprünglich Orangenbäume) im Winter zu schützen.

Orans, Orant (pl. Oranten; lat. ›Betender‹) Stehende Figur der → frühchristlichen und → byzantinischen Kunst, dargestellt mit betend oder flehend erhobenen Armen, wobei die Handflächen häufig nach oben geöffnet sind.

Oratorium 1. Eine kleine Kapelle für privates Gebet, entweder als Teil eines sakralen Gebäudes oder in einem Haus. 2. Der schmucklose Betsaal einer pietistischen Kirchengemeinde.

Orchestra 1. Die große runde Fläche vor der Bühne eines antiken → griechischen oder → römischen Theaters, die vom Chor benutzt wurde. 2. In den heutigen Theatern ein Raum zwischen der Bühne und dem Zuschauerraum, in dem die Musiker, die die Aufführung begleiten, untergebracht sind. Wenn dieser Raum (wie häufig) versenkt ist, spricht man von einem Orchestergraben.

Orgelprospekt Schonseite der Orgel, die häufig eine kunstvolle Verzierung durch Holzschnitzereien oder Malerei aufweist.

Orgien-Mysterien-Theater siehe Wiener Aktionismus

Oribe (jap.) 1. → Japanische Teezeremoniengefäße aus den Mino-Töpfereien nördlich von Nagoya mit einem Dekor in braunen und farbigen → Glasuren auf rosafarbenem Grund, benannt nach dem Teemeister Oribe-no-Sho Shigenaris (1544–1615). 2. Heute auch eine allgemeine Bezeichnung für jede diesem japanischen Original ähnelnde → Keramik.

Oriental Lowestoft Jedes → Porzellan, das in China im 18. Jh. für den europäischen Exportmarkt hergestellt wurde. Chauffers schrieb die Ware in seinem Klassiker ›Marks and Monograms on Pottery and Porcelain‹ (1863) irrtümlich der Lowestoft-Manufaktur in England zu, daher die Bezeichnung.

Orientalisierender Stil (720–650 v. Chr.) Bezeichnung für eine Periode, in der die → griechische Kunst durch Handelskontakte und durch den Zustrom orientalischer Handwerker nach Griechenland unter dem Einfluß orientalischer Kunst stand. Zu den vor allem auf Vasen neu auftretenden Dekormustern gehören kurvilineare Formen im Gegensatz zu den rechtwinkligen geometrischen. Neue Sujets sind Monstren, Sphingen, Greife, Gorgonen, Chimären und Löwen. Das → Ornament ist im allgemeinen größer, augenfälliger und weniger diffus als in der → geometrischen Kunst, und an die Stelle der Silhouette tritt zuweilen die Umrißzeichnung. Das künstlerische Hauptzentrum während der ganzen Periode war Korinth.

Orientierung Das Verhältnis der → Fassaden eines Gebäudes zu den Himmelsrichtungen; in der Planung westeuropäischer Kirchen die Ausrichtung der Hauptachse auf West-Ost-Richtung, die Anlage des Haupteingangs am westlichen Ende und die des → Altars am östlichen Ende des Gebäudes.

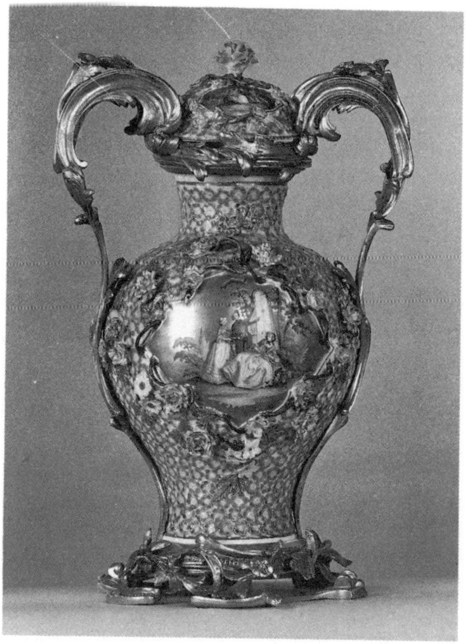

Ormoulu-Beschläge aus der 2. Hälfte des 18. Jh.s an einer Vase aus Meißner Porzellan.

Ormoulu (frz. ›Goldstaub‹) Seit dem 18. Jh. Bezeichnung für Möbelbeschläge, Kandelaber und Schmuckgegenstände aus feuervergoldeter Bronze.

Ornament Bezeichnung für das einzelne motivische Schmuckwerk im Unterschied zur Ornamentik als der Summe der Schmuckmotive eines Kultur- oder Kunstkreises und zur Dekoration, die die Gesamtheit aller Schmuckelemente umschließt. Das O. tritt in allen Kunstgattungen auf, besonders aber in der Baukunst und im → Kunstgewerbe, wobei sich das O. der Struktur des Gegenstandes unterordnet, den es schmückt. Die wesentliche Funktion des O.s besteht darin, einen Gegenstand zu gliedern und seine Teilelemente optisch voneinander abzusetzen. Die beiden grundsätzlichen Hauptformen ornamentaler Gestaltung, aus denen sich alle Nebenformen entwickeln, sind das *geometrische Ornament* und das *vegetabilische* oder *Pflanzenornament*. Neben diesen Hauptgestaltungen gibt es noch O.e aus Tierformen und gelegentlich auch menschlichen Formen, architektonischen Elementen und Schriftzeichen, wie etwa das → Flechtband, die → Schnurkeramik, der → Ohrmuschelstil, das Bandelwerk, das → Rollwerk und die → Rocaille. Vegetabilische O.e wurden bereits im Altertum in der → ägyptischen und → griechischen Kunst verwendet. Dem griechischen vegetabilischen Stil geht jedoch ein → geometrischer Stil voraus (900–700 v. Chr.), der durch Linie, Punkt, Zickzack, → Mäander, Dreieck und Kreis beherrscht wird. Unabhängig von dem mittelmeerisch-europäischen Kunstkreis entwickeln die germanischen Völker im nördlichen Europa eine → *Tierornamentik*, in der Tierfiguren mit verschlungenen Bändern verbunden sind. Eine eigenständige Ornamentik mit teils aus → antiken Vorbildern abgeleiteten Formen tritt auch in der → islamischen Kunst auf (→ Arabeske, → Maureske) und hat wesentlichen Einfluß auf die → kufische Schrift. Die mittelalterliche Ornamentik zeigt eine Mischung von antiken Motiven spätrömischer Zeit (→ Palmette, → Akanthus) mit germanischen O.en. Eine neue Entwicklung setzt in der → Gotik ein, deren führendes O. das stark geometrische → Maßwerk ist. Als Gegenpol zum Maßwerk entwickelt sich im 13. Jh. eine reiche Pflanzenornamentik, die den Akanthus durch neue Pflanzen wie Efeu und Weinstock verdrängt. In der Spätgotik verbinden sich geometrische und vegetabilische Formen zum flamboyanten Maßwerk (→ Fischblase), das oft die Gestalt von Astwerk annimmt. Die → Renaissance greift wieder auf antike O.e zurück und bevorzugt die → römisch-kaiserzeitliche Form der → Groteske, die vom → Barock zum → Knorpelstil abgewandelt wird. Gegen Ende des 17. Jh.s gewinnt wieder der Akanthus die Vorherrschaft, jedoch nicht mehr als kleingliedriges Rankenwerk, sondern als schwungvoll-wuchtiges O. Das → Rokoko bevorzugt die → Rocaille als zentrales Schmuckmotiv. Während der → Klassizismus sich wieder an strengen antiken Formen orientiert, bringt der → Historismus des 19. Jh.s eine → eklektizistische Neubelebung von O.en der Gotik, des Rokoko, der Renaissance, des Barock und der → Romanik hervor. Erst der → Jugendstil belebt mit seinen kurvilinearen vegetabilen Formen das Stilrepertoire der Ornamentik mit neuen Elementen.

Ornamentstich Meist → Holzschnitt oder → Kupferstich mit → Ornamentdarstellungen. O.e traten seit dem 15. Jh. auf und dienten der Verbreitung dekorativer Entwürfe für das → Kunstgewerbe.

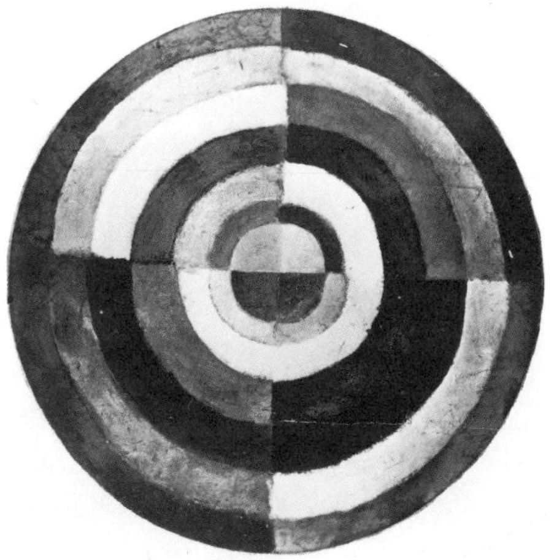

Robert Delaunay, *Kreisform,* 1912. Unter dem Eindruck von Gemälden dieses Stils prägte Apollinaire den Begriff **Orphismus.**

Orphismus Der Begriff O. oder ›orphischer Kubismus‹ wurde 1913 von Guillaume Apollinaire für eine sich vom → Kubismus ableitende Kunstrichtung geprägt, die die Farbe zum Hauptausdrucksmittel bildnerischer Gestaltung erklärte. Begründer und Hauptvertreter des O. war Robert Delaunay. In der Auseinandersetzung mit den Simultankontrasten der Farbe (Georges Seurat) kam er zu der Erkenntnis, daß die Farbe dieselbe Möglichkeit wie die Form besitzt, aus sich heraus Rhythmus und Bewegung zu erzeugen. In der logischen Fortsetzung dieser Ideen entwickelte er dynamisch bewegte Abstraktionen aus reiner Farbe *(Disques simultanés).* Diese Orchestrierung aus Farbe und Licht, die eine sehr poetische, musikalische Note hatte, regte Apollinaire zu der Bezeichnung O. an. Mit dem O. verbunden war das zeitgenössische Werk von Marc Chagall, Sonia Delaunay-Terk, Raymond Duchamp-Villon und František Kupka. Einen starken Einfluß hatte er auch auf die Maler des → Blauen Reiters.

Orthogonalen In der Zentralperspektive Linien, die in der Realität im rechten Winkel auf die Bildebene treffen würden, sich in der Darstellung jedoch entsprechend den Gesetzen der → Perspektive in Richtung des Fluchtpunktes verschieben.

Orthostaten Die unterste Lage eines → Mauerwerks, meist hochkant stehende und ornamental behauene Steinblöcke.

Ossuarium Eine Aufbewahrungsstätte für die auf einem Friedhof gefundenen Gebeine der Toten.

Ostrakon (pl. Ostraka, griech. ›Scherbe, Schale‹) Kalkstein- oder Vasenfragmente, mit denen besonders altägyptische Künstler Freihandentwürfe, aber auch schriftliche Notizen anfertigten.

Ottocento (ital. ›achthundert‹) In Italien übliche Bezeichnung für das 19. Jh. Siehe auch Duecento.

Ottomane Eine im 18. Jh. entstandene Bezeichnung für ein niedriges, vollständig gepolstertes Sofa.

Ottomanische Kunst Moslemische türkische Kunst und Architektur von 1326 (der Eroberung Bursas durch Orthan I., Begründer

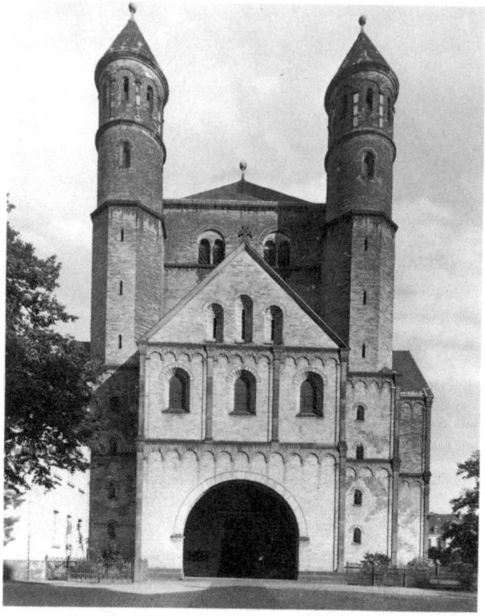

Ottonische Architektur: Das Westwerk von St. Pantaleon, Köln, begonnen 980, erinnert in seiner geschlossenen Struktur an die Architektur der Karolingerzeit.

der Ottomanischen Dynastie) bis 1922 (Ende der türkischen Sultanatsherrschaft).

Ottonische Kunst Kunst- und Architekturstil in Deutschland zur Zeit der Ottonen (um 960–1024) und deren Nachfolger, der Charakteristika der ihm vorausgehenden → karolingischen Kunst mit solchen der ihm nachfolgenden → Romanik verbindet.

P

...p., ...pinx., ...pinxit, ...pictor (lat. pinxit ›hat es gemalt‹) 1. Auf einem Gemälde hinter dem Namen des Künstlers zu finden. 2. Auf einem → Druck gibt diese Abkürzung an, daß die genannte Person der Schöpfer der Originalzeichnung ist, die dieser Druck reproduziert (wobei es sich um einen Druck → nach einem Gemälde handelt).

Pagode Ein indischer oder chinesischer buddhistischer Tempel, turmartig mit nach oben immer kleiner werdenden Stockwerken angelegt, die voneinander durch stark betonte Dächer getrennt sind. Später wurden P.n gelegentlich als → Chinoiserie-Blickfang in europäischen Landschaftsgärten errichtet (→ Gartenkunst).

Pala (ital. pala dell'altare) Altarbild, Altartafel. Siehe auch Ancona.

Pala d'oro (ital.) Altartafel (ursprünglich → Antependium) aus Gold- und Silberplatten, → Zellenschmelz, Perlen und Edelsteinen. Berühmtestes Beispiel ist der Hochaltar von S. Marco in Venedig. Viele der dortigen Emailtafeln wurden im 12. Jh. in → Byzanz bestellt, doch die Mehrzahl waren Beutestücke aus der Plünderung Konstantinopels (1204). Ihr gegenwärtiger Rahmen ist ein Meisterwerk der → gotischen → Goldschmiedekunst Venedigs im 14. Jh. Die Emailarbeiten zeigen Szenen aus dem Leben Jesu, des hl. Markus und eine große, von den Evangelisten umgebene Darstellung des von Engeln und Heiligen verehrten Christus.

Paläolithische Kunst (auch altsteinzeitliche oder, weniger genau, → prähistorische Kunst) ist ein Terminus, der allgemein auf die Kunst angewandt wird, die in der Periode zwischen etwa 30 000 und 10 000 v. Chr. entstand und sich weithin auf Europa beschränkte. Der Einfachheit zuliebe unterteilen die Prähistoriker diese Kunst in zwei Kategorien: → Höhlenmalerei (oder Felsmalerei) und Haus- oder mobile Kunst (Schmuck), wobei sich erstere auf Höhlenwänden befand, während letztere Gebrauchsgegenstände oder Kalksteinstücke zierte und somit transportabel war. In der jungpaläolithischen Abfolge in Europa, die mit der letzten Phase der abschließenden europäischen Eiszeit zusammenfiel, gibt es drei Gruppen archäologisch festgestellter Phasen: Périgordien bzw. Aurignacien (30 000–24 000 v. Chr.) sowie Solutréen und Magdalénien (18 000–11 000 v. Chr.). Périgordien und Aurignacien unterscheiden sich zwar im Werkzeugrepertoire, sind aber weitgehend gleichzeitig und lassen sich zusammen betrachten. Felsmalerei ist in ihrer Verbreitung weit begrenzter als mobile Kunst. Die Hauptzentren sind das westliche Mittelfrankreich rings um die Dordogne, die französischen Pyrenäen und die kantabrische Küste Spaniens. ›Ausläufer‹ finden sich im Zentrum und im Süden der Iberischen Halbinsel und ebenso im Rhônetal. In süditalienischen und sizilianischen Höhlen gibt es Gravierungen. Die mobile Kunst hat ein weiteres Verbreitungsgebiet. Viele Beispiele stammen u. a. auch aus Osteuropa.

Palas siehe Burg

Palaststil siehe Minoische Kunst

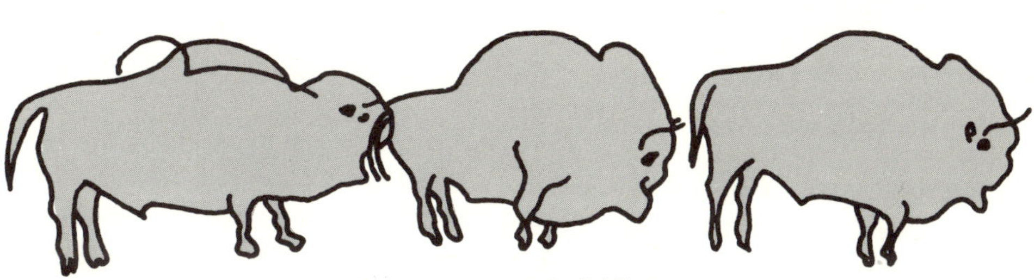

Höhlenmalerei des **Paläolithikums**

Palette Scheibenförmiges Malgerät zur Aufnahme und zum Mischen der zu verarbeitenden Farben. Die P. hat sich aus dem ovalen Nußbaumbrett der mittelalterlichen Malscheibe entwickelt.

Palettenmesser Spatelförmige Klinge zum Mischen und Verarbeiten der Farbe auf der → Palette sowie zu deren Reinigung, auch zum Wegnehmen von Farbe von einem Bild ge-

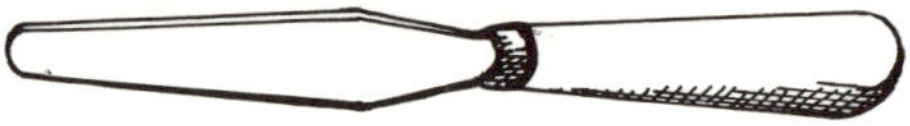

Palettenmesser

eignet. Bestimmte Formen des P.s, sogenannte Malmesser (in verschiedenen Formen, von langen Spateln bis zu kurzen, kellenartigen Klingen), lassen sich auch zum Farbauftrag verwenden.

Palimpsest Ein → Pergament, von dem ein Text abgeschabt oder anderweitig entfernt worden ist, um durch einen anderen ersetzt zu werden. Dies war eine Folge der Tatsache, daß Beschreibstoffe wie Pergament selten oder teuer waren.

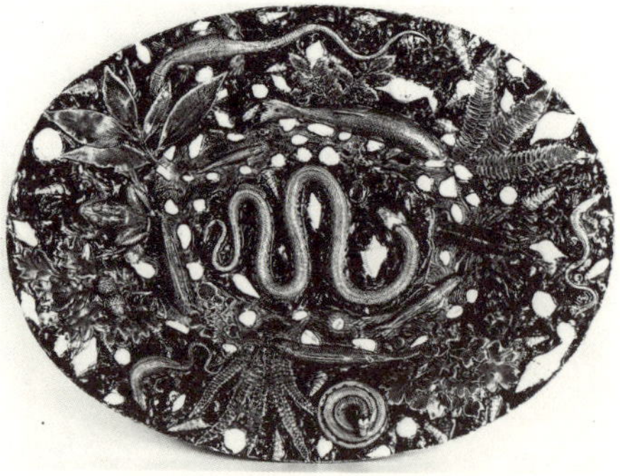

Palissy-Ware: Teller von Bernard Palissy mit typischer Reliefdekoration. Einige der Figuren entstanden wahrscheinlich nach Abgüssen von echten Tieren.

Palissy-Ware 1. Die glasierte Keramik des französischen Töpfers Bernard Palissy (ca. 1510 – ca. 1590), die einen Relief-Dekor aus naturalistisch geformten Reptilien u. ä. in naturgetreuen Farben trägt. 2. Jede Imitation dieser Ware.

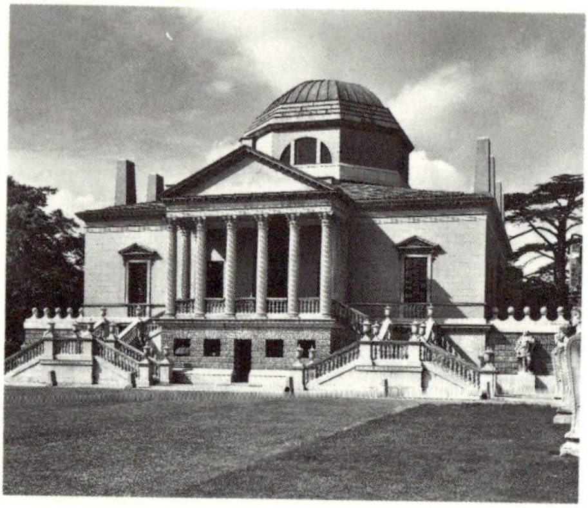

Palladianismus: Chiswick House, erbaut vom Earl of Burlington, um 1725. Der Bau ist Palladios Villa ›La Rotonda‹ in Vicenza nachempfunden, die 1550 begonnen wurde.

Palladianismus Ein → klassizistischer Architekturstil, der seine Hochblüte im England des 18. Jh.s erlebte und auf den venezianischen Architekten Andrea Palladio (1508–1580) zurückgeht. Palladio stützte sich vor allem auf die Werke des römischen Architekturtheoretikers Vitruv und bemühte sich, in Abkehr vom → Manierismus dessen Prinzipien in seinen Bauwerken strikt umzusetzen. Der Architekt Inigo Jones (1573–1652) war im 17. Jh. Palladios erster englischer Nachfolger. Ihm folgten im 18. Jh. der Schotte Colen Campbell, der Architekt und Architekturförderer Richard Boyle (3. Earl of Burlington) und Burlingtons Protegé William Kent. Der P. weist politische Beiklänge auf, da er besonders von den aristokratischen Mitgliedern der Whig-Partei, die das Haus Hannover unterstützten, bevorzugt wurde. Sie assoziierten den noch fast überall in Europa vorherrschenden → Barockstil mit dem Katholizismus und dem entthronten Hause Stuart. Der P. übernahm auf freie Weise Architekturelemente der römischen Kaiserzeit und paßte sich den gesellschaftlichen Bedürfnissen des 18. Jh.s an; Motive von römischen öffentlichen Gebäuden wurden für ihre Verwendung an Kirchen, zeitgenössischen öffentlichen Bauwerken und Privathäusern modifiziert (→ Kassettierung, → Ägyptische Halle).

Palladio-Motiv Von Andrea Palladio vielfach eingesetztes dreiteiliges Fenster, dessen Mittelteil höher ist als die beiden Seitenteile und, im Unterschied zu diesen, mit einem Rundbogen abschließt. Synonym: Venezianisches → Fenster; in England auch Serliana genannt.

Palmette (frz.) Vegetabilisches → Ornament – abgewandelt aus dem → ägyptischen Lotosornament – aus stilisierten Blättern, die wie die Finger einer Hand gefächert stehen. Die Anzahl der Blätter ist immer ungerade, das Mittelblatt ist größer als die anderen. Die P. wurde schon in der → minoischen Kunst verwendet und war in der → griechischen Antike mit dem → Mäander das beliebteste Ornament der → Vasenmalerei.

Panjab, Malereischulen Vom 17. bis zum 19. Jh. war das Gebiet des nördlichen Panjab und des westlichen Himalayas in zahlreiche kleine Königreiche aufgeteilt, deren jedes seine eigene Miniatur-Malschule unter der Schirmherrschaft des jeweiligen Königs hatte. Die Moguln eroberten das Gebiet zeitweilig, und es bildete außerdem eine Zufluchtsstätte unbeliebter oder unbeschäftigter Mogul-Künstler. Die meisten Schulen lassen daher einen gewissen Einfluß der → Mogul-Malerei erkennen.

Panorama Rundgemälde, das dem in seinem Mittelpunkt (meist im Halbdunkel) befindlichen Betrachter durch wechselnde Beleuchtungseffekte die Illusion von Raumtiefe, Weiträumigkeit und weitem Horizont vortäuscht und ähnlich wie das → Diorama eine Tendenz zur darstellenden Kunst aufweist. Vorstufen des P.s sind in der Malerei des → Barock sowie in den Theaterprospekten des → Manierismus zu finden. Erste echte Panoramen entstanden Ende des 18. Jh.s in London und Paris in Form von Stadt- und Schlachtenansichten, für die eigene Rundbauten geschaffen wurden. Das 1989 im thüringischen Bad Frankenhausen vollendete P. von Werner Tübke, *Frühbürgerliche deutsche Revolution,* schließt an diese Tradition an.

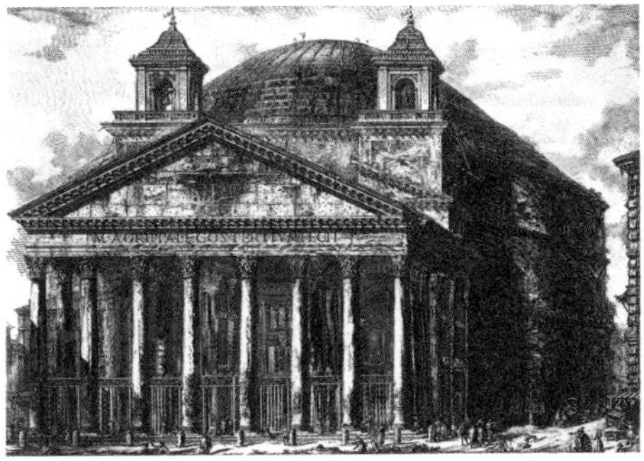

Giovanni Battista Piranesis Radierung, die das **Pantheon** in Rom zeigt, aus ›Vedute di Roma‹, 1761.

Pantheon (griech.) Ein allen Göttern geweihter Tempel. Das berühmteste Beispiel ist der antike Kuppelbau des Agrippa in Rom (heute S. Maria della Rotonda), erbaut ca. 25 v. Chr. Nach ihm werden alle ähnlichen Gebäude als P. bezeichnet.

Pantograph (Storchschnabel-System, griech. ›Storchschnabel‹) Gerät zur Übertragung von → Zeichnungen in einen größeren oder kleineren Maßstab sowie zum → Punktieren in der → Bildhauerei.

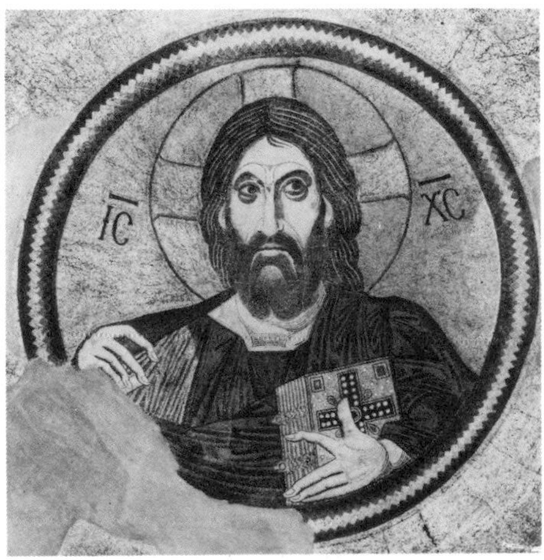

Christus als **Pantokrator,** Mosaik in der Kuppel der Kirche von Daphni, 11. Jh.

Pantokrator (griech.) In der → byzantinischen Kunst Darstellung Christi als Weltenherrscher (Abb. S. 213).

Papier Hergestellt aus Zellulosefasern (die besten *Künstlerpapiere* sind freilich aus Leinenhadern). Das Prinzip der Herstellung (per Hand oder maschinell) besteht in der chemischen Aufbereitung des zermahlenen Ausgangsstoffes (vornehmlich von Holz), seiner Vermischung mit Wasser zu einem Brei und der schließlichen Entwässerung und dem Trocknen der aus diesem Brei gewonnenen dünnen Schichten. Die Technik der Herstellung, im 2. Jh. v. Chr. in China erfunden, wurde im 8. Jh. n. Chr. von den Arabern übernommen und gelangte durch sie im Lauf des 13. Jh.s nach Südeuropa. Die älteste deutsche → Handschrift auf spanischem P. ist das 1246 begonnene Registerbuch des Passauer Domdechanten Behaim. Im 15. Jh. bestand ein Großteil der angefertigten Handschriften schon aus P., nach Erfindung des Buchdrucks wurde das teurere → Pergament endgültig durch das P. verdrängt (von Gutenbergs 42zeiliger Bibel wurden nur noch 35 Exemplare auf Pergament, aber 165 auf P. gedruckt).

Papier collé (pl. Papiers collés, frz. ›geklebte Papiere‹) Der Ausdruck bezeichnet eine erstmals 1912 von Georges Braque und Pablo Picasso angewandte Methode der Bildherstellung durch Einkleben von Papierstücken (damals Zeitungsfragmente und Tapetenstücke). Diese Einführung von ›Fremdkörpern‹ bildete den Ausgangspunkt für die Entwicklung der → Collage. P. c.s dienten entweder als Ergänzung einer Malerei oder Zeichnung (wie bei den erwähnten Arbeiten von Picasso und Braque) oder bildeten ein eigenständiges Klebebild, bei dem die farbigen, aufgeklebten Papierformen Selbstzweck sind (wie auf den großen P. c.s von Henri Matisse).

Papiermaché (auch Pappmaché, von frz. papier mâché ›gekautes Papier‹) Zu Brei gestampfte, normalerweise mit Leim, Kreide und manchmal mit Sand vermischte Papiermasse, die geformt und durch Hitze fixiert werden kann. Dieses Material fand im 18. und 19. Jh. reichlich Verwendung bei der Herstellung kleiner Möbelstücke und Schmuckgegenstände.

Papyrus Eine Schilfart, deren geplättete Stengel seit dem 4. Jahrtausend v. Chr. von den alten Ägyptern als Schreibstoff benutzt wurden. Als Schreibmaterial verdrängte das P. ältere Aufzeichnungsmaterialien wie Stein, Holz, Ton und Wachstafeln und wurde seinerseits vom 4. Jh. n. Chr. an durch → Pergament ersetzt.

Paradies 1. Himmlischer Garten der Seligkeit. 2. Ein umzäunter, ungedeckter Vorhof einer Kirche (im Frz. auch Parvis genannt). 3. Ein umzäunter Garten, oft ein zu einem Kloster gehörender Friedhof, manchmal im Zentrum eines Kreuzganges gelegen.

Paradiesflüsse In der → frühchristlichen Kunst Darstellung der vier Flüsse Phison, Geon, Tigris und Euphrat, die nach der Genesis das Paradies bewässern und im Lande Eden entspringen. Die P. erscheinen in Apsismosaiken, auf Sarkophagen und auf Elfenbeinarbeiten. Ab Ende des 10. Jh.s werden die P. als hockende oder stehende Männer personifiziert, die amphorenartige Gefäße mit ausfließendem Wasser halten, ein wahrscheinlich von der → ottonischen Kunst eingeführter Darstellungstypus.

Parecclesion (griech. ›neben der Kirche‹) Seitenkapelle der → griechisch-orthodoxen Kirche.

Parian-Ware Ein normalerweise unglasiertes und gegossenes → Porzellan, das zuerst 1846 in England in der Copeland-Manufaktur, Stoke-on-Trent, hergestellt wurde. Es erhielt seinen Namen aufgrund seiner Ähnlichkeit mit dem weißen Marmor der griechischen Insel Paros (parischer Marmor). P. wurde vor allem genutzt, um Schmuckgegenstände sowie Nachbildungen von Skulpturen anzufertigen, daher auch der Beiname ›Skulpturenporzellan‹.

Parketerie Geometrisch gemusterte → Marketerie.

Parkett 1. Fußboden aus Holzstücken, die in geometrischen Mustern verlegt sind. 2. Der ganze Hauptzuschauerraum oder ein Teil desselben in einem Theater.

Parkettieren Eine Methode der Verstärkung hölzerner Bildtafeln oder Paneelen mit Hilfe eingeschlitzter hölzerner Streifen, die man an beiden Enden senkrecht an der Rückseite der Paneele befestigt, während horizontale Streifen unbefestigt durch die Schlitze laufen. Mit dieser Technik können verzogene Tafeln stabilisiert werden, ohne daß Schrumpfung oder Ausdehnung des Holzes in Folge von Temperaturschankungen und Feuchtigkeit beeinträchtigt werden.

Parvis (frz.) siehe Paradies

Pashmina (von pers. pashm ›Wolle‹) Feiner Wollstoff, wie er für Kaschmirschals Verwendung findet.

Paß In der → gotischen Architektur eine Bogenform im → Maßwerk. Die Pässe überschneiden sich und bilden → Nasen, so daß die für gotische Fenster charakteristischen Ausbuchtungen entstehen (→ Vierpaß, Dreipaß).

Passage In der Architektur ein überdachter Verbindungsgang zwischen Häusern, die meist mit Läden und Geschäften ausgestattet sind. Die P. wurde im 19. Jh. als eigenständige Bauform entwickelt.

Passepartout (frz. ›paßt überall‹) Kartonumrahmung mit Rückfläche als Schutz für grafische Blätter.

Passionale (Passionar) → Liturgisches Buch mit den Legenden der Märtyrer, kalendarisch geordnet und häufig bebildert.

Passionszyklus (Kreuzwegstationen) Eine Serie von Darstellungen der einzelnen Ereignisse des Leidenswegs (Passion) Christi von seinem Einzug in Jerusalem bis zur Kreuzigung, später von der Verurteilung bis zur Grablegung. Diese Zyklen sind in der christlichen Kunst schon im 4. Jh. geläufig.

Paste Material der Glyptik (Glasfluß als Ersatz für geschnittene → Gemmen aus Halbedelsteinen).

Pastellkreide 1. Im strengen Sinne eine Mischung aus → Pigment und Kreide, die mit Gummi gebunden ist, so daß sie sich zu einem Zeichenstift formen läßt. 2. Heute im weiteren Sinne ein Zeichenstift aus Pigment und Wachs.

Pastellmalerei Trockenmalerei, ausgeführt mittels P.-Stiften (einer getrockneten und gepreßten Paste aus Farbpulver und einem Bindemittel wie z. B. Gummiarabikum). Die Farben sind so haltbar wie die verwendeten → Pigmente und werden unmittelbar auf die Zeichen- oder Malfläche aufgetragen. Sie lassen sich zu weichen Übergängen vermischen oder in einzelnen Strichen, Tupfern und Schraffuren auftragen. Da P.-Farben sehr weich und verwischbar sind, müssen die fertigen Arbeiten mit einem → Fixativ geschützt werden.

Pastelltöne Volkstümliche Bezeichnung für blasse, helle Farbtöne mit einer beträchtlichen Beimischung von → opakem Weiß.

Pasticcio (ital. ›Mischmasch‹) Form der → Kopie mit einer stilvermischenden Nachahmung verschiedener Kunstwerke.

Pastorale Genre der → Landschaftsmalerei, bei dem die Landschaft, vor allem in der → Romantik, als arkadisch-idyllische Schäferszene dargestellt ist (→ Fête galante).

pastos Unverdünntes Auftragen der → Ölfarbe in der Art, daß ein plastisches Relief auf dem Bildträger entsteht.

Pâte de verre (frz. ›Glaspaste‹) Pulverisiertes Glas, das mit einem Bindemittel in einer Form erhitzt und zum Schmelzen gebracht wird. Das Ergebnis ähnelt einem durchscheinenden Halbedelstein.

Pâte-sur-pâte (frz. ›Paste auf Paste‹) Eine Technik des 19. Jh.s, Porzellan mit Reliefdekors zu verzieren, indem nacheinander mehrere Schichten von Schlicker auf den Rohling aufgetragen werden. Diese werden vor dem Brennen mit einem Modelliereisen bearbeitet.

Patene Der zum Altargerät der katholischen Kirche gehörende Hostienteller.

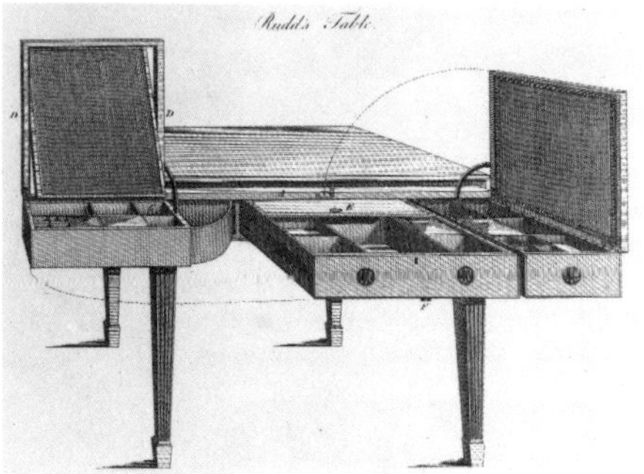

Patentmöbel: Rudels Frisiertisch, aus dem ›Cabinetmaker's and Upholsterer's Guide‹, 1788, zeigt den charakteristischen Einfallsreichtum und die Anpassung an verschiedene Funktionen.

Patentmöbel Häufig mit einfallsreichen Mechanismen ausgestattetes Mobiliar, das zugleich zwei oder drei Funktionen erfüllt, das auseinandergeklappt, umgeformt und in verschiedene Positionen gebracht werden kann. Der Begriff selbst entstammt dem frühen 19. Jh. und bezieht sich auf die Tatsache, daß die mechanischen Einrichtungen häufig als Patent gesichert waren. Fast alle erhaltenen Beispiele wurden vom späten 18. Jh. bis Mitte des 19. Jh.s hergestellt.

Patera Rundes, flaches Bauornament, das häufig mit → Akanthusblättern verziert ist.

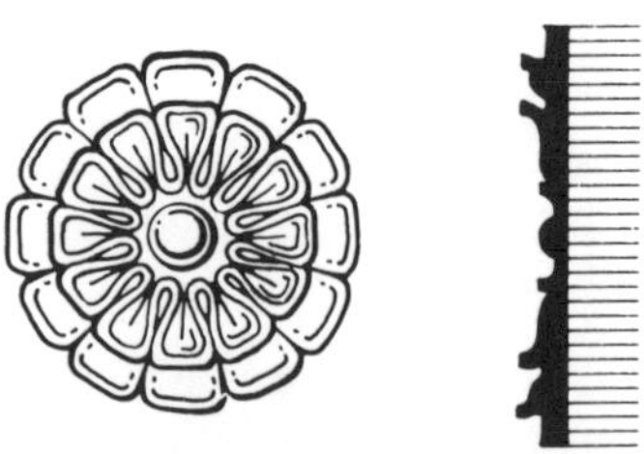

Patera

Patina 1. Genaugenommen der farbige, durch Oxidation entstandene Edelrostbelag auf Bronze oder Kupfer. 2. Im weiteren Sinne jede nicht unwillkommene Veränderung der Oberflächenfarbe oder -struktur, die durch Alter, Gebrauch oder Umwelteinwirkungen entsteht.

Patio Der mit Kacheln ausgelegte, häufig auch mit Blumenrabatten, Zierteich oder Springbrunnen ausgestattete Innenhof eines spanischen Hauses, der wohl auf maurische Einflüsse zurückgeht.

Patroon-Maler Erste eigenständige Schule in der nordamerikanischen Kunst. In der ersten Hälfte des 18. Jh.s schuf eine Gruppe anonymer Porträtmaler Bilder für die ›Patroons‹, holländische Siedler im Hudson-River-Tal.

Patterning Art (Decorative Art) Stilrichtung der ausgehenden 1970er Jahre, die von Amerika ihren Ausgang nahm und durch eine Ausstellung im Brüsseler Palais des Beaux-Arts auch in Europa bekannt wurde. Typisch für P. A. ist eine teppich- oder tapetenhaft gesetzte Arabes-

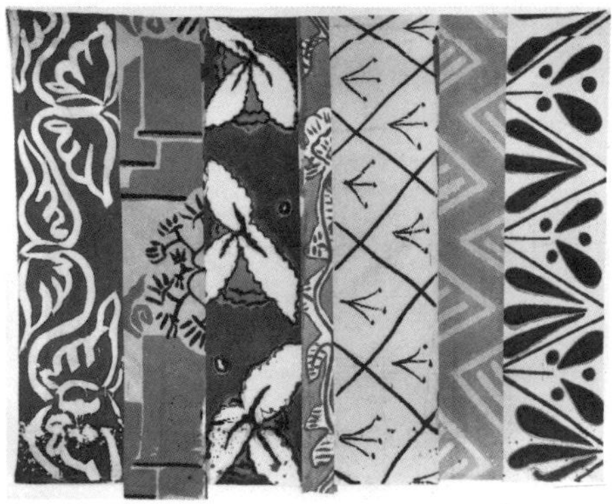

Patterning Art: Kim MacConnels *Baton Rouge*, 1978, nimmt deutlich Bezug auf die Tapeten- und Mustergestaltung im Gefolge von Matisse.

kenornamentik, wie man sie aus der orientalischen Kunst sowie vom → Jugendstil und von Henri Matisse her kennt. Das musterhafte Sujet wird dabei von expressiver Farbigkeit und folkloristischer Wirkung unterstrichen.

Pausen Methode zur Übertragung einer Zeichnung auf eine Malfläche oder auf eine Druckplatte, indem man die Linien perforiert und die Zeichnung einstäubt.

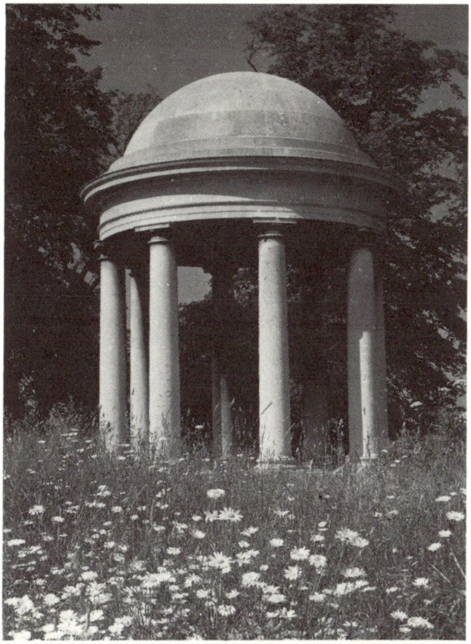

Pavillon: Aeolstempel in Kew, entworfen von Sir William Chambers, gebaut 1760.

Pavillon 1. Leichtgebautes Lusthaus, oft als Schmuckobjekt in einem Garten. 2. Gebäude, das einem größeren untergeordnet und gewöhnlich mit diesem verbunden ist, z. B. als Vorsprung zur Hauptfassade oder als Schlußelement eines Gebäudeflügels wie der Eckpavillon des → Barockschlosses.

Pax (lat. ›Friede‹) (auch Paxtafel) Eine Silbertafel, gewöhnlich mit einer Darstellung der Kreuzigung, der der ›Friedenskuß‹ gegeben wird, anstatt direkt einen anderen Kommunizierenden in der Messe zu küssen. Synonym: Kußtafel.

Pechnase Öffnungen innerhalb einer befestigten, von Konsolen gestützten Brustwehr, aus denen Steine, brennendes Pech etc. auf die unten befindlichen Angreifer geschüttet werden konnten (→ Burg).

Peintre-doreur (frz. ›Maler-Vergolder‹) Im französischen → Gildesystem des 18. Jh.s der für die Bemalung und Vergoldung geschnitzter und gefügter Arbeiten eines Menuisiers verantwortliche Handwerker. Dieser erhielt nie den Auftrag, Metall zu vergolden (→ Ebenist).

Peintre-graveur Malerradierer, der den Entwurf seiner → grafischen Arbeiten selbst künstlerisch ausführt. Danach benannt verschiedene Verzeichnisse, die versuchen, den Bestand an solchen Arbeiten zu erfassen, u. a. ›Le P.-g.‹ von A. v. Bartsch (21 Bde., 1803–21) und ›Le P.-g. illustré‹ von L. Delteil (31 Bde., 1906–26).

Peintres de la Réalité (frz. ›Maler der Wirklichkeit‹). Eine lose verbundene Gruppe französischer Maler des 17. Jh.s, die den Alltag und mit ihm zusammenhängende Gegenstände in nüchterner Achtung betrachteten. Zu ihnen gehörten Nachfolger Caravaggios wie Georges de La Tour, der holländischen → Genremalerei verbundene Maler wie die Brüder Louis, Antoine und Mathieu Le Nain, aber auch → Stillebenmaler wie Louise Moillon und Sebastian Stoskopff. Die Bezeichnung für die Gruppe kam als Titel einer Ausstellung 1934 in Paris auf.

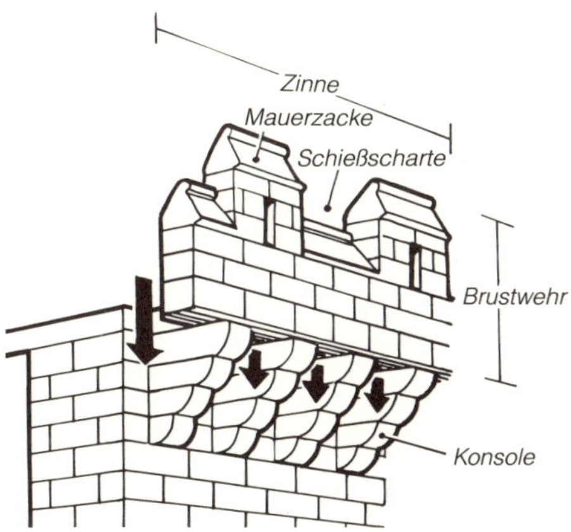

Pechnasen (siehe auch Einzeleinträge)

Peinture à la colle (frz. wörtlich ›Malerei mit Leim‹) Französische Bezeichnung für Leimfarbenmalerei.

Pelike (griech.) Eine griechische Vasenart, von der → Amphora abgeleitet, die einen birnenförmigen Körper und einen großen Ausguß besitzt (→ Vasenformen, griechische).

Pendentif Die gewölbte dreieckige Fläche, die eine → Kuppel oder den sie tragenden → Tambour mit dem darunterliegenden Raum quadratischen Grundrisses verbindet.

Pentimenti (ital. pentirsi ›bereuen‹) Anzeichen für eine Sinnesänderung des Künstlers während seiner Arbeit an einem Gemälde, beispielsweise in der Endfassung eines Bildes noch sichtbare, während der Arbeit veränderte Umrißlinien.

Peredwischniki (russ. ›die Wanderer‹) Gruppe von 13 russischen Künstlern, die wegen des dort herrschenden Konformismus ihren Austritt aus der Petersburger Akademie erklärten. Die führende Figur war Iwan N. Kramskoj, weitere Mitglieder waren Ilja J. Repin, Walentin A. Serow und Wassilij W. Wereschtschagin. In scharfer Ablehnung der → L'art pour l'art versuchten sie durch soziales Engagement (Darstellungen aus dem Leben einfacher Menschen in → realistischer Malweise) ihre künstlerische Tätigkeit gesellschaftlich zu legitimieren (weshalb sie in der Sowjetunion als Vorläufer des → Sozialistischen Realismus angesehen werden) und verwirklichten ihr Bestreben, die Kunst dem Volke nahezubringen, durch die Gründung (1870) einer Gesellschaft zur Organisation von Wanderausstellungen (daher der Name). Unterstützt wurden sie von dem Kritiker Wladimir W. Stassow und dem Sammler Pawel M. Tretjakow (dessen Sammlung sich heute in der gleichnamigen Galerie in Moskau befindet). (Abb. → Wanderer).

Performance Bezeichnung für eine gestisch-theatralische Aktion eines Künstlers, bei der das Publikum zusieht und gleichzeitig auch (wie z. B. beim → Happening) aktiviert wird. Im Unterschied zu den traditionellen Künsten Theater und Tanz, die eine klare Trennung zwischen Vorführer und Publikum setzen, versucht die P. durch eine Mischung aus Vorführung und Interaktion neue individuelle und soziale Lernprozesse freizusetzen. Frühe Formen finden sich bei Yves Klein (*Anthropometrien,* 1960), bei den Vertretern von Happening und → Fluxus (wie Joseph Beuys, Nam June Paik und Ben Vautier) oder bei den → Wiener Aktionisten; die Bezeichnung P. wird aber vor allem seit Ende der 1960er Jahre angewendet, z. B. auf entsprechende Arbeiten von Vito Acconci (→ Body Art), Gilbert & George (→ Konzeptuelle Kunst), Dan Graham, Klaus Rinke, den Transformern oder Franz Erhard Walther. Mit den musikalischen P.s von Laurie Anderson sowie den theatralischen von Bob Wilson ist das künstlerische Repertoire der P. in Richtung auf eine integrative Kombination von Musik, Theater, bildender Kunst und moderner Medientechnik wesentlich erweitert worden.

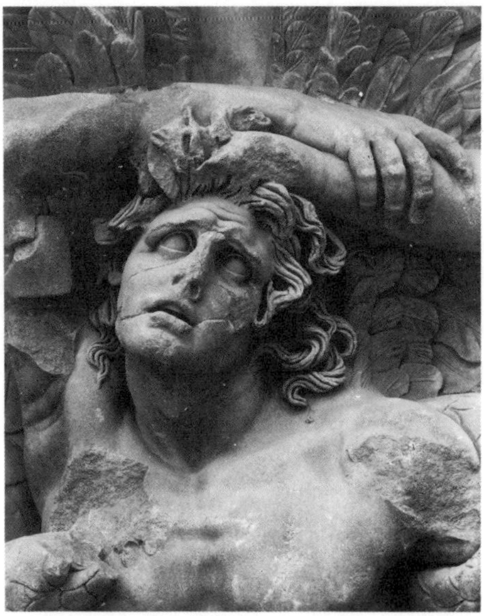

Die Emotionalität der **Pergamenischen Schule** wird in diesem Kopf eines geflügelten Riesen vom großen Zeusaltar, Pergamon, um 180 v. Chr., sehr deutlich.

Pergamenische Schule Das wohlhabende kleinasiatische Königreich Pergamon war ein Zentrum → hellenistischer Kunst. Die Bedrohung des Reiches durch den gallischen Einfall (278 v. Chr.) schlug sich in Skulpturen wie dem *Sterbenden Gallier* und dem sich selber tötenden und sich so der Gefangennahme entziehenden Gallier nieder. Der Stil ist entschieden → realistisch, läßt aber eine gewisse Sympathie für die stolzen, erbarmungslosen Invasoren erkennen. Dieser kraftvolle Realismus geht später in einen seichteren und affektierteren Stil über, so etwa im großen Zeusaltar des Eumenes II., dem bekannten Berliner *Pergamon-Altar* (um 150 v. Chr.), Staatliche Museen zu Berlin. Pergamon war auch der Haupthandelsplatz für → Pergament.

Pergament Nach dem Haupthandelsplatz → Pergamon benannter Schreib- und Bildträger aus gegerbten Tierhäuten. Ende des 2. Jahrtausends v. Chr. entwickelt, verdrängte P. erst im Laufe des 3./4. Jh.s n. Chr. das bis dahin für → Handschriften gebräuchliche Schreibmaterial, den → Papyrus (damit gleichzeitig Übergang vom → Rotulus zum → Kodex). In der → Buchmalerei erhielt das gelbliche Natur-P. bisweilen eine spezielle Rot- oder Blaufärbung als Grundierung für Gold- und Silberschrift. Da P. sehr teuer war, wurden nicht mehr benötigte Texte häufig abgeschabt und neu beschrieben (→ Palimpsest) oder auch zu Bucheinbänden verarbeitet. Das P. wurde erst seit dem 13. Jh. allmählich vom → Papier verdrängt, fand aber in der Einbandherstellung kostbarer Bücher, für Urkunden und Dokumente weiterhin Verwendung.

Perikopenbuch (Lektionar) Bezeichnung für → liturgische Bücher, die die bei der Lesung im katholischen Ritus benötigten Texte aus der Bibel enthalten, also Abschnitte (Perikopen, griech. eigentlich ›Verstümmelungen‹) aus der Apostelgeschichte, dem Alten Testament, den Evangelien und der Apokalypse, und zwar nach den Sonn- und Feiertagen des Kirchenjahres geordnet. Typen des P.s sind → Evangeliar (Zusammenstellung der Texte aus den Evangelien), Epistolar (Zusammenstellung der übrigen Texte, benannt nach ihrem Hauptbestandteil, den Episteln) und das alle Texte vereinigende Plenarium. Im → Missale sind auch die musikalischen Teile der Liturgie mitenthalten.

Peristyl (von griech. peri ›ringsum‹ und stylos ›Säule‹) 1. Ein offener Hof innerhalb eines Gebäudes mit einer rundum führenden → Kolonnade. 2. Eine ununterbrochene Kolonnade um ein Gebäude (→ Tempel, Grundriß).

Perlstab (auch Perlschnur) Architektonisches Ornament aus alternierenden halbkugelförmigen oder elliptischen und längsrechteckigen Elementen als Schmuck von → Gesimsen und → Friesen.

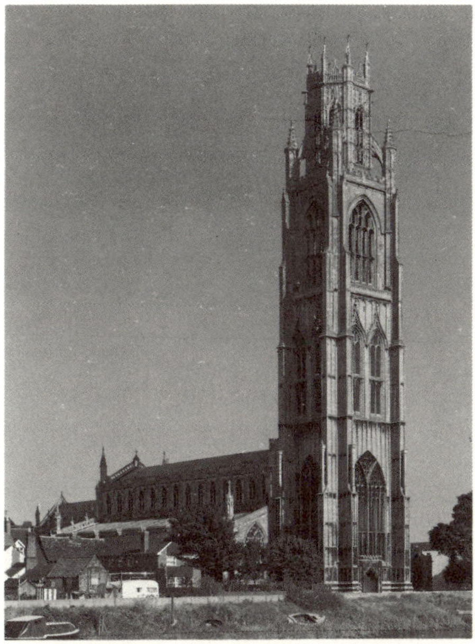

Perpendicular Style: Kirche St. Botolph, Boston, 14.–16. Jh.

Perpendicular Style Die letzte Hauptstilrichtung der englischen → gotischen Architektur. Sie entstand Ende des 14. Jh.s nach der großen Pestepidemie, in deren Folge eine Knappheit an fachkundigen Handwerkern eintrat, die die komplizierten Arbeiten des → Decorated Style hätten ausführen können. Die

Charakteristika des P. S. sind Vereinfachung und Geradlinigkeit mit einer starken Betonung der aufragenden Vertikale. Gegen Ende seiner Entwicklung wird der für die → Gotik typische Spitzbogen mehr und mehr abgeflacht. Das Äquivalent in Frankreich wird → Flamboyant-Stil genannt.

Persienne (frz.) Ein Fensterladen aus Lamellen, der entweder herabhängt oder mit Scharnieren an den Seiten versehen ist.

Perspektive Die Technik, ein dreidimensionales Objekt oder einen Raum auf einer Bildfläche darzustellen.

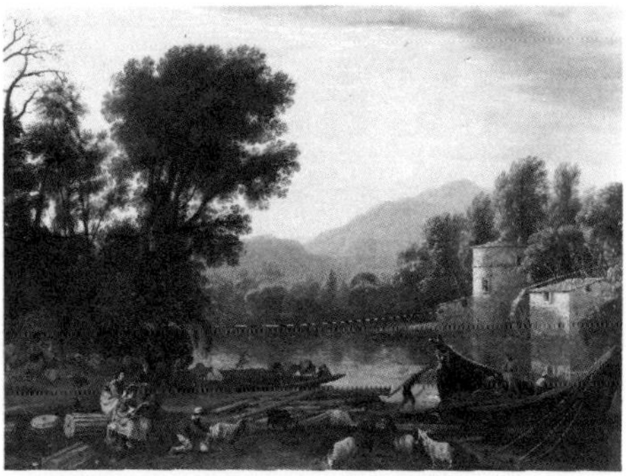

(Luft-)**Perspektive:** Claude Lorrain, *Die Mühle,* 1631. Mittel- und Hintergrund scheinen im Dunst zu verschwimmen.

Luftperspektive Ein Mittel zur Darstellung von Entfernung und Raumtiefe auf einem Gemälde, das sich der Wirkung der Atmosphäre auf das menschliche Auge bedient. Die weiter entfernt liegenden Partein erscheinen heller, Umrißlinien werden unschärfer, kleine Details verlieren sich. Mit zunehmender Entfernung bekommen die Farben eine deutlich blauere Tönung, sie werden insgesamt schwächer, und Farbkontraste treten weniger deutlich hervor *(Farbperspektive).* Diese Erscheinungen waren schon bei Freskomalern der römischen Zeit zu beobachten, sind aber insgesamt gesehen am typischsten für die europäische naturalistische → Landschaftsmalerei seit dem 16. Jh. Auch in der → chinesischen und → japanischen Tuschemalerei ist ein Versuch gemacht worden, die Luftperspektive einzusetzen.

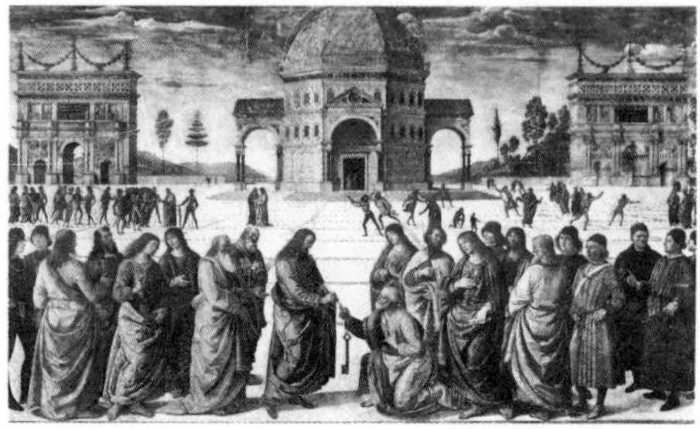

(Zentral-)**Perspektive:** Perugino, *Christus übergibt Petrus den Schlüssel,* 1481. Die Orthogonalen, die von den Linien der Pflasterung gebildet werden, führen das Auge des Betrachters zu einem zentralen Fluchtpunkt innerhalb des Kuppelbaus, der von zwei Triumphbogen flankiert wird.

Zentralperspektive Linearperspektive, bei der das Auge auf einen einzigen Fluchtpunkt in der Mitte der Komposition konzentriert wird, der gewöhnlich auf der Horizontlinie liegt.
Strahlenperspektive Hier werden wirkliche oder gedachte Linien eingesetzt, die einem oder mehreren Fluchtpunkten auf dem Horizont oder in Augenhöhe zustreben und dabei zurückweichende Ebenen verbinden.

Pfalz Mittelalterlicher Palast der deutschen Kaiser und Könige, die hier – in Ermangelung einer festen Residenz – bei den Rundreisen durch das Reich ihre politischen Geschäfte (Rechtsprechung, Verwaltung des Reichsbesitzes, Abhaltung von Synoden) tätigten.

Pfeifen Ornament, gebildet aus schmalen konvexen halbrunden Profilen, die gerade und extrem eng aneinander stehen, d. h. das Gegenstück zu Kanneluren (→ Kannelierung).

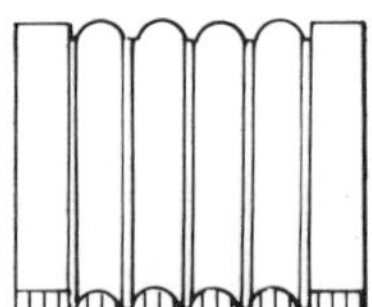

Pfeifen

Pfeiler Ein tragendes Architekturelement von rechteckigem oder polygonalem Grundriß (Ausnahme Rundpfeiler). Anders als die → Säule wurde der P. aus der massiven Wand heraus entwickelt. Außerdem ist er nicht mit einer → Säulenordnung verbunden und verfügt weder über → Entasis noch Verjüngung (→ Bündelpfeiler, Pilaster).

Pfeilerbasilika Häufig in → romanischen Kirchen anzutreffende Form der → Basilika, deren Arkaden nicht auf → Säulen, sondern auf → Pfeilern ruhen.

Pfetten In einem hölzernen → Dachgestühl horizontale Querbalken, die das → Sparrenwerk stützen.

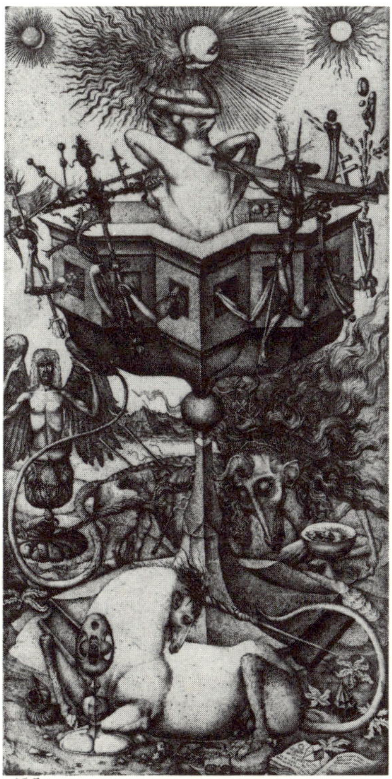

Phantastischer Realismus: Ernst Fuchs, *Die Zeugung des Einhorns,* 1951, mit deutlichen Einflüssen von Hieronymus Bosch und Gustave Moreau.

Phantastischer Realismus Stilrichtung, die sich aus dem → Surrealismus Hans Bellmers und Salvador Dalís entwickelte und im Rückgriff auf altmeisterliche Techniken und den Akademismus des 19. Jh.s eine phantastisch-erotische, durch ironische Brechung verfremdete und teilweise zur skurrilen → Groteske gesteigerte Ausdrucksweise schuf. Hauptvertreter sind seit den 1940er Jahren vor allem die → manieristisch malenden Künstler der → Wiener Schule, deren Bildsujets aus mythischen Themen, kosmischen Träumen, alttestamentlichen Fabeln und apokalyptischen Visionen bestehen. Zum deutschen p.n R. gehören die makabren Chamäleon-Zerrbilder Horst Janssens, in denen er einen kafkaesken Humor versprüht, wie auch die erotischen Frauengestalten Paul Wunderlichs und die astronomischen und feinmechanischen Gerätschaften Paul Meckseper.

Phiale (griech.) Niedrige henkellose Schale für die Gabe von Trankopfern (Libationen). Eine P. mit einer Höhlung in der Mitte, die als Griff für die Fingerspitzen dient, wird P. Mesomphalos genannt (→ Vasenformen, griechische).

Phiole (Fläschchen) Ein kleiner, gewöhnlich zylindrischer und gläserner Behälter für Flüssigkeiten und Getränke.

Physiologus (lat. von griech. physiologos ›Naturkundiger‹) Das auch als → Bestiarium bezeichnete mittelalterliche Tierkundebuch, das auf ältere Quellen zurückgeht und naturkundliches Wissen mit mythischen, christlichen und allegorischen Inhalten verbindet.

Piano nobile (ital. ›vornehmes Stockwerk‹) In einem italienischen Palazzo oder einer Stadtvilla das Hauptgeschoß, in dem sich die Empfangsräume befinden und das ein Stockwerk über der Erdoberfläche liegt (→ Beletage).

Pied-de-biche (frz. ›Hirschfuß‹) Eine Fußart an französischem Mobiliar des 18. Jh.s, entweder geschnitzt oder als Metallhuf, der Ähnlichkeit mit dem gespaltenen Huf eines Hirsches besitzt. Häufig mit dem → Cabriole-Bein kombiniert.

Pietà (ital. ›Mitleid‹) Darstellung des toten Christus, der im Schoß der trauernden Jungfrau Maria ruht. Als Typus hat die P. ihren Ursprung im 14. Jh. in Deutschland. Synonym: Vesperbild.

Pietre dure (ital. ›harte Steine‹) Italienische Bezeichnung für Halbedelsteine wie Achat, Amethyst, Lapislazuli u. a. Sie wurden bereits in frühester Zeit zu Schmuckgegenständen verarbeitet. Eine neue Blüte der P.-d.-Verarbeitung begann im späten 16. Jh. in Florenz, wo man sie u. a. auch für Einlegearbeiten an Möbeln benutzte (→ Florentiner Mosaik).

Pigment Ein Farbp. ist ein unlösliches, fein gemahlenes Pulver von intensiver Farbigkeit. Durch Hinzufügung von Bindemitteln (Anteigen‹ oder ›Anreiben‹) werden die Farbp. zu Malfarben verarbeitet. Das Bindemittel hält die P. sowohl untereinander als auch auf dem Malgrund fest und macht sie so vermalbar.

Piktogramm Ein stark vereinfachtes, zeichenhaftes Symbol für einen Gegenstand oder auch für eine menschliche Handlung.

Pilaster Ein flacher der Wand vorgelagerter, mit dieser verbundener → Pfeiler (Wandpfeiler), der häufig wie eine → Säule in Basis, Schaft und → Kapitell gegliedert ist. Er hat meist nur dekorative Funktion.

Pilgerflasche Eine runde oder birnenförmig abgeflachte Flasche mit ovalem Querschnitt, ausgestattet mit Schlaufenhenkeln, so daß man sie an der Schulter tragen kann. Die Form stammt von den getrockneten Flaschenkürbissen, in denen die Pilger ihr Trinkwasser transportierten, und taucht ab dem 16. Jh. sowohl bei chinesischem Porzellan als auch bei europäischen Metallarbeiten und Keramikwaren auf.

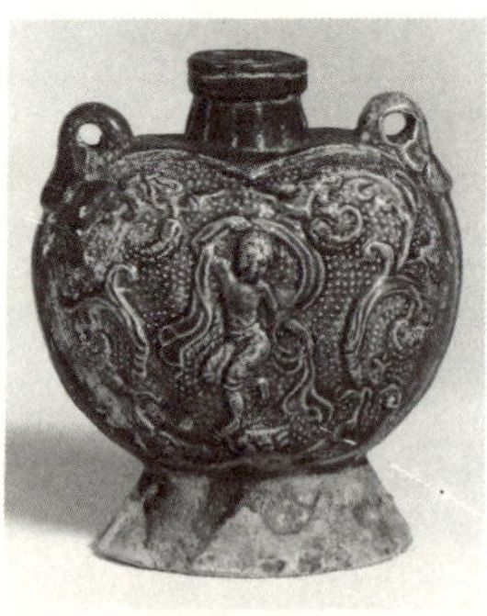

Pilgerampulle aus der Tang-Zeit. Der Reliefdekor zeigt in seinem Motiv klassischen Einfluß.

Piloten (frz.) Stützen, die bei einem modernen Gebäude das Erdgeschoß ersetzen, um Platz für Parkplätze etc. zu schaffen.

Pinakothek (von griech. ›Bilderkasten‹) Bildersammlung, Gemäldegalerie.

Pinchbeck (nach dem Namen eines englischen Uhrmachers, gest. 1732) Bezeichnung für eine Legierung aus Kupfer und Zink (in nahezu gleichen Teilen), aus der preiswerte Uhren und Schmuckstücke hergestellt werden, da sie Gold ähnelt.

Pinsel Wichtigstes Malgerät, bestehend aus gebündelten Tierhaaren, Borsten oder Kunstfasern, die mittels einer Bindung bzw. einer Hülse aus Metall oder anderem Stoff an einem Stiel befestigt sind. Je nach Vewendungszweck kann der P. verschiedene Formen und Härtegrade aufweisen. Das vordere Ende der ›Besteckung‹ kann gerade bis keilförmig sein oder auch in eine feine Spitze auslaufen. Im übrigen unterscheidet man je nach Art der Bestekkung, der Form usw. *Kluppenpinsel, Ringpinsel, Flachpinsel, Bürstenpinsel* usw.

Pinselstrich Die Spur, die der → Pinsel auf einer Malerei hinterläßt. Der P. läßt weitgehende Rückschlüsse auf das handwerkliche Können und die Arbeitsweise eines Malers zu. Er ist damit wichtiges Indiz für die Beurteilung der künstlerischen Leistung.

Pinselzeichnung Im Gegensatz zur → Federzeichnung wird bei der P. die Farbe oder Tusche mit Hilfe eines → Pinsels auf den Bildträger aufgebracht. Unter den → Tuschen sind vor allem die bräunlich getönten Sorten wie → Sepia und → Bister gebräuchlich. Bis zur → Renaissance diente die P. vorwiegend der Vorbereitung von Werken in aufwendiger

Technik und wurde daher als selbständige Kunstgattung wenig geschätzt. Albrecht Dürer lernte in Italien die feine Nuancierung atmosphärischer Werte in der P. kennen und erreichte ähnlich wie Albrecht Altdorfer und Hans Baldung gen. Grien eine betont zeichnerische Virtuosität, während die italienischen Renaissancekünstler mehr eine malerisch-skizzenhafte Form der P. bevorzugten, die ihren Höhepunkt im → Barock erreichte. Im → Rokoko trat die P. hinter das → Pastell zurück und wurde erst von Francisco Goya, Théodore Géricault und Eugène Delacroix wiederentdeckt.

Pinte Krug aus rheinischem Steinzeug des 16. und 17. Jh.s.

Piqué-Arbeit (frz. ›durchlöchert‹) Ein mit → Einlegearbeiten aus winzigen Goldpunkten geschmücktes Material, normalerweise Schildpatt oder Elfenbein.

Piscina (lat. ›Teich‹) 1. Schwimmbassin der → römischen → Thermen. 2. Taufbecken im → frühchristlichen → Baptisterium. 3. Wasserablauf für die liturgischen Waschungen an der rechten Chorwand neben dem → Altar.

Pisee(bau) (frz. pisé, pisé de terre) 1. Mit Stroh vermischte und gestampfte Erde, die zwischen Dielen gepreßt wird, bis sie trocknet. 2. Eine Konstruktionsart, die dieses Material verwendet (auch Stampfbau genannt) (→ Lehmflechtwerk).

Pithos (griech., pl. pithoi) In der → griechischen Antike Bezeichnung für einen großen Vorratskrug (→ Vasenform, griechische).

Pittura metafisica (ital. ›metaphysische Malerei‹) 1917 in Ferrara von den italienischen Malern Giorgio de Chirico und Carlo Carrà erfundener Begriff, um einen von de Chirico um 1913 entwickelten Stil zu bezeichnen, der später auch von Carrà (1917) und Giorgio Morandi (1918) übernommen wurde. Der Begriff typisiert eine ruhige, leere Architekturszenerie, die von geheimnisvoll unpassenden Gegenständen wie z. B. Schneiderpuppen belebt wird. Ihre Vorbilder fand die P. m. in

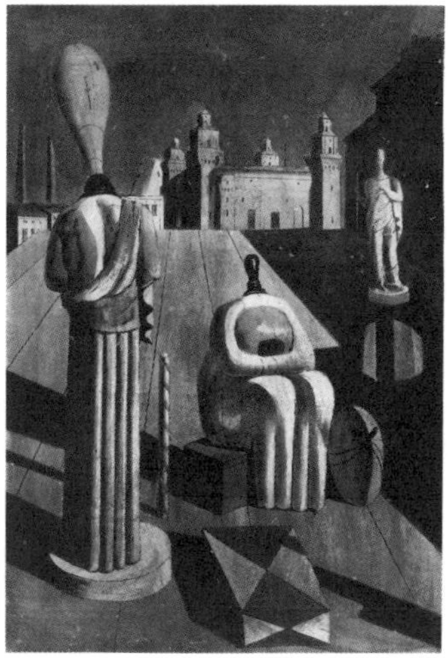

Pittura metafisica: Giorgio de Chirico, *Die unruhestiftenden Musen,* 1917.

der Malerei des → Quattrocento sowie in der phantastischen Bildwelt von Arnold Böcklin, Max Klinger oder Odilon Redon. Eine unwirkliche, magische Poesie gewinnen die realistischen Figurationen der P. m. nicht nur durch eine absurde Dingkombination, sondern auch durch die überbetonte Plastizität der Volumen im Raum, verstärkt durch starke Licht- und Schattenwirkungen und durch die unwirkliche, verzerrte Tiefenperspektive mit ihren oft verschieden hohen Horizontlinien. Das Bemühen der P. m., die metaphysische Bedeutung gewöhnlicher Dinge zu enthüllen, indem sie in einen ungewöhnlichen, alogischen, verfremdenden Zusammenhang gestellt werden, inspirierte den nachfolgenden → Surrealismus.

Plakat Meist großformatiges Werbeinstrument und Produkt der → Gebrauchsgrafik, das durch seine Kombination von Text und Bild auf einen bestimmten Sachverhalt mit pointierter Deutlichkeit und massenpsychologischer Wirksamkeit hinweisen will. Das P. entwickelte sich aus dem Flugblatt, und seine Geschichte als künstlerisch gestaltete → Grafik beginnt mit den P.en des französischen Malers Jules Chéret, der seit etwa 1870 dreifarbige, lithographisch hergestellte P.e herausgab. Auch

Henri Toulouse-Lautrec, der 1891 mit seinem P. zur Eröffnung des ›Moulin Rouge‹ schlagartig bekannt wurde, bediente sich der mehrfarbigen → Lithographie. Das künstlerisch gestaltete P. stand stilistisch den jeweils vorherrschenden Kunstrichtungen nahe, etwa die → Jugendstil-P.e Aubrey Beardsleys sowie die → dadaistischen und → expressionistischen P.e der 1920er Jahre. Die Dadaisten und die Künstler der → russischen Avantgarde entwickelten in den 1920er Jahren mit Hilfe der → Collage und der → Fotomontage einen neuen, sozialkritisch und politisch engagierten P.-Typ, der mehr Agitation und Kritik sein wollte als Werbeinstrument. Nach dem Zweiten Weltkrieg trat die künstlerische P.-Gestaltung bis zu ihrem Wiederaufleben in der → Pop Art in den Hintergrund.

Plakatfarbe Synonym für → Gouache.

Plakette Eine ornamentale Tafel mit einem kleinen Relief, das an eine Medaille erinnert, jedoch fast immer einseitig und rechteckig oder unregelmäßig statt rund ist.

Planieren Das Entfernen von Unregelmäßigkeiten von einer Metallplatte mit einem weichen Hammer (Planierhammer). Siehe auch Treiben.

Plastik siehe Bildhauerei

Plastizität 1. Die reale oder scheinbare Dreidimensionalität eines Kunstwerks und sein Verhältnis zum ihn umgebenden Raum. 2. Die Formbarkeit weicher, aber stabiler Materialien, die es ermöglicht, sie leicht zu formen oder zu modellieren.

Plateresker Stil (span. Estilo Plateresco [von platería ›Silber-, Goldschmiedearbeit‹]) Spanische Architektur aus der Zeit um 1520, in der Elemente der → Gotik und der → Renaissance verbunden sind. Der Stil ist oft so überladen, daß er eher an feine Metallarbeiten als an Steinmetzwerke denken läßt.

Platinotypie 1. Ein um 1859 erfundenes → fotografisches Vergrößerungsverfahren; es wurde jedoch erst ab 1879 mit seinem kommerziellen Einsatz allgemein gebräuchlich. Anstelle von Silbersalzen wurde Platin verwandt. Dieses Verfahren bot die Vorteile größerer Haltbarkeit und feinerer Tonabstufung. (Der Preisanstieg für Platin während des Ersten Weltkrieges brachte jedoch diese Technik außer Gebrauch). 2. Ein in diesem Verfahren hergestellter fotografischer Abzug.

Plattenrand Der Abdruck, der auf dem Papier von der Kante der Druckplatte beim Drucken einer → Radierung, eines → Kupferstiches oder einer → Monotypie zurückbleibt.

Plattnerkunst Bezeichnung für das Schmieden, Treiben und Verzieren von Turnier-, Prunk- und Feldharnischen durch den Plattner. Die P. hatte im ausgehenden 15. und 16. Jh. ihre Blütezeit, als kunstvoll gearbeitete Harnische durch Ätzung, Gravierung, → Tauschierung und Vergoldung reich verziert und mit modischen Raffinessen ausgestattet wurden.

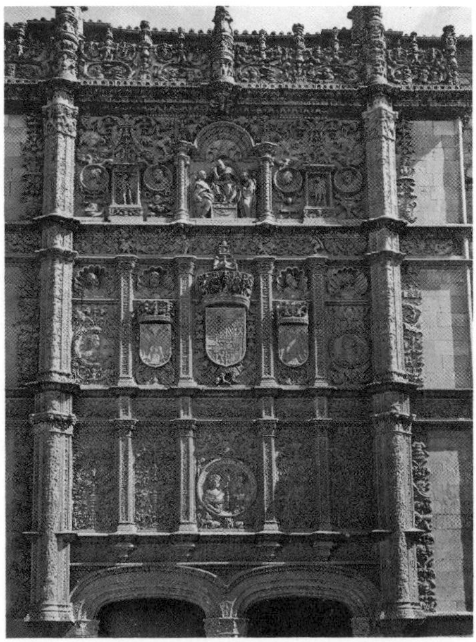

Plateresker Stil: Die reich verzierte Renaissance-Fassade der Universität von Salamanca, 1529.

plein, en siehe Email

Pleinair (frz.), Pleinairmalerei Bezeichnung für Malerei im Freien, statt im Atelier, die im 19. Jh. aufkam und auf Anregung Edouard Manets das Grundprinzip des → Impressionismus wurde.

Plenarium → Liturgisches Buch der spätmittelalterlichen Kirche, das alle für die Lesung der Messe benötigten Texte aus Evangelien und Episteln sowie kurze glossenartige Erläuterungen enthält. Das deutschsprachige P. wurde seit Beginn des 15. Jhs. in → Handschriften verbreitet und seit 1475 auch häufig mit zahlreichen → Buchillustrationen gedruckt.

Plinthe Die viereckige Platte am Fuß eines Stützglieds (→ Säulenordnung).

plique à jour siehe Email

Pochade Französische Bezeichnung für eine flüchtige, im Freien angefertigte Skizze.

Pochoir Form der Straßenkunst, die Anfang der 1980er Jahre in Paris entstand. Dabei werden Motive mit Hilfe von vorgefertigten Schablonen und Lackspray an Hauswänden etc. angebracht. P. kombiniert also Elemente aus → Graffiti und → Serigraphie (Serigraffiti).

Podium 1. Ein durchgehender Sockel, der eine Säulenreihe trägt. 2. Der unterste Teil der Basis einer einzelnen → Säule (Synonym für → Plinthe). 3. Der sockelartige Unterbau eines Gebäudes.

Pointillismus (frz. point ›Punkt‹) → Spätimpressionistische Stilrichtung (vgl. auch → Divisionismus und → Neoimpressionismus). Die Bezeichnung P. wurde 1886 von dem Kunstkritiker Fénéon geprägt, der damit die Malweise von Georges Seurat, Paul Signac und Camille Pissaro beschreiben wollte, bei der sich das Bild aus unzähligen kleinen Tupfern reiner Farbe zusammensetzte, die erst im Auge des Betrachters zu einer optischen Mischung gelangten und die flimmernde Wirkung farbigen Lichts erzeugten. Der P. war eine Reaktion auf die intuitive → impressionistische Farbzerlegung, der die Pointillisten eine wissenschaftlich fundierte Grundlage geben wollten. Der methodische Inspirator der Bewegung war Seurat. Er hatte Farbtheorien von Eugène Delacroix und Ogden Rood studiert, vor allem aber die von Michel Eugène Chevreul aufgestellten Gesetze von den ›Simultankontrasten der Farbe‹. Signac und Henri Edmond Cross entwickelten später einen abstrakteren P. mit größeren Farbflecken. Signac wurde nach Seurats Tod (1891) der Hauptvertreter des P. und veröffentlichte 1899 seine dogmatische Schrift *›Von Eugène Delacroix zum Neoimpressionismus‹*. Durch die prismatische Farbzerlegung und den Aufbau des Bildes aus Farbkontrasten waren die Pointillisten (bzw. Neoimpressionisten) zu der Erkenntnis gelangt, daß Farbe einen selbständigen Ausdruckswert habe, daß das Bild, unabhängig von der realen Vorlage, ein selbständiges Ordnungsgefüge sei und »Kunst die Harmonie aus Kontrasten«. Damit hatten sie einen bedeutenden Beitrag zur Entwicklung des ›autonomen Bildes‹ geleistet. Der P. hatte eine weitreichende Wirkung auf die verschiedensten Künstler und Kunstrichtungen der frühen Moderne wie → Fauvismus, → Futurismus und → Orphismus.

Pokal Mit Fuß, Schaft und Schale, oft auch mit Deckel ausgestattetes Trinkgefäß aus Metall oder Glas, das ab dem 15. Jh. eine reiche Verzierung erfuhr. So bildete man die Schale des P.s in → Renaissance und → Barock häufig aus Halbedelsteinen oder Elfenbein, bzw. man verarbeitete Kokosnußschalen, Schnekken- und Muschelgehäuse (Nautilus-Muscheln) aus den Überseeregionen.

Polen-Teppich Eine ausgesprochen wertvolle Teppichart, die in Persien im 16. und 17. Jh. hergestellt wurde und wohl hauptsächlich für den Export und als diplomatisches Geschenk bestimmt war. Früher hielt man Polen für das Herkunftsland dieser Teppiche, da dort viele Exemplare gefunden wurden, daher der Name. Sie haben einen Seidenflor und sind häufig von Gold- und Silberfäden durchzogen.

Polychromie Vielfarbigkeit im Gegensatz zur → Monochromie. Man spricht von einer polychromen Farbgebung, wenn die Farben keine weichen Übergänge haben, sondern im kräftigen Wechsel gegeneinander abgesetzt sind.

Polyptychon Ein aus mehr als drei Tafeln zusammengefügtes (üblicherweise klappbares) Gemälde.

Ponderation Harmonische Ausbalancierung der Massen bzw. der Körperschwere bei der bildhauerischen Gestaltung einer Figur (→ Kontrapost).

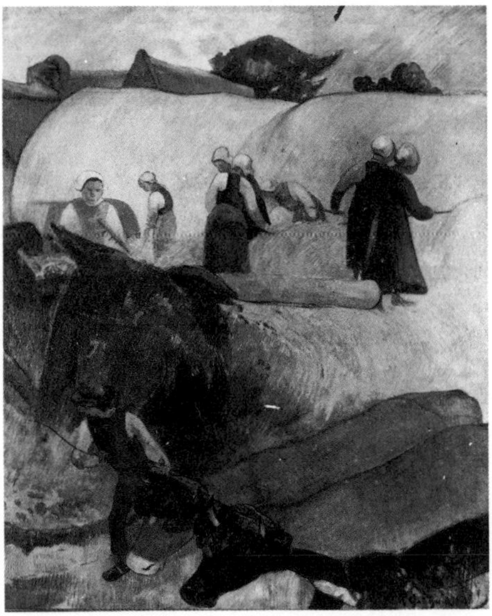

Schule von **Pont-Aven:** Paul Gauguin, *Die Heuhaufen,* 1889.

Pont-Aven, Schule von Eine Malergruppe um Paul Gauguin als Inspirator und führende Persönlichkeit, die in und bei der Stadt Pont-Aven in der Bretagne tätig war. Gauguin besuchte Pont-Aven 1886 zum erstenmal und begann bei seinem zweiten Aufenthalt 1888, Anhänger um sich zu sammeln, vor allem Emile Bernard, Paul Sérusier, Meyer de Haan, Séguin und Verkade. Gauguin lehnte den → Naturalismus ab und vertrat einen symbolischen Ausdruck von Ideen und Emotion, der später auch Einfluß auf die → Nabis-Gruppe ausüben sollte.

Pop Art Kunstrichtung, die vom Bildgut der Konsum- und Massenkultur (z. B. Comicstrip, Pin-ups und Verpackungen) in einer fein ausgewogenen Mischung aus Ironie und Verherrlichung Gebrauch macht. Sie nahm in den 1950er Jahren ihren Anfang mit verschiedenen Untersuchungen zur Alltags- und Subkultur, die besonders von Mitgliedern der Independent Group am Institute of Contemporary Arts (ICS) in London anhand von Trivialmagazinen, Reklameannoncen und Science-fiction-Illustrationen durchgeführt wurden. In der amerikanischen Kunst setzte die Entwicklung zur P. A.-Figuration mit Robert Rauschenbergs → Combine Paintings ein, die Warenhausutensilien und diverse Abfallprodukte wie → Fotos und Stoffetzen in das gemalte Bild einfügten. Zur gleichen Zeit malte Jasper Johns seine Fahnenbilder (1958), die mit ihrer direkten, farbintensiven Sprache und lapidaren Einfachheit eine ironische Antithese zum → Abstrakten Expressionismus aufstellten. In den 1960er Jahren erlebte die P. A. ihre Hochblüte als der vorherrschende Stil, nachdem sie gewisse Ideen in sich aufgenommen hatte, die im → Dada wurzelten. Sie übte einen entscheidenden Einfluß aus auf die bildende und die → angewandte Kunst. Die bekannten P. A.-Künstler der New Yorker Szene und der amerikanischen Westküste Roy Lichtenstein, Claes Oldenburg, Mel Ramos, James Rosenquist, Andy Warhol und Tom Wesselmann benutzten grelle Leuchtfarben, die der Farbskala der modernen Neonreklame entnommen waren und bezogen ihren Themenkatalog aus der Warenhaus- und Vergnügungsindustrie, wobei die Dinge und Erscheinungen des Alltags mit kühler Überpointierung aus ihrer nebensächlichen Existenz in die ikonographische ›Superstar‹-Bildtafel transformiert wurden: Oldenburg fertigte riesige Telefone, Waschbecken und Lichtschalter aus Leinenstoff und modellierte monumentale Kuchenstücke und Wurstbrötchen, Wesselmann variierte in seinen *Great American Nudes* stets aufs neue den Pin-up-Glamour zu stilisierenden → Emblemen, und Warhol erklärte

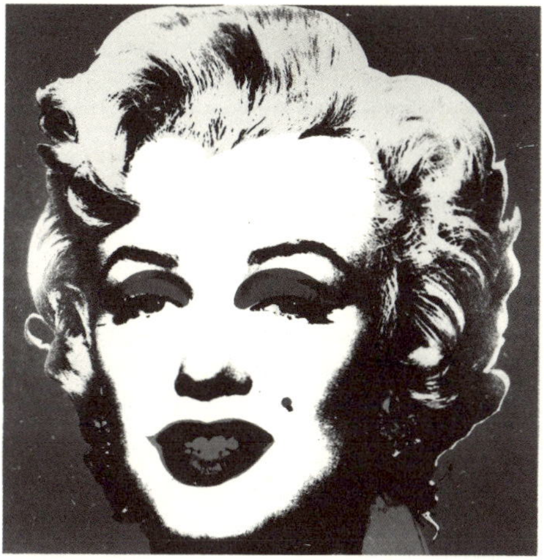

Pop Art: In seinem *Marilyn-Monroe*-Siebdruck setzte Andy Warhol absichtlich grobe Schablonen ein.

die Suppenbüchse oder die Coca-Cola-Flasche ebenso zum Superstar wie das Film- und Rockidol; Lichtenstein verwies auf den ästhetischen Reiz des trivialen → Comic-strip, den er zu gerasterten Riesentafeln verfremdete, und die Künstler der Westküste versuchten mit überakzentuierter Schärfe, die Techniken der Werbegrafik und deren Effekte der Anonymität und Massenwirksamkeit zu verdeutlichen. Während in der amerikanischen P. A. die stilisierende Ikonographie dominierte, erhielt die englische P. A. von Peter Blake, Jim Dine, Richard Hamilton, David Hockney, Allen Jones, R. B. Kitaj und Peter Phillips durch spontane Improvisationsgesten die Ausdruckselemente des momentanen, individuellen Sentiments. Beiden Richtungen gemeinsam war die Konzentration auf die aktuellen Themen und Erscheinungen der jeweiligen Zeitsituation sowie die Ausnutzung der → Collagetechniken, um mit greller und ironischer Pointierung den Lebensinhalt des modernen Menschen im Bild festzuhalten, der von Konsumgütern als Sozialfetischen, von banalen Idolen und von einem trivialen Unterhaltungsbedürfnis bestimmt ist. Die P. A. implizierte somit in ihrer Zustandsschilderung der industriell bestimmten Zivilisation zugleich Verherrlichung und Kritik der modernen Warenkultur, indem sie auch die Kunst in die Warenmechanismen integrierte. »P. A. will ohne jede Illusion die Dinge selbst zu Wort kommen lassen.« (Warhol)

Porcelaine de Paris Das in einer Anzahl kleiner Manufakturen in und um Paris ca. 1770–1830 hergestellte → Porzellan. Diese Fabriken standen unter königlicher oder adliger Schirmherrschaft und konnten deshalb das Monopol umgehen, das der Manufaktur in Sèvres von Ludwig XV. erteilt worden war.

Portikus Bezeichnung für eine → säulen- oder → pfeilergestützte Vorhalle oder einen Säulenvorbau, der meist monumentalen Bauwerken vorgelagert ist.

Porträt Bildnisdarstellung eines Menschen in → Bildhauerei, → Malerei, → Zeichnung und → Grafik. Meist wird der Kopf als Träger der charakteristischen, individuellen Merkmale dargestellt (Bildniskopf). Bei Hinzunahme des oberen Brustteils spricht man von *Büste,* bei Hinzunahme der ganzen Brust von *Bruststück.* Weitere Porträtformen sind die *Halbfigur,* das *Kniestück* und die *Ganzfigur.* Nach der besonderen Kopfstellung unterscheidet man Vorderansicht (en face), Seitenansicht (Profil) und Halbprofil.

Porzellan Eine extrem harte, durchscheinende Keramikart aus feuerbeständiger, reinweißer Kaolinerde, Quarz und schmelzbarem Feldspat, die bei hohen Temperaturen (1250 bis 1350 °C) gebrannt wird. Sie wurde erstmals im 7. oder 8. Jh. n. Chr. in der chinesischen Tang-Zeit produziert und seit 1520 in größeren Stückzahlen nach Europa eingeführt. 1708/09 gelang Johann Friedrich Böttger in Dresden die Erfindung des europäischen P.s. 1710 wurde die erste europäische Manufaktur in Meißen gegründet, danach folgten die Manufakturen des → Wiener P.s sowie das Frankenthaler P., das → Ludwigsburger P., das → Nymphenburger P. und das Fürstenberger P. In Frankreich wurde das dem Glas verwandte *Frittenporzellan* (aus der porösen Masse – Fritte – des Porzellanpulvers) von → Sèvres führend in künstlerischer Gestaltung und Verzierung, in England das → Wedgwood-P. Chinesisches P. ist zumeist *Weichporzellan* und zeigt häufig eine zarte Grün- oder Blaufärbung des Scherbens, Meißner P. ist dagegen *Hartporzellan*, eine Unterscheidung, die aus der unterschiedlichen Höhe der Brenntemperatur resultiert. Der geformte Scherben wird nach dem ersten (in der Temperatur nicht zu hohen) Vorglühbrand im stärkeren Garbrand mit einer glasähnlichen harten Schicht überzogen. Die Verzierung des Scherbens geschieht durch Färben der Scherbenmasse, durch farbige → Glasur oder durch das Aufmalen von Farben in der sogenannten Porzellanmalerei. Bei der *Unterglasurmalerei* wird der Scherben vor dem Garbrand bemalt und dann durch eine farblose Glasur geschützt. Am häufigsten ist die Unterglasurbemalung in Kobaltblau wie z. B. das Zwiebelmuster des → Meißner P.s. Bei der *Aufglasurmalerei* werden → Muffelfarben auf die Glasur aufgemalt und bei schwacher Hitze in die Glasur eingebrannt.

Positiv 1. Von einem fotografischen Negativ abgezogener → Druck. 2. Ein Reliefobjekt, das mit einem → Intaglio-Stempel oder einer → Form hergestellt wurde.

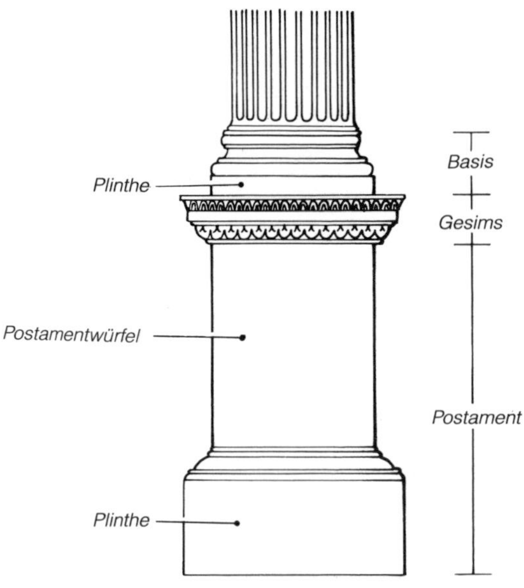

Teile des **Postaments**

Postament (auch Piedestal) 1. Der unterste Teil eines tragenden Mauerwerks an einer klassischen → Säule. 2. Eine Basis, die eine Statue oder einen anderen Gegenstand trägt. Synonym: Sockel.

Postimpressionismus siehe Spätimpressionismus

Postmoderne Begriff zur Beschreibung des Versuchs, die Tradition des Modernismus in der Architektur des 20. Jh.s mit Anleihen an die → Klassik, an ortsübliche Bauweisen und kommerzielle Stile zu modifizieren und zu erweitern. Viele dieser Zitate sind ironisch eingesetzt. Das Wort wurde im architektonischen Kontext erstmals 1949 von Joseph Hudnut verwandt, fand jedoch erst seit 1975 weitere Verbreitung dank der publizistischen Aktivitäten von Charles Jencks und seiner Nachfolger. In Jencks' Buch ›Postmoderne‹ (Stuttgart 1987) wird der Begriff ausgiebig behandelt. In der Architektur schlägt sich die P. vor allem in einem beliebig durch die Kunstgeschichte schweifenden Stileklektizismus nieder, der die übernommenen Zitate dem Zeitgeist entsprechend aufbereitet. In der Malerei ist für die P. ein Rückgriff auf das Zeichenrepertoire der Mythen- und Kulturgeschichte sowie ein rigoroser Subjektivismus kennzeichnend, der sich in sinnlichen Farbgebärden und emotionsstarken oder auch witzig-pointenhaften Zitatkombinationen äußert. Sowohl in der Architektur wie auch in der Malerei dominiert die Tendenz zur Inszenierung, in der sich der subjektive kombinatorische Umgang mit den Anleihen aus der Kunstgeschichte quasi bühnenhaft darbietet.

Post-Painterly Abstraction siehe Nachmalerische Abstraktion

Potiche (frz.) Ein henkelloser Ton- oder Porzellankrug mit Deckel. Die Form soll von chinesischen bronzenen Weingefäßen der Zhou-Dynastie (1122–249 v. Chr.) abstammen.

Potlatch (engl., von Nootka patlatsh ›Geschenk‹) Ein Begriff, der seinen Ursprung in den Indianerkulturen der Nordwestküste

Nordamerikas hat und auf andere primitive Kulturen ausgedehnt wurde. Er bezeichnet einen Wettkampf im zeremoniellen Ausstellen, Zerstören und Verschenken von Gütern, einschließlich Kunstwerken.

poupée, à la (frz. ›mit der Docke‹) Eine Technik der Herstellung von Farbradierungen und -stichen mit mehreren Abdrücken von der gleichen Platte, wobei jedesmal eine andere Farbe mit Hilfe einer Docke (Papierrolle oder Stoffballen) aufgetragen wird. Diese Methode wurde erstmals im 17. Jh. in Holland angewandt.

Prähistorische Kunst Kunst des → Paläolithikums und des → Neolithikums bis zur → Bronze- und → Eisenzeit. Sie wurde in ganz Europa von den verschiedensten Völkern geschaffen, die eher in Stammes- als in voll entwickelten Nationenformen organisiert waren. Die p. K. umfaßt alles künstlerische Schaffen in jenem Zeitraum der menschlichen Frühzeit, aus dem es noch keine schriftlichen Überlieferungen gibt.

Präkolumbianisch Von den Eingeborenenvölkern Nordamerikas vor Kolumbus' erster Reise im Jahre 1492 geschaffen.

Präraffaeliten (The Pre-Raphaelite Brotherhood) Die ›präraffaelitische Bruderschaft‹ war eine Vereinigung englischer Künstler, 1848 von William H. Hunt, John E. Millais, Dante G. Rossetti, dem Bildhauer Woolner, James Collinson, Frederick G. Stephens und William M. Rossetti mit dem Ziel gegründet, die in der damaligen englischen Kunst herrschende Nachlässigkeit in der Technik und Seichtheit in der Thematik zu reformieren. Die P. forderten eine seelische Vertiefung der Kunst und eine klare, dekorative Vereinfachung der Komposition, wobei sie ihre Vorbilder in den Malern des → Quattrocento, den Vorläufern Raffaels, sahen. Der durch das Vorbild der → Nazarener angeregte Bund fiel bereits ab 1852 aufgrund der verschiedenen, oft gegensätzlichen künstlerischen Anschauungen und mangels einer einheitlichen, verbindlichen Zielsetzung auseinander. Trotzdem hatte die Bewegung weitreichende

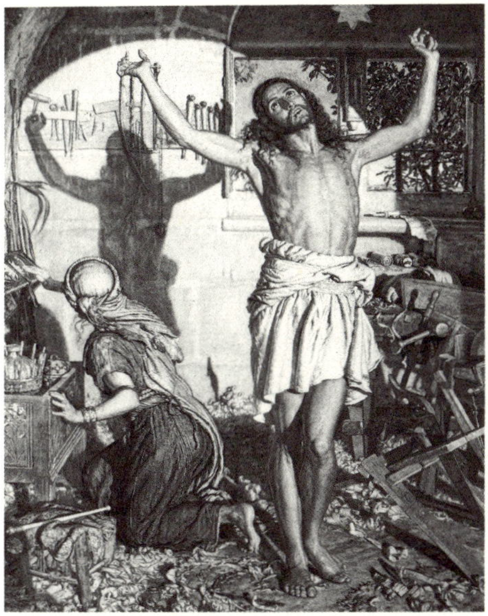

Holman Hunts Gemälde *Der Schatten des Todes,* 1873, das Christus in der Zimmermannswerkstatt zeigt. Es macht die für die **Präraffaeliten** typische Verbindung von extremem Realismus und stark symbolischen Elementen deutlich.

Wirkung auf die englische Kunstentwicklung; sie schaffte vor allem durch William Morris und Edward Burne-Jones, die den P. nahestanden, die Voraussetzung für eine Erneuerung des Kunsthandwerks und die Entwicklung des englischen → Jugendstils.

Präzisionismus (Precisionism) Amerikanische Kunstströmung der 1920er und 1930er Jahre, deren Hauptvertreter – auch die ›Immaculates‹ (die Reinen) genannt – Charles Demuth, Charles Sheeler, Edwin Dickinson, Crawford und Georgia O'Keeffe waren. Ausgehend von → Kubismus und → Purismus, suchte der P. nach der dem Bildgegenstand zugrundeliegenden Struktur und gelangte unter Verwendung gerader Linien, flächiger Ebenen und einer streng formalen, geometrischen Bildordnung zu einer Abstrahierung des Wirklichkeitsbildes, ohne dessen Integrität zu zerstören. Starken Einfluß auf den P. hatte die → Fotografie, von der die Maler selbst auch Gebrauch machten (vor allem Sheeler). Dieser

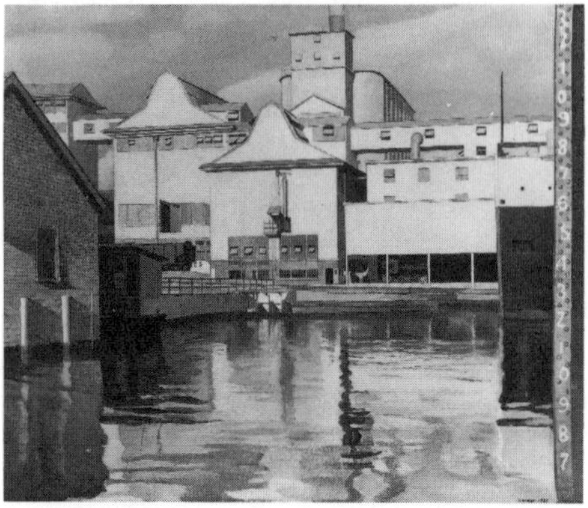

Präzisionismus: Charles Sheeler, *Ford-Werke, River Rouge,* 1932.

Einfluß drückte sich in der harten Präzision der Formen, der Glätte der Oberflächen und dem scharf eingestellten Brennpunkt aus. Als Bildmotive bevorzugten die Maler des P. die Stadtarchitektur, die Industrielandschaft oder Maschinenobjekte, in deren mathematisch und funktionell bestimmter Form die kühle, glatte Formstereometrie bereits von selbst in Erscheinung trat und in denen sie ihre Vorstellung vom modernen, technischen, urbanen Amerika verkörpert sahen. Der P. hatte große Nähe zur → Neuen Sachlichkeit.

PRB (Pre-Raphaelite Brotherhood) siehe Präraffaeliten

Predella (ital. ›Altarstaffel‹) Im späten Mittelalter und auch in der → Renaissance der gemalte oder mit → Reliefs geschmückte Unterbau des Altars, oft mit einer Folge kleinformatiger Szenen aus dem Leben des oben groß dargestellten Heiligen, zuweilen aber auch nur aus einer einzigen Szene bestehend. Im → Barock diente die P. häufig als Reliquienschrein.

Presbyterium Der dem Klerus vorbehaltene Teil einer Kirche.

Priependach siehe Mönch- und Nonnendach

Primärfarben Bezeichnung für die drei Grundfarben Blau, Gelb, Rot. Aus diesen P.farben lassen sich alle anderen Farben mischen, sie selbst können nicht aus anderen Farben gemischt werden (→ Farbkreis).

Primitive Kunst 1. Die Kunst der Eingeborenen Schwarzafrikas, Ozeaniens und der Indianerkulturen Amerikas. 2. Die Arbeiten autodidaktischer und schlichter Künstler jeder Epoche.

Primitivismus 1. Jede Kunst, die bewußt Charakteristika der → primitiven Kunst übernimmt. 2. Russische Kunstrichtung von ca. 1905 bis 1920, die Einflüsse russischer Volkskunst mit Ideen kombinierte, die dem → Kubismus und dem → Futurismus entlehnt waren. Zu ihren Vertretern zählen Michail Larionow, Natalia Gontscharowa und der junge Kasimir Malewitsch (→ Eselsschwanz).

Probedruck Nicht für die Öffentlichkeit bestimmter Probeabzug vom Druckstock beim → Holzschnitt und → Kupferstich nach Beendigung der künstlerischen Plattenverar-

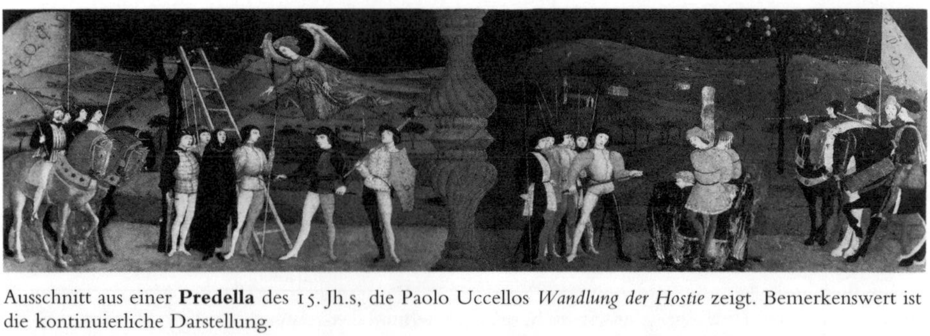

Ausschnitt aus einer **Predella** des 15. Jh.s, die Paolo Uccellos *Wandlung der Hostie* zeigt. Bemerkenswert ist die kontinuierliche Darstellung.

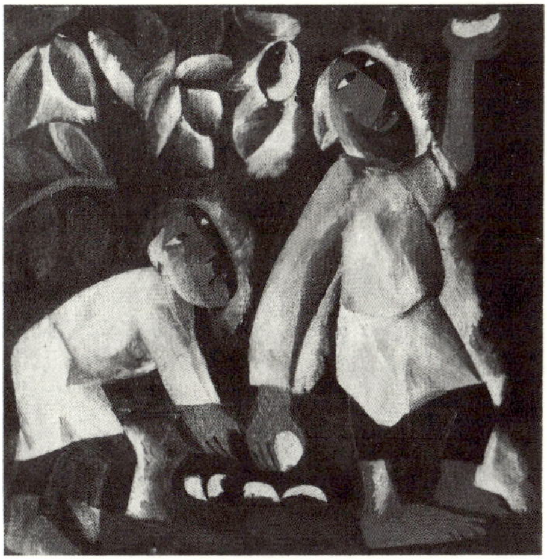

Primitivismus: Natalia Gontscharowa, *Apfelernte,* 1911. Das Bild zeigt die Einflüsse russischer Volkskunst und des französischen Kubismus auf die russische avantgardistische Malerei jener Zeit.

beitung zur Kontrolle von Druckvorlage und Druckvorgang. P.e existieren oft von verschiedenen Arbeitszuständen und spiegeln als *Zustandsdrucke* die einzelnen Etappen des künstlerischen Gestaltungsprozesses.

Profil 1. Querschnitt eines Bauteils, zum Beispiel eines → Gesimses (→ Karnies, → Stab). 2. Das Bildnis einer Person in Seitenansicht (→ verlorenes Profil).

Projektion Die Darstellung (oder die Technik der Darstellung) eines dreidimensionalen Objekts, besonders eines Gebäudes, auf einer Fläche, wobei eines von verschiedenen, jeweils in sich schlüssigen (kohärenten) Systemen zur Anwendung kommt.
Die *Isometrie* zeigt die Horizontalen einer Struktur in gleichen Winkeln (üblicherweise 30 Grad) zur Grundlinie. Auf diese Weise wird ein von zwei Wänden gebildeter rechter Winkel in der Zeichnung stumpf. Die isometrische Projektion eignet sich besonders, wenn Details auf mehr als einer Fassade gezeigt werden sollen.
Die *Architekturzeichnung* zeigt Grundriß und Aufriß als getrennte Zeichnungen.

Proletkult 1917 gegründete sowjetische Kultur- und Bildungsorganisation der Arbeiter mit dem Ziel, eine neue proletarische Kultur (daher der Name) als agitative Massenkunst der Werktätigen zu schaffen. Im P. sollte das Proletariat eine eigene Klassenkunst erhalten, um seine Kräfte auch im kulturellen Kampf für den Kommunismus einsetzen zu können. Auf den Widerspruch Lenins stieß der P. mit seiner Negierung des bürgerlichen Kulturerbes und seiner Proklamation eines autonomen, nicht durch die Partei kontrollierten Kulturkampfes. Das Grundsatzprogramm wurde durch zahlreiche Wanderausstellungen gefördert, die das Leben in der Fabrik, die Kollektivierung der Landwirtschaft, die Rote Armee und die revolutionäre Bewegung verherrlichten. Der P. stellte als neuen Heldentypus den revolutionären Arbeiter heraus, wobei der Realitätsbezug zugunsten eines heroisierenden Pathos aufgegeben wurde. In den 1920er Jahren verlor der P. rasch an Bedeutung.

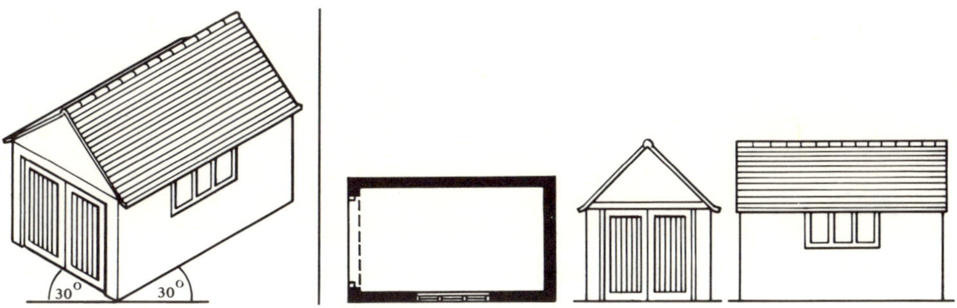

Projektion: Isometrie und Architekturzeichnung.

Pronaos (auch Pronaon) (griech. ›vor dem Naos‹) Der Vorraum vor dem → Naos eines antiken → Tempels. Die Seiten werden von Wänden gebildet, die Front jedoch nur von → Säulen.

Proportion Das Verhältnis der einzelnen Teile eines Gebäudes oder eines Kunstwerks zueinander und zum Gesamten.

Proportionskanon In der bildenden Kunst, speziell in der → Bildhauerei, eine mathematische Formel, die die idealen Proportionen der verschiedenen (menschlichen und tierischen) Körperteile festlegt, z. B. die Relation des Kopfes zum → Torso. Solche Verhältniszahlen wurden schon früh bestimmt – mit Sicherheit schon im Alten → Ägypten – und waren griechischen Bildhauern des 5. vorchristlichen Jh.s bekannt.

Propyläen 1. Die Toranlage der Akropolis von Athen, die der Architekt Mnesikles 438 bis 432 v. Chr. erbaute. Der Nordwestflügel der P. enthielt eine → Pinakothek. 2. Allgemeiner auch Bezeichnung für jede Toranlage eines abgeschlossenen Tempelbezirks.

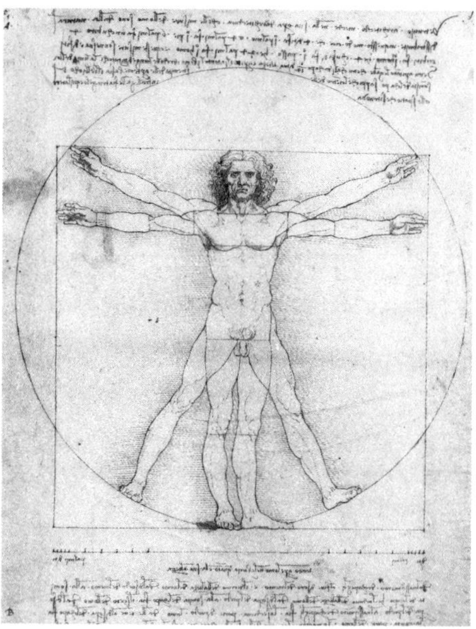

Proportionskanon: Diese Zeichnung des Menschen nach Vitruv von Leonardo da Vinci, um 1490, halbiert die Figur oberhalb der Genitalien. Das Verhältnis der Entfernung von Scheitel zu Bauchnabel und von Bauchnabel zu Fußsohlen entspricht 1 : φ, dem goldenen Schnitt.

Prospekt 1. Im Theater der gemalte Bühnenvorhang oder -hintergrund, der seit dem 16. Jh. mit raumillusionistischer Wirkung ausgestattet wird. 2. In der Malerei die Darstellung von Gebäuden, Straßen, Plätzen und Städteansichten in streng → perspektivischer Form (→ Vedute).

Prothesis (griech. ›vor dem Platz‹) Ein Raum nördlich des Heiligtums in einer → byzantinischen Kirche, in dem die Sakramente aufbewahrt werden.

Protoporzellan Bei hohen Temperaturen gebranntes Steingut, das in China im 4. bis 3. Jh. v. Chr. hergestellt wurde und heute als der direkte Vorläufer des echten → Porzellans angesehen wird.

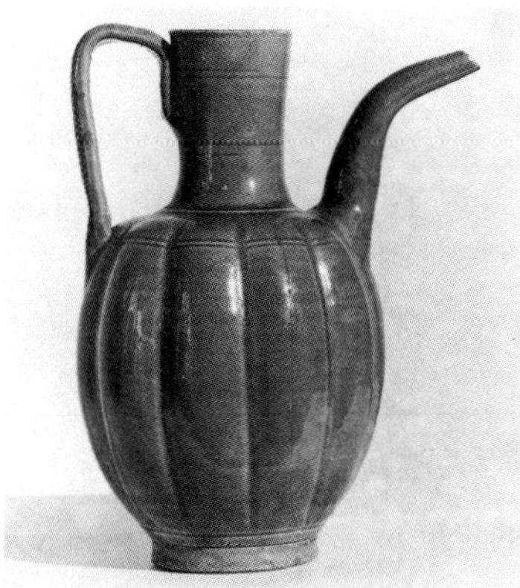

Protoporzellan: Wasserkrug aus der Tang-Zeit mit olivgrüner Glasur.

Protorenaissance Jegliche Wiederaufnahme antiker Stilformen bis zur eigentlichen → Renaissance, zum Beispiel spricht man bei der südfranzösischen Plastik des 12. Jh.s von P.

Provenienz Die Auflistung aller bekannten vorherigen Besitzer und Aufenthaltsorte eines

Kunstwerks (wie sie in einem → Œuvre-Verzeichnis angegeben sind).

Prozeßkunst Bezeichnung für meist → Konzeptuelle Arbeiten im Sinne der → Materialkunst, bei denen das Verhalten von Material bei bestimmten Eingriffen und der Herstellungsprozeß, durch den eine Arbeit entsteht, thematisiert werden. Da der Hergang rückwirkend leicht nachvollziehbar bleiben und einsehbar sein soll, sind die technischen Eingriffe meist verhältnismäßig einfach (zum Beispiel Steinbearbeitung bei Ulrich Rückriem). Eine andere Form von Prozessen findet sich in Hans Haackes physikalischen und biologischen Systemen oder in Carl Andres Indoor/Outdoor Pieces und Diter Rots Schimmelobjekten, Arbeiten, die nicht abgeschlossen, sondern in ständigem Wandel begriffen sind.

Psalter (Psalterium) Biblisches Buch der Psalmen, im Mittelalter das private Gebetbuch der Laien und ein wesentlicher Wissensschatz sämtlicher Kleriker. Damals enthielt der P. außer den Psalmen des Alten Testaments gewöhnlich eine Reihe → liturgischer Texte. Die mittelalterlichen P.-Handschriften waren meist mit → Initialschmuck ausgestattet und besaßen häufig illustrierte Kalendarien sowie gemalte Zyklen biblischer Themen.

Psychedelische Kunst Eine Kunst, die versucht, die Bewußtseinsveränderungen, wie sie durch halluzinogene Drogen wie LSD hervorgerufen werden, darzustellen oder zu reflektieren. Diese Kunst, die Parallelen zum → Automatismus aufweist, steht besonders mit der Rockmusik der späten 1960er Jahre in Verbindung.

Psykter (griech.) Ein Tongefäß, das mit Schnee oder Eis gefüllt wurde und als Weinkühler diente (→ Vasenformen, griechische).

Pueblo-Kunst Von den Zuñi- und den Hopi-(Pueblo)-Indianern aus den südwestlichen Gebieten der heutigen Vereinigten Staaten seit dem 7. Jh. bis heute geschaffene Kunst.

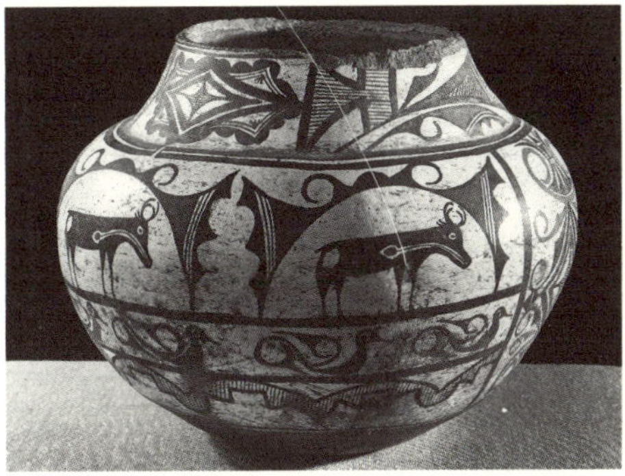

Dieses Zuñi-Wassergefäß aus dem 20. Jh. zeigt die kraftvolle Ornamentik, die für **Pueblo-**Keramik typisch ist.

Punktieren In der → Bildhauerei Bezeichnung für die Übertragung der wichtigsten Punkte eines → Modells aus Gips, Ton oder Wachs auf den entsprechend zu gestaltenden Block aus Stein oder Holz, meist mit Hilfe des Punktiergeräts (→ Pantograph).

Punktiermanier siehe Kupferstich

Punzierung Technik der → Goldschmiedekunst, wobei mit der Punze, einem Stahlstift, stempelartige Formen (→ Ornamente) in Metallbleche getrieben werden.

Purismus Eine von Amédée Ozenfant und Le Corbusier 1918 begründete Ästhetik und Kunstrichtung, deren Theorie durch die von ihnen herausgegebene Zeitschrift ›L'Esprit Nouveau‹ (1920–25) propagiert wurde. Der P. entstand aus einer positiven Kritik am → Kubismus, dessen dekorative Aufweichungserscheinungen Ozenfant und Le Corbusier in ihrer 1918 erschienenen Schrift ›Après le Cubisme‹ beklagten, und war ein Ruf zur Ordnung, basierend auf der Erkenntnis, daß Ordnung sowohl für den Geist des Menschen wie auch für seine Umwelt eine unabdingbare Notwendigkeit ist. Der P. strebte eine klare, rationale Malerei an, die der modernen, technisch wissenschaftlichen Welt entsprach. Um die strenge anonyme Ordnung der Formen nicht durch individuelle, gefühlsmäßige, zufällige Einflüsse zu trüben, zog der P. als Bild-

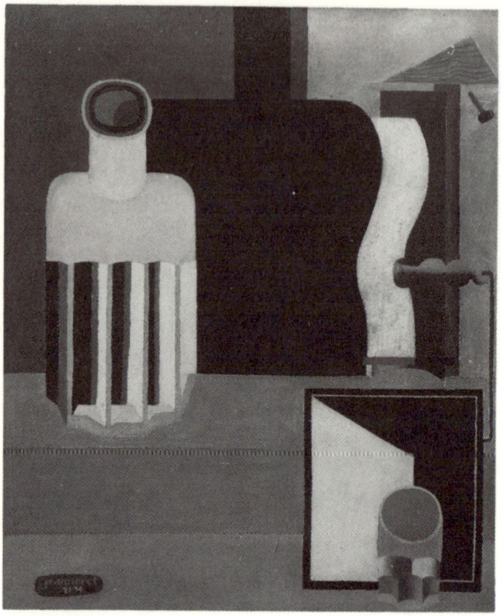

Purismus: In Le Corbusiers *Vertikaler Gitarre,* 1921, werden die typische Vorliebe für Grundformen und die Vereinfachung der kubistischen Bildersprache deutlich.

objekt den industriell hergestellten, standardisierten Gegenstand, das ›Objet moderne‹ vor, das er mit harter, glatter, maschineller Präzision wiedergab. Die Ästhetik des P. hatte vor allem Einfluß auf die Entwicklung der modernen Architektur, aber auch auf die Kunstrichtung des → Präzisionismus.

Putte (von ital. putto ›Knabe‹) Jede Darstellung eines drallen nackten Knaben, z. B. eines Cupido oder eines Kinderengels, nicht notwendigerweise mit Flügeln (→ Amorette).

Putz Formbares Material, das beim Trocknen erhärtet und aus einer großen Vielzahl von Stoffen hergestellt wird; die meisten Mischungen enthalten Kalk, Sand und Wasser mit Haaren zur Verstärkung. Putz wird zum inneren und äußeren Verkleiden von Wänden (manchmal auch als Grund für → Freskomalereien) benutzt, für gegossene und gehauene Architekturornamente, für gegossene Kopien von Skulpturen und (gewöhnlich als Grundlage für Vergoldungen) auf hölzernen Gerüsten für Bilderrahmen und Ziermobiliar (Compo, → Gesso, → Stuck).

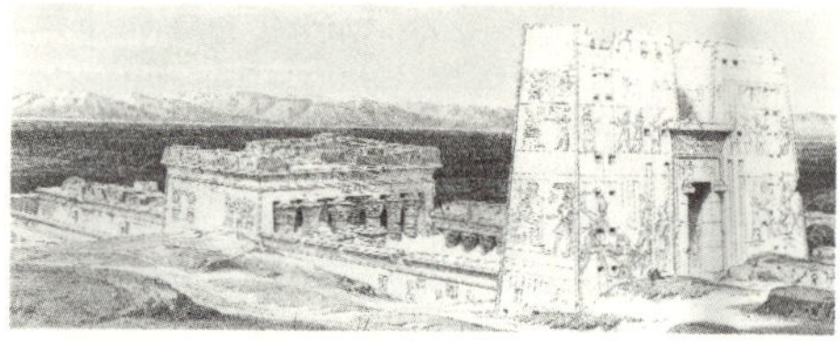

Pylonen am Horustempel in Edfu, Oberägypten; Lithographie nach einer Zeichnung von David Roberts, 1856.

Pylon (griech. poulon ›Tor‹) 1. Ein hoher, sich nach oben verjüngender Turm, der mit einem anderen paarweise den Eingang zu einem → ägyptischen Tempel flankiert. 2. Bei Hängebrücken das Portal oder die Pfeiler, an denen das Tragwerk befestigt ist.

Pyramide Jedes Bauwerk mit quadratischer Basis und schrägen, meist regelmäßig ansteigenden Seiten, die sich im Scheitelpunkt treffen. Die Bezeichnung P. leitet sich

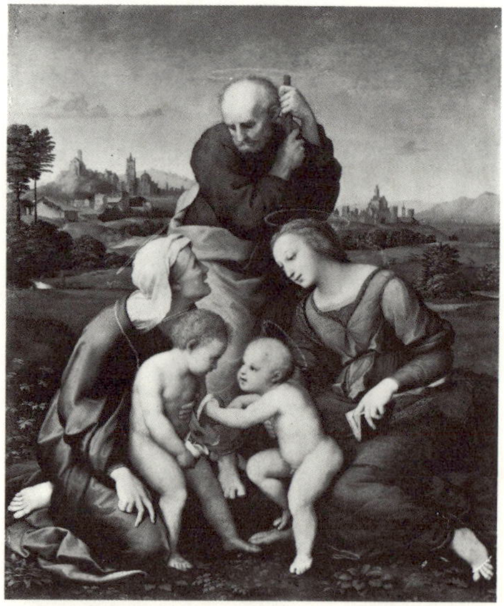

Raffaels *Die Heilige Familie,* um 1507, zeigt eine **Pyramidenkomposition.**

von dem griechischen Begriff für die altägyptischen Königsgrabmale ab. P.nformen finden sich außer in → Ägypten bei Grabmalen in China sowie Tempeln in Vorderasien und Lateinamerika.

Pyramidenkomposition Eine Bildkomposition, in der die dargestellten Figuren oder Gegenstände das Volumen einer imaginären → Pyramide füllen. Raffael setzte diese Form häufig ein, wenn er eine Madonna mit Kind malte.

Pyxis 1. Eine Büchse mit Deckel oder ein büchsenähnlicher Krug, der nicht notwendigerweise für den sakralen Gebrauch bestimmt war. 2. Ein Behälter für die geweihten Hostien.

Q

Qing-pai-Ware siehe Ch'ing-pai-Ware

Quadrangle (engl.) Ein rechtwinkliger, von Gebäuden umschlossener Hof, besonders als Teil eines englischen College-Gebäudes.

Quadratura, Quadraturmalerei (ital. ›perspektivisches Schema‹) Gemalte Wanddekorationen, gewöhnlich mit architektonischen Motiven, unter umfassender Verwendung starker → perspektivischer Effekte und extremer → Verkürzung. Bereits die pompejanische Kunst kannte die Q. an Wänden und Decke als illusionistisches Mittel der räumlichen Wirkung. In der → Renaissance wurde die Q. von Andrea Mantegna wiederaufgegriffen und dann von Baldassare Peruzzi und den Brüdern Alberti weitergeführt. In Deutschland verbreitete sich die Q. erst mit der → barocken Bühnen- und → Deckenmalerei.

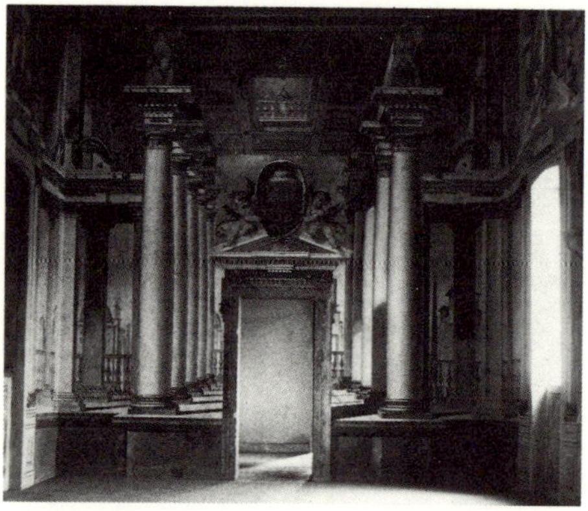

Quadratura: Wandbemalung im Palazzo Ducale, Sabbioneta, von Pietro Pesenti und den Brüdern Alberti, 1590.

Quadraturisti (ital.) Spezialisten in der → Quadraturmalerei.

Quadriga (lat. ›Vierergespann‹) Stehend gelenkter, zweirädriger → antiker Streitwagen, der von vier nebeneinander laufenden Pferden gezogen wurde. Die Römer benutzten die Q. nur noch zu Wagenrennen und Triumphzügen. In der Kunst wurde die Q. oft zur dekorativen, monumentalen Bekrönung von Bauwerken benutzt. Das bekannteste deutsche Beispiel ist die Q. von Johann Gottfried Schadow auf dem Brandenburger Tor in Berlin.

Quadrierung 1. Malerische Nachahmung eines Quadratmauerwerks auf einer Putzfläche. 2. Überziehung einer Malfläche mit einem Quadratnetz, um auf diese Weise eine genaue Übertragung der ebenfalls quadrierten Vorlage zu erzielen.

Quadro riportato (ital. ›übertragenes Bild‹) Ein Deckengemälde, das wie ein Wandbild normale → Perspektive einsetzt anstelle des → Sotto in sù.

Quart (von lat. in quarto ›in Vierteln‹) Ein Buch aus Bögen, die zu vier Blättern einer festgelegten Größe gefaltet sind. Früher war ein Format von 29 × 22,5 cm üblich, heute entspricht es meist 29,7 × 21 cm (DIN A 4).

Quattrocento In Italien übliche Bezeichnung für das 15. Jh. Siehe auch Duecento.

Queen Anne Style 1. Im strengen Sinne englischer Wohnbaustil in der Architektur und im Dekor der Regierungszeit der Königin Anne (1702–1714), charakterisiert durch

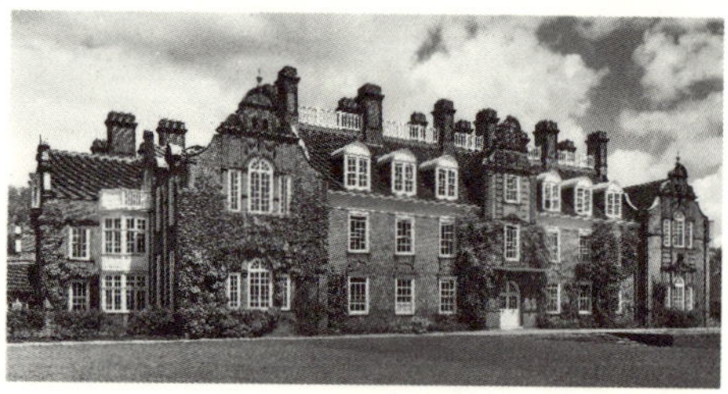

Das 1875 begonnene Newnham College, Cambridge, von Basil Champneys zeigt die typischen Elemente des **Queen Anne Style.** Auffällig sind die ›holländischen‹ Giebel und der gleichzeitige Gebrauch von Werkstein, Backstein und hölzernen Fensterrahmen.

vernunftbetonte, geradlinige Schlichtheit und den verstärkten Einsatz von rotem Backstein. Manchmal wird diese Bezeichnung jedoch auf Arbeiten angewandt, die seit der Thronbesteigung Williams III., 1688, entstanden. 2. (üblicherweise in Anführungszeichen) Ein englischer und nordamerikanischer Architekturstil des späten 19. Jh.s, der von Richard Norman Shaw (1831–1912) beeinflußt wurde und Elemente sowohl der englischen Queen-Anne- als auch der holländischen Architektur (z. B. verzierte Giebel) zeigt und starkes Gewicht auf Unregelmäßigkeiten, Asymmetrie sowie Material- und Strukturvielfalt an ein und demselben Gebäude legt.

Queensware siehe Wedgwood

Quergurt Quer zur Bauachse einer → Basilika gezogener Gurtbogen eines → Gewölbes.

Querschiff Querhaus der → Basilika.

Quibla (auch Kibla) (arab. ›Gebetsrichtung‹) Synonym für → Mihrab.

R

Radialkapelle Eine vom Chorumgang abzweigende Kapelle in einer → romanischen oder → gotischen Kathedrale bzw. Kirche.

Radierung 1. Verfahren zur Fixierung einer Zeichnung auf einer Metallplatte mit Hilfe von Säure. Die Zeichnung wird mit einer Radiernadel in eine säureresistente Beschichtung, den Ätzgrund, geritzt, so daß an diesen Stellen das Metall freiliegt. Anschließend wird die Platte in ein Säurebad getaucht, in dem die Linien der Zeichnung in das Metall geätzt werden, wobei die Dauer der Behandlung die Tiefe der Ätzung bestimmt. Durch Wiederholen dieses Vorgangs können bestimmte Teile der Zeichnung stärker herausgearbeitet werden; eine Beschichtung der restlichen Platte mit Asphaltlack schützt diese vor der Säure. Diese Technik wird häufig mit dem Gravieren kombiniert. 2. Ein im Radierverfahren hergestellter Druck (→ Kupferstich).

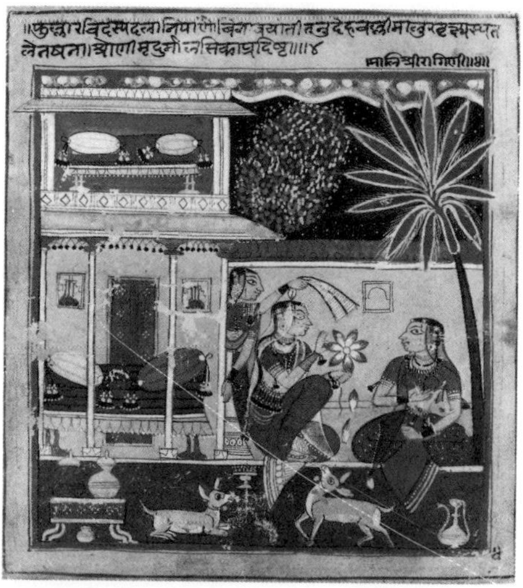

Malisri-**Ragani** aus einer Ragamala, Schule von Mewar, 1605. Einer Dame wird von Dienern aufgewartet, während sie neben einem leeren Bett die Blätter einer Lotosblume pflückt. Das Bild symbolisiert das ›weibliche‹ Gefühl der Sehnsucht nach dem Geliebten.

Raga, Ragani (sanskr.) Indische Musiktonarten, die die als männlich (Raga) und weiblich (Ragani) aufgefaßten Gefühle porträtieren; sie werden oft, personifiziert als Helden und Heldinnen, in → Miniaturmalereien dargestellt, häufig in ›Ragamala‹ genannten Serien.

Rähm Waagerechter Balken, der eine Wand nach oben abschließt (→ Fachwerk, → Dachstuhl).

Rahmen 1. Schutz- und Schmuckeinfassung (zumeist aus Holz) für ein → Tafel- oder Staffelbild. Eine Bildumrahmung, die auf gleicher Ebene bleibt und dem Bild werkstoffgleich ist, heißt bei → Wandmalerei, → Buchillustrationen und → grafischen Blättern *Randleiste,* bei Textilien, Mosaiken und → Glasmalerei *Borte*. R. kamen erst nach der Mitte des 15. Jh.s auf und wurden seit der → Renaissance allgemein üblich. Sie erhielten z. T. farbige Bemalung (wobei im → Barock die Vergoldung überwog) und plastisch-ornamentale Verzierung. Bei den Altarbildern des Mittelalters ist der R. als architektonischer Aufbau gestaltet, zu dem der Bildaufbau in Beziehung tritt. 2. Als *Keilrahmen* bezeichnet man einen aus vier Leisten bestehenden R., über den die zu bemalende Leinwand gespannt wird. Die Nut- und Feder-Verbindungen der Ecken sind nicht starr, sondern werden durch Keile auseinandergetrieben, so daß es möglich ist, die Leinwand stärker zu straffen, wenn sie sich durch Luftfeuchtigkeit u. ä. verzieht.

Raku (jap. ›Vergnügen‹) Getöpfertes Teegeschirr → japanischen Ursprungs oder Stils, gewöhnlich mit unregelmäßiger Form und Struktur. Es wird bei sehr niedrigen Temperaturen gebrannt und mit einer dicken Bleiglasur überzogen, die verschiedene Farben haben kann, zumeist jedoch in dunklen Tönen gehalten ist. Der Name ist von der R.-Töpferdynastie abgeleitet, die das japanische Wort ›raku‹ als ihr Siegelzeichen annahm und seit ca. 1580 bis heute tätig ist.

Rapport Reihenartige Wiederholung eines → Ornamentmusters.

Rauminstallation Die Installationskunst ist eine Folge der eingeebneten Grenzziehung zwischen den einzelnen Kunstgattungen und des daraus erwachsenden vielschichtigen Medienverbundes (→ Mixed Media), der sich seit der → Dada-Bewegung sowie durch die Aktivitäten der → Russischen Avantgarde, des → Bauhauses und der → Surrealisten mit Hilfe von → Objektkunst, → Combine Painting und → Assemblage entwickelt hat. Die R. entstand aus der Erkenntnis, daß die Wirkung von Gegenständen und damit auch von einzelnen Kunstwerken als Bild oder als Plastik nicht aus diesen allein heraus resultiert, sondern wesentlich von den Konditionen des sie umgebenden Raumgefüges (Größe, Farbgebung etc.) beeinflußt wird. Bereits die Wand- und Raumgestaltungen des Bauhauses sowie die New Yorker → Pop-Ausstellung von Claes Oldenburgs bunten Gipskuchenstücken in einem richtigen Ladenlokal sind Beispiele für das Wesen und die mediale Vielschichtigkeit der R., da die Kunstobjekte hier jeweils ihre vom Künstler intendierte Wirkung aus dem spezifischen Raumkontext beziehen. Dieser »Ausstieg aus dem Bild« (László Glozer) in den Raum vollzog sich nicht nur in der Dada- und Pop-nahen → Aktions- und Objektkunst, sondern auch in der Malerei selbst, indem Maler wie Frank Stella in einer autonomen → Farbfeldmalerei die Wandformation ihrer Bilder zum komplexen energetischen Aktionsfeld von Farbe im Raum machten, ein malerisches Prinzip, aus dem die über den Bildrand hinausgreifenden Farbwirkungen der → Shaped Canvases entstanden. Die → Minimal Art hat den Dialog zwischen dem Gegenstand, also der Skulptur, und dem Raum in einfachen, strengen Strukturen systematisiert (Sol LeWitt, Carl Andre) und dadurch die wesentlichen Determinanten dieser Relation benennbar gemacht. Seitdem wird die R. in vielfältiger Weise praktiziert, wobei der Medienverbund inzwischen auch die Möglichkeiten des → Video und der → Performance miteinbezieht. R.en von Joseph Beuys wie *Feuerstätte* (1978/79) sind z. B. aus → Aktionen hervorgegangen bzw. stehen mit solchen in engem Zusammenhang. Die Bestandteile (z. B. Fett, Filz, Kupfer) der Beuysschen Installationen erhalten durch die spezifische Anordnung der einzelnen Teile im Verhältnis zum Raumganzen ihren besonderen Verweischarakter auf übergreifende Kriterien wie Spannung, Energie, Bewegung, Wärme oder Kälte.

Raumkunst Sammelbegriff für die Innenausstattung eines Raumes, der die Fußboden-, Wand-, Decken- und Mobiliargestaltung umfaßt. Der Begriff wird nur für Profanbauten benutzt.

Rayogramm Von Man Ray entwickeltes, kameraloses fototechnisches Verfahren, bei dem eine lichtempfindliche Platte unmittelbar durch Auflegen von diversen Objekten durch Schwarzweiß-Effekte verändert wird. Dabei entstehen unscharfe Konturierungen, die keine eindeutige Benennung erzwingen, sondern die Einbildungskraft für ein vielfältiges Kombinationsspiel freisetzen. Aufgrund dieser Fähigkeit zur Anregung der Imagination wurde das R. ein wichtiges → surrealistisches Ausdrucksmedium nach 1924.

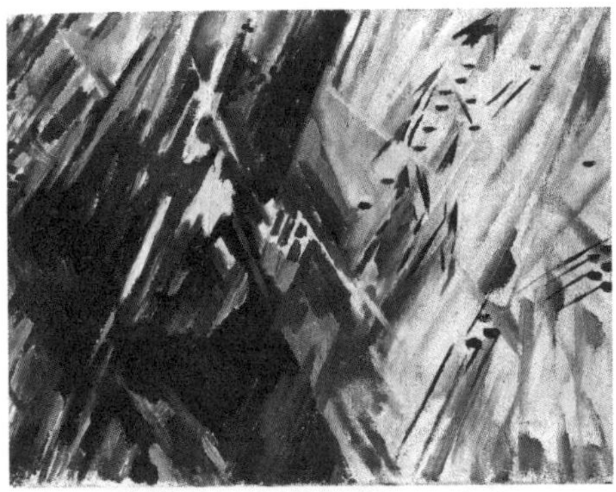

Rayonismus: Michail Larionow, *Strand,* 1913/14.

Rayonismus Eine 1911 oder 1912 unter dem Einfluß des → Futurismus von den russischen Malern Michail Larionow und Natalia Gontscharowa gegründete Kunstbewegung. Der Gegenstand rayonistischer Gemälde, meinte Larionow zu dieser Zeit, sollten parallel verlaufende oder sich im Winkel kreuzende Farbstrahlen sein. Rayonistische Gemälde sind quasi-abstrakt und zeigen in ihrer Betonung von offensichtlicher Bewegung und von Kraftlinien neben ihren Bezügen zum italienischen → Futurismus auch Verbindungen zu den Farbexperimenten Robert Delaunays. Ein Manifest des R. erschien 1913; obwohl diese Richtung der russischen Kunst nur kurzlebig war, hat sie wesentlich zur Entstehung der reinen Abstraktion beigetragen.

Ready-made Ein von Marcel Duchamp um 1913 geprägter Begriff für einen Gebrauchsgegenstand, der aus seinem normalen Kontext herausgelöst und wie ein Kunstwerk behandelt wird. Als erstes R.-m. entstand das *Fahrrad-Rad* (1913). Mit den R.-m.s thematisierte Duchamp erstmals die Frage nach der Kunst schlechthin, konkret die Frage nach der Bedeutung des Kunstkontextes, die später in der → Konzeptuellen Kunst der 1960er Jahre eine der zentralen künstlerischen Problemstellungen werden sollte. Darüber hinaus wurde das R.-m. auch zu einem wichtigen Ausgangspunkt für die weitreichende Entwicklung der → Objektkunst.

Realismus Als ständig wiederkehrende Erscheinung ist der R. in der bildenden Kunst durch seine schillernde Vielfältigkeit nur schwer eindeutig zu definieren. Realistische Elemente sind ebenso in der Kunst des alten

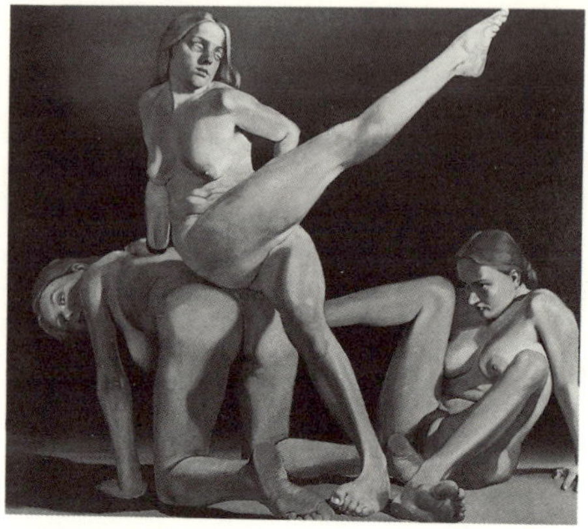

Realismus: Johannes Grützke, *Drei weibliche Akte,* 1973.

republikanischen Roms zu finden wie in der zweiten Hälfte des 15. Jh.s, da bürgerliche Gesinnung und weltliche Lebensnähe in die bis dahin christlich transzendent orientierte Geisteswelt einbrachen. Danach folgten realistische Züge in der holländischen Malerei des 17. Jh.s sowie vor allem im 19. Jh. bei Gustave Courbet, als das Streben nach einer exakten Wirklichkeitserfahrung durch das bürgerliche Emanzipationsstreben provoziert und durch die Erfindung der → Fotografie gefördert wurde. Der R. bemüht sich um eine Aneignung der Realität im Bilde, die mit der gegenständlichen Darstellung ein Begreifen der charakteristischen Zusammenhänge und Wesenszüge beabsichtigt, und grenzt sich dadurch zum → Naturalismus ab. Das 20. Jh. hat viele realistische Stiltendenzen hervorgebracht, die jedoch den Begriff ›realistisch‹ nur noch auf die gegenständliche Darstellung in Abgrenzung von der → abstrakten Kunst beziehen. Eine Anknüpfung an den klassischen R.-Begriff des 19. Jh.s wird erst wieder von einer der jüngeren Stilrichtungen, vom → Fotorealismus vollzogen, der sich durch fotomäßige Themenwahl und scheinbar dokumentarische Authentizität profiliert. Von dieser stark ästhetisch orientierten Form des R. unterscheiden sich die agitatorisch kämpferische Version einer Politkunst sowie das ideologische Tendenzkonzept des → Sozialistischen Realismus.

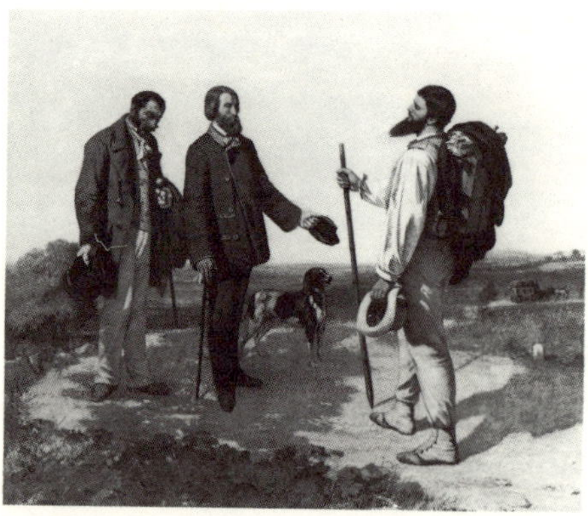

Realismus: Gustave Courbet, *Guten Tag, Monsieur Courbet,* 1854. Das Bild gibt ein alltägliches Ereignis wieder – den Augenblick von Courbets Ankunft in Montpellier als Gast seines Mäzens Alfred Bruyas.

Réchampi (frz. ›sich abhebend‹) Ein geschnitztes → Ornament, das mit Gold oder einer kontrastierenden Farbe hervorgehoben ist.

recto, r., r° (von lat. recto folio, ›auf dem richtigen Blatt‹ – im Gegensatz zu verso folio, ›auf dem umgedrehten Blatt‹) Die ›rechte‹ oder wichtigere Seite eines zweiseitigen Gegenstandes, z. B. eines Papierblattes. In einem Buch ist die rechte Seite die als r. bezeichnete, während die linke verso genannt wird (→ Folio).

Refektorium Klösterlicher Speisesaal.

reflektiertes Licht Von einer Oberfläche zurückgeworfenes Licht. In der → Ölmalerei dringt das Licht durch transparente und durchlässige Farbschichten und wird von der weißen → Grundierung darunter zurückgeworfen. Dies verleiht der Farbe mehr Tiefe und Intensität, als durch bloße Reflexion der Farbe selber zustande kommen kann.

Refraktion Brechung oder Abweichung des Lichts auf seinem Weg durch lichtdurchlässige Materialien unterschiedlicher Dichte. Die Richtungsänderung der Lichtwellen wechselt je nach Frequenz, weswegen weißes Licht im Verlauf der R. in seine Farbkomponenten zerlegt wird. Das hat deutliche Auswirkungen auf bestimmte Farbpigmente, zumal unter den sehr transparenten roten und blauen.

Régence Stilrichtung der französischen Kunst während der Regentschaft des Herzogs Philippe von Orléans (1715–1723), die vom → Louisquatorze-Stil zu leichteren → rokokohaften Formen überleitete. Sie entfaltete sich hauptsächlich in der Architektur als plastische Durchgliederung der Wände mit dekorativen Elementen (Fabeltiere und diademgeschmückte Frauenköpfe).

Regency Ein Stil der Möbel- und Dekorationskunst, der in Großbritannien zur Zeit der Regentschaft Georges IV. (1811–1820) vorherrschte. Der Begriff wird auch auf die Zeit nach seiner Herrschaft (1820–1830) angewandt. Als Variante des → Klassizismus, die eher auf → griechischen als auf → römischen Vorbildern basierte, ließ dieser Stil Raum für ägyptische und → Rokoko-Einflüsse sowie für → Chinoiserien.

Regenerieren siehe Restaurieren

Regentenstück Gruppenbildnis der niederländischen Malerei im 17. Jh., das die Regenten (Vorsteher) einer → Gilde darstellt.

Regionalismus Die Arbeit einer kleinen Gruppe nordamerikanischer Künstler der 1930er und 1940er Jahre, die sich auf Motive des ländlichen Mittelwestens konzentrierten und fast alle Formen europäischen Einflusses ablehnten. Führende Mitglieder der Gruppe waren Thomas Hart Benton, Grant Wood (→ American Gothic) und John Stuart Curry. Viele dieser Künstler waren eng mit der → Works Progress Administration (WPA) verbunden.

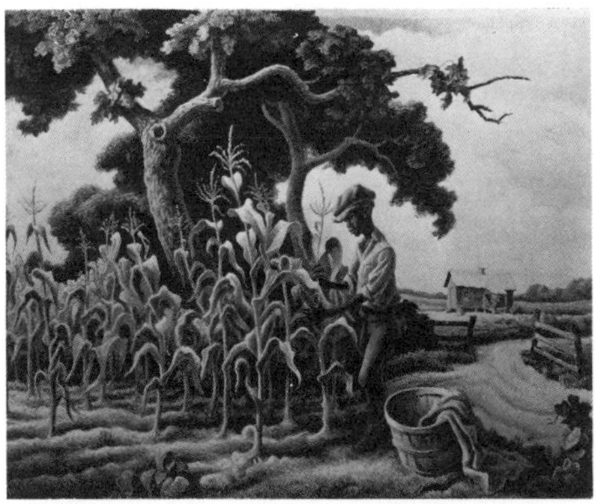

Amerikanischer **Regionalismus:** Thomas Hart Benton, *Maiskolben rösten,* ein typisches ländliches Thema.

Reiberdruck Sondertechnik des → Holzschnitts, bei der der Papierbogen nicht mit der Presse, sondern direkt vom Holzstock mit Hilfe der Handfläche oder des Reibers abgedrückt wird.

Relief (frz. ›das Hervorheben‹) Bildhauerische Arbeit, deren Figuren nicht frei im Raum stehen, sondern an eine Fläche, einen

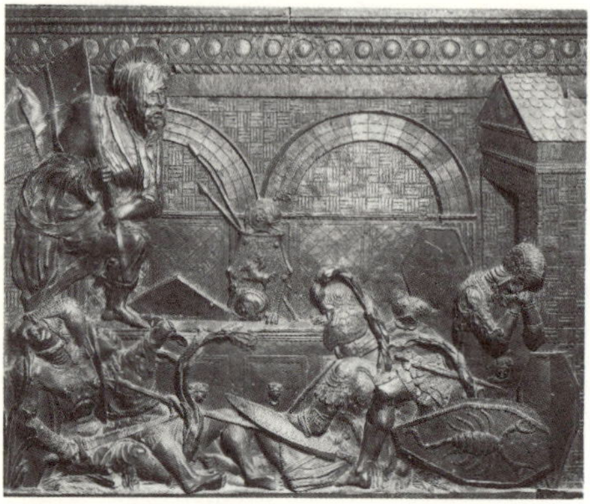

Relief: *Die Auferstehung*, ein Rilievo stiacciato von Donatellos Kanzel in der Kirche San Lorenzo, Florenz, um 1460/66.

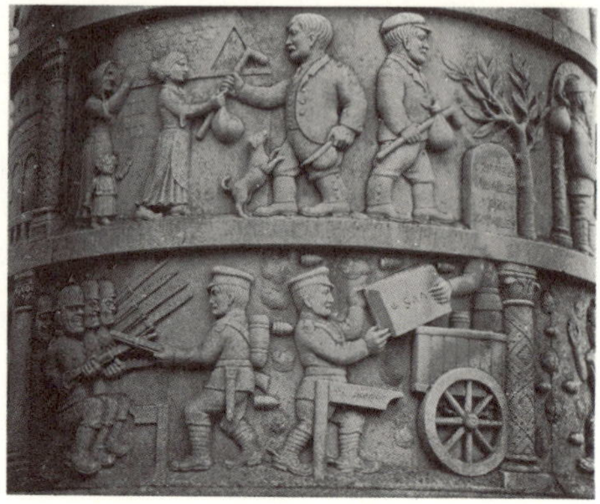

Relief: Mezzo rilievo am Fuhrmannsdenkmal in Sledmere, Yorkshire, um 1919.

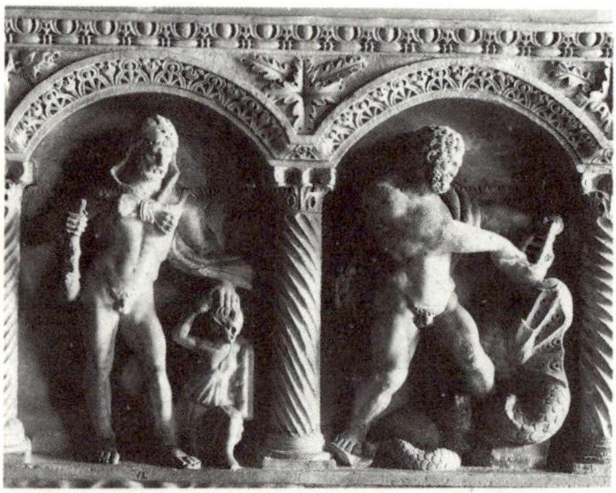

Relief: Alto rilievo an einem römischen Sarkophag, 2. Jh. n. Chr., das die Prüfungen des Herkules zeigt.

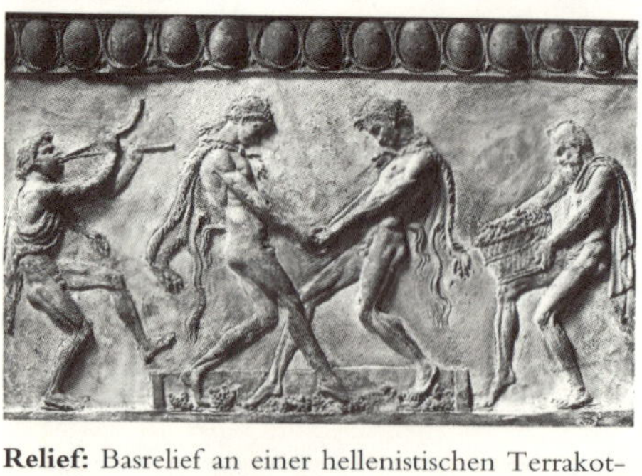

Relief: Basrelief an einer hellenistischen Terrakotta, das eine Weinlese zeigt.

Träger gebunden sind. Man unterscheidet verschiedene Gradstufen der Plastizität:
Alto rilievo (ital. ›Hochrelief‹) Eine Reliefskulptur, die tief genug herausgeschnitten ist, um den Eindruck zu erwecken, daß die wichtigsten Teile der Komposition sich fast von ihrem Untergrund lösen.
Anaglyph Flachreliefskulptur oder Punzarbeit, die sich normalerweise nur schwach von der umgebenden Oberfläche abhebt.
Basrelief (frz.), ital. Basso rilievo (›Flachrelief‹) Eine Reliefskulptur, bei der die Figuren um weniger als die Hälfte ihrer wahren Raumtiefe aus dem Hintergrund vorkragen.
Mezzo rilievo (›Halbrelief‹) Reliefstrukturen, bei der Figuren und Objekte halbrund sichtbar sind, d. h. mit ihrem halben Volumen aus der Fläche hervortreten.
Rilievo stiacciato, rilievo schiacciato (ital. ›abgeflachtes R.‹) Fein abgestuftes Flachrelief, bei dem die Übergänge zusammengerückt und die wahren Verhältnisse der überlappenden Teile zu einem gewissen Grad verfälscht sind, um Raumtiefe zu suggerieren (z. B. → Sfumato) sowie rein plastische Effekte zu erzielen. Zur Hochblüte gelangte diese Technik bei den italienischen → Renaissance-Bildhauern (wie Donatello).

Reliefintarsie Sonderform der → Intarsie, die eine Verbindung von Einlegearbeit und →

Holzschnitzerei darstellt. Die eingelegten Stücke ragen hier über den Grund hinaus.

Reliquiar Behälter für die Reliquien eines christlichen Heiligen, des Buddha etc. Seit dem 7. Jh. mußte jede christliche Kirche eine Reliquie besitzen. Daher hatte die Entwicklung des → Kunsthandwerks immer kunstvollere R.e im Gefolge, so daß die ursprünglich einfach dekorierten Behälter, die vermutlich auf → Sarkophagformen zurückgingen, immer reicher geschmückte Formen annahmen. Hand-, Fuß- oder Kopfreliquiare aus Holz oder Metall bildeten die Körperteile nach, von denen die Reliquien stammten.

Remarquedruck Vorzugsdruck eines → Kupferstichs oder einer → Radierung mit einer kleinen Darstellung oder einem Zeichen am Rand als Hinweis (Remarque) auf den Zustand der Platte – ursprünglich als Anweisung für den Drucker gedacht, später jedoch um des Effekts willen hinzugefügt.

Remter Klösterlicher Speisesaal, vor allem der Ordensburgen, vergleichbar dem → Refektorium.

Renaissance (frz. ›Wiedergeburt‹) Die von der → Antike inspirierte Erneuerung der europäischen Kunst und Wissenschaft, die in Italien im 14. Jh. ihren Anfang nahm, gilt nach Jacob Burckhardt als die Epoche, die die Neuzeit einleitete. Geistig war diese Bewegung angeregt durch fundamentale naturkundliche Entdeckungen und die Ideen humanistischer Gelehrter. In den bildenden Künsten zeichnete sich demzufolge eine wachsende Beherrschung der Anatomie und der Techniken der Zentral- und Luftperspektive ab wie auch eine sich verstärkende Hinwendung zu profanen Motiven mit Themen aus der antiken Mythologie und Geschichte. Die italienische R. dauerte vom 14. Jh. bis ca. 1580 (und schloß also auch den frühen → Manierismus ein), die Hochrenaissance ist jedoch nur von ca. 1480 bis 1527 (der Plünderung Roms) zu datieren. In der Baukunst strebte die R. nach abgewogenen Maßverhältnissen und klaren Gliederungen. Der gotische → Spitzbogen wurde durch den → Rundbogen, das Kreuzgewölbe durch → Tonnengewölbe oder Kassettendekken in Anlehnung an die antiken Vorbilder des kuppelüberwölbten → Zentralbaus ersetzt. Eine reich erblühende Profanarchitektur in Gestalt von Palazzi und städtischen Platzanlagen (Italien) sowie von Schlössern (Frankreich) verdrängte die alte Vorrangstellung der Sakralbaukunst. Die Plastik löste sich ihrerseits aus der Einbindung in die Architektur und verselbständigte sich zur eigenständigen Skulptur (Donatello, Verrocchio), wobei vor allem die Aktstatue in Anlehnung an die Proportionsideale der Antike eine große Entfaltung zu verzeichnen hatte. In der Malerei bewirkte das Eindringen weltlicher Themen in das Motivrepertoire eine zunehmende Entdeckung der → Landschaft (Ambrogio Lorenzetti) und des → Porträts (Tizian) als eigenständige Sujets. Die italienische R.-Malerei wird von Künstlerpersönlichkeiten wie Leonardo, Raffael und dem frühen Michelangelo

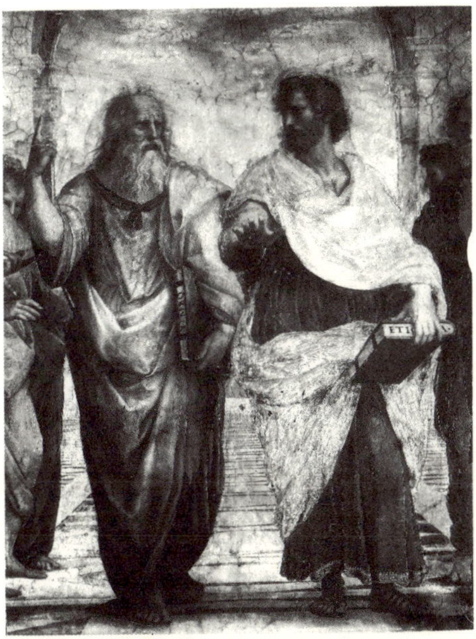

Plato und Aristoteles in Raffaels **Renaissance**-Meisterwerk *Die Schule von Athen,* das 1510–1512 in der Stanza della Segnatura im Vatikan entstand. Die beiden Figuren stehen im Mittelpunkt der Komposition, deren Fluchtpunkt zwischen ihnen liegt. Ihre Kleidung ist antiken Statuen nachempfunden.

entscheidend geprägt. Ihr Einfluß hatte maßgebliche Auswirkungen auf das übrige Europa, vor allem auf Deutschland und Frankreich, so daß die Gemälde Albrecht Dürers, Albrecht Altdorfers und Hans Holbeins d. J. ebenso wie auch die Schule von → Fontainebleau als R.-Kunst zu bezeichnen sind.

Rentoilieren siehe Restaurieren

Replik 1. Streng genommen die exakte Kopie eines Gemäldes oder einer Skulptur, die vom Schöpfer des Originals selbst hergestellt wurde. (Weicht die R. vom Original ab, nennt man sie Zweitfassung). 2. Im weiteren Sinne eine oder zwei Versionen eines Gemäldes, bei denen nicht bekannt ist, welches das Original ist. 3. Ein Gegenstand, der einen anderen exakt reproduziert und gewöhnlich aus der Hand eines anderen Künstlers stammt.

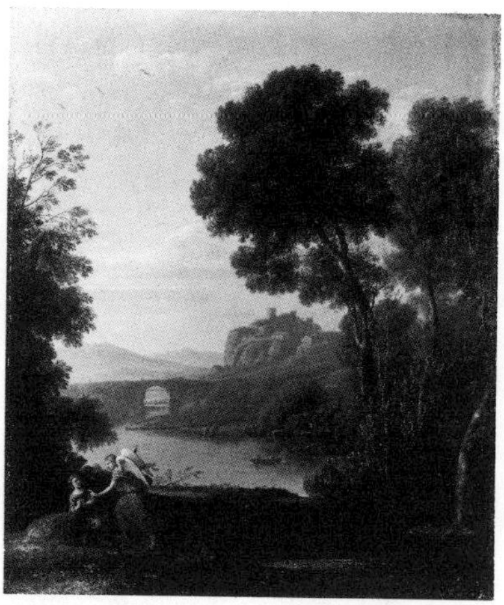

In Claude Lorrains *Hagar und der Engel,* 1646, dienen die großen Bäume rechts als **Repoussoir.**

Repoussoir (von frz. repousser ›zurückstoßen, -schieben‹) Im direkten Vordergrund einer Bildkomposition plazierte Gegenstände oder Figuren, die die Blickrichtung des Betrachters in die Bildtiefe hineinleiten sollen. Aus diesem Grunde sind R.s gewöhnlich am rechten oder linken Bildrand zu finden.

Reproduktion Vervielfältigende Nachbildung von Kunstwerken, wobei für Gemälde insbesondere die grafischen Techniken verwendet werden. Kunstdrucke und Buch-R.en werden mit Hilfe → fotografischer Verfahren hergestellt. R.en von Plastiken erfolgen zumeist im Gußverfahren (vgl. auch → Kopie).

Résille sur verre, en siehe Email

Restaurationsstil Ein in Frankreich von der Rückkehr der Bourbonen 1815 bis zum Sturz Karls X. im Jahre 1830 vorherrschender Dekorationsstil. Er stellte eine Weiterentwicklung des dominanten → Empire-Stils dar, bevorzugte allerdings helle Hölzer und leuchtendere Farben.

Restaurieren Bezeichnung für den Vorgang des Wiederherstellens eines beschädigten oder beschmutzten Kunstwerks, wobei es darum geht, den ursprünglichen, vom Künstler gewünschten Zustand soweit wie möglich wieder zu erreichen. Ergänzungen dürfen nur vorgenommen werden, wenn dadurch dem Kunstwerk keine stilfremden Elemente hinzugefügt werden. Zerstörte Stellen werden daher im Vergleich mit vorhandenen Resten, anhand von → Kopien oder auch Fotos restauriert. Verschmutzungen können mit Hilfe moderner Durchleuchtungstechnik und mit Hilfe chemischer Prozesse behoben werden. Das Hinterkleben einer brüchig gewordenen Gemäldeleinwand mit einer neuen Leinwand bezeichnet man als *Doublieren,* das Ersetzen der beschädigten Leinwand als *Rentoilieren.* Das Verfahren der Farbauffrischung und der Erneuerung alter → Firnisschichten nennt man *Regenerieren.* Wandgemälde, die durch abbröckelnden Putz beschädigt sind, werden nach Einspritzen von Kalziumkasein in die Hohlräume wieder angepreßt.

Restoration Style Bezeichnung für den opulenten englischen Barock-Dekorationsstil, der mit der Rückkehr Karls II. auf den Thron im Jahre 1660 in England eingeführt wurde. Er zeigt holländische und, in gewissem Maße, auch französische, ebenso deutlich orientalische Einflüsse mit einer Vorliebe für indischen

Chintz und japanische → Lackarbeiten. Die massiven Eichenmöbel wurden mehr und mehr von walnußfurnierten verdrängt.

Retabel Aufsatz auf oder hinter der → Mensa eines → Altars. Änderungen der Meßliturgie seit dem 11. Jh., die zur Folge hatten, daß die Priester nicht mehr vis à vis zur Gemeinde zelebrierten, sorgten für eine rapide Entwicklung von gemalten Altaraufsätzen. Im 14. Jh. wurden die Altäre komplexer und bestanden häufig aus mehreren Tafeln (Flügelaltäre). Das geschnitzte *Holzretabel* fand im späten Mittelalter in Gestalt des deutschen → Schnitzaltars Verbreitung.

Retarder Eine der Farbe zugesetzte Substanz, die den Trockenprozeß verlangsamt, z. B. Öle in Ölfarbe.

Retrochor (engl. retro-choir) In einer englischen Großkirche ein Umgang hinter dem Chorgestühl.

Retuschierfirnis Mischung aus → Mastixfirnis und Leinsamenöl, ein leicht zu vermischendes Bindemittel, das einen die Farben verstärkenden und vertiefenden Glanz verleiht, aber rasch verdirbt und nicht wiederherstellbar ist.

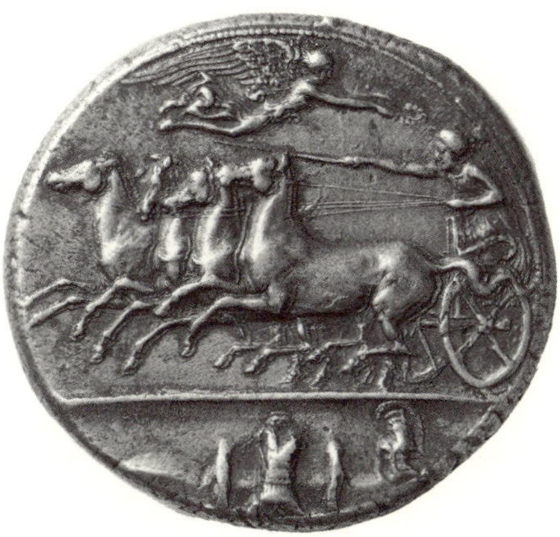

Revers: Rückseite einer griechischen Dekadrachme, Syrakus 425–406 v. Chr., die einen Streitwagen zeigt.

Revers Die Rückseite einer Münze, im Unterschied zur → Avers genannten Vorderseite.

Revolutionsarchitektur Durch die Französische Revolution (1789–1799) motivierter Stil der Baukunst, vor allem in Frankreich vertreten durch die Architekten Etienne-Louis Boullé und Claude-Nicolas Ledoux, der sich vor allem in Entwürfen kugel-, würfel- und pyramidenförmiger Bauwerke auszeichnete. In den nicht ausgeführten Plänen derartig einfacher stereometrischer Formen sieht man heute die ersten Vorläufer der modernen Architektur des 20. Jh.s.

Rheinisches Steinzeug Steinzeug, das im rheinischen Raum (Köln und Umgebung, Frechen, Siegburg) seit dem 15. Jh. hergestellt wurde (→ Bartmannskrug).

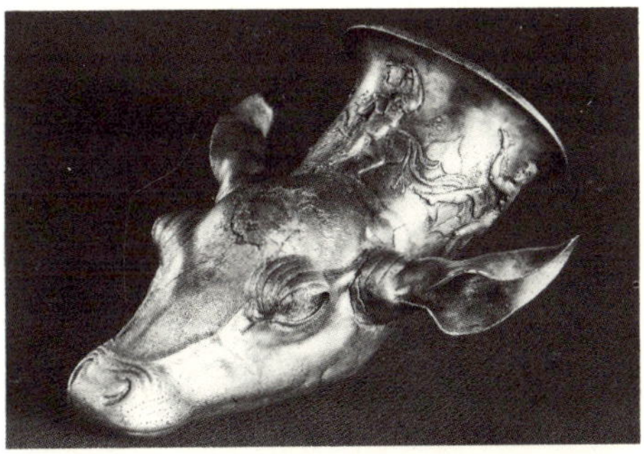

Griechisches Gold-**Rhyton** aus dem Panagyurishte-Schatz, 300 v. Chr., in Form eines Rehkopfes.

Rhyton (griech.) Trinkgefäß in Form eines Tierkopfes.

Riefelung Technik der Verzierung durch parallel angeordnete Einkerbungen.

Riefenkeramik Tonware der ausgehenden → Bronzezeit und frühen → Eisenzeit, die sowohl in der süddeutschen Urnenfelder-Kultur wie auch in der Lausitzischen Kultur auftritt.

Rilievo schiacciato siehe Relief

Ringmauer siehe Burg

Rinnleiste siehe Sima

Rippe Gemauerte Verstärkung der → Grate eines → Gewölbes, die unterschiedlich profiliert sein kann und dazu dient, Schubkräfte von der Kappe auf die Stützen abzuleiten. In der → gotischen Architektur übernimmt sie die Haupttraglast. Später tritt diese konstruktive Funktion gegenüber der dekorativen zurück.

Risa (russ.) Verziertes Blech aus Edelmetall, z. B. Gold, das dazu dient, eine → Ikone abzudecken, jedoch deren Gesicht und Hände freiläßt.

Risalit Ein in seiner ganzen Höhe aus der Fluchtlinie eines Bauwerkes hervorspringender Gebäudeteil, wobei man *Seitenrisalit, Eckrisalit* und *Mittelrisalit* unterscheidet. Der R. war im → Barock ein beliebtes Mittel zur Aufgliederung einer Fassade.

Ritzzeichnung 1. Bezeichnung für → paläolithische Liniengravuren auf Stein, Knochen und Elfenbein. 2. Unter Putzritzungen versteht man die mittelalterlichen Ritzungen in noch weichen Mörtelgrund.

Rocaille (frz. ›Grottenwerk, Muschelwerk‹) Asymmetrisches, Muschelformen nachempfundenes → Ornament, das seit Mitte des 16. Jh.s in künstlichen Grotten verwandt wurde und ab der Mitte des 18. Jh.s als Schmuckmotiv für Gebäude, kleinere Möbelstücke, Bilderrahmen usw. diente. Die R. war das Hauptornament des Spätbarock, daher dient der von R. abgeleitete Begriff → Rokoko als Bezeichnung für diese Epoche.

Rofen An den → Pfetten befestigte → Dachhölzer, die wie die → Sparren vom First zur Traufline verlaufen. Im Unterschied zu diesen kommen sie aber nicht immer paarweise vor und haben nur in geringem Maße tragende Funktion.

Rokoko Stilrichtung der europäischen Kunst, die als Endphase des → Barock von 1730 bis etwa 1770/80 reicht und sich im wesentlichen auf Architektur und Innendekor bezieht. So ist der Begriff R. abgeleitet von der → Rocaille, die als zentrales Dekorationsornament des R. hervortritt. Die schweren Schwellformen des Barock werden durch leichte spielerische Asymmetrien aus Rocaillen, Blumen, Früchten und Ranken abgelöst, anstelle der üppigen und pathetischen Barockarchitektur tritt eine Verfeinerung in Richtung auf Kostbarkeit, Zierlichkeit und Bequemlichkeit. Durch Einführung von Werkstoffen wie Schildpatt, Glasperlen und Rosenholz erhält vor allem das → Intarsien-Kunsthandwerk neue Impulse, und zugleich richtet sich die besondere Vorliebe des Innendekors auf → Porzellan und → Chinoiserie. Die Malerei des R. ist vorrangig Hof- und Salonmalerei, wie sie sich etwa in den frühen Gemälden Francisco Goyas oder Jean-Honoré Fragonards darstellt.

Rokoko-Dekoration mit Ormoulu-Beschlägen in Form von S-Voluten an einer Kommode von Gaudreau (um 1680–1751) für das Schlafzimmer Ludwigs XV. in Versailles.

Rolandsäule Monumentale Bildsäule eines Ritters mit aufrecht gehaltenem Schwert, die sich häufig auf norddeutschen Marktplätzen findet und als Rechtssymbol sowie als städtisches Zeichen der Marktfreiheit gedeutet wird. Die älteste R. aus dem Jahre 1404 befindet sich vor dem Bremer Rathaus, die späteren Beispiele stammen aus dem 18. Jh.

Rollenfilm Das Medium → Film ist erstmalig zur Zeit des Zürcher → Dadaismus von dem deutschen Künstler Hans Richter und dem Schweden Viking Eggeling gemeinsam in Form ihrer beweglichen abstrakten R.e in die Kunst eingebracht worden. Dabei sind Realaufnahmen mit abstrakten Formen verbunden, und das Material ist nicht wie üblich nach inhaltlichen, sondern nach rhythmischen Motiven montiert.

Rollenporträt Schauspielerporträt, bei dem der dargestellte Schauspieler oder Opernsänger in der Attitüde der gespielten Rolle gemalt ist.

Rollwerk Plastisches → Ornament, das sich als Schmuckmotiv aus Spruchbändern, Wappenschildern und → Kartuschen in der Spätrenaissance und im → Manierismus entwickelte und bis zum Ende der → Barockzeit beliebt war.

Roman Classicism Das nordamerikanische Pendant zum englischen → Palladianismus, von Thomas Jefferson gefördert und von ca. 1790 bis ca. 1830 verbreitet.

Romanik Um 1825 geprägter Begriff zur Bezeichnung vorgotischer Kunst und Architektur auf dem europäischen Kontinent in der Zeit vom ausgehenden 8. bis zum 12. Jh. Die erste Hälfte dieser Periode bis Ende des 10. Jh.s wird heute gelegentlich auch als ›Vorromanik‹ bezeichnet. Die R. ist fast ausschließlich sakrale Kunst, in der die Kirchen- und Klosterbaukunst breiten Raum einnimmt. In der Architektur ist die R. charakterisiert durch den → Rundbogen und eine auffallend massive Bauweise. An die Stelle der dünnen Säulenreihen in der → frühchristlichen → Basilika treten kräftige → Pfeiler und mächtige → Säulen mit breiten, würfelartigen → Kapitellen, wobei Säulen und Pfeiler häufig in rhythmischem → Stützenwechsel alternieren. Quer- und Mittelschiff nehmen jeweils die gleiche Breite ein und durchdringen sich in der → Vierung, der → Chorraum erweitert sich durch Nebenchöre und → Chorumgän-

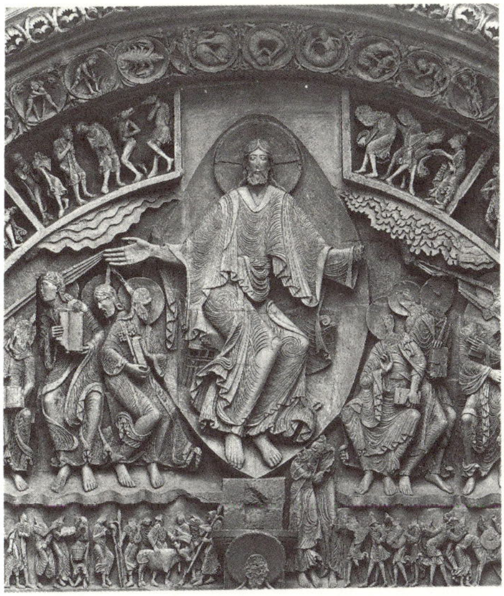

Romanik: Reliefdarstellung Christi in seiner Herrlichkeit am Tympanon der Kirche Sainte Madeleine, Vézelay, um 1150.

ge. Die Wände werden mit plastischen Elementen gegliedert und mit massiven → Gewölben überkuppelt. Die Plastik dient in der R. wie auch die → Wand- und → Glasmalerei ganz der sakralen Architektur, wobei diesen Künsten die Aufgabe zukommt, die christliche Heilslehre und das christliche Weltbild in sinnbildlichen Darstellungen und in erzählerischen Zyklen (Altes und Neues Testament, Heiligenviten) zu formulieren. Einen großen ornamentalen und figürlichen Formenreichtum entwickelte die → Buchmalerei, die in der R. eine hohe Blüte erlebte. Typisch für die romanische Malerei ist der Verzicht auf → naturalistische Proportionen und raum-körperliche Maßverhältnisse zugunsten symbolischer Bedeutungshorizonte. Mannigfaltig ist auch das romanische Kunstgewerbe, das in der Herstellung von → Antependien, → Altargeräten und → Reliquiaren vor allem den → Emailtechniken und der Goldschmiedekunst zu hoher Perfektion verhalf.

Romanismus Kunstrichtung nordeuropäischer Maler des 16. Jh.s, die unter starkem Einfluß der italienischen → Renaissance-

Kunst standen (insbesondere des Werks von Raffael und Michelangelo). Dieser Fremdeinfluß führte zu einer gewissen stilistischen Unausgeglichenheit, die sich besonders im Vergleich des R. mit der vorangehenden flämischen Malerei der Spätgotik aufdrängt. Zu den bedeutendsten Vertretern gehören neben Bernaert van Orley und Maarten van Heemskerck vor allem Lucas van Leyden und Quinten Massys.

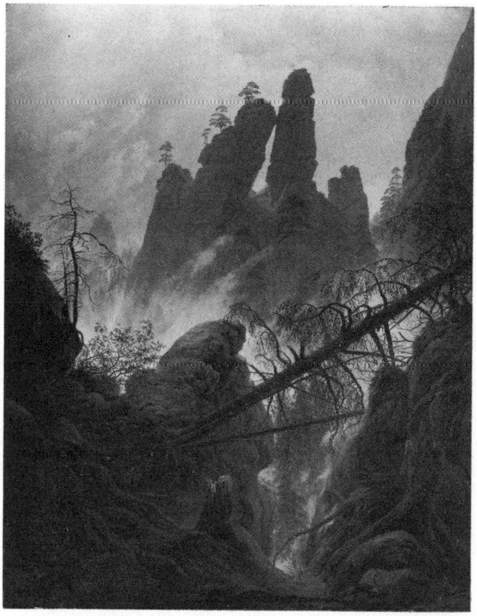

Felsenschlucht im Elbsandsteingebirge, 1822/23, von Caspar David Friedrich, dem größten deuschen Maler der **Romantik.** Mit dem umgestürzten Baum bringt dieses Gemälde eine sehr subjektive Sichtweise von Schrecken und Majestät der Natur zum Ausdruck.

Romantik In der bildenden Kunst wie in der Literatur und Musik seit etwa 1800 feststellbare Revolte gegen den Formalismus, die Kontrolliertheit und intellektuelle Disziplin des → Klassizismus. Ihr wichtigster Aspekt ist ihr Engagement für die Emotion und das Recht des einzelnen auf individuellen Ausdruck, denn einen eigenen festumrissenen Stil hat die R. in der bildenden Kunst nicht hervorgebracht. So fallen die Hauptleistungen der klassizistischen Baukunst (z. B. Karl Friedrich Schinkel) in die Zeit der R., und auch die Grenzen zur → Neogotik sind fließend. Die ersten Anzeichen der R. sind schon Mitte des 18. Jh.s im Kult des Malerischen in der englischen Gartenarchitektur und in der Frühphase des → Gothic Revival spürbar. Mit dem Sturm und Drang (einer hauptsächlich literarischen Bewegung, die einen melodramatischen und chaotischen starken Gefühlsausdruck propagierte) im Deutschland des späten 18. Jh.s wurden dann romantische Tendenzen deutlich wahrnehmbar. In ihrer voll entwickelten Form ist der Einfluß der R. hauptsächlich in der englischen, deutschen und französischen Malerei spürbar, die jeweils ihre eigenen charakteristischen, sehr unterschiedlichen romantischen Vertreter – in England William Turner, in Deutschland Caspar David Friedrich und Philipp Otto Runge sowie in Frankreich Eugène Delacroix und Théodore Géricault – besitzt. Kennzeichnend für alle genannten Maler ist eine große Affinität zur Dichtkunst, wie sie zuvor noch nie zu verzeichnen war, und eine stimmungsvolle Nähe zu Natur und Landschaft. Eine religiös ausgerichtete Sonderrichtung romantischer Malerei vertraten die → Nazarener. Obwohl die eigentliche Epoche der R. ab 1830 zu Ende ging, hat romantisches Grundgefühl als Manifestation individueller Vorstellungskraft bis tief ins 20. Jh. hinein fortgewirkt und z. B. den → Symbolismus und → Expressionismus wesentlich beeinflußt.

Romayne-Arbeit Eine Art der englischen geschnitzten Dekoration aus dem 16. Jh., die eine landeseigene Variante des italienischen → Renaissance-Vorbilds darstellt und Köpfe in → Medaillons, Blattwerk, Vasen und andere Motive zeigt, die für klassisch gehalten wurden.

Römer Rheinisches Trinkgefäß (seit der ersten Hälfte des 16. Jh.s nachweisbar) aus grünem oder braunem Glas mit fast kugelförmiger Trinkschale, zylindrischem, mit Warzen oder Noppen besetztem Schaft und einem umgekehrt trichterförmig auslaufenden Fuß, der mit einer Spirale oder Glasringen verziert ist.

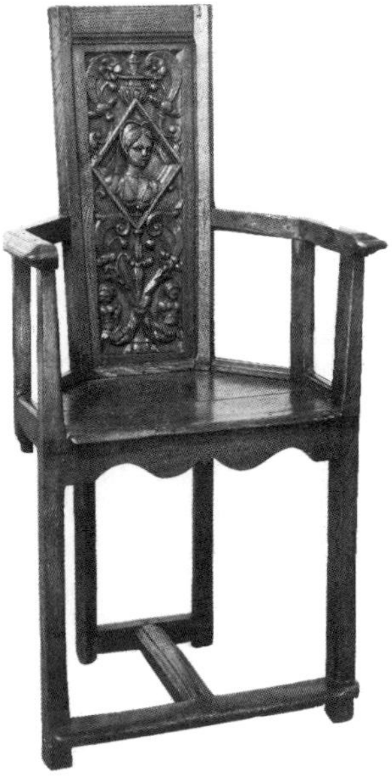

Englischer Eichenstuhl, um 1535. Die **Romayne-Arbeit** zeigt klassische Motive in stark verwässerter Form.

Römische Kunst Die Kunstentwicklung der römischen Antike fußt grundlegend auf dem Einfluß → etruskischer und → griechischer Kunst, deren Erbe bis zum → Hellenismus die r. K. maßgeblich prägte. Erst mit dem augusteischen Zeitalter (1. Jh. n. Chr.) erhielt die r. K. ein eigenständiges Profil, wobei allerdings in Bildhauerei und Malerei (Wand- und Vasenmalerei) auch weiterhin die Einwirkungen griechischen Geistes, vermischt mit den Einflüssen weiterer Mittelmeerkulturen (z. B. Ägypten), unverkennbar bleiben. So wurden griechische Kunstwerke in großem Umfang nach Rom importiert. Ihre eigenste Leistung vollbrachte die r. K. auf dem Gebiet der Architektur und Stadtbaukunst in Gestalt von Palästen, Tempeln, Marktforen, Aquädukten, Hallen- und Theaterbauten, die bis in die → Renaissance und die Moderne Vorbildcharakter behalten sollten. Mit der Blüte der Architektur erreichte auch das römische Kunsthandwerk einen hohen Standard in der Ausgestaltung öffentlicher und privater Gebäude, ablesbar vor allem an den ornamentalen und figurativen Wandmalereien (mythologische Darstellungen, illusionistische Landschaften) Pompejis.

Ronde-bosse, en siehe Email

Rosenkreuzer Eine lose Gruppierung → symbolistischer Künstler unter der Leitung von Sár (Joséphin) Pélandan, einem äußerst produktiven Schriftsteller und Anhänger okkulter Lehren des im 15. Jh. lebenden Mystikers Christian Rosenkreuz. Seine Anhänger stellten ihre Arbeiten in den Salons ›Rose + Croix‹ in Paris von 1892 bis 1897 aus. Zu den typischen Rosenkreuz-Malern gehören Charles Filiger (der auch mit Paul Gauguin und der Pont-Aven-Schule in Verbindung stand), Armand Point, Edgar Maxence und Marcellin Desboutin. Die Hauptbedeutung dieser Salons lag jedoch darin, die Aufmerksamkeit auf die Arbeit wichtiger nichtfranzösischer Symbolisten wie den Schweizer Ferdinand Hodler und den Niederländer Jan Toorop zu lenken.

Rosette (frz.) Ein stilistisches Blütenornament in Rosenform, das als architektonisches Zierwerk dient (→ Patera).

Rötel Rote, leicht bräunliche Kreide aus Ton und Eisenocker, die zum Zeichnen verwendet wird. Als trockener Zeichenstift für den Bildentwurf und die Aktzeichnung wurde der R. seit Ende des 15. Jh.s vor allem in der → Renaissance und im → Rokoko sehr beliebt.

Rotfiguriger Stil Stil der griechischen → Vasenmalerei im 5. und 6. Jh. v. Chr., in dem der Dekor rot auf schwarzem Grund erscheint (im Gegensatz zum vorhergehenden → Schwarzfigurigen Stil). Der Hintergrund ist bemalt und wird beim Brennen schwarz, wobei die Zeichnung in der roten Farbe des Tons erhalten bleibt. Kleinere Details wurden gemalt, nicht eingeritzt, und die Technik ließ größeren Spielraum als die schwarzfigurige für Perspektive, Schattierung und Verkürzung zu.

Rotulus Bezeichnung für die älteste uns bekannte Buchform. Sie entwickelte sich etwa im 2. Jahrtausend v. Chr., als man begann, die anfangs als Einzelblätter verwendeten → Papyri zu allmählich immer länger werdenden Bahnen aneinanderzukleben, die man dann aufrollte. Geschrieben wurde in Spalten (Kolumnen) in der Breite der Einzelblätter, längere Texte, die nicht auf eine Rolle paßten, wurden in größere Abschnitte (Bücher) eingeteilt. Der R. wurde im 2./4. Jh. allmählich vom → Kodex verdrängt.

Rotunde Überwölbter Bau mit kreisförmigem oder polygonalem Grundriß. Die R. kann Teil eines größeren Bauwerks, aber auch ein selbständiger kleiner Rundbau sein.

Roulette Mit Zähnen besetztes Rädchen, das als Werkzeug für die Herstellung des → Kupferstichs verwendet wird.

Rubenisten (frz.) Eine künstlerische Richtung des späten 17./frühen 18. Jh.s in Frankreich, die den Vorrang der Farbe gegenüber der Linie postulierte und darin vorgeblich dem Beispiel Peter Paul Rubens' folgte. Jean-Antoine Watteau und Jean-Honoré Fragonard standen ihr nahe. Die R. sahen sich als Gegenbewegung zu den Poussinisten um den Rektor der königlichen Kunstakademie in Paris, Charles Lebrun, die, unter Berufung auf das Werk Nicolas Poussins, den Primat der durch die Zeichnung bestimmten Form vertraten. Mit der Wende zum 18. Jh. war der Streit praktisch zugunsten der R. entschieden.

Rubrizieren In mittelalterlichen und späteren Manuskripten ein System, die → Initialen und Überschriften herauszuheben, was gewöhnlich mit roter Farbe geschah. Auch gedruckte Bücher, besonders frühe Exemplare, wurden auf diese Weise behandelt.

Rücken Die äußere → Laibung eines → Bogens.

Ruinenmalerei Gattung der → Landschaftsmalerei, die sich im 15. Jh. in der Darstellung der Geburt Christi herausbildete und in der → Romantik als → gotische Ruine ihre Blütezeit hatte (z. B. bei Caspar David Friedrich).

Rundbogen Gewölbtes Tragwerk zur Überspannung einer Öffnung mit einer → Kuppel, dessen Querschnitt einen Halbkreis darstellt. Diese Art des → Bogens ist typisch für die → Romanik.

Rundplastik Im Gegensatz zum → Relief vollrund gearbeitete Plastik.

Russische Avantgarde Mit der berühmten Moskauer Ausstellung → ›Karobube‹ (1910) begann durch die Initiative der Künstler Aristarch Lentulow, Michail Larionow, Kasimir Malewitsch, Natalia Gontscharowa sowie David und Wladimir Burljuk die Tendenz zur Gegenstandslosigkeit in der russischen Malerei, und zugleich wurde diese Ausstellung programmatischer Start der sogenannten R. A. Mit der Kennzeichnung R. A. wird in der Kunstentwicklung somit der Aufbruch russischer Malerei und Plastik in die vom Westen kreierte Abstraktionsbewegung erfaßt, ein fundamentaler Wandlungsprozeß von der traditionellen Konvention zur internationalen Moderne, der in seinem revolutionären Geist parallel zu den politischen Vorereignissen der Oktoberrevolution verlief und von der bolschewistischen Kulturpolitik weiterhin vor allem während des Kriegskommunismus 1917–1921 stark gefördert wurde. Zur R. A. zählten die verschiedenen Richtungen des → Konstruktivismus (die → suprematistische Malerei Malewitschs, der → Rayonismus Larionows, die → Maschinenkunst Wladimir Tatlins und Alexander Rodtschenkos), aber auch die → kubofuturistischen Tendenzen der Gebrüder Burljuk, die expressive Abstraktion Wassily Kandinskys und die Lichtkinetik der Brüder Antoine Pevsner und Naum Gabo.

Russisches Kreuz siehe Kreuz

Rute siehe Bleiverglasung

S

... s., ... sculp., ... sculpsit, ... sculpebat siehe f., fe., fec., fecit

Sabot (frz. ›Holzschuh, Huf‹) Beschlag oder Haube aus Metall, oft aus Goldbronze und reich verziert, für den Fuß eines Möbelstücks.

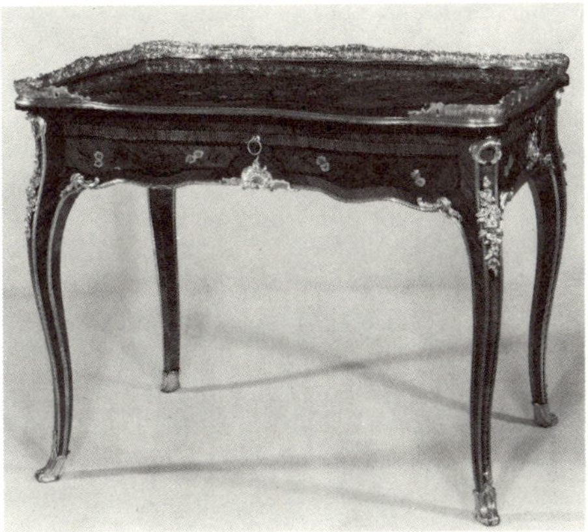

Schreibtisch von dem Ebenisten BVRB, Frankreich, 18. Jh., mit Ormoulu-**Sabots.**

Sacra (oder santa) conversazione (ital. ›Heilige Unterhaltung‹) Darstellung der Muttergottes mit Kind, umringt von Heiligen, die alle in einer Art Dialog begriffen oder sich zumindest der Gegenwart der anderen bewußt zu sein scheinen (→ Maestà, → Sacra Famiglia; Abb. → Lünette).

Sacra Famiglia (ital. ›heilige Familie‹) Darstellung der Gottesmutter mit Kind in Begleitung des hl. Joseph, manchmal auch des hl. Johannes des Täufers und der hl. Anna, der Mutter Mariens (→ Maestà, → Sacra conversazione).

Sadeli (hindi) Eine → Marketerie-Art, die Elfenbein, Horn, Holz, Silber und Zinn verwendet. Sie kam im 16. Jh. aus dem Iran nach Indien.

Saf (arab. ›Reihe‹) Ein für mehr als eine Person bestimmter Gebetsteppich mit mehreren nebeneinanderliegenden Nischendarstellungen.

Sakramentar Ein für den Gebrauch des die Messe zelebrierenden Geistlichen bestimmtes → liturgisches Buch mit den von ihm verlesenen Texten (→ Missale).

Sakramentshaus Turmartiger Schrein zur Aufbewahrung der Hostie, seit dem 12. Jh. meist in einer Wandnische untergebracht, erhielt vor allem in der → Gotik eine reiche architektonische Ausgestaltung.

Sakristei Ein der Kirche angeschlossener Lagerraum für Gerätschaften und liturgische Gewänder (Ornate).

Salbgefäß Kleiner, gewöhnlich gläserner Behälter, in dem in der Antike kosmetische Zubereitungen unterschiedlichster Art aufbewahrt wurden (→ Tränenvase).

Salomónica (Schlangensäule) Eine → Säule mit tauartig verschlugenem Schaft, wie sie angeblich in Salomons Tempel in Jerusalem stand. (Ein antikes römisches Exemplar, das von dort stammen soll, ist in Rom im Petersdom zu finden.) Diese Säulenart ist sehr gebräuchlich in der spanischen und portugiesischen → Barockarchitektur (Abb. → Säule).

Salon (frz.) 1. Allgemeine Bezeichnung in Frankreich für eine unabhängige Gruppenkunstausstellung. 2. Offizielle französische Gemäldeausstellung, die erstmals 1667 abgehalten wurde und anschließend jährlich unter königlicher Schirmherrschaft im Salon d'Apollon im Louvre stattfand. Von 1737 an wurde der Salon alle zwei Jahre und nach der Französischen Revolution (1789–1799) wieder jährlich veranstaltet. Er wurde weiterhin offiziell verwaltet, bis sich die Regierung 1881 zurückzog. In diesem Jahr trat ein Komitee aus 90 Künstlern, die von allen Teilnehmern früherer Salons gewählt waren, zusammen, um eine Société des Artistes Français (Gesellschaft französischer Künstler) zu gründen, die von nun an für die jährliche Ausstellung verantwortlich zeichnete. 1889 kam es nach der Weltausstellung, die in jenem Jahr stattfand, zu einer

Spaltung, die ihrerseits zur Gründung der Société Nationale des Beaux-Arts führte. Diese veranstaltete ab 1890 ihre eigene jährliche Ausstellung. Die pejorative Bezeichnung ›Salonmalerei‹ leitet sich von dem hohen Konventionalismus der in den offiziellen S.s vertretenen Kunst her.

Salon d'Automne (frz. ›Herbstsalon‹) Eine jährlich – erstmals 1903 – in Paris abgehaltene Ausstellung, die in ihren Anfangsjahren den → Fauvisten als Schaukasten diente.

Salon des Indépendants (frz. ›Salon der Unabhängigen‹) Eine seit 1884 jedes Jahr in Paris stattfindende Ausstellung von Künstlern, die vom offiziellen → Salon ausgeschlossen wurden.

Salon des Refusés (frz. ›Salon der Abgelehnten‹) Eine 1863 in Paris veranstaltete Ausstellung mit Arbeiten jener Künstler, die in diesem Jahr vom offiziellen → Salon zurückgewiesen worden waren. Er wurde auf Anordnung Napoleons III. organisiert und zeigte u. a. Arbeiten von Edouard Manet, Eugène Boudin, Henri Fantin-Latour, Camille Pissarro, James Whistler und vielen anderen.

Salonmalerei siehe Salon

Salvatorbild siehe Majestas Domini

Sancai-Ware (chin. ›dreifarbig‹) 1. Keramik der Tang-Dynastie (618–906 n. Chr.), die in drei Farben, normalerweise in Dunkelblau, Türkis und Aubergine, gestreift und gefleckt ist. 2. Töpferware der Ming- und Qing-Dynastie (1368–1912) mit Glasuren in diesen Farben, die jedoch durch das Muster umreißende Tonstege voneinander getrennt gehalten werden. Synonym: Dreifarbenware.

Sandkerntechnik Das älteste bekannte Verfahren zur Herstellung von → Glasgefäßen. Es wurde ca. 1500–1200 v. Chr. und erneut von ca. 800 v. Chr. bis zum ersten vorchristlichen Jh. in Ägypten, Mesopotamien und den östlichen Mittelmeerländern angewandt. Entweder wurden die Fäden aus geschmolzenem Glas um einen, ursprünglich wahrscheinlich aus Lehm und Stroh, später aus tonhaltigem Sand geformten Kern gewikkelt, der dann entfernt wurde, oder dieser Kern wurde mehrfach in einen Behälter mit flüssigem Glas getaucht, bis die gewünschte Glasstärke erzielt war. Die Erfindung der Glasbläserei verdrängte schließlich diese Techniken.

Sandmalerei Eine Technik, mehrfarbige Zeichnungen in Sand zu schaffen, die von den Navajos und anderen nordamerikanischen Indianern, aber auch in Tibet, Japan und bei den Aborigines Australiens in Verbindung mit religiösen Zeremonien gebräuchlich ist. S.en sind sehr unbeständig und müssen daher für jedes Ritual erneuert werden.

Sandstrahlen Eine Technik der Verzierung von Glas, Gold oder Beton, auch der Reinigung von Stein, Metall etc. mittels eines Strahls aus Sand, gemahlenem Feuerstein oder Eisenspänen, der unter Hochdruck auf eine Oberfläche gerichtet wird. Die Bereiche, die glatt bleiben sollen, werden mit einer Schablone oder einer Reservagetechnik abgedeckt und geschützt. Diese Technik wurde erstmals 1870 in den Vereinigten Staaten zur Dekorierung von Glas benutzt.

Sang de bœuf (frz. ›Ochsenblut‹) Eine unebene, tiefrote, aus Kupfer gewonnene Glasur, die angeblich das Aussehen geronnenen Ochsenbluts hat. Die Chinesen benutzten sie seit dem späten 17. Jh., in Europa wurde sie im 19. Jh. von mit dem → Arts and Crafts Movement in Verbindung stehenden Töpfern wiederentdeckt.

Sanktuarium Der Teil einer Kirche oder eines → Tempels, der den Hauptaltar oder das Bildnis der Gottheit beherbergt und aus diesen Gründen für heiliger als das restliche Gebäude gehalten wird (→ Presbyterium).

sans-serif (frz.) Allgemeine Bezeichnung für → Schriftarten ohne → Serifen, vor allem → Groteskschriften.

Sarkophag Sarg oder Grabkasten, gewöhnlich aus Stein oder Terrakotta.

Sarpech (pers.) Indischer juwelenbesetzter Turbanschmuck.

Sassanidische Kunst Die Kunst der Gebiete des heutigen Iran und Irak und einiger benachbarter Regionen, die während der sassanidischen Dynastie (224–642 n. Chr.) zeitweilig eine rivalisierende Position gegenüber

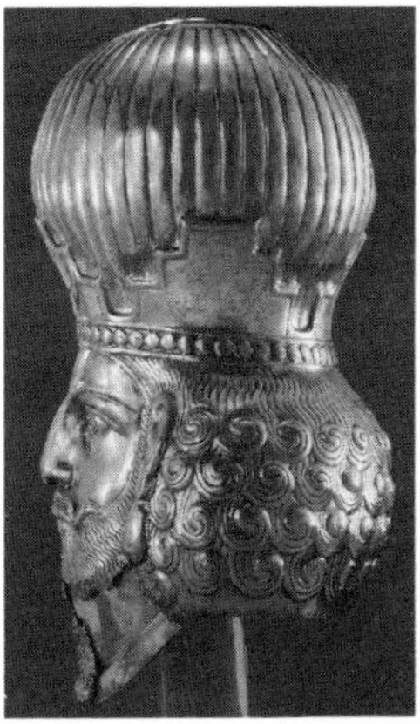

Diese Büste König Sapurs II. (?) in vergoldetem Silber, 4. Jh. n. Chr., zeigt die **sassanidische** Vorliebe für kostbare Metallarbeiten.

Rom und Byzanz einnahm. Sie ist gekennzeichnet durch ihre große Vorliebe für Arbeiten in Edelmetall, die häufig ritualisierte königliche Jagdszenen in einem Stil zeigen, der letztlich der achämenidischen Kunst entstammt. Unter den Sassaniden entstanden außerdem farbige Stuckreliefs und Teppichwebereien mit altorientalischen Motiven, → Wandmalereien mit Jagd- und Kriegsszenen sowie → Mosaiken nach → römischem Vorbild. Sehr schön sind die vergoldeten Silbergefäße, die teils einer → hellenistischen Tradition angehören, teils sassanidische Eigenart aufweisen. Insgesamt nimmt die S. K. eine Mittelstellung zwischen irano-buddhistischer und → byzantinischer Kunst ein.

Satsuma Provinz auf der japanischen Insel Kyushu, in der seit dem späten 16. Jh. einfache Gebrauchsware, z. B. Teegeschirr, hergestellt wurde. Seit dem Ende des 18. Jh.s wurde S.-Keramik bisweilen auch mit einfachen, farbigen oder in Gold ausgeführten Dekors versehen. Häufig wird japanisches Exportporzellan des späten 19. Jh.s fälschlicherweise als S. bezeichnet, das in Imitation von S.-Keramik auf cremefarbigem Scherben prächtige farbige Dekors und Vergoldungen aufweist.

Satyr In der → griechischen Kunst zu findendes Tiermenschwesen mit Tierohren, Hörnern, Hufen und Schwanz.

Säule 1. Freistehendes, vertikales Architekturelement, von dem das → Gebälk getragen wird. Die S. ist konstruktiv aus dem Bauen mit (hölzernen) Stützen hervorgegangen, hat meist kreisrunden Querschnitt und verfügt über → Entasis und Verjüngung. S.n gliedern sich in → Basis, → Schaft und → Kapitell und sind meist einer → Säulenordnung zugehörig. Neben den klassischen S.ntypen gibt es zahlreiche Sonderformen, wie z. B. *Doppel-* und *Schlangensäule* (Salomónica). Für die spanische Architektur des 17. und 18. Jh.s typisch ist die

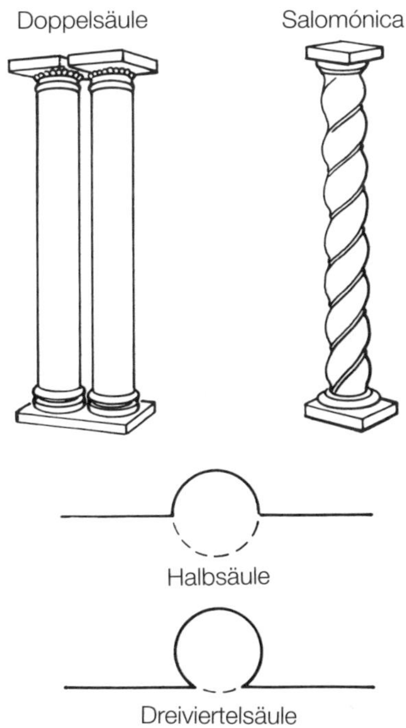

Säulenarten

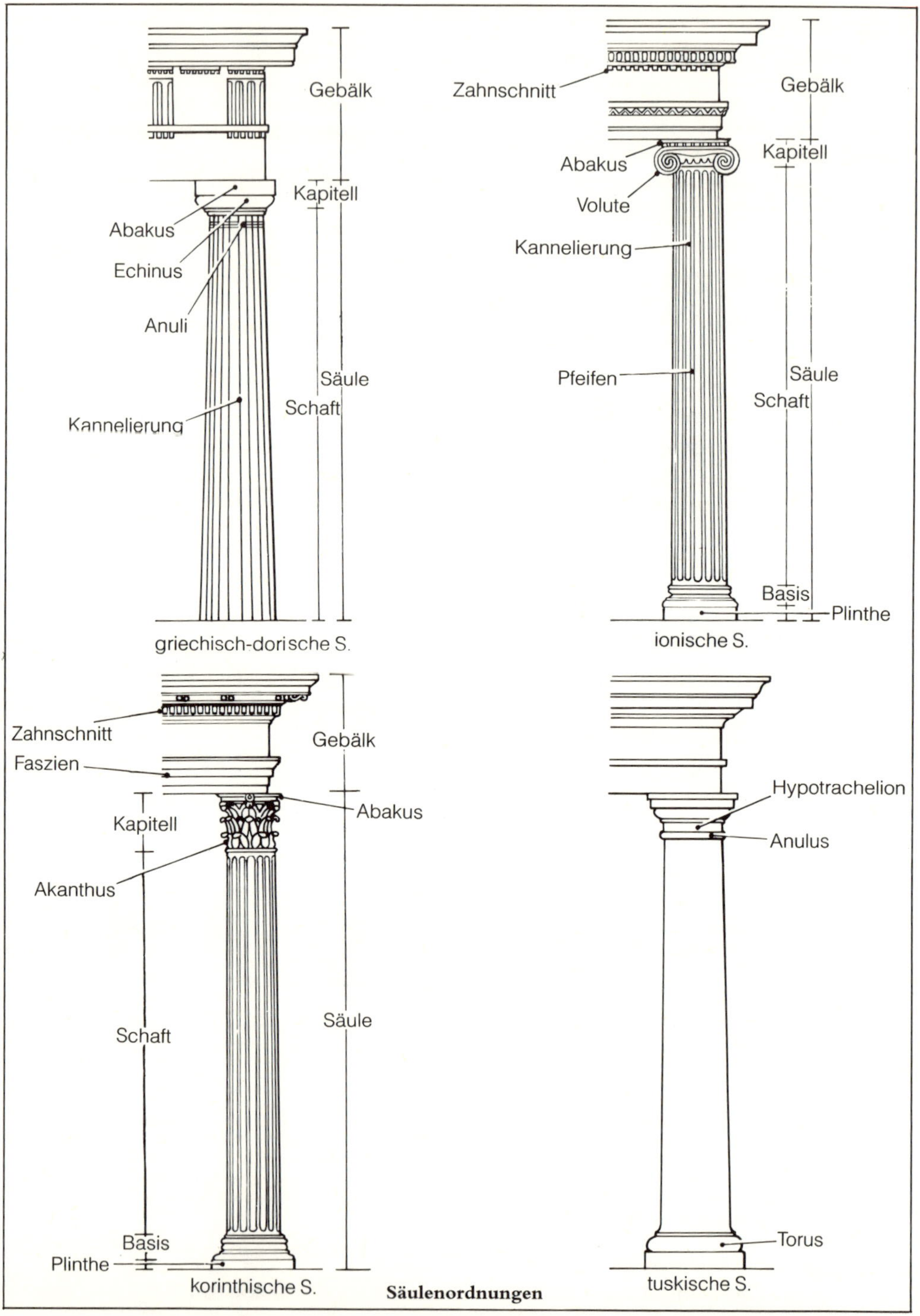

Säulenordnungen

Estípite, eine Säule oder ein → Pilaster, deren Schaft sich zur Basis hin verjüngt (→ Churriguerrismus). Häufig kommen auch nicht freistehende, einer Wand vorgelagerte S.n vor, z. B. als *Halb-* und *Dreiviertelsäulen*. 2. Im Holzbau (→ Fachwerk) jede freistehende Stütze. Bei → Dachstühlen unterscheidet man stehende (vertikal angeordnete) und liegende (schräg angeordnete) S.n (→ Hochsäule, → Spitzsäule).

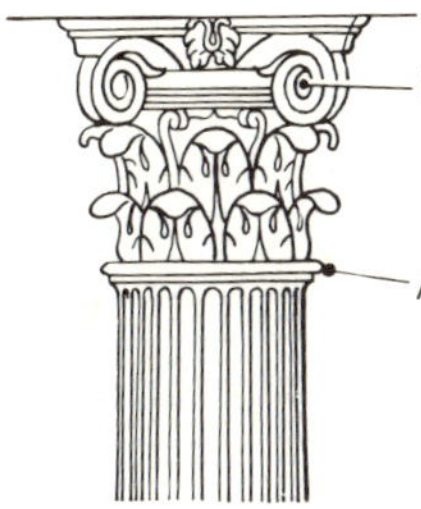

Kompositordnung

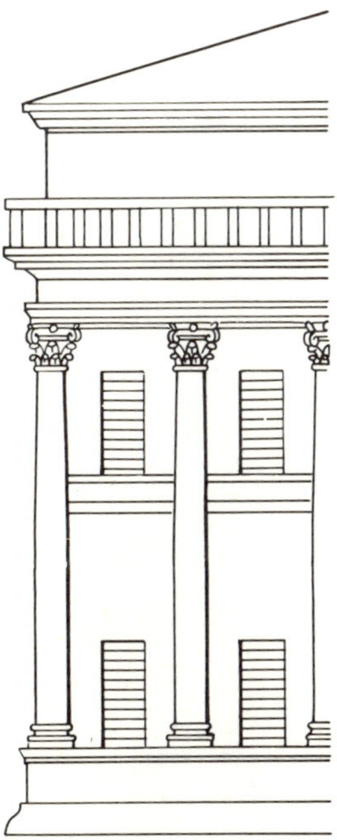
Kolossalordnung

Säulenordnungen

Säulenordnungen Ein von dem römischen Architekturhistoriker Vitruv (1. Jh. v. Chr.) entwickeltes System zur Kategorisierung der unterschiedlichen Arten → klassischer Architektur. Vitruv gründete sein System auf drei Standardarten von Säulen, wobei die spezifischen Unterscheidungen aus der Form von → Basis, → Plinthe, → Kapitell und → Gebälk resultieren.
Die dorische Ordnung ist die älteste, einfachste und am stabilsten wirkende. Die S. ist vertikal → kanneliert und verjüngt sich stark nach oben. Das Kapitell besitzt einen flachen → Abakus und ruht auf einem → Echinus. Römisch-dorische S.n weisen fast immer eine Basis auf, griechisch-dorische jedoch niemals. Der → Fries ist in quadratische → Metopen unterteilt, die mit ausgekehlten → Triglyphen alternieren (Abb. → Greek Revival).
Die ionische Ordnung hat eine schlanke S. und ein Kapitell mit symmetrischen → Voluten.
Die korinthische Ordnung hat ein Kapitell, das einen in einem Korb wachsenden → Akanthus darstellt (→ Kalathos). Die Römer führten zusätzlich die *tuskische oder toskanische Ordnung* ein, die vereinfachte dorische Elemente mit glatten Säulenschäften aufweist, darüber hinaus *die Kompositordnung* mit kombinierten ionischen und korinthischen Merkmalen.
Kolossalordnung wird jede Ordnung genannt, bei der die S. (manchmal auch → Pilaster) sich über mehr als ein Stockwerk erstrecken (→ Risalit).

Sawankhalok In Sawankhalok, der alten Hauptstadt Siams (Thailand), vom 14. bis zur Mitte des 15. Jh.s produzierte, von → chinesischer → Keramik der Yuan-Dynastie (1280–1368) beeinflußte Ware. Die typischen Exemplare sind aus grobem, hellgrauem → Steingut mit einer → Seladon-Glasur, an der, wie an den Gefäßformen und den Ritzdekors, der chinesische Einfluß besonders deutlich wird.

... sc., ... sculp., ... sculpsit, ... sculpebat (lat. ›hat [es] gestochen‹) Abkürzung bzw. Wort auf Drucken, den vorangehend Genannten als Stecher der Zeichnung ausweisend (→ Kupferstich).

Scagliola (ital., von Scaglia ›Schuppen oder Scheibchen aus Marmor‹) Marmorimitation aus pulverisiertem Gips, Sand und einer Leimlösung (später wurde Fischleim verwandt). In noch weichem Zustand wird diese Masse mit Stein- oder Betonfragmenten, farbigen Tonscherben etc. gespickt, dann geplättet und auf Hochglanz poliert. Diese Art der Marmornachahmung war schon der antiken → ägyptischen Kunst bekannt; im 16. Jh. wurde die Technik wiederentdeckt, als man begann, architektonische Elemente in Innenräumen, besonders → Säulen und → Pilaster sowie ornamentale Tischplatten in der Art von → Florentiner Mosaik, aus diesem Material zu fertigen.

Schabeisen (Schaber) Dolchförmiges Werkzeug zum Abschaben der Geräte und zur Korrektur von Fehllinien bei der Kaltnadeltechnik sowie zum Glattschaben zuvor mit dem → Granierstahl aufgerauhter Metallplatten beim Mezzotinto (→ Kupferstich).

Schabkunst siehe Kupferstich

Schablone Aus einem stabilen Material, z. B. Metallblech, ausgeschnittene Form, die dazu dient, ein Muster zu übertragen oder zu vervielfältigen. So werden S.n bei Holz-, Metall- und Steinbearbeitung eingesetzt, ebenso bei künstlerischen Techniken wie → Airbrushing, → Pochoir, → Schablonendruck oder → Serigraphien.

Schablonendruck Das Verfahren, eine Zeichnung auf eine Oberfläche zu übertragen, indem Farbe durch eine in die gewünschte Form geschnittene → Matrize oder → Schablone aufgetragen wird.

Schalldeckel siehe Kanzel

Schalung Form, mit deren Hilfe Betonwände, -decken etc. gegossen werden. Grobes Holz hinterläßt auf dem Beton einen Abdruck der Holzmaserung (→ Brutalismus, → Sichtbeton).

Schapergläser Kunstgläser mit → Schwarzlotmalerei, benannt nach dem Nürnberger Johann Schaper (1621–1670), der diese Technik um 1655 erstmals von der monumentalen → Glasmalerei auf die Verzierung von Hohlgläsern und → Fayence-Gefäßen übertrug.

Scharrierung Die mit dem Steinmeißel (Scharriereisen) vorgenommene Oberflächenbearbeitung eines Steins in Gestalt von parallel verlaufenden Furchen.

Schattenbild Bezeichnung für das flächenhafte Abbild eines Menschen oder Gegenstandes gemäß den jeweils erzeugten Schatten. Das S. wird meist in Form des Scherenschnitts ausgeführt, wobei man die Zeichnung aus schwarzem Papier ausschneidet und auf weißes Papier aufklebt. Beim menschlichen Kopf ist das prägnanteste S. die Profilansicht, auch Bildnissilhouette genannt. S.er dieser Art waren besonders in der → Rokokozeit sehr beliebt und dienten oft als Ersatz für Bildnisminiaturen. Das 19. Jh. pflegte neben der Bildnissilhouette auch die Tier- und Pflanzen-S.er, die dann hinter der → Fotografie allmählich an Bedeutung verloren.

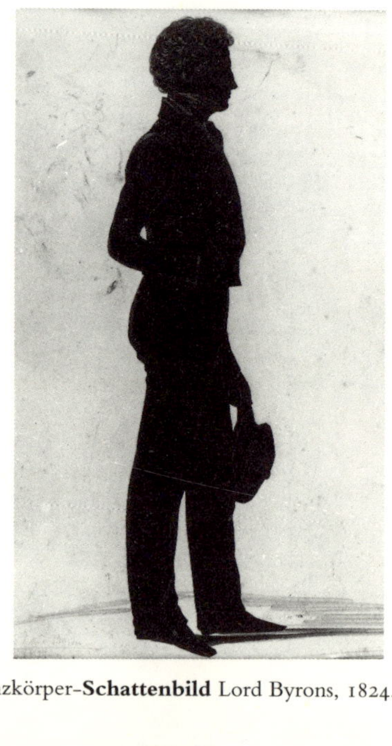

Ganzkörper-**Schattenbild** Lord Byrons, 1824.

Schattenriß 1. Ein Profilporträt, das aus schwarzem Papier geschnitten oder in solidem Schwarz gemalt ist. Ursprünglich wurde der von einem hellen Licht an die Wand geworfene Schatten nachgezeichnet. Nach Etienne de Silhouette, einem französischen Politiker des 18. Jh.s, wird dieses Bild auch Silhouette genannt. 2. Im weiteren Sinne jede Darstellung eines Gegenstandes oder einer Szene in bloßem Schwarz ohne innere Details.

Schattieren Ausstattung gemalter oder gezeichneter Sujets mit Schatten, um ihre Körperlichkeit raumplastisch erscheinen zu lassen. Die Technik des S.s wurde erst seit der → Renaissance geübt, als man sich verstärkt um eine modulierte Lichtführung bemühte. In den → grafischen Verfahren wird das S. vor allem durch → Schraffur erzeugt, d. h. durch eine Schar paralleler Linien.

Scheibenkreuz → Kreuz, das mit einer Scheibe (häufig zur ornamentalen Ausgestaltung) hinterlegt ist.

Scheibenriß Entwurf für eine Scheibe, d. h. für eine → Glasmalerei.

Scheinarchitektur Bezeichnung für eine gemalte Architektur in der → Decken-, → Wand- und Bühnenmalerei, die durch ihre → Perspektive eine wirkliche Architektur vortäuschen will.

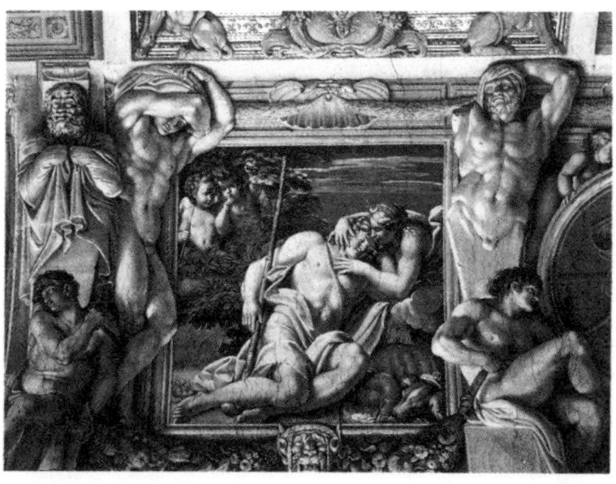

Scheinskulptur: Annibale Carracci, *Diana und Endymion,* Quadro riportato im Palazzo Farnese, Rom, um 1597/99.

Scheinskulptur Eine Art der → Trompe-l'œil-Malerei, in der Figuren in monochromer Manier so modelliert sind, daß sie wie Skulpturen aussehen.

Scheitelpunkt Der höchste Punkt eines → Bogens, d. h. die Unterseite des → Schlußsteins.

Schema Eine auf ihre einfache diagrammartige Form reduzierte Gestalt oder Komposition.

Scherenschnitt siehe Schattenbild

Schiebefenster Eine → Fensterart, bei der ein Rahmen in Nuten horizontal oder vertikal verschoben wird. Letztere Fensterform ist besonders im angloamerikanischen Raum verbreitet.

Schießscharte Fenster oder andere Öffnung in einer Mauer bzw. Brustwehr, die zur Innenseite hin ausgeprägt ist (Abb. → Pechnase).

Schildbogen Parallel zur Raumachse verlaufender → Bogen, der Mauer und → Gewölbe voneinander trennt (→ Joch). Der quer zur Raumachse verlaufende Bogen heißt → Gurtbogen.

Schildersbent (niederl. Malergruppe) Eine im 17. Jh. in Rom lebende Gruppe eng miteinander verbundener holländischer und flämischer Künstler. Zu ihnen zählte auch Pieter van Laer (→ Bambocciata).

Schildpatt Aus den getrockneten Hornplatten der Karettschildkröte gewonnenes Material, das seit der Antike zur Herstellung edler Möbelfurniere und kleiner Luxusgegenstände verwendet wurde. S. ist bräunlich bis schwarz mit gelblicher Zeichnung. Im kalten Zustand ist es brüchig, es läßt sich aber unter Hitzeeinwirkung formen und erhält durch Polieren dauerhaften Glanz.

Schindel Dünnes rechteckiges Holzstück, das anstelle von Ziegeln zum Dachdecken und Wandverkleiden Verwendung findet (in den

Vereinigten Staaten sind auch Metallplatten gebräuchlich).

Schindelverkleidung Der Länge nach angeordnete überlappende Schindeln aus Holz oder Schiefer, mit denen Häuser in → Fachwerk-Bauweise verkleidet werden.

Schlachtenbild (Schlachtstück) 1. Ein im 17. und 18. Jh. beliebter Kompositionstypus, der die Atmosphäre einer Schlacht einzufangen suchte und nicht eine spezielle Kampfhandlung wiedergeben wollte. Häufig wurden diese Bilder in vergleichsweise kleinem Format ausgeführt (→ Historienmalerei). 2. Allgemeiner jedes eine Schlacht darstellende Gemälde.

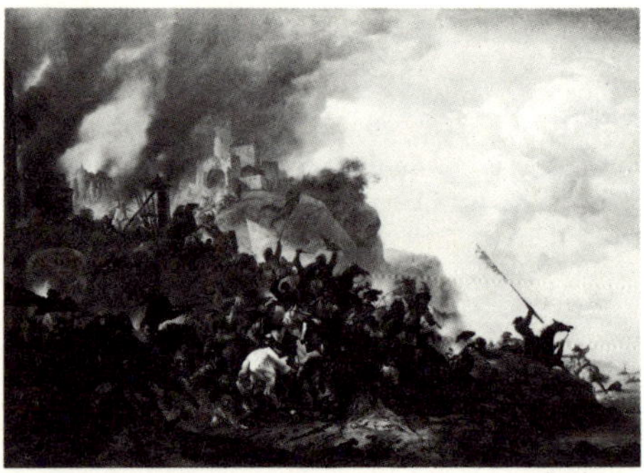

Schlachtenbild: *Kavallerieattacke,* nicht datiert, von Philips Wouwerman (1619–1668).

Schlaglicht Stilmittel des → Chiaroscuro, wobei räumlich sehr eng begrenzte, tonmäßig besonders helle Partien eines Gemäldes zur Erzielung dramatischer Stimmung wirkungsvoll herausgestellt werden. Als S.er bezeichnet man aber auch Lichteffekte auf Statuen, Keramik u. a.

Schlicker Eine cremige Tonlösung, oft in der Farbe abweichend vom Gefäßkörper, mit der dieser beschichtet (und damit oft wasserfest gemacht) wird. Sie dient gleichzeitig zur Zierde und zum Aneinanderfügen von Einzelteilen (→ Sgraffito, → Engobe).

Schlußstein Der im Scheitelpunkt eines → Bogens oder → Gewölbes befindliche Stein. Entsprechend seiner zentralen konstruktiven Bedeutung wurde er häufig durch → Abhängling, → Bosse oder → Knauf hervorgehoben.

Schmelzmalerei Synonyme Bezeichnung für die → Emailkunst.

Schmerzensmann Darstellung des leidenden Christus mit Dornenkrone, der seine Wundmale zeigt (→ Erbärmdebild).

Schnabelkopf Ornamentales Motiv in der Form eines Vogelkopfes und -schnabels (seltener auch ein Schnabel mit herausgestreckter Zunge) zum Schmuck von → Gesimsen und → Friesen in der → normannischen Architektur (Abb. → Friesformen).

Schnecke Jedes spiral- oder schneckenförmige Motiv, so z. B. die → Volute an ionischen und Kompositkapitellen (→ Säulenordnung).

Schnelle Hoher, sich nach oben verjüngender → Steinzeugkrug, dessen reliefierte Formen aus dem rheinischen Siegburg des späten 16. Jh.s künstlerische Bedeutung besaßen.

Schneuß siehe Fischblase

Schnitt Zeichnung eines Gebäudes oder Gegenstandes, die diesen zeigt, als sei er entlang einer bestimmten Ebene durchschnitten.

Schnitzaltar Die geschnitzten Altaraufsätze (oft Flügelaltäre) des 14. Jh.s in Deutschland mit einzelnen gerahmten oder in Gruppen zusammengefaßten Figuren entwickelten sich im folgenden Jh. zu oft stattlichen Aufbauten, den Gesprengen, mit zahlreichen → Reliefffiguren oder → tabernakelartig gefaßten Vollplastiken. Musterbeispiele sind die Hochaltäre von Michael Pacher oder Veit Stoß.

Schnurkeramik → Jungsteinzeitliche Kulturgruppe, die sich von Sachsen-Thüringen über ganz Mitteleuropa ausbreitete und in ihrer Tonware als Charakteristikum die Schnuramphora und den Schnurbecher mit Wickelschnurverzierung hatte. Die Schnurverzierungen sind z. T. mit weißer Kalkmasse ausgelegt.

Schöne Künste Abgrenzende Bezeichnung für Architektur, Bildhauerei und Malerei im Gegensatz zur → angewandten oder dekorativen Kunst. Diese Unterscheidung etablierte sich erst in der Mitte des 18. Jh.s.

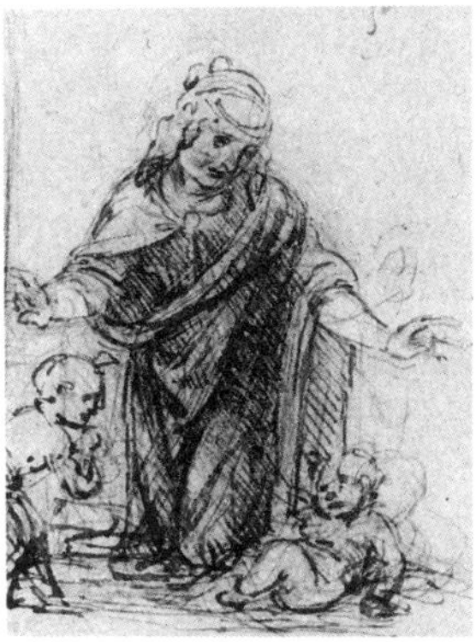

Schraffur: Studie zu einer *Geburt Christi* von Leonardo da Vinci. Da dieser Linkshänder war, verlaufen die Hauptlinien von oben links nach unten rechts.

Schöne Madonnen Um 1923 geprägte Bezeichnung eines besonders im ost-mitteleuropäischen Raum verbreiteten Typs spätgotischer Skulpturen (stehende Madonnen mit Kind). Hauptwerkstätten waren: Schlesien, Prag, Wien, Salzburg. Die S.n M. verkörpern den sogenannten → Weichen Stil (in der Bildhauerei).

Schraffur (auch Schraffierung) Eine Reihe eng aneinanderstehender paralleler Linien in Zeichnungen und Stichen zur Erzielung einer einheitlichen Farbe der Schattierung. Bei der Kreuzschraffur werden zwei Liniengruppen verwandt, die sich – üblicherweise im rechten Winkel – überkreuzen.

Schrein 1. Hölzerner kastenartiger Behälter oder Schranke. 2. Behältnis für Reliquien. 3. Feststehender, meist mit Schnitzwerk reich verzierter Mittelteil eines Flügelaltars.

Schrift 1. Jedes System grafischer Zeichen, das dazu dient, Gedanken und Sprache zu visualisieren. 2. Verallgemeinert Bezeichnung für einen geschriebenen Text. 3. Das vollständige Alphabet einer → Schriftart.

alſo ſol zůrichten. Ir gantze hőhe
das poſtement hoch ſeyn. Die ſel
ſimps/vnd ein teil das ober geſim
teilen zwen/iſt die breite deß poſte

Schwabacher, *aus Froschauers ›Kunstrich Buch‹, 1567*

Quod cū audiſſet dauid: deſcendit in
preſidiū. Philiſtijm autem venientes
diffuſi ſunt in valle raphaim. Et cō-
ſuluit dauid dn̄m dicens. Si aſcendā

Fraktur, *aus der 42zeiligen Gutenberg-Bibel, um 1455.*

*Iam quanto minoris constat haec felicitatis
accessio! Quandoquidem res ipsas aliquotie
s magno negotio pares oportet, vel levissima
s, uti grammaticen. At opinio facilime sumi
ETIAM STULTORUM CONDITIO.*

Renaissance-Antiqua von Claude Garamond, um 1543.

Iam quanto minoris constat haec felici
tatis accessio! Quandoquidem res ipsas
aliquoties magno negotio pares oporte
t, vel levissimas, uti grammaticen. At o
ETIAM STULTORUM CONDITIO. P

Klassizistische Antiqua von Giovanni Bodoni, um 1788.

Iam quanto minoris constat haec felicitatis
accessio! Quandoquidem res ipsas aliquo
ties magno negotio pares oportet, vel levi
ssimas, uti grammaticen. At opinio facilim
ETIAM STULTORUM CONDITIO. PRIMU

Groteskschrift ›Futura‹ von Paul Renner, 1927.

**Iam quanto minoris constat haec felici
tatis accessio! Quandoquidem res ips
as aliquoties magno negotio pares op
ortet, vel levissimas, uti grammaticen.
At opinio facilime sumitur. Quae tame
ETIAM STULTORUM CONDITIO. PRIMU**

Werbeschrift ›VAG-Rundschrift‹, 1970er Jahre.

verschiedene **Schriftarten**

Schriftart Jede Letter, die – oft mit sehr subtilen Unterschieden – im Druck Verwendung findet. Jede S. ist in einer Anzahl verschiedener Größen erhältlich. Zu den Schriftfamilien des lateinischen Alphabets siehe → Antiqua, → Fraktur, → gotische Schrift, → Groteskschrift, → sans-serif, → Schwabacher. Siehe auch Kalligraphie, Minuskel (Abb. S. 259).

Schrotschnitt (frz. ›Manière criblée‹) Eine frühe Form der Punktiermanier (oder Punzenmanier), bei der die Zeichnung im wesentlichen mit der Hilfe von gepunzten Punkten auf eine Metallplatte übertragen wird. Sie erscheint beim Druck negativ, d. h. weiß auf schwarzem Grund (→ Kupferstich).

Schule Sammelbezeichnung für eine Künstlergruppe, die entweder unter dem Einfluß eines einzelnen Meisters arbeitet oder deren Arbeiten große Ähnlichkeiten aufweisen, weil die Künstler aus derselben Gegend stammen oder dem gleichen ortsüblichen Stil verpflichtet sind.

Schule von ... Von einem Künstler geschaffen, dessen Identität unbekannt ist, der aber deutlich von dem genannten Meister beeinflußt ist oder von dem üblichen Stil der genannten Region.

Schuppenornament Ein Muster aus sich überschneidenden Kreisen, das an die Schuppen eines Fisches erinnert.

Schuß In der Webkunst die Fäden, die im rechten Winkel zu den in Längsrichtung des Gewebes verlaufenden → Kettfäden hindurchgeführt werden. Die verschiedenen Möglichkeiten, dies zu tun, bestimmen das Muster.

Schützenstück (auch Doelenstück) Bezeichnung für die Gruppenbildnisse von Mitgliedern einer Schützengilde in der niederländischen Malerei (z. B. bei Frans Hals und Rembrandt).

Schutzmantelmadonna (ital. Madonna della Misericordia, ›Madonna der Barmherzigkeit‹) Eine vom 13. bis zum 16. Jh. beliebte Darstellung der Jungfrau Maria, die unter ihrem Mantel kniende Gläubige beschirmt.

Schwabacher Abgerundete, eher → kalligraphische Variante der gotischen Schrift (→ Schriftarten).

Schwarze Kunst Bezeichnung für → Mezzotinto bzw. → Schabkunst (→ Kupferstich).

Schwarzfiguriger Stil In Korinth und Athen führender Stil griechischer → Vasenmalerei des 7. und 6. vorchristlichen Jh.s, bei dem vor rotem Grund die Motive schwarz erscheinen; sie wurden mit einer Mischung aus eisenoxidhaltigem Ton, Regenwasser und Holzasche aufgemalt. Unter entsprechenden Brennbedingungen veränderte sich die Farbe von Rot zu Schwarz, während das restliche Gefäß seine rote Tönung behielt. Der s. S. wurde vom → rotfigurigen Stil abgelöst.

Schwarzlotmaterial Ursprünglich eine Technik der → Glasmalerei, bei der eine schwarze, aus pulverisiertem Kupfer- oder Ei-

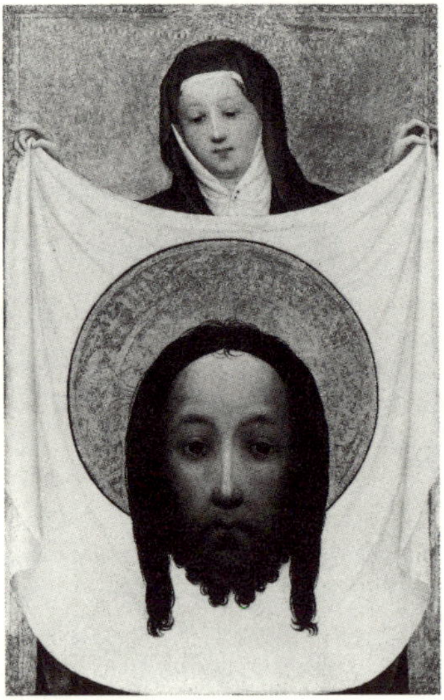

Eine Darstellung der hl. Veronika, die das **Schweißtuch** hält, vom Meister des Marienlebens, Kölner Malerschule, frühes 15. Jh.

senoxid und Bleiglas hergestellte Schmelzfarbe verwendet wird, später auch bei → Fayencen verwandt.

Schweißtuch der Veronika Tuch, das die hl. Veronika Christus auf seinem Weg zum Kalvarienberg reichte und mit dem dieser sein Gesicht abwischte, worauf es – der Legende nach – einen wunderbaren Abdruck seiner Gesichtszüge zeigte. Manchmal ist es als eigenständiges Bildmotiv anzutreffen. Synonym: Veronikatuch.

Scraperboard (Schabblatt) Amerikanische Art der Kratzmalerei, bei der eine Oberfläche aus feinem → Gesso mit Tusche bedeckt wird. Nach dem Trocknen kann die Tusche mit einer scharfen Spitze weggekratzt werden, so daß sich eine weiße Linie ergibt.

Scriptorium (lat. ›Schreibplatz‹) Bezeichnung für den klösterlichen Raum, in dem Manuskripte kopiert wurden.

Second Empire (frz. ›Zweites Empire‹) Ein eklektischer Architektur- und Dekoratonsstil mit einer Bandbreite der Erscheinungsformen von → Neogotik bis zu → Louis-seize (Ludwig XVI.), der in Frankreich zur Zeit der Präsidentschaft (1848–1852) und dann des Kaisertums (1852–1870) Napoleons III. beliebt und verbreitet war.

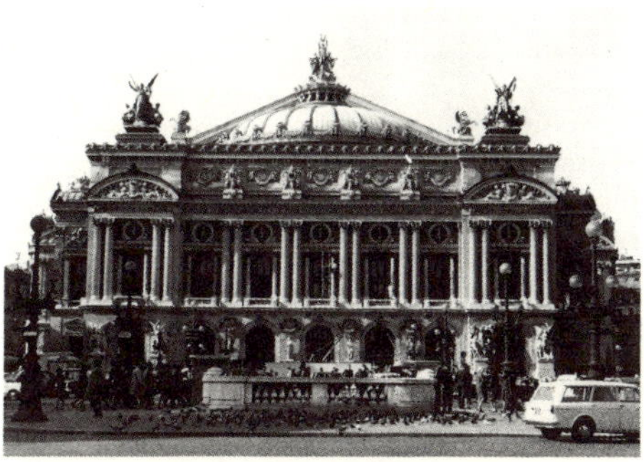

Charles Garniers Fassade der Pariser Oper, 1861–1874, die mit ihrem deutlichen Rückgriff auf den italienischen Barock ein herausragendes Beispiel für die Architektur des **Second Empire** darstellt.

Section d'Or Französische Bezeichnung für das u. a. von dem italienischen Mathematiker Luca Pacioli behandelte ideale Verhältnis zweier Größen, den → Goldenen Schnitt. Die → Kubisten griffen in der Bezeichnung ihrer großen Ausstellung von 1912 in der Pariser Galerie La Boëtie auf dieses mathematische Proportionsverhältnis zurück. Die Ausstellung ›La Section d'Or‹ wurde zu einer historisch wichtigen Schau neben dem zehnten Pariser → Salon d'Automne, da sie mit Ausnahme von Georges Braque und Pablo Picasso alle damaligen Vertreter kubistischer Malweise vereinigte.

Seestück siehe Marinemalerei

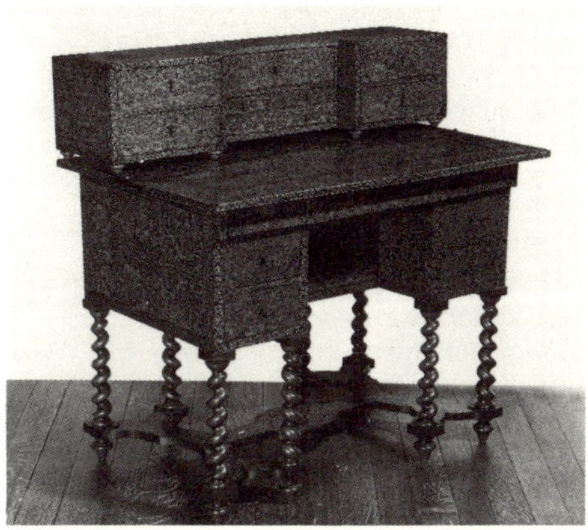

Seetang-Marketerie an einem Schreibtisch, der 1690 von Gerreit Jensen für den Kensington Palast angefertigt wurde.

Seetang-Marketerie Eine → Intarsienart aus Tafeln reich gemaserten Holzes (gewöhnlich Stechpalme oder Buchsbaum), die in einen Hintergrund aus Walnußfurnier eingelassen sind. Die Musterung des Holzes ähnelt angeblich Algen oder Seetang. Diese Technik war im späten 17. und frühen 18. Jh. beliebt und verbreitet, die Bezeichnung ist jedoch modern.

Seicento (ital. ›sechshundert‹) In Italien übliche Bezeichnung für das 17. Jh., stilgeschichtlich die Epoche des italienischen Hochbarock. Siehe auch Duecento.

Seitenschiff In einer → Basilika oder anderen Kirche der Raum zwischen den → Pfeilern des Hauptschiffes und der Seitenwand (Abb. → gotische Kathedrale, Querschnitt).

Sekkotechnik (ital. secco ›trocken‹) Eine Malerei, die, anders als beim echten → Fresko, auf schon getrocknetem Putz ausgeführt wird. Sie kann in → Tempera oder mit → Pigmenten in Kalkwasser als Medium geschaffen sein, wobei im letzteren Fall der → Malgrund vor Auftragen der Farbe angefeuchtet wird. Die Resultate dieser Technik sind weniger haltbar als echtes Fresko.

Sekretär Ein Schreibmöbel mit Stauraum für Papier und Wertgegenstände – gewöhnlich mit einer klappbaren Frontplatte, die als Schreibunterlage dient.

Sekundärfarbe Farbe, die durch Mischung von zwei Primärfarben entsteht, so ergeben Blau und Gelb Grün, Blau und Rot Violett, Gelb und Rot Orange (→ Farbkreis).

Seladon Europäische Bezeichnung für chinesisches Steingut oder → Porzellan mit einer zarten olivgrünen Glasur. Der Name ist möglicherweise von ›Celadon‹ aus Honoré d'Urfés Pastorale ›L'Astrée‹ aus dem frühen 17. Jh. abgeleitet, einer literarischen Gestalt, die graugrüne Bänder trug.

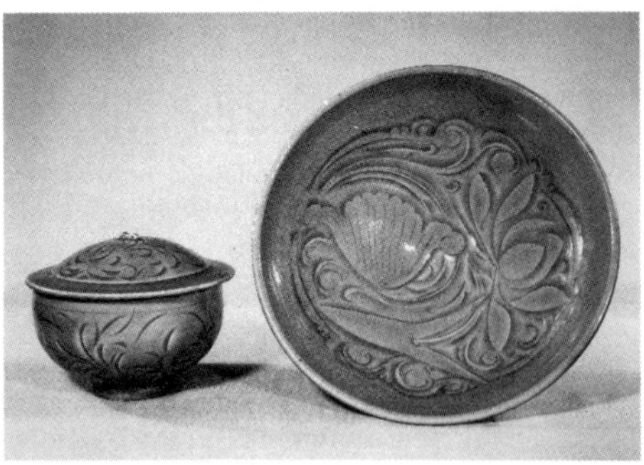

Seladon-Dose und -Schale mit typischen Lotos-Ornamenten, Song-Dynastie.

Selbstporträt (Selbstbildnis) Bezeichnung für die malerische, zeichnerische oder plastische Selbstdarstellung des Künstlers. Das S. ist bereits in der → archaischen Kunst Griechenlands bezeugt, auch das Mittelalter kennt Beispiele der Selbstdarstellung, etwa bei Peter Parler. Eigenständige Gattung aber wurde das S. erst im 15. Jh., als italienische Maler den Assistenzfiguren eines religiösen Bildes eigene, porträthafte Züge verliehen. Als isoliertes Bild findet das S. erst mit dem Werk Albrecht Dürers Geltung. Im Schaffen Rembrandts erlangt es einen Höhepunkt psychologischer Vertiefung.

Semantische Malerei Eine lyrisch-abstrakte Kunstrichtung, die ihre Bildmotivik aus symbolischen Zeichen aufbaut und diese als Chiffren bestimmter Denk- und Gefühlsinhalte benutzt.

Sepia Dunkelbraunes, transparentes Zeichenmedium, das aus dem Sekret des Tintenfisches gewonnen wird. Seit Ende des 18. Jh.s wurde S. vielfach für Zeichnungen, Skizzen etc. verwendet, heute ist sie wegen ihrer geringen Lichtechtheit nicht mehr gebräuchlich.

Serie Eine Anzahl von Gemälden, Zeichnungen oder Drucken, die durch ein gemeinsames Thema verbunden sind, nicht notwendigerweise aber von einem einzelnen Künstler geschaffen sein müssen.

Serielle Reihung Einflußreiche Strukturtendenz in der internationalen Kunst (Malerei und Plastik) seit den frühen 1960er Jahren, die kompositorisch-freie Bildform (→ Abstrakter Expressionismus, → Informel) durch eine determinierte, strenge, auf Reihung aufbauende Gestaltordnung (als Wiederholung, Permutation, Progression, Variation) abzulösen. Zugleich propagierte sie eine Vielzahl neuer Materialien (Kunststoffe, Folien, künstliche Lichtquellen, Spiegel usw.) anstelle der traditionellen Medien Malerei und Bildhauerei. Als durchgehendes Merkmal finden sich serielle Strukturen in den verschiedensten künstlerischen Konzeptionen, vor allem bei den (meist monochrom arbeitenden) Künstlern der ›neuen Tendenzen‹ um 1960 (z. B. Piero Manzoni und Jan Schoonhoven), den um ein durch Lichtmo-

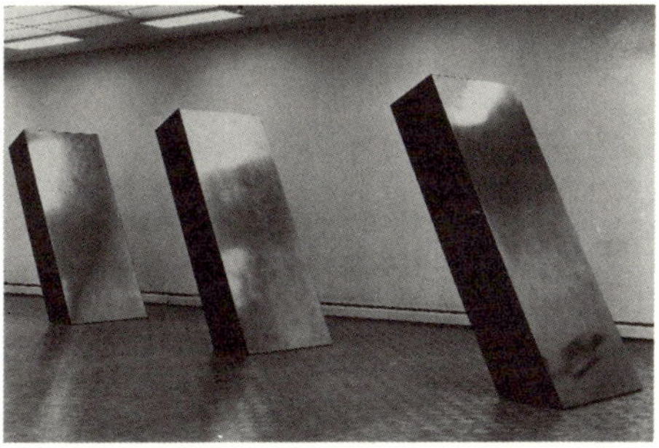

Serielle Reihung bei einer minimalistischen Skulptur: Ronald Bladen, *Drei Elemente,* 1965.

dulation ›sensibilisiertes Sehen‹ bemühten Vertretern des → Zero, bei Vertretern der → kinetischen Kunst und des → Nouveau Réalisme. In der → Pop Art trifft man verwandte Prinzipien bei Andy Warhol, in der → Minimal Art u. a. bei Carl Andre und Sol LeWitt und in den späten 1960er Jahren bei Künstlern wie Daniel Buren, Jan Dibbets und Peter Roehr.

Serife Ein kleiner horizontaler Querstrich, der den Hauptstrich eines Buchstabens abschließt (→ Antiqua, → Schriftarten).

Serigraphie (Siebdruck) Ein Durchdruckverfahren, das zur Herstellung von Auflagendrucken, Plakaten, Transparenten, Schau- und Dekorationsstücken dient. Für den Druckvorgang verwendet man ein dünnmaschiges Sieb, das an den Stellen, die auf dem Bild keine Farbe tragen sollen, mit Wachs, Lack oder → Schablonen abgedeckt wird. Mit einem linealartigen federnden Stahlband, der → Rakel, wird nun die Farbe über das Sieb gezogen, und diese findet nur an den offenen Stellen Durchlaß zum Druckträger. Da das feine Sieb die Farbe gut durchtreten läßt, entsteht auf dem Druckträger, der außer aus Papier auch aus Holz, Textilien, Glas, Metall u. a. bestehen kann, ein gleichmäßiger Farbauftrag.

Serliana (auch Serliomotiv) Besonders im englischen Sprachraum geläufiges Synonym für → Palladiomotiv oder Venezianisches Fenster.

Setoware (jap.) Obwohl ab dem 9. Jh. rund um die japanische Stadt Seto eine große Vielfalt von → Keramikarten hergestellt wurde, ist die als solche bezeichnete normalerweise eine aus dem 19. Jh. stammende Küchenware. Sie besteht vornehmlich aus braunem oder grauem → Steingut mit freien Dekors in Schwarz oder Braun oder auch einem → Unterglasurblau.

Settecento (ital. ›siebenhundert‹) In Italien übliche Bezeichnung für das 18. Jh. Siehe auch Duecento.

Sèvres-Porzellan Das S.-P. hatte seine kreative Blütezeit im 18. Jh. Benannt ist es nach der Porzellanmanufaktur zwischen Paris und Versailles, die 1738 in Vincennes gegründet wurde und 1756 nach ihrer Ausstattung mit königlichen Privilegien (1753) nach S. verlegt wurde. Die Manufaktur produzierte zunächst hauptsächlich → Frittenporzellan (ein glasähnliches Weichporzellan) in Gestalt von Prunkvasen, Büsten, Figuren und Gegenständen, die mit ornamentalen Blumenmustern und galanten Szenen in reicher Farbigkeit bemalt waren. Eine Besonderheit des S.-P.s stellte das Juwelenporzellan dar, das mit Schmelzperlen verschiedener Farben, unterlegt mit Goldplättchen, verziert war. Zu den herausragenden Modelleuren des S.-P.s gehörte vor allem Falconet, dessen → rokokohafte Kleinplastiken vornehmlich in der Technik des → Biskuitporzellans hergestellt wurden.

Sezession Bezeichnung für verschiedene deutsche und österreichische Künstlergruppen, die im letzten Jahrzehnt des 19. Jh.s gegen das → Salon-System rebellierten. 1892 gründete Franz von Stuck in München eine solche Gruppe, 1897 rief Gustav Klimt eine S. in Wien ins Leben, und in Berlin wurde 1899 von Max Liebermann ebenfalls eine S. einberufen. Auch in Darmstadt existierten S.en. Die fortschrittlichen Künstler der S. waren meist Mitbegründer des → Jugendstils, besonders in Wien, und veranstalteten als erste große Ausstellungen moderner französischer Kunst außerhalb von Paris z. B. 1902 die Wiener Ausstellung der → Impressionisten und 1903 die der → Neoimpressionisten in Berlin.

S'fregazzi (ital. sfregare ›reiben‹) In der Ölmalerei Schatten, die als → Lasur mit dem Finger über Fleischtöne gelegt werden.

Sfumato (ital. ›aufgeweicht, dunstig‹) Bei Malerei und Zeichnung Übergänge von Hell zu Dunkel, die so sanft verlaufen, daß sie fast nicht wahrnehmbar sind.

Sgraffito (zu ital. graffiare ›kratzen‹) Kratzmalerei, bei der durch Abkratzen von Teilen einer Schicht – von Putz auf Wänden bzw. von → Schlicker auf Töpferware – eine darunterliegende in kontrastierendem Farbton sichtbar wird.

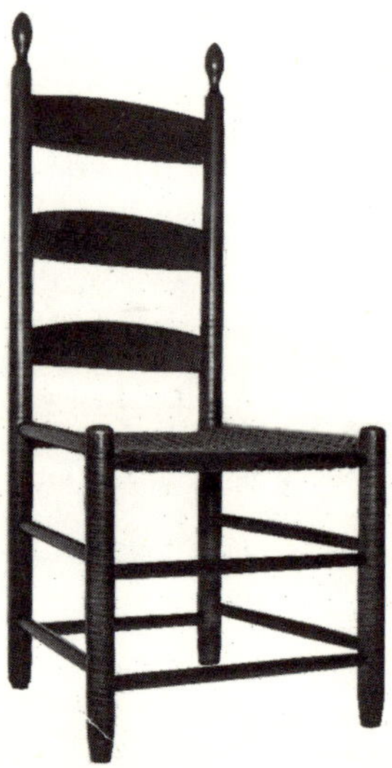

Ein typischer **Shaker**-Stuhl aus Ahornholz, mit Sprossenlehne und Sitzfläche aus Rohrgeflecht, Mitte 19. Jh.

Shaker-Mobiliar In Nordamerika ab dem späten 18. Jh. von der christlichen Sekte der ›Shaking Quakers‹ (the United Society of Believers in Christ's Second Appearance) anfänglich nur für den Eigengebrauch, später auch für den Verkauf hergestelltes Mobiliar. Es ist charakterisiert durch seine extreme Schlichtheit, in der sich das Shaker-Ideal eines einfachen Lebens widerspiegelt, besitzt jedoch auch eine typisch dezente Eleganz. Die Formen sind englischen bäuerlichen Vorbildern des 18. Jh.s entlehnt.

Shakti (sanskr. ›weibliche Energie‹) Der aktive oder energetische Aspekt eines Hindugottes, manchmal in seiner Ehegefährtin personifiziert dargestellt.

Shakudo (jap.) Eine bei japanischen Schmieden gebräuchliche → Legierung aus ca. 97 Prozent Kupfer und ca. drei Prozent Gold. Durch nachträgliches Behandeln mit einer schwachen Schwefelsäure wird dem ursprünglich grauen Metall eine tiefviolette Farbe und eine glänzende Oberfläche verliehen.

Shaped Canvas Bezeichnung für eine zu Beginn der 1960er Jahre aufkommende, vor allem von Frank Stella vertretene Tendenz, mit der äußeren Form eines Leinwandbildes zu experimentieren, meist in der Art, daß die Formationen auf der Bildfläche auch die äußere Gestalt des Bildes bestimmen (Auflösung der rechteckigen Leinwand), um so eine Kongruenz zwischen Bildinhalt und -form herzustellen. Gleichzeitig gewinnt das Bild größere Objekthaftigkeit und nähert sich der Skulptur (→ Rauminstallation).

Shawabti Synonym für → Ushebti.

Sheffield plate (Sheffielder Versilberung) Gegenstände, die in Nachahmung massiven Silbers aus zwischen dünnen Silberplatten ausgerolltem Kupfer bestehen. Diese Technik wurde um 1742 entwickelt und seit ca. 1840 von der Versilberung durch Galvanisieren verdrängt.

Sheraton-Möbel Möbel aus dem ausgehenden 18. Jh., von dem Londoner Thomas Sheraton hergestellt, die mit schlanken, aber festen Beinen, sparsamem Dekor und einfachem Zuschnitt eine Sonderform des → klassizistischen Design darstellen.

Shibayama-Arbeit Feine → Intarsienarbeit, gewöhnlich aus Perlmutt, Lack, Edelmetall oder ähnlichen Materialien auf einem Lackgrund. Diese Arbeiten sind nach der Handwerkerfamilie Shibayama benannt, die

die Technik im 18. Jh. in Japan perfektionierte.

Shikhara (sanskr.) Ein indischer Tempelturm, der gewöhnlich das → Sanktuarium bildet und so gebaut ist, daß er an einen Berg erinnert.

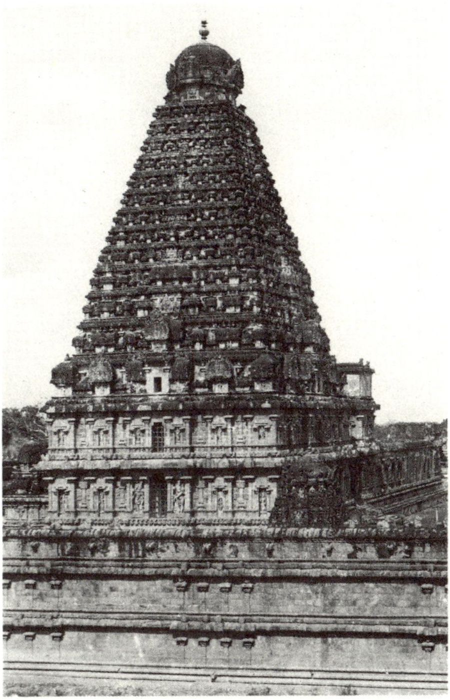

Shikhara des Rajarajeshvara-Tempels in Tanjore, Chola, um 1000 n. Chr.

Shingle Style (engl. ›Schindelstil‹) Nordamerikanische Variante des → Queen Anne Style im späten 18. Jh., bei der die charakteristische Ziegel- durch Schindelverkleidung der Außenwände ersetzt wurde. Viele der in diesem von 1870 bis 1890 beliebten Stil gebauten Häuser besitzen eine offene Gestaltung der Innenräume, die man als Vorläufer der Wohnarchitektur des 20. Jh.s betrachten könnte.

Shishi (jap. ›Löwe‹) Ein chinesisches mythisches Geschöpf, Mischung aus Löwe und Hund, abgeleitet von jenen Löwen, die die Altäre Buddhas bewachen (→ Hund des Fo).

Shoji (jap.) → Japanische Schiebetür aus zwischen hölzerne Rahmen gespanntem Papier.

Shonsui (jap.) 1. Das früheste japanische → Porzellan, im 16. Jh. von Gorodayn-go Shonshi produziert, der sich, nachdem er in China in die Geheimnisse der Porzellanherstellung Einblick erhalten hatte, bei Arita niederließ. 2. Im Südchina der späten Ming-Periode von der Regierungszeit des Wan Li (1573–1619) an besonders für den japanischen Markt produziertes Porzellan.

Shri-Yantra Ein geometrisches Diagramm, das von buddhistischen Mystikern während der Meditation als Mittel zur Konzentration benutzt wird (→ Mandala).

Shunga (jap. ›Frühlingsbild‹) Ein japanischer erotischer → Druck.

Sichtbeton Beton, der nach Entfernen der Verschalung unbehandelt belassen wird. Manchmal verwendet man bewußt grob gemaserte Schalbretter, damit sich deren Zeichnung auf den Beton überträgt (→ Brutalismus).

Siebdruck siehe Serigraphie

Siegel Stempelabdruck in einer biegsamen Masse aus S.-Lack, Ton, Gold, Silber, Blei oder Wachs zur Beglaubigung eines Schriftstückes. Nach der Darstellung im S.-Bild unterscheidet man zwischen Schrift-, Bild-, Porträt- und Wappen-S. Im Alten Orient wurden neben Stempel-S.n und S.-Ringen auch zylindrische *Rollsiegel* verwendet, die man an einer Kette trug. Im Mittelalter wurden (nachweisbar seit der Merowingerzeit) S. von Königen, Kaisern und Päpsten zur urkundlichen Beglaubigung benutzt, später auch (seit dem 10. Jh.) vom hohen Adel und der hohen Geistlichkeit. Seit dem 12. Jh. weitete sich der Gebrauch des S.s auf Klöster, Städte, Universitäten und Zünfte aus, wobei das Wachssiegel allmählich das von Goldschmieden angefertigte Metallsiegel verdrängte.

Signatur Urheberangabe eines Künstlers auf einem Werk in vollständiger, abgekürzter oder verschlüsselter Namensform. Die S. ist bereits in der griechischen → Vasenmalerei üblich gewesen. Im Mittelalter war die S. in Form des Steinmetzzeichens bekannt, während man Bildwerke zunächst nur auf dem Rahmen signierte. Allgemein üblich wurde die S. mit dem Aufkommen bürgerlicher Abnehmerkreise von Kunstwerken in der italienischen → Renaissance und später in der niederländischen Malerei des 17. Jh.s.

Signet Drucker- und Verlegerzeichen, das häufig künstlerisch in Form von Druckerbildnissen, → Monogrammen, → Ornamenten und mythologisch-allegorischen Darstellungen ausgestaltet ist. Das älteste Beispiel eines S.s. ist in der 48-zeiligen Bibel von Fust und Schöffer (1462 gedruckt) erhalten.

Sikkativ Eine Substanz, die der Ölfarbe beigemischt wird, damit diese schnell trocknet.

Silberstiftzeichnung Im 15. und 16. Jh. verbreitete Methode, mit einem scharf angespitzten Silberdraht (Silberstift) zu zeichnen. Man präparierte dazu das Papier mit Knochenasche, damit es den Strich annahm, der erst eine zarte graue Linie ist, dann aber braun wird.

Silen Ein dem → Satyr verwandtes Tiermenschwesen aus der → antiken Fabelwelt.

Silhouette siehe Schattenbild

Sima In der klassischen Architektur die Traufleiste oberhalb des Kranzgesimses. Sie hatte häufig steigend → karniesförmigen Querschnitt und war mit → Wasserspeiern versehen.

Simultane Darstellung 1. Gewisse ›primitive‹ Darstellungsformen, in denen jeder Teil einer Figur oder eines Gegenstandes in dem Aspekt gezeigt wird, den der Künstler als den charakteristischsten und direkt erkennbaren ansieht. Dadurch entsteht ein Bild das beträchtlich von der realen Figur oder dem

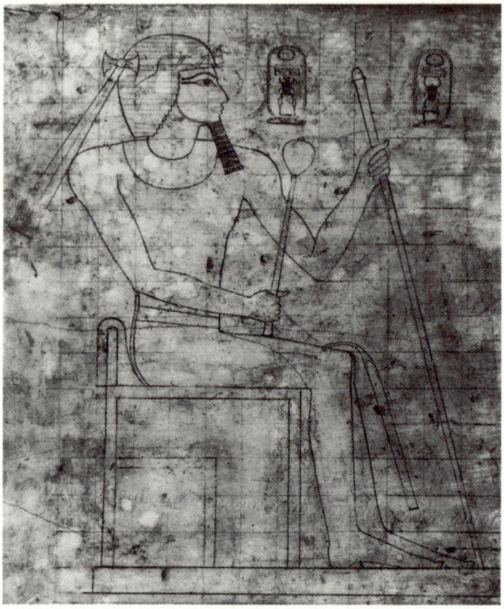

Simultane Darstellung: Altägyptische Zeichnung des Königs Thutmoses III., 18. Dynastie, um 1460 v. Chr. Kopf und Beine sind im Profil, Augen und Schultern in der Frontalansicht dargestellt.

wirklichen Gegenstand abweicht. In der → ägyptischen Malerei z. B. sind Kopf und Beine im Profil dargestellt, die Schultern jedoch erscheinen in der Frontalen (→ Amarna-Kunst). 2. Manchmal fälschlicherweise als Synonym für → kontinuierliche Darstellung gebraucht.

Simultaneität (Gleichzeitigkeit) Die Darstellung nacheinander ablaufender Bewegungsphasen oder aufeinanderfolgender Aspekte des gleichen Gegenstandes auf ein und derselben Leinwand. Sowohl auf → futuristischen als auch → kubofuturistischen Gemälden anzutreffen.

Simurgh (pers.) Riesiger Phantasievogel mit langem Schwanz, der auf persischen Malereien und als Dekor auf Keramik erscheint.

Singerie (von frz. singe ›Affe‹) Verspielte Zierkunst des → Rokoko mit kostümierten Affen in menschlichen Rollen. Der Erfinder ist wahrscheinlich Claude Andran, S.n sind aber auch von Jean-Antoine Watteau, Claude Gillot und Christophe Huet bekannt.

Sinopia Rotes Eisenoxid, das in der → Freskomalerei bis ins 15. Jh. zur endgültigen Vorzeichnung (Sinopie) auf dem Putz verwendet wurde.

Sintern Das Verfahren, feinkörnige Stoffe durch Hitzeeinwirkung miteinander zu verschmelzen. Besonders bei → Keramik meint S. das Brennen bei hohen Temperaturen, so daß sich ein porenloser, glasartiger Überzug auf dem Scherben bildet.

Sippenbild Darstellung der um Anna und Maria versammelten hl. Sippe, entstanden im späten Mittelalter, als die Ahnenverehrung ihren Höhepunkt erreicht hatte.

Sittenbild → Genredarstellung in der Malerei, die typische Ausschnitte aus dem Alltagsleben bestimmter Stände widerspiegelt. So unterscheidet man das bäuerliche, bürgerliche und höfische S.

Situal Eimerförmiges Gefäß. Der ursprünglich römische Begriff wird auch für ähnliche,

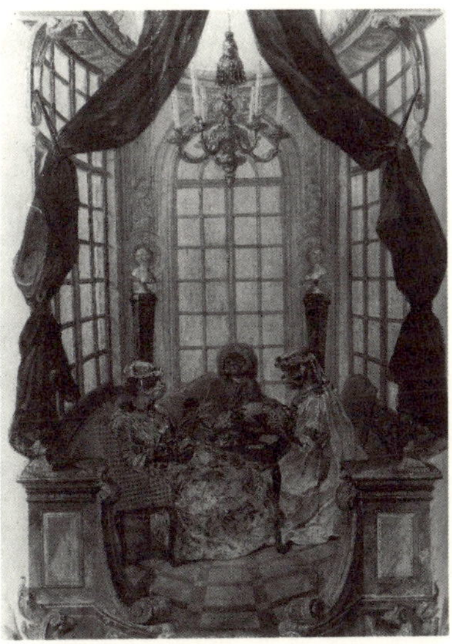

Singerie: Wandbemalung von Christophe Huet im Château de Chantilly, um 1720.

mit kunstvoller Treibarbeit verzierte Gefäße der europäischen → Eisenzeit verwandt, ebenso für, römischen Vorbildern nachempfundene, → liturgische Gefäße des frühen Mittelalters, die häufig aus Metall oder Elfenbein gefertigt waren.

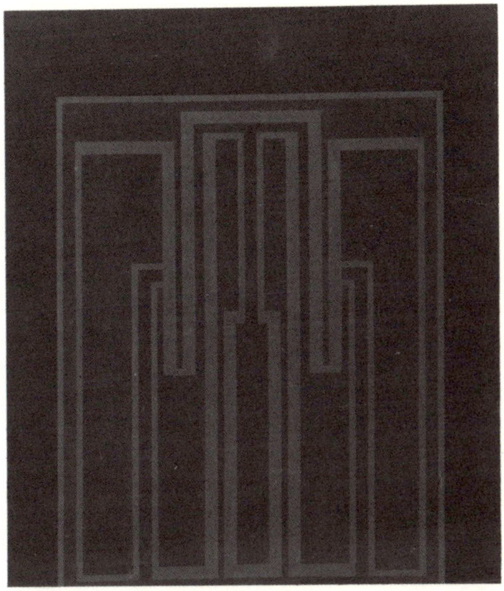

Situation Group: Robyn Denny, *Lebenslinie II*, 1963. Das Bild mißt 213 × 183 cm.

Situation Group 1960 fand in den zur Royal Society of British Artists (RBA) gehörenden Galerien in London eine Ausstellung mit dem Titel ›Situation‹ statt; dieser Name wurde später auf die dort ausstellenden Künstler übertragen. Zu ihnen gehören John Hoyland, Bernard Cohen und Robyn Denny. Ihr Hauptinteresse galt der Schaffung großformatiger abstrakter Gemälde, die deutlich von ähnlichen, in den 1950er Jahren in den Vereinigten Staaten entstandenen Bildern beeinflußt waren. Sie wählten diesen Gruppennamen, um damit zu betonen, daß großformatige abstrakte Gemälde das gesamte Blickfeld des Betrachters ausfüllen und auf diese Weise für ihn eine ›Situation‹ schaffen.

Skarabäus → Ägyptische Siegelform im Mittleren Reich in Gestalt des als Sonnengott und Urwesen verehrten Blatthornkäfers. Die

→ Siegel bestanden meist aus glasiertem Stein, seltener aus Edelmetall oder Halbedelsteinen.

Skelettbauweise Synonym für → Gerüstbauweise, das heute vor allem für Stahlbetonkonstruktionen benutzt wird.

Skenographie In der → griechischen Antike die Bühnenwandbemalung des Theaters, für die Agatharchos von Samos 460 v. Chr. die Möglichkeit → perspektivischer Darstellungsweise entdeckte, so daß der Begriff gleichbedeutend mit Perspektivlehre wurde.

Skizze Bezeichnung für den ersten flüchtigen Entwurf eines Bildes, einer Plastik oder eines Bauwerks. Der zunächst nur für den zeichnerischen Entwurf gebräuchliche Begriff wird heute auch für den plastischen Entwurf verwendet, den man als *Tonskizze* bezeichnet. S.n werden in sogenannten Skizzenbüchern gesammelt.

Skulptur Werk der → Bildhauerei.

Skyphos (griech.) Flacher einbeiniger Trinkbecher mit einem Paar horizontaler, einander gegenüberliegender Henkel. Manchmal fälschlich als → Kotyle bezeichnet (→ Vasenformen, griechische).

Skythische Kunst Vom 8. Jh. v. Chr. an beherrschte das ostindogermanische, nordiranische Reitervolk der Skythen den Raum nördlich des Schwarzen Meeres, das Donau- und Balkanland und das östliche Mitteleuropa. Die s. K. ist bezeugt durch Grabbeigaben aus Hügelgräbern, vor allem Goldobjekte mit Edelsteinen und Einlegearbeiten. Waffen, Pferdegeschirre, Spiegel und eine Fülle verschiedenartiger persönlicher Schmuckstücke wurden mit Tier- und geometrischen Mustern verziert; die seltenen menschlichen Figuren sind → griechisch oder von griechischer Kunst angeregt. Natürliche und phantastische Tiere sind kraftvoll und ausgewogen in verschiedenen Graden der Stilisierung wiedergegeben, gewöhnlich in Haltungen, die mehrere Ansichten zusammenfassen – einzeln, aneinandergereiht oder miteinander verbunden, sei es im Kampf, sei es so, daß ein Tier aus dem Schwanz des anderen hervorgeht. Die prächtigsten Arbeiten fanden sich auf der Krim. Eng damit verwandte sibirische Gräber enthielten gut erhaltene Teppiche und Lederwaren, Holz- und Näharbeiten. Im 2. Jh. v. Chr. stand Südrußland unter der Kontrolle der Sarmaten, die Arbeiten des skythischen Typus von griechischen Künstlern und Handwerkern kauften. Skythische Motive konnten sich so erhalten und die Goten und mit ihnen die Kunst der Völkerwanderung beeinflussen.

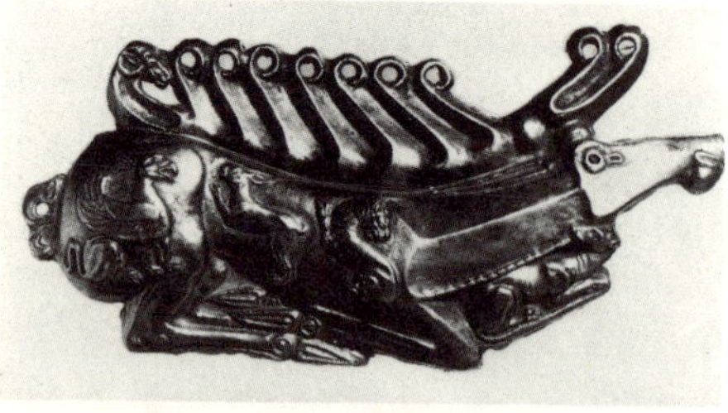

Skythische Spange mit Tierornamentik, Freiarbeit, Gold, 5.–4. Jh. v. Chr.

S-Linie Die von Figuren in der → gotischen Skulptur angenommene Haltung. Sie entsteht dadurch, daß die Schulter der Spielbeinseite etwas höher liegt als die der Standbeinseite.

›Soak-Stain‹-Technik (engl. soak ›tränken‹, stain ›Flecken‹) Maltechnik, bei der durch die Verwendung stark verdünnter Farbe auf ungrundierter Leinwand (→ Grundierung) weiche Farbflecke oder -kleckse entstehen. Sie ist charakteristisch für die → Nachmalerische Abstraktion, besonders für die Arbeiten von Morris Louis.

Sockel siehe Postament

Soft Sculpture (engl. soft ›weich‹) Plastiken aus ›weichen‹ Materialien (Leinwand, Seil, Vinyl, Latex etc.), die als Reaktion auf die Schwerkraft Formen annehmen. Diese Kunstart entstand in den 1960er Jahren mit Werken von Pop-Art-Künstlern wie Claes Oldenburg, hat sich jedoch seither in den Händen von → Minimal- und → Prozeßkünstlern wie Robert Morris weiterentwickelt.

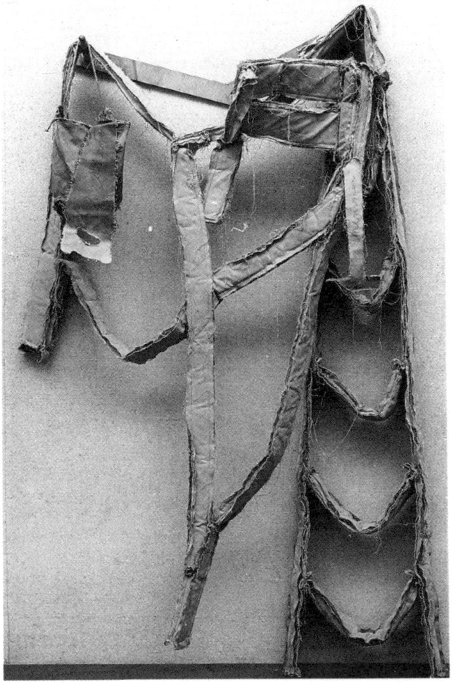

Soft Sculpture: Claes Oldenburgs *Weiche Leiter, Hammer, Säge und Eimer,* 1967, aus mit Schaumstoff gefüllter Leinwand.

Solitude (frz. ›Einsamkeit‹) Bezeichnung für ein kleines → Rokoko-Lustschloß.

Sonderbundausstellung Die erste wirklich internationale Ausstellung zeitgenössischer Kunst (Köln, 1912). Mit 634 Arbeiten von Künstlern aus ganz Europa bot sie – neben einem historischen Rückblick auf die Anfänge der modernen Kunst (Paul Cézanne, Paul Gauguin, Vincent van Gogh, Edvard Munch) – vor allem eine Übersicht über die aktuellen Strömungen. Beteiligt waren u. a. Ernst Barlach, André Derain, Erich Heckel, Ernst Ludwig Kirchner, Wilhelm Lehmbruck, August Macke, Emil Nolde, Pablo Picasso und Maurice de Vlaminck. Die Ausstellung war von weitreichendem Einfluß und gab u. a. Anstoß zur → Armory Show.

Sondergotik Architektur der deutschen Spätgotik (Mitte des 14.–16. Jh.s), die gekennzeichnet ist durch kunstvolle, reiche Wölbungen und → Filigranmaßwerk. Der Begriff wurde 1913 von dem deutschen Kunsthistoriker Kurt Gerstenberg geprägt.

Sonnenblende Ein aus Lamellen bestehender Sonnenschutz, der in die Fassade eines Gebäudes integriert ist und dazu dient, die direkte Sonneneinstrahlung zu vermindern.

Sonntagsmaler siehe Naive Malerei

Sotto in sù (ital. ›von unten herauf‹) → Perspektive, die in der Darstellung von architektonischen Motiven und von (gewöhnlich fliegenden) Figuren Anwendung findet, wenn diese von unten in extremer perspektivischer Verkürzung erscheinen. Das Verfahren findet sich vor allem in → barocken → Deckenmalereien.

Souk, Suq (arab.) Eine (manchmal überdachte) Straße innerhalb eines islamischen Marktes.

Sozialer Realismus Kunstrichtung, die auf realistische Weise Motive mit sozialem Bezug präsentiert. Sie muß vom → Sozialistischen Realismus unterschieden werden.

Sozialistischer Realismus An den Zielen der Kommunistischen Partei in der Sowjetunion orientierte Methode der künstlerischen Gestaltung, die 1928 die → Russische Avantgarde verdrängte und ihre theoretischen wie auch künstlerischen Richtlinien (ab 1932) an der Leninschen ›Widerspiegelungstheorie‹

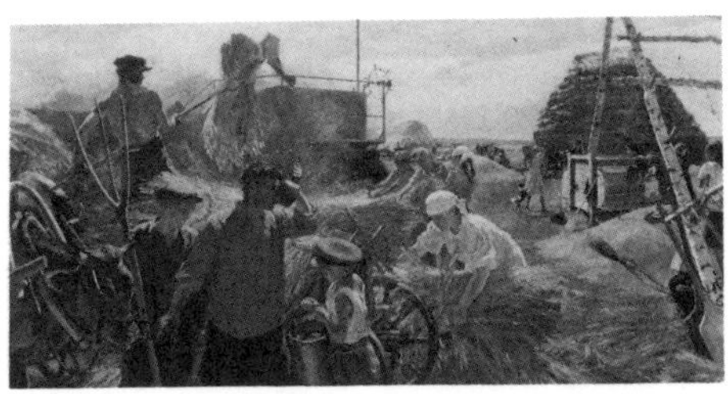

Sozialistischer Realismus: Eine typisch optimistische Darstellung eines *Kollektivs beim Dreschen,* 1949, von Arkadij Plastow.

ausrichtete. Diese begründete alle Kunstproduktion aus ihrer Abhängigkeit von der sozialen und ökonomischen Entwicklung der Gesellschaft: die Widerspiegelung der Wirklichkeit im Bewußtsein (des Künstlers) hänge letztlich von einer Klassenposition innerhalb der jeweiligen historischen Gesellschaft ab; die entstehende Kunst sei Klassenkunst und politisch-ideologisch funktionell. Der S. R. solle diesen (in der bürgerlichen) Gesellschaft verdeckten Klassencharakter nun offen vertreten und eine zukunftsorientierte, gesellschafts- und parteifunktionale Programmierung erhalten. So werde die Kunst als Teil des Überbaus Mittel zur ideologischen Erziehung von gesellschaftlichem Bewußtsein und Waffe im Klassenkampf des sozialistischen Systems gegen den Kapitalismus. Die → bildende Kunst erhielt ebenso wie die anderen Künste die Aufgabe, den Menschen politisch, moralisch und ästhetisch zu erziehen, d. h. sein sozialistisches, kollektiv ausgerichtetes Bewußtsein auszubilden und zur kommunistischen Gesellschaftsordnung beizutragen. Aus der Widerspiegelungstheorie wurden konkrete inhaltliche Aussagen für sozialistische Kunst abgeleitet. Da sich die sozialistische Gesellschaft nach der Lehre der marxistischen Klassiker auf dem Weg des unaufhaltsamen Fortschreitens vom Sozialismus zum Endziel (= Verwirklichung des Kommunismus) sah, forderte die parteigemäße Kunsttheorie die Widerspiegelung der Wirklichkeit unter der Perspektive der Zukunft, d. h. in der bildnerischen Darstellung bestehender Verhältnisse solle die Zukunftsperspektive der vollständigen proletarischen Befreiung aufleuchten. Adressat der Kunst war die breite Masse, und daher forderte Lenin Parteilichkeit und Volkstümlichkeit der Darstellung. Während die frühen Arbeiten des S. R. noch von Nüchternheit und differenzierender Aussage geprägt sind, tritt in der Stalin-Ära die pathetische Gestik des Personenkultes und die Umsetzung konkreter politischer Zielsetzung der Partei unverhohlen in den Vordergrund. Die Partei setzt den Themenkatalog der Kunst fest, der vom Kampf gegen den Kapitalismus und Faschismus über die Heroisierung des Arbeiter-und-Bauern-Staats und die gigantisierende Darstellung des schwerindustriellen Aufbaus bis zur Propagierung kollektiver Landwirtschaft reicht. Die Kunst soll den modernen Arbeitsprozeß und das politische Bekenntnis zum sozialistischen Menschen darstellen. Diese Kunstauffassung, die zu einer Vielzahl monumentaler → Historien- und Propagandagemälde mit stilistischen Anleihen aus dem 19. Jh. führte, bestimmte nach dem Zweiten Weltkrieg auch die Kunstszene in den Ländern des sowjetischen Einflußbereiches. Erst in den 1970er Jahren erfolgte insofern ein Wandel, daß man den S. R. nur noch als Methode deklarierte, die die parteiliche Argumentation, nicht aber mehr ausschließlich die Gegenstandsnähe verlangte. Unter den Vorzeichen der politischen Öffnung in der UdSSR und den Veränderungen in den übrigen Ostblockstaaten in Richtung auf eine pluralistische Gesellschaftsordnung verlor der S. R. in den ausgehenden 1980er Jahren seine Vorrangstellung in der Kunstszene der sozialistischen Staaten. Lediglich in China wird weiterhin die Position der parteilich gelenkten künstlerischen Masseninitiative als Ausdruck der kulturellen Diktatur des Proletariats noch uneingeschränkt angestrebt.

Spandrille 1. Der Dreieckwinkel, den die äußere Wölbung eines → Bogens mit der Ho-

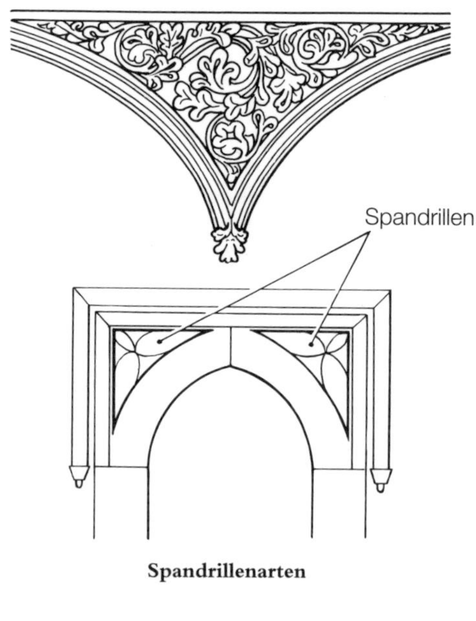

Spandrillenarten

rizontalen durch seinen Scheitel und der Vertikalen durch den tragenden Pfeiler bildet. 2. Die dreieckige Fläche zwischen zwei Bögen einer Arkade.

Spanischer Reiter Eiserne Spitzen zur Verteidigung der oberen Bereiche einer Befestigungsanlage (im 17. Jh. von den Friesen entwickelt, die keine Kavallerie besaßen. Daher die französische Bezeichnung Chevaux-de-frise ›Friesenpferde‹).

Sparren Hauptbalken der Dachkonstruktion, die vom First bis zur → Traufe verlaufen. Jeweils zwei S. liegen sich gegenüber und sind meist durch → Ankerbalken zu einem festen Dreieck verbunden (→ Dachstuhl).

Spasimo (ital. ›Qual, Pein‹) Bildnerische Darstellung der Jungfrau Maria, wie sie während der Kreuzigung oder auf dem Kreuzweg in den Armen beistehender Frauen zusammensinkt.

Spätimpressionismus Mit der Gründung der ›Société des artistes indépendants‹ 1884 durch Georges Seurat und Paul Signac konstituierte sich die Stilrichtung des S. in der französischen Malerei, die den fundamentalen Wandlungsprozeß der Kunstauffassung von der illusionistischen Wiedergabe der Wirklichkeit in eine spezifische schöpferische Tätigkeit mit eigenen Regeln und eigener Realität vollzieht. Zu den Hauptvertretern spätimpressionistischer Malerei gehören Cézanne, Seurat und Signac sowie mit Einschränkungen auch van Gogh und Gauguin. Das neue Selbstverständnis künstlerischer Arbeit prägt die Spätimpressionisten in der Auseinandersetzung mit ihren → impressionistischen Vorgängern. Dies wird besonders bei Paul Cézanne ablesbar, dessen Malerei durchaus noch die impressionistische Poetik des reinen Sehens beinhaltet, zugleich aber ein strukturierendes Bausystem aufweist im Sinne einer formgebenden Ausnutzung der Farbe. Bei Cézanne bildet sich die gegenständliche Form aus der methodischen Aufgliederung von Farbe und Raum. Die Aufhebung des → Illusionismus wird von Cézanne vor allem durch Auflösung der Tiefenperspektive erreicht, so daß die Dinge dem normalen Raumempfinden enthoben sind und in sich geschlossen, statuarisch erscheinen. Auch das Volumen der dargestellten Gegenstände und Gestalten wird einem Reduktionsprozeß unterworfen, indem die Körperlichkeit der Materialien in geometrische Grundelemente wie Kugel, Kegel und Zylinder zerlegt wird, die ihrerseits wieder zu komplexen Körperformen kombiniert werden können. Mit dieser Elementarisierung erarbeitet Cézanne neue objektivierbare Ausdrucksmittel der Malerei, die im nachfolgenden → Kubismus von Braque und Picasso weiterentwickelt werden.
Vincent van Gogh und Paul Gauguin ihrerseits hinterlegen die impressionistische Farbwirkung mit einer ausdrucksstarken psychologisierenden Emotionalität, die für den nachfolgenden → Expressionismus bei Edvard Munch und den deutschen → Brücke-Malern wegweisend wird. Einen anderen Weg zur Objektivierung der impressionistischen Farbentechnik beschreiten Seurat und sein Schüler Signac. Sie rationalisieren die impressionistische Pinselstrichtechnik durch die farbanalytische Systematik des → Pointillismus und → Divisionismus (→ Neoimpressionismus).

Speckstein (Steatit) Weiße oder hellfarbige Aggregate des Minerals Talk. S. wurde bzw. wird vor allem in der → minoischen und → mykenischen Kunst sowie in der Kunst Ostasiens als Werkstoff für Kleinplastiken verwendet. Im Mittelalter diente der S. oft als Ersatz für Elfenbein, besonders in der kunstgewerblichen Herstellung von Heiligenmedaillons, Hostienschalen und kleinen Reliefffiguren.

Sphinx Die bzw. der → ägyptische S. ist eine Mischgestalt aus einem Löwenkörper und einem menschlichen, oder seltener, einem Widder- oder Falkenkopf. Die meisten ›menschlichen‹ S.e bzw. Sphingen sind männlich und repräsentieren Könige, einige jedoch sind Repräsentationen von Königinnen.

Spirale Flechtornament, das vor allem für die → neolithische und → bronzezeitliche Verzierung von Keramik typisch ist, so daß man von Spiralkeramik spricht.

Spitzsäule Bei einem → Dachstuhl eine → Säule, die vom Dachboden bis zum First reicht.

Spolien Bezeichnung für diejenigen Teile eines Kunstwerks, die aus anderen Werken älterer Kulturen entnommen wurden. S. sind z. B. → antike Gemmen und → Reliefs auf mittelalterlichen Buchdeckeln und → Reliquiaren sowie antike Säulenschäfte und → Kapitelle in der → islamischen, → frühchristlichen und mittelalterlichen Baukunst.

Spolvero (ital. ›feiner Staub‹) Kopie einer Werkzeichnung, die angefertigt wurde, damit die Originalzeichnung nicht für den Pausvorgang durchlöchert werden mußte oder in dessen Verlauf beschmutzt wurde, so daß bei der Fertigstellung des endgültigen Gemäldes immer wieder auf sie zurückgegriffen werden konnte.

Sposalizio (ital. ›Vermählung‹) Ein Gemälde, das die Hochzeit Mariens und Josephs zeigt.

Spritzmalerei siehe Airbrushing

Spruchband In einer bildlichen Darstellung ein Band oder eine Rolle mit einer Inschrift.

Spurensicherung Tendenz innerhalb der → individuellen Mythologien seit Beginn der 1970er Jahre, die ihr Themenrepertoire aus der Archäologie und Ethnologie fremder Kulturen sowie aus der engeren Heimatgeschichte und aus der Erinnerung individueller Vergangenheit bezieht. S. bedeutet das Sammeln von Zeichen, mit deren Hilfe eine vergangene, nicht eindeutig benennbare Wirklichkeit rekonstruiert werden kann. Im Unterschied zu einer wissenschaftlichen Archäologie wird hier die subjektive Sammeltätigkeit im Sinne einer Psychoanalyse geschichtlicher Prozesse betont. Das künstlerische Verfahren konkretisiert sich im Sammeln, Rekonstruieren, Dokumentieren, Fotografieren und Nachbilden diverser Spuren, um mit diesem individuellen Vorgang das kreative Weitersuchen des Rezipienten zu animieren. Die wichtigsten Vertreter der S. sind Anne und Patrick Poirier, Lothar Baumgarten, Nikolaus Lang und Christian Boltanski.

Stab Längliches, konvexes Zierglied an Gebäuden (z. B. → Friesen) sowie an Möbeln u. ä., das entweder glatt oder mit → Ornamenten verziert sein kann. Siehe auch Friesformen.

Stabile Der Begriff bezeichnet eine Form der modernen Metallplastik, die im Gegensatz zum beweglichen → Mobile statisch und unbeweglich ist. Beide Begriffe bezogen sich ursprünglich auf die Skulptur von Alexander Cal-

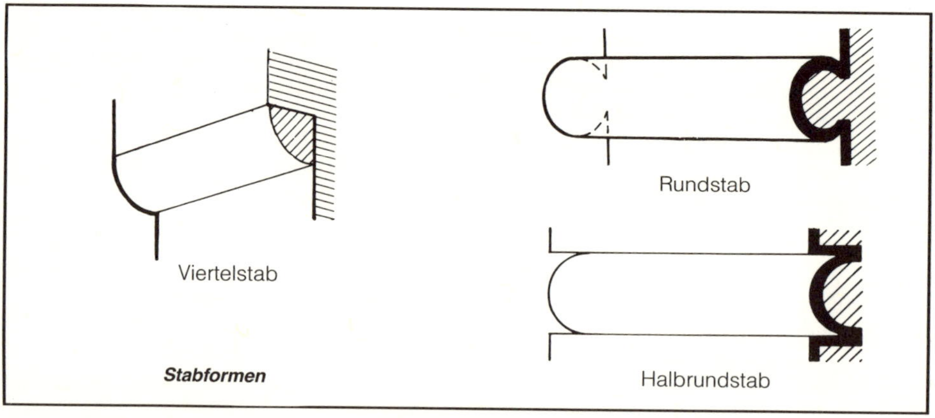

Stabformen

der. Das Wort Mobile erfand Marcel Duchamp 1932 für Calders schwebende Konstruktionen aus Draht und Metallscheiben. In Analogie dazu prägte Hans Arp kurz darauf den Begriff S. für Calders statische Metallpastiken.

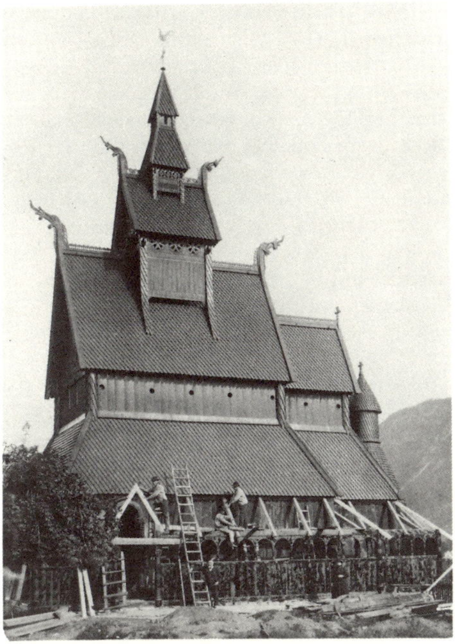

Stabkirche in Hopperstad, um 1150.

Stabkirche In Norwegen beheimatete Holzkirchenbauweise aus dem 12. Jh., deren Wände aus senkrechten, vernuteten Pfosten bestehen und in ihrer Größe an Masten erinnern. Die inneren Masten tragen den Dachstuhl des Hauptraumes, der sich in seiner Anlage wohl an die nordische Königshalle anlehnt. Die S. hat häufig ein übereinandergeschachteltes Dachsystem sowie halboffene Laubengänge. Die mit Drachenköpfen ausgestatteten Giebel erinnern an den Vordersteven der Wikingerschiffe, gleiches gilt für die Tierornamente der Türen.

Stabwerk Vertikale steinerne oder hölzerne Unterteilungen, die ein → Fenster in zwei oder mehr Teile gliedern.

Staffage Die kleinen Figuren, mit denen eine Landschaft oder Architekturdarstellung belebt wird.

Staffeleibild Ein Gemälde mittleren Formats, das auf der Staffelei eines Künstlers ausgeführt werden kann. Diese Bilder werden manchmal auch auf einer Staffelei stehend ausgestellt.

Staffelgiebel Bei mittelalterlichen Häusern der treppenartig abgestufte Giebel.

Staffiermalerei Bemalung von Stein- und Holzbildwerken durch den → Faßmaler.

Stahlbeton Mit Eisen- oder Stahlstäben verstärkter Beton, der sowohl in der Architektur als auch in der Monumentalplastik Verwendung findet.

Stahlgalvanoplastik Durch Galvanisierung im ›galvanischen Bad‹ mit einer dünnen Stahlschicht (zur Härtung) überzogene Radier- und → Kupferstichplatten, die eine höhere Auflage von Abzügen gestatten, aber etwas von der Qualität der ursprünglichen Platte verloren haben.

Stahlstich siehe Kupferstich

Stalaktitenwerk Deckenornament der islamischen Architektur, das aus zahlreichen, treppenartig angeordneten, vorkragenden Zellen besteht und daher an Stalaktiten erinnert. Wenn diese Zellen mit tragender Funktion zu einem echten → Gewölbe zusammengefügt sind, spricht man von Stalaktitengewölbe (Abb. S. 274).

Stamnos (griech.) Antiker griechischer Krug zum Mischen von Wein und Wasser bei Tisch. Gewöhnlich besitzt das Gefäß eine ovale Form mit kurzem Hals und horizontalen, hoch angesetzten Schlaufenhenkeln (→ Vasenformen, griechische).

Standöl Unter Luftausschluß gekochtes Leinöl, das verdünnt als Medium für → Pigmente verwandt wird und der Farbe ein besonders glattes, emailartiges Aussehen verleiht.

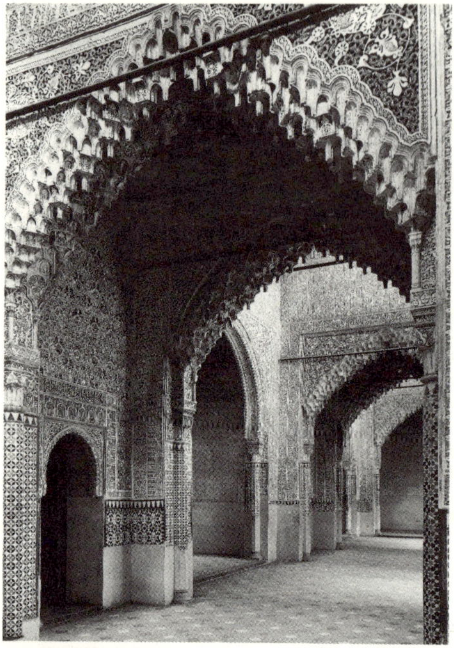

Stalaktitenwerk: Arkaden im Löwenhof der Alhambra, Granada.

Stanzen (ital. stanza ›Zimmer‹) Die von Raffael und seinen Nachfolgern ausgemalten vatikanischen Gemächer Papst Julius' II.

Statue (Standbild) In der → Bildhauerei Bezeichnung für die stehende, vollplastische Gestalt eines Menschen, die in der Regel auf einem Sockel (→ Postament) steht oder in der → Gotik auch durch ein Gehäuse von ihrer Umgebung isoliert ist. Bei einer sitzenden Gestalt spricht man von *Sitzstatue* (Sitzbild), während ein Reiterstandbild auch als *Reiterstatue* bezeichnet wird.

Steg Schmales, flaches, erhöhtes Band, das in der Architektur zur Betonung bestimmter Formen eingesetzt wird, z. B. zwischen den Hohlkehlen am Schaft einer → Säule (→ Kannelierung).

Steingut → Keramische Erzeugnisse aus Ton, Kaolin, Quarz und Talk mit weißlichem, porösem, beim Anschlagen klingendem Scherben und meist durchsichtiger Bleiglasur. Das S. wurde 1720 in England erfunden und erlangte in der → Wegdwood-Keramik eine hohe Blüte.

Steinkreuze Bezeichnung für die → frühchristlichen, irisch-angelsächsischen monumentalen Hochkreuze aus dem 7.–9. Jh., die hauptsächlich in Nordengland, Schottland, Irland und auf der Insel Wright verbreitet sind. Die ältesten nordenglischen S. zeigen in ihrer Reliefornamentik Weinrankenmuster syrischen Ursprungs, während sich auf den jüngeren S.n ein eigenständiger, nordenglischer Tierstil entwickelte, der unter starken Einfluß der → Wikingerkunst geriet. Die irischen S. zeigen → keltische Ornamentmotive in Kombination mit figürlichen Darstellungen.

Steinzeug → Keramische Erzeugnisse aus beim Brennen sinterndem, wasserundurchlässig werdendem Ton, deren glänzende → porzellanähnliche → Glasur während des Brennvorgangs durch Verdampfen von Salz erzeugt wird. Die frühhistorischen chinesischen Porzellanwaren stellten die ersten künstlerisch geformten S.-Keramiken dar. In Europa wurde S. in der ersten Hälfte des 16. Jhs. zunächst nur im rheinischen Gebiet um Köln hergestellt, da S. nur aus sinternden Tonen erzeugt werden kann, die selten vorkommen. Zu Beginn des 18. Jhs. stellte Johann Friedrich Böttger in → Meißen das braunrote Böttgerporzellan her und konnte damit die geringe Farbenskala des rheinischen S.s, das nur die Farben Kobaltblau und Manganviolett kennt, erweitern.

Stele (griech. ›stehender Block‹) Aufrecht stehende Platte, besonders im antiken Griechenland, gewöhnlich als Grabmal dienend. Sie kann beschriftet, als Relief behauen oder bemalt sein.

Stereobat Das unter der Bodenfläche befindliche Fundament des → griechischen Tempels.

stereometrisch, Stereometrie (wörtlich ›Wissenschaft von der Vermessung fester Kör-

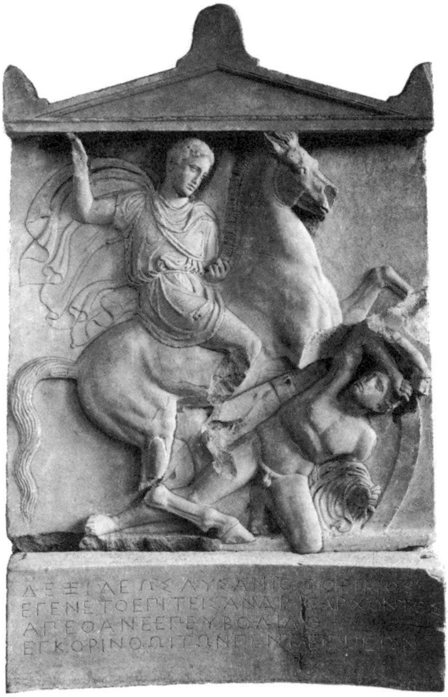

Stele des Dexileos, pentelischer Marmor, mit Inschrift und Relief, attisch, 394 v. Chr.

per‹) Der Begriff wird auf Gemälde und → perspektivische Zeichnungen übertragen, die einen starken Eindruck von Dreidimensionalität vermitteln.

Sterling-Silber Eine Legierung aus 92,5 Prozent Silber und 7,5 Prozent Kupfer (Großbrit.) oder 92,1 Prozent Silber und 7,9 Prozent Kupfer (USA), die für die meisten Silberschmiedearbeiten und in der Schmuckherstellung Verwendung findet (→ Britannia Metall).

Stich Die Höhe eines → Bogens von der Kämpferlinie bis zum Scheitel (auch Pfeil genannt).

Stichbalken Kurze, vorkragende Balken, die anstelle der → Ankerbalken am Fuß der Sparren befestigt sind (→ Dachstuhl).

Stichel Hartes, spitzes Stahlwerkzeug (meist mit pilz- oder kugelförmigem Griff) zum Bearbeiten (Gravieren) der Platten (bzw. Tafeln) beim → Holz-, → Kupfer- oder Stahlstich.

Stickerei Technik zur Verzierung von Textilien mit Fäden in einzelnen Stichen in unterschiedlichen Mustern (im Gegensatz zur Weberei, bei der das Muster in das Gewebe hineingewirkt wird).

Stifter siehe Donator

Stijl, de Künstlerische Bewegung, die 1917 in den Niederlanden durch die Maler Theo van Doesburg, Piet Mondrian, Bart van der Leck, Vilmos Huszár, die Architekten Jacobus Oud, Jan Wils, Robert van't Hoff, den Bildhauer Georges Vantongerloo und den Dichter Willem Kok begründet wurde und der sich später die Architekten Gerrit Rietveld (1918) und Cornelis van Eesteren (1922) anschlossen. Mondrian war der schöpferische Geist der Gruppe, van Doesburg ihr Führer und Theoretiker, der die Zeitschrift ›De Stijl‹ organisierte und die Ideen der Bewegung durch Vorträge u. a. am → Bauhaus (1921–23) verbreitete. Angeregt durch El Lissitzky, wandte sich Doesburgs Interesse dem Problem von

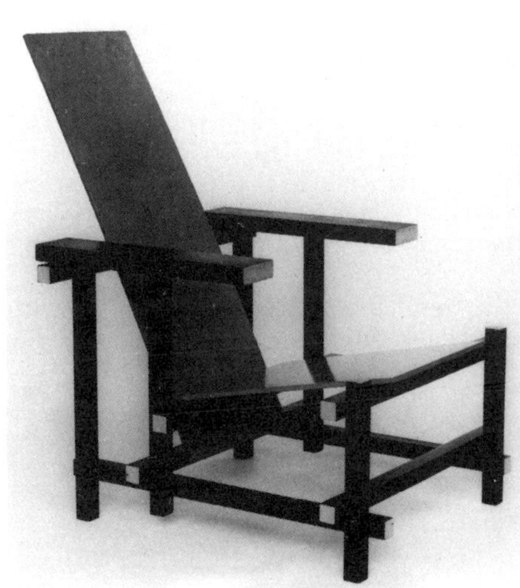

De Stijl: Der 1917 von Rietveld entworfene rotblaue Stuhl setzt in markanter Weise konstitutive Elemente visuell voneinander ab.

Raum/Zeit in der Architektur zu, was – zusammen mit der Einführung der dynamischen Diagonale in die Malerei – dazu führte, daß Mondrian, der nur ein aus Vertikalen und Horizontalen sowie aus den Grundfarben Rot, Gelb, Blau und den Nichtfarben Schwarz bzw. Weiß bestehendes malerisches Ordnungssystem zuließ, sich aus der Bewegung zurückzog (1925). Wie beim → Konstruktivismus und → Dadaismus basierte die Begeisterung für das ›Neue‹ letztlich auf dem Streben nach einer Harmonie im Leben. Überzeugt davon, daß jede Dissonanz durch das naturbedingte, ungleiche Gewicht zwischen Gegensätzen, wie Universell-Individuell, Männlich-Weiblich usw. verursacht wird, kamen die S.-Mitglieder zu der Schlußfolgerung, daß nur eine abstrakte, → neoplastizistische Kunst und schließlich nur ein ›abstraktes‹, vom Menschen kontrolliertes Leben eine vollkommene Harmonie hervorbringen könne.

Stil Bezeichnung für die besondere Art und Weise einer künstlerischen Gestaltung, d. h. für die charakteristische Ausdrucksweise einer Künstlerpersönlichkeit oder auch einer Kunstepoche.

Stile Liberty Italienische Variante von → Jugendstil und → Art nouveau.

Stilkunde Von der Kunstwissenschaft erarbeitete Kenntnis vom → Stil der einzelnen Epochen der Kunstgeschichte, der sich in einheitlichen eigenständigen, charakteristischen Formen äußert.

Stilleben Bezeichnung für die gemalte Darstellung eines Arrangements von leblosen Gegenständen: Früchte, tote Tiere, Gebrauchsgegenstände, Flaschen usw. bilden die gebräuchlichsten Elemente des S.s, das seinen Namen aus dem Niederländischen (stijl leven = stilles Leben) ableitet (frz. nature morte).

St. Ives Painters (St. Ives Maler) Eine lose verbundene Gruppe britischer Maler, die seit den frühen 1940er Jahren in dem Dorf St. Ives in Cornwall lebten und arbeiteten. Einige der bekanntesten (z. B. Patrick Heron, Terry Frost) brachten eine britische Version des → abstrakten Expressionismus hervor, oft mit Bezügen zur lokalen Landschaft.

Stoa (griech.) 1. Eine Art → Portikus, der im antiken Griechenland als schattige Promenade und öffentlicher Versammlungsort benutzt wurde. 2. In der → byzantinischen Architektur eine Halle mit einer offenen Seite und einem von einer oder mehreren parallel zur Rückwand stehenden Säulenreihe(n) getragenen Dach.

Stollen Ein vertikales Rahmenelement in der Holzverarbeitung, z. B. an Türen, Kästen oder Schränken.

Storchschnabel siehe Pantograph

Straßenkunst Ein in den 1970er Jahren gebräuchlicher Begriff für: 1. Auf der Straße stattfindende Theater- oder → Performance-Darbietungen ohne jegliche formelle Einbettung, häufig mit politischen Zielen. 2. Nichtkommerzielle Plakate oder Außenwandmalereien, gewöhnlich mit direktem Bezug zu der örtlichen städtischen Gemeinschaft.

Strebe Ein verstärkendes, diagonal in ein Dach eingesetztes Element, das einen Balken stützt.

Strebebogen Architektonische Besonderheit der gotischen Kathedralarchitektur, die als Teil des → Strebewerks dazu dient, die Ableitung des Gewölbeschubs auf die → Strebepfeiler zu vermitteln (Abb. → gotische Kathedrale).

Strebepfeiler In der → gotischen Kathedralarchitektur häufig anzutreffende Sonderform des Pfeilers. Die S. dienen an den Außenwänden der Seitenschiffe zur Ableitung des Gewölbeschubes und bilden das Widerlager für die → Strebebögen.

Strebewerk Das System aus → Strebebögen und → Strebepfeilern, das die Außenwand einer → gotischen Kathedrale stützt.

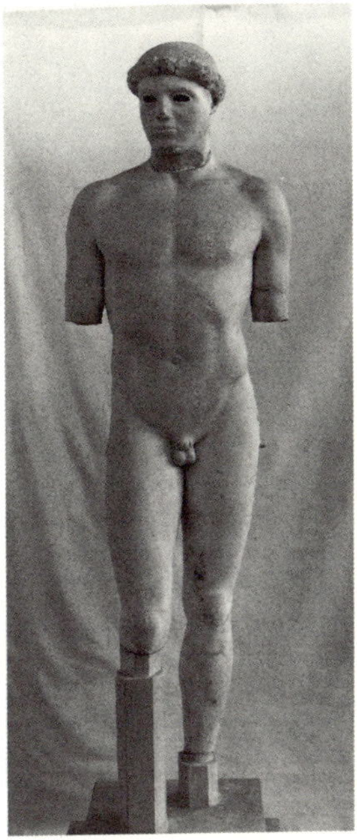

Strenger Stil: Der *Kritios-Knabe,* von der Akropolis in Athen, Marmor, um 480 v. Chr.

Strenger Stil Stil der → griechischen Bildhauerei (um 480–450 v. Chr.) im Anschluß an den → archaischen Stil. Die Haltung der Figuren wurde steifer, das archaische ›Lächeln‹ durch einen ernsthaften Ausdruck abgelöst; die Formen wurden vereinfacht, strenge dorische Gewänder setzten sich durch, und man versuchte, den Körper darunter erkennbar werden zu lassen. Gleichermaßen interessierte man sich für die Wiedergabe von Bewegung und Körperausdruck.

Streumuster Unregelmäßig über eine Fläche verteilte dekorative kleine Blumen und Blätter oder Blumensträuße. Die Verzierungstechnik mit S.n ist vor allem bei → Fayence, → Porzellan, → Steingut, Textilien und → Tapeten beliebt.

Strigilierung → Ornamentale Form, bestehend aus horizontal verlaufenden, s-förmigen Kannelierungen, gebräuchlich vor allem an → frühchristlichen → Sarkophagen.

Stroganow-Stil Von der Unternehmerfamilie der S. im späten 16. und 17. Jh. geförderter, prunkvoll verfeinerter Stil der altrussischen Kunst einschließlich der → Ikonenmalerei. Die Maler entwickelten einen exakten und preziösen Stil, um den Geschmack ihrer Mäzene zu befriedigen und kombinierten dabei traditionelle Kompositionen, wie man sie aus den Ikonen Andrej Rubljows und Dionissis kannte, mit Motiven der italienischen → Renaissancemalerei.

Stuck Schnell trocknendes und aushärtendes, formbares Material. Im Unterschied zu Putz besteht es aus Gips oder Löschkalk, Sand, Wasser und einem Verstärker wie z. B. pulverisiertem Marmor. (Manchmal enthält es auch einen die Verfestigungszeit verlängernden Stoff wie z. B. Wein, was die gleichzeitige Bearbeitung einer größeren Fläche ermöglicht.) Stuck findet bei Innen- und Außendekorationen Verwendung und kann in situ geformt oder modelliert werden. Die Technik war schon der Antike bekannt, im 16. Jh. wurde sie wiederentdeckt und fand, von Italien und Österreich ausgehend, im ganzen restlichen Europa und in Nordamerika Verbreitung.

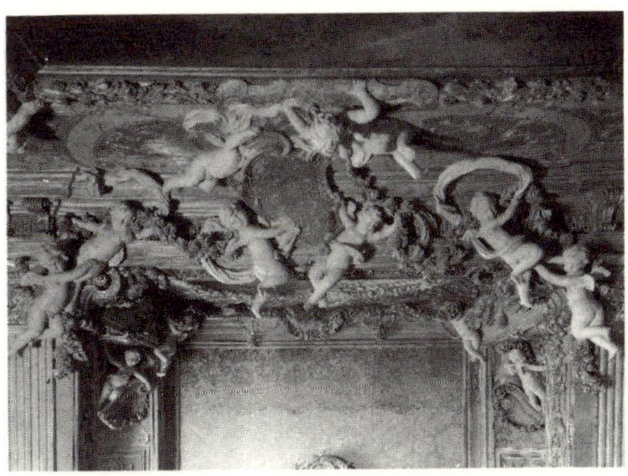

Stuck-Dekoration mit Putten in einem Schlafzimmer des Palazzo Sagrada, Venedig, 18. Jh.

Studie Detaillierte Darstellung eines Teils einer Figur oder → Komposition oder auch einer Gesamtkomposition, die der Künstler anfertigt, um sicherzugehen, daß sie ihm im endgültigen Werk gelingt.

Stufenpyramide 1. Eine aus mehreren aufeinandergesetzten rechteckigen Elementen von abnehmender Größe und mit abgeschrägten oder geböschten Seiten bestehende Pyramide. 2. Im alten Ägypten das Interimstadium zwischen einer → Mastaba und einer echten → Pyramide.

Stundenbuch Buch mit Gebeten für die kanonischen Stunden, für die privaten religiösen Übungen von Laien gedacht. Im Spätmittelalter verbreitet, oft reich illuminiert.

Stupa Halbkugelförmige, ummauerte Konstruktion, in deren Scheitelpunkt sich ein Kiosk befindet, hervorgegangen aus dem altindischen Begräbnishügel. Später, im Buddhismus, Aufbewahrungsort von Reliquien und auch Erinnerungsstätte an Buddha, an Ereignisse aus seinem Leben oder an seine Jünger. Siehe auch Chatri.

Sturm, Der Von Herwarth Walden, eigentlich Georg Lewin (1878–1941), in Berlin gegründete Zeitschrift (1919–1932) und gleichnamige Galerie (ab 1912), die einen Brennpunkt des deutschen → Expressionismus bildeten. Zu den Künstlern des S. gehörten vor allem Oskar Kokoschka sowie die Mitglieder der → Brücke und des → Blauen Reiters. In der S.-Galerie wurde jedoch auch die ausländische Avantgarde vorgestellt, besonders die italienischen → Futuristen, die französischen → Orphisten und nach 1913 vor allem Marc Chagall und Alexander Archipenko. 1916 wurde dem S. eine eigene Kunstschule angeschlossen (unter der Leitung von Georg Muche), der eine S.-Bühne folgte.

Sturz Ein horizontaler Stein- oder Holzbalken, der quer über einer Öffnung eingesetzt ist, um das Gewicht der darüberliegenden Wand aufzunehmen (→ Laibung).

Stützenwechsel Wechsel von → Säule und → Pfeiler im Mittelschiff der → römischen → Basilika.

Stylobat Die auf dem → Stereobat aufliegende, sichtbare Grundfläche eines antiken → Tempels, auf der die → Säulen stehen.

Suiboku (jap. ›Tuschmalerei‹) Ein sehr freier Stil monochromer Tuschmalerei auf Seide oder Papier, der, häufig unter Zenbuddhistischem Einfluß, in Japan vom 14. bis zum 17. Jh. ausgeübt wurde. Seinen Anfang nahm er als Nachahmung ähnlich freier → chinesischer Malereien der Song- und Yuan-Zeit (960–1368).

Sumerische Kunst Die Kunst der frühesten mesopotamischen Zivilisation, deren Zentren in Ur und Sumer lagen und die von ca. 3000 bis 2300 v. Chr. ihre Blütezeit hatte.

Sumi-e (jap. ›Bild mit Tusche‹) Ein vollständig in schwarzer Tusche, ohne Verwendung einer zusätzlichen Farbe, ausgeführtes Gemälde, das jedoch mit seiner Manipulation der Tonwerte den Eindruck von Farbigkeit erweckt.

Supports/Surfaces Gruppenname für eine Vereinigung französischer Künstler mit wechselnder Zusammensetzung, die sich ab 1970 explizit mit den Grundlagen der Malerei – Bildträger (Support) und Bildfläche (Surface) – befaßten und diese unter Einbeziehung von politischem Gedankengut des Marxismus/Maoismus in Einzelaspekte zerlegten oder deren wechselseitiges Verhältnis analysierten. Zu den bekanntesten Mitgliedern zählten Vincent Bioulès, Daniel Dezeuze, Claude Viallat und Louis Cane.

Supraporte, Sopraporte (ital. ›über der Tür‹) Malerei oder Schmuckgiebel über einer Türöffnung.

Suprematismus 1913 von Kasimir Malewitsch aus dem → Kubismus entwickelte Kunstrichtung, die auf der absolut reinen, geometrischen Abstraktion basierte. Erst zwei Jahre später, 1915, stellte Malewitsch erstmals suprematistische Bilder aus, darunter das berühmte *Schwarze Quadrat* auf weißem Grund, und veröffentlichte in Petrograd sein ›Suprematistisches Manifest‹. In seinem Bestreben, »die Kunst vom Ballast der gegenständlichen Welt zu befreien«, reduzierte Malewitsch die Malerei auf die einfachsten geometrischen Elemente, um so eine Empfindung zu erzeugen, die nur von der Malerei ausgeht und

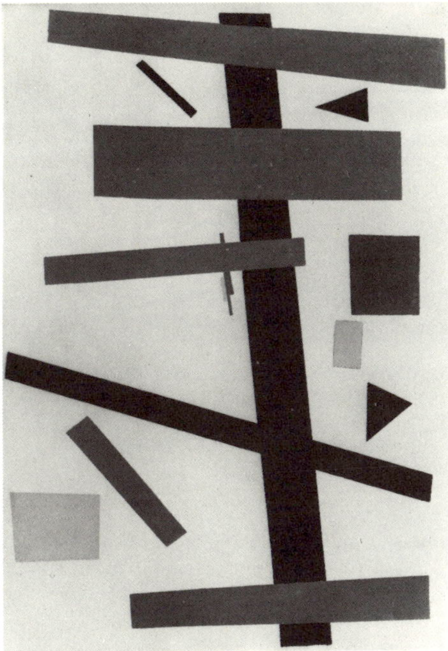

Suprematismus: Kasimir Malewitsch, *Supremus Nr. 50.* Das Bild entstand 1915, im Jahr der ersten suprematistischen Ausstellung.

ohne jede Assoziation an die Wirklichkeit ist. Der S., den Malewitsch selber als eine Malerei »reiner Empfindung« bezeichnete, hatte eine ausgesprochen mystisch-symbolistische Komponente. Das Streben nach Immaterialität erreichte seinen Höhepunkt in den Bildreihen *Weiß auf Weiß* (1917/18). Der S., eine Richtung des russischen → Konstruktivismus, stand in seinem Bemühen um das ›Absolute‹ Piet Mondrian und der de → Stijl-Bewegung nahe. Sein Einfluß verbreitete sich durch El Lissitzky, László Moholy-Nagy und Wassily Kandinsky über ganz Europa (→ Bauhaus) und wirkte noch fort, als Malewitsch bereits das Ende des S. verkündet hatte (1919).

Suq siehe Souk

Sure (arab.) Ein Vers des Koran.

Suri-mono (jap. ›Gedrucktes‹) Kleiner japanischer Farbdruck (häufig mit Gold- oder Silberstaub angereichert) im → Ukiyo-e-Stil, mit dem eines Festtages, Jubiläums oder eines besonderen Anlasses gedacht wird.

Surrealismus (von frz. surréal ›das Reale transzendierend‹) Von Guillaume Apollinaire 1917 geprägter Begriff, der heute jedoch für eine 1924 von André Breton ins Leben gerufene Kunstrichtung gebraucht wird. Der S. absorbierte die französische → Dada-Bewegung und stellte positive Forderungen an die Methoden und Verfahren (Widerstand gegen Logik, Schockstrategien), die Dada lediglich als Negation der konventionellen Kunst eingesetzt hatte. Unter dem Einfluß Sigmund Freuds beanspruchte der S. für sich, die Reichtümer des Unbewußten freizusetzen durch ›Vorrangstellung der Träume‹ und das zeitweilige Außerkraftsetzen bewußter Kontrolle (→ Automatismus). Durch automatische Techniken sollte der menschliche Geist befähigt werden, die normalen Zwänge der Logik zu sprengen und zu neuen verbalen oder visuellen Vorstellungen zu gelangen, in denen nichtzusammengehörige Dinge sich in unerwarteten Gegenüberstellungen verkoppeln und eine neue magisch-poetische Wirklichkeit erzeugen. Ursprünglich eine literarische Bewegung, fand der S. jedoch bald auch Ausdruck in der → Collage und → Frottage (Max Ernst), im sogenannten veristischen S. (Phantasiemotive in zwanghafter Detailliertheit ge-

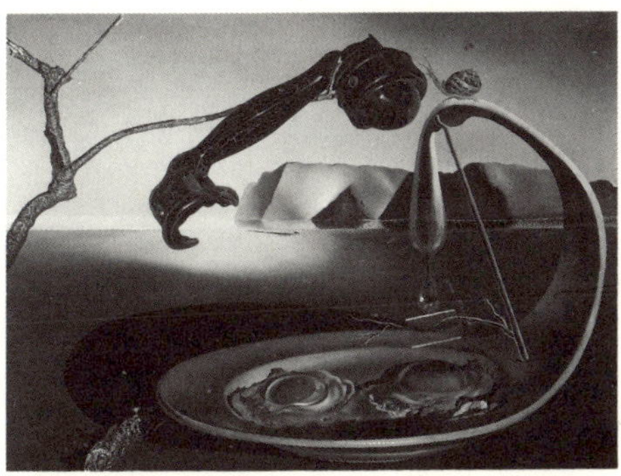

Veristischer **Surrealismus:** Salvador Dalí, *Der erhabene Augenblick,* 1938. Das Bild enthält einige seiner bevorzugten Objekte, z. B. eine Schnecke und ein Telefon. Der Teller zeigt die typische zerfließende Form.

malt, von Künstlern wie Salvador Dalí und Yves Tanguy) und in einer freihändigen, auf dem psychischen Automatismus basierenden Abstraktion (André Masson), die ihrerseits wieder Einfluß nahm auf den → Abstrakten Expressionismus.

Sutra (sanskr. ›Faden‹) Ein heiliger Text des Buddhismus.

Suzuribako (jap. ›Tuschkasten‹) Ein japanischer Schreibkasten.

Swastika Altes religiöses Symbol (altindisches Sonnen- und Fruchtbarkeitszeichen) in der Form eines gleichschenkeligen Kreuzes mit vier in die gleiche Richtung weisenden (rechtwinkeligen oder abgerundeten) Armen. Im frühen 19. Jh. erstmals von den deutschtümelnden Kreisen um Turnvater Jahn als angeblich ›arisches‹ Symbol mit politischer Bedeutung unterlegt, wurde es in dem Sinne vom Dritten Reich aufgegriffen und als ›Hakenkreuz‹ zum allgegenwärtigen Symbol des Nationalsozialismus. Siehe auch Entartete Kunst.

Swatow-Ware Chinesisches, sowohl blauweißes als auch vielfarbiges Exportporzellan der Ming-Zeit (1360–1644), das in den Provinzen Fujian und Guangdong hergestellt und, wie man annahm, über den Hafen Swatow verschifft wurde.

Symbol (griech. symbállein ›zusammenwerfen‹) Bezeichnung für ein nicht sich selbst meinendes, sondern über sich hinaus auf etwas anderes (eigentlich gemeintes) verweisendes ›Sinnbild‹. Die Erscheinungsformen reichen dabei von archaischen ›Ursymbolen‹ (Feuer) über nur in einem bestimmten Kulturkreis verständliche (das christliche → Kreuz) bis zu den individuell und ständig neu entwickelten ›privaten‹ Formen im Bereich der Kunst (z. B. im → Symbolismus).

Symbolismus Eine sowohl in der europäischen Literatur als auch in der bildenden Kunst einflußreiche Bewegung von ca. 1885 bis ca. 1910. Sie lehnte das Objektive ab und gab der Subjektivität den Vorzug, wandte sich ab von der direkten Darstellung der Wirklichkeit und propagierte statt dessen eine Synthese ihrer verschiedenen Aspekte. Ziel war es, mit Hilfe von vieldeutigen, wenngleich sehr kraftvollen Symbolen Ideen zu suggerieren.

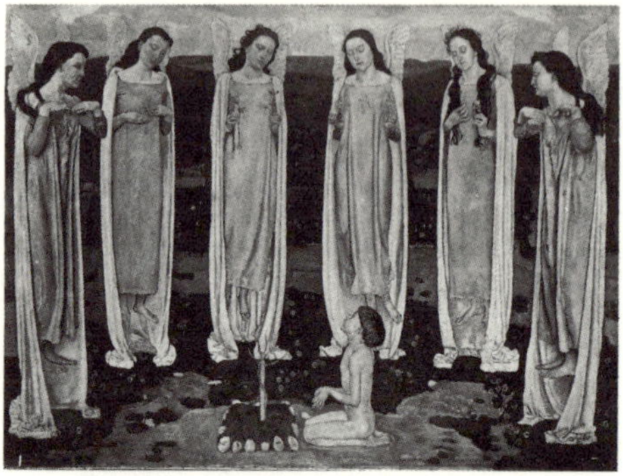

Symbolismus: Ferdinand Hodler, *Der Auserwählte,* 1893/94. Das Bild läßt sich als Metapher für die Verbindung von Unschuld der Jugend und Reinheit frühlingshafter Natur interpretieren.

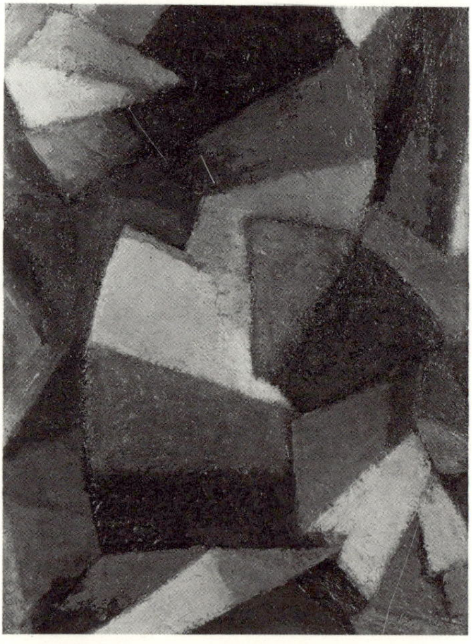

Synchronismus: *Synchronie Nr. 2,* von Morgan Russell (1886–1953).

Im S. verband sich religiöser Mystizismus mit einem Interesse am Perversen und Erotischen, das scheinbar ›Primitive‹ mit einem verfeinerten und raffinierten Kult der Dekadenz. Zu den mit dem S. assoziierten Künstlern zählen Odilon Redon, Gustave Moreau und Puvis de Chavannes in Frankreich, Fernand Khnopff in Belgien, Jan Toorop in den Niederlanden, Ferdinand Hodler in der Schweiz, Gustav Klimt in Österreich und Giovanni Segantini in Italien.

Synagoge 1. Jüdisches Lehr-, Bet- und Versammlungshaus. 2. Siehe Ecclesia.

Synchronismus Ein amerikanischer Abkömmling des → Orphismus. Mit dieser Kunstrichtung, die kurz vor dem Ersten Weltkrieg aufkam, werden Maler wie Stanton MacDonald Wright und Morgan Russell in Verbindung gebracht. Sie betonten die Bedeutung der Farbe, die nach ihrer Meinung allein ausreicht, den Gehalt eines Kunstwerks auszumachen.

Synthetismus Begriff, mit dem anfänglich unterschieden wurde zwischen dem ›wahren‹ → Impressionismus, in dem der Künstler zusammenzuschmelzen versuchte, was er in der Natur sah, und dem analytischen Zugang zu Erscheinungen, wie er vom → Neoimpressionismus eines Georges Seurat und Paul Signac vertreten wurde. Später wurde er von Paul Gauguin im Kontex der → Pont-Aven-Schule übernommen. Emile Bernard, der sprachgewandte Theoretiker der Gruppe, erklärte: »Wir müssen vereinfachen, um zu enthüllen.« Die Gruppe um Gauguin glaubte, der Künstler müsse seine Eindrücke synthetisieren und ›nach dem Gedächtnis malen‹, statt das Motiv direkt zu übertragen. Die Pont-Aven-Künstler veranstalteten während der Pariser Weltausstellung 1889 im Café Volpini unter dem Titel ›Synthétisme‹ eine Ausstellung und bildeten 1891 eine ›Groupe Synthétiste‹, zu der Gauguin, Bernard, Charles Laval, Louis Anquetin und andere gehörten.

Synthronon (griech.) Besonders in → frühchristlichen und → byzantinischen Kirchen die den Geistlichen vorbehaltene Sitzreihe, die in der → Apsisrundung angeordnet war.

Systematic Painting Nach einer Ausstellung im New Yorker Guggenheim-Museum 1966 geprägte Bezeichnung für eine Form der Malerei der zweiten Hälfte der 1960er Jahre, in der ein logisches System irgendeiner Art ausgedrückt ist, z. B. die Wiederholung und progressive Variation eines einzigen Motivs, entweder auf einer Leinwand oder auf einer Serie zusammengehöriger Leinwände (z. B. bei Ellsworth Kelly, Kenneth Noland, Larry Poons oder Frank Stella).

Systylos In der antiken Baukunst die Bezeichnung für ein → Interkolumnium von zwei → Säulendurchmessern. Die anderen gebräuchlichen Abstände waren: *Pyknostylos* ($1\frac{1}{2}$ Säulendurchmesser), *Eustylos* ($2\frac{1}{4}$), *Diastylos* (3) und *Aräostylos* ($3\frac{1}{2}$–4).

T

Tabernakel (lat. tabernaculum ›Hütte, Zelt‹) 1. In der → Gotik meist turmartiges offenes Gehäuse für Statuen (oft gleichbedeutend mit → Baldachin oder → Ciborium). 2. Sonst freistehendes oder nischenförmiges Gehäuse, häufig unter einem Baldachin, zur Aufnahme der geweihten Hostien oder von Reliquien.

Tachismus (von frz. tache ›Klecks‹) Seit den frühen 1950er Jahren benutzter Begriff zur Charakterisierung abstrakter Malerei, bei der die Farbe in Flecken oder Klecksen aufgetragen ist, wie z. B. bei Wols oder Henri Michaux. Zugleich wurde T. zur Gattungsbezeichnung für das europäische Äquivalent des → Abstrakten Expressionismus innerhalb der → Ecole de Paris.

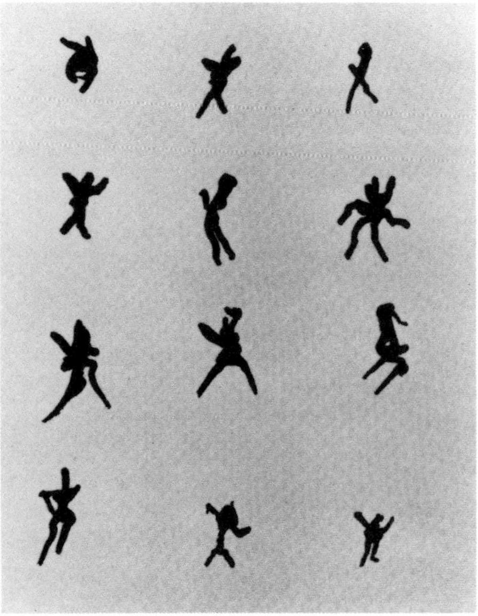

Tachismus: Henri Michaux, *Entstehen, Hervorgehen,* 1950. In der Zeichnung erscheinen die typischen Farbflecken wie kleine Figuren.

Taenia 1. Das Band, das einen → Fries der dorischen Ordnung von seinem → Architrav trennt (→ Gebälk). 2. An den Köpfen → hellenistischer Herrscherporträts der Reif oder das Haarband, ein Abzeichen der Königswürde.

Tafel Dünne Holz-, Furnier-, Sperrholz- oder Hartfaserplatte als → Bildträger. Holz- und Furnierplatten werden gewöhnlich verklebt, damit sie sich nicht verwerfen.

Tafelbild Gemälde auf Holz.

Tafelmalerei Bezeichnung für eine Form der Malerei, deren Bildträger (bewegliche) → Tafeln sind (in engerem Sinne Holz, Kupfer u. ä., in weiterem auch Leinwand) im Gegensatz zu (ortsgebundenen) Formen (→ Fresko). Die Anfänge der T. liegen bei den → Mumienbildnissen, weitere wichtige Stadien sind die byzantinischen → Ikonen, die Altarvorsätze (bereits im 11. Jh. in Katalonien) und die Entwicklung des → Retabels. Der große Aufschwung der T. beginnt etwa Mitte des 14. Jh.s, vor allem im Norden, wo sie zum eigentlichen Träger der Entwicklung wird (während in Italien die → Wandmalerei noch für lange Zeit gleichberechtigt bleibt). Wegen Schwierigkeiten mit dem Holz bei zu großen Formaten (Rißbildung, Verwerfung) verwendete man erstmals kurz nach 1450 in solchen Fällen Leinwand (u. a. Andrea Mantegna und Jacopo Bellini). Die Holztafel behauptete sich aber noch bis ins 17. Jh. und wurde erst im 19. Jh. endgültig von der Leinwand verdrängt.

Täfelwerk, Täfelung Auskleidung von Wohnräumen (Decken und Wände) mit zusammengesetzten Holztafeln, wobei im 16. Jh. häufig von deutschen Schreinern eine Gliederung mit Holzschnitzereien und → Intarsien erzielt wurde.

Taille Bezeichnung für das beim → Kupferstich durch Änderung des Handdrucks erzeugte An- und Abschwellen der einzelnen grafischen Linien auf der Druckplatte.

Taktile Werte Von dem Kunsthistoriker Bernard Berenson geprägter Ausdruck für den Versuch des Malers, Empfindungen von Gewicht, Relief und Struktur mit Hilfe von Farbe und Linie auf einer zweidimensionalen Ebene zu vermitteln.

Talbotypie Synonym für → Kalotypie, abgeleitet vom Namen des Erfinders, William Henry Fox Talbot.

Tambour Zylindrischer Unterbau einer → Kuppel.

Tanagrafigur Geformte Terrakottafiguren, die zwar nach dem ersten Fundort in Tanagra in Böotien, 1874, benannt sind, jedoch an verschiedenen Orten in Griechenland und im griechischen Kleinasien während der → klassischen und → hellenistischen Epoche hergestellt wurden. Sie stellen eine Vielfalt unterschiedlicher Motive dar, vornehme weibliche Figuren in eleganten Draperien waren besonders beliebt.

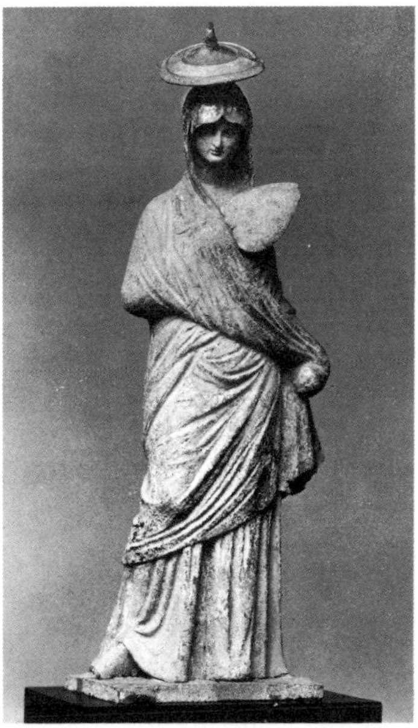

Hellenistische **Tanagrafigur:** Frau mit Fächer und Sonnenhut, 3. Jh. v. Chr.

Tanka, Thangka (tibet. ›ebener Körper‹) Ein tibetisches sakrales Gemälde auf Stoff oder eine Stickerei und/oder → Applikation (Abb. → Mandala). Die Motive sind dem Tantra-Buddhismus entnommen (→ Tantra-Kunst).

Tantra-Kunst (sanskr. tan ›ausdehnen‹) T. ist ein buddhistischer und hinduistischer mystischer Kult mit Konzentration auf eine Vision der kosmischen Sexualität. Die frühesten diesbezüglichen vollständig erhaltenen Texte datieren von 600 n. Chr. In unterschiedlicher Form ist der T.-Kult überall in Asien anzutreffen – in China, Tibet, Nepal, der Mongolei und Kambodscha, vielleicht am charakteristischsten jedoch in Indien. In seiner hinduistischen Ausprägung basiert er auf der Verehrung Shaktis, der Göttin der Kraft und Energie, und zielt ab auf eine Erweiterung des Bewußtseins durch die Kontemplation über entsprechende Götterbilder (die gewöhnlich in ihrem gewaltigsten und grimmigsten Aspekt gezeigt werden) oder über Gegenstände mit sexueller Konnotation wie dem Linga und den abstrakten, → Yantra genannten Diagrammen (Abb. → Mandala).

Taotieh (chin.) Stilisierte Drachenmaske der → chinesischen Kunst, die erstmals auf sakralen Bronzegefäßen der Shang-Zeit (1766–1122 v. Chr.) auftaucht.

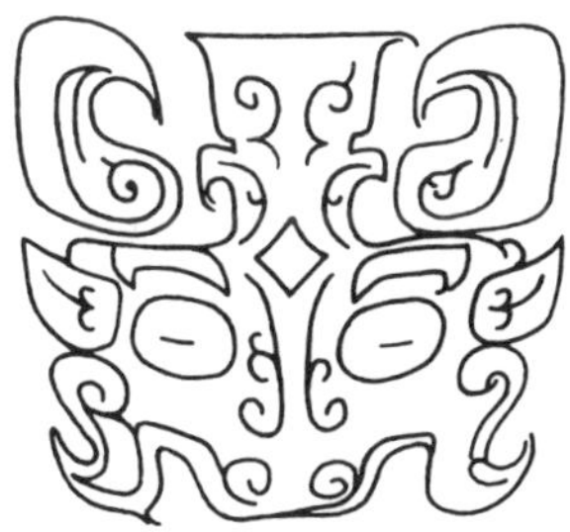

Taotieh auf einem chinesischen Bronzegefäß.

Tapa (polynes.) Gewebe, das durch Schlagen der inneren Rinde oder des Bastes von Bäumen wie dem Papiermaulbeer-, dem Brotfrucht- oder dem Feigenbaum gewonnen wird. T. ist typisch für die ›primitiven‹ Gemeinschaften Polynesiens und Afrikas. Synonym: Rindenstoff.

Tapete Wandbekleidung aus Leder oder Papier. Ende des 18. Jh.s gelangten die ersten mit Papier verkleideten chinesischen Wandschirme nach England und gaben den Anstoß zur Entwicklung der mit Mustern bedruckten T. aus Papier, die aufgrund ihrer billigen Herstellungsweise (Erfindung der T.n-Druckmaschine) ältere Formen der Wandbekleidung (Bildteppiche, Leder, Seide oder andere Stoffe) in kurzer Zeit verdrängte. Besonders gelungene Musterentwürfe entstanden in der von William Morris gegründeten Kunstgewerbefirma.

Tapetentür Eine mit der Wandfläche bündig schließende Tür, manchmal noch zusätzlich verborgen mit Hilfe einer gemusterten Tapete, einem umlaufenden Wandsockel o. ä., die ohne Unterbrechung über diese hinweg weitergeführt sind.

Tapisserie Handgewebter Stoff, gewöhnlich aus Seide oder Wolle oder einer Mischung der beiden Materialien hergestellt, mit einem sich nicht wiederholenden, üblicherweise figurativen Muster, das während des Herstellungsprozesses eingewoben wird. Zu den zahlreichen Orten, die mit der Teppichmanufaktur seit dem 14. Jh. assoziiert werden, zählen Arras, Tournai und Brüssel, → Aubusson, Beauvais und Paris (→ Gobelins) in Frankreich, Fulham und Mortlake in England. Die beiden wichtigsten Herstellungstechniken sind → Basselisse und → Hautelisse (→ Bildteppich).

Tassel Als Schmuckstück ausgestattete Mantelschließe des 13. und 14. Jhs.

Tasterzirkel (Zirkelzange) Gabel- bzw. zangenförmige, nach innen gekrümmte Metallschenkel, in einem beweglichen Gelenk aneinander befestigt und daher verstellbar. Der T. dient zur Vermessung von Skulpturen.

Tatami (jap.) Japanische Reisstrohmatte, der übliche Fußbodenbelag eines japanischen Hauses. T. werden im standardisierten Format von 180 × 90 cm hergestellt, und die Bodenfläche einer Wohnung wird nach der Anzahl von hineinpassenden T. berechnet.

Taukreuz (auch Antoniuskreuz) Ein T-förmiges → Kreuz.

Tauschierung Bezeichnung für verschiedene, seit der → Antike (vor allem in Mykene) gebräuchliche Verfahren zur Verzierung der Oberfläche unedler Metalle (Eisen oder Bronze) durch Einlegen von Drähten aus edlen Metallen (Gold oder Silber). Zu außerordentlichen Leistungen in der meist zur Verzierung von Prunkwaffen eingesetzten T. brachten es die Araber (u. a. die berühmten Damaszenerklingen, daher statt T. gelegentlich auch Damaszierung).

Tazza (ital. ›Tasse‹) 1. Streng genommen eine flache Weinschale mit Fuß. 2. Heute im weiteren Sinne ein flaches Gefäß auf einem hohen Stil.

Tektonisch 1. Das Baugefüge einer Architektur betreffend. 2. Im übertragenen Sinne das innere Gliederungs- bzw. Baugefüge eines Gemäldes oder einer Plastik.

Telamon (pl. Telamonen; griech. ›Stütze‹, auch der Name eines Helden) Synonym für → Atlant.

Temenos (griech.) Heilige Einfriedung, sakraler Bezirk.

Temmoku (jap.) → Steingut in chinesischem Stil mit dunkelbrauner Glasur, manchmal mit helleren Streifen, das in Japan zu Teeschalen verarbeitet wurde. Synonym: Hasenfellglasur.

Tempel → Klassischer Kultbau der Griechen und Römer. Die älteste griechische Form (→ Cella) besteht aus dem rechteckigen fensterlosen → Naos als Wohnort des Gottes (ausgestattet mit Bildwerken des Gottes), dem → Pronaos als Vorhalle und dem Opisthodomos als Raum hinter dem Naos. Durch Säulenreihen ist die Cella zuweilen in mehrere Schiffe gegliedert, die sich oft auch in die Hofanlage (→ Peristyl) fortsetzen. Der T. erhebt sich auf einem tief in die Erde eingefügten Unterbau, dem Krepidoma, dessen nicht sichtbarer unterirdischer Teil als → Stereobat bezeichnet wird. Auf der sichtbaren obersten Stufe, dem Stylobat, erheben sich die → Säulen. Bedeckt wird der T. von einem Sattel-

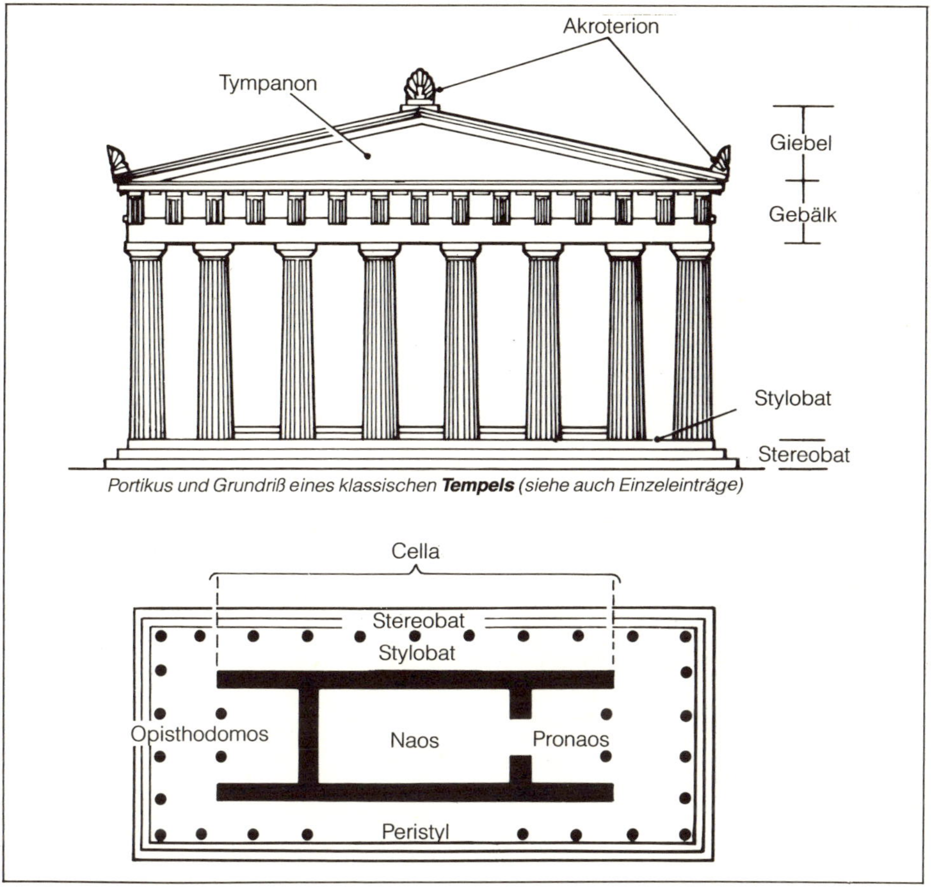

Portikus und Grundriß eines klassischen ***Tempels*** *(siehe auch Einzeleinträge)*

Portikus und Grundriß eines klassischen **Tempels** (siehe auch Einzeleinträge)

dach, dessen → Tympanon üblicherweise mit Malereien bzw. plastischen Figurengruppen ausgestattet ist.

Tempera (ital., von lat. temperare ›in richtigem Verhältnis mischen‹) Künstlerfarben mit einer → Emulsion als Bindemittel (Ei, Öl mit einem Zusatz von Feigenmilch, Honig, → Leim oder → Kasein, neuerdings auch mit synthetischen Polyesterkunststoffen), aufgetragen meist auf Holztafeln mit einem → Grund aus → Gesso. Manche T.-Arten lassen sich wie → Gouache-Farben mit Wasser verarbeiten, steigt indessen der Öl-, Harz- oder Wachsanteil, ist nur ein Vermalen mit der zugehörigen Emulsion möglich. Aufgrund dieses Umstands nehmen T.-Farben eine Zwischenstellung zwischen → Wasser- und → Ölfarben ein.

Tenebrismus Kunst, die Nachteffekte und dunkle Schatten betont. Siehe auch Chiaroscuro.

Tenmoku siehe Temmoku

Teppich Ein durch Weben, Wirken oder Knüpfen (bisweilen auch Sticken) hergestelltes → Textilerzeugnis, das als Bodenbelag (wie im Orient und in neuerer Zeit in Europa) oder Wandbehang (die ältesten erhaltenen in → ägyptischen Gräbern aus dem 2. Jahrtausend v. Chr.), meist in der Form eines → Bildteppichs, verwendet wird.

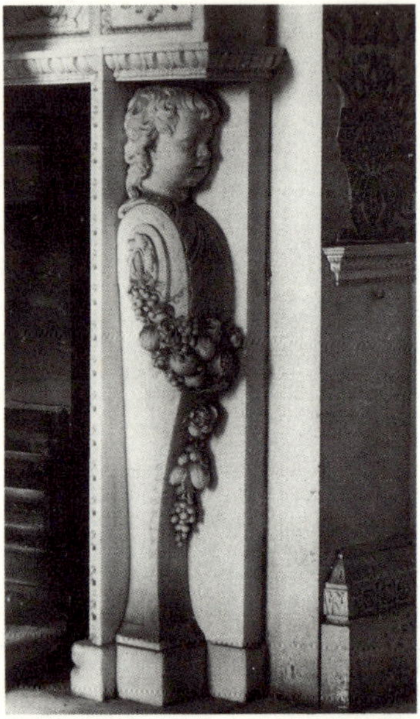

Terme eines Kindes mit Girlande, hier als Stütze für einen Kaminsims; Lydiard Tregoze, Wiltshire, 1745/49.

Terme Bezeichnung für einen Grenzstein oder eine Grenzsäule, die an ihrem oberen Ende die Form einer menschlichen Halbfigur bzw. → Büste oder die Halbfigur eines Tieres aufweist (→ Herme).

Terpentin Flüchtiges Öl, das durch Destillation aus dem harzigen Saft bestimmter Kiefernarten gewonnen wird. In der Malerei dient T. vor allem als Lösungsmittel für → Firnis, zur Verdünnung von → Ölfarben sowie als Reinigungsmittel. Mit T. versetzte Farben trocknen schneller, neigen allerdings auch zum Vergilben.

Terra sigillata (lat. ›gestempelter Ton‹) Ursprünglich → Keramik aus grauer Tonerde von Samos und Lemnos, der heilende Eigenschaften zugesprochen wurden. Die Gegenstände waren mit einem Signet gestempelt, das ihre Echtheit garantierte. Später wurde der Begriff für eine große Zahl verschiedener Töpferwaren mit rotem Glanzüberzug aus → römischer Zeit, u. a. für → Arretinische Keramik verwandt.

Terrakotta (ital. ›gebrannte Erde‹) 1. Gebrannter Ton ohne Glasur, der für Bauwerke, architektonische Ornamente und Skulpturen Verwendung findet (Abb. → Etruskische Kunst, Basrelief). 2. Gebranntem Ton ähnliche Farben.

Terrazzo (ital.) Eine Mischung aus Marmorstücken und Zement, die als Fußbodenbelag Verwendung findet. Sie wird in situ angebracht, glatt gestrichen und anschließend poliert.

Tertiäre Farbe Eine aus der beliebig proportionierten Mischung von zweien der drei Sekundärfarben (Orange, Violett, Grün) entstehende Farbe, die folglich etwas von jeder Primärfarbe enthält und alle Schattierungen von Braun, Schwarz oder Grau zeigen kann (→ Farbkreis).

Tessera (ital.) Kleines, gewöhnlich würfelförmiges Stück aus Marmor, Glas etc., das als Grundelement bei der Herstellung eines → Mosaiks dient.

Textbild Auf Anfänge der → griechischen Antike zurückgehende Ausdrucksform (Schriftzeichen als Bildelemente und als figurative Gestaltungsmittel), die im → Barock einen Höhepunkt erreichte (T.er als künstlich verfeinerte Spielform von Sinngedichten für feierliche Anlässe, als Glückwunsch etc.). Die → Futuristen griffen auf diese Tradition zurück, da das T. ihrer Grundforderung nach Verwischung aller künstlerischen Gattungsgrenzen zugunsten einer »Verbindung von Musik, Literatur und Malerei« entsprach. In gleicher Weise verstand Apollinaire seine T.er, die wie die Bildgedichte und Textcollagen von Kurt Schwitters eine neue bildliche Ausdruckspotenz aus der freien → Typographie entwickelten. Bei beiden erlangten die Notenschriftzeichen der Musik ebenso wie die Buchstaben, Silben- und Lautelemente der Schriftsprache ihre bildhafte Qualität zurück. Das Zeichenrepertoire der Schrift formt ein neues künstlerisches Medium, das durch seine eigenwillige Rhythmik gleichermaßen das bildliche und sprachliche Empfinden anspricht. In der Moderne hat das T. eine vielfältige Ausweitung seiner bildnerischen Möglichkeiten erfahren. Neben dem streng abstrakten Bildgedicht aus Laut-, Wort- und Buchstabenelementen erscheint das → collagierte T., das → Fotomontagen mit Bildelementen der Schrift (in Form von Zeitungs-, Plakat- und Werbespruchfragmenten) synthetisiert.

Textilkunst Sammelbegriff für die durch Zusammenfügen von einzelnen Fäden zu größeren zusammenhängenden Gebilden entstehenden Erzeugnisse und deren ornamentale oder figürliche Ausschmückung. Die wichtigsten Herstellungstechniken sind *Flechten* (wechselseitig miteinander verschlungene Fäden in gleicher Richtung), *Wirken* (aus gleichlaufenden Fäden gebildete, miteinander verschlungene Maschen), *Weben* (rechtwinklige Kreuzung zweier Fadensysteme: die im Webstuhl befindliche ›Kette‹ und der mit Hilfe des Weberschiffchens zwischen den wechselseitig vor- und zurücktretenden Kettfäden hindurchgeschossene ›Schuß‹; beim Durchgang des Schusses durch die Kette können durch Veränderungen der Anzahl der jeweils durchlaufenden Kettfäden Muster erzeugt werden) und *Knüpfen* (Verknoten der Kettfäden mit kurzen Schußfäden). Ausschmückungstechniken sind *Sticken* (Verzieren durch Einziehen von Fäden mit Hilfe einer Nadel) und *Färben* mit Hilfe der → Batik oder des → Zeugdrucks.

Textur 1. In der Kunst und Architektur die Oberflächenbeschaffenheit eines Gemäldes, einer Skulptur, eines Gebäudes etc. 2. Im weiteren Sinne die allgemeine Materialbeschaffenheit eines Kunstwerks, wie z. B. die Abfolge der Pinselstriche bei einem mit lockerer Hand gemalten Bild.

Tholos 1. In der Antike allgemeine Bezeichnung für Rundbauten, unabhängig von deren Zweck. 2. Als T.-Gräber bezeichnet man runde Grabräume. Besonders bekannt sind die bienenkorbartigen, teils unterirdischen → mykenischen Grabkammern. 3. In → hellenistischer Zeit vor allem runde → Tempel mit gleichfalls kreisrunder → Cella.

Tiara 1. Hohe und spitzzulaufende Kopfbedeckung der assyrischen und persischen Könige. 2. Päpstliche Kopfbedeckung bei nichtliturgischen feierlichen Anlässen.

Tiefdruck Druckverfahren (z. B. → Kupferstich), bei dem die Zeichnung in die Platte geätzt oder gestochen wird, um letztere dann mit Tusche zu bedecken. Danach wird die Plattenoberfläche wieder sauber gewischt, so daß die Tusche nur in den geritzten Rillen bleibt. Der Abdruck erfolgt direkt auf Papier.

Tiefschnittschmelz siehe Email

Tierceron Bei Fächer- und Sterngewölben Bezeichnung für eine Nebenrippe, die vom → Kämpfer ausgeht, aber nicht in einen → Schlußstein mündet.

Tierornamentik 1. Charakteristischer Ornamentstil, der seine Blütezeit bei den Reiternomaden Europas und Zentralasiens von Ungarn bis zur Wüste Gobi hatte und erstmals bei den → Skythen des 6. Jh.s auftauchte. Tiere sind dabei häufig im Kampf ineinander ver-

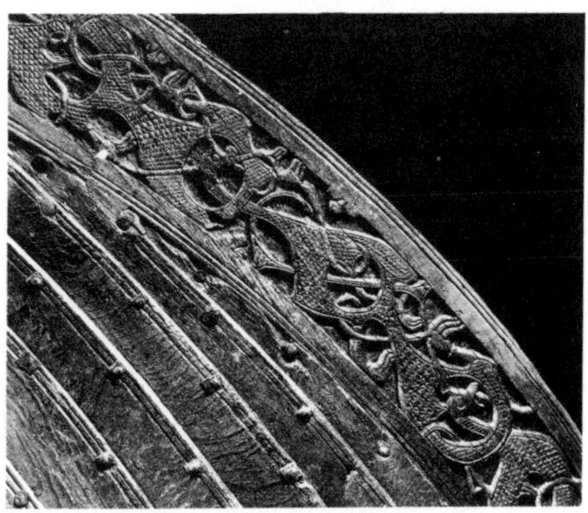

Tierornamentik: Bug des Oseberg-Schiffes, Südnorwegen, um 800 n. Chr.

schlungen und bilden lineare Muster. Oft erwächst ein Tier auch aus einem anderen oder ist in ihm enthalten. Diese → Ornamente sind besonders typisch an Metallarbeiten zu beobachten. 2. Ein aus stilisierten und ineinander verwobenen Tierdarstellungen bestehendes Flechtwerk, das typisch für die Kunst sowohl der → Kelten als auch der Germanen ist (Abb. → Carpet Page).

Tiger-Ware Bezeichnung für eine Steingutware mit braun und gelb geflammter Glasur, die seit dem 16. Jh. im Rheinland hergestellt und nach England exportiert wurde. Später dort nachgeahmt.

Tiki (maori) In der polynesischen Mythologie entweder der Schöpfer des ersten Menschen, der erste Mensch selbst oder, in einem weiteren Wortsinn, ein Vorfahr. Er wird meist in der Form eines aus Nephrit gefertigten Amulettanhängers dargestellt, der eine kleine Figur mit verdrehter Pose und großen Augen zeigt.

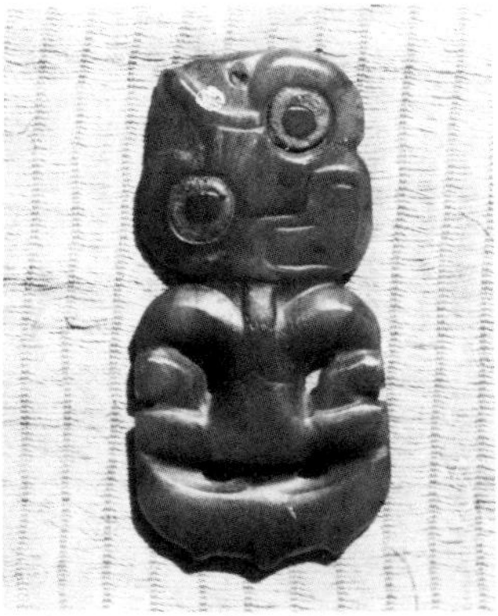

Maori-Amulettanhänger in der Form eines **Tiki.**

Ting, Ding (chin.) Chinesisches Gefäß der → Bronzezeit, von eckiger oder runder Form, auf drei oder vier Füßen stehend.

Ting-yao, Ding-yao Ein elfenbeinfarbenes, durchscheinendes → Protoporzellan, oft mit plastischem Dekor, das hauptsächlich in

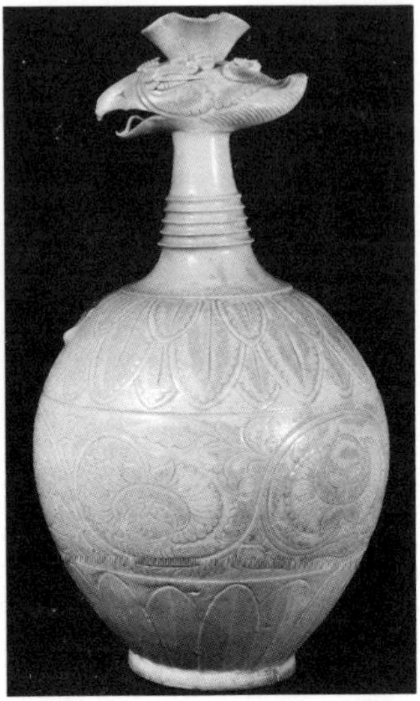

Ting-yao: Vogelköpfige Flasche mit eingeritzten Lotosvoluten, Song-Dynastie.

Ting Chou in der Provinz Hopei während der Song- und Yuan-Dynastien (10.–14. Jh.) hergestellt wurde.

Titelkupfer → Kupferstich als repräsentatives Frontispiz eines Buches.

Titulus (pl. tituli; lat. ›Aufschrift, Inschrift‹) Bezeichnung für die erläuternden Unterschriften in der → frühchristlichen und mittelalterlichen (Wand-)Malerei (meist in Versform, aber auch in Prosa und neben oder im Bild), eine wichtige Quelle zur Aufschlüsselung nicht mehr geläufiger Bildinhalte oder zerstörter Arbeiten.

Toghra (türk.) Die kalligraphischen → Initialen eines ottomanischen Sultans.

Togidashi (jap. ›herauspoliert‹) Eine Art → Lackarbeit, bei der die feuchte Lackzeichnung mit Goldstaub bestreut wird. Im nächsten Arbeitsgang wird das gesamte Werkstück opak überlackiert und anschließend soweit poliert, bis die Oberfläche völlig glatt, aber die Zeichnung mit dem Goldstaub wieder zu sehen ist. Die polierten Metallteilchen lassen den Dekor besonders stark leuchten, eine transparente Lackschicht bildet den Abschluß.

Toile de Jouy (frz. ›Stoff aus Jouy‹) Baumwollgewebe, das mit monochromen Figurenszenen von gravierten Metallplatten bedruckt ist. Benannt nach der Fabrik in Jouy bei Versailles, wo diese Stoffe ursprünglich (1760–1843) hergestellt wurden.

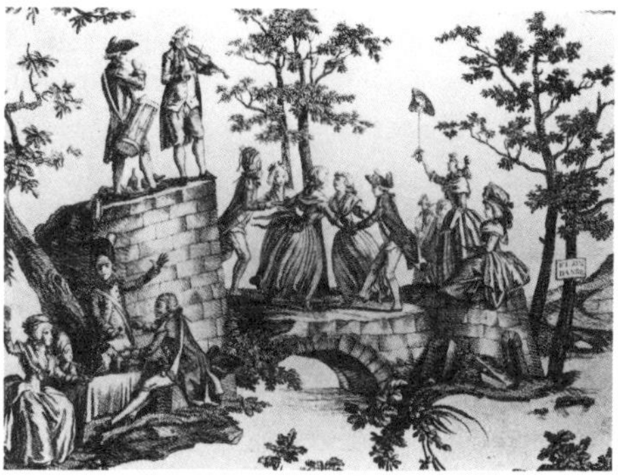

Toile de Jouy: Das Dekor zur Feier der Französischen Revolution zeigt Tanzende in den Trümmern der Bastille, 1789.

Tokonoma (jap.) Alkoven oder Nische in japanischen Häusern und Teezeremonien-Räumen, in denen Kunstwerke aufgestellt sind.

Toleware (von frz. tôle ›Blech‹) Bezeichnung für mit dekorativen Mustern bemalte Zinnblech-Gegenstände aus dem späten 18. und frühen 19. Jh.

Ton Feinerdiger, aus Verwitterungsrückständen von Silikaten bestehender, leicht formbarer Rohstoff für die Herstellung von → Keramik.

Tondo (ital. ›rundes Bild‹) Ein Gemälde oder eine Reliefskulptur von runder Form.

Tonnengewölbe siehe Gewölbe

Ton(wert) Helligkeitsgrad von Farben in der Malerei, sei es innerhalb einer einzigen Farbe, sei es in einer monochromen Darstellung oder sei es – ohne Rücksicht auf die Farben selber – im Rahmen einer Schwarzweiß-Reproduktion.

Töpferware Gegenstände aus → Ton, die bei 700 Grad Celsius oder weniger gebrannt sind und porös bleiben, bis sie mit einer Glasur überzogen werden.

Topographie (griech. ›Ortsbeschreibung‹) In der bildenden Kunst die Darstellung von Land- und Ortschaften unter exakter Einhaltung der Gegebenheiten, also ohne beschönigende Eingriffe. Die ersten T.n tauchten Ende des 15. Jh.s in Werken wie der ›Schedelschen Weltchronik‹ auf, später wurden sie oft auch zu Folgen zusammengeschlossen wie bei Matthäus Merian.

Torana (sanskr.) In der indischen Architektur ein Torbogen, besonders am Eingang zu einem buddhistischen → Stupa.

Torentik Die handwerkliche Technik des Schneidens, Ziselierens und Treibens.

Torii Das offizielle Tor zu einem Shinto-Schrein.

Torso Skulptur einer menschlichen Figur, der Kopf oder Gliedmaßen entweder infolge einer Beschädigung oder schon aufgrund des Entwurfs fehlen.

Torus (lat. ›Kissen, Wulst‹) Ein massives konvexes Profil mit halbkreisförmigem Schnitt, das oft an der Basis von antiken Säulen anzutreffen ist (→ Säulenordnung).

Tosa-Schule Im 15. Jh. gegründete Schule japanischer Hofkunst, die nach der T.-Familie benannt ist, deren Mitglieder im naiven japanischen → Yamato-e-Stil malten, im Gegensatz zu den Mitgliedern der → Kano-Schule, die unter starkem Einfluß der → chinesischen Kunst standen.

Totenbuch Altägyptische Sammlung auf den Tod bezogener Texte, auf die ältere Pyramidentexte zurückgehen. Seit dem Neuen Reich auf → Papyri den Toten mit ins Grab gegeben. Einige der schönsten Exemplare sind mit hervorragenden Illustrationen versehen (→ ägyptische Kunst).

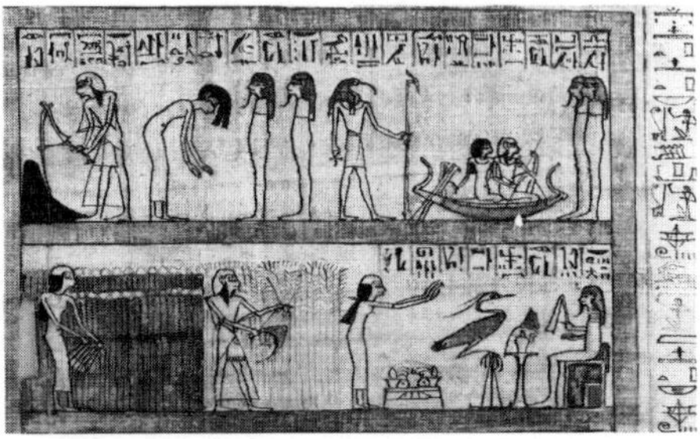

Altägyptisches **Totenbuch** mit Szenen aus dem Leben im Jenseits. Sie sind in Kolumnen angeordnet und mit Hieroglyphen kommentiert.

Totentanz (frz. danse macabre) Beliebtes, wenn auch nicht ›offizielles‹ Thema des späten Mittelalters, insbesondere des 15. Jh.s. Der Kontrast Tod/blühendes Leben und der Gedanke an die Allgegenwart des Todes mitten im vollen Leben wurden schon früh dargestellt. Thema ist stets, daß sich Skelette unter tanzende Menschen mischen und diese hinwegraffen bzw. zwingen, ihnen in den Tod zu folgen, und zwar ohne Unterschied des Alters, Geschlechts und Standes.

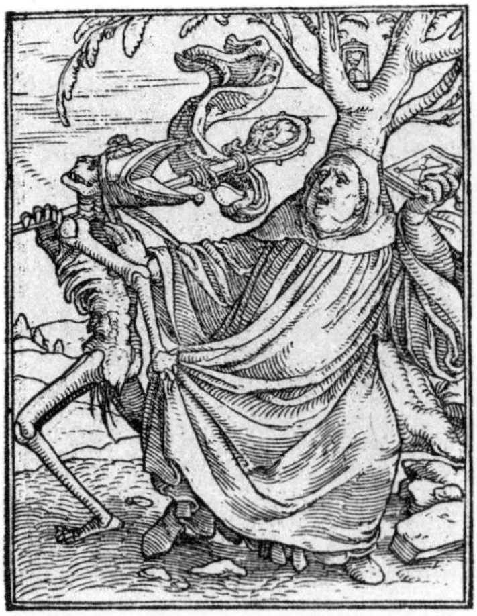

Totentanz: Hans Holbeins Holzschnitt *Tod und Mönch,* veröffentlicht 1538 in Lyon.

Toys (engl. ›Spielzeug‹) Ein im 18. Jh. gebräuchlicher Begriff für kleine Schmuckgegenstände aus einer Vielfalt von Materialien einschließlich Porzellan und Silber. Birminghams Silberschmiede waren auf kleine Artikel wie Riechfläschchen spezialisiert und als ›toymakers‹ (›Spielzeugmacher‹) bekannt.

Traditio legis (lat. ›Übergabe des Gesetzes‹) Darstellung Christi, der zwischen dem hl. Petrus und dem hl. Paulus steht und dem ersteren eine Schriftrolle überreicht, eine Handlung, die die Verleihung spiritueller Autorität symbolisiert.

Tragaltar (Portatile) Kleiner, tragbarer Altar, der von den durch päpstliches Privileg (seit dem 7. Jh.) dazu Berechtigten auf Reisen benutzt wurde, meist aus besonders kostbaren Materialien (Gold, Edelsteine).

Tragende Wand Wand, die partiell das Gewicht der Konstruktion mitträgt, deren Teil sie ist, im Gegensatz zur nicht tragenden Wand.

Traghimmel siehe Baldachin

Tränenvase Kleine Glasflasche mit meist bauchigem Körper und dünnem, langem Hals von der Art, wie sie häufig in römischen Gräbern zu finden ist. Nach der irrtümlichen Annahme benannt, derartige Gefäße seien für die Tränen der Trauernden bestimmt gewesen. In Wahrheit waren sie eine verbreitete Form des Salbgefäßes.

Transavanguardia (ital. ›jenseits der Avantgarde‹) Von Achille Bonito Oliva ursprünglich für die italienische Variante des → Neoexpressionismus geprägte Bezeichnung (→ Postmoderne).

Transenna Bezeichnung für die vor Einführung der Verglasung üblichen Fensterverschlüsse → frühchristlicher Kirchen aus durchbrochen gearbeiteten Stein- oder Holzplatten.

Transept Quer zur Hauptachse verlaufender Anbau oder Teil eines Gebäudes, besonders einer Kirche (Abb. → gotische Kathedrale, Grundriß).

Transfiguration Künstlerische Darstellung des verklärten Christus als mit ausgebreiteten Armen Schwebender.

Transitional Art (engl. ›Übergangskunst‹) Von modernen afrikanischen Künstlern geschaffene Werke, in denen europäische Abfallmaterialien wiederverwendet werden.

Transparentbild siehe Diaphanbild

Traufe Waagerechte, parallel zum First verlaufende Kante eines → Daches am Fuß der Sparren.

Traufgesims Ursprünglich das → Gesims an der Traufe, später auch das aus der Wand heraustretende Profil über Fenstern, Torbögen etc., das dazu diente, Regenwasser abzuleiten.

Trecento (ital. ›dreihundert‹) In Italien übliche Bezeichnung für das 14. Jh. Siehe auch Duecento.

Treibarbeit (frz. reprouvé) Von der Rückseite zu einem Relief gehämmertes Metall, manchmal auch Punzarbeit genannt.

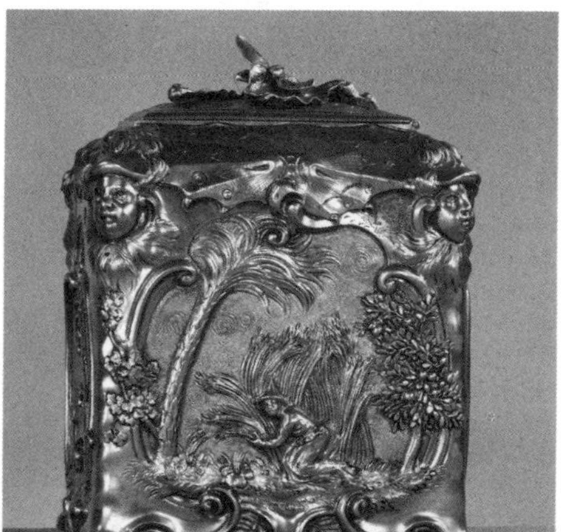

Treibarbeit: Teedose aus Silber, London, 1748, mit Rokoko-Dekor.

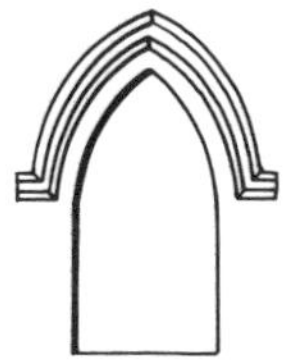

Traufgesims

Treiben Das Formen von Metallgegenständen durch Hämmern ohne Hitzeeinwirkung, z. B. indem man eine Metallplatte über einem hölzernen Block in Form hämmert.

Tribhanga (sanskr. ›drei Biegungen‹) Die charakteristische gewundene Pose hinduistischer Skulpturen.

Tribuna Die → Apsis einer → Basilika.

Tribüne 1. Erhöhte Plattform. 2. In einer Kirche eine Empore oder Galerie.

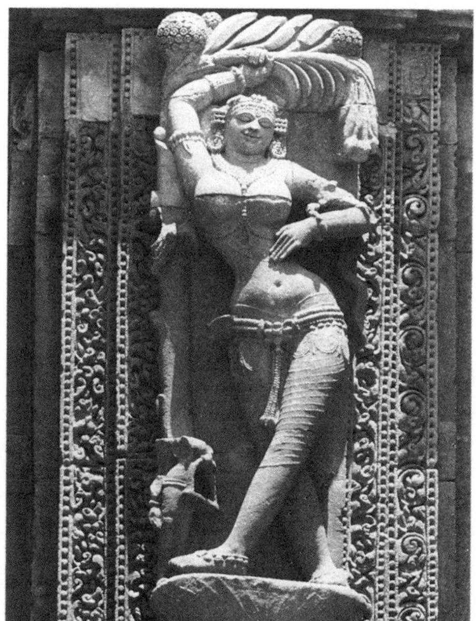

Tribangha: Yakshi in typischer verdrehter Pose unter einer Palme, Rajarani-Tempel, Konarak, um 1000 n. Chr.

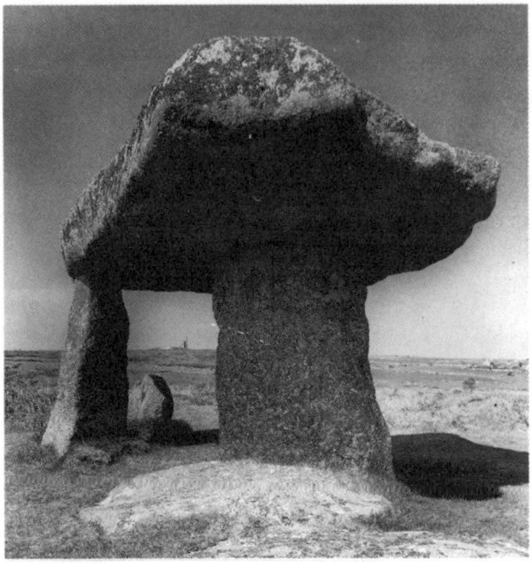

Trilithon, Lanyon Quoit, Cornwall.

Triforium (lat. ›drei Öffnungen‹) Ein Laufgang in der Seitenwand einer Kirche oder Kathedrale, der zum Gebäudeinnern hin geöffnet ist und unterhalb der → Gaden, jedoch oberhalb der → Arkade des Mittelschiffs verläuft (→ gotische Kathedrale, Querschnitt). Das T. hatte nur geringe praktische Bedeutung und diente im wesentlichen als Untergliederung der Wandfläche.

Triglyphe (griech. ›Dreischlitz‹) Als Teil des Frieses der dorischen → Säulenordnung besteht der T. aus drei parallelen Rinnen oder Kanälen mit darunterliegenden Tropfen (›guttae‹) und wird in regelmäßigem Abstand wiederholt. An den frühen dorischen → Tempeln, die aus Holz und noch nicht aus Stein erbaut waren, markierten die T.n die Balkenköpfe (→ Gebälk).

Trilithon (griech. ›drei Steine‹) Eine prähistorische → megalithische Konstruktion aus einem großen Steinblock, der von zwei → Menhiren getragen wird.

Trimurti (sanskr.) Darstellung des dreigesichtigen Shiva.

Triptychon (griech.) Ein aus drei Tafeln bestehendes Bild; die beiden äußeren Tafeln sind üblicherweise mit Scharnieren befestigt, so daß sie sich wie Türen vor die Hauptszene klappen lassen.

Tritonen → Hellenistische Darstellung der Poseidon begleitenden Meeresgötter, ausgestattet mit Delphinschwänzen und Pferdehufen.

Triumphbalken Ein an der oberen Kante des → Lettners verlaufender Balken, der das → Triumphkreuz trägt, falls keine → Chorempore vorhanden ist.

Triumphbogen In der Antike ein freistehender ornamentaler Torbogen von gewaltiger Größe, der aus Anlaß militärischer Siege, Herrscherjubiläen etc. errichtet wurde.

Triumphkreuz Bezeichnung für ein monumentales Kruzifix, das im Eingangsbogen eines → Chores aufgehängt oder auf dem Triumphbalken stehend befestigt ist. Siehe auch Lettner.

Trockenpinsel-Malerei In Öl oder Aquarell der sehr spärliche Gebrauch von → Pig-

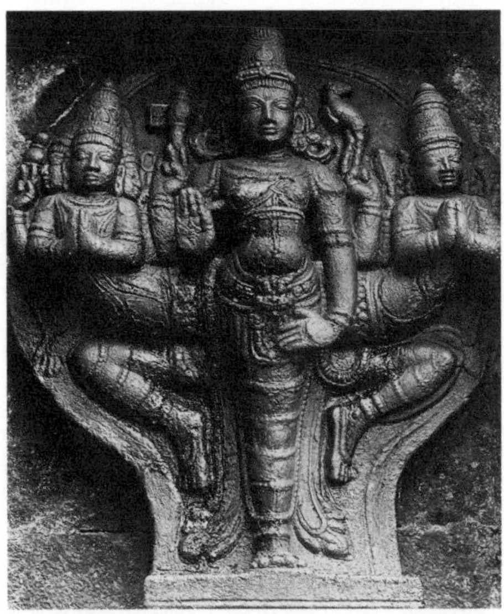

Trimurti: Relief am Adhipuricuara-Tempel, Tiruvorriyor.

ment auf einer strukturierten Oberfläche. Die Farbe bleibt nur an den erhabenen Stellen der Fläche haften.

Trockenplattenverfahren, Gelatine-Trockenplattenverfahren → Fotografisches Verfahren, das eine Gelatine-Emulsion als lichtempfindliche Schicht auf einer Glasplatte verwendet. Es ersetzte bald das nasse Kollodium-Verfahren, da es dieses an Zweckmäßigkeit übertraf. Gelatine-Trockenplatten erschienen erstmalig 1873 auf dem Markt.

Trois Crayons (frz. ›drei Kreiden‹) Zeichnung auf einem mittelstark – z. B. in einem Mittelblau oder Gelbbraun – getönten Papier, die in schwarzer, weißer oder roter Kreide ausgeführt ist. Diese Zeichnungen sind typisch für Künstler des frühen 18. Jh.s, z. B. Jean-Antoine Watteau. Synonym: Trois Couleurs (›drei Farben‹).

Trommel 1. Zylindrischer Block als Teil einer → Säule (Säulentrommel). 2. Der → Tambour einer → Kuppel.

Trompe 1. Bogen oder Bogenreihe diagonal an jeder Ecke einer quadratischen Fläche als Verbindungsglied zwischen der Fläche und der runden Form der darüberliegenden → Kuppel. 2. Die trichterförmigen oder hohlzylindrischen Elemente, aus denen arabische Stalaktitengewölbe zusammengesetzt sind.

Trompe-l'œil (frz. ›Augentäuschung‹) Eine Gemäldeart, gewöhnlich → Stilleben, in der im Betrachter mittels verschiedener illusionistischer Tricks der Eindruck erweckt wird, er schaue die wirklichen Gegenstände an und nicht nur dargestellte. Erfolgreiche T.-Malerei füllt nur einen sehr flachen Raum hinter der Bildebene aus oder scheint sogar über die Bildoberfläche hinaus hervorzuragen (→ Quadratura).

Trophäe (gr. trópaion ›Siegeszeichen‹) Arrangement aus erbeuteten Fahnen, Waffen etc., das bei Siegesfeiern zur Schau gestellt wird. Es geht zurück auf den Brauch der → Antike, am Ort einer siegreichen Schlacht einen Pfahl oder Baumstamm mit erbeuteten Waffen zu schmücken. T.n nachempfundene Motive haben zahlreichen Eingang in die → Heraldik gefunden.

Gravierte **Trophäe** mit Fahnen, Helm und Waffen, frühes Rokoko.

Troubadour-Stil Verspielte französische Variante der → Neogotik in den ersten Jahrzehnten des 19. Jh.s. Der T.-S. war eine Folge des romantischen Interesses am Mittelalter (→ Louis-Philippe).

Trumeau (frz. ›Pfeiler, Pfeilerglas‹) Türpfeiler eines Portals. T.s wurden als Träger von Fassadenfiguren vor allem im 12. und 13. Jh. in Frankreich und später auch im übrigen Europa bedeutsam. Sie können glatt oder skulptiert sein. In der → Gotik wurden sie zuweilen zum Hauptstück des Portals oder einer Fassade. Als Fensterpfeiler spielte der T. eine wichtige Rolle für die Innenraumgestaltung in der höfischen Kunst des → Barock.

Tsuba (jap.) Stichblatt am japanischen Schwert.

Tudorstil An den → Perpendicular Style anschließender und dessen spätgotische Stilmerkmale vom kirchlichen auf den profanen Bereich übertragender Baustil zur Zeit der Tudor-Herrschaft in England (1485–1603), dessen letzter Ausläufer auch als → Elisabethstil bezeichnet wird (Abb. S. 294).

Tumba Sarkophagartiges Grabmal, häufig mit Baldachin.

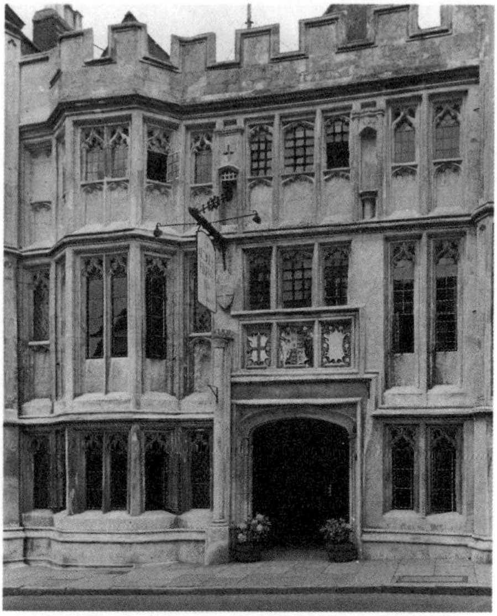

Tudorstil: Fassade des ›George and Pilgrims Inn‹, Glastonbury, Somerset, 1457–1493.

Tumbaga (span.) → Legierung aus Kupfer und Gold, die bei der Herstellung von Schmuck und anderen Metallarbeiten in mehreren → präkolumbianischen Kulturen Verwendung fand.

Türbe (türk.) Ein türkisches Grab oder Mausoleum in Form eines → Kuppelbaus.

Turkey Work (engl. ›türkische Arbeit‹) Schweres, geflortes Gewebe, das im 16. Jh. in Nachahmung von Teppichen aus dem Nahen Osten in Europa, besonders in England, hergestellt wurde. Seit dem 17. Jh. wurde die Bezeichnung vor allem für Möbelbezugsstoffe verwendet.

Turm Bauwerk, dessen Höhe ein Vielfaches der Grundbreite beträgt und das entweder freistehend oder an andere Gebäude angegliedert sein kann. T.bauten hatten schon in ur- und frühgeschichtlicher Zeit nicht nur militärische, sondern auch sakrale Funktion (Tempelturm). Während der griechisch-römischen → Antike spielten Turmbauten nur eine untergeordnete Rolle, allerdings erlebten sie im mittealterlichen → Burgen- und Kirchenbau eine Hochblüte. Siehe auch Dachformen, Kampanile.

Tusche Wäßrige Lösung aus feinen, mit Bindemitteln angeriebenen und destilliertem Wasser vermengten → Pigmenten zum → Zeichnen und → Lavieren. Chinesische T. wird aus Kiefernruß hergestellt, den man mit Knochenleim verbindet und dann zu festen Steinen preßt. Diese werden zum Gebrauch mit Wasser angerührt.

Tuschmalerei Eine in China und Japan gepflegte, mit schwarzer, sogenannter ›chinesischer → Tusche‹ auf Papier oder Seide ausgeführter Art der Malerei. Wahrscheinlich schon während der Tang-Dynastie (618–906) entwickelt, stammen die ältesten erhaltenen Beispiele jedoch erst aus der Zeit der Song-Dynastie (960–1279), der Blütezeit der chinesischen T.

Tyche (griech.) Im → griechischen Pantheon eigentlich die Göttin des wechselvollen Schicksals, im → römischen Kontext jedoch der Glücksgöttin Fortuna gleichgesetzt und als solche häufig mit Mauerkrone als Stadtgöttin dargestellt.

Tympanon (griech. ›Handpauke‹) 1. Die dreieckige Fläche, die von einem antiken Ziergiebel umschlossen wird (→ Tempel, → Portikus). 2. Die Fläche aus Mauer- oder → Backstein-Mauerwerk etc., die von einem den Türsturz überwölbenden Entlastungsbogen umschlossen wird (→ Lünette).

Typographie Seit dem 17. Jh. übliche Bezeichnung für die Kunst des Buchdrucks allgemein, im besonderen meint T. heute vor allem die künstlerische Gestaltung eines Druckwerkes durch Festlegen von → Schriftart (Type), -grad, Satzspiegel etc., aber auch durch Auswahl des Papiers und Gestaltung von Einband und Umschlag. Die freie Handhabung der T. in Form wechselnder Typen und Veränderung des Schriftgrades ist seit → Futurismus, → Dada und → Surrealismus ein wichtiges Gestaltungsmittel der Kunst wie auch der sogenannten → ›Konkreten Poesie‹.

U

Überfangglas Ein aus verschiedenfarbigen Schichten bestehendes → Glas. Es kann auf zweierlei Weise hergestellt werden: Entweder wird zuerst die äußere Schicht geblasen, die als Form für eine zweite, innere Glasblase dient, oder ein Werkstück wird durch Eintauchen in geschmolzenes Glas überfangen. Hierbei erhält man eine dünnere äußere Schicht als bei der ersten Methode. Die äußere Beschichtung wird häufig in → Ornamenten weggeschliffen, um die darunterliegende Farbe freizulegen.

Übergangsstil Allgemeine Bezeichnung für einen Baustil, der Elemente zweier verschiedener Epochen aufweist und so den Übergang von einem zum anderen dokumentiert, so z. B. von → Romanik zu → Gotik oder von → Rokoko zu → Klassizismus.

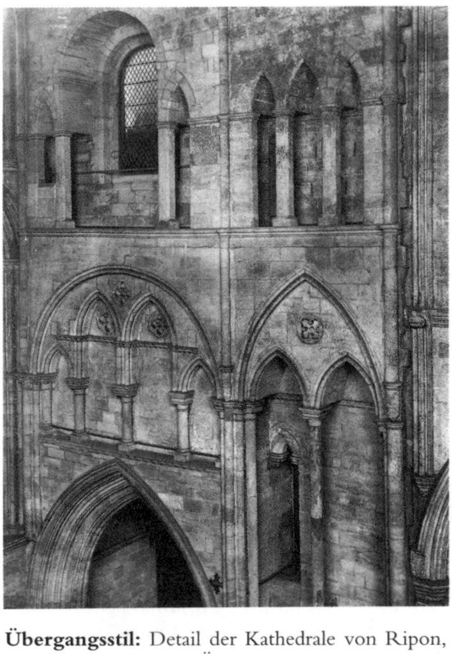

Übergangsstil: Detail der Kathedrale von Ripon, um 1180, in dem der Übergang von der Romanik (Rundbogen) zur Gotik (Spitzbogen) deutlich wird.

Übermalung Die Ü. kann einmal die Absicht verfolgen, ein Bild zu vernichten, es unsichtbar zu machen oder es zu korrigieren, sie kann aber auch durch dünnen oder kräftigen Auftrag durchsichtiger Farben Lasureffekte erzielen, beziehungsweise die Konturen der darunterliegenden Farbschichten verwischen und das Bild dadurch weicher machen.

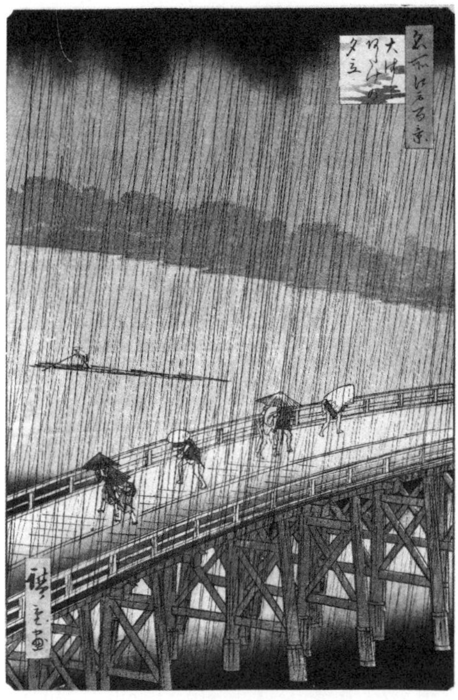

Ukiyo-e: Ando Hiroshige, *Regenschauer auf der Gashi-Brücke bei Ataka,* 1857.

Ukiyo-e (jap. ›Malerei der fließenden Welt‹) Beliebte und verbreitete Kunst der Zeit vom 17. bis 19. Jh., in der das Leben des Bordellviertels Yoshiwara der Stadt Edo, des heutigen Tokio, beschworen wird. Geishas und Kabuki-Schauspieler sind die häufigsten Motive, U.-Künstler stellten aber auch Landschaften und Szenen aus Geschichtsepen, Legenden und Volkserzählungen dar. Hauptausdrucksmittel war der → Farbholzschnitt, und Utamaro, Hokusai und Hiroshige gehörten zu den führenden Künstlern dieses Stils.

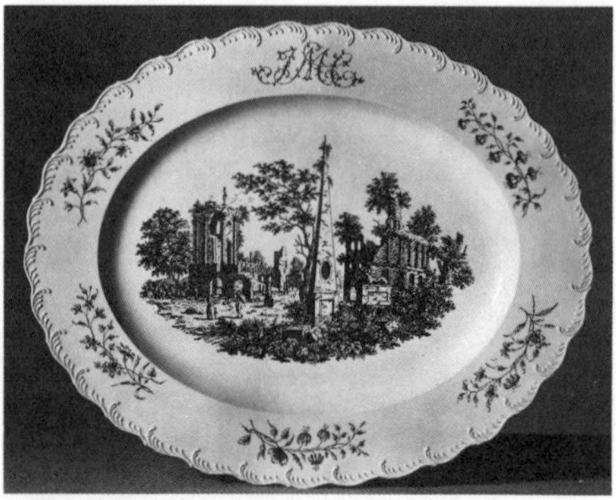

Wegdwood-Platte, um 1780, mit einem **Umdruck** Dekor in Form eines Capriccios.

Umdruck Verfahren, → Emailarbeiten und → Keramik zu verzieren, indem ein Muster von einer gravierten Platte auf Papier gedruckt wird, das dann wiederum auf die zu schmükkende Fläche gepreßt wird. Im Fall von Keramik kann dies sowohl vor als auch nach der Glasur geschehen. Diese Technik wurde zuerst 1753 in der Battersea Email-Manufaktur angewandt.

Umdruckverfahren Statt des direkten Verfahrens bei der → Lithographie läßt sich auch speziell präpariertes Umdruckpapier verwenden, auf das der Künstler mit Lithotusche oder Lithokreide zeichnet; der Drucker kann diese Zeichnung dann auf den Stein oder eine Metallplatte übertragen. Dank dieser Methode ist die Zeichentechnik weniger eingeschränkt und der Druck nicht seitenverkehrt.

Unbefleckte Empfängnis (lat. Immaculata conceptio) Darstellung Mariens als lichtverklärte Gestalt. Umgeben von Engeln, schwebt sie, auf Wolken, auf der Mondsichel oder der Erdkugel stehend, vom Himmel herab.

Unikum Druckerzeugnis (Grafik, Bücher), von dem nur noch ein einziges Exemplar überliefert ist.

Unterglasurmalerei Gemalter Dekor auf → Keramik, der vor dem Glasieren aufgetragen wird und seine dauerhafte Fixierung beim Brennen der Glasur erhält.

Unterlänge Jeder Strich unterhalb der Grundlinie eines Buchstabens in der → Kalligraphie und → Typographie. Jeder über die Kopflinie hinausreichende Strich heißt entsprechend Oberlänge. Siehe auch Schriftarten.

Untermalung 1. In der traditionellen Ölmalerei (im Gegensatz zur → Alla-Prima-Technik) die Beschichtung der Leinwand mit einer monochromen Farbschicht als erstem Schritt in der Entwicklung von Tonwerten zur farblichen Akzentuierung des Bildes in seinem Gesamtausdruck. 2. Siehe Sinopia.

Unziale Ein → Kalligraphietypus, der im 4. Jh. n. Chr. entstand und in europäischen Manuskripten vom 5. bis. 7. Jh. weit verbreitet war. Die Letterform ist verwandt mit römischen → Versalien, jedoch sind viele der scharfen Ecken abgerundet (→ Schriftarten).

Urne Vorgeschichtliches Tongefäß zur Grabbeigabe für den Toten, bekannt seit dem jüngeren → Paläolithikum. Seit der → Bronzezeit auch Behälter für die Reste des Leichenbrandes nach der Kremation des Toten.

Urnenfelderkultur Kulturgruppe der späten → Bronzezeit Europas, deren Hauptmerkmal die Bestattung des Leichenbrandes in → Urnen ist. Sie gliedert sich in einen östlichen Zweig, der vom nördlichen Mitteldeutschland (Lausitzische Kultur) über die Tschechoslowakei bis Ungarn und Nordjugoslawien reicht, und in die süddeutsche U. im Gebiet der Schweiz und Ostfrankreichs (vgl. auch → Keltische Kunst).

Uschebti (altägypt. ›Antworter‹) Eine → ägyptische Grabbeigabe in Form einer Statuette, die wie die übliche Darstellung des Osiris gestaltet (d. h. mit mumienförmigem Körper) und gewöhnlich mit dem Namen des Verstorbenen beschriftet ist. Bei bedeutenden Bestattungen wurden solche Statuen in großer Zahl als Beigabe mitbegraben, damit von ihnen jede mögliche Aufgabe ausgeführt werde, deren Erfüllung von dem Toten verlangt werden könnte. Synonym: Shawabti.

Utrechter Schule Eine Gruppe holländischer Maler des frühen 17. Jh.s, die aus Utrecht stammten und Rom besuchten, wo sie tiefgreifend von der Arbeit Caravaggios beeinflußt wurden. Zu ihnen sind Dirck van Baburen, Gerrit van Honthorst und Hendrick Terbrugghen zu rechnen. Frans Hals und Jan Vermeer wurden durch die Gruppe beeinflußt. Siehe auch Chiaroscuro.

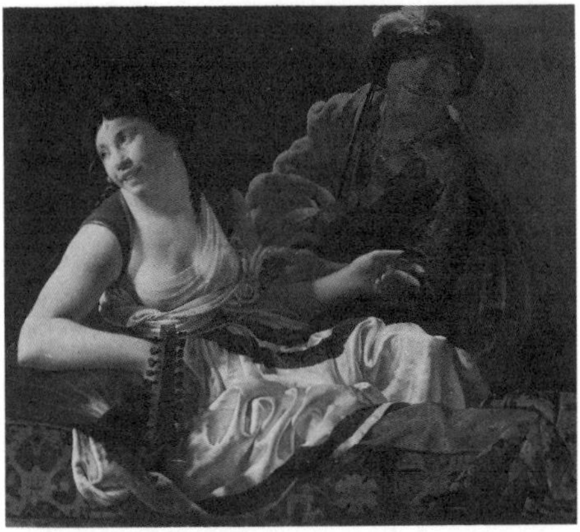

Utrechter Schule: *Musikant und Kurtisane,* nicht datiert, von Hendrick Terbrugghen (1588[?]–1629) zeigt deutlich den Einfluß von Caravaggios Chiaroscuro.

V

Vahana (sanskr.) In der indischen Kunst das Reittier oder Gefährt einer hinduistischen Gottheit.

Valeur (frz. ›Wert, Wertigkeit‹) Bei einem Gemälde das Verhältnis zwischen 1. den Tonwerten (von hell bis dunkel); 2. den verschiedenen Farbtönen oder 3. sowohl den Ton- als auch den Farbwerten.

Valori Plastici (ital. ›plastische Werte‹) Von Mario Broglio gegründete Zeitschrift, die der → Pittura metafisica nahestand und den → Futurismus, → Expressionismus und → Kubismus heftig angriff. Um die Zeitschrift gruppierte sich eine Künstlerbewegung, die den Zielen Carlo Carràs und Giorgio de Chiricos folgte. Ab 1920 propagierte V. P. im Sinne des → Novecento eine Rückwendung zu der nationalen Tradition des → Quattrocento.

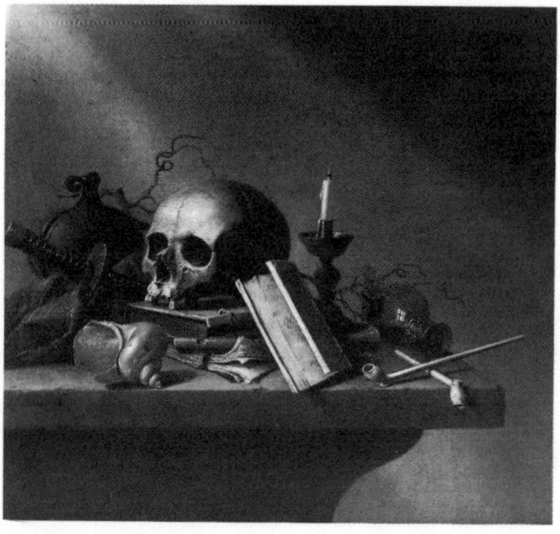

Vanitas von Harmen Steenwyck, um 1640. Das Bild beinhaltet Embleme der fünf Sinne.

Vanitas-Stilleben Stilleben mit Gegenständen wie Sanduhr, Totenkopf u. ä., die auf die Nichtigkeit der irdischen Existenz verweisen. Das V.-S. war ein besonders im → Barock vielgepflegtes Genre der Malerei.

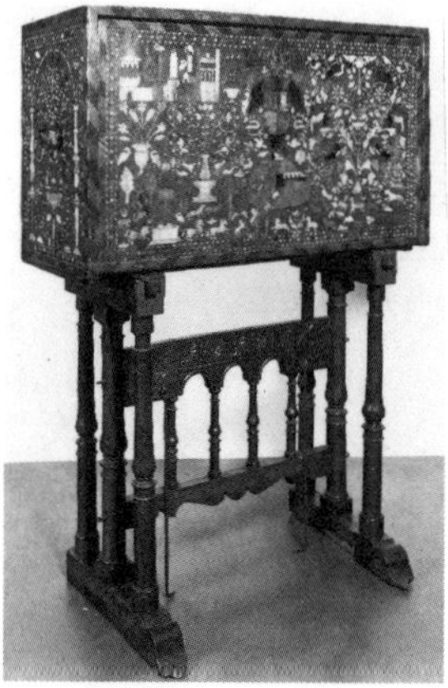

Vargueño aus verschiedenen Hölzern und gefärbtem Elfenbein, um 1520.

Vargueño, Bargueño (span.) Spanischer → Renaissance-Schrank auf einem eigenen Ständer, der aus einem Schubfächerteil und einer klappbaren Vorderplatte besteht.

Variante Version eines Originalkunstwerks mit leichten Abweichungen, die vom gleichen Künstler oder von fremder Hand geschaffen sein kann (→ Pasticcio).

Vasenformen, griechische Antike, griechische Tongefäße der → archaischen und → klassischen Zeit.

Vasenmalerei, griechische Bemalung von Tongefäßen in der → griechischen Antike mit Ornamenten oder mit Szenen der Mythologie und des Alltagslebens. Siehe auch Vasenformen, griechische.

Vedute (ital. ›Ansicht‹) Bezeichnung für eine → topographisch genaue Stadtansicht als Gemälde, Zeichnung oder Stich, aufgenommen im 17. Jh. Es gibt jedoch auch Sammel-V.n, deren Teile in Wirklichkeit nicht in dieser Zusammenstellung vorkommen, und Ideal-V.n (→ Capriccio) mit erfundenen Ansichten. Die venezianischen V.n-Maler (→ Vedutisti) des 18. Jh. malten ihre wirklichkeitsgetreuen Ansichten hauptsächlich für Reisende, die Erinnerungsbilder an die Stadt haben wollten, und waren weniger angesehen als die Historienma-

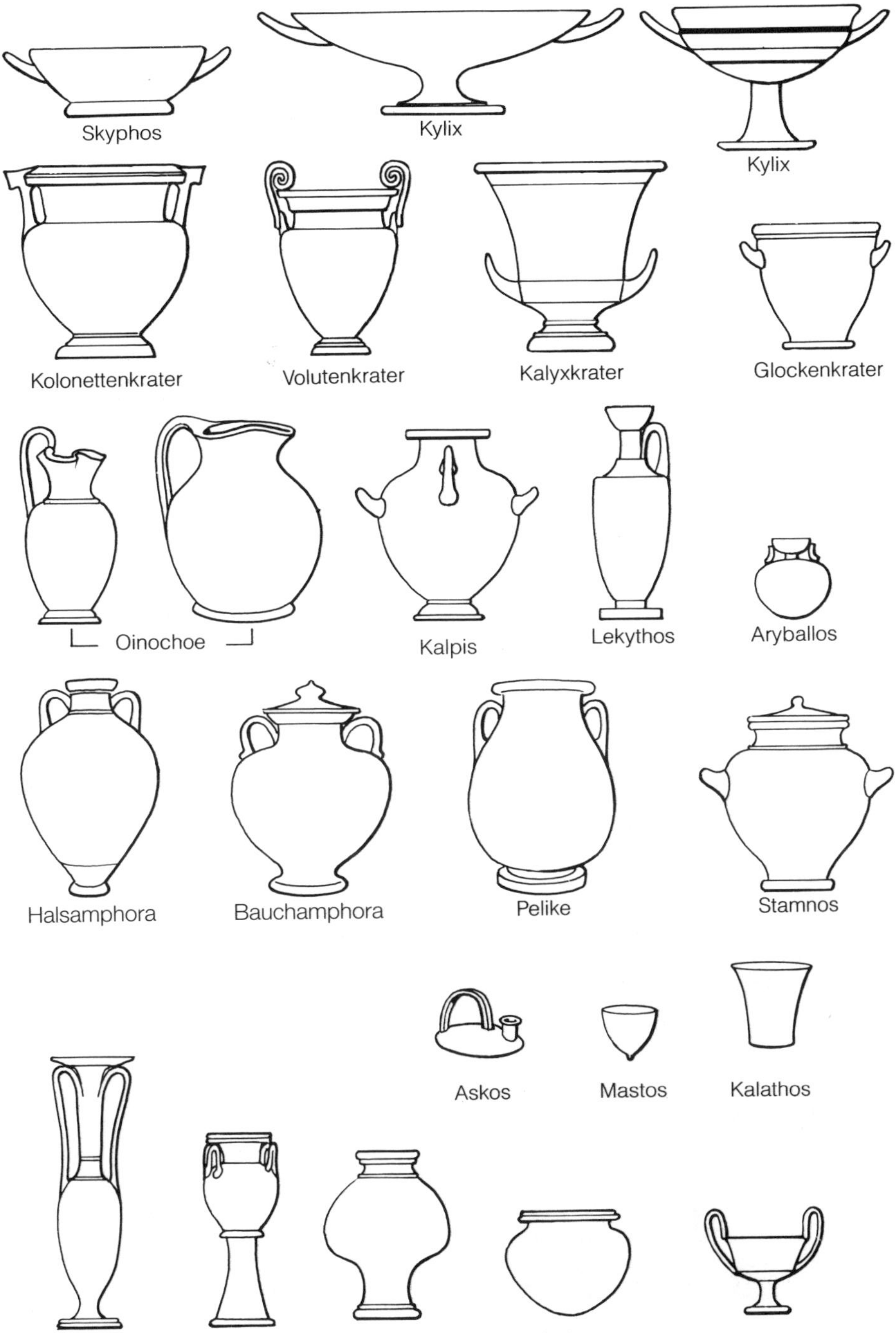

Vasenformen, griechische (siehe auch Einzeleinträge)

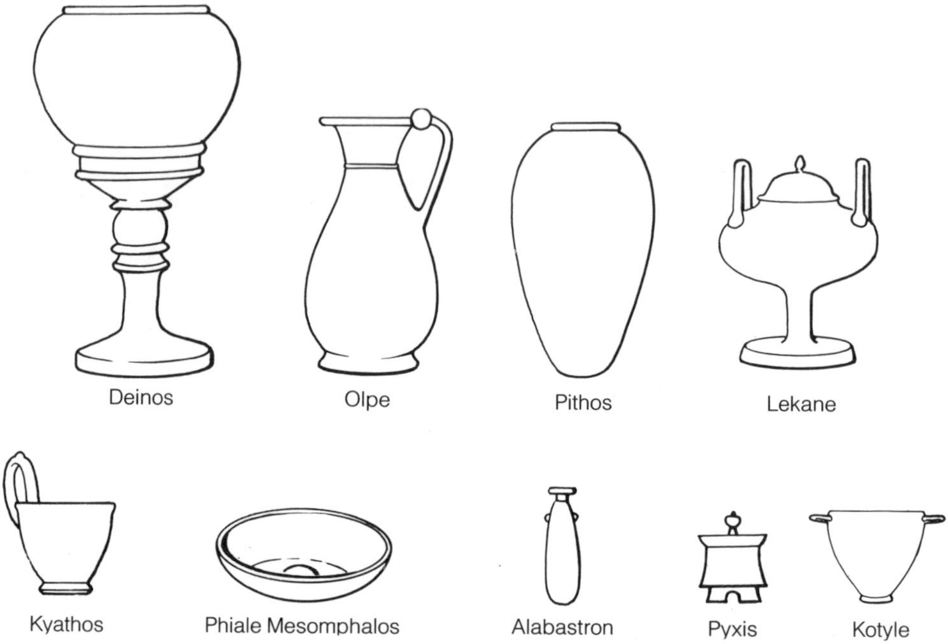

Vasenformen, griechische (siehe auch Einzeleinträge)

ler. Als Hauptmeister der V.-Malerei gelten die beiden Canalettos und Francesco Guardi.

Vedutisti (ital.) Italienische Künstler des 18. Jh.s, die Veduten schufen. Die meisten waren, wie Canaletto, Venezianer.

Velin Bezeichnung für ein besonders fein gearbeitetes → Pergament, auch für ungeripptes Papier.

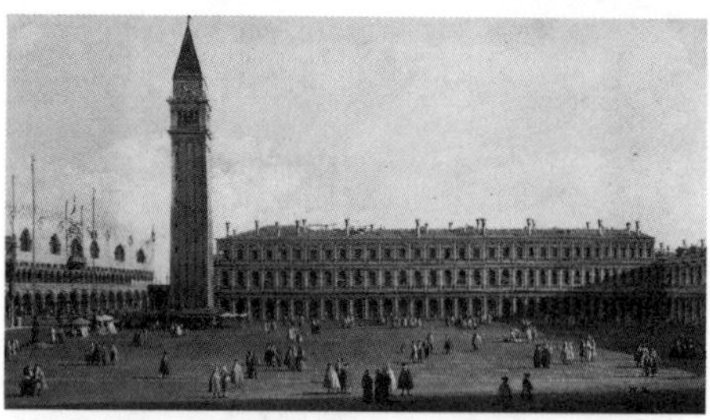

Ansicht des Markusplatzes, Venedig, nicht datiert, von dem jungen Canaletto (1697–1769). Diese **Vedute** entstand womöglich mit Hilfe einer Camera obscura.

Veloursdruck, Flockendruck Drucktechnik, um ein erhabenes samtenes Muster auf dem Papier, gelegentlich auch auf Stoff, entstehen zu lassen. Bei diesem Verfahren wird das Muster mit Leim statt mit Tusche gedruckt, und, solange der Leim feucht ist, die Oberfläche gleichmäßig mit Wollstaub bestreut. In Europa war diese Technik im 15. Jh. gebräuchlich zur Herstellung einer besonderen Art des → Holzschnitts, seit dem 17. Jh. wird sie zur Produktion von Tapeten verwandt.

Vendelstil Germanische Tierornamentik (benannt nach einem schwedischen Gräberfeld), die für den Keramikstil des frühgeschichtlichen Skandinavien vom 6.–8. Jh. bestimmend war. Der V. besteht aus gewundenen Tierformen, die nach dem Prinzip der → Flechtbandverzierung ineinander verschlungen sind.

Venusfigürchen (Venusstatuetten) Für die Kunst des Jungpaläolithikums typische kleine

Rundplastiken meist nackter, oft fettsteißiger und möglicherweise schwangerer, nicht selten stark schematisiert wiedergegebener Frauen (vielleicht Fruchtbarkeitsidole, Ahnfraufiguren, Darstellung einer ›Herrin des Herdes‹ oder einer ›Herrin der Tiere‹) aus unterschiedlichem Material (Elfenbein, Horn, Knochen, Gagat bzw. Jett, Stein und sogar schon gebranntem Ton). Verbreitet waren die V. vom Baikalsee bis zur Atlantikküste.

Veranda Offene Galerie oder → Portikus mit leichten hölzernen oder metallenen Stützen, an eine oder mehrere Gebäudeseiten angebaut.

Verblendung siehe Bekleidung

Verdachung Giebel oder giebelartige Verzierung über → Portikus, Tür oder Fenster, ursprünglich von dreieckiger Form (→ Tempel), manchmal auch segmentförmig. Siehe auch Supraporte, Traufgesims.

Verdünner Flüssigkeit zum Verdünnen von → Öl, → Harz und anderen Materialien, mit denen ein Maler arbeitet.

Verdüre (frz. verdure) Jeder (in grünen Tönen gehaltene) Webteppich, dessen Muster hauptsächlich aus Bäumen, Blattwerk, Vögeln und Tieren besteht. → Tapisserien mit sehr großen Blättern waren im 17. Jh. besonders beliebt.

Verfugen Das Ausräumen von Baumörtel aus Fugen und Hineinpressen neuen Mörtels zur Schaffung einer glatten Oberfläche.

Verglühbrand (Bei mit Scharffeuerfarben bzw. mit Hochtemperatur-Email dekoriertem → Porzellan und Metall) In einem Brennofen bei Temperaturen von 1100 bis 1440 Grad C gebrannt. Synonym: Grand feu.

Vergoldung In der Malerei das Überziehen von Gemälden mit echtem Gold oder mit Goldfirnis. Der → Goldgrund bildet einen neutralen, erhabenen Bildhintergrund. Man unterscheidet die Glanz- oder Polimentvergoldung aus poliertem, hauchdünnem Mattgold, die in sich oft noch durch → Punzierung verziert ist, von der gemalten Matt- oder Ölvergoldung.

Verismus (von ital. verismo) Der Versuch, in der Kunst die Wirklichkeit mit strikter und unwählerischer Genauigkeit zu reproduzieren. Siehe auch Neue Sachlichkeit.

Verkleidung (auch Inkrustation) 1. Ursprünglich eine dünne Schicht, die an Gebäude-Außenwänden ein anderes Material schützt oder verdeckt, z. B. eine Ziegelverkleidung. 2. Heute auch spezieller gebraucht für leichtgewichtige Baumaterialien zur Errichtung nicht tragender Außenwände in Gerüstbauweise.

Verkleinerung Kopie eines Kunstwerks in kleinerem Format.

Verkröpfung Das Herumführen von Gesimsen, Profilen etc. um Mauerecken und -vorsprünge sowie Fenster- und Türöffnungen.

Verkürzung → Perspektivische Technik, um einen im Winkel zur Bildebene liegenden Gegenstand darzustellen (z. B., indem er nach hinten verjüngt und blasser wird). Die Augen des Betrachters rekonstruieren dann automatisch die korrekten Proportionen des Objekts. Siehe auch Chiaroscuro, Sotto in sù.

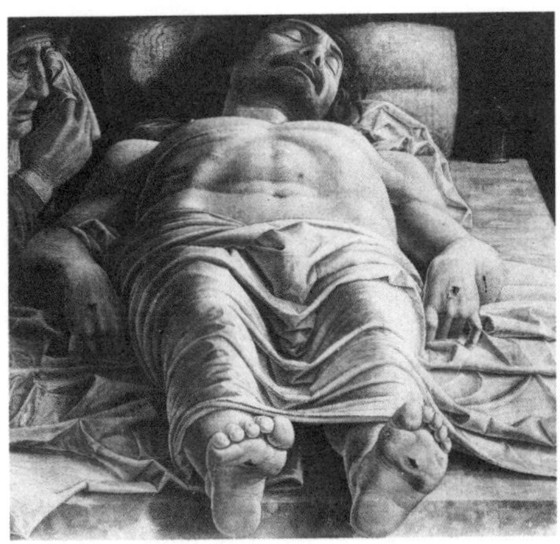

Verkürzung: Andrea Mantegna, *Toter Christus, von Maria und Johannes betrauert,* spätes 15. Jh.

Verlies (frz. oubliette) Eine Grube oder ein Schacht in der Mauerdicke von Festungen oder unter einem der Fußböden, in mittelalterlichen Zeiten als Kerker oder geheime Leichendeponie verwandt.

Verlorene Form Synonym für Cire perdue.

Verlorenes Profil (Auf einen Kopf oder anderen Gegenstand bezogen.) Mehr als halb dem Betrachter abgekehrt.

Vernis Martin Nachgeahmte → Lackarbeiten, die im 18. Jh. in Frankreich hergestellt wurden und nach Guillaume Martin (gest. 1749) und seinen drei Brüdern benannt sind. Sie bestanden hauptsächlich aus feinstrukturiertem Lack, der in bis zu 40 Schichten aufgetragen wurde, bis der gewünschte Effekt erzielt war.

Vernis mou siehe Weichgrundätzung

Vernissage Neueröffnung, Vorbesichtigung einer Kunstausstellung am Tage vor der offiziellen Eröffnung. Die Bezeichnung V. (von frz. vernis ›Firnis‹) ergibt sich daraus, daß ursprünglich die Gemälde erst am Eröffnungstag gefirnißt wurden.

Veronikabild Synonym für die Darstellung des → Schweißtuches der Veronika.

Verputz Eine wasserfeste Beschichtung, gewöhnlich aus einem Putzgemisch oder Zement, auf einer den Witterungseinflüssen ausgesetzten Wand.

Verputzen Verwischen der originalen Pinselstriche eines Gemäldes durch unsachgemäße → Restaurierung, vor allem bei der Abnahme von → Firnis.

Verre églomisé (frz. ›Glomy-Glas‹, nach dem Pariser Kunsthändler Glomy, † 1786) Eine Glasplatte wird auf der Rückseite bemalt oder vergoldet, dieses Dekor mit einer Lackschicht überzogen und mit einer weiteren Glasscheibe oder Metallplatte geschützt. Diese Technik ist seit römischer Zeit bekannt, der heutige Name stammt von einem Rahmenbauer des 18. Jh.s (→ Zwischengoldglas).

Versalien (auch Majuskeln) In der Typographie die Großbuchstaben im Gegensatz zu den → Minuskeln oder Kleinbuchstaben.

Versenktes Relief Sonderform des → Reliefs, besonders in der → ägyptischen Kunst gebräuchlich. Die skulpturalen Formen treten nicht (wie beim → Basrelief oder → Hochrelief) mehr oder weniger stark aus dem Hintergrund hervor, sondern sind in das Relieffeld eingetieft, bilden aber auch keine Negativform, sondern erheben sich gleichsam vor einer gedachten zweiten Ebene hinter der äußeren Fläche des Reliefs.

Versilbern, Galvanisieren Ein 1840 von George R. Elkington patentiertes Verfahren, bei dem mit Hilfe der Elektrolyse ein Grundmaterial, zumeist Nickel, mit einer dünnen Silberschicht überzogen wird.

Verso (von lat. verso folio ›auf dem umgedrehten Blatt‹) Die ›falsche‹ oder rückwärtige Seite eines zweiseitigen Objekts, z. B. eines Blattes Papier. In einem Buch ist die ›verso‹-Seite die linke (→ Folio, recto).

Verwischen, Verwischung Bezeichnung für eine Technik der → Décollage, bei der die oberste Schicht von Fotografien oder Drukken durch chemische Flüssigkeit angegriffen, aufgelöst und dann ›verwischt‹ wird.

Vesperbild Synonym für Pietà.

Vestibül 1. Raum direkt hinter der Eingangstür eines Gebäudes, von dem aus das restliche Haus betreten werden kann. 2. Ein kleiner Vorraum, der zu einem größeren Raum führt.

Vetro da trina (ital. ›Spitzenglas‹) Klares Glas, das einen Dekor aus verschlungenen opaken weißen Fäden enthält. Diese Technik war im 16. Jh. in Venedig sehr beliebt. Siehe auch Lattimo, Latticino.

Video Die wesentlichen Voraussetzungen für die Entwicklung einer V.-Kunst sind ebenso wie beim → Film in den zahlreichen → kinetischen Erfindungen wie Farblichtspiele und Farborgeln zu suchen, die sich um eine multimediale Ausdrucksweise bemühten. Während jedoch der Film eine 50jährige Vorherrschaft gegenüber dem Fernsehen ausübte, konnte sich mit der Entwicklung moderner V.-Technologie in den 1960er und 1970er Jahren ein neues Kunstmedium durch das Fernsehen ausbilden, das in der Form der V. Art und Electronic Art ähnliche Bedeutung erlangte wie die Filmavantgarde der 1920er Jahre. Die ersten Produktionen einer künstlerischen Fernsehavantgarde entstanden in den 1950er Jahren durch die Auftragsvergabe öffentlicher Fernsehanstalten und blieben noch in enger Verbindung mit dem Medium Film. Neben den Light Shows der Lichtkinetiker integrierte vor allem die → neodadaistische Aktions- und → Objektkunst den Fernsehapparat in ihre Produktionen. 1963 verwendeten Nam June Paik und Wolf Vostell die technischen Mittel des elektronischen Fernsehens als bildnerisches Medium, indem sie Fernsehbilder durch Manipulation des elektromagnetischen Feldes verzerrten und dadurch die normalen Bilder in abstrakte Sequenzen überführten (TV-Décollagen von Vostell). Alan Kaprow benutzte in seinen → Happenings mehrere Fernsehkameras und Monitoren, um sie als Dirigier- und Aktionsinstrumente für das Publikum einzusetzen. Den eigentlichen Durchbruch in der Kunstszene erlebte die V.-Technik 1969, als die Cellistin Charlotte Moorman in einer aufsehenerregenden → Fluxus-Aktion Paiks *TV Bra for Living Sculpture* während ihres Spiels verwendete: Zwei Monitoren waren vor die nackten Brüste der Künstlerin geschnallt und strahlten Bilder aus dem Zuschauerraum oder Frequenzmodulationen des Cellospiels aus. 1969 fand auch die erste ausschließlich der V. Art gewidmete Ausstellung ›TV as a Creative Medium‹ in der New Yorker Howard Wise Gallery statt. Gerry Schum produzierte für → Prozeßkunst, → Land Art und → Konzeptuelle Kunst die V.-Anthologien *Land Art* (1969) und *Identifications* (1971) zusammen mit europäischen und amerikanischen Künstlern. Der TV-Aktionismus setzte sich in den 1970er Jahren in den Produktionen von Valie Export und Peter Weibel fort. 1970 entstanden die ersten TV-Skulpturen mit dem von Paik entwickelten Syntheziser, der auch von anderen Künstlern wie Fred Barzyk und Douglas Davis benutzt wurde. Gleichzeitig formierte sich eine Verbindung zwischen Light-Show-ähnlichen V.-Environments und der Pop-Musik, wobei eine illusionistische → Optophonetik angestrebt wurde. Zentrale Bedeutung erlangte das V. als Medium vor allem auch für Künstler der → Transformer-Kunst (Salomé, Luciano Castelli) oder der → Performance (z. B. Ulrike Rosenbach, Marcel Odenbach).

Video-Installation, Video-Skulptur Aus der → Video- und → Performance-Kunst hat sich seit den Präsentationen von manipulierten Fernsehern durch Nam June Paik im Kontext von → Happening und → Fluxus eine eigenständige Kunstform entwickelt, die man als V.-I. oder V.-S. bezeichnet. Neben Paik war auch Wolf Vostell ein Pionier dieser Video-Objektkunst, als er in den ausgehenden 1960er Jahren Fernsehapparate mit Stacheldraht umwickelte, um dadurch eine kritische Auseinandersetzung mit dem Fernsehen als Massenmedium zu provozieren. Inzwischen hat die Video-Installation ein vielfältiges Erscheinungsbild angenommen und ist zu einer zentralen Gattung der Gegenwartskunst ähnlich wie die Performance geworden (→ Rauminstallation).

Vierblatt siehe Vierpaß

Vierpaß Aus dem → gotischen → Maßwerk hervorgegangene Schmuck- und Rah-

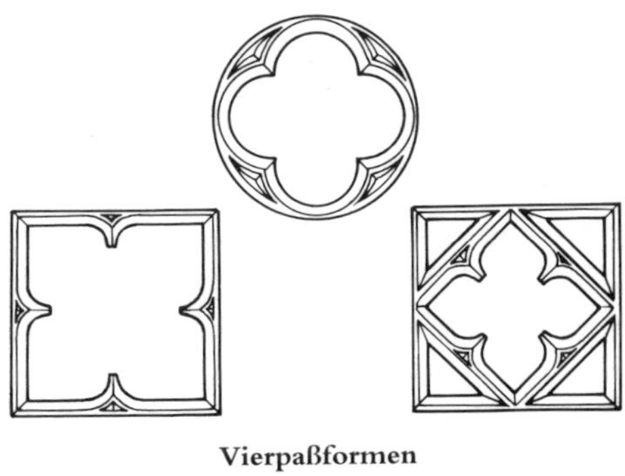

Vierpaßformen

menform, gebildet aus vier rundbogig stilisierten Blättern. In der späteren → Gotik wurde daraus das aus Spitzbogen gebildete Vierblatt.

Viertelstab siehe Stab

Vierung Der Teil einer Kirche, in dem das Hauptschiff vom Querschiff gekreuzt wird (→ gotische Kathedrale, Grundriß).

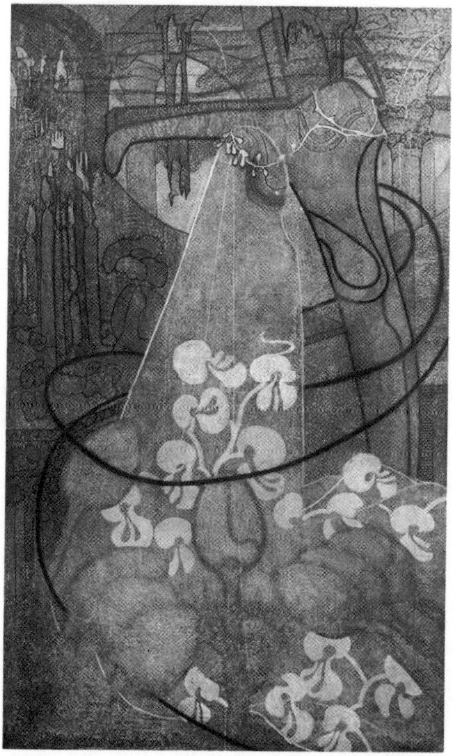

Die Braut, 1892/93, ein geheimnisvolles Bild von Jan Thorn Prikker, einem der Künstler, die von **Les Vingt** ausgestellt wurden.

Vieux Saxe (frz. ›altes Sachsen‹) Internationale Bezeichnung für das → Meißner Porzellan.

Vignette (von franz. vigne ›Weinrebe‹) 1. Laubwerkornament rund um eine → Versalie in einem Manuskript. 2. Ähnliches Ornament als Füller in einem Manuskript oder gedruckten Buch. 3. Jede Zeichnung oder Illustration, die ohne klar umrissenen Rand in die umgebende Fläche hinein ausläuft.

Vihara (sanskr.) Ein in Fels gehauenes buddhistisches Kloster in Indien, bei dem die Mönchszellen um eine zentrale Halle herum angeordnet sind.

Vingt, Les; Les XX (frz. ›Die Zwanzig‹) Die ›Association des Vingt‹ war eine Gruppe von 20 belgischen Avantgarde-Malern und -Bildhauern, die eine Reihe von jährlichen Ausstellungen von 1883 bis zur Auflösung der Gruppe im Jahre 1893 veranstalteten. Diese Ausstellungen schlossen das Werk zahlreicher führender ausländischer Maler und Bildhauer ein, die sich damals am Anfang ihrer internationalen Karriere befanden, z. B. Vincent van Gogh, Paul Gauguin, Henri de Toulouse-Lautrec, Edouard Manet, Georges Seurat und Paul Cézanne. Die Bedeutung der Gruppe lag besonders in der internationalen Verbreitung des → Neoimpressionismus.

Visitatio Darstellung der Heimsuchung Mariens.

Völkerwanderungszeit, Kunst der Die Kunst der germanischen Stämme aus der Zeit der barbarischen Invasionen (4. bis 9. Jh. n. Chr.), die über Land bis nach Spanien und Nordafrika zogen. Ihre Kunst besteht größtenteils aus Schmuck und anderen Gegenständen des persönlichen Gebrauchs, häufig sind Verzierungen in einfachen Mustereinheiten, darunter Zickzackband und Kreuz.

Volkskunst Sammelbezeichnung für Kunstwerke eines bestimmten Volksstammes oder Volkes, die von handwerklicher Tradition, von Brauchtum und religiösen Vorstellungen (→ Votivbild) bestimmt sind und Bedürfnissen des Alltagslebens dienen. Daher ist die V., mit Ausnahme der → naiven Kunst, im wesentlichen Bauernkunst, deren Hersteller anonym bleiben und sich überlieferter ornamental-stilisierter Musterverzierungen bedienen. Eine Hauptquelle der V. sind die festlichen Gebräuche, besonders die Hochzeit, zu der man symbolhafte Gaben anfertigt. Das verbreitetste Ornamentmotiv der Hochzeitsgabe sind der Sechsstern und der → Lebensbaum, die immer streng geometrisch stilisiert werden. Im Bereich der Schnitzerei spielen die weihnachtliche Krippe und das Spielzeug eine wichtige Rolle. Andere Bereiche der V. dienen der Ausgestaltung des Bauernhauses in Form der Fassadenmalerei, der → Hinterglasmalerei, der → Weberei, → Stickerei und der → Keramik. Im 17. und 18. Jh. erlebte die V. ihre Blütezeit, danach konnte sie ihren jeweils eigenständigen Charakter nur in jenen Landschaften (z. B. Alpenregionen) erhalten, in denen der städtische Einfluß die Dorfkultur nicht überfremdete.

Vollplastik (frz. Ronde-bosse) Eine in voller Form abgebildete → Skulptur im Gegensatz zum → Relief.

Volto Santo (ital. ›Heiliges Antlitz‹) 1. Eine Darstellung des Hauptes Christi. 2. Eine Darstellung Christi, die auf wunderbare Weise geschaffen sein soll, insbesondere das hölzerne Kruzifix in der Kathedrale von Lucca, das angeblich von Engeln geschnitzt wurde.

Volumen 1. Der Raum, den eine dreidimensionale Figur oder ein plastischer Gegenstand ausfüllt. 2. Der Raum, den eine gemalte Figur oder ein gemalter Gegenstand auszufüllen scheint.

Volute Schneckenförmiges Architekturornament, z. B. die paarweise angeordneten Schnecken an ionischen Kapitellen (→ Säulenordnungen).

Vorfabrikation Die Herstellung von Bauelementen an von der Baustelle entfernt liegenden Produktionsstätten. Diese Fertigteile ermöglichen an Ort und Stelle ein schnelles Zusammenfügen des Gebäudes (Fertigbauweise).

Vorsatzpapier Das auf die Innenseiten der Buchdeckel und die Außenseiten der Blätterlagen geklebte Papier. Seit dem beginnenden 17. Jh. erhielt das V. eine reiche dekorative Gestaltung durch → ornamentale Muster oder wurde durch → Vergoldung und farbige Marmorierung von den anderen Buchblättern abgehoben.

Vortizismus Kurzlebige englische Avantgarde-Bewegung, die 1914 von Wyndham Lewis und anderen in der Frühzeit des italienischen → Futurismus gegründet wurde. Ezra Pound beanspruchte später, der Urheber der Namensgebung gewesen zu sein, die von einer Äußerung des italienischen Futuristen Umberto Boccioni abgeleitet war, alle kreative Kunst entspringe einem emotionalen Vortex, d. h. einem Gefühlswirbel. Die vom Ersten Weltkrieg gestoppte Bewegung brachte Arbeiten hervor, die mit den fortschrittlichsten des Kontinents Schritt hielten. Der V. protestierte gegen eine → neoromantische und → neoklassizistische Kunstbetätigung, betonte Intellekt und Erfindungsgabe des Künstlers sowie die Autonomie des Werks und verstand dieses als einen Strudel (vortex), in dem Energie zur Form wird.

Votivbild (Votivtafel) Ein aufgrund eines Gelübdes oder eines Gnadenerweises von Gläubigen gestiftetes Bild für eine religiöse Kultstätte. Das V. zeigt zumeist den um Hilfe angerufenen Heiligen. Die Bezeichnung V. stammt von dem Inschrifttext ›Ex voto‹ (›aufgrund eines Gelöbnisses‹), den viele nachmittelalterlichen V.er tragen. Schon die Antike kannte einen ausgedehnten V.-Kult, der besonders in Delphi und Olympia lokalisiert war und dessen Erzeugnisse (Terrakotta-Tafeln und Marmorreliefs) erhalten sind. Das V. ist eine Gattung der → Volkskunst, V.er sind schon in → frühchristlicher Zeit an Märtyrergräbern belegt, aus dem Mittelalter kennt man vor allem das Wachs-V. Gemalte V.er kamen zu Ende des 15. Jh.s in Italien auf und wurden seit der zweiten Hälfte des 19. Jh.s durch beschriftete Steintäfelchen und Fotografien ergänzt.

Votivkapelle Eine kleine Kapelle, in der für die Seele ihres Stifters Messen gelesen werden konnten (→ Abb. gotische Kathedrale, Grundriß).

W

Wabi (jap.) Das Empfinden von Distanz und Einfachheit, das die japanischen Teemeister auch in den zur Teezeremonie gehörenden Gegenständen widergespiegelt sehen wollten.

Wachs, Wachsbildnerei Tierisch-pflanzlicher (heute auch synthetisch hergestellter) aus höheren Paraffinen und deren Abkömmlingen bestehender Stoff. Bei der → Bildhauerei in zweierlei Form gebräuchlich: als Hilfsmittel beim → Guß (→ Cire perdue), aber auch in Form eigenständiger Plastiken. Erwärmt leicht modellierbar und darüber hinaus gut bemalbar, wurde W. bereits früh zur Abnahme von Totenmasken (im → Hellenismus, bei den → Römern, seit dem 14. Jh. wieder am französischen Hof) und zur täuschend ähnlichen Nachahmung von menschlichem Fleisch verwendet (Wachsfigurenkabinett). Künstlerische Porträtbüsten aus W. entstanden erstmals in der → Renaissance.

Wachsausschmelzverfahren siehe Cire perdue

Wachsfirnis Vorzugsweise aus Bienenwachs in → Harz, → Firnis und → Terpentin hergestellter Überzug. W. ist matt und flexibel, bekommt nicht leicht Risse, bildet aber keinen vollständigen Schutz und ist schwer zu reinigen.

Wachsmalerei siehe Enkaustik

Wajang Flache oder runde Puppe des → indonesischen Theaters, dann auch Bezeichnung für dieses Theater selbst. Die früheste Form, W. Berber, war eine vom Erzähler entrollte Bildrolle. W. Purwa (oder W. Kulit) ist der bekannteste Typus: der Puppenspieler (Dalang), der auch den Dialog spricht, bewegt die oft reich dekorierten, durchbrochenen Lederpuppen zwischen einer Lichtquelle und einem durchscheinenden Stoffschirm, auf dem so ein Schattenspiel erscheint. Bei der W. Klitik verwendet man flache Holzpuppen mit ledernen Armen, aber keinen Schirn, bei W. Golek dreidimensionale Strohpuppen mit aufwendigen Kostümen.

Waldglas Gebrauchsglas von gewöhnlich hellgrüner Farbe, das im Mittelalter in Deutschland und Böhmen hergestellt wurde. Die Glashütten lagen in Wäldern, aus denen sie ihren Brennstoff bezogen; so erklärt sich auch der Name.

Wallfahrtskirche 1. Eine zum Empfang der Pilger zu einem Schrein oder Heiligtum gehörende Kirche (z. B. die barocke Wies-Kirche in Deutschland). 2. Eine große Kirche, die im 11. Jh. speziell für die Pilgermassen entlang den Hauptstraßen zum Heiligtum des hl. Jakobus des Älteren in Santiago de Compostela, Nordspanien, erbaut wurde. Zu den bekanntesten Beispielen zählen die Kirchen in Conques, Nevers und Tours in Frankreich.

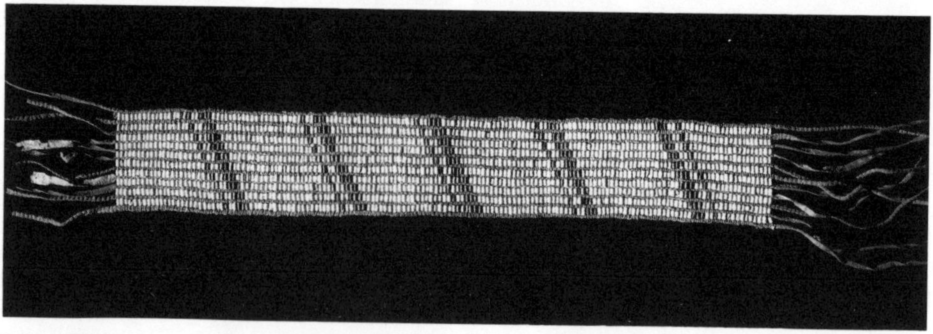

Irokesen-**Wampum,** 18. Jh., das womöglich dazu diente, die Vorschriften für eine Zeremonie oder das Ergebnis ›politischer‹ Verhandlungen zu überliefern.

Walm Bei einem Gebäude ohne Giebel die Dachfläche zwischen den beiden Langseiten des Daches (→ Dachformen).

Wampum (von algonquin wampumpeag ›weiße Schnüre‹) Weiße und purpurfarbene röhrenförmige Perlen aus Seemuscheln, die von den nordamerikanischen Indianern zu Perlenwebereien verarbeitet wurden. Diese Webarbeiten hatten zeremonielle Funktionen, manchmal wurden sie als Gedächtnisstütze verwandt. Die Perlen waren außerdem ein Tauschmittel.

Wanderer, Die siehe Peredwischniki

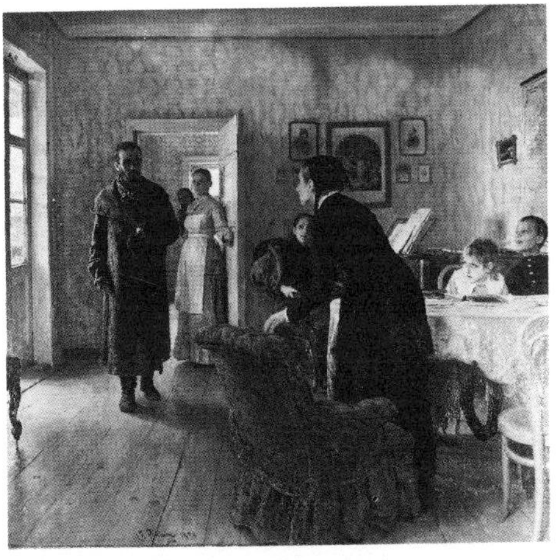

Wanderer: Ilja Repin, *Sie hatten ihn nicht erwartet,* 1884, zeigt die unerwartete Heimkehr eines politischen Exilanten.

Wandmalerei Im Gegensatz zur → Tafelmalerei jede Art von → Malerei auf Wänden, an Decken (→ Deckenmalerei) und → Gewölben. Die Farbe wird auf den noch feuchten Putz (fresco buono) oder auf die trockene Wand (Sekkomalerei) aufgetragen (→ Fresko). Andere Verfahren sind die Silikatmalerei (Wasserfarben auf trockenem Putz, die durch einen Überzug mit Wasserglas befestigt werden) und das → Sgraffito. In der strengen W. wird die Fläche durch → ornamentale Gestaltung optisch gegliedert, während die → illusionistische W. die Fläche zugunsten dekorativer Effekte auflöst. So läßt sich ein Innenraum mit der → perspektivischen Architekturmalerei (→ Quadratura) illusionistisch erweitern. Figuren können dabei in einem inhaltlichen Zusammenhang untereinander stehen oder auch nur der Belebung oder als Verhältnismaßstab dienen. Die frühesten Zeugnisse der W. sind die prähistorischen → Höhlenmalereien des → Paläolithikums. Aus dem Altertum sind bedeutende Reste von W. aus der → ägyptischen, → minoischen, → mykenischen und → römischen Kunst (Pompeji) erhalten. → Frühchristliche W.en finden sich in den → Katakomben, wo sie der Verbildlichung christlicher Glaubensinhalte dienten. In der → byzantinischen Kunst dominiert das repräsentativ-dekorative → Mosaik. Reste karolingischer W.en, durch literarische Zeugnisse belegt, sind nicht erhalten, auch aus der → Romanik gibt es nur noch spärliche Überreste. Die → Gotik ließ mit ihrer starken Auflösung der Wandflächen zugunsten der → Glasmalerei keine W. im eigentlichen Sinne zu. Nur in Italien blieb die W. in ihrer Bedeutung auch in dieser Zeit erhalten, und die → Freskotechnik erlebte dort einen entscheidenen Durchbruch mit den Werken Cimabues, Pietro Cavallinis und Giottos. Während im Norden Europas die Tafelmalerei die W. in der → Renaissance überflügelte, behielt die W. in Italien auch während dieser Zeit ihren hohen Rang, vor allem in den Werken Andrea Mantegnas, Masaccios, Michelangelos und Raffaels. Im → Barock erlebte auch die W. im Norden einen neuen Aufschwung in der Gestalt der illusionistischen W., während das 19. Jh. die W. in den Dienst der → Historienmalerei stellte. Im 20. Jh. suchten vor allem Marc Chagall, Henri Matisse und Oskar Schlemmer sowie die am → WPA/FAP-Programm beteiligten amerikanischen Maler (unter ihnen auch abstrakte Maler wie Adolph Gottlieb und Arshile Gorky) nach neuen Möglichkeiten einer Flächengestaltung durch W., in jüngster Zeit Künstler wie Sol LeWitt und Blinky Palermo.

Wandmosaiken, antike Die frühesten W. bestanden aus Muscheln, Kieseln und vulkanischen Bimssteinstücken, die in Wände und

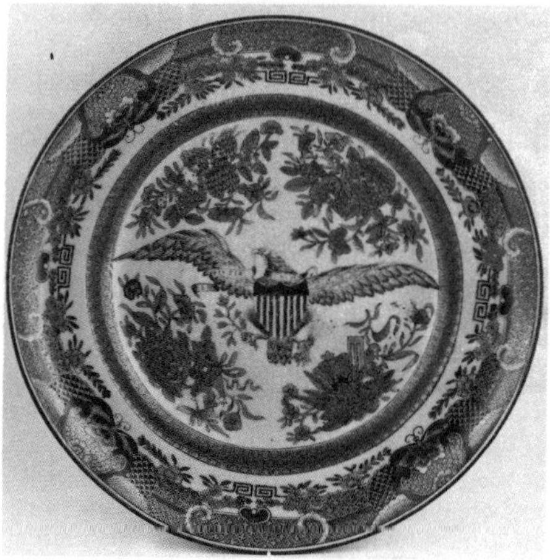

Wappenporzellan: Chinesischer Famille-rose-Teller mit dem Wappen der Vereinigten Staaten in der Mitte. Die Randbemalung weist u. a. Jacquardmuster und griechische Mäander auf.

Grottengewölbe des 1. Jh.s v. Chr. eingelegt waren. Versuche, diese Muster durch Farbe anzureichern, führten zu Beginn des 1. Jh. n. Chr. zur Benutzung farbiger Glassteinchen. Reichlich verwendet wurde → Glas bei den Brunnen von Pompeji. Auch für Gewölbe wandte man die Technik an (wie ein großes Gewölbemosaik für Neros *Domus aurea* bezeugt). Gegen Ende des 1. Jh.s n. Chr. fanden → Mosaiken weithin auch in Thermen Verwendung, im 2. und 3. Jh. gab es sie allenthalben im römischen Reich, vor allem in Nordafrika, und zwar nicht nur an Brunnen und in Thermen, sondern ebenso in Gräbern und Mithräen (unterirdischen Kulträumen). Auch christliche Gräber des 3. Jh.s sind mit W. dekoriert, ferner die Gewölbe → frühchristlicher Bauten.

Wandstütze Kurzes, senkrechtes Balkenstück, das an einer Wand befestigt ist und als Auflage für eine Strebe o. ä. dient (→ Dachstuhlkonstruktion).

Wandtäfelung Holzverkleidung von Innenräumen in der Art der → Kassettierung.

Wandteppich siehe Bildteppich

Wange 1. Die einschließende Seitenwand beim → Chorgestühl. 2. Der seitliche Teil des → Gewölbes.

Wappen Nach speziellen → heraldischen Regeln ausgeschmückte Abzeichen von Personen oder Gemeinschaften (meist in Form eines mittelalterlichen Schildes), entwickelt aus den im 12. bis 16. Jh. zur Unterscheidung von Freund und Feind üblichen, wirklich getragenen W.

Wappenporzellan Mit europäischen Wappen bemaltes → Porzellan, das in China im 18. und frühen 19. Jh. für den Export nach Europa hergestellt wurde und üblicherweise die → Famille-rose-Palette zeigt.

Wappenscheibe Spätgotische Glasfenster mit der gemalten → Wappendarstellung einer Privatperson, eines Klosters, einer → Gilde oder eines Rathauses.

Wappenschild 1. Ein Schild mit einem Wappen. 2. Im weiteren Sinne jedes schildförmige Ornament.

Warme Farbe Ein Farbton, der die → kinästhetische Empfindung Wärme erzeugt, z. B. Rot und Gelb.

Washington Color Painters 1965 veranstaltete die Gallery of Modern Art in Washington, D. C., unter diesem Titel eine Ausstellung; der Name wurde anschließend auf die ausstellenden Künstler übertragen, zu de-

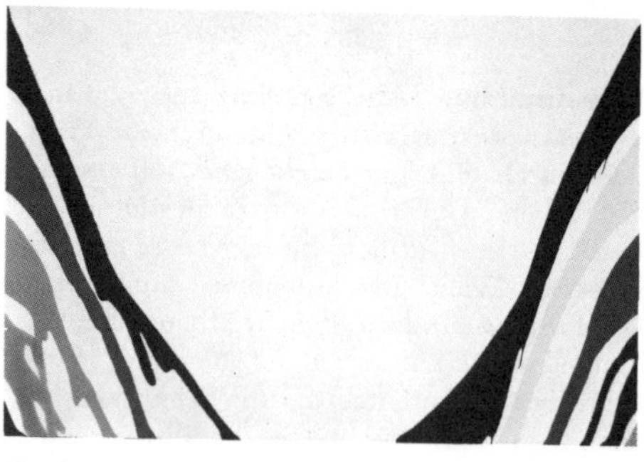

Omikron, 1961, aus der ›Unfurled‹-Serie, hergestellt in der Soak-Stain-Technik, von Morris Louis, dem führenden Kopf der **Washington Color Painters.**

nen Morris Louis, Kenneth Noland und Gene Davis gehörten. Gemeinsam war ihnen allen das Interesse an der Farbe als solcher, was sich im Gebrauch wasserlöslicher Acrylfarben auf nicht grundierter Leinwand – der sogenannten → Soak-Stain-Technik – ausdrückte (→ Nachmalerische Abstraktion).

Wasserfarben Farben aus transparenten, mit einem wasserlöslichen harzigen → Bindemittel versetzten → Pigmenten. Gut gemahlen und gemischt, haften die Pigmentpartikel nach dem Trocknen noch im dünnen Auftrag auf dem Papier (→ Aquarellmalerei).

Wasserspeier Ein Ausguß aus Stein (gelegentlich aus Blei) zum Ableiten des Wassers von den Gebäudewänden. Die steinernen W. mittelalterlicher Gebäude sind häufig wie wilde Tiere oder Ungeheuer geformt.

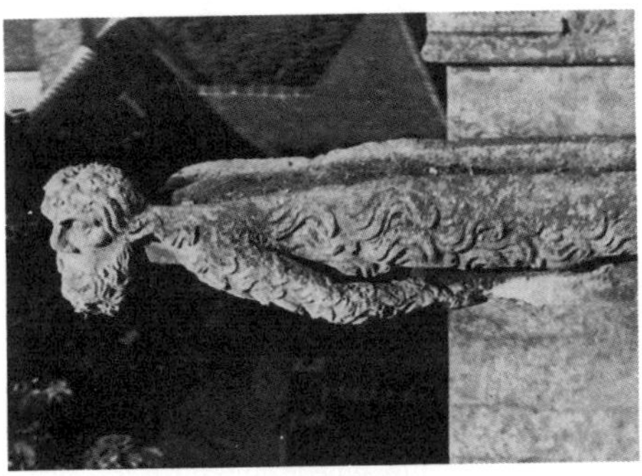

In Stein gehauener **Wasserspeier,** Kathedrale Notre-Dame, Senlis.

Wasserzeichen Die seit Ende des 13. Jh.s gebräuchlichen (nur bei durchscheinendem Licht sichtbaren) Herstellerzeichen im → Papier, die beim Schöpfen durch speziell angebrachte Drähte auf dem Sieb in Form des gewünschten Zeichens (Wappen, Buchstaben etc.) entstehen. W. können wichtige Anhaltspunkte zu Herkunft und Alter eines Papiers liefern (und damit auch zu dem darauf befindlichen Kunstwerk).

Wedgwood 1759 von Josiah Wedgwood gegründete Keramikmanufaktur in Burslem, Staffordshire, die sich zur bedeutendsten Englands entwickelte. Bekannt wurde W.-Ware zunächst durch die qualitative Verbesserung von Steingut, gediegene Formen und sorgfältig gearbeitetes → klassizistisches Dekor auch bei Gebrauchsgeschirr. Wedgwood entwickelte selbst eine Reihe sehr erfolgreicher Keramikarten, so z. B. *Queensware,* ein leichtes, weißes Steingut mit stark glänzender Glasur, und *Basaltware,* ein feinkörniges hartes schwarzes Steinzeug.

Weicher Stil Im deutschen Sprachraum verbreitete Bezeichnung für die → Internationale Gotik. Der Ausdruck W. S. beruht auf der Neigung zu höfischer Eleganz, lieblicher ›Süßigkeit‹ des Ausdrucks, weicher, fließender Gewandfülle und naturalistischer Detailbeschreibung (im Gegensatz zum darauf folgenden, harten ›eckigen‹ Stil). Häufig zitierte Beispiele sind die → Miniaturen der Brüder von Limburg, die *Madonna im Rosengarten* von Stefano da Verona oder *Die Anbetung der Könige* (1423) von Gentile da Fabriano (auf dem Gebiet der Malerei) sowie die sogenannten → Schönen Madonnen (in der Bildhauerei). Die schönlinige, fließende Eleganz scheint via Avignon (wo Simone Martini tätig war) auf die Sieneser Malerei zurückzugehen, der Naturalismus auf die Bildhauerei und → Buchmalerei des späten 13. Jh.s. Die Stilphase dauerte bis etwa 1430.

Weichgrundätzung Sonderform der Radierung, auch → Vernis mou genannt, wobei man den Ätzgrund der Kupferdruckplatte, der aus einer weichen Lack- oder Wachsschicht besteht, mit Papier abdeckt. Die Zeichnung wird mit hartem Stift oder Kreide auf dieses Papier aufgebracht und drückt sich auf die weiche Ätzgrundierung durch (→ Kupferstich).

Weichporzellan (frz. pâte tendre) auch Frittenporzellan, Biskuitporzellan. Eine europäische Imitation des ›echten‹ → Porzellans, die erstmals im 16. Jh. hergestellt (die frühesten erhaltenen Beispiele stammen aus der Medici-Manufaktur in Florenz) und im 18. Jh. in größerem Umfang von Sèvres und anderen Fabriken in Frankreich, England und Italien produziert wurde. Gewöhnlich bestand die

Masse aus einer Mischung aus weißem Ton mit Glas und konnte bei vergleichsweise niedrigen Temperaturen (unter 1250 °C) gebrannt werden.

Weihnachtsbild Darstellung der Geburt Christi.

Weinende (engl. weepers) Kleine Figuren von Trauernden, oft mit über den Kopf gezogener Kapuze, die rund um die Basis eines Grabmals angeordnet sind.

Weißlinienschnitt Hochdruckverfahren, bei dem die Zeichnung nicht erhaben aus dem Druckstock herausgearbeitet, sondern direkt in diesen eingeschnitten wird. Auf diese Weise drucken nur die Flächen, die als Hintergrund stehengeblieben sind, und die Zeichnung erscheint weiß auf schwarzem Grund. Das Verfahren findet vor allem beim → Holzstich Verwendung, seltener werden W.e auch mit Metallplatten angefertigt.

Weißmetall Synonym für → Britannia-Metall.

Weller Mit Stroh, Sand und Kies versteifter Lehm, der als Baumaterial entweder allein oder zur Füllung eines hölzernen Rahmenwerks Verwendung findet.

Werkbund, Deutscher Eine Vereinigung deutscher Industrieller, Designer, Handwerker und Architekten, die von dem Architekten Hermann Muthesius angeregt wurde und der so berühmte Architekten und Designer wie Peter Behrens und Henry van de Velde angehörten. Der Bund formierte sich 1907 in München mit dem Ziel, »die besten Vertreter von Kunst, Industrie, Handwerk und Gewerbe auszuwählen, alle Anstrengungen in Richtung auf eine hohe Qualität in der industriellen Arbeit zu vereinen und einen Treffpunkt für alle die zu bilden, die bereit und willens sind, sich für hohe Qualität einzusetzen«. Der D. W. leistete einen bedeutenden Beitrag zur Theorie der Gestaltung, was sich unter anderem in der Konzeption des → Bauhauses niederschlug. In der Zeit des Nationalsozialismus wurde der Bund aufgelöst, jedoch 1947 neu gegründet.

Werkstattarbeit Begriff aus der Terminologie der Kunsthändler für ein Gemälde, das zwar in der Werkstatt eines bekannten Meisters, jedoch nicht vom Meister selbst geschaffen wurde.

Werkstein siehe Haustein

Werkverzeichnis Kompletter kommentierter Katalog der Werke eines Künstlers, in dem normalerweise die Provenienz und die bibliographischen Hinweise für jede Arbeit, aber auch zugeschriebene oder nur zweifelhaft aus der Hand des Künstlers stammende Werke und Stiche enthalten sind.

Westwerk Eine Gebäudekonstruktion westlich des Hauptschiffes einer karolingischen, ottonischen oder → romanischen Kirche, im allgemeinen außen mit einer eindrucksvollen, vielgeschossigen Fassade und Türmen gestaltet, innen im wesentlichen aus einem Vestibül oder einer Art → Narthex bestehend, und mit einem oberen Raum mit Galerien versehen, die sich zum Hauptschiff hin öffnen.

Wiener Aktionismus Bezeichnung für eine → happeningartige Kunstrichtung, die von Otto Muehl und Hermann Nitsch in den frühen 1960er Jahren entwickelt wurde und deren Ziel es war, in Kunstaktionen das Anarchische des Lebens zu entlarven. Orgiastische Aktionsspiele mit teilweise explizit sexuellen und sado-masochistischen Zügen sollten dazu beitragen, verdrängte Aggressivitätsimpulse bewußt zu machen und so die Befreiung von ihnen zu erlangen.

Wiener Porzellan Erzeugnisse der 1718 von dem Niederländer Claudius du Paquier gegründeten, nach → Meißen ältesten europäischen P.-Manufaktur (1744 Kaiserliche P.-Manufaktur, 1864 aufgelöst). Die dominierenden Einflüsse von Meißen und → Sèvres traten erst Ende des 18. Jh.s zugunsten einer eigenen, durch einfache Formen, vorzügliche Bemalung und üppige Verwendung von Gold gekennzeichneten Richtung zurück (Alt-Wien).

Wiener Schule Bezeichnung für eine Gruppe österreichischer Künstler (überwiegend

Schüler von Albert Paris Gütersloh an der Wiener Akademie), die mit ihren – unter bewußter Anlehnung an ältere Kunst (→ Manierismus) und deren Techniken entstandenen – traumhaft- → barocken Wunschhalluzinationen eine neue Form des phantastischen → Surrealismus in der Art → Dalís verkörpern (allerdings ohne dessen Hintergründigkeit). Zur W. S. zählen Erich Brauer, Ernst Fuchs, Rudolf Hausner, Wolfgang Hutter und Anton Lehmden (vgl. auch → Phantastischer Realismus).

Wiener Werkstätte Eine Vereinigung von Designern und Handwerkern, die sich 1903 in Wien bildete und in enger Verbindung stand mit der Wiener → Sezession und mit Architekten wie Josef Hoffmann (1870–1956). Sie stellte den Versuch dar, die Prinzipien des englischen → Arts and Crafts Movement in Mitteleuropa heimisch werden zu lassen; die Produkte (insbesondere Metallarbeiten, Möbel, Textilien und Leder) zeigten jedoch auch eine Affinität zum französischen → Art nouveau und zum deutschen → Jugendstil. Die Werkstatt wurde 1932 geschlossen.

Wikingerkunst Kunst des spätheidnischen Skandinavien (800–1100 n. Chr.), die noch die Tierornamentik der germanischen → Bronzezeit beibehält und als neue Stilvarianten den älteren und jüngeren Oesberg-Stil (800–900, mit teilweise → karolingischen Anregungen) sowie den älteren und jüngeren Jellinge-Stil (900–1100, mit irisch-keltischen Einflüssen) entwickelt. Die typische Tiergestalt auf den Schmuckstücken des Jellinge-Stils ist ein raubtierartiges Wesen mit Spiralgelenken und kräftigem Nackenkopf, das ebenfalls auf den nordenglischen → Steinkreuzen des 9. Jh.s zu finden ist. Mit der nach Norden weiter vordringenden Christianisierung schwindet allmählich auch in Skandinavien nach 1100 die heidnisch-germanische Tierornamentik (→ Ornamentik).

Wimperg → Gotischer Ziergiebel über Portalen und Fenstern, der häufig von zwei → Fialen flankiert und von einer → Kreuzblume bekrönt wird. Der Giebel ist mit → Blendmaßwerk verziert.

Windeisen (auch Windrute) Eine horizontale Eisenstrebe, vor allem bei großen Kirchenfenstern.

Wischer Bezeichnung für ein dicht gerolltes, bleistiftartig angespitztes Papier, mit dem man durch Verwischen bei → Pastell- oder → Kreidearbeiten sehr weiche Ton- und Farbabstufungen erzielen und sogar Bleistiftzeichnungen so bearbeiten kann, daß alle unmittelbaren Spuren des Auftrags verschwinden.

Wismutmalerei Lackmalerei auf einem Untergrund von Wismut, das pulverförmig auf eine Kreideschicht aufgetragen und mit dem Polierstahl geglättet wird. Der graue Metallton schimmert so durch den Farbauftrag hindurch. Die W. war eine beliebte Technik der süddeutschen → Volkskunst im 16. und 17. Jh.

Wölbstein Synonym für → Bogenstein.

Wolkenkratzer In den späten 1880er Jahren in den Vereinigten Staaten geprägter Begriff für Hochhäuser, d. h. Gebäude mit (anfangs) mindestens sieben bis zehn Stockwerken. Das Erreichen immer größerer Höhen und Stockwerkzahlen (z. B. Sears Tower, Chicago, 103 Stockwerke, 443 m hoch) wurde ermöglicht durch die Entwicklung der → Skelettbauweise und des elektrischen Fahrstuhls.

Woodburytypie Ein fotomechanisches Druckverfahren, das 1864/65 eingeführt wurde und es ermöglichte, → fotografische Abzüge zum ersten Mal in großer Auflage herzustellen. Diese Technik fand daher in der zweiten Hälfte des 19. Jh.s vielfach Verwendung für → Buchillustrationen.

WPA/FAP (Works Progress Administration/Federal Arts Project) Ein von der US-Regierung unter der New-Deal-Gesetzgebung 1935 eingerichtetes Programm, mit dem arbeitslosen Künstlern (aber auch Schriftstellern und Theaterleuten) geholfen werden sollte. Ihm waren ähnliche, jedoch enger gefaßte Programme vorausgegangen. Unter dem FAP wurden Künstler damit beschäftigt, für Institutionen, die aus Steuermitteln finanziert wurden, Kunstwerke zu schaffen. Einige der charakteristischen Resultate des Programms waren daher große → Wandmalereien. Sowohl gegenständlich als auch abstrakt arbeitende Künstler (wie Arshile Gorky und Adolph Gottlieb) wurden auf diese Weise unterstützt; das Ergebnis war ein großes Zusammentreffen der unterschiedlichsten Schulen und Stilrichtungen wie z. B. der → Regionalisten und der Mitglieder von AAA (American Abstract Artists), was zu einer Blüte der amerikanischen Kunst in den späten 1940er Jahren führte.

Wucai (chin. ›fünf Farben‹) Weißes chinesisches → Porzellan mit Aufglasurdekor (oder manchmal auch direkt auf den Biskuit aufgetragenem Dekor) in Schmelz- oder Muffelfarben aus der Zeit der Ming-Dynastie (1368–1644), speziell aus der Zeit des Wanli-Kaisers (1572–1620). Der Name ist von den fünf Farben der → Famille-verte-Palette abgeleitet (Apfelgrün, Eisenrot, Gelb, Aubergine und Blauviolett), wurde später aber auf alle Arten von Aufglasurdekor ausgedehnt.

Wunderkammer siehe Kunst- und Wunderkammer

X

Xoanon In → griechischer und → römischer Zeit verwendete Bezeichnung für alte und verehrungswürdige Götterbilder (gewöhnlich aus Holz, aber zuweilen auch aus Elfenbein, Silber oder Marmor). Das Wort wurde gewöhnlich auf kleine Bildwerke angewandt, gelegentlich jedoch auch auf recht große Kultbilder und sogar auf das Trojanische Pferd. Magische Obertöne schwingen darin mit, und die Bezeichnung X. wird oftmals mit dem mythischen Dädalus in Verbindung gebracht.

XX, Les siehe Vingt, Les

Xylographie Synonym für → Holzstich.

Xystos (lat.) Offene → Kolonnade.

Y

Yaksha (sanskr.) Ein männlicher Naturgeist des hinduistischen Glaubens, häufig als Skulptur an Tempeln abgebildet.

Yakshi (sanskr.) Im hinduistischen Glauben ein weiblicher Naturgeist, der insbesondere mit Bäumen assoziiert wird. Bilder dieser Baumgöttinnen sind häufig am Eingang von heiligen Orten zu finden.

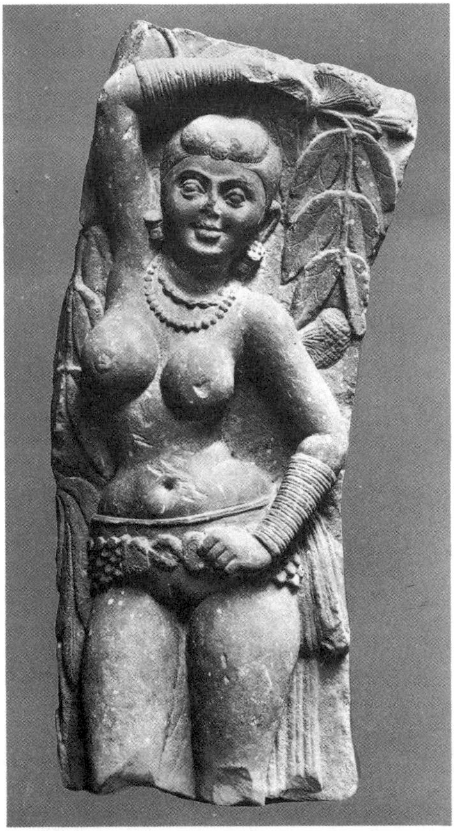

Yakshi an einem jainistischen Stupa, Sandstein, Mathura, 2. Jh. n. Chr.

Yamato-e (jap. ›Yamato-Malerei‹) Der japanische → naturalistische, → narrative Malstil, der seinen Anfang im 10. Jh. nahm, als man begann, profane Texte wie die ›Geschichte der Genji‹ auf Handrollen (Makemono) zu illustrieren; dieses Format war schon vorher von den Chinesen vielfach für Landschaftsbilder verwandt worden. Die Kompositionen bestanden aus mit Farbe gefüllten Umrißzeichnungen und unterschieden sich stark von in chinesischen Stilrichtungen gemalten Bildern. Diese Art der Malerei wurde später von der → Tosa-Schule wieder aufgenommen.

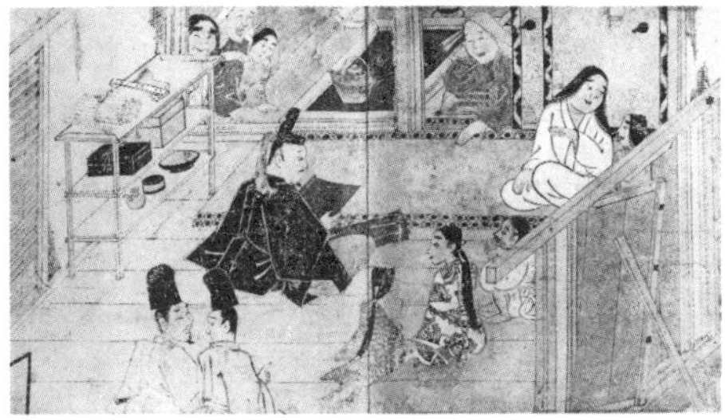

Yamato-e: Detail einer Bildrolle, aus der Kamakura-Periode, 13. Jh., in dem ein Künstler zu sehen ist, der seiner Familie eine kaiserliche Botschaft vorliest.

Yantra siehe Shri-Yantra

Yoni (sanskr.) Die weiblichen Geschlechtsorgane, die in der indischen Kunst häufig als Ring um die Basis eines → Linga dargestellt sind.

Yosegi-Bildhauerei → Japanische Technik der Holzbildhauerei, wobei die verschiedenen Teile buddhistischer Bildwerke aus einer großen Anzahl einzelner Stücke zusammengesetzt sind. Eine große Statue kann aus vielen kleinen Blöcken mit einem Hohlraum in der Mitte aufgebaut und dadurch verhältnismäßig leicht sein.

Z

Zahnschnitt Kleine quadratische Blöcke, die an antiken griechischen → Gesimsen erscheinen, besonders an solchen, die von Säulen der ionischen, korinthischen oder der Kompositordnung getragen werden (→ Säulenordnung).

Zapfen Ein Materialdorn, z. B. aus Stein oder Holz, der von einem Teil eines Gegenstandes vorspringt und in eine korrespondierende Aushöhlung (den Schlitz) eines anderen Teils hineinpaßt, so daß die Teile zusammengefügt werden können.

Zarge Rahmenartige Einfassung wie Türgerüste (in die Wand eingepaßt) oder das Zwischenglied zwischen einer Tischplatte und den Tischbeinen.

Zebra Eine aus den Malern Dieter Asmus, Peter Nagel, Nikolaus Störtenbecker und Dietmar Ulrich bestehende, bereits 1962, noch während ihrer Studienzeit in Hamburg gegründete Künstlergruppe. In Ablehnung der damals vorherrschenden → informellen Malerei wandten sie sich einem manieristisch-figurativen, distanziert kühl-sachlichen Stil (daher der Name) in der Art des → Magischen Realismus zu, der in seiner erstarrten Poesie eine Synthese von natürlicher und künstlerischer Gestik erreicht.

Zeichnung Zum Bereich der → Grafik gehörendes, also primär auf Linien beruhendes künstlerisches Medium (im Gegensatz zur → Malerei), aber von freier Hand ausgeführt (→ Handzeichnungen) und nicht vervielfältigt (wie die → Druckgrafik). Hinsichtlich der Zeichenmittel lassen sich unterscheiden trokkene – wie Bleistift (→ Graphit), Erdpigmente (→ Bister), → Kohle, → Kreide, → Pastell, → Rötel sowie → Silberstift – und flüssige – wie → Bister, → Sepia, Tinte und → Tusche, die mit Feder oder → Pinsel aufgetragen werden (je breiter der Pinsel um so ›malerischer‹ die Wirkung; vgl. → Lavierung). Wichtige Stadien in der Geschichte der Z. sind die Fels- und → Ritzzeichnungen der → paläolithischen Kunst, die → griechische → Vasenmalerei (im Grunde eine Verbindung von Pinsel- und Ritzzeichnungen) und die seit der Spätantike verstärkt einsetzende → Illustration von → Handschriften. Das Mittelalter entwickelte eine spezielle Form der Z.s-Sammlung (als Vorlagen in → Musterbüchern). In der Frührenaissance war die Z. vor allem vorbereitende → Skizze für andere Arbeiten und Gedächtnisstütze für Beobachtungen und spontane Einfälle, aber schon bei Albrecht Dürer taucht die Tendenz auf, sie auch als autonomes Kunstwerk zu sehen. Später scheint wieder gerade die Skizzenhaftigkeit und die Möglichkeit des spontanen Ausdrucks Reiz für manche Künstler gewesen zu sein (Francisco Goya, Edgar Degas, Henri Toulouse-Lautrec), sich der Z. zuzuwenden.

Zelle 1. (Gewölbefächer) Die Abschnitte zwischen den Rippen eines → gotischen → Gewölbes, auch Kappe genannt. 2. Die Einzelbestandteile einer Kastenrahmenkonstruktion. 3. Die von den Rippen einer Traglufthalle gebildeten Flächen. 4. Kleine kastenartige Zwischenräume in der Goldschmiedekunst, die Edelsteine oder Email aufnehmen sollen. 5. Eine Gruppe in sich geschlossener Einheiten in einem festgefügten Muster, z. B. eine Honigwabenform.

Zellengewölbe Form des spätgotischen Ziergewölbes in der Art von Netz- oder Sterngewölben, bei der die Felder zwischen den Rippen durch trichterförmige Zellen ausgefüllt sind (→ Gewölbe).

Zellenschmelz siehe Email

Zement Bindemittel aus feingemahlenem gesinterten Kalkstein, Ton und Tonmergel (mit basischem Kalk und löslicher Kieselsäure etc.), das sich nach dem ›Anmachen‹ mit Wasser wieder in eine steinartige Substanz zurückverwandelt.

Zenana (pers.) Die Frauengemächer eines indischen Palastes.

Zenga (jap. ›Zen-Bild‹) Die extrem kühnen und spontanen Tuschemalereien → japani-

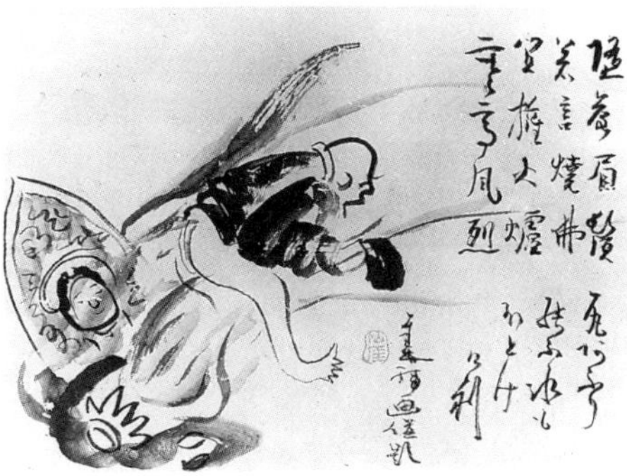

Zenga: *Danxia verbrennt das Bildnis Buddhas,* eine typisch ›respektlose‹ Zeichnung Sengais, eines der berühmtesten japanischen Zen-Meister des 18. Jh.s.

scher Künstler, die unter dem Einfluß des Zen-Buddhismus standen; viele Künstler waren sogar selbst buddhistische Priester. Der Stil wurde im 15. Jh. populär und blühte bis ins 19. Jh. hinein. Zu den berühmtesten Künstlern dieser Malweise gehören Hakuin Ekaku (1685–1768) und Sengai Gibon (1750–1837).

Zentralbau Auf den Raummittelpunkt (im Gegensatz zum Längsbau) ausgerichtetes kreisförmiges, quadratisches, ellipsoides oder vieleckiges (z. B. Oktogon) Hauptgebäude, um das sich weitere Gebäudeteile gruppieren können. Z.ten sind z. B. die → frühchristlichen Grabkirchen und → Baptisterien, die antiken Vorbildern (Rundtempelbau in den griechischen und römischen Mittelmeerregionen) nachempfunden wurden.

Zentralperspektive siehe Perspektive

Zero Bedeutende künstlerische Strömung Ende der 1950er Jahre in Deutschland. Unter dem Motto Z. (benannt nach dem entscheidenden Augenblick beim Countdown eines Raketenstarts, gleichzeitig eine »Zone des Schweigens vor dem Neubeginn«, eine Möglichkeit zur Konzentration und zum Überlegen) schlossen sich 1957 Heinz Mack und Otto Piene zusammen, 1960 gesellte sich Günter Uecker hinzu. Mit Lucio Fontana und Yves Klein als geistigen Stammvätern versuchte man in einer Art »neuem Idealismus« eine harmonische Verbundenheit mit der Natur zu erreichen, und zwar unter Reduktion alles Figürlichen und unter puristischer Konzentration auf die Klarheit der Farbe Weiß und der dynamischen Lichtschwingungen im Raum (Licht als »die Sphäre alles Lebens; das Element von Mensch und Bild«; *Lichtstelen* von Mack, *Lichtballette* von Piene, Licht/Schatten-Wechsel der weißen *Nagelreliefs* von Uecker, *Lichtmühlen* als Gemeinschaftsarbeiten). Die letzte gemeinsame Ausstellung war 1966.

Zeugdruck Bezeichnung für das Bedrukken von → Textilgewebe mit Hilfe von → Modeln. Der Z. ist seit dem 4. Jh. n. Chr. bekannt und wurde bis um 1800 manuell hergestellt. Die Verwendung der Modeln im Z. war eine wichtige Voraussetzung für den im ausgehenden 14. Jh. aufkommenden → Holzschnitt. Mittelalterliche Z.e kennen als Druckfarben Rot, Gold und Schwarz.

Zickzackband Ornament, besonders als → Fries, in der Form einer Reihe von umgekehrten ›V‹-Zeichen.

Zikkurat (von assyrisch ziqqurata ›Spitze‹) Plateau in Form einer Stufenpyramide, auf dem sumerische und assyrische Tempel errichtet waren.

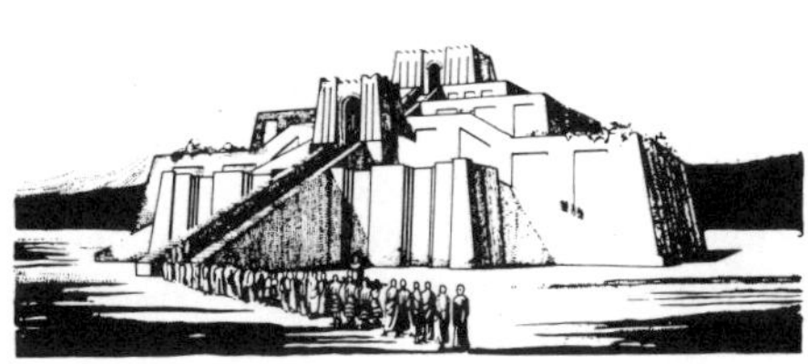

Rekonstruktion des **Zikkurat** von Ur. 3. Jahrtausend v. Chr.

Zinne Eine gekerbte Brustwehr, ursprünglich zum Schutz von Verteidigungs- und Spähposten (Abb. → Pechnase).

Zinnglasur Eine opak weiße, zinnhaltige Glasur, die in Bagdad im 9. Jh. entwickelt wurde, um mit chinesischem → Porzellan zu konkurrieren, die von da aus ins maurische

Spanien gelangte und im 13. Jh. in ganz Europa Verbreitung fand. → Majolika, → Fayence und → Delfter Fayence sind verschiedene Arten zinnglasierter Keramik.

Zippus Ursprünglich Bezeichnung für einen aufrecht stehenden, eiförmigen Felsen, der den Römern als Wegmarkierung diente, später auch für derart geformte Gedenksteine auf Grabmalen.

Zirkelzange siehe Tasterzirkel

Ziselierung Bezeichnung für die Bearbeitung von Metallen mit Hilfe von Instrumenten wie Feile, → Meißel, → Punze oder → Stichel, um ornamentalen oder figürlichen Schmuck herauszuarbeiten oder um Unvollkommenheiten nach einem → Guß zu bereinigen.

Zopfstil Abwertende Bezeichnung für einen kurzen Zeitabschnitt (1760–1780) in der deutschen Kunst im Übergang vom → Rokoko zum → Klassizismus, der dem französischen → Louis-seize vergleichbar ist. Der Hang zu einer gewissen bürgerlich-moralisierenden Nüchternheit und zu trockener, steifer Pedanterie war typisch für den Z., wobei der Zopf der damals üblichen Männermode als Inbegriff dieser Steifheit und Lehrhaftigkeit galt.

Zophoros Mit reliefierten Figuren geschmückter → Fries der ionischen → Säulenordnung.

Zuganker Vorrichtung in der Baukunst, die dazu dient, gegenüberliegende Wände gegeneinander zu verspannen. Z. bestehen meist aus Eisenstäben, die quer durch ein Gebäude verlaufen und an den Außenseiten der Wände umgebogen sind oder Ösen aufweisen, durch die Sicherungssplinte geführt werden. Im Holzbau erfüllt der → Ankerbalken diesen Zweck.

zugeschrieben... Der genannte Künstler wird für den Schöpfer des Werkes gehalten.

Zunft Besonders in Deutschland seit dem 11. Jh. übliche Bezeichnung für den Zwangsverband von Menschen einer Stadt, die das gleiche Handwerk ausübten. Hervorgegangen aus den → Gilden waren sie streng hierarchisch organisiert. Ein Mitglied begann als Lehrling, wurde dann Geselle und schließlich Meister. Nur mit diesem letzten Status hatte es volle Freiheit, sein Handwerk auszuüben, allerdings im Rahmen der oft sehr rigiden Zunftbestimmungen. Die Zünfte hatten ihre Blütezeit im hohen Mittelalter, bestanden aber zum Teil bis ins 19. Jh. fort. Gegen Ende des 19. Jh.s wurde verschiedentlich versucht, das Z.-System vor allem wegen der mit ihm verbundenen (kunst)handwerklichen Tradition wieder aufleben zu lassen, so z. B. mit dem britischen → Arts and Crafts Movement oder der 1888 von Charles R. Ashbee gegründeten ›Guild of Handicraft‹.

Zustand Eine von mehreren Entwicklungsphasen eines → Kupferstichs oder einer → Radierung, eines Lithographiesteins, eines → Holzschnitts etc., die alle jeweils eine bewußt herbeigeführte Veränderung der Zeichnung oder frische Abnutzungsanzeichen aufweisen. Ein Druck der Platte aus einer dieser Phasen wird Zustandsdruck genannt.

Zwerchhaus Dachhäuschen, das quer zur Längsrichtung des Gebäudes angeordnet ist, in der → Gotik häufig mit → Blendmaßwerk oder ornamentalem bzw. figürlichem Schmuck.

Zwerggalerie Ein niedriger, äußerer Laufgang mit einer ebenso niedrigen Arkade, üblicherweise direkt unterhalb eines Gebäudedaches gelegen. Anzutreffen in der deutschen und oberitalienischen → romanischen Architektur.

Zwickel siehe Pendentif

Zwiebeldach siehe Dachformen

Zwiebelmuster Ursprünglich ostasiatisches Dekormuster aus Blättern und knollenartigen Früchten und Blüten, das vornehmlich auf → Delfter Fayencen und später auf dem → Meißner Porzellan in farbigem Blau erscheint.

Zwillingsfenster In der → romanischen Baukunst ein → Fenster, das durch eine Mittelsäule geteilt wird. Den oberen Abschluß bilden zwei kleine Rundbögen, die meist durch einen Entlastungsbogen überwölbt werden (→ Bogen).

Zwinger Raum zwischen der äußeren und inneren Ringmauer einer → Burg, der ursprünglich den Zweck hatte, den Angriff auf die innere Mauer zu erschweren. Nachdem der Z. militärisch bedeutungslos geworden war, wurde er vielfältig genutzt, so z. B. zum Halten von Tieren für die Jagd oder als Festplatz. Daher wurde der Name häufig auf Einrichtungen übertragen, die ähnlichen Zwecken dienten.

Zwischengoldglas Eine Glasart aus zwei Schichten, zwischen denen eine Dekoration aus Blattgold liegt (→ Verre églomisé).

Zykladen, Kunst der Die Kunst der Inselgruppe der Zykladen aus dem → Bronzezeitalter von 2500–1600 v. Chr., die sowohl unter dem Einfluß der → minoischen als auch der → helladischen Kunst stand. Die bekanntesten Beispiele dieser Kunst sind stilisierte weibliche Figurinen aus einheimischem weißen Marmor. Typisch sind auch Tonkrüge mit Schnabelausguß, einfache marmorne Gefäße und Ton-›Pfannen‹, von denen angenommen wird, daß sie als Spiegel dienten.

Zyklopenmauerwerk siehe Mauerwerk

Abbildungsnachweis

Der Verlag dankt folgenden Personen und Institutionen für die freundliche Erlaubnis, die auf den genannten Seiten vorkommenden Abbildungen zu reproduzieren (l = links, r = rechts, o = oben, m = Mitte, u = unten): *S. 7:* Museum of Modern Art (Schenkung Philip Johnson), New York; *S. 9:* Victoria and Albert Museum, London; *S. 10 o.:* St. Bavo, Gent (Foto: A. C. L., Brüssel); *S. 10 u.:* Aus: T. Hope ›Household Furniture and Interior Decoration‹, 1807; *S. 11:* National Monuments Record, London; *S. 12 l.:* Royal College of Physicians, London; *S. 13 o.:* Victoria and Albert Museum, London; *S. 14:* British Museum, London; *S. 15 o.:* Staatliche Museen zu Berlin; *S. 16 l.:* Art Institute of Chicago (Sammlung Friends of American Art); *S. 17 r.:* National Gallery, London; *S. 18:* A. F. Kersting, London; *S. 19 r.:* Victoria and Albert Museum, London; *S. 20:* British Museum, London; *S. 21:* Akropolis-Museum, Athen (Foto: Hirmer Fotoarchiv, München); *S. 22:* Sotheby's, Belgravia; *S. 23:* ACL; *S. 24:* Whitney Museum of American Art, New York; *S. 25:* Whitney Museum of American Art, New York; *S. 26:* Toni Schneiders, Lindau; *S. 30:* Kunsthalle Bremen; *S. 31 l.:* Musée du Louvre, Paris (Foto: Bulloz); *S. 31 r.:* Bayerische Staatsgemäldesammlungen, Alte Pinakothek, München; *S. 33:* Museum of Modern Art, New York; *S. 34:* Tapisserie de Bayeux, 11. Jh., mit besonderer Erlaubnis der Stadt Bayeux (Foto: Giraudon, Paris); *S. 35:* Foto: Michael Jeiter, Morscheneck; *S. 37:* Museum für Kunst und Kulturgeschichte, Lübeck; *S. 39 l.:* Sammlung Peggy Guggenheim (Copyright The Solomon R. Guggenheim Foundation), Venedig; *S. 39 r.:* Ashmolean Museum, Oxford; *S. 41 l.:* American Museum in Britain, Bath; *S. 41 r.:* British Museum, London; *S. 42 o.:* National Gallery of Scotland, Edinburgh; *S. 44 o.:* Réunion des musées nationaux, Paris; *S. 44 u.:* Palazzo Farnese, Rom (Foto: GFN); *S. 45 l.:* Victoria and Albert Museum, London; *S. 45 r.:* Wallace Collection, London; *S. 46:* Victoria and Albert Museum, London; *S. 47:* Brükke-Museum Berlin (Copyright: Nachlaß Erich Hekkel, Gaienhofen); *S. 49 o.:* Victoria and Albert Museum, London; *S. 50:* Tretjakow-Galerie, Moskau; *S. 51 l.:* Metropolitan Museum of Art (Sammlung Irwin Untermyer), New York; *S. 52 r.:* National Gallery, London; *S. 53 l.:* British Library, London; *S. 53 r.:* Wallraf-Richartz-Museum, Köln (Foto: Rheinisches Bildarchiv, Köln); *S. 54 o.:* Courtauld Institute Galleries, London; *S. 54 r.:* Museo Nacional de Antropologia, Mexico (Foto: Irmgard Groth); *S. 55 l.:* Foto: Jonas Lehrman; *S. 55 r.:* Staatliche Museen zu Berlin; *S. 57 l.:* Victoria and Albert Museum, London; *S. 57 r.:* Museo di Capodimonte, Neapel; *S. 58:* Foto: MAS, Barcelona; *S. 59:* Musée National d'Art Moderne, Paris (Foto: AGRACI); *S. 60 l.:* Stedelijk Museum; *S. 60 o.:* Phillips Collection, Washington, D. C.; *S. 61:* Aus: ›The Art of Motion Graphics‹, Computing report 1969 (Foto: John Stone); *S. 63 o.:* Privatbesitz; *S. 65 l.:* Musée du Louvre, Paris; *S. 65 r.:* Victoria and Albert Museum, London; *S. 66:* Hirmer Fotoarchiv, München; *S. 67 l.:* Courtauld Institute of Arts, London; *S. 67 r.:* Victoria and Albert Museum, London; *S. 70:* National Gallery, London; *S. 72 u.:* Christ Church, Vorstand der Kirchengemeinde, Oxford; *S. 73 l.:* National Monuments Record, London; *S. 73 r.:* National Gallery, London; *S. 74 r.:* National Gallery of Canada, Ottawa; *S. 76:* Museum of Modern Art (Sammlung Sidney und Harriet Janis), New York; *S. 77 u.:* Foto: Shunk-Kender; *S. 78 l.:* Aus: C. Percier und P. F. L. Fontaine, ›Recueil des Décorations Intérieures‹, 1812; *S. 78 r.:* Ministerium für Umweltfragen des Vereinigten Königreichs von Großbritannien und Nordirland; *S. 80 r.:* Privatbesitz; *S. 82 l.:* Museum of Fine Arts (Geschenk der Winfield Foundation), Boston; *S. 82 r.:* Tate Gallery, London; *S. 83:* Victoria and Albert Museum, London; *S. 84:* Foto: Edwin Smith, London; *S. 85 l. o.:* Victoria and Albert Museum, London; *S. 85 l. u.:* Victoria and Albert Museum, London; *S. 85 r.:* Greater London Council as Trustees of the Iveagh Bequest, Kenwood, London; *S. 86 l. o.:* Privatbesitz; *S. 86 l. u.:* British Museum, London; *S. 87:* Privatbesitz; *S. 91 l.:* National Gallery, Washington, D. C.; *S. 91 r.:* British Museum, London; *S. 93:* Victoria and Albert Museum, London; *S. 94:* Städelsches Kunstinstitut und Städtische Galerie, Frankfurt am Main; *S. 97 l.:* Victoria and Albert Museum, London; *S. 99:* Privatbesitz; *S. 100:* Privatbesitz; *S. 103:* Institute of Arts (erworben von der Founders Society), Detroit; *S. 104:* Nationalmuseum, Athen (Foto: DAI, Athen); *S. 106:* Foto: Richard Lannoy; *S. 107 o.:* Municipal Gallery of Modern Art, Dublin; *S. 107 u.:* Museum of Modern Art (durch Tausch erworben), New York; *S. 109 l.:* Martin Hürlimann; *S. 109 r.:* Ministerium für Umweltfragen des Vereinigten Königreichs von Großbritannien und Nordirland; *S. 112 l.:* Musée Condé, Chantilly (Foto: Giraudon, Paris); *S. 112 r.:* Foto: Eric de Maré; *S. 114 l.:* Aus: L. Kilian, ›Neues Gradesco Büchlein‹, 1607; *S. 114 r.:* Privatbesitz; *S. 117 l.:* Museum Boymans-van Beuningen, Rotterdam; *S. 117 r.:* Museum of Fine Arts (Geschenk der Winfield Foundation), Boston; *S. 119:* Museum of Modern Art (Dr. und Mrs. Frank Stanton Fund), New York; *S. 122:* National Gallery, London; *S. 124 r.:* British Museum, London; *S. 125:* Metropolitan Museum of Art (Schenkung Mrs. Russel Sage, 1908), New York; *S. 126:* Ikonenmuseum, Recklinghausen; *S. 128 l.:* British Museum, London; *S. 128 r.:* Kunsthistorisches Museum, Wien; *S. 129:* Musée du Louvre, Paris (Foto: Giraudon, Paris); *S. 130 l.:* Tate Gallery, London (Foto: Edwin Smith, London); *S. 130 r.:* New York Public Library (Sammlung Spencer), New York; *S. 131:* Palazzo Ducale, Urbino; *S. 132 r. o.:* Foto: Franz Stoedtner; *S. 132 r. u.:* Mit freundlicher Genehmigung Ihrer Majestät Königin Elisabeth II. von Großbritannien und Nordirland, Haupt des Commonwealth; *S. 133:* Musée National d'Art Moderne, Paris (Foto: Giraudon, Paris); *S. 134 l.:* Victoria and Albert Museum, London; *S. 134 r.:* National Monuments Record, London; *S. 136 l.:* National Monuments Record, London; *S. 136 r.:* National Gallery, Washington, D. C.; *S. 138:* Bodleian Library, Oxford; *S. 139 l.:* Museum of Modern Art (Geschenk von Liberty & Co, London), New York; *S. 139 r.:* Percival David Foundation of Chinese Art, London; *S. 140:* Victoria and Albert Museum, London; *S. 142 r.:* Kunsthistorisches Museum, Wien; *S. 143 l. o.:* Foto: A. F. Kersting, London; *S. 144:* British Museum, London; *S. 147 l. o.:* Bildarchiv Foto Marburg; *S. 147 l. u.:* Ashmolean Museum (Griffith Institute), Oxford; *S. 147 r.:* Foto: A. F. Kersting, London; *S. 148:* National Museum of Ireland, Dublin; *S. 149:* Commissioners of Public Works in Ireland, Dublin; *S. 150 l.:* Foto: David Gahr, New York; *S. 151 r.:* Privatbesitz; *S. 151 l.:* British Museum, London (Foto: Susan Johnson); *S. 150 r.:* Museo Borghese, Rom (Foto: Anderson); *S. 152:* National Gallery, London; *S. 154:* Courtesy Solomon R. Guggenheim Museum, New York; *S. 156 l.:* Kunsthistorisches Museum, Wien; *S. 156 r.:* Museum of Modern Art (Larry Aldrich Foundation Fund), New York; *S. 157:* Metropolitan Museum of Art (Schenkung Edward S. Harkness), New York; *S. 160:* Rijksmuseum Kröller-Müller, Otterlo; *S. 161:* British Museum, London; *S. 166:* Victoria and Albert Museum, London; *S. 167:* Victoria and Albert Museum, London; *S. 168 r.:* Privatbesitz; *S. 169 o.:* British Museum, London; *S. 169 u.:* National Gallery, London; *S. 170:* Metropolitan Museum of Art (Schenkung J. P. Morgan 1969), New York; *S. 171:* Privatbesitz; *S. 172:* Victoria and Albert Museum, London; *S. 174 u.:* National Gallery, London; *S. 175:* Foto: Helga Schmidt-Glassner, Stuttgart; *S. 179:* Bibliothèque Nationale, Paris; *S. 180 o.:* Privatbesitz; *S. 180 u.:* Foto: Josephine Powell; *S. 181 u.:* Metropolitan Museum of Art, The Cloisters Collection (Schenkung John D. Rockefeller, Jr., 1937), New York; *S. 181 o.:* Staatliche Antikensammlung, München; *S. 182 o.:* Privatbesitz; *S. 182 u.:* Bórd Fáilte, Dublin; *S. 183:* Philadelphia Museum of Art; *S. 184:* Westfälisches Landesmuseum für Kunst und Kulturgeschichte, Münster; *S. 186 o.:* Victoria and Albert Museum, London; *S. 185:* Privatbesitz; *S. 186 u.:* Jonas Lehrman; *S. 187 o.:* British Museum, London; *S. 189 l.:* Petit Palais, Paris; *S. 189 r.:* Sidney Janis Gallery, New York; *S. 191 l.:* Christie's, London; *S. 191 r.:* Staatliche Kunstsammlungen, Gemäldegalerie, Dresden; *S. 192:* Staatliche Museen zu Berlin; *S. 193:* Privatbesitz; *S. 194 l.:* Foto: Edwin Smith, London; *S. 194 r.:* Museum of Modern Art (Schenkung Mrs. David M. Levy), New York; *S. 195:* Stedelijk Van Abbe-Museum, Eindhoven; *S. 197:* Privatbesitz; *S. 198:* Architectural Review – de Burgh Galwey; *S. 199 l.:* Privatbesitz; *S. 199 r.:* Bildarchiv Foto Marburg; *S. 200 l.:* Foto: Edwin Smith, London; *S. 200 r.:* Whitworth Art Gallery, Manchester; *S. 201 l.:* Museum of Modern Art (Schenkung Paul J. Sachs), New York; *S. 204 o.:* Musée du Louvre, Paris (Foto: Bulloz); *S. 205 l.:* Courtauld Institute Galleries, London (Sammlung Roger Fry); *S. 205 r. o.:* Frans Hals Museum, Haarlem; *S. 205 r. u.:* Privatbesitz; *S. 206 o.:* Museo Capitolino, Rom (Foto: Alinari); *S. 207:* Victoria and Albert Museum, London; *S. 208:* Victoria and Albert Museum, London; *S. 209:* Privatbesitz; *S. 210:* Bildarchiv Foto Marburg; *S. 212 l.:* Victoria and Albert Museum, London; *S. 212 r.:* Ministerium für Umweltfragen des Vereinigten Königreichs von Großbritannien und Nordirland; *S. 213 o.:* Aus: Piranesi, ›Vedute di Roma‹, um 1748–1788; *S. 213 u.:* Foto: Joséphine Powell; *S. 216 l. o.:* Aus: A. Hepplewhite & Co., ›Cabinet Makers and Upholsterers Guide‹, 1788; *S. 216 r.:* Privatbesitz; *S. 217 l.:* Foto: Edwin Smith, London; *S. 218:* Staatliche Museen zu Berlin; *S. 219:* Foto: A. F. Kersting, London; *S. 220 r. o.:* Sixtinische Kapelle, Vatikan (Foto: Alinari); *S. 220 l.:* Museum of Fine Art (Seth K. Sweetser Residuary Funds), Boston; *S. 221:* Musée d'Art et d'Histoire, Fribourg; *S. 222.:* Royal Ontario Museum, Toronto; *S. 223:* Bayerische Staatsgemäldesammlungen, München; *S. 224:* Foto: Martin Hürlimann; *S. 226:* Courtauld Institute Galleries, London; *S. 227:* Museum of Modern Art (Schenkung David

Whitney), New York; *S. 229:* Art Gallery and Temple Newsam House, Leeds; *S. 230 o.:* Whitney Museum of American Art, New York; *S. 230 u.:* Galleria Nazionale, Urbino (Foto: Alinari); *S. 231 o.:* Tretjakow-Galerie, Moskau; *S. 232 l.:* Accademia, Venedig; *S. 232 r.:* Privatbesitz; *S. 233:* British Museum, London (Foto: Edwin Smith); *S. 234 l.:* Öffentliche Kunstsammlung, Basel; *S. 234 r. o.:* Aus: D. Roberts, ›Egypt and the Holy Land‹, 1856; *S. 234 r. u.:* Bayerische Staatsgemäldesammlungen, Alte Pinakothek, München; *S. 236 l.:* Foto: Georgina Masson; *S. 236 r.:* Foto: A. F. Kersting, London; *S. 238:* Los Angeles County Museum of Art (Sammlung Nasli und Alice Heermaneck); *S. 239:* Privatbesitz; *S. 240 l.:* Musée Fabre, Montpellier (Foto: Bulloz); *S. 240 r.:* Galerie Brusberg, Hannover; *S. 241:* Metropolitan Museum of Art (Arthur H. Hearn Fund, 1939), New York; *S. 242 l. o.:* Brogi; *S. 242 l. m.:* Rom, Museo Borghese (Foto: Fototeca Unione); *S. 242 l. u.:* Musée du Louvre, Paris (Foto: Alinari); *S. 242 r.:* Foto: Emily Lane; *S. 243:* Stanze, Vatikan; *S. 244:* National Gallery, London; *S. 245 l.:* Hirmer Fotoarchiv; *S. 245 r.:* Kulturministerium der Republik Bulgarien; *S. 246:* Wallace Collection, London; *S. 248.:* Kunsthistorisches Museum, Wien (Foto: Giraudon); *S. 249:* Victoria and Albert Museum, London; *S. 251:* Metropolitan Museum of Art (Sammlung Mr. und Mrs. Charles B. Wrightsman), New York; *S. 253 l.:* Metropolitan Museum of Art (Flechter Fund, 1965), New York; *S. 256:* Nottingham Museum (Newstead Abbey); *S. 257:* Palazzo Farnese, Rom (Foto: GFN); *S. 258:* National Gallery, London; *S. 259 o.:* Metropolitan Museum of Art (Rogers Fund, 1917), New York; *S. 260.:* National Gallery, London; *S. 261 r.:* Mit freundlicher Genehmigung Ihrer Majestät Königin Elisabeth II. von Großbritannien und Nordirland, Haupt des Commonwealth; *S. 262:* Ashmolean Museum (Griffith Institute), Oxford; *S. 263:* Privatbesitz; *S. 264:* Fruitland Museum, Harvard (Mass.); *S. 265:* Archaeological Survey of India; *S. 266:* British Museum, London; *S. 267 l.:* Musée Condé, Chantilly (Foto: Giraudon, Paris); *S. 267 r.:* Privatbesitz; *S. 269 l.:* Stedelijk Museum, Amsterdam; *S. 269 r.:* Museum der Russischen Kunst, Kiew; *S. 273:* Riksantikvaren, Oslo; *S. 274:* Foto: A. F. Kersting, London; *S. 275 l.:* Ceramikos Museum, Athen (Foto: DAI, Athen); *S. 275 r.:* Stedelijk Museum, Amsterdam; *S. 277 l.:* Akropolis Museum, Athen (Foto: Hirmer Fotoarchiv); *S. 277 r.:* Metropolitan Museum of Art (Rogers Fund 1906), New York; *S. 279 l.:* Stedelijk Museum, Amsterdam; *S. 279 r.:* Staatsgalerie, Stuttgart; *S. 280 o.:* Kunstmuseum (Dauerleihgabe der Gottfried-Keller-Stiftung), Bern; *S. 280 u.:* Privatbesitz; *S. 282:* Privatbesitz; *S. 283 l.:* Staatliche Museen zu Berlin; *S. 286:* Gerti Deutsch; *S. 287:* Universitets Oldaksamlin, Oslo; *S. 288 r.:* British Museum, London; *S. 289:* Musée Carnavalet, Paris (Foto: Bulloz); *S. 290 o.:* British Museum, London; *S. 290 u.:* British Museum, London; *S. 291 l.:* Worshipful Company of Goldsmiths, London; *S. 291 r. u.:* Foto: Joséphine Powell; *S. 292 o.:* Foto: Edwin Smith, London; *S. 292 u.:* Rijksmuseum voor Volkenkunde, Leiden; *S. 294:* Foto: Edwin Smith, London; *S. 295 l.:* Foto: F. H. Crossley; *S. 295 r.:* British Museum, London; *S. 296:* Victoria and Albert Museum, London; *S. 297:* Palazzo Barberini, Rom (Foto: GFN); *S. 298 l.:* Museum de Lakenhal, Leiden; *S. 298 r.:* Victoria and Albert Museum, London; *S. 300 u:* National Gallery of Ireland, Dublin; *S. 301:* Brera, Mailand (Foto: Alinari); *S. 304:* Rijksmuseum Kröller-Müller, Otterlo; *S. 306:* Museum für Völkerkunde, Wien; *S. 307:* Tretjakow-Galerie, Moskau; *S. 308 l.:* Museum of Fine Arts (Geschenk der Winfield Foundation), Boston; *S. 313 l.:* Victoria and Albert Museum, London; *S. 315 l.:* Idemitsu Art Gallery, Tokyo.

Alle übrigen Vorlagen entstammen den Archiven des Verlages Thames & Hudson.

Copyrightnachweis